AF525188

Kreative Pferdefotografie

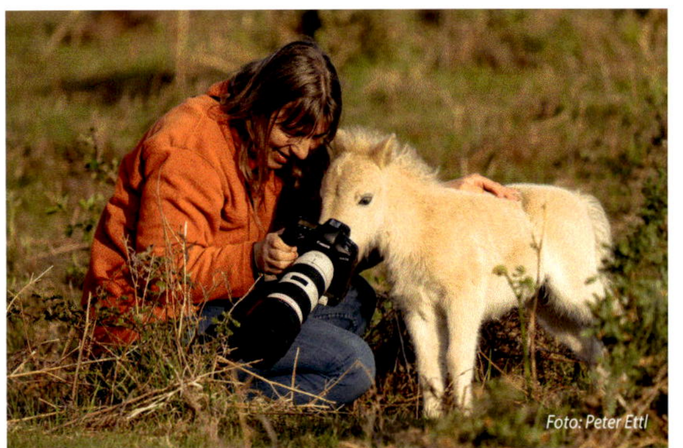

Foto: Peter Ettl

Renate Ettl ist freiberufliche Buchautorin und Fotografin mit Spezialisierung auf Pferde, Natur und Wildlife. Sie hat bisher über 40 Bücher zum Thema Pferde veröffentlicht. Am liebsten fotografiert sie die wild- und freilebenden Pferde in ihrem natürlichen Lebensraum. Als erfahrene Pferdeexpertin, -trainerin und Richterin im Pferdesport sowie Pferdeosteopathin kann sie ihre jahrzehntelangen Kenntnisse und Fähigkeiten im Umgang und Training mit Pferden für die Pferdefotografie sowohl in freier Wildbahn als auch in der Reitbahn nutzen, um die edlen Vierbeiner gekonnt in Szene zu setzen. Renate Ettl ist zudem Dozentin und gibt regelmäßig Workshops in Pferdefotografie sowie Reit- und Therapieseminare.

Renate Ettl

Kreative Pferdefotografie

Pferde mit anderen Augen sehen

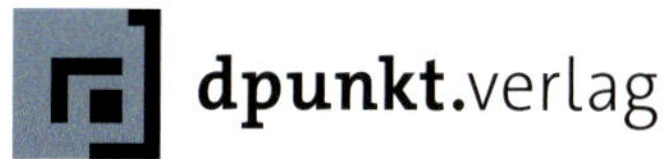

Renate Ettl
SilverHorseRanch@aol.com

Lektorat: Gerhard Rossbach
Lektoratsassistenz/Projektkoordinierung: Anja Weimer
Copy-Editing: Claudia Lötschert, *www.richtiger-text.de*
Satz: Renate Ettl
Layout: Renate Ettl, Birgit Bäuerlein
Herstellung: Stefanie Weidner
Umschlaggestaltung: Helmut Kraus, *www.exclam.de*,
unter Verwendung eines Fotos von Renate Ettl
Druck und Bindung: Grafisches Centrum Cuno GmbH & Co. KG, 39240 Calbe (Saale)

Bibliografische Information der Deutschen Nationalbibliothek
Die Deutsche Nationalbibliothek verzeichnet diese Publikation in der Deutschen Nationalbibliografie; detaillierte bibliografische Daten sind im Internet über *http://dnb.d-nb.de* abrufbar.

ISBN:
Print 978-3-86490-670-1
PDF 978-3-96088-774-4
ePub 978-3-96088-775-1
mobi 978-3-96088-776-8

1. Auflage 2019

Wieblinger Weg 17
69123 Heidelberg

Hinweis:
Der Umwelt zuliebe verzichten wir auf die Einschweißfolie.

Schreiben Sie uns:
Falls Sie Anregungen, Wünsche und Kommentare haben, lassen Sie es uns wissen: hallo@dpunkt.de.

5 4 3 2 1 0

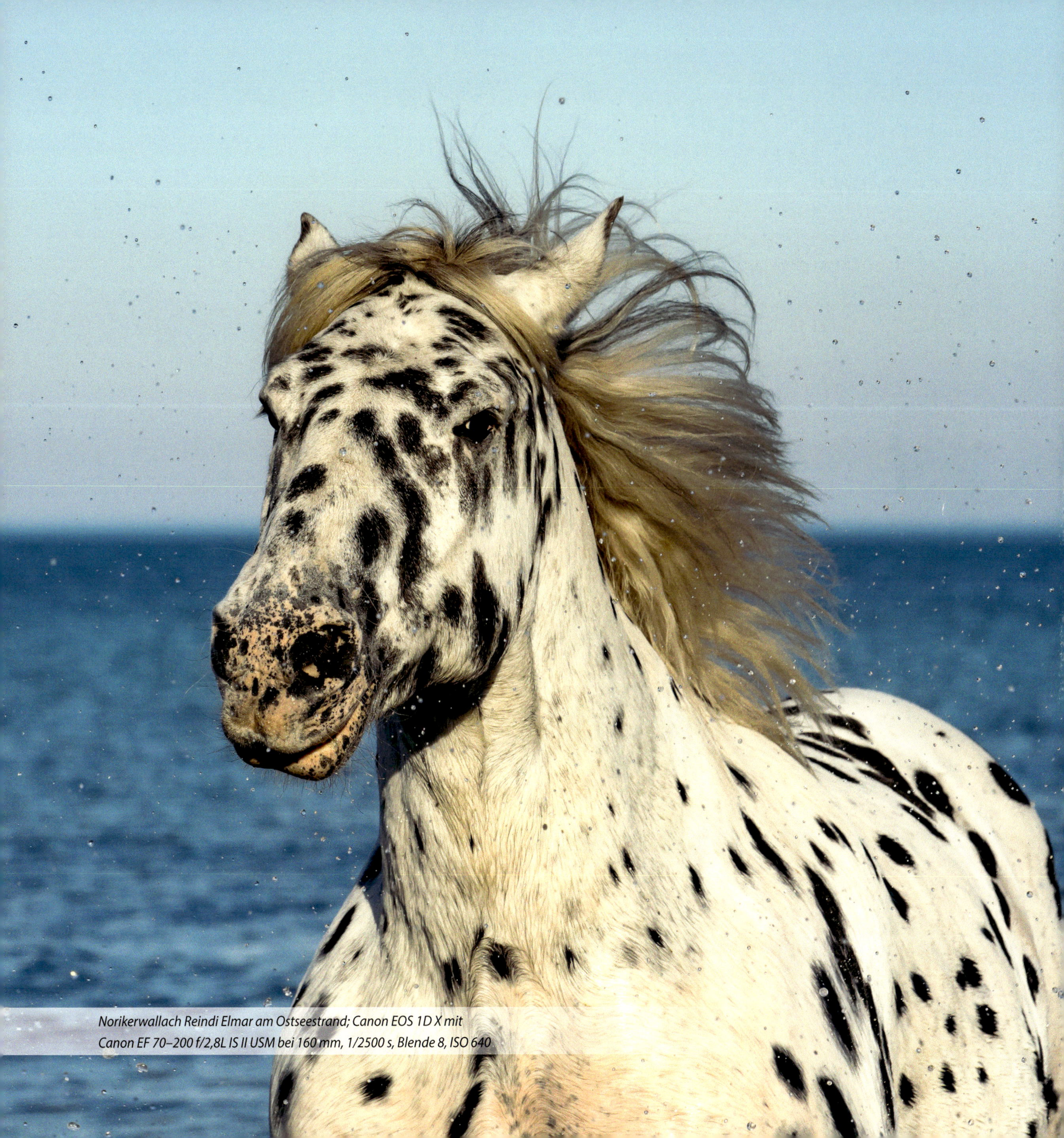

Norikerwallach Reindi Elmar am Ostseestrand; Canon EOS 1D X mit Canon EF 70–200 f/2,8L IS II USM bei 160 mm, 1/2500 s, Blende 8, ISO 640

Inhaltsverzeichnis

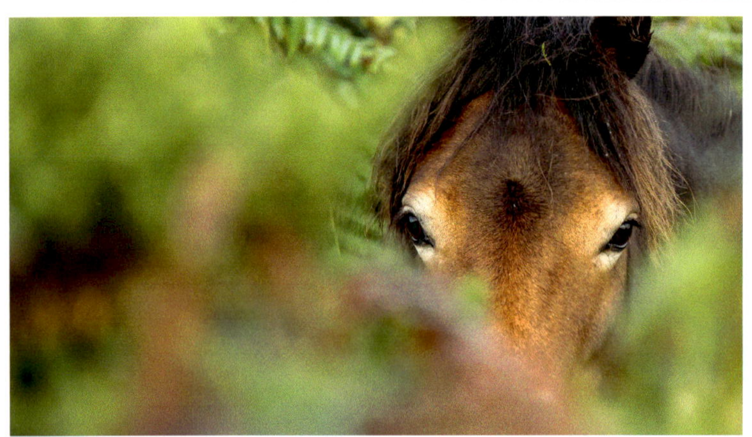

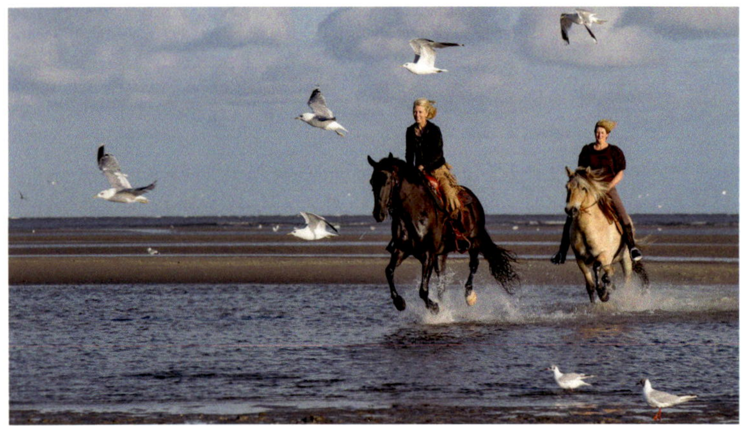

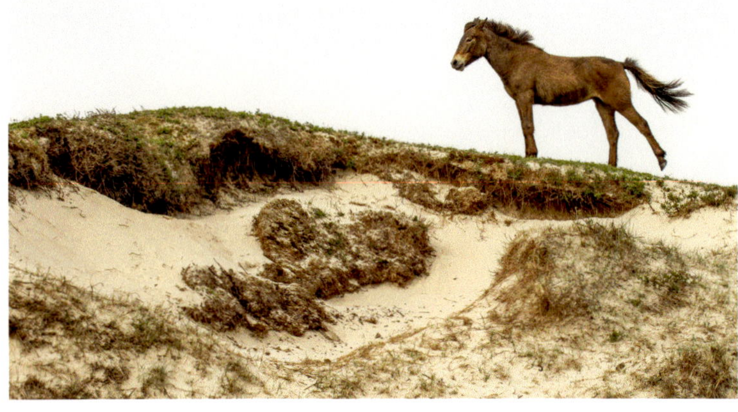

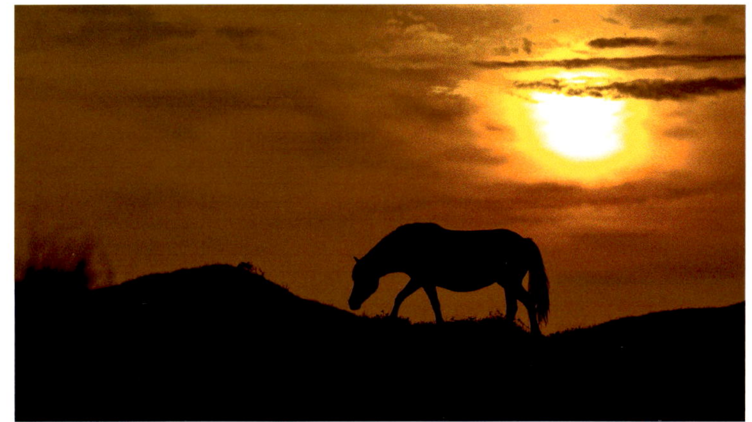

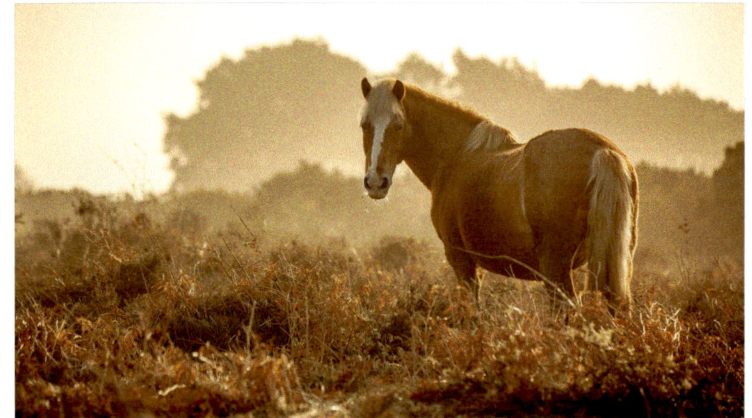

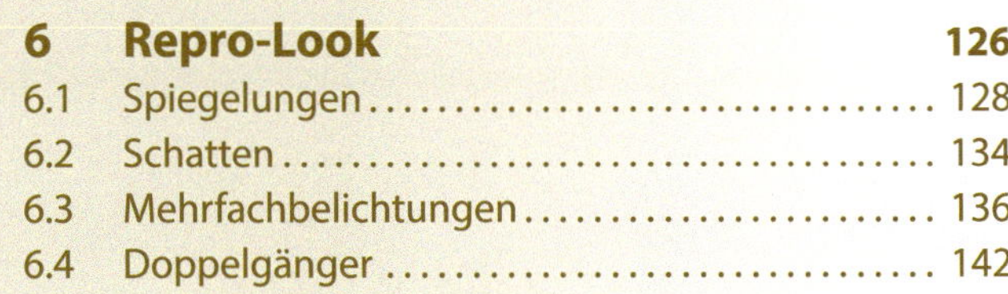

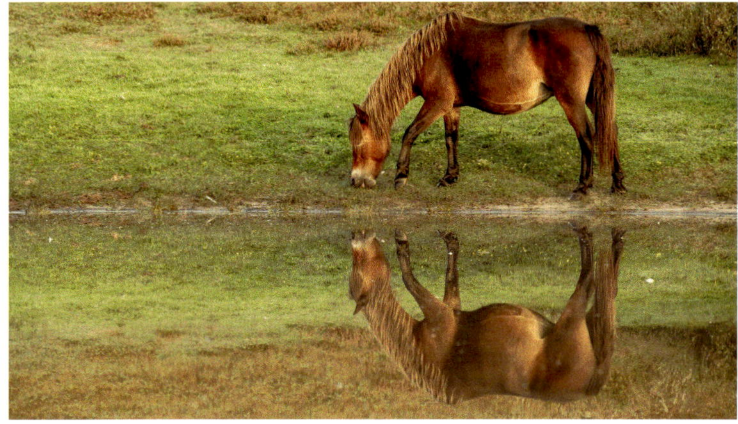

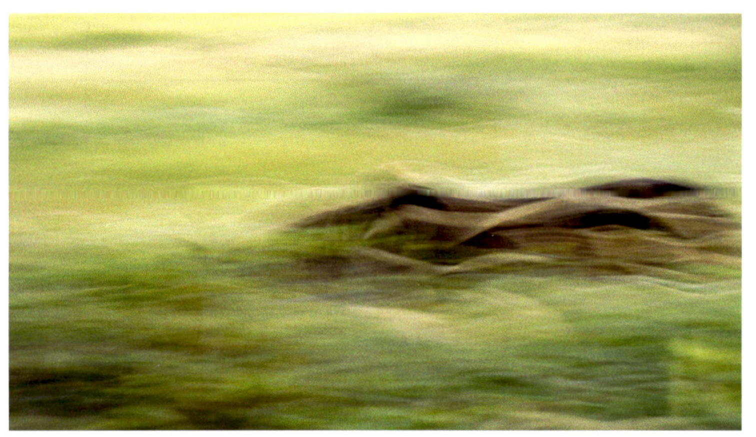

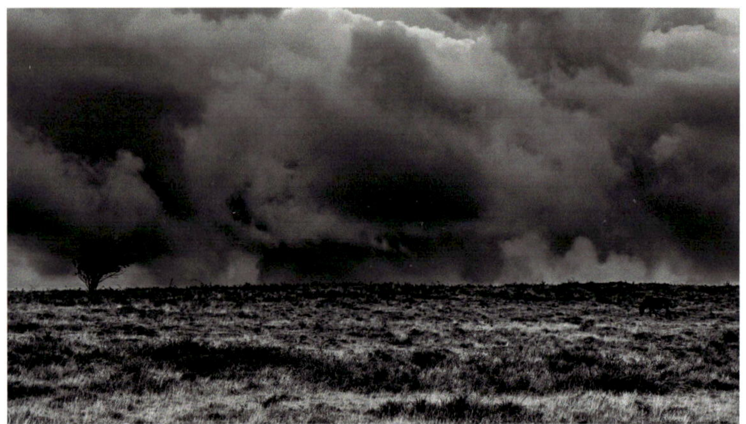

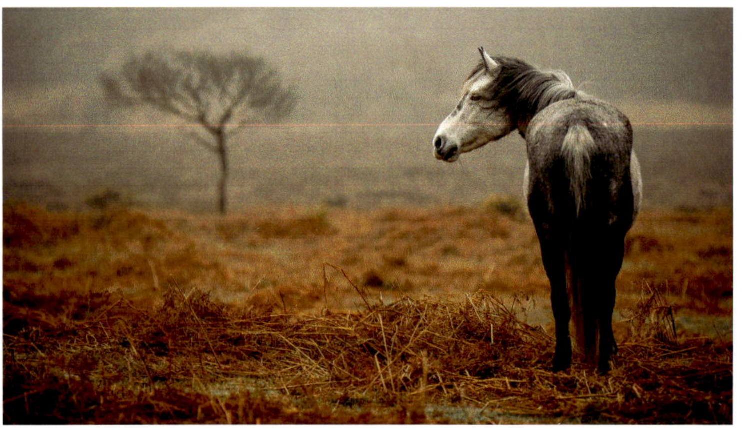

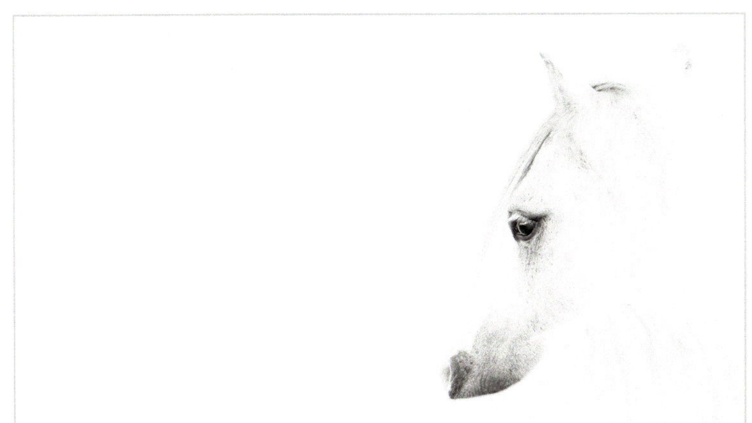

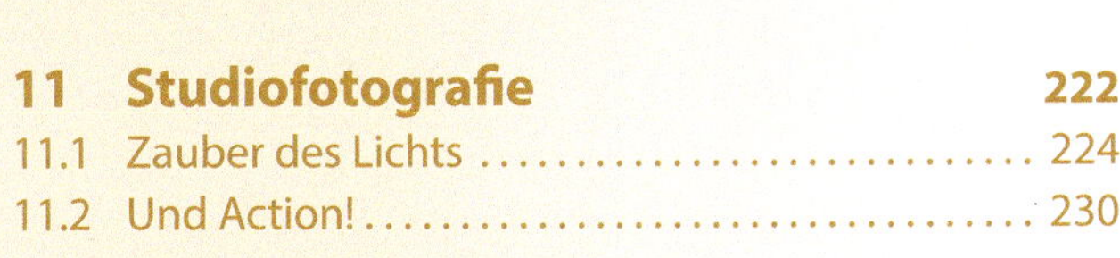

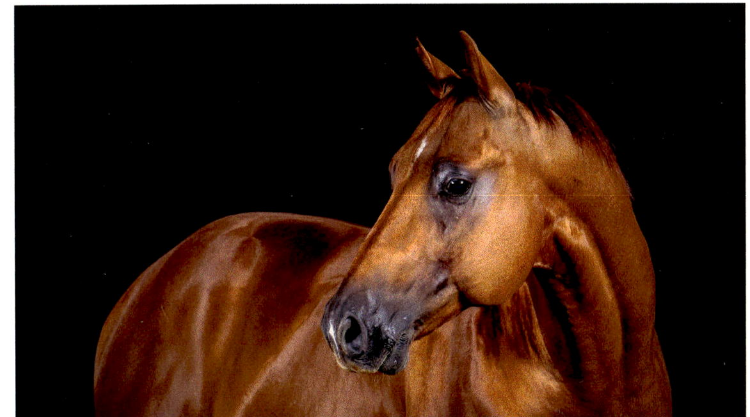

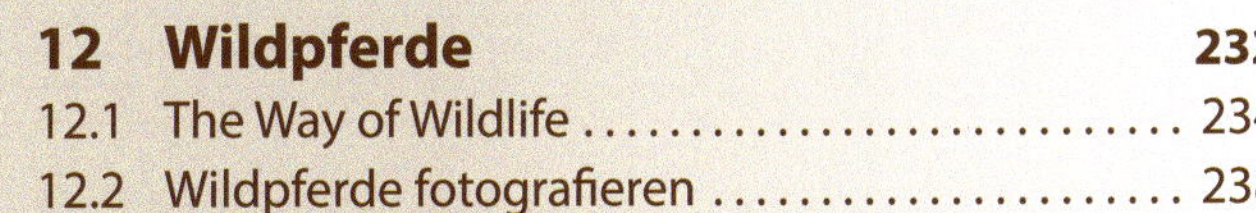

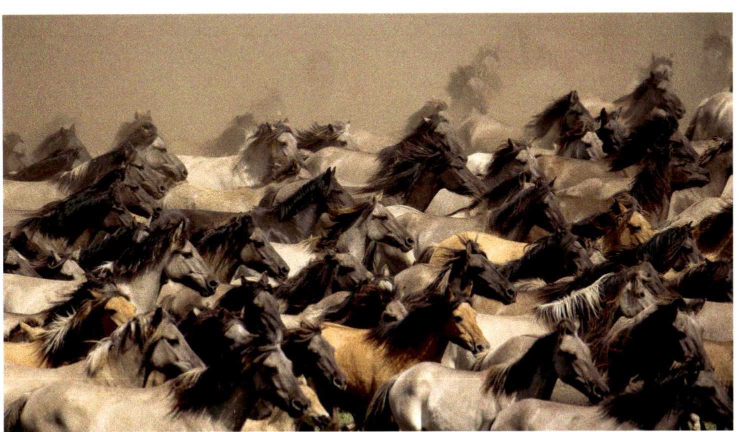

Vorwort und Danksagung

Nach zahlreichen Büchern, die ich über den Umgang, die Haltung, das Training und die Therapie von Pferden veröffentlicht habe, geht mit diesem Projekt der »Kreativen Pferdefotografie« ein lang gehegter Wunsch in Erfüllung. Seit 30 Jahren ist die Fotografie ein leidenschaftlicher Begleiter meiner Tätigkeit als Pferdebuchautorin. Alle meine Bücher bebildere ich stets selbst, doch bisher stand das Wort im Vordergrund. Mit dieser Veröffentlichung soll der Fokus auf dem Bild liegen, denn Bilder sprechen ihre ganz eigene Sprache.

Es war mir schon immer ein großes Bedürfnis, Pferde als das darzustellen, was sie sind: starke, imposante und mächtige, aber auch sehr feinsinnige und sensible Geschöpfe der Natur. Jedes Pony oder Pferd hat eine spezielle Persönlichkeit, einen eigenen Charakter und Typ. Es ist eine ehrenvolle Aufgabe und große Herausforderung, diese Facetten in außergewöhnliche, emotionale und kraftvolle Bilder umzusetzen.

Ein solches Vorhaben zu bewältigen und dabei den Pferden stets gerecht zu werden, erfordert großen Aufwand und Mühe. Ohne die Unterstützung von zahlreichen Freunden, Bekannten und Gönnern wäre dieses Projekt nie möglich gewesen.

Es ist mir deshalb ein großes Anliegen, all denjenigen meinen Dank auszusprechen, die direkt oder indirekt zum Gelingen dieses Buches beigetragen haben. Ein besonderer Dank geht an Gerhard Rossbach und den Mitarbeitern des dpunkt.verlags für die hervorragende und professionelle Zusammenarbeit.

Bedanken möchte ich mich außerdem bei den Pferdebesitzern, die ihre Tiere für Fotoshootings zur Verfügung gestellt haben, ihre Pferde in außerordentlicher und liebevoller Weise vorbereitet und betreut haben. Dabei erfordert diese Vorbereitung nicht nur das Putzen und Stylen vor dem eigentlichen Shooting, sondern oftmals ein jahrelanges Beziehungstraining sowie eine fachgerechte Erziehung und Ausbildung, um sie – mitunter ohne einschränkende Maßnahmen wie Halfter, Strick oder Abgrenzungen – vor der Kamera präsentieren zu können. Dieser Einsatz verlangt meinen größten Respekt!

Ebenso empfinde ich allen beteiligten Pferden gegenüber eine große Dankbarkeit. Sie sind die Hauptakteure dieses Buches, deshalb gebührt ihnen eine besondere Anerkennung für deren stete Bereitschaft zur Mitarbeit und außergewöhnliche Leistungen bei den Fotoarbeiten. Den wilden und freilebenden Pferden bin ich zu besonderem Dank verpflichtet, da sie meine Anwesenheit in ihrem Territorium akzeptiert und mir ihr vollstes Vertrauen und ihre Freundschaft geschenkt haben. Ich empfinde eine große Wertschätzung dafür, die wilden Herden über viele Tage, Wochen und Monate hinweg begleiten und an ihrem Leben teilhaben zu dürfen.

Für die Unterstützung bei den Fototerminen möchte ich mich in ganz besonderer Weise bei Verena Detterbeck bedanken, die in außergewöhnlichen Einsätzen immer und im wahrsten Sinne des Wortes auch bei Nacht und Nebel mit ihren beiden Ponys »Nico« und »Barney«, aber auch mit vielen anderen Pferden, stets für spezielle Fotosessions bereitstand. Es ist mir zudem ein Bedürfnis, ihre hervorragenden Fähigkeiten in Bezug auf den respektvollen Umgang und das einfühlsame Training mit den Pferden hervorzuheben.

Nicht zuletzt möchte ich mich bei meinem Mann Peter bedanken, der mich in meinem Schaffensdrang stets unterstützt und mir beim Schreiben des Buches sowie bei den Fototerminen den Rücken frei gehalten hat. Sein Einsatz beschränkte sich dabei nicht nur auf die Versorgung unserer Pferde und Katzen während meiner Fotoreisen, sondern auch auf vielerlei Sonderaufgaben wie Hardware-Mechaniker meines PCs, persönlicher Berater und Kritiker bei der Textgestaltung und Fotoauswahl.

Renate Ettl
März 2019

Widmung

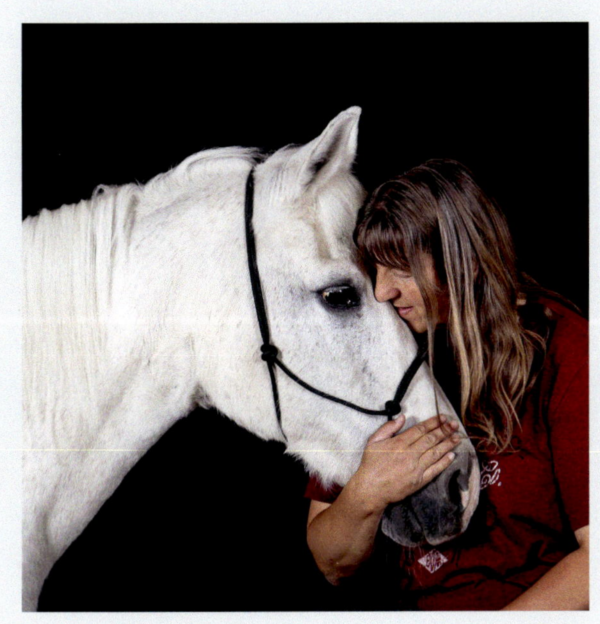

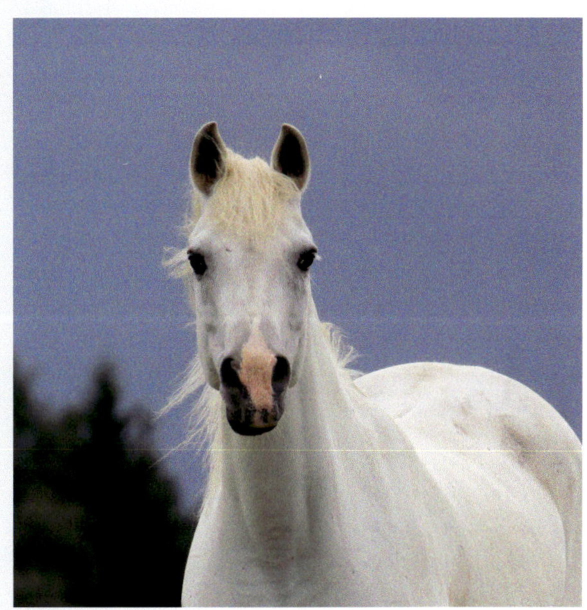

In dankbarer Erinnerung an meine
außergewöhnlichen Stuten

Dunya und Sidi

Einleitung

Fotografieren ist zum Volkssport geworden – spätestens seit man mit Mobiltelefonen auch Fotos machen kann. Manch professioneller Lichtbildner kann darüber nur müde lächeln, denn unter Fotografieren versteht dieser etwas anderes, als nur zu »knipsen«. Der technische Fortschritt jedoch lässt es zu, dass man mit einem einfachen Knopfdruck bereits zum Fotografen wird, denn selbst mit Handys lassen sich passable Ergebnisse erzielen. Worin liegt also der Unterschied zwischen »Knipsen« und Fotografieren?

»Das Bild macht der Fotograf, nicht die Kamera«, heißt es, womit gemeint ist, dass nicht in erster Linie die Technik dafür verantwortlich ist, wie ein Bild entsteht. Denn der Fotograf entscheidet beispielsweise, aus welcher Perspektive ein Bild aufgenommen wird, wodurch die Bildwirkung entscheidend beeinflusst wird. Ebenso nehmen Blende, Belichtungszeit und ISO-Werte eine zentrale Stellung für die Darstellung des gewählten Motivs ein. Der Fotograf entscheidet diese Faktoren, um spezielle Ergebnisse zu erzielen.

Die Bildwirkung ist das entscheidende Kriterium, ob ein Foto als »gut« oder »schlecht« empfunden wird. Wie ein Bild auf den Betrachter wirkt, hat der Fotograf in der Hand. Er muss einen Blick für besondere Situationen und Motive haben und den richtigen Moment abpassen können – allein das kann keine Technik der Welt ersetzen.

Nun gilt es heutzutage schon als Standard, technisch einwandfreie Bilder anzufertigen, die scharf und ausgewogen belichtet sind. Hier unterstützt die Technik enorm: Der Autofokus der meisten Kameras arbeitet exakt und schnell, der Automatikmodus wählt die passende Blende und Verschlusszeit in Kombination für eine korrekte Belichtung.

Wer jedoch besondere Bilder kreieren will, sollte andere Wege gehen, als das Foto der Kamera zu überlassen. Hierfür ist es erforderlich, über den Tellerrand hinauszublicken und zu lernen, Regeln zum richtigen Zeitpunkt auch mal zu brechen. Man muss ein Auge für besondere Situationen haben, ungewöhnliche Perspektiven aufgreifen und neue Ideen in die Entwicklung seines Bildes bringen. Anders ausgedrückt: Man muss kreativ sein. Kreative Fotografie ist außergewöhnlich, originell, inspirierend – einfach anders. Kreativität macht die Fotografie spannend und leidenschaftlich.

Die Lust am Fotografieren ist die Voraussetzung, ein Motiv kreativ umzusetzen. Nicht jeder fotografiert gerne einen Baum, nur weil man ihn kreativ inszenieren kann. Schönes Licht, eine tolle Komposition der Blätter oder eine irre Perspektive – alles schön und gut, doch das Bild spricht einen nicht so richtig an. Ist man nicht gerade Botaniker, bleiben die Begeisterungsstürme oft aus. Neben der Fotografie an sich ist das Motiv ein besonders wichtiges Instrument, das dem Bild die Emotion verleiht, die es beim Betrachter auslöst. Wer das liebt, was auf dem Foto zu sehen ist, wird auch das Bild mögen. Aus diesem Grund widmen sich Pferdeliebhaber eher der Pferdefotografie und werden keine Architekturfotografen. Man fotografiert nur das gerne, was man als schön empfindet. Naturfotografen sind immer auch Naturliebhaber, Konzertfotografen mögen Musik, und Sportfotografen sind meist auch Fußballfans. Somit liegt es in der Natur der Sache, dass der Pferdefotograf meist ein Pferdeliebhaber ist und es auch sein muss, um gute Bilder zu produzieren.

Sicherlich ist so mancher Profifotograf in erster Linie Fotograf, dessen Motivation darin besteht, seine Bilder in bare Münze umzusetzen. Ihm muss es egal sein, ob er für ein Hundeshooting oder eine Hochzeit engagiert wird. Dennoch spiegeln Fotos trotz aller Professionalität immer auch die Leidenschaft und das Gefühl wider, das der Fotograf in die Umsetzung seiner Motive legt. Denn nur das, was man liebt, fotografiert man letztendlich auch gut!

Das bedeutet allerdings nicht, dass man als Pferdeliebhaber automatisch gute Pferdebilder machen wird. So ist es leider nicht, allein die Motivation hierzu ist gegeben. Doch Motivation ist der erste Baustein zum Erfolg.

Bei vielen Pferdebesitzern hat die Fotografie damit begonnen, dass sie einfach mal ein »schönes« Bild von ihrem Liebling haben wollten – eines, das man an die Wand hängen und auf das man stolz sein konnte. Andere nutzen die Kamera, um »ihren Traum« damit einzufangen: Wenn man sich schon keinen imposanten Friesenhengst leisten kann, will man wenigstens ein Bild von ihm!

Die heutige »Will-haben-Mentalität« findet Mittel und Wege, ihren Traum auf dem Bild festzuhalten – mittlerweile auch weitab von der Realität. Träume in Bilder umzusetzen, ist heutzutage keine Hexerei mehr. Viele fotografierende Pferdeliebhaber beherrschen zwar ihre Kamera, bemühen sich jedoch nicht, Emotionen und Gefühle ins

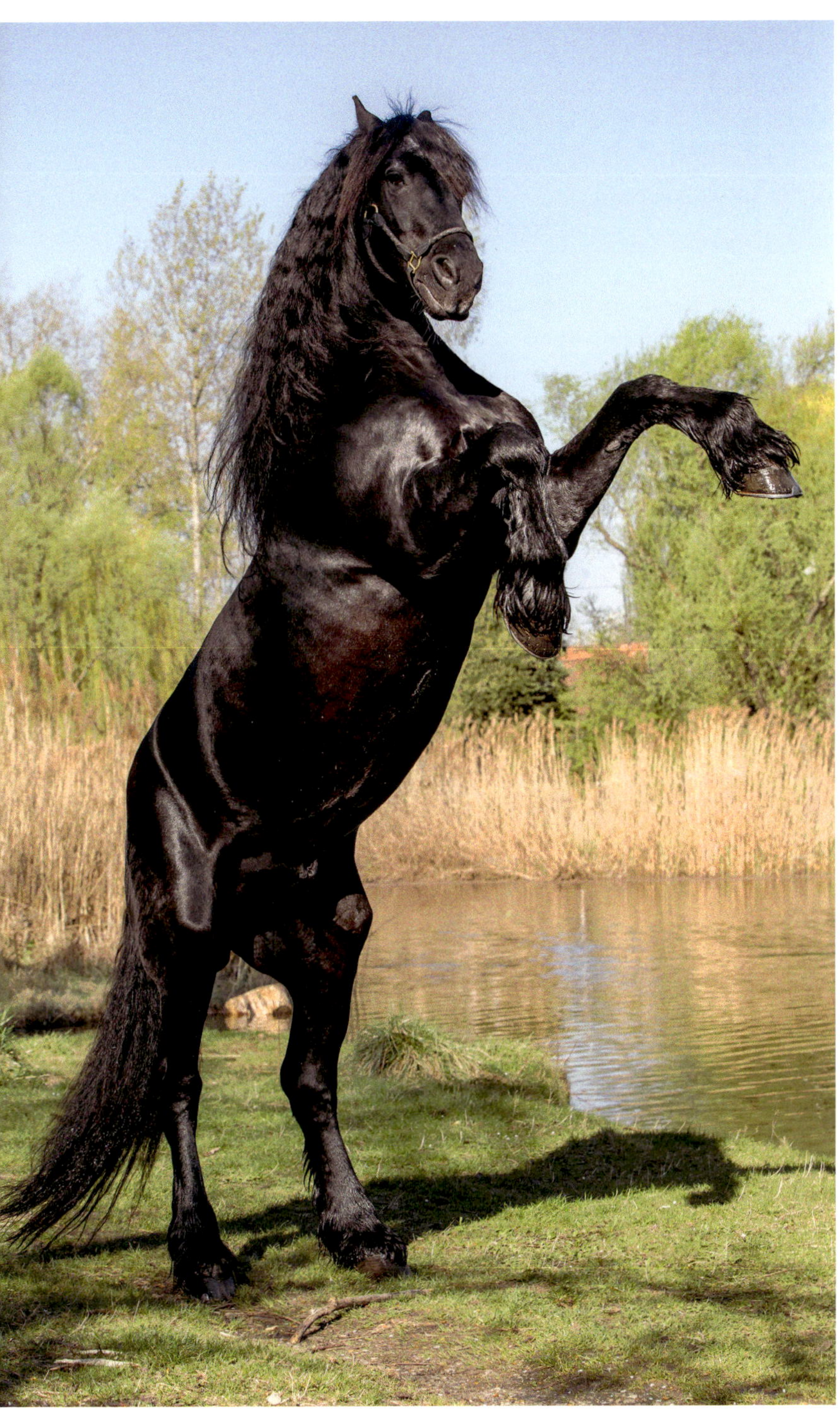

▲ *Der imposante, schwarze Hengst begeistert jeden Pferdeliebhaber und symbolisiert für viele das »Traumpferd« schlechthin (Retusche: Führstrick); Canon EOS 1D X mit Canon EF 70–200 mm f/2,8L IS II USM bei 102 mm, 1/1000 s, Blende 6,3, ISO 640*

Bild zu legen. Dies passiert erst später am Rechner mithilfe eines Bildbearbeitungsprogramms. Die Änderung von Hintergrund, Licht und Farbe, das Hinzufügen oder Retuschieren von Gegenständen sind normal geworden. Doch dies entspricht nicht der Realität! Ist es nicht besser, die Lust an der realen Schönheit des Motivs zu wecken, anstatt Träumen hinterherzujagen? Im Klartext bedeutet dies, die Fotografie in den Vordergrund zu stellen und gute Bilder »on location« auf den Chip zu bannen. Die Bildidee entsteht im Kopf und nicht am PC. Man benötigt kein ausgefeiltes Bildbearbeitungsprogramm, um gute Fotos zu kreieren. Es ist auch keine Profikamera zur Umsetzung der meisten Motive nötig.

So können beispielsweise auf verschiedene Weise Doppelbelichtungen simuliert und damit geisterhaft schöne Bilder produziert werden, auch wenn die Kamera keine Mehrfachbelichtungsfunktion bietet und man keine Ebenenfunktion über ein Bildbearbeitungsprogramm hierfür nutzt. Es geht nicht um ausgefeilte Techniken, sondern um den kreativen Denkprozess des Fotografen, um die Schönheit und Ausstrahlungskraft der Pferde mit Leidenschaft und Respekt ins rechte Licht zu rücken.

Nicht zuletzt hat der Pferdefotograf eine große Verantwortung dem Vierbeiner gegenüber. Er muss nicht nur fotografische Fähigkeiten mitbringen, sondern vor allem auch ein »Horseman« sein und wissen, was Pferde fühlen. Somit erkennt er frühzeitig, wann gewisse Grenzen erreicht sind. Es ist nicht im Sinne des Pferdes, es bis zur Erschöpfung über die Koppel zu jagen, um eine tolle Galoppszene abzulichten. Und ist es nicht vielleicht sogar respektlos, Pferde mit fragwürdigem »Schmuck« auszustatten und sie beispielsweise mit Gegenständen oder Bildern zu bekleben? Mag ein Pferd nicht lieber einfach nur ein Pferd sein, als sich mit einem Kunststoffhorn auf dem Hirn als Märchenfigur lächerlich zu machen? Diese Frage muss jeder Fotograf für sich selbst beantworten.

Ein Pferdefotograf hat wie jeder Pferdebesitzer auch die Verantwortung, die Grenzen von Würde, Tierschutz und Respekt einzuhalten und umzusetzen, selbst wenn er dadurch auf das eine oder andere Motiv verzichten muss. Dafür bieten ihm die Pferde jede Menge fantastischer Szenen, wenn man sie agieren lässt und die Geduld und das Auge für diese besonderen Situationen mitbringt. Ein guter Pferdefotograf hat es nicht nötig, Pferde gefährlichen, quälenden oder entwürdigenden Situationen auszusetzen. Ein Fotograf ist nur dann gut, wenn er sich den Tieren gegenüber respektvoll und vorbildlich verhält und eine ehrliche Fotografie betreibt.

1 Pferdefotografie heute

Der Zeitgeist und der technische Fortschritt machen auch vor der Pferdefotografie nicht Halt. Nicht nur die Kameras, mit denen man einen besonderen Moment zielsicher festzuhalten vermag, sind vielen Trends und Wandlungen unterworfen, sondern auch die menschliche Gesinnung, wie Pferde auf Bildern dargestellt werden. Die Facetten der Pferdefotografie sind vielfältig und lassen einen großen kreativen Spielraum, um die Anmut und Würde des Pferdes in emotionalen Bildern zu spiegeln.

▸ *Exmoorpony im Exmoor National Park, England. In meterhohen, dunklen Farnwäldern in der Gegend um Porlock Hill können sich die wildlebenden Exmoorponys vor allzu neugierigen Blicken gut verstecken; Canon EOS 1D X mit Canon EF 70–200 mm f/2,8L IS II USM + 1,4-fach-Telekonverter III bei 280 mm, 1/320 s, Blende 4,5, ISO 1600*

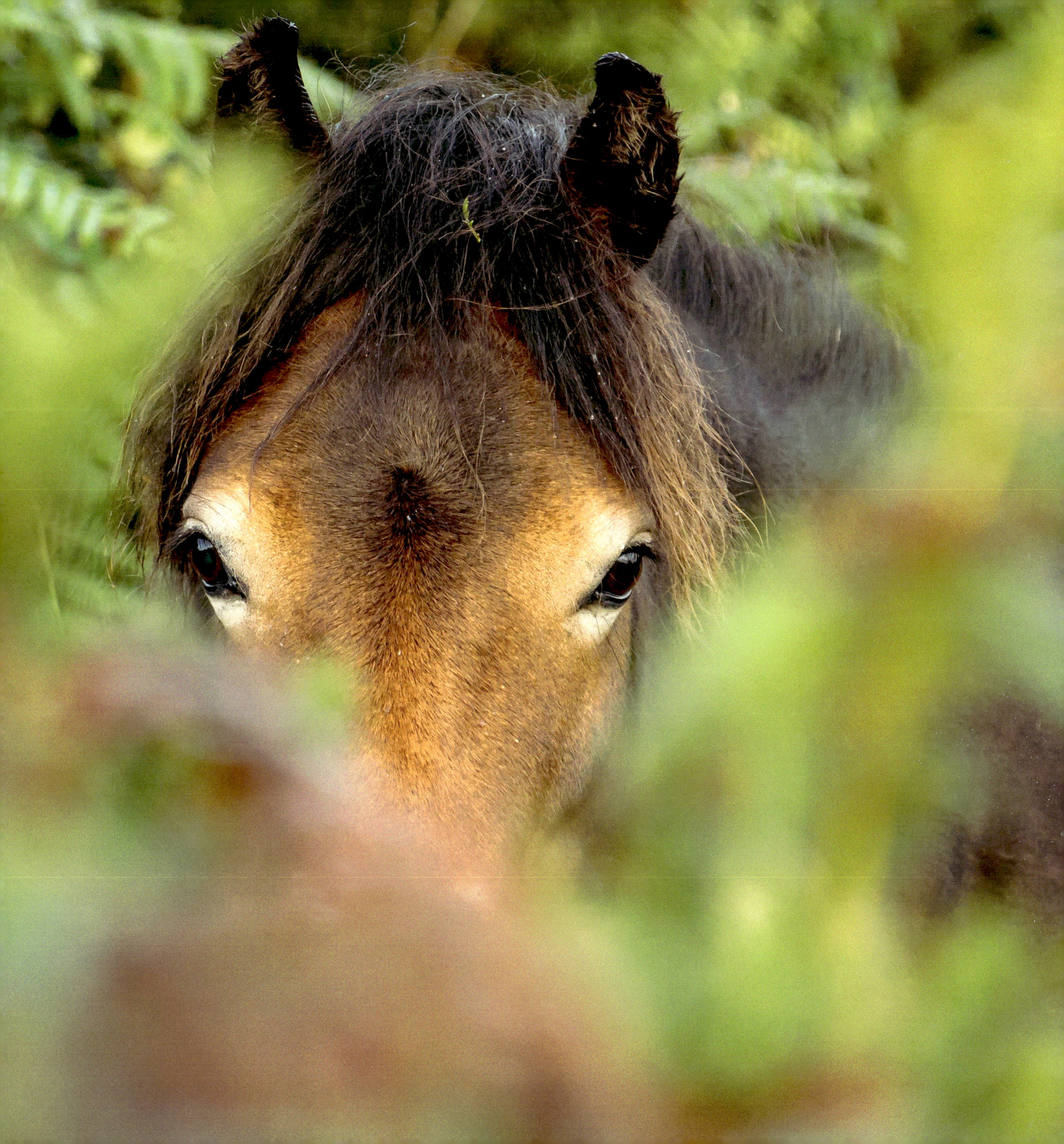

1.1 Ethik in der Pferdefotografie

Nein, Tiere haben gesetzlich gesehen kein »Recht auf eigenes Bild«, aber sie haben das Recht, artgerecht leben zu dürfen und respektvoll behandelt zu werden. Das gilt insbesondere für Pferde, die der Mensch seit jeher für seine Zwecke – für Krieg, Nahrung oder Sport – genutzt hat. Und nun soll das edle Tier auch noch als Fotomodell dienen! Damit haben Pferde sicherlich kein Problem, solange dies mit Anstand und Würde geschieht.

Um Pferden respektvoll begegnen zu können, muss man ihre natürlichen Bedürfnisse und arttypischen Verhaltensweisen kennen. Das erfordert jahrelange Erfahrung im Umgang mit Pferden. Das Wesen Pferd durch und durch zu erfassen, ist auch für den Pferdefotografen wichtig, damit er die Verhaltensweisen vorausahnen kann, um im richtigen Moment den Auslöser zu drücken. Doch damit nicht genug. Es stellt sich nicht nur die Frage, auf welche Weise Bilder entstehen, sondern auch, wie mit den Tieren letztendlich umgegangen wird. Werden Pferde nur benutzt, um ein Traumbild zu kreieren? Wird dabei die Persönlichkeit der Tiere geachtet oder vielleicht sogar mit Füßen getreten, wenn man Bilder verändert, eine Situation »schönzeichnet« und eine Traumwelt inszeniert, die fernab von der Realität ist?

Bildmanipulation

In Zeiten von Photoshop & Co. rückt die reine Fotografie immer stärker in den Hintergrund. Viele Pferdefotografen haben weniger Sachkenntnis von der Fotografie, können aber sehr gut mit Bildbearbeitungsprogrammen umgehen und zauberhafte Bilder produzieren, die mit der Realität oft aber nur noch wenig zu tun haben. So wer-

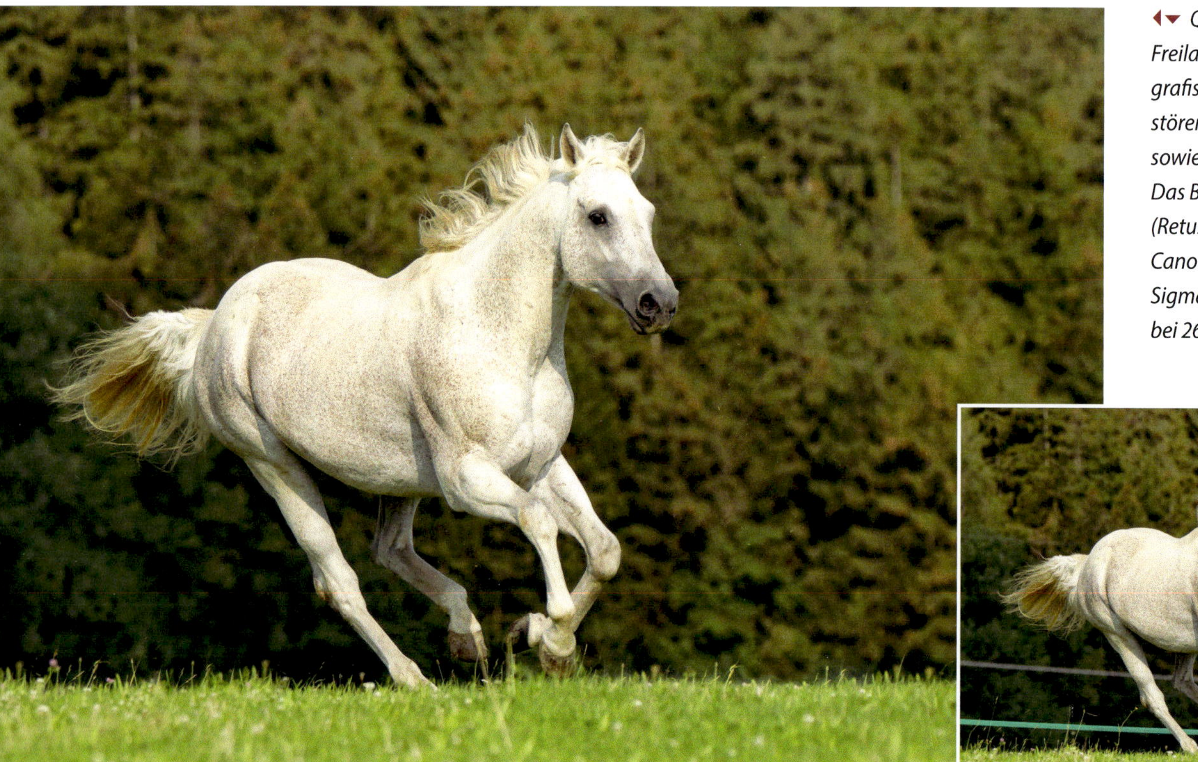

Quarter-Horse-Hengst Chex N Go beim Freilaufshooting. Da der Koppelzaun fotografisch nicht auszublenden war und sich sehr störend auf das Bild auswirkt, wurde dieser sowie eine Stromoberleitung retuschiert. Das Bild unten zeigt das Original. (Retusche: Koppelzaun, Stromleitung); Canon EOS 1D Mk IV mit Sigma EF 150–600 mm f/5-6,3 DG OS HSM bei 267 mm, 1/2000 s, Blende 7,1, ISO 800

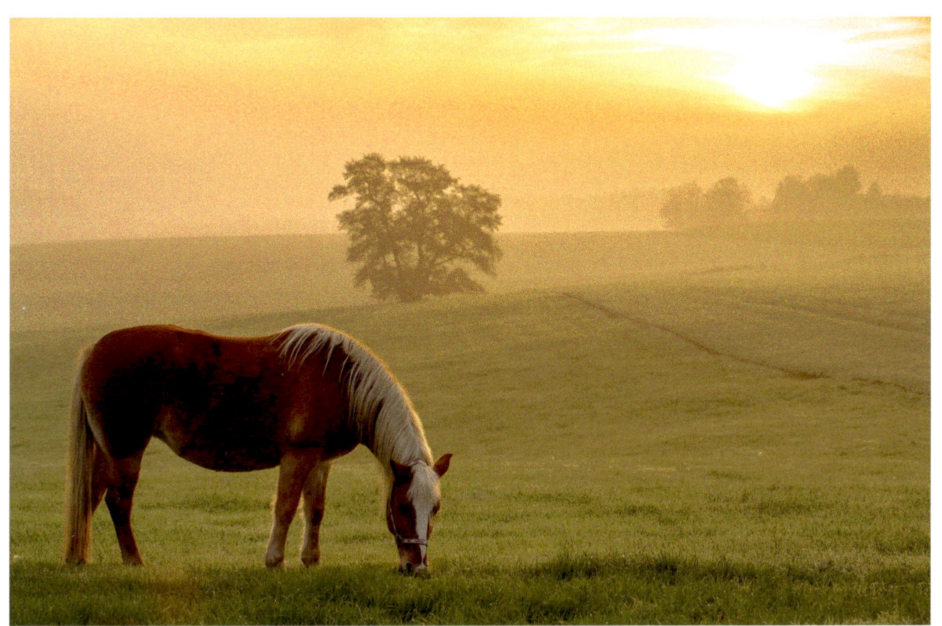

▲ *Ein Pferd völlig frei und ohne Zaun? Auch ohne Retusche lässt sich der Eindruck von Freiheit umsetzen. Haflingerstute Ronja ist mit einer Longe gesichert, die gut versteckt im Gras liegt und somit unsichtbar ist; Canon EOS 1D X mit Canon EF 70–200 mm f/2,8L IS II USM bei 70 mm, 1/500 s, Blende 7,1, ISO 1250*

den Fotos wie selbstverständlich retuschiert, um unschöne Zäune, störende Gebäude oder Personen sowie Halfter und Führstricke aus den Bildern zu entfernen. Ohne bewegungseinschränkende Zäune und Halfter entsteht der Eindruck von Freiheit, die das abgebildete Pferd in Wirklichkeit aber nie hat. Es werden unter anderem Hintergründe ausgetauscht und mit Filtern eine Lichtstimmung gezaubert, die so nie stattgefunden hat. Die Manipulation am Bild kennt keine Grenzen.

Im Umkehrschluss hat dieser Trend auch dazu geführt, dass die Bilder von Fotografen, die sich um eine gute Lichtstimmung, eine tolle Szene, um exzellent trainierte Pferde sowie geeignete Locations bemühen, nicht mehr als Realität wahrgenommen werden: »Das wurde bestimmt gephotoshopt«, heißt es hier sehr schnell. Sicherlich hat die Retusche in bestimmten Situationen seine Berechtigung. Wenn der Züchter seine Pferde für Verkaufszwecke in bester Manier präsentieren möchte, kann auf dem Foto ein auffälliger, unschöner Zaun vom Pferd ablenken. Hier wäre es durchaus legitim, bearbeitungstechnisch einzugreifen. Wird dem Pferd jedoch über ein Bearbeitungsprogramm ein zu kurzer Hals verlängert, werden Verletzungsnarben entfernt oder Fehlstellungen korrigiert, ist dies eine falsche Darstellung der Realität und letztendlich Betrug. Die Grenzen zwischen Fotooptimierung und Manipulation sind oft fließend.

Wie kann sich der ehrliche Fotograf davor schützen, in den Verdacht zu geraten, dass seine Bilder manipuliert sind? Und wie kann der Betrachter die Gewissheit haben, mit einem Bild die Wirklichkeit präsentiert zu bekommen und keine Illusion? Die Unsicherheit, dass es sich um manipuliertes Bildmaterial handelt, kann die Freude an guter Fotografie und schönen Bildern zerstören. Das Problem zieht sich durch alle Genres. Ein Paradebeispiel ist die Modebranche. Frankreich hat ein Gesetz erlassen, das vorschreibt, manipulierte Bilder als solche zu kennzeichnen. Damit wird dem Betrachter klar, dass das Bild entsprechend bearbeitet wurde und nicht mehr der Realität entspricht. Ähnliche Vorschriften gibt es mittlerweile aber auch in anderen Ländern.

Welche Auswirkungen die Manipulation von Bildern auf den Betrachter hat, ist zwar prinzipiell wichtig, aber vom Grundsatz her erst mal nicht relevant. Es geht schon allein darum, dass der Betrachter das grundsätzliche Recht darauf hat, nicht betrogen zu werden. Damit sollte jedes Bild, das retuschiert oder beispielsweise mit Filtern beziehungsweise anderweitigen Techniken über ein Bildbearbeitungsprogramm verändert worden ist, entsprechend gekennzeichnet sein. Jedes Bild, bei dem mehr bearbeitet worden ist als die normalen, notwendigen Entwicklungsschritte einer Raw-Datei (wie beispielsweise die Optimierung von Tonwerten und Belichtung sowie das Bild von Sensorflecken zu säubern, die durch Staub- und Schmutzpartikel in der Kamera erzeugt werden), sollte stets einer entsprechenden Kennzeichnung unterliegen.

In der Naturfotografie ist eine Retusche nach den Statuten und Wettbewerbsregeln des größten deutschen Verbandes, der Gesellschaft für Naturfotografie (GDT), grundsätzlich nicht erlaubt. So wie die Szene on location war, soll sie auch abgelichtet werden. Manipulationen am Bild sind somit strikt verboten. Manipulationen sind aber nicht nur auf die Bildbearbeitung beschränkt. So muss beispielsweise gekennzeichnet werden, wenn ein Tier nicht in freier Wildbahn, sondern unter kontrollierten Bedingungen (Gehege) fotografiert wurde. Doch auch hier gibt es natürlich Grenzfälle. Tatsächlich wird das Verhalten eines Wildtieres nämlich schon manipuliert, wenn man es mit Futter oder nachgeahmten Geräuschen von Artgenossen anlockt, um es ablichten zu können.

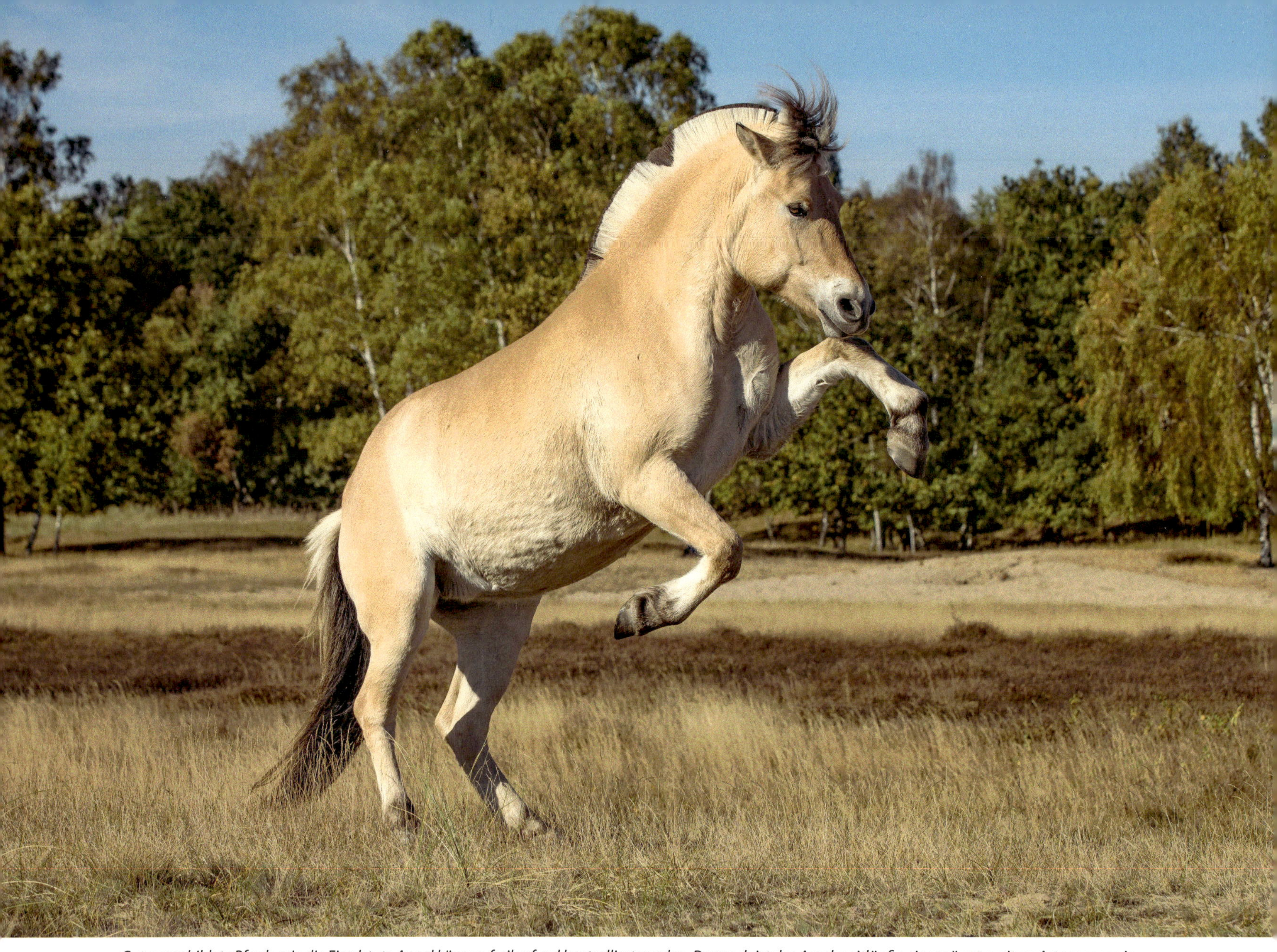

▲ *Gut ausgebildete Pferde wie die Fjordstute Angel können freilaufend kontrolliert werden. Dennoch ist das Areal weitläufig eingezäunt, weitere Artgenossen in unmittelbarer Nähe dienen als Magnet, ebenso die Leckerlitüte der Trainerin, die sich knapp außerhalb des Bildes befindet. Somit ist die Sicherheit gewährleistet und eine Retusche unnötig; Canon EOS 1D X mit Canon EF 70–200 mm f/2,8L IS II USM bei 70 mm, 1/500 s, Blende 7,1, ISO 800*

Nun sind Pferde aber keine Wildtiere (ausgenommen frei lebende Wildpferdeherden), und dem Bildbetrachter ist es meistens auch nicht wichtig, ob die Aufmerksamkeit des abgebildeten Pferdes durch das Wiehern einer Handy-App oder einer raschelnden Tüte hervorgerufen worden ist. Es ist dem potenziellen Pferdekäufer aber wichtig, dass das Bild eines Pferdes, das er eventuell käuflich erwerben möchte, der Realität entspricht und am Foto unter anderem keine Exterieurmanipulationen vorgenommen worden sind.

Zwar ohne Schaden einhergehend, aber dennoch ärgerlich ist es für den interessierten Bildbetrachter, wenn ein Fotograf ihm vorgaukeln möchte, dass das abgebildete Pferd beispielsweise völlig frei am Meeresstrand galoppierend abgelichtet wurde. In Wahrheit jedoch ist das Pferd an der Longe gelaufen, die später retuschiert wurde. Dies kann naive Nachahmer möglicherweise dazu verleiten, Pferde freilaufend zu fotografieren, wodurch Unfälle riskiert werden. Leider ist es in der Pferdefotografie bereits eine Selbstverständlichkeit, bei Pferdebildern Zäune, Halfter und Führstrick oder Longe zu retuschieren. Aus fotografischer Sicht darf es allerdings kein Anreiz sein, mangelhafte Bilder zu produzieren, weil man sie hinterher retuschieren kann beziehungsweise sowieso von einer Manipulation ausgegangen wird.

Deshalb – jedoch grundsätzlich der Fairness halber – und um naives Nachahmen zu verhindern, sollte man retuschierte und manipulierte Bilder in der Pferdefotografie kennzeichnen, bevorzugt mit entsprechender Beschreibung (z. B. »Lichtsituation geändert«, »Hintergrund ausgetauscht«, »Halfter entfernt« o. Ä.). Ein ehrlicher Fotograf lässt den Bildbetrachter nicht im Dunkeln tappen und schützt sich damit auch selbst, da er nicht gekennzeichnete Bilder als automatisch unmanipuliert darstellt und nicht unter Generalverdacht gerät, jedes Bild sei mithilfe eines Bildbearbeitungsprogramms verändert worden.

Sicherheit

Nicht nur beim Reiten und Umgang mit Pferden, sondern auch bei der fotografischen Arbeit ist es erforderlich, Sicherheitsmaßnahmen zu ergreifen, damit die Tiere nicht entlaufen und zu einem Risiko werden. Es ist deshalb legitim und oft sogar notwendig, Pferde mit Halfter und Strick oder einem mobilen Zaun an der Fotolocation abzusichern. Wenn diese Hilfsmittel später am Rechner retuschiert werden, sollte allerdings darauf verwiesen werden.

Nun besteht natürlich auch das Ansinnen vieler Pferdefotografen, möglichst auf Sicherheitsmaßnahmen zu verzichten, um sich eine mühevolle Retuschearbeit am Rechner zu ersparen. Der Profifotograf muss möglichst effektiv arbeiten, um von seiner Arbeit leben zu können. Zudem sind so manche Pferdebesitzer davon überzeugt, dass ihr Pferd sogar ohne Führstrick stehen bleibt. So werden nicht selten unnötige Risiken eingegangen.

Kein Bild der Welt ist es wert, dass ein Pferd vor ein Auto läuft und einen schlimmen Unfall verursacht! Aus diesem Grund gilt auch in der Pferdefotografie: Safety first! Die Sicherheit von Mensch und Tier steht immer an erster Stelle.

Der Sicherheitsaspekt sollte nicht nur das fotografische Handwerk umfassen, sondern auch aus reiterlicher Sicht gewährleistet sein. Ein umsichtiger Fotograf fertigt keine Bilder an, auf denen kleine Mädchen mit ungeeignetem Schuhwerk (z. B. Sandalen) oder barfuß am Pferd stehen oder reiten. Auch bei einem Shooting mit erwachsenen Reitern ist dafür sorgen, dass keine unnötigen Risiken eingegangen werden. Jedes Foto sollte möglichst Vorbildcharakter haben – sowohl aus fotografischer als auch aus reiterlicher Sicht.

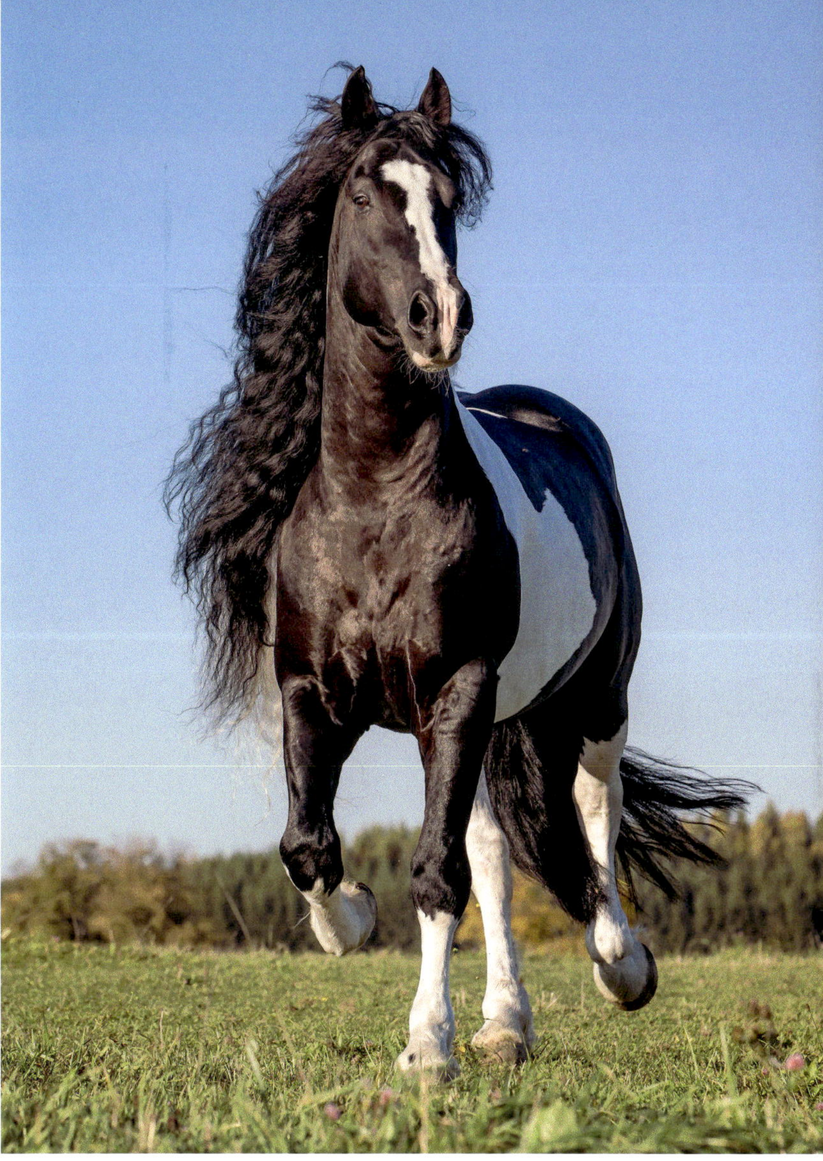

▲ *Bilder leben vom Ausdruck des Pferdes. Nur ein waches Auge kann Lebensfreude vermitteln: Barock-Pintohengst Anthimos; Canon EOS 1D X mit Canon EF 70–200 mm f/2,8L IS II USM bei 140 mm, 1/2500 s, Blende 7,1, ISO 640*

Tierschutz

Der Tierschutz hat oberste Priorität bei jedem Shooting. Was selbstverständlich klingt, wird dennoch nicht selten aus Unwissenheit oder Sorglosigkeit übergangen. Die Konzentration auf den Fokus, die richtige Belichtung oder den Bewegungsablauf des Pferdes lenkt den Fotografen nur allzu schnell davon ab, auf die Gesundheit seines Models zu achten. Wenn man mit Tieren arbeitet, sind alle Beteiligten für dessen Wohlbefinden verantwortlich. Falscher Ehrgeiz, Unwissenheit und fehlendes Einfühlungsvermögen sind häufig die Gründe für Überschreitungen der tierschutzrelevanten Grenze.

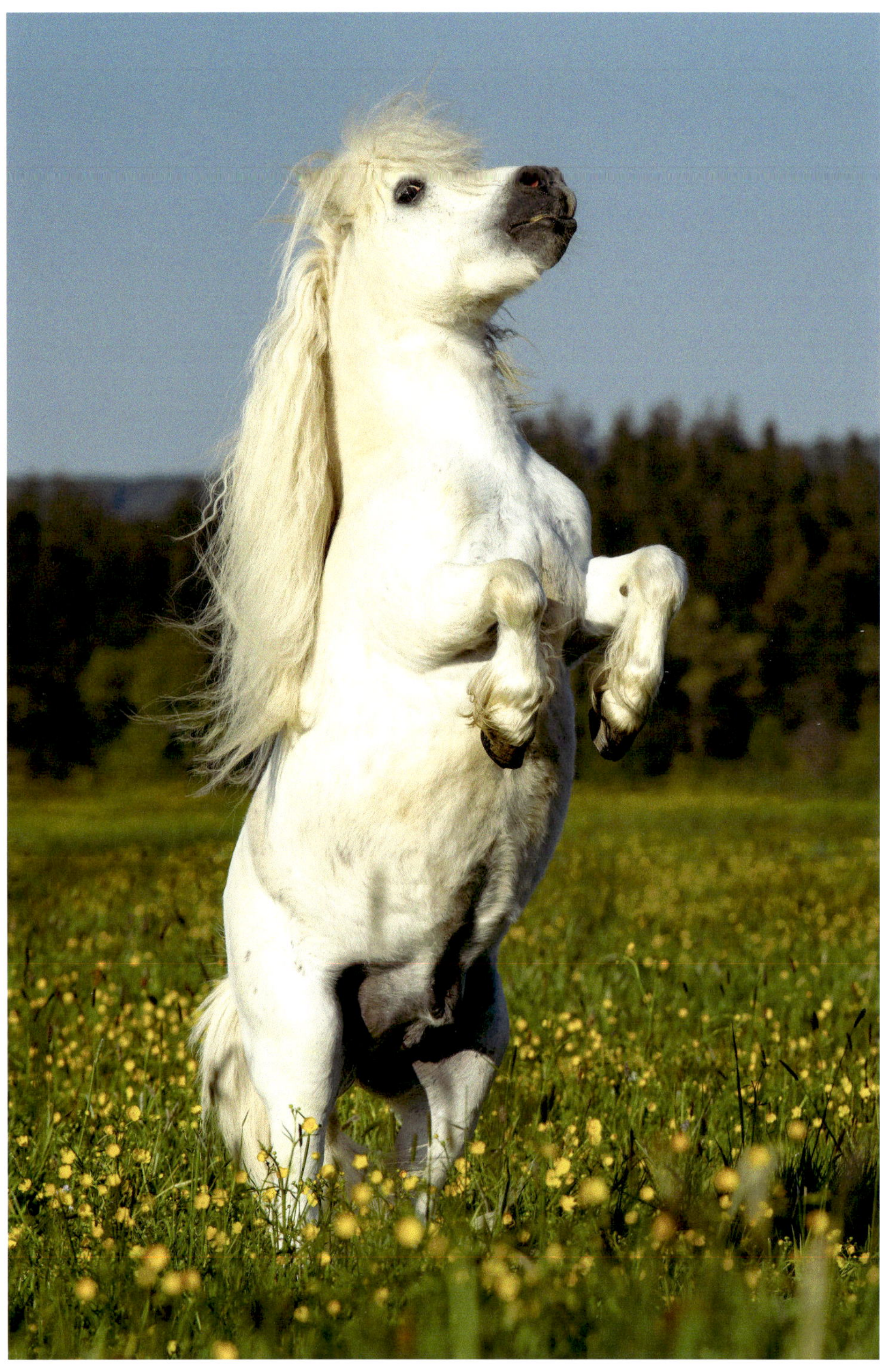

▲ *Classic Ponyhengst Rambo ist ein ausgebildetes Showpony und liebt es, seine Kunststückchen zu präsentieren (Retusche: Weidezaun); Canon EOS 1D Mk IV mit Canon EF 70–200 mm f/4L IS USM bei 183 mm, 1/2000 s, Blende 7,1, ISO 400*

So werden Pferde beispielsweise bei hohen Sommertemperaturen übermäßig oft von einem Ende der Koppel zum anderen getrieben, um ein tolles Lauffoto zu erzwingen. Irgendwann sind auch beim motiviertesten Pferd Kondition und Lauflust zu Ende. Verschnauf- und Fresspausen jedoch erhalten die Frische des Pferdes, die man auf den Bildern letztendlich auch sieht. Keiner möchte ein abgehetztes Pferd mit angsterfüllten Augen auf den Bildern sehen, wenn es mit letzter Kraft vor der schwingenden Peitsche davonläuft. Eine Peitsche dient nicht dazu, ein Pferd zu schlagen oder ihm Angst einzujagen, vielmehr sollte sie dirigierend eingesetzt werden, um das Reittier in die gewünschte Laufrichtung zu lenken. Treibinstrumente aller Art müssen stets behutsam und wohldosiert angewendet werden. Das setzt ein hohes Maß an Pferdeverständnis voraus.

Die Helfer sind darum mit die wichtigsten Personen im Rahmen eines Pferdeshootings und müssen über eine große Pferdeerfahrung verfügen. Je besser das Management beim Shooting abläuft, desto authentischer wird das Ergebnis sein. Werden die Pferde während des Fototermins zu sehr unter Druck gesetzt, spiegeln sie dies in ihrem Blick wider. Der Ausdruck der Pferde zeigt, wie sie sich beim Shooting fühlen. Mit gestressten Pferden wird man keine Fotos mit positiver Ausstrahlung erzeugen.

Der erfahrene Pferdekenner kann den Ausdruck des Vierbeiners lesen. Auf vielen Bildern wirken die Pferde panisch, ängstlich, gestresst, angestrengt, aber auch gelangweilt, genervt oder traurig. Das muss nicht zwingend mit dem Ablauf des Shootings zu tun haben, sondern zeigt oft auch die Lebenssituation (Haltungsstress, Trainingsstress etc.) auf. Als Fotograf sollte man auf einen positiven Ausdruck des Pferdes achten. Gegebenenfalls helfen Maßnahmen wie

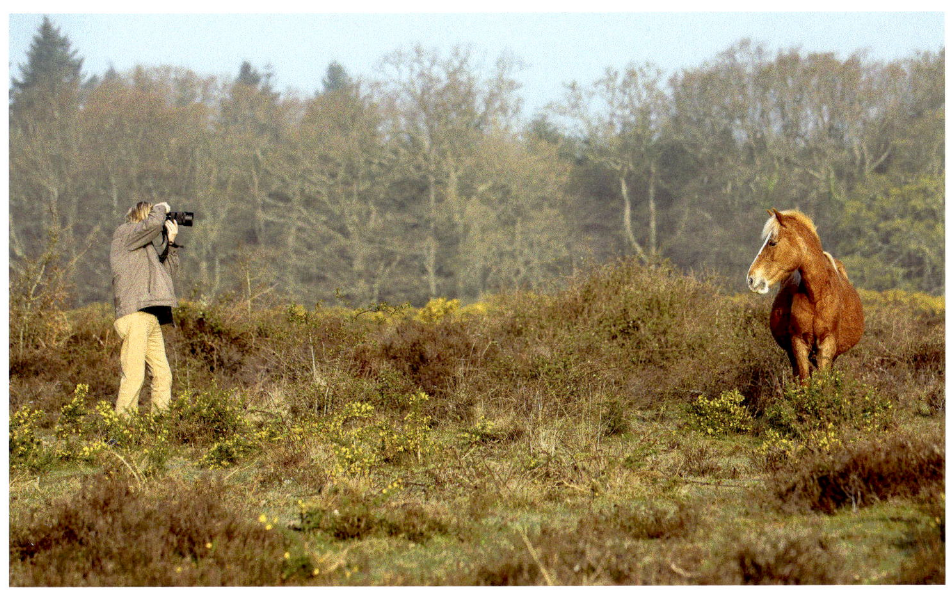

Als Pferdebesitzer, Reiter, Trainer und Züchter, aber auch als Fotograf sollte man den Pferden mit Würde, Respekt und Fairness begegnen; Canon EOS 1D X mit Canon EF 70–200 mm f/2,8L IS II USM bei 102 mm, 1/2000 s, Blende 3,5, ISO 200

die Gesellschaft eines Artgenossen beim Shooting, Fresspausen und anderweitiger Stressabbau sowie Motivationsschübe (Lob, Belohnungen mit Leckerli, Streicheleinheiten etc.), so gut es aktuell möglich ist. Der Glanz im Auge des Pferdes verleiht dem Bild schließlich das Sahnehäubchen.

Leider kommt es immer wieder zu Fehlinterpretationen bei der Deutung des Gesichtsausdrucks. So werden sorgenvolle Blicke als liebevolle Zuneigung fehlgedeutet oder angstvolle Augen mit Interesse verwechselt. Ein Pferdefotograf muss deshalb ein guter Kenner dieser Tiere sein, um Situationen richtig einzuschätzen und die Signale der Pferde korrekt deuten zu können.

Ein Fototermin wird dem Pferd sicherlich nicht zwingend Spaß machen. Es versteht ja nicht, worum es bei dieser Aktion geht. Es kann schwer nachvollziehen, warum es minutenlang für ein Porträt stillstehen oder weshalb es in eine bestimmte Richtung schauen soll. Völlig unbegreiflich ist ihnen, warum sie auf einer saftigen Wiese nicht fressen, sondern laufen sollen – und noch dazu denselben Weg zum wiederholten Male. Deshalb ist es nur zu verständlich, wenn die Pferde nach einer gewissen Zeitspanne unruhig oder lustlos werden. Aus diesem Grund ist es wichtig, das geplante Motiv bestmöglich vorzubereiten und gegebenenfalls die Belichtung oder den Laufweg mit »Dummys« zu testen, bevor das Pferdemodel zum Einsatz kommt.

Der Pferdefotograf muss sich noch über einen weiteren tierschutzrelevanten Aspekt Gedanken machen: Sowohl im privaten Umfeld als auch auf öffentlichen Veranstaltungen kommt es immer wieder zu unschönen Szenen im Umgang mit Pferden. Sei es, dass der übermotivierte Turnierreiter zu hart in die Zügel fasst, dass das Pferd schmerzerfüllt den Kopf hochwirft und das Maul aufsperrt, der Jockey kraftvoll mit der Gerte die letzten Reserven seines Rennpferdes herauslocken will oder der schlecht geschulte Freizeitreiter seinem Pferd schwer in den Rücken fällt: Muss man diese Szenen ablichten? Soll der Pferdefotograf sich diesen Tatsachen verschließen und mit seinen Bildern lediglich eine »heile Welt« inszenieren?

Das Ansinnen des Pferdefotografen wird sicherlich nicht sein, unschöne Szenen zu erhaschen, um den Reiter an den Pranger zu stellen. Sein Ziel sind in aller Regel ansehnliche Abbildungen der Pferde und Reiter. Dennoch darf man als Fotograf den Blick vor der Realität nicht verschließen. Es liegt allerdings in der Verantwortung des Fotografen, in welcher Form und in welchem Rahmen er zweifelhafte Fotos der Öffentlichkeit präsentiert. Denn jedes Foto ist lediglich eine Momentaufnahme, in der in einem Bruchteil einer Sekunde eine Szene gezeigt wird, die sich im nächsten Moment möglicherweise bereits wieder in Wohlgefallen auflöst. Der fixierte Moment jedoch kann – länger betrachtet – das Gefühl einer dauerhaften Situation simulieren und verschlimmert somit eine Szene deutlich. Stellt eine Momentaufnahme aber ein typisches Beispiel für das Geschehen dar, ist es wiederum ein Beleg für die realen Verhältnisse und sollte gegebenenfalls durchaus die Aufmerksamkeit der Öffentlichkeit wecken. Missstände können auf diese Weise aufgezeigt und zum Wohle des Pferdes verändert werden.

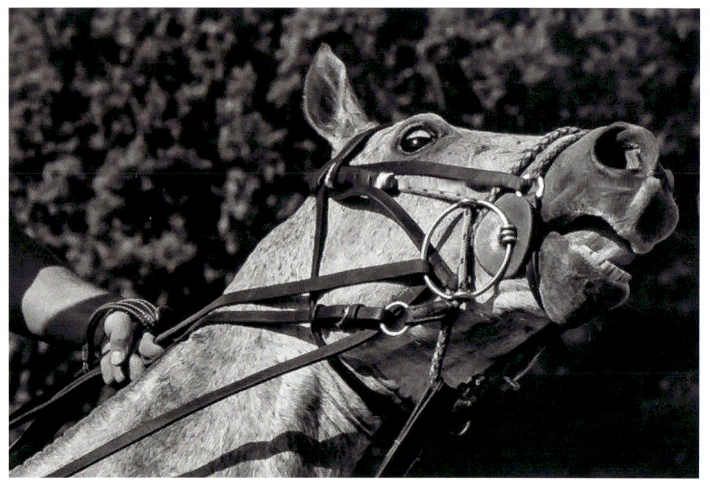

Darf man sich als Pferdefotograf vor der Realität verschließen? Leider sind auch solche Bilder keine Ausnahme – sowohl im Freizeit- als auch im Sportbereich. Im Polosport sind Zäumungen wie Aufziehtrense, Stoßzügel, Schlaufzügel und Reithalfter in Kombination »normal«. Wenn nun auch noch der Kommentator dieser öffentlichen Sportveranstaltung von einer »humanen Zäumung« spricht, wird man als Pferdefreund sehr nachdenklich. Offene Mäuler und schmerzerfüllte Blicke der Pferde sind keine Seltenheit. Dieses Bild steht hier deshalb nur exemplarisch, denn Fehlverhalten kommt in allen Sparten vor, in denen Pferde »genutzt« werden; Canon EOS 1D X mit Canon EF 70–200 mm f/2,8L IS II USM bei 88 mm, 1/2500 s, Blende 8, ISO 640, Bildausschnitt

Der Rahmen einer Veröffentlichung ist ebenfalls ein sehr wichtiges Kriterium, wie eine Aufnahme wirkt. Es spielt eine nicht unerhebliche Rolle, wie sie textlich untermauert wird und welchem Zweck sie dienen soll. »Aufklärung – ja, Anprangern – nein!« sollte die Devise des Pferdefotografen sein. Man muss sich aber auch an die eigene Nase fassen, wenn es darum geht, wie viel Druck ausgeübt werden darf, um »das eine Bild« umsetzen zu können. Tierschutz steht immer über allem: über Erfolg, über Spaß und über jedem noch so tollen Bild!

Würde und Respekt

Dass tierschutzrelevante Aspekte in der Fotografie berücksichtigt werden, ist für die meisten Fotografen eine Selbstverständlichkeit. Dennoch bleibt der Respekt dem Pferd gegenüber manchmal auf der Strecke. Was bedeutet es, dem Tier gegenüber Respekt zu zeigen? Insbesondere ist es die Fähigkeit, die Natur des Pferdes und seine Bedürfnisse zu akzeptieren. Definiert wird der Begriff »Respekt« als

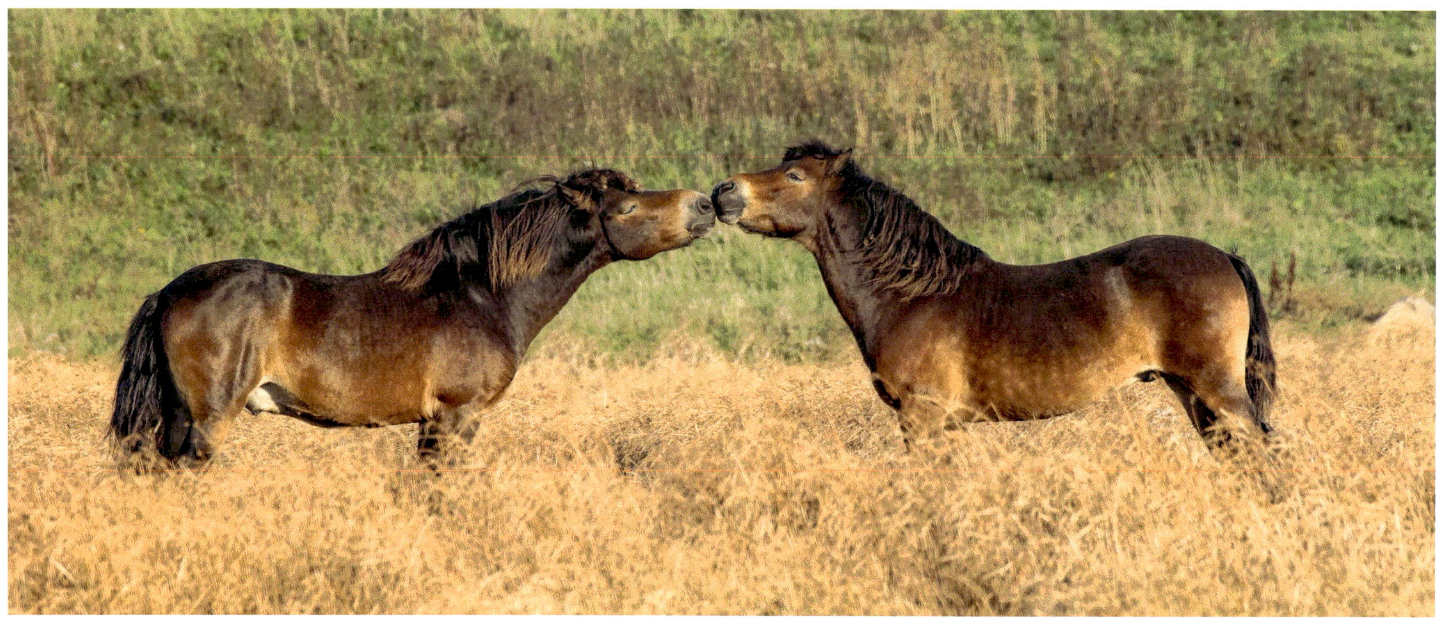

Bei den freilebenden Exmoorponys scheint die Pferdewelt noch in Ordnung zu sein. Trotz harter Umweltbedingungen können die Tiere nach ihren Bedürfnissen leben; Canon EOS 1D X mit Canon EF 100–400 mm f/4,5-5,6 L IS II USM bei 400 mm, 1/1250 s, Blende 8, ISO 800

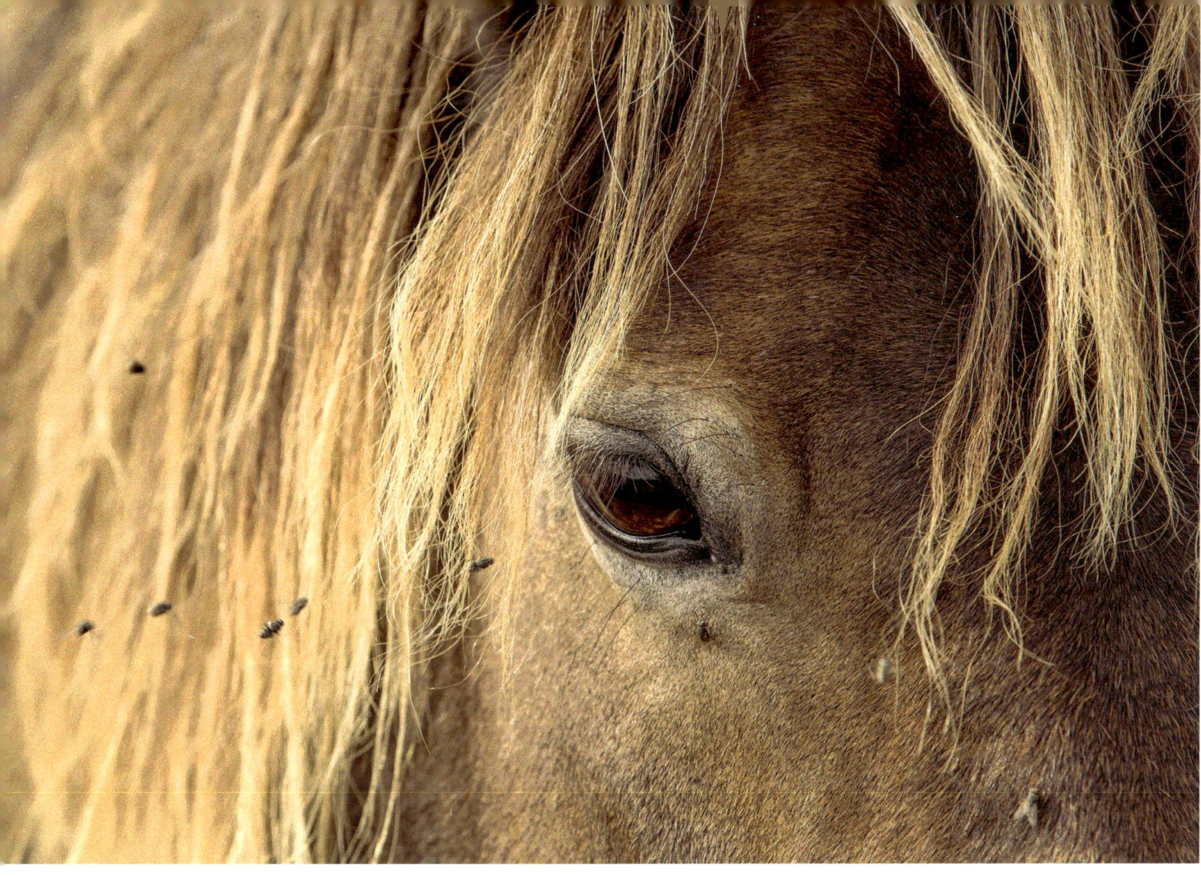

◀ *Ein Pferd muss Pferd bleiben dürfen, dennoch darf der Mensch es für seine Belange nutzen, solange dies würde- und respektvoll geschieht; Canon EOS 1D X mit Canon EF 70–200 mm f/2,8L IS II USM bei 200 mm, 1/640 s, Blende 8, ISO 640*

»anerkennende Berücksichtigung des Wertes«, also die Wertschätzung des Pferdes. Nach den ethischen Grundsätzen der Deutschen Reiterlichen Vereinigung (FN) sind alle Pferde – ob groß oder klein, teuer oder billig, alt oder jung und gesund oder krank – gleich zu achten. Damit ist das kleine Shetlandpony, das möglicherweise nur als »Rasenmäher« fungiert, ebenso viel wert wie das millionenteure Rennpferd, das einen Sieg nach dem anderen einläuft.

Jedes Pferd hat dasselbe Recht, anständig behandelt zu werden, hat ein Anrecht auf qualitätsvolles und ausreichendes Futter und auf einen artgerechten Lebensraum. Vor der Kamera obliegt es dem Fotografen, die arttypischen Charakterzüge des jeweiligen Pferdes ins rechte Licht zu rücken. Das Bild des grasenden Shetlandponys hat dabei dieselbe Wertigkeit wie das Siegerbild des Galoppers.

Anstand und Respekt dem Pferd gegenüber heißt für den Fotografen insbesondere, die Natürlichkeit des Pferdes wertzuschätzen und aus einem Pferd keine »Witzfigur« zu machen. So grenzen Bilder von Pferden, die mit farbigem Puder beworfen, lustig bemalt oder mit Bildchen beklebt werden, für die einen schon an Geschmacklosigkeit, während andere diese Art der Umsetzung als kreativ ansehen.

Wird die Würde des Pferdes angegriffen, wenn ihm beispielsweise ein Totenkopf ins Fell rasiert oder ein Horn auf die Stirn geklebt wird? Wird das Pferd dabei bereits unwürdig »entstellt«? Ist die »Verkleidung« als Märchenfigur ein inakzeptabler Eingriff in die Würde des Pferdes? Und ist es dem Pferd zuzumuten, mit Farbe beschmiert und mit Accessoires beklebt zu werden? Vielleicht beantwortet sich die Frage unter der Berücksichtigung, dass diverses Zubehör (z. B. Kleber oder Farbe) dem Pferd eventuell auch schaden könnte, von selbst. Die Verletzungsgefahr ist ebenfalls nicht zu vernachlässigen, wenn Pferde – um ein Beispiel zu nennen – als Einhorn ausstaffiert werden.

Das Bedürfnis, ein Pferd als etwas anderes darzustellen, als es ist, scheint weit verbreitet zu sein. Zur respektvollen Fotografie gehört insbesondere, das Pferd in seiner Natürlichkeit – und bevorzugt in seinem artgerechten Lebensraum – abzulichten und nicht im Rampenlicht, mit viel Lärm, Verkleidung und Maskerade. Sicherlich kann sich ein Pferd in einer gewissen Weise anpassen und auch auf seiner Hauskoppel oder in der eigenen Box glücklich sein. Manche Pferde sind regelrechte »Showtypen«, die es sogar lieben, im Rampenlicht zu stehen. Mit diesen Pferden lassen sich durchaus glanzvolle Showeffekte umsetzen, doch der Fotograf muss stets die Grenzen kennen, ab wann sich ein Pferd in seiner Rolle nicht mehr wohlfühlt. Das ist der Punkt, das Vorhaben abzubrechen, denn nicht nur die Würde des Menschen – wie es das Gesetz vorschreibt –, sondern auch die des Pferdes sollte unantastbar sein.

1.2 Facetten der Pferdefotografie

Die Branche der Fotografie umfasst unglaublich viele Bereiche, die sich wiederum in verschiedenste Spezialgebiete untergliedern: Architekturfotografie, Naturfotografie, Porträtfotografie, Sportfotografie, Tierfotografie, um nur einige Beispiele zu nennen. So lässt sich die Pferdefotografie als ein Teilbereich der Tierfotografie sehen, fächert sich jedoch wiederum in Sparten auf wie Event-, Zucht- oder Trendfotografie.

Bei der Pferdefotografie kann es sich aber auch um Wildlife-, also Naturfotografie (Wildpferde), Porträtfotografie (Zucht-, Studiofotografie) oder Sportfotografie (Turnierfotografie) handeln – je nachdem, welcher Sparte sich der Fotograf zuordnet. Jedes Spezialgebiet erfordert wiederum eigene Voraussetzungen und ein spezifisches Fachwissen.

Neben den einzelnen Disziplinen spielt auch die Motivation des Fotografen eine Rolle. Sehr viele Fotografen nehmen die Kamera aus Spaß an der Freud zur Hand und sind darum völlig frei in ihrem Schaffensdrang. Der professionelle Fotograf, der beispielsweise für einen Verlag auf einem Event fotografiert, steht nicht selten unter einem enormen Druck, ganz bestimmte Bilder liefern zu müssen. Freie Fotografen, die mit der Fotografie ihr Geld verdienen wollen, haben es ebenfalls nicht leicht, sich am Markt zu etablieren. Deshalb muss sich der professionelle Fotograf heutzutage von der Masse abheben und etwas Besonderes bieten, um am Markt bestehen zu können. Dies kann ein eigener Stil sein, Motive umzusetzen, oder die Spezialisierung auf ein Nischenprodukt.

Will man fotografisch erfolgreich sein, ist außerdem eine gehörige Portion Kreativität wichtig. Diese Kreativität ist aber kein eigener fotografischer Bereich, sondern kann in jeder Sparte der Pferdefotografie zum Einsatz kommen. Die kreative Umsetzung von Motiven setzt jedoch die Grundkenntnisse für die einzelnen Spezialgebiete voraus.

Eventfotografie

Für den Fotografen kann die Eventfotografie sehr lukrativ sein. Insbesondere der Markt der Turnierfotografie ist mittlerweile allerdings stark umkämpft, da sich hier massenhaft Bilder an den Mann bringen lassen. Viele Turnierreiter wollen ein oder mehrere Fotos als

▼ *In Showprogrammen von Messen und Großveranstaltungen werden den akkreditierten Fotografen spezielle Plätze zugewiesen, von wo aus fotografiert werden darf. Messe Pferd International in München 2017; Canon EOS 1D X mit Canon EF 70–200 mm f/2,8L IS II USM bei 70 mm, 1/3200 s, Blende 7,1, ISO 800*

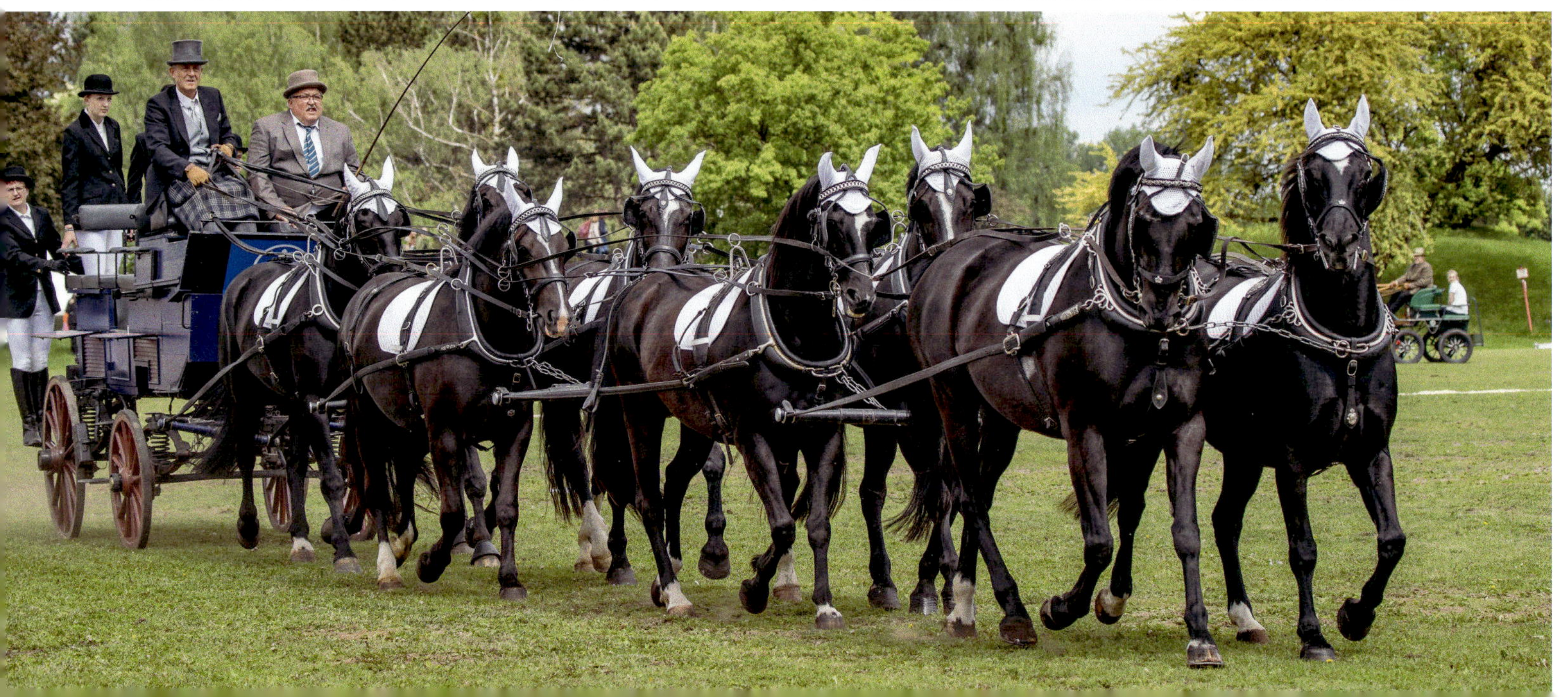

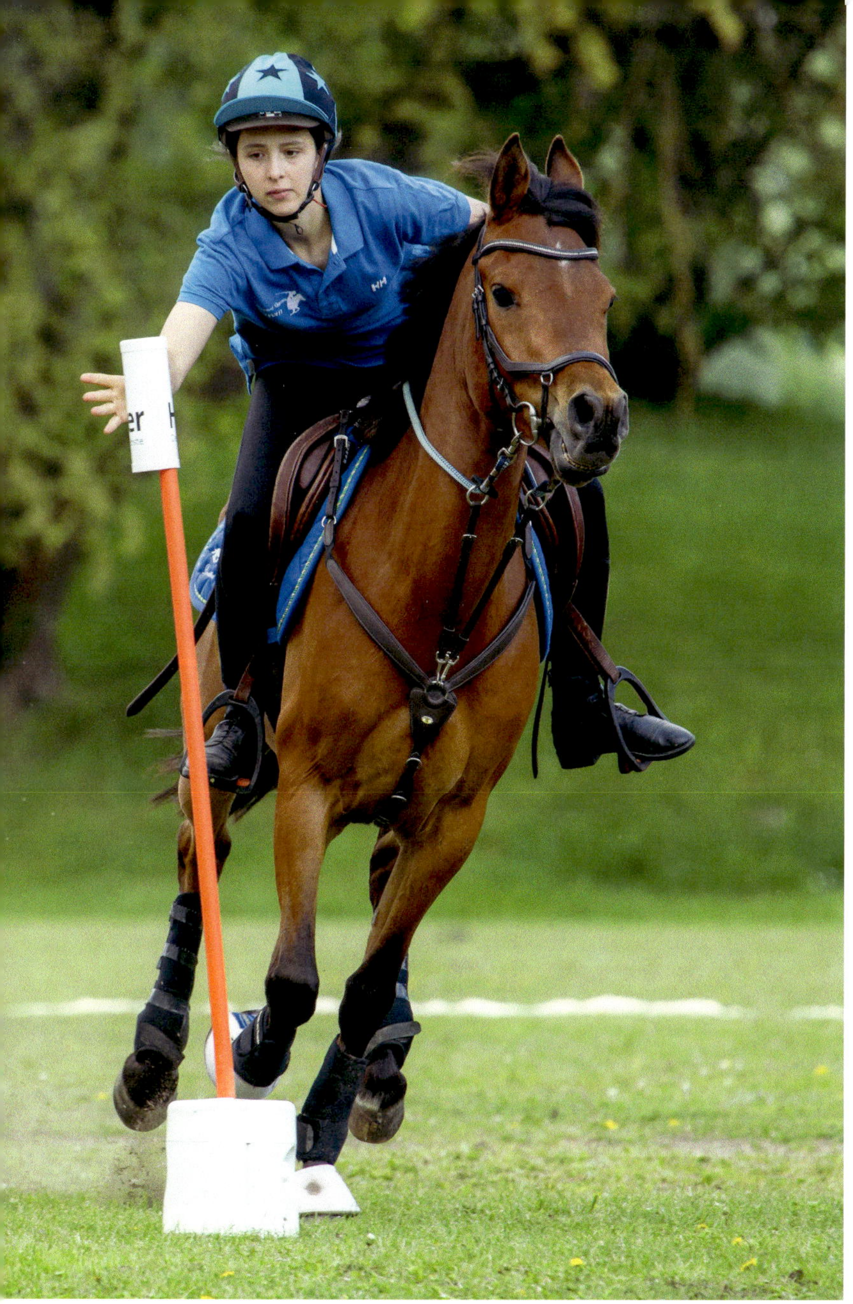

▲ *Im Showprogramm von großen Events werden den Zuschauern verschiedene Pferdesportdisziplinen wie hier die Mounted Games präsentiert; Canon EOS 1D X mit Canon EF 100–400 mm f5,6-6,3 IS II USM bei 400 mm, 1/640 s, Blende 7,1, ISO 800*

Erinnerung an ihren erfolgreichen Auftritt mit nach Hause nehmen. Jedoch ist es nicht so einfach, sich als Turnierfotograf zu etablieren. Die Veranstalter buchen meist bestimmte Fotografen, die das Event fotografisch begleiten dürfen. So darf häufig nur ein einziges Fototeam in die Arena, um Bilder zu machen und eine Blitzanlage aufzubauen. Der Fotograf benötigt die Genehmigung des Veranstalters, um auf dem Gelände Fotos zu erstellen, die er vermarkten will. Die akkreditierten Fotografen müssen sich auch auf einem ihnen zugewiesenen Platz aufhalten und können sich keineswegs frei in der Arena bewegen.

Nur auf kleineren Turnieren kann der Fotograf noch etwas zwangloser arbeiten, hat aber auch nur einen begrenzten Arbeitsbereich zur Verfügung. Die größte Problematik der Turnierfotografie ist, dass der Blickwinkel nur sehr selten frei gewählt werden kann. Das schränkt die Bildgestaltung enorm ein, und man muss oft mit einem sehr unruhigen Hintergrund leben, der viele störende Elemente enthält.

Zuchtfotografie

Die Fotografie im Zuchtbereich erfordert ein umfassendes Wissen über die jeweilige Pferderasse, die man für die Präsentation in Zeitschriften, Flyern oder im Internet fotografiert. Wird man von einem Züchter gebucht, entsprechende Bilder zu erstellen, ist genaues Arbeiten vor Ort ein wichtiger Aspekt, um das Pferd von seiner besten Seite zu zeigen und optimal ins Bild zu setzen.

Oft sind Porträtbilder gefragt, doch wollen die Züchter ihre Pferde häufig auch in ihren rassetypischen Bewegungen präsentieren. Deshalb muss der Fotograf nicht nur die allgemeinen Grundlagen der Bewegungs- und Porträtfotografie beherrschen, sondern auch die rassetypischen Merkmale hervorzuheben imstande sein.

Das beginnt bereits bei der Planung des Shootings, bei der Auswahl des Hintergrunds und beim Styling des Pferdes. So sind bei Fjordpferden speziell geschnittene Stehmähnen in Mode, die Andalusier tragen ihre Frisur lieber offen, um mit wallender Mähne zu posen, während sich das Warmblutpferd am liebsten mit edlem Flechtwerk vor der Kamera präsentiert.

Doch dem nicht genug: Das Wichtigste beim Zuchtshooting ist das korrekte Aufstellen des Pferdes für ein repräsentatives Porträtbild. Wiederum ist es rasseabhängig, wie die Pferde vor der Kamera aufgestellt werden (s. Kap. 3.2 »Aufstellbilder«).

Die Positionierung des Pferdes ist ein wichtiges Kriterium für perfekte Aufstellbilder, die Perspektive des Fotografen ein weiteres. Mit dem richtigen Blickwinkel kann man ein Pferd imposanter erscheinen lassen, einen schwachen Rücken kaschieren oder die Muskulatur besser hervorheben. Diese fotografischen Kenntnisse sind die Basis, um Pferde vorteilhaft abzulichten, und manchmal muss man richtig kreativ werden, um Exterieurmängel fotografisch abzumildern.

Bei Pferden, die zur Zucht eingesetzt werden, möchten die Besitzer deren Vorzüge in Exterieur und Charakter im Bild hervorheben.

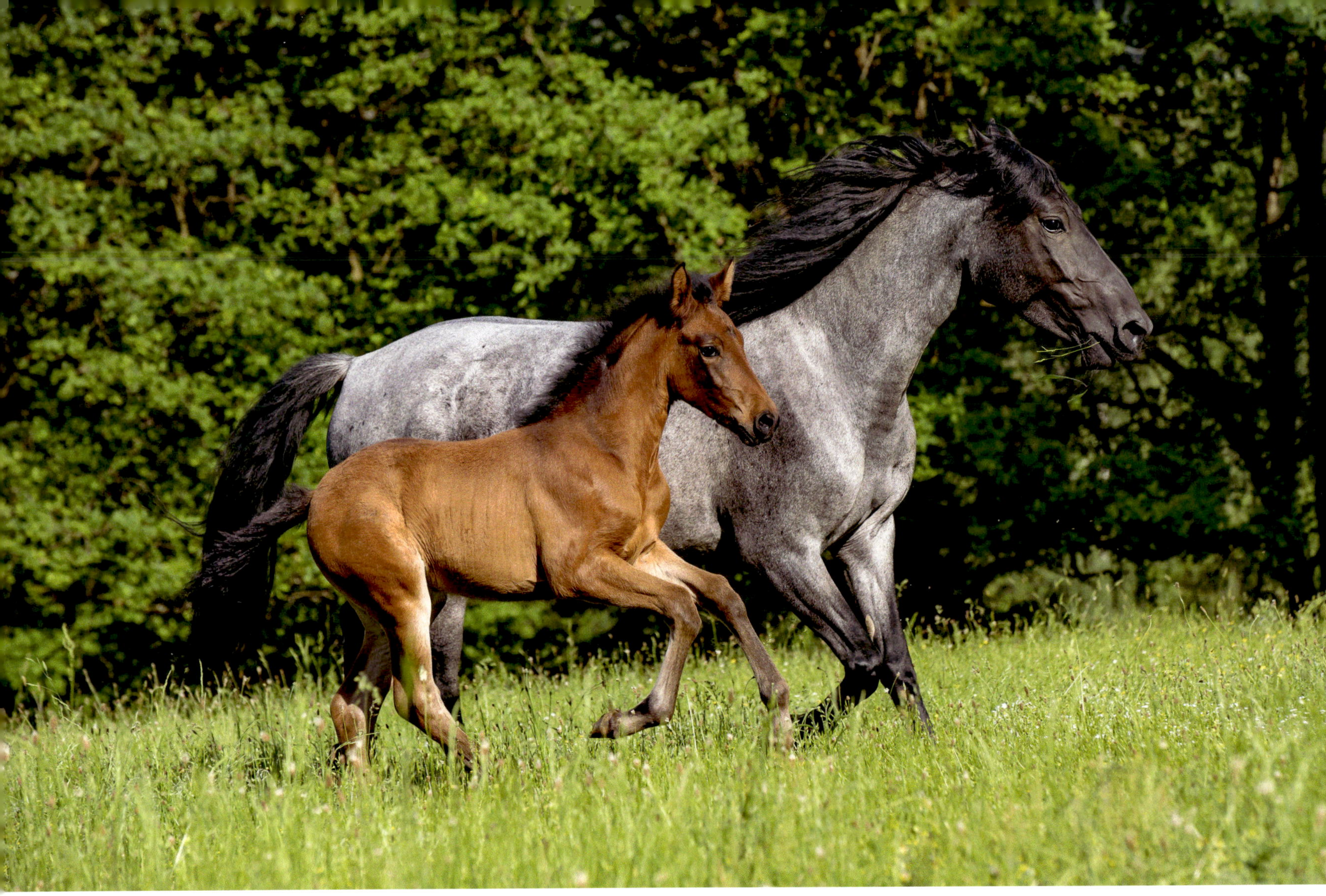

▲ *Andalusierstute Querida mit ihrem Stutfohlen Winona beim Freilaufshooting. Dem Züchter ist eine professionelle Präsentation seiner Zuchtpferde wichtig; Canon EOS 1D X mit Canon EF 70–200 mm f/2,8L IS II USM bei 160 mm, 1/1600 s, Blende 7,1, ISO 1000*

Ein Deckhengst muss sich stolz präsentieren, Spannung im Körper haben und einen wachen Blick zeigen. Kein Stutenbesitzer springt auf ein Bild an, auf dem der Hengst gelangweilt und desinteressiert wirkt. Alle Erklärungsversuche wie »Er ist halt eine coole Socke« nutzen wenig, wenn das Pferd keine Ausstrahlung zeigt.

Selbst die Zuchtstuten und deren Nachwuchs wollen vorbildlich präsentiert werden, um für die Fohlen Käufer zu finden. Das Erste, was der potenzielle Käufer von seinem zukünftigen Pferd sieht, wird meistens ein Foto in einer Verkaufsanzeige sein. Wenn ihn dieses nicht anspricht, wird er das Pferd aus den Augen verlieren und ein anderes kaufen. Die Verantwortung des Fotografen ist darum sehr groß, wenn er für Zuchtshootings gebucht wird.

Trendfotografie

Den Bereich der Trendfotografie decken sehr viele Hobbyfotografen ab, die sich einfach »schöne« Bilder wünschen. Dennoch gibt es in dieser Branche auch einen großen Markt, weil die Kunden – sprich die Pferdebesitzer – nach etwas »Besonderem« streben.

Der Klassiker in diesem Genre sind »Prinzessinnen-Fotos«, wobei junge (pferdebegeisterte) Mädchen sich in lange Kleider hüllen und neben oder auf ihrem Pferd posieren. Diese »Schmusefotos« in Form von Doppelporträts sind neben Galoppfotos äußerst beliebt.

Der Einsatz von Nebel (der meist mithilfe von Nebelkartuschen erzeugt wird oder aus einer Nebelmaschine kommt) ist ebenso gern gesehen wie mystisches Licht, das nicht selten mithilfe von Bildbearbeitungsprogrammen verstärkt oder komplett eingefügt wird. Der Fantasie, verträumte Märchenbilder zu produzieren, sind keine Grenzen gesetzt.

Der Trend wandelt sich ständig. Wenn genügend Prinzessinnenbilder abfotografiert sind, staffiert man das Pferd zum Einhorn aus, indem man ihm ein Kunststoffhorn auf die Stirn klebt oder es als Pegasus mit per Photoshop anmontierten Flügeln durch die Lüfte fliegen lässt. Der eine liebt es verträumt, der andere mystisch, der nächste produziert gar mitreißende Horrorbilder: Reiter und Pferd gehen dabei regelrecht in die Maske, werden kunstvoll bemalt und mit entsprechendem Equipment ausgestattet. Bodypainting hat längst auch in der Pferdefotografie Einzug gehalten. Der Satan auf dem schwarzen Pferd mit aufgemalten Feuerflammen darf dann durch den Garten galoppieren – der mit Sträuchern bestückte Hintergrund wird später in Photoshop in eine Höllenglut verwandelt, und fertig ist die Illusion.

Auf diese Weise können hervorragende Fantasiebilder erstellt werden, doch man bewegt sich auf schmalem Grat, will man den Pfad der respektvollen und tierschutzgerechten Fotografie nicht verlassen. Dennoch kann man in dieser Branche auch sehr kreativ arbeiten und sich immer neue Bildideen ausdenken. Die Kreativität findet allerdings nicht auf fotografischer Ebene statt, sondern vielmehr in der Bildidee und Bearbeitung der Szene am Rechner.

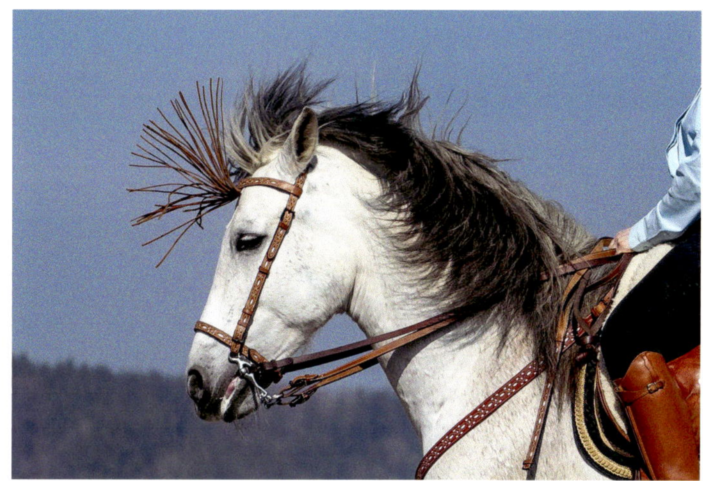

▲ *Der Reitsport setzt immer wieder neue Trends, die Facetten für außergewöhnliche Ideen und Bildkreationen in der Pferdefotografie sind deshalb ebenso umfangreich; Canon EOS 1D X mit Canon EF 70–200 mm f/2,8L IS II USM bei 125 mm, 1/1250 s, Blende 6,3, ISO 125*

Projektfotografie

Eine der wohl schönsten und herausforderndsten Genres ist die Projektfotografie. Auf dieser Ebene ist es jedoch auch am schwierigsten, beruflich Fuß zu fassen. Meistens wird diese Sparte deshalb nur hobbymäßig bedient. Am Anfang steht hier eine Serienbildidee, zu der bestimmte Themen umgesetzt werden. Typische Inspirationen sind Cowboyromantik, Indianer, Geister oder Ritter. Motive, die von der Trendfotografie oft nicht mehr abzugrenzen sind. Schließlich kann man sich auch Trendthemen zum Projekt machen.

Das Schaffensgebiet in der Projektfotografie ist enorm vielfältig: bestimmte Pferderassen, Bilder vor schwarzem Hintergrund, Fotos zum Thema Wasser, Licht oder Nacht. Inspirierend können auch Themen wie andere Länder, Reitervölker, Wildpferde oder das Pferd im Sport sein und letztendlich in tollen Portfolios münden.

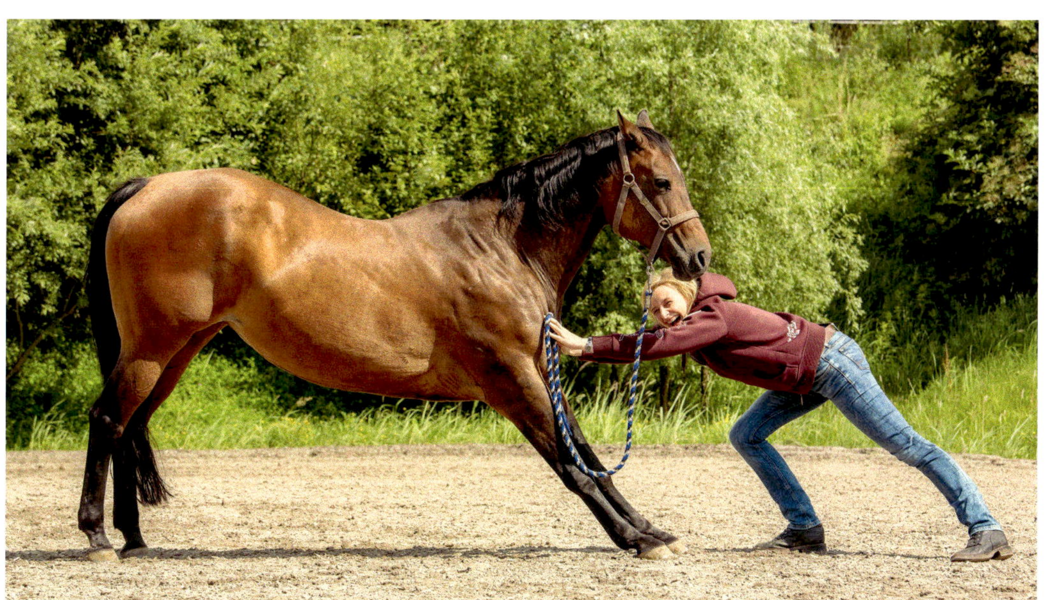

◀ *Pferdefotografie sollte allen Beteiligten Spaß machen. Dieses Bild von Silke und ihrer Quarter-Horse-Stute Candy ist während eines Projektshootings zum Thema Zirkuslektionen entstanden; Canon EOS 1D X mit Canon EF 70–200 mm f/4L IS USM bei 111 mm, 1/1250 s, Blende 8, ISO 800*

1.3 Kreativität in der Fotografie

Kreative Umsetzung von Fotothemen ist die Voraussetzung, um sich von der Masse abzuheben. Jede Sparte der Fotografie kann mit fantasievollen Elementen gefüllt werden, allerdings müssen diese erst entwickelt werden. Somit stellt sich die Frage, was Kreativität eigentlich ist und wie man kreativ arbeiten kann.

Kreativität beschreibt einen schöpferischen Prozess mit originellen, ungewöhnlichen und andersartigen Inhalten. Im Sprachgebrauch versteht man darunter auch, etwas Neues zu erschaffen oder zu erfinden. Im Prinzip ist die Fotografie deshalb grundsätzlich kreativ, weil kaum ein Foto einem zweiten gleicht, da Situationen nie absolut identisch sind. Dennoch reichen unterschiedliche Bildinhalte allein nicht aus, um beim Betrachter »hängenzubleiben« und ein Bild als originell zu bezeichnen.

Regeln brechen

Ein Bild muss »wirken«, Emotionen transportieren und Gefühle wecken. Damit ein Foto wirken kann, müssen bestimmte Regeln der Bildsprache eingehalten werden. Doch gerade das Brechen von Regeln kann etwas Neues, also einen kreativen Prozess, darstellen. Fotografische Regeln bewusst zu umgehen, erfordert viel Mut, weil das Risiko, dass dem Bild damit die Wirkung entzogen wird, sehr hoch ist. Setzt man sich beispielsweise über die bekannte Drittelregel in der Bildgestaltung hinweg und platziert das Hauptmotiv am äußersten Bildrand, begibt man sich auf dünnes Eis. Die Wirkung kann komplett ausfallen, aber auch fantastisch sein. Der erfahrene Fotograf weiß genau, wann er Regeln brechen kann, um eine Bildwirkung zu verstärken. Bevor man in einen kreativen Prozess geht, müssen deshalb die fotografischen Basics sitzen. Denn man kann keine Regel bewusst brechen, wenn man diese nicht kennt. Neues zu schaffen, ist nur möglich, wenn das Alte bekannt ist. Um Neuland betreten zu können, muss man also auf bewährten Pfaden wandeln.

▾ *Fotografie heißt »Malen mit Licht«, was hier in einer Langzeitbelichtung kreativ umgesetzt wurde. Das Bild der vorüberziehenden Pferdegruppe in der Abenddämmerung wirkt wie ein Aquarellgemälde; Canon EOS 1D X mit Canon EF 70–200 mm f/2,8L IS II USM bei 105 mm, 1,3 s, Blende 6,3, ISO 100*

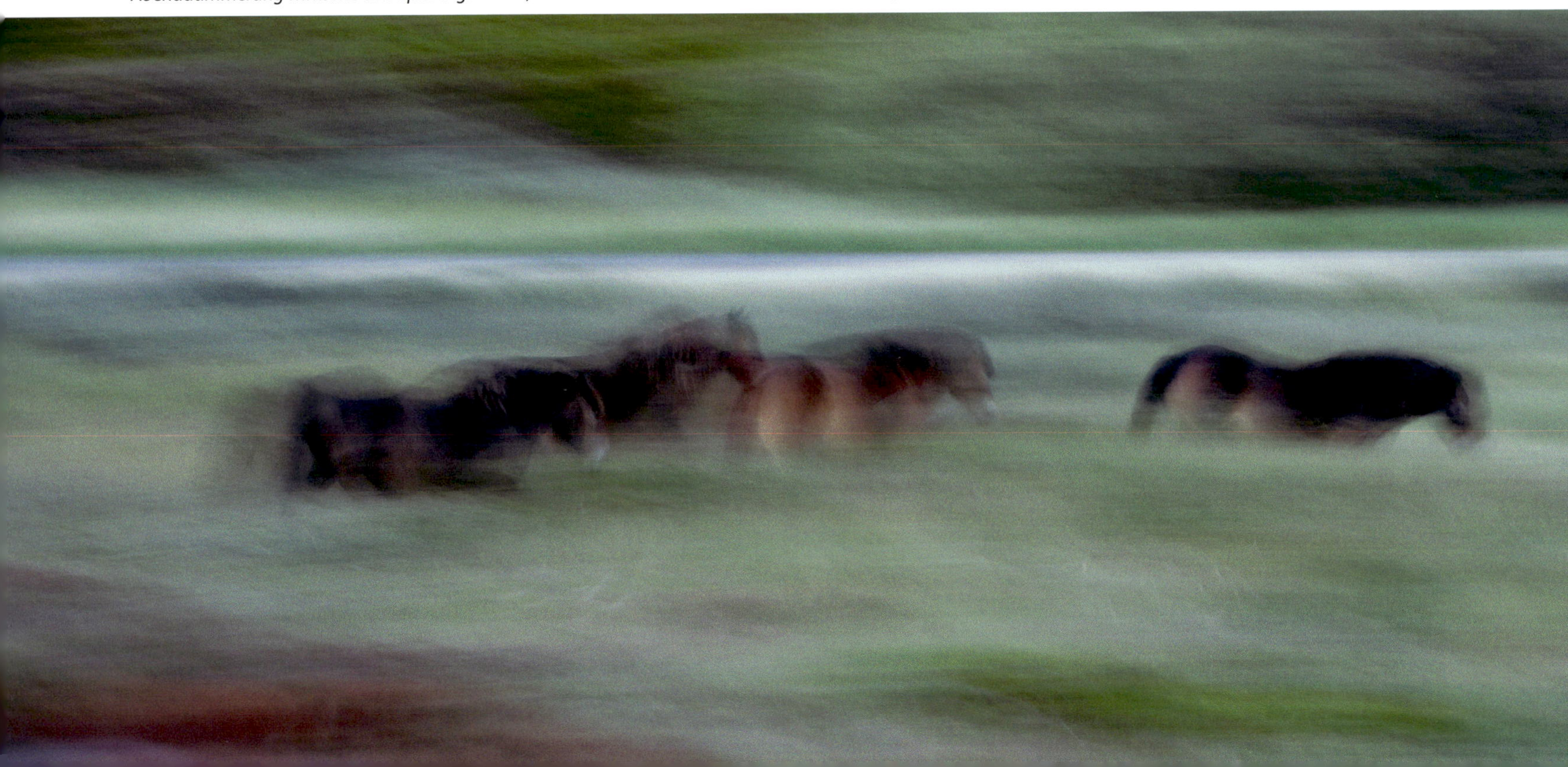

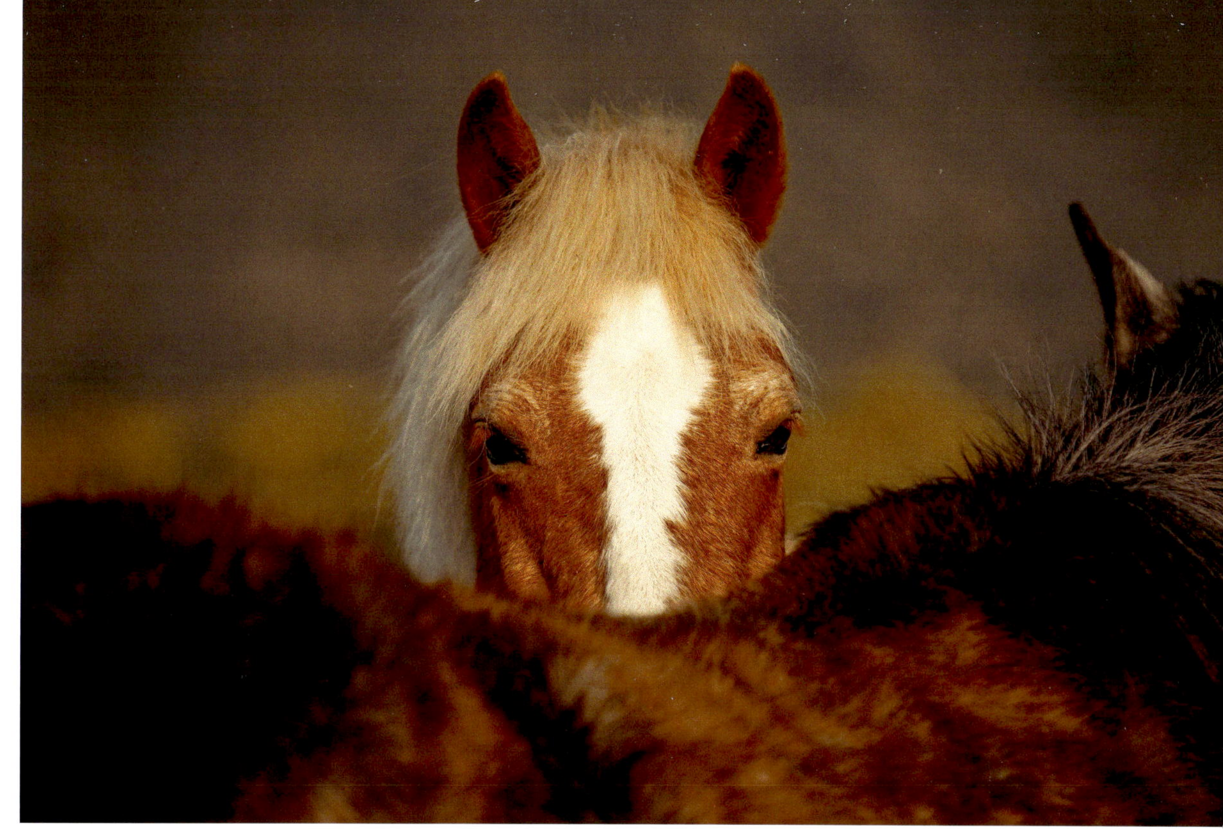

▸ *Regeln zu brechen gehört mit zum kreativen Schaffensprozess. Doch selbst dann muss ein Bild Emotionen transportieren und Gefühle wecken; Canon EOS 1D X mit Canon EF 70–200 mm f/2,8L IS II USM bei 200 mm, 1/2000 s, Blende 3,5, ISO 200*

Nun beinhaltet Kreativität nicht nur, Regeln zu ignorieren, sondern vielmehr auch die Neugestaltung von Normen und deren Weiterentwicklung. Das bedeutet, dass ein kreativer Prozess nicht daraus besteht, nun alle Grundsätze über Bord zu werfen, sondern diese neu auszulegen, vielleicht auch besser zu strukturieren oder gar ganz neue Regeln zu schaffen.

Mit einem Regelbruch kann man nämlich auch sehr leicht übers Ziel hinausschießen. Nicht alles Neue ist automatisch kreativ und gut. Ein gewisser Rahmen muss stets gegeben sein, um eine positive Wirkung zu erzielen.

Merkmale von Kreativität

Wie arbeitet man nun kreativ, vor allem wenn man glaubt, nicht kreativ zu sein? Tatsächlich haben Forscher mithilfe von verschiedenen Studien herausgefunden, welche Merkmale kreative Menschen mitbringen: Sie denken divergent, sind introvertiert, selbstbewusst, ehrgeizig, dominant, zweifeln Regeln an, sind kritisch, spontan, beharrlich, flexibel, neugierig und impulsiv. Wer sich nun in dieser Beschreibung nicht wiederfindet, ist aber deshalb nicht automatisch weniger kreativ. Vielleicht ist man ein »anderer« kreativer Mensch. Also ein »kreativer« kreativer Mensch! Jeder Mensch, der imstande ist, Ideen zu entwickeln, ist grundsätzlich kreativ. Doch Kreativität ist in sich schon flexibel und dehnbar. Gewisse Eigenschaften sind einem nicht von Geburt an mitgegeben, sondern erworben. Über Trainingstechniken und Lernstrategien kann man seine eigene Kreativität ausbauen und steigern. Eine bekannte Technik ist beispielsweise das Brainstorming. Manche Menschen brauchen aber einfach nur etwas Mut und Motivation, um kreativer zu werden. Selbstreflexion, der Mut zur Veränderung und Kritikfähigkeit sind hierfür entscheidende Faktoren.

Kreativität hat auch etwas mit Inspiration zu tun. So kann ein Bild eines anderen Fotografen sehr inspirierend für die eigene Fotoumsetzung sein. Das bedeutet nun nicht, eine Idee zu kopieren, sondern diese weiterzuentwickeln und daraus wieder eine neue Bildidee zu erschaffen. Wie heißt es so schön: Das Rad kann nicht neu erfunden werden. Es wird immer rund bleiben müssen, um funktional zu sein. Doch die Bereifung, die Speichen, die Farben und die Größe des Rads können abweichen und ermöglichen neue Einsatzgebiete und Wirkungsweisen. Im Rahmen dieser Gesetzmäßigkeit (der runden Form) bleibt viel Spielraum für originelle Ideen!

Ideenhemmer

Um nun den Einfallsreichtum nicht zu blockieren, sondern vielmehr das Sprudeln von Ideen zu forcieren, sollte man sich von festgefahrenen Verhaltensweisen verabschieden. Der Alltagstrott ist der größte Feind des kreativen Schaffens: »Ich fotografiere immer mit Blende 4

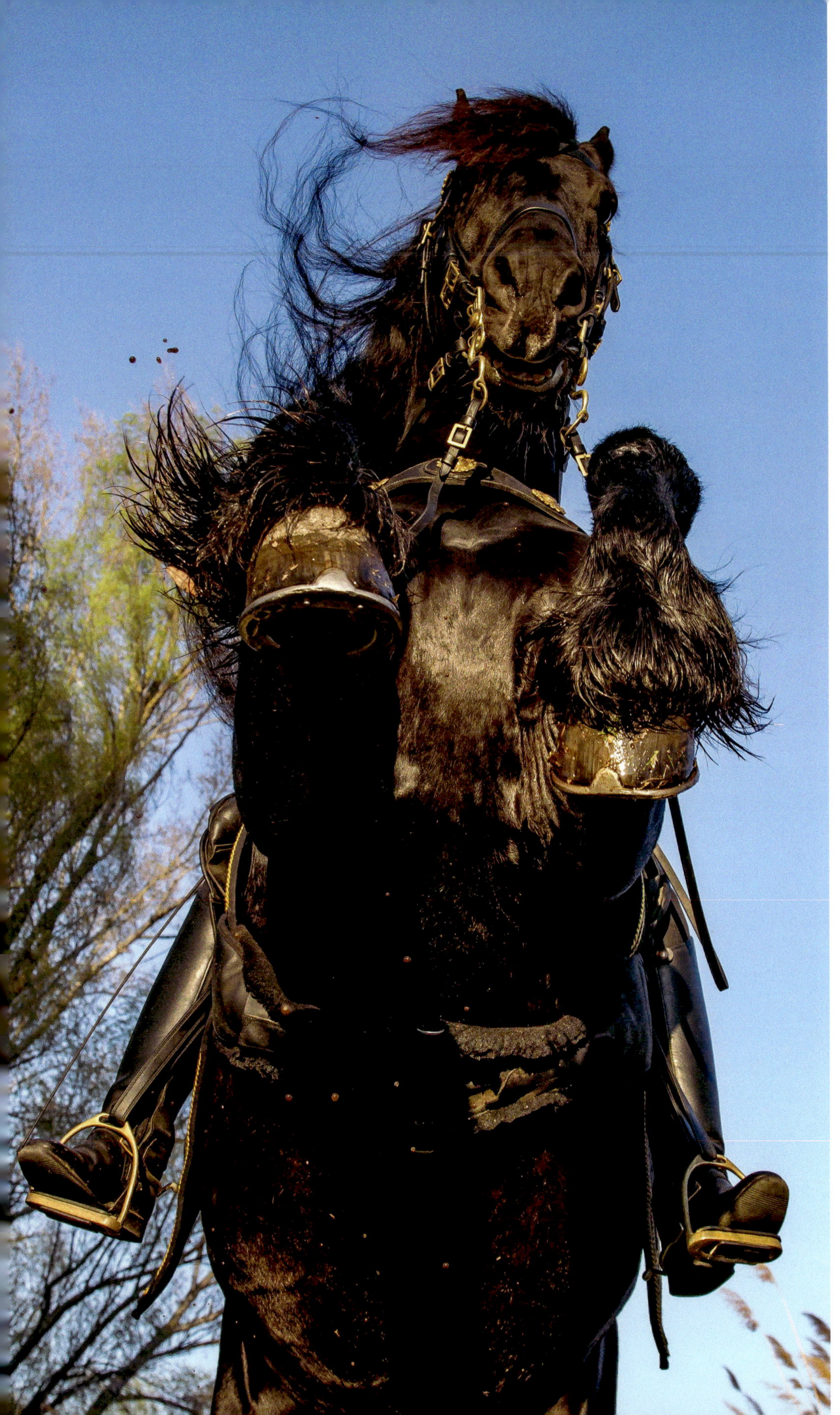

bei Porträts!« Ja, das kann eine durchaus vernünftige Regel sein. Dennoch: Flexibilität in bestimmten Fällen ist ebenso sinnvoll! Manchmal ist es vorteilhaft, die Blende weiter zu schließen, um den Hintergrund besser einzubeziehen. So wandert das Auge vom Pferdeporträt im Vordergrund auf das grasende Pferd dahinter und bringt somit Tiefe ins Bild! Und schon hat man eine ganz andere Art eines Porträts entwickelt – besser, interessanter und origineller. Hierfür muss man sich nur vom Klassischen, Normalen und Langweiligen lösen.

Zunächst einmal ist es durchaus zielführend, eine Bildidee zu entwickeln, bevor man an die Umsetzung in der Praxis geht. Doch gerade wenn man mit Tieren arbeitet, ist eine gewisse Flexibilität die Voraussetzung für gute Bilder. Tierisches Verhalten ist nicht immer planbar. Aus diesem Grund erfordert die Arbeit mit Pferden (oder anderen Tieren) eine grundsätzlich kreative Vorgehensweise. Eine zu starke Zielorientierung und das Handeln nach vorgegebenen Ritualen wirken dem kreativen Prozess entgegen.

Auch Leistungsdruck, dem der Auftragsfotograf häufig unterliegt, Zeitdruck, eventuell auch Perfektionismus, Unsicherheit und die Angst vor dem Versagen sind Merkmale, die

◂ Jedes Pferdefoto, das nicht der Norm entspricht, ist kreativ. Hier habe ich mit dem Friesenhengst Agelan eine extreme Perspektive umgesetzt; Canon EOS 1D X mit Canon EF 24–105 mm f/4L IS USM bei 32 mm, 1/2000 s, Blende 6,3, ISO 800

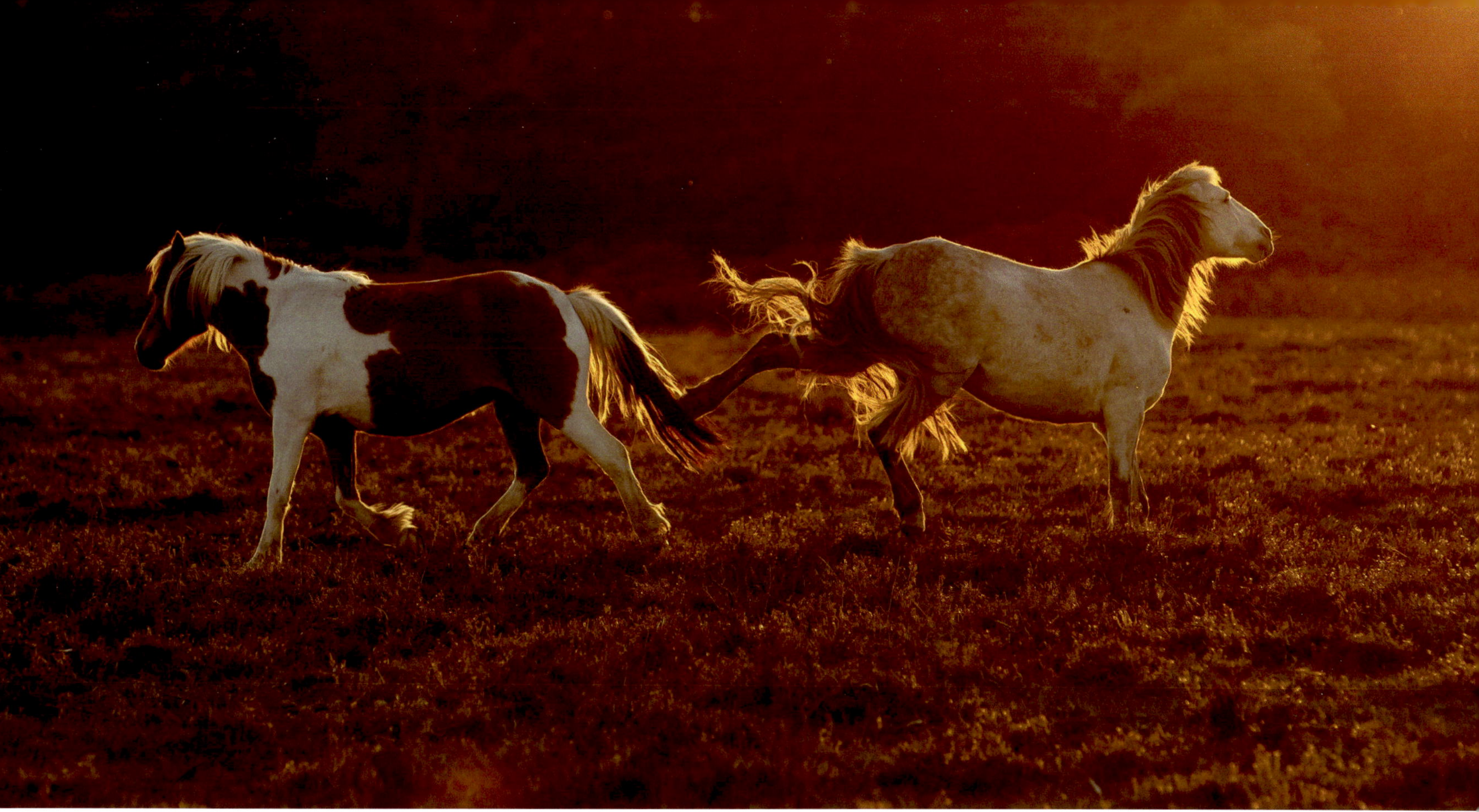

▲ *Fantastische Lichtverhältnisse gepaart mit einer spannungsgeladenen Aktion der Pferde ergeben eine starke Bildwirkung; Canon EOS 1D X mit Canon EF 70–200 mm f/2,8L IS II USM bei 200 mm, 1/1600 s, Blende 4, ISO 1250*

dem Ideenfluss entgegenstehen. Sehr pflichtbewusste Menschen stehen sich beim Versuch, kreativ zu arbeiten, oft selbst im Weg. Die Befreiung von diversen gesellschaftlichen Zwängen hingegen öffnet den Weg in einen kreativen Schaffensprozess.

Kreativ in der Pferdefotografie

Jedes Pferdefoto, das nicht der Norm entspricht und neue Umsetzungen zeigt, ist im Prinzip kreativ. Dabei kann man es durchaus als kreativ bezeichnen, Pferde für ein Foto zu bemalen oder mit Bildern zu bekleben. Das muss einem aber nicht zwingend gefallen. Da man unter »kreativ« im Sprachgebrauch eine eher positive Veränderung versteht, werden manche eine solche Idee keineswegs als kreativ bezeichnen wollen. Vieles ist auch Geschmackssache und eine Frage des Blickwinkels.

Erzeugt man aber einen »Wow«-Effekt mit einem Bild, benutzt man gerne Adjektive wie »originell«, »künstlerisch« oder »genial«, die mit dem Begriff »kreativ« assoziiert werden. Wie dieser Effekt entsteht, ist zunächst zweitrangig. Wie bereits erwähnt, lassen sich mit diversen Bildbearbeitungsprogrammen eine Menge toller Effekte kreieren, doch man verfälscht dabei oft die Realität und weicht vom Fotohandwerk ab. Eine kreative Fotobearbeitung hat an sich nichts mit Fotografie zu tun, sondern mit einer nachträglichen Veränderung eines Bildes. Das Ansinnen eines Fotografen sollte jedoch in erster Linie die kreative, fotografische Umsetzung von Motiven sein. Ansonsten ist er kein Fotograf, sondern eben Bildbearbeiter. Auch allein mit der Kamera lassen sich geniale Effekte erzeugen, welche die Bildwirkung verstärken und die Aussagekraft unterstreichen. Die kreative Umsetzung mit der Kamera in der Hand ist schließlich der Weg zu realer Fotokunst.

Der kreative Prozess beginnt dabei bereits in der Entwicklung der Bildidee. Doch die Idee für eine originelle Umsetzung kann auch erst während des Fotografierens entstehen – sofern der Fotograf flexibel und offen für Neues ist. Bestimmte Situationen oder unvorhergesehene Verhaltensweisen des Pferdes führen manchmal auch automatisch zu einem kreativen Ergebnis, wenn man diese Begebenheiten positiv aufgreift, zulässt und flexibel reagiert.

1.4 Vorbereitung auf das Shooting

Spontan die Kamera in die Hand zu nehmen, sich auf die Koppel zu begeben und zu warten, bis einem die Motive vor die Linse laufen, kann durchaus eine Möglichkeit sein, um schöne Pferdebilder aufzunehmen. Gerade ungeplante Situationen sind manchmal einzigartig und spannend, denn die Natur ist kreativer als jeder noch so künstlerisch veranlagte Mensch. Die Verhaltensweisen der Pferde, das natürliche Licht in Verbindung mit Wiesen, Büschen oder Bäumen schaffen den Rahmen für tolle Motive.

In den meisten Fällen jedoch sollen ganz bestimmte Motive umgesetzt werden, sei es in der Zuchtfotografie, beim Projektshooting oder für die Bebilderung von Artikeln. Um ein Pferd möglichst optimal zu präsentieren, ist eine entsprechende Vorbereitung unumgänglich.

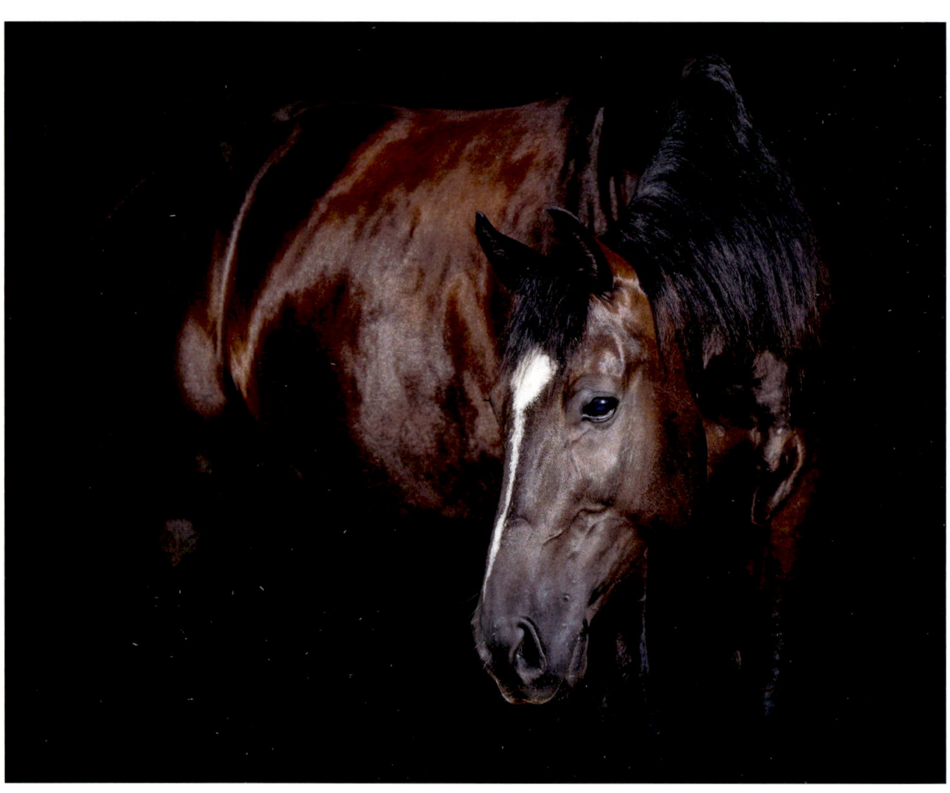

▲ *Fürs Studioshooting sollten die Pferde penibelst sauber sein, weil im Blitzlicht jedes Stäubchen sichtbar wird. Die Besitzerin von Traberwallach Bel Juliano hat für dieses Bild perfekte Arbeit geleistet; Canon EOS 1D X mit Canon EF 70–200 mm f/2,8L IS II USM bei 135 mm, 1/250 s, Blende 7,1, ISO 250*

Pferde stylen

Für den geplanten Fototermin sollte das Pferd möglichst sauber sein. Natürlich ist es eine Frage des Genres, der späteren Bildverwendung und Darstellung, inwiefern ein Pferd für bestimmte Bilder gestylt werden sollte. Es ist unpassend, einem Pferd die Mähne turniermäßig einzuflechten, wenn man es beim Spielen auf der Weide fotografieren möchte. Hier ist eine wehende Mähne viel passender, um die Dynamik der Bewegungen herauszustellen.

Für Aufstellbilder jedoch, zur Präsentation als Zuchtpferd, wobei dem Betrachter das Exterieur des Pferdes möglichst optimiert präsentiert werden soll, ist es meist vorteilhafter, die Mähne einzuflechten, damit die Halslinie besser zur Geltung kommt.

Das Styling wird deshalb stets dem jeweiligen Shootingzweck angepasst. Für Studiofotos ist penibelste Sauberkeit oberstes Gebot, da man in der Blitzfotografie jedes Stäubchen im Haarkleid des Vierbeiners sieht und der Fellglanz ansonsten verloren geht. Sicherlich lassen sich manch unschöne Narben, Bisswunden und Schmutzflecken im Nachhinein am Rechner retuschieren, doch ein guter Fotograf sollte darauf bedacht sein, bereits vor Ort die optimalen Bedingungen zu schaffen, und deshalb auf saubere Pferde achten.

Für das geplante Fotoshooting sollten die Pferde zunächst gewaschen werden. Selbstverständlich muss man dabei berücksichtigen, dass dies in der kalten Jahreszeit normalerweise nicht möglich ist, es sei denn, das Pferd steht in einem Warmstall und das Wasser ist temperiert. Wer mehr Fülle in Mähne und Schweif bekommen möchte, kann beides im nassen Zustand einflechten. Kurz vor dem Shooting öffnet man die Flechtung wieder und kämmt das Langhaar durch. Somit kommt durch die Wellen im Haar mehr Volumen zustande.

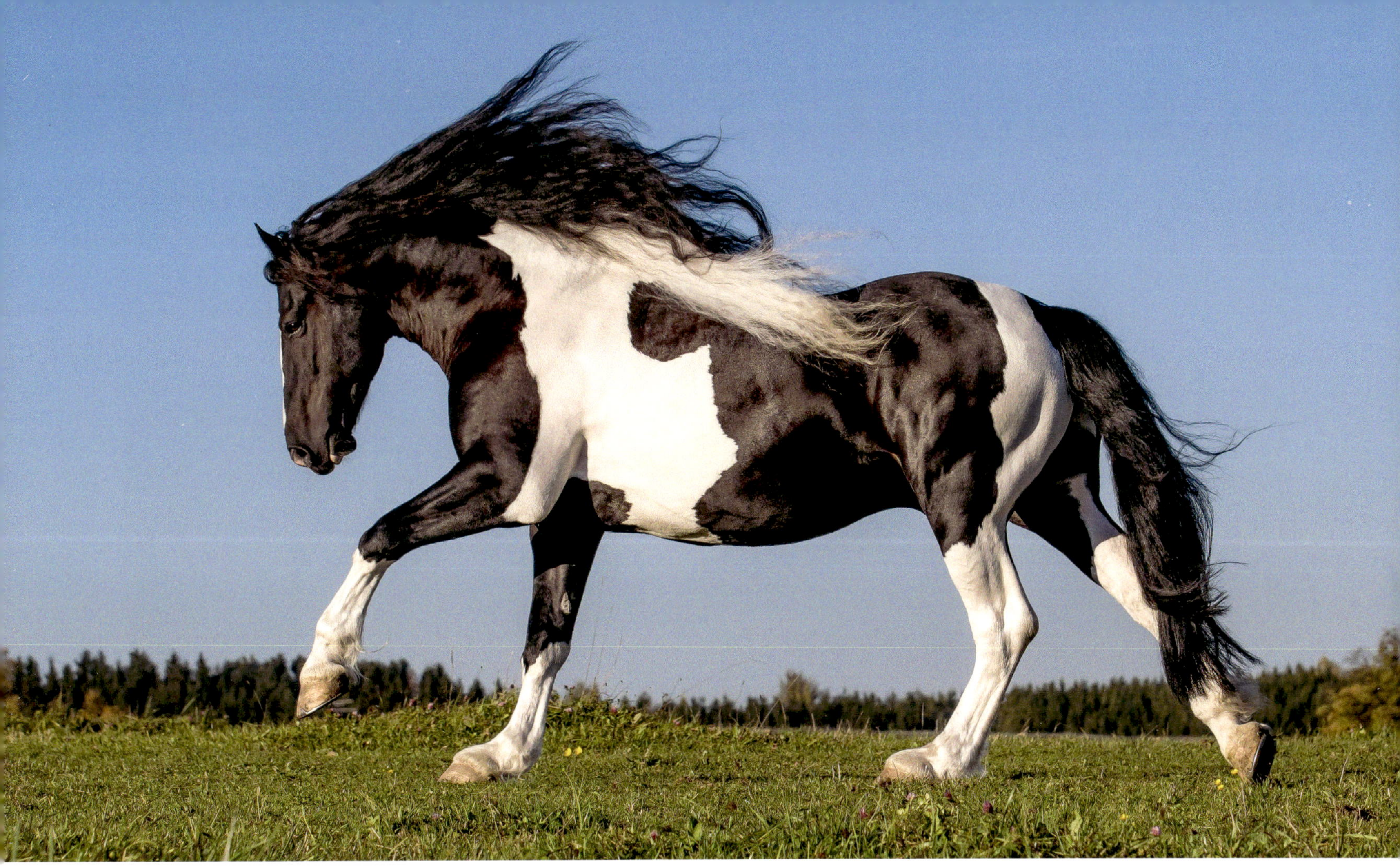

▲ *Wallend lange Mähnen, wie sie der wunderschöne Barock-Pintohengst Anthimos sein Eigen nennen darf, sind ein Traum bei jedem Freilaufshooting. Die Länge der Mähne beruht zwar auf einer genetischen Veranlagung, und man findet sie meist bei Hengsten, dennoch ist die Pflege ein wichtiges Kriterium, um die Mähnenpracht zu erhalten; Canon EOS 1D X mit Canon EF 70–200 mm f/2,8L IS II USM bei 100 mm, 1/5000 s, Blende 7,1, ISO 640*

Augen und Nase werden mit einem feuchten Schwamm gereinigt und der Kopf mit einer weichen Bürste gesäubert. Zudem kann man um die Augen- und Maulpartie etwas Babyöl auftragen, was den Strukturen mehr Glanz verleiht (vor allem für Fotos im Studio).

Das Abrasieren von Haaren an Mähne, Ohren, Tasthaaren oder Fesselbehang wird kontrovers gesehen. Grundsätzlich ist das Abschneiden von Tasthaaren in Deutschland aus Tierschutzgründen verboten. Der verantwortungsvolle Fotograf sollte rasierte Pferde darum erst gar nicht ablichten, um derartige Praktiken nicht zu unterstützen.

Oft wird jedoch auch die Mähne ganz oder teilweise – meist aus optischen Gründen – beschnitten. Sicherlich sind sauber geschnittene Mähnen bei Porträtbildern schöner, doch für Freilaufbilder sind lange Mähnen wesentlich beeindruckender.

Zu guter Letzt werden noch die Hufe gesäubert. Es sollte eine Selbstverständlichkeit sein, dass die Hufe ordentlich getrimmt sind. In der Regel reicht es, sie lediglich von Schmutz und Staub zu säubern. Die Hufe zu ölen, ist nur dann zu empfehlen, wenn das Pferd auf befestigtem Boden geshootet wird, da ansonsten Staub und Sand am Huf kleben bleiben.

Winterfell

In den meisten Fällen sehen Pferde edler aus, wenn sie im kurzen, glänzenden Sommerfell präsentiert werden. Viele Fotografen vermeiden darum ein Shooting von Oktober bis April, wenn die Pferde ein dichtes Winterfell tragen. Auch hier kommt es wiederum auf den Anlass des Shootings an, ob man die Winterzeit meidet. Dennoch kann auch ein plüschiges Winterfell seinen Reiz haben und gehört

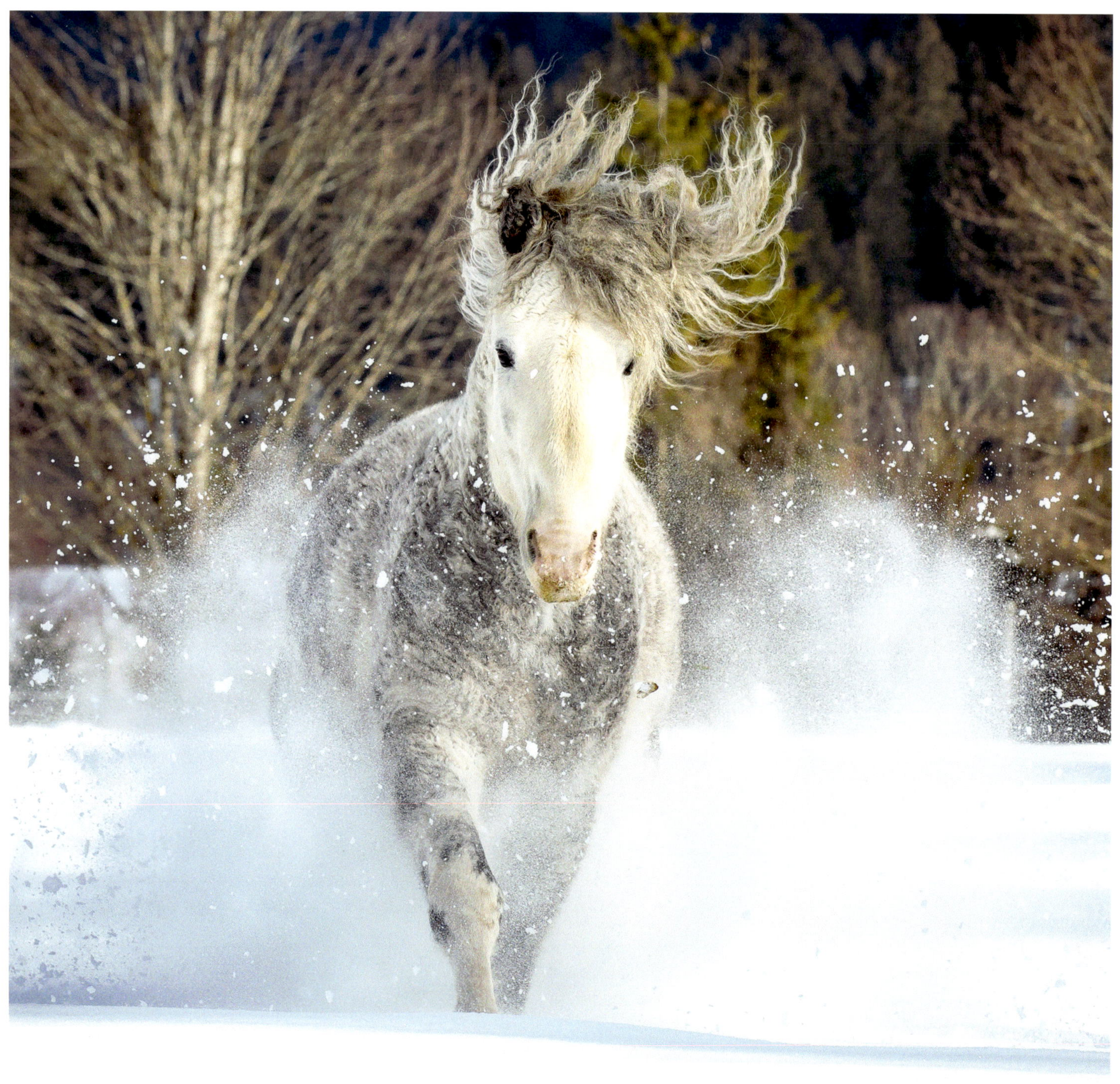

▲ *Während andere Pferderassen in der kalten Jahreszeit ein langes, plüschiges, aber glattes Winterfell tragen, faszinieren viele Curly Horses wie der Zuchthengst Moonshadow im Winter mit einer seltenen, gelockten Fellpracht; Canon EOS 1D X mit Canon EF 70–200 mm f/2,8L IS II USM bei 145 mm, 1/1250 s, Blende 8, ISO 320*

zur Natur des Pferdes. Wer Kreativität ins Wintershooting bringen will, sucht sich Curlypferde als Model, denn viele Exemplare dieser besonderen und seltenen Rasse tragen im Winter ein gelocktes Fell. Bei Freilauf-, Weide- und Herdenbildern ist aber auch ein glattes Winterfell durchaus ansprechend.

Während der kalten Jahreszeit ist ein kurzes Fell unpassend. Man sollte deshalb darauf verzichten, Pferde im Winter für ein Fotoshooting zu scheren. Ein geschorenes Fell sieht außerdem auf den Bildern stumpf aus.

Ausrüstung

Neben dem Stylen des Pferdes darf nicht vergessen werden, die Ausrüstung für das Shooting zu säubern. Für Reitfotos müssen Sattel und Zaumzeug geputzt werden. Dass der Reiter selbst ebenfalls nicht in schmutzigen Stallklamotten aufs Pferd steigen sollte, dürfte klar sein. Die Reitkleidung wird wiederum auf den jeweiligen Zweck und das Motiv abgestimmt: Turnierkleidung, ordentliche Freizeitkleidung oder Kostüm. Eine farbliche Abstimmung der Kleidung auf die Pferdefarbe, die Satteldecke und Bandagen macht das Bild harmonischer.

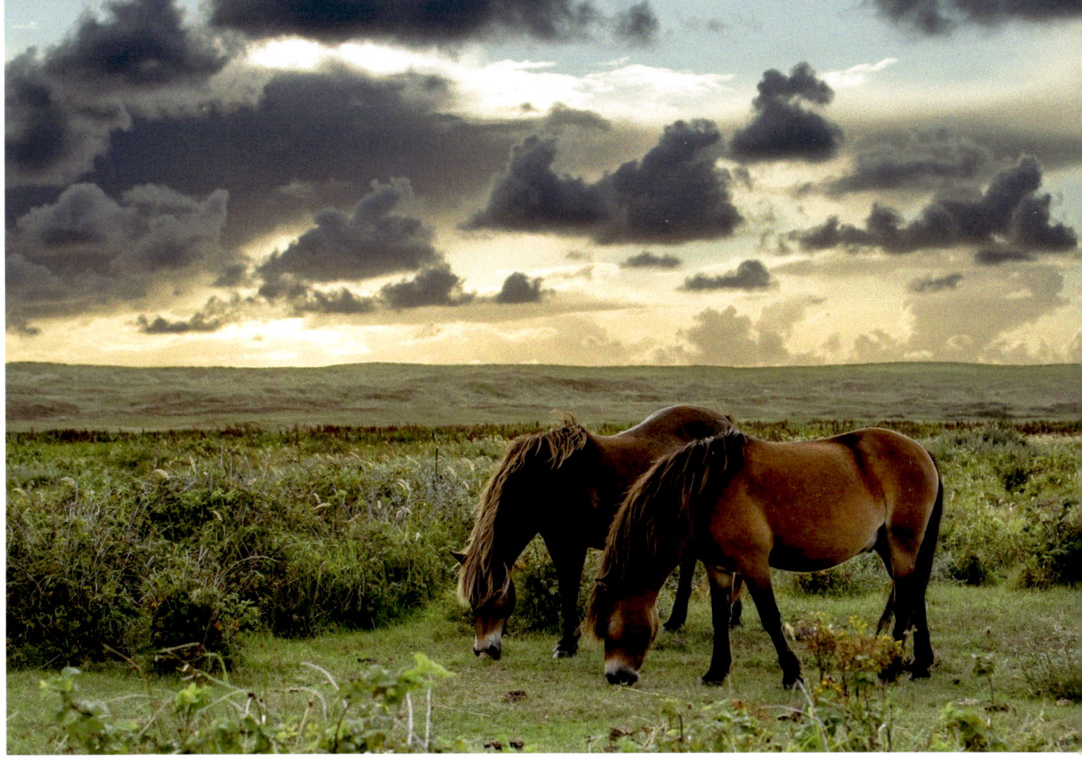

▲ *Bei Outdoorshootings ist die Wetterlage ein wichtiger Faktor für die Planung. So manches Bild steht und fällt mit dem Wetter; Canon EOS 1D X mit Canon EF 70–200 mm f/2,8L IS II USM bei 70 mm, 1/1600 s, Blende 6,3, ISO 1250*

Planung

Dem Shooting muss immer eine entsprechende Planung vorausgehen. Termin, Ort und Motive müssen zunächst festgelegt werden. Zusätzlich sollten einige Helfer zur Verfügung stehen. Gute Helfer sind besonders wichtig für ein erfolgreiches Shooting. Sie müssen große Erfahrung im Umgang mit Pferden haben und im richtigen Moment unterstützend eingreifen können. Zu den Aufgaben der Helfer gehören beispielsweise, die Pferde beim Freilauf kontrolliert zu treiben, sie bei Porträtfotos aufmerksam zu machen und bei Aufstellbildern die Beine korrekt zu platzieren. Nicht zuletzt benötigt man Helfer, um mit dem Reflektor das Licht entsprechend zu lenken, Scheinwerfer, Blitze oder Taschenlampen zu halten und den gesamten Shootingablauf zu koordinieren.

Für spezielle Umsetzungen jedoch ist man möglicherweise auf bestimmte Wetterlagen angewiesen, so ist die Beobachtung des Wetterberichts eine wichtige Grundlage für die Planung eines Shootings. Ganz besonders sollte man wissen, wo zu welcher Tageszeit die Sonne steht, damit der ausgesuchte Hintergrund nicht im Schatten liegt oder man gegen die grelle Sonne fotografieren muss. Aus diesem Grund ist ein vorheriger Besuch der Location meist unabdingbar. Die Besichtigung der Umgebung des Stalls und des Geländes ist ein wichtiger Bestandteil, um Termin und Uhrzeit festzulegen. Bei der Vorabbesichtigung werden auch die Motive ausgewählt und welche Pferde vor welchem Hintergrund und zu welcher Zeit abgelichtet werden sollen.

Tipp

Ein glänzendes Fell ist ein Gradmesser für den Gesundheitszustand des Pferdes und gibt dem Foto mehr Brillanz. Für mehr Glanz im Fell ist nicht nur eine intensive Fellpflege ausschlaggebend, sondern auch eine ausgewogene Ernährung.

Hierzu kann der Pferdebesitzer Leinöl oder Leinsamen sowie Zink zufüttern. Es genügt hierfür ein Esslöffel Öl oder gemahlener, bevorzugt heller Leinsamen am Tag. Für die Tagesdosis von Zink sollte man sich an die Herstellerangaben des jeweiligen Präparats richten.

2 Fotografische Basics

Um kreativ fotografieren zu können, muss man die Basis beherrschen. Aus diesem Grund ist dieses Kapitel nicht dazu gedacht, das Fotografieren zu erlernen, sondern zu checken, ob die Voraussetzungen bereits gegeben sind, um schließlich kreativ arbeiten zu können. Deshalb werden das technische Wissen wie der Zusammenhang von Blende, Belichtungszeit und ISO sowie die allgemeinen Regeln der Bildgestaltung vorausgesetzt. Nichtsdestotrotz kann eine Wiederholung und Vertiefung nicht schaden, um Wissenslücken zu füllen und in andere Sichtweisen hineinzuschnuppern.

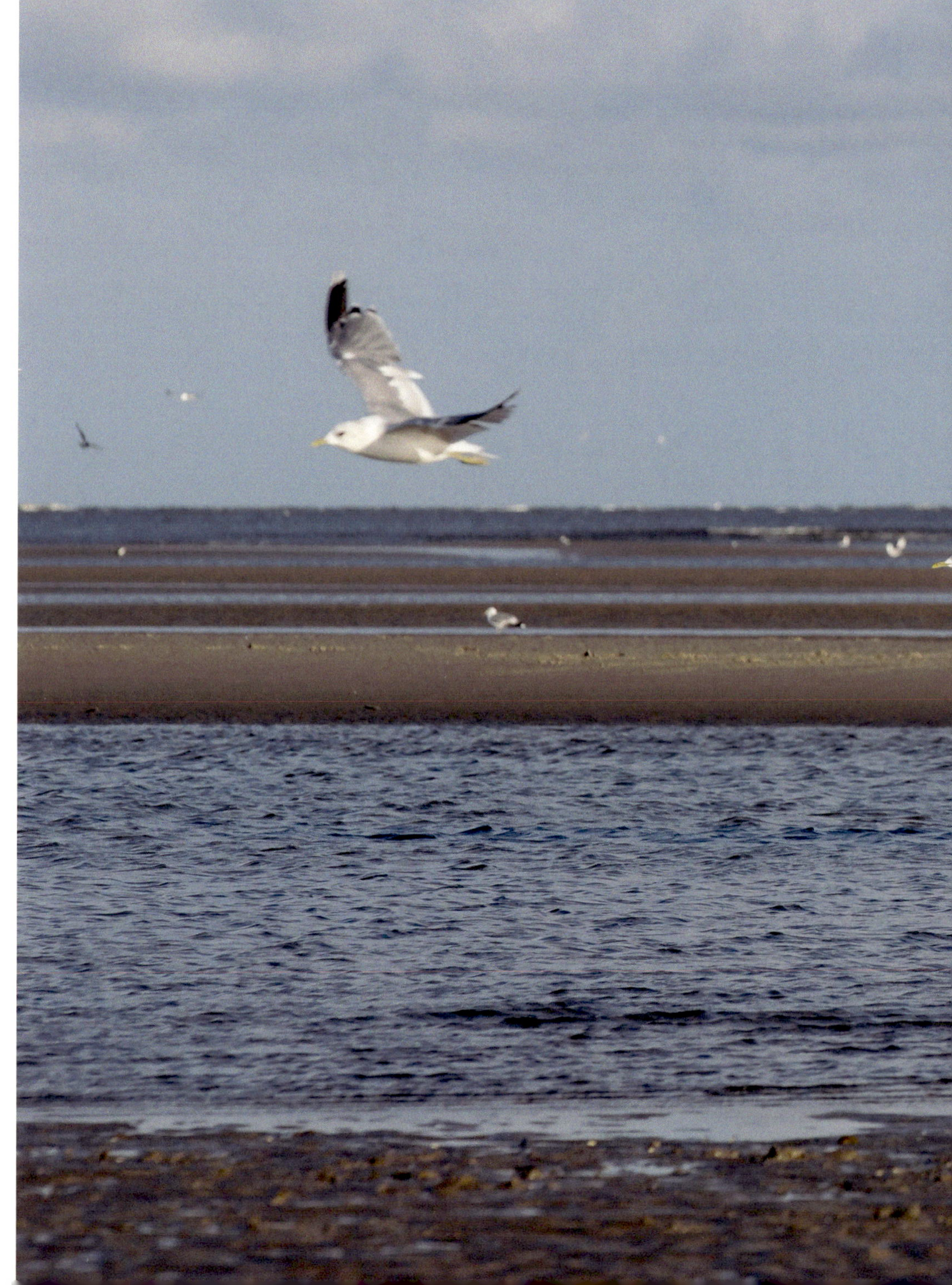

▸ Von Möwen tangiert am Nordseestrand zu reiten, ist ein Traum vieler Reiter. Das Pferd passt in jegliche Naturkulisse, die fotografische Kunst liegt allerdings darin, das Pferd gekonnt in die Natur einzubinden; Canon EOS 1D X mit Canon EF 70–200 mm f/2,8L IS II USM bei 200 mm, 1/2500 s, Blende 8, ISO 800

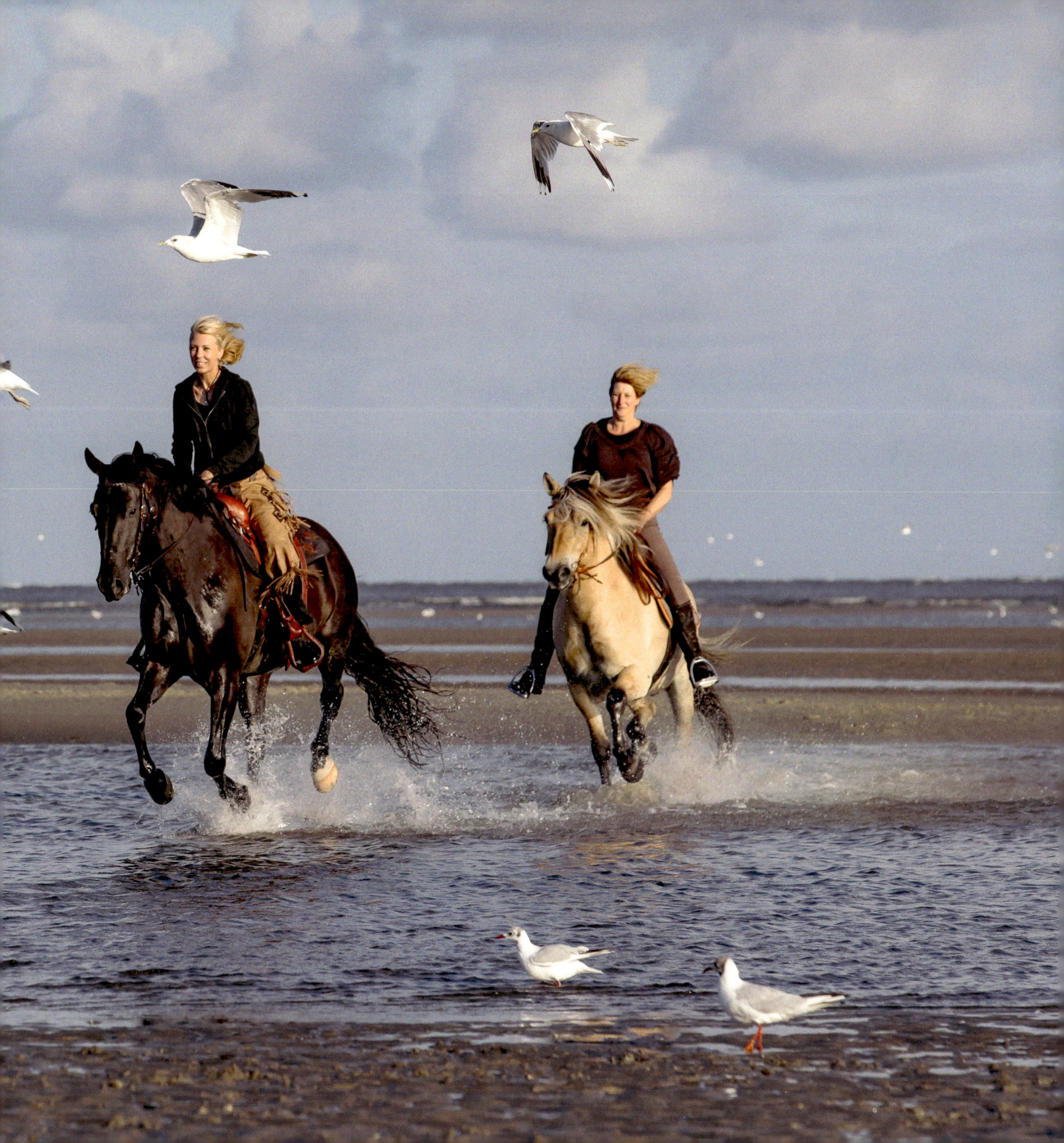

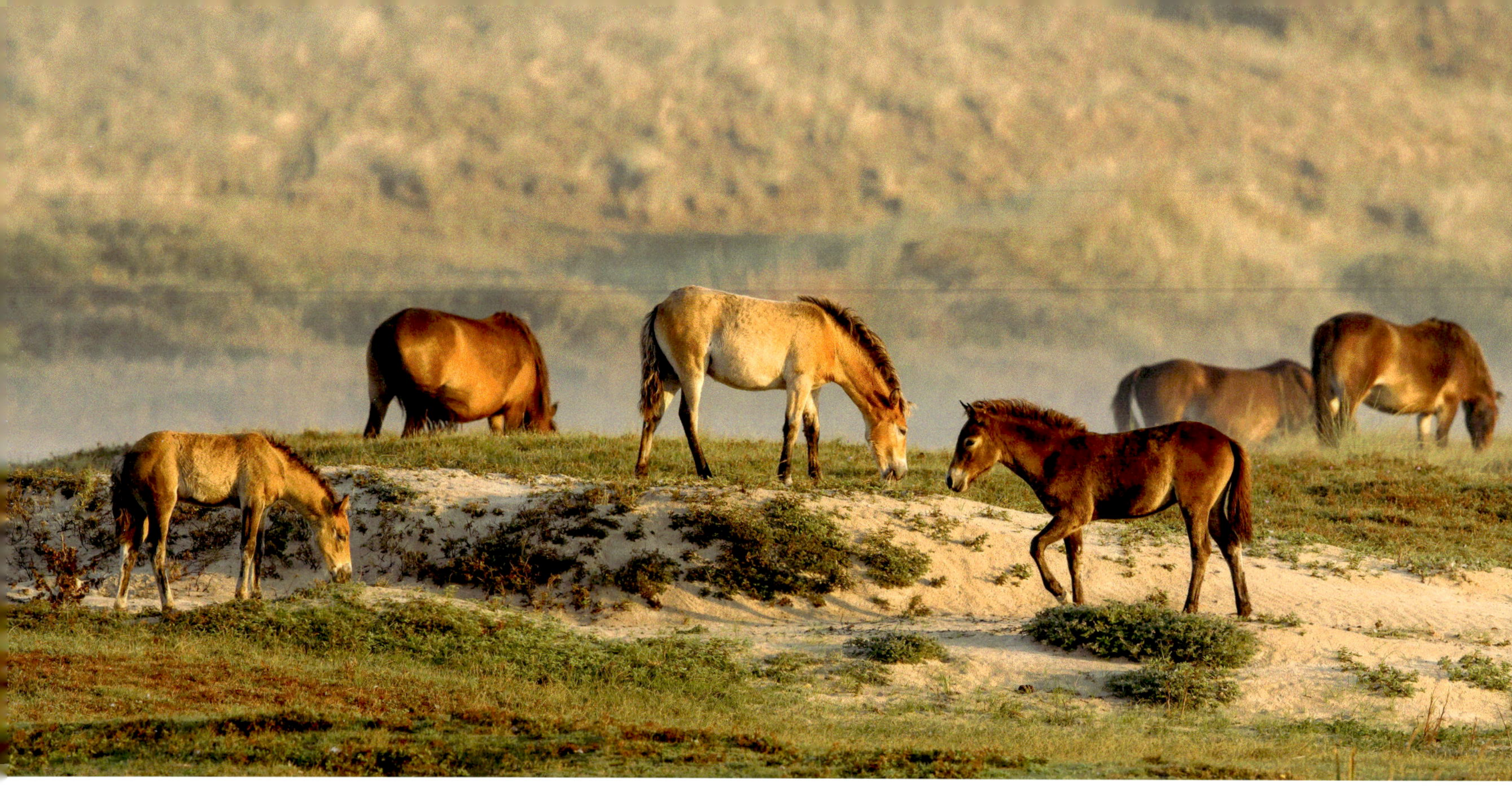

▲ *Besonders in der Wildpferdefotografie können Brennweiten von 600 mm und mehr notwendig sein, um weit entfernt stehende Herden ablichten zu können; Canon EOS 1D X mit Canon EF 600 mm f/4L IS II USM, 1/800 s, Blende 7,1, ISO 1250*

2.1 Ausrüstung

Da sich die Pferdefotografie mit den zahlreichen Sparten sehr vielfältig präsentiert, muss die Ausrüstung den jeweiligen Bedürfnissen angepasst werden. Der Turnierfotograf muss andere Ansprüche an seine Ausrüstung stellen als der Studiofotograf. Viele Pferdefotografen decken aber auch mehrere Genres ab und wünschen sich darum die berühmte »eierlegende Wollmilchsau« – also eine Kamera und ein Objektiv, die für jeden Zweck geeignet sind.

Die Kamera- und Objektivhersteller hingegen denken bei der Entwicklung ihrer Produkte aber leider weniger an den Pferdefotografen, sondern vielmehr an die vielen weiteren Einsatzgebiete von Kameras und Objektiven. Gerade »Nischenberufe« wie die der Pferdefotografie bleiben oft auf der Strecke. Dennoch findet man durchaus sehr gutes Handwerkszeug auf dem Markt, das die Bedürfnisse des Pferdefotografen gut abdeckt.

Zunächst stellt sich die Frage, welche Art von Pferdebildern man anfertigen möchte. Ist man viel Outdoor unterwegs oder fotografiert man lieber in Reithallen, auf Turnieren oder Events? Stehen Bewegungsbilder oder Porträts im Vordergrund des fotografischen Schaffens? Nach der Zielvorstellung richtet sich schließlich die Auswahl des Equipments.

Kamera

Es ist in der Fotografenbranche eine abgenutzte Floskel, dass nicht die Kamera, sondern der Fotograf das Bild macht. Selbstverständlich bestimmt der Fotograf den Bildausschnitt, die Perspektive und kann Einfluss auf Belichtung, Blende und ISO-Zahl nehmen. Trotzdem kann die Kamera die Arbeit des Fotografen sehr wohl unterstützen. Einerseits muss man die technischen Möglichkeiten der Kamera zu nutzen wissen, andererseits jedoch kann man sich nicht auf die Technik allein verlassen. Die Einstellvariationen einer DSLR (digital single-lens reflex) oder DSLM (digital single-lens mirrorless) sind so umfassend, dass man einige Zeit benötigt, um sich mit einem neuen Modell vertraut zu machen. Meist nutzt man in seiner fotografischen Sparte letztendlich nur einen Teil dieser Möglichkeiten.

Um gute Bilder zu kreieren, muss es nicht immer das neueste Modell sein. Doch man sollte die Variationen zu nutzen wissen und sich mit den Funktionen gut vertraut machen. Die Auswahl der geeigneten Kamera orientiert sich an den Ansprüchen des Fotografen. Ein größerer Dynamikumfang kommt mit problematischen Lichtverhältnissen besser zurecht, ein optimiertes Rauschverhalten bringt den Fotografen auch bei schlechtem Licht (Reithalle, Dämmerung) nicht in Verlegenheit, und eine schnelle Serienbildgeschwindigkeit hilft, die bevorzugte Galoppphase – ohne das Pferd mehrfach auf die Bahn schicken zu müssen – auf den Chip zu bannen. Der Fotograf wird sich deshalb die Kamera zulegen, die ihn am besten in seiner fotografischen Arbeit unterstützen kann.

Objektive

Fast noch wichtiger als die Kamera ist ein gutes Objektiv. Zwar sollten sich beide Komponenten optimal ergänzen, doch wenn man vor der Wahl steht, greift man lieber zur höherwertigen Optik, um sich die bestmögliche Bildqualität zu sichern. Es lohnt sich, in lichtstarke Objektive zu investieren, weil man in Reithallen oder im Wald schnell an machbare Belichtungsgrenzen stößt. Der Nachteil von lichtstarken Objektiven ist deren Größe und das deutlich höhere Gewicht. Ist man häufig im Gelände unterwegs oder fotografiert viel und lange, kann das den abendlichen Gang ins Fitnessstudio locker ersetzen.

Entscheidend für die Wahl des richtigen Objektivs ist mitunter der Brennweitenumfang. In der Pferdefotografie haben sich Brennweiten zwischen 100 und 300 mm bewährt, sodass sich Optiken wie das 70–200 mm / f2.8 von Canon und Nikon oder das 120-300 mm / f2.8 von Sigma für den Pferdefotografen anbieten. Etwa 90 Prozent aller Pferdefotos entstehen im Brennweitenbereich von 100 bis 200 mm, sodass man mit einer dieser Linsen eine perfekte Grundausstattung hat. Für die Wildpferde- und Sportfotografie kann die Anschaffung einer größeren Brennweite jedoch notwendig sein. Je nach Aufgabengebiet sind Brennweiten von 400 bis 800 mm durchaus hilfreich.

Weiteres Zubehör

Neben der Grundausstattung von Kamera und Objektiv werden im Laufe der Zeit viele weitere Accessoires in die Fototasche einziehen. Nicht alles ist notwendiges Beiwerk, wiederum spielt es eine große Rolle, in welcher Branche man tätig ist.

Hilfreich ist ein Reflektor von etwa 1,50 m Durchmesser, der nicht nur als »Lichtumlenker« funktioniert, sondern auch sehr gut als Animationsgegenstand seine Dienste tut. In manchen Fällen kann ein Stativ eine gute Unterstützung sein, hinzu kommen verschiedene Filter (ND-Filter, UV-Filter und eventuell Polfilter). Brauchbar sind auch Blitzgeräte zum Aufhellen bei Gegenlicht, dunkler Umgebung oder in der Studiofotografie.

In der Fototasche befinden sich zwingend auch ein Ersatzbody, zusätzliche Akkus und Speicherkarten. Optional können Accessoires wie Fernauslöser, Konverter, Makro- und Weitwinkelobjektiv, Regenschutz sowie Taschenlampen und Animationsutensilien (Plastiktüte, Klingel, Rasseldose etc.) mitgeführt werden. Weiter im Gepäck sind ein dünnes Wanderreithalfter, Führstrick und gegebenenfalls mobiles Zaunmaterial zum Absichern bestimmter Areale während des Shootings.

◀ *Eine schnelle Serienbildgeschwindigkeit kann helfen, die beste Galoppphase einzufangen. Quarter-Horse-Wallach Spark hat sich für flotte Sprints beim Freilaufshooting tiefergelegt; Canon EOS 1D X mit Canon EF 70–200 mm f/2,8L IS II USM bei 130 mm, 1/2000 s, Blende 6,3, ISO 800*

2.2 Wie macht man gute Fotos?

Die meisten Menschen wollen ein Rezept an die Hand bekommen, um etwas perfekt nachzuahmen. Doch wie in vielen anderen Bereichen funktioniert dies auch in der Fotografie nicht wirklich. Kopierte Bilder sind schlechte Bilder. Ohne die eigenen Gedanken zu nutzen, wird kein gutes Bild entstehen, denn die Bildidee muss sich zuerst im Kopf entwickeln.

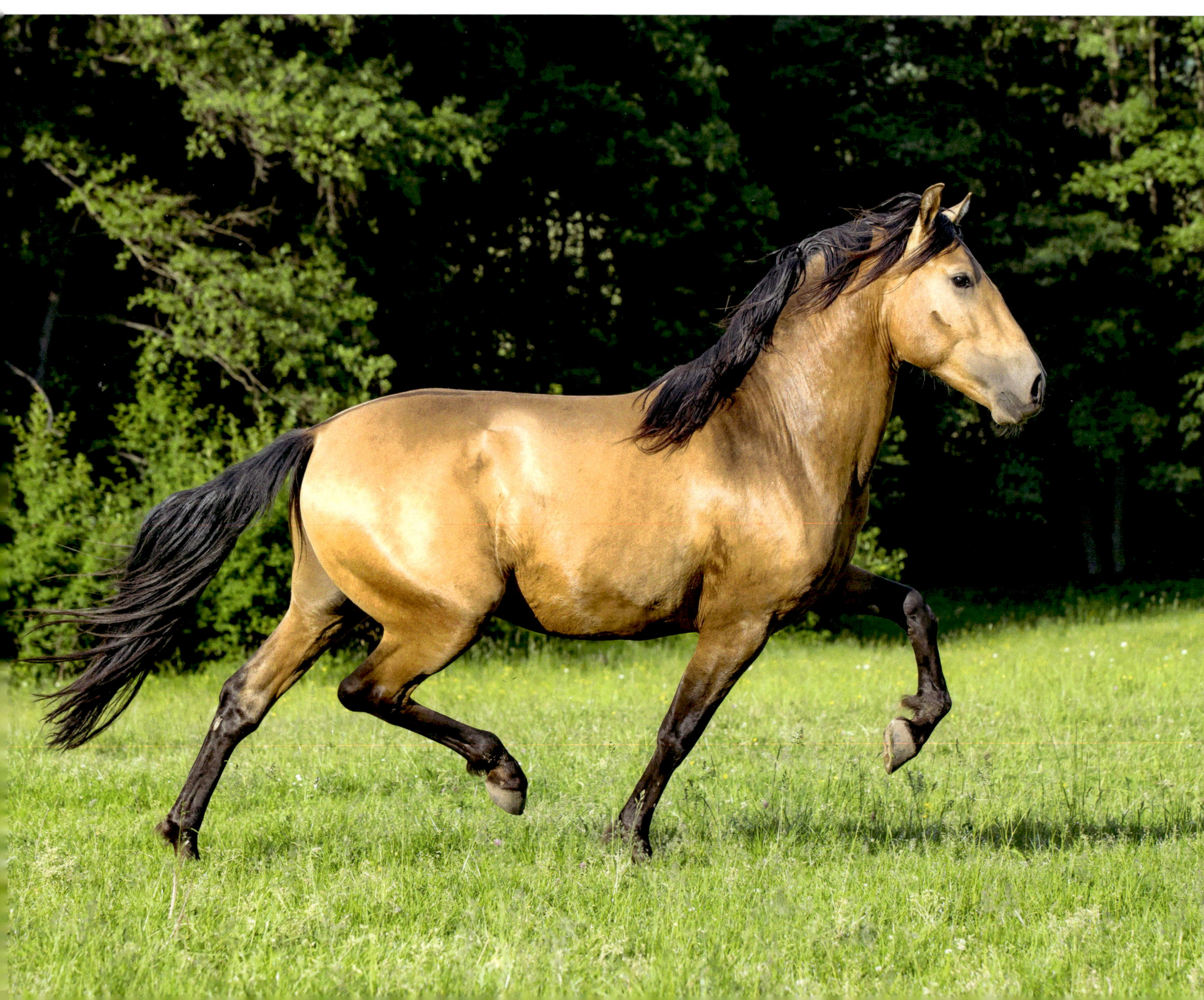

Der Fotograf hat eine Idee, eine Vorstellung, wie er etwas in Szene setzen möchte. Nun muss er sich Gedanken darüber machen, welche Voraussetzungen nötig sind, um diese Idee umzusetzen. Dieser kreative Prozess ist ein wichtiger Schritt zu einem guten Bild.

Learning by Doing

Ein bewährter Weg, um zu guten Bildern zu gelangen, ist, jede Gelegenheit zum Fotografieren zu nutzen. »Learning by Doing« heißt das Zauberwort. Fotografieren kann man nur lernen, wenn man es auch tut. Es ist noch kein Meister vom Himmel gefallen, und auch der preisgekrönte Fotograf hat irgendwann einmal mit dem Fotografieren begonnen. Auch seine ersten zehntausend Bilder sind später meist im Müll gelandet. Doch sie waren nicht umsonst, da diese Bilder für seine persönliche Entwicklung von Nutzen waren. Die Sichtung und kritische Beurteilung der eigenen Bilder ist ein wichtiger Schritt in der Weiterentwicklung der eigenen fotografischen Fähigkeiten. Dies erfordert ein hohes Maß an Selbstkritik.

Selbstkritik

Bevor man Selbstkritik üben kann, muss man die Regeln der Fotografie beherrschen. Ein Foto ist nicht automatisch dann gut, wenn es einem gefällt. Erst wenn es der neutrale Betrachter positiv beurteilt, kann man von einem guten Foto ausgehen. Die eigene Meinung zählt bei der Fotobeurteilung am wenigsten. Weshalb ist das so?

Der Fotograf kennt die Entstehungsgeschichte des Bildes, er weiß ganz alleine, wie aufwendig es war, dieses eine Bild zu fotografieren. Vielleicht ist er stundenlang bibbernd in der Kälte gesessen oder hat sich bis zur Erschöpfung abgemüht, um zur richtigen Zeit am richtigen Ort zu sein. Möglicherweise brauchte es noch großes Glück, bis endlich die lang ersehnte Situation eingetreten war, auf die er vielleicht jahrelang gewartet hat, um sie letztendlich ablichten zu können. Dieses für ihn seltene Foto ist für den Fotografen verständlicherweise besonders wertvoll. Er wird das Bild lieben. Auch wird er den Bildern der eigenen Pferde, die er besonders ins Herz geschlossen hat, eine höhere Wertigkeit zusprechen als den Fotos von Fremdpferden. Zudem bevorzugt er eine bestimmte Pferderasse oder -farbe, was ihn parteiisch für spezielle Bilder macht. Für den Außenstehenden spielen diese Faktoren aber keine Rolle. Er sieht nur das Ergebnis und entscheidet, ob ihn dieses anspricht oder nicht.

◂ *Der 3-jährige Andalusierhengst Tamino im ausdrucksstarken Trab. Das Bild spiegelt die Kraft und Energie des jungen Hengstes wider; Canon EOS 1D X mit Canon EF 70–200 mm f/2,8L IS II USM bei 102 mm, 1/1600 s, Blende 6,3, ISO 1000*

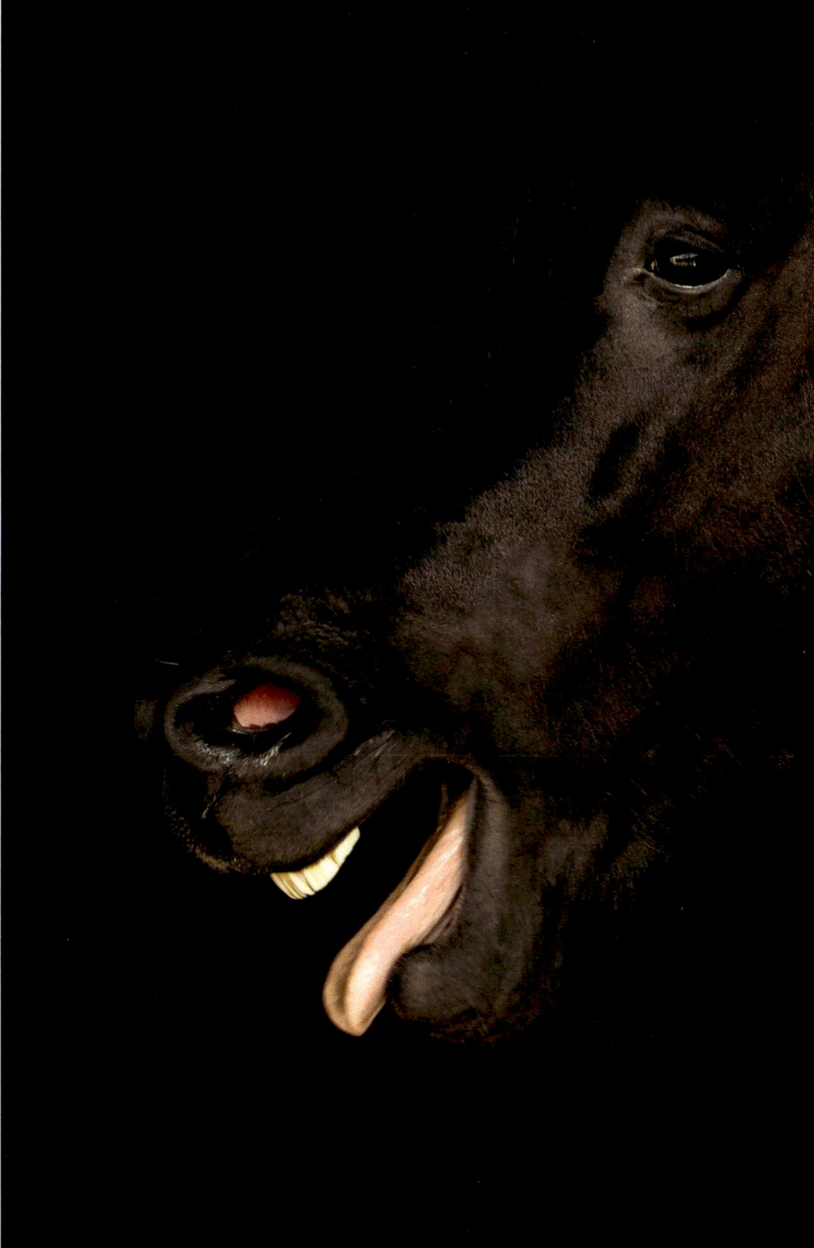

▴ *Ein ungewöhnliches, weil kreativ angeschnittenes und weichgezeichnetes Low-Key-Porträt des 7-jährigen Merens-Wallachs Bonny; Canon EOS 1D X mit Canon EF 70–200 mm f/2,8L IS II USM bei 102 mm, 1/60 s, Blende 3,5, ISO 800*

Die Blickwinkel von Fotograf und neutralem Bildbetrachter sind völlig unterschiedlich. Aus diesem Grund ist es insbesondere für den Anfänger schwierig, die eigenen Bilder kritisch zu beurteilen. Doch selbstverständlich ist es sein gutes Recht, für sich persönlich die Wertigkeit seiner eigenen Bilder festzulegen. Dennoch sollte er die Kritik von anderen annehmen, um besser zu werden und im Laufe der Zeit aus seinen wertvollen Fotos auch gute Bilder zu kreieren.

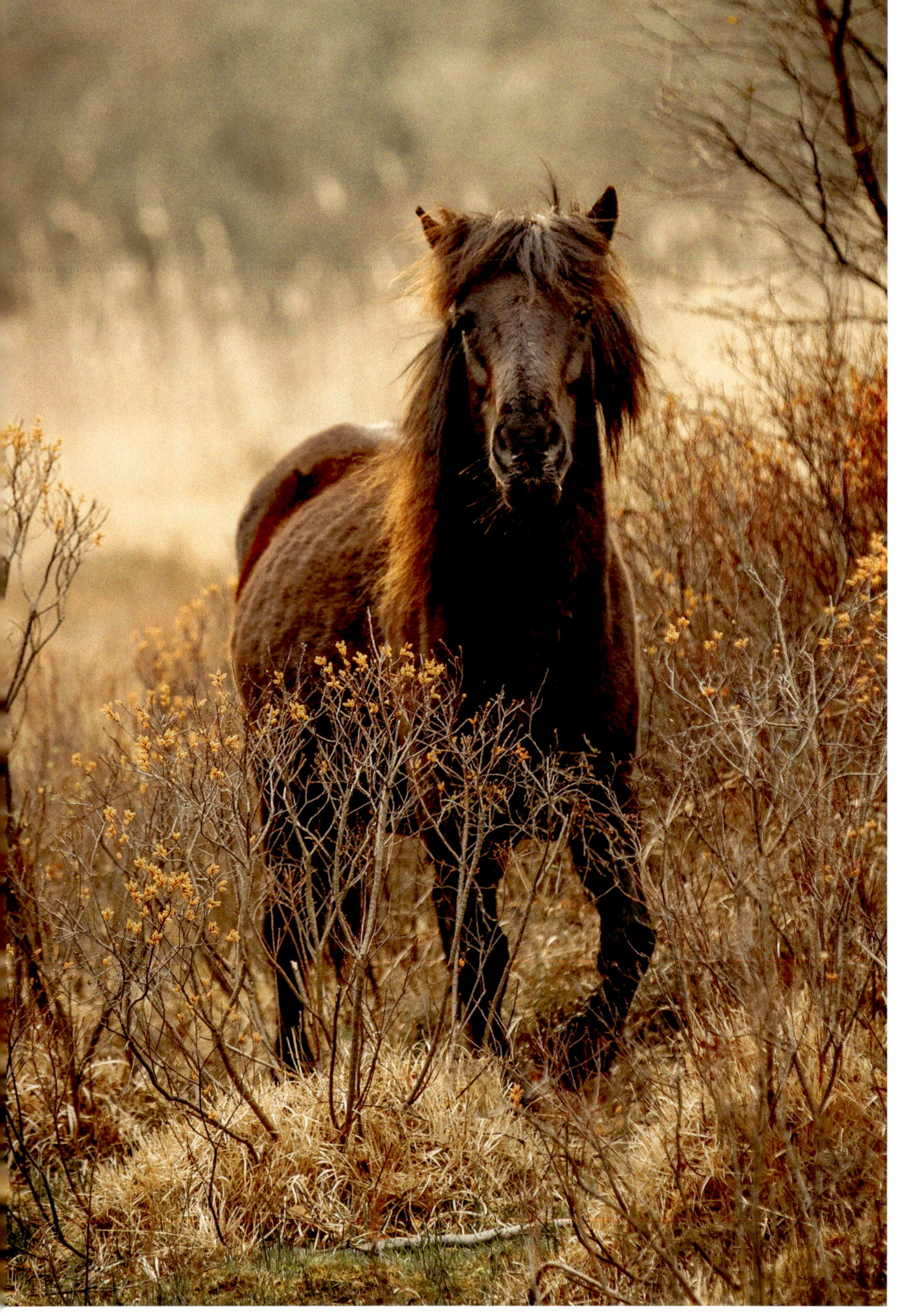

▲ *Die Abendsonne taucht die Szenerie in ein sanftes Licht. Die weichen und stimmigen Brauntöne schaffen einen idealen Rahmen für das Porträt des Ponys; Canon EOS 1D X mit Canon EF 70–200 mm f/2,8L IS II USM bei 200 mm, 1/1000 s, Blende 3,5, ISO 1250*

Gestaltungsregeln beherrschen

Es ist durchaus angebracht, sich an gewisse Gestaltungsregeln zu halten, um die Basis für eine gute Bildwirkung zu schaffen. So sollte man sich intensiv mit dem Bildaufbau und der Lichtführung beschäftigen, denn dies sind elementare Voraussetzungen, die die Wirkung eines Fotos ausmachen. Man sollte jedes Bild hinterfragen, weshalb das eine wirkt und das andere nicht. Woran liegt das? An einer harmonischen Bildaufteilung? Am sanften Lichteinfall? An der Szenerie? Ist der Hintergrund ansprechend genug und trägt so zur Bildharmonie bei? Führen bestimmte Linien den Blick des Betrachters durch das Bild? Stimmen alle technischen Parameter wie Schärfe, Belichtung und Ausschnitt? Die Beurteilung ist nur möglich, wenn man die fotografischen Regeln kennt.

Sich mit dem Motiv beschäftigen

Es gilt außerdem, seinen Blick für das Motiv zu schulen. Als Pferdefotograf muss man sein Model durch und durch kennen. Ein Fotograf kann seine Kamera aus dem »ff« beherrschen, doch wenn er das Wesen Pferd nicht begreift, wird er keine ansprechenden Fotos zustande bringen.

Sind einem die Verhaltensweisen und die Sprache des Pferdes vertraut, kann man dessen Handlungen vorhersehen. Man wird frühzeitig erkennen, wenn Junghengste miteinander spielen, Pferde sich wälzen und Fohlen sich an der Trinkbar bedienen. So kann der Fotograf frühzeitig die Kameraeinstellungen vornehmen, den Lichteinfall beurteilen und die beste Perspektive wählen. Eine gute Pferdekenntnis hilft dem Fotografen außerdem einzuschätzen, in welchem Maße Animationswerkzeuge eingesetzt werden können: Wie stark kann man mit der Tüte rascheln, damit das Pferd die Ohren interessiert spitzt, aber nicht gleich die Flucht ergreift?

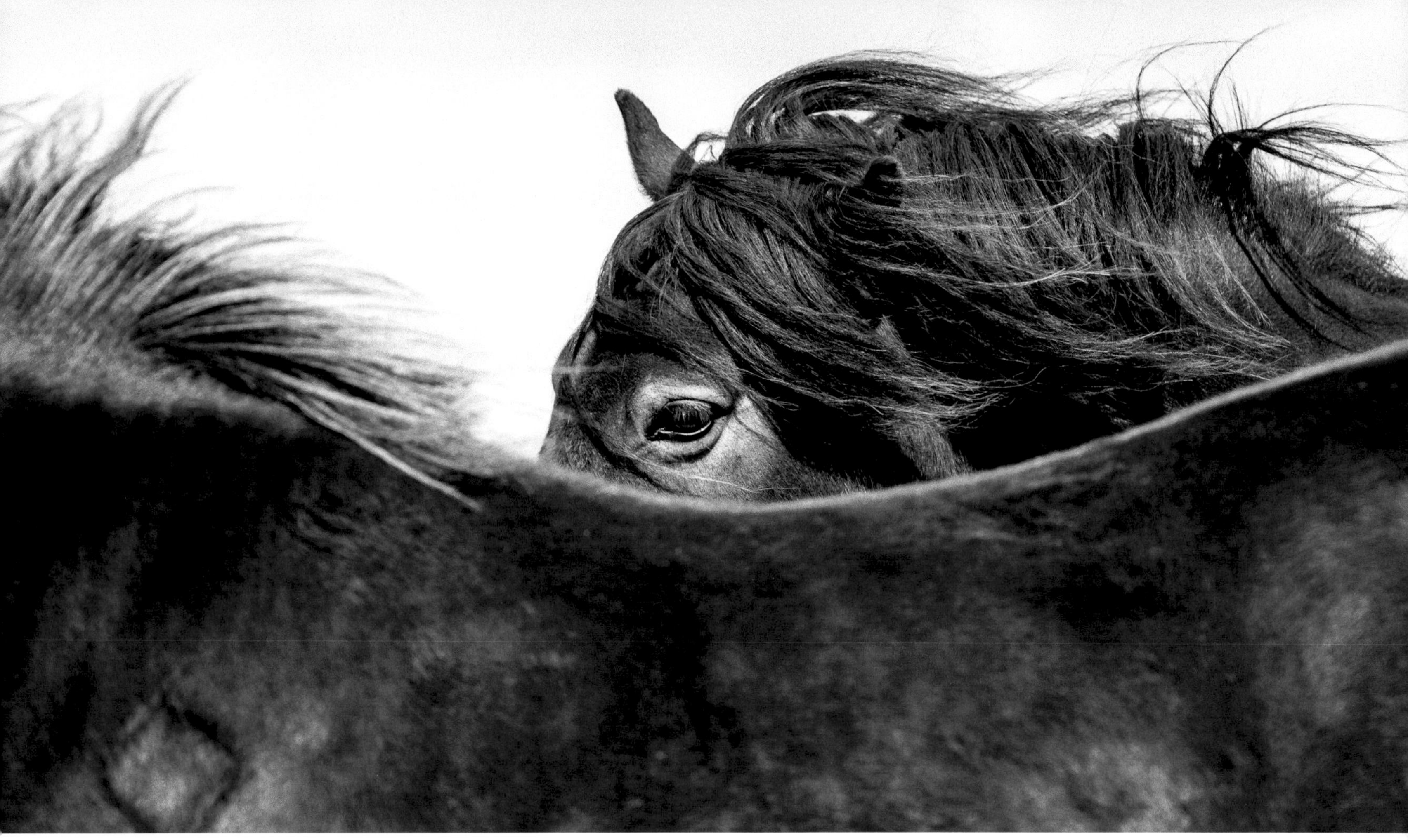

▲ *Ein Foto, das Gefühle vermittelt: Der sinnliche, in sich ruhende Blick des Ponys, getragen vom Rücken seines befreundeten Artgenossen im Vordergrund. Die vom Wind zerzauste Mähne bringt Bewegung ins Bild; Canon EOS 1D X mit Canon EF 70–200 mm f/2,8L IS II USM bei 200 mm, 1/800 s, Blende 7,1, ISO 400*

Fleiß, Ausdauer, Geduld

Die wichtigsten Tugenden eines Fotografen sind Fleiß, Ausdauer und Geduld. Gerade in der Tierfotografie sind Geduld und Durchhaltevermögen unabdingbar, um auf den »einen Moment« warten zu können, der vielleicht tage- und wochenlang nicht passiert. Doch wenn es zu diesem einen Moment kommt, will man mit der Kamera schussbereit sein. Es ist nicht alles planbar in der Fotografie. Insbesondere bei der Arbeit mit Tieren lassen sich Bildmotive zwar vorbereiten, doch keiner weiß, ob die gewünschte Szene dann auch eintritt.

Die meisten herausragenden Fotos wurden schwer erarbeitet, doch manchmal ist einem das Glück auch hold. Doch Glück muss man sich verdienen! Heißt es nicht so treffend »Jeder ist seines Glückes Schmied«? Nur wer beharrlich sein Ziel verfolgt, viel Geduld mitbringt und fleißig an sich arbeitet, wird irgendwann mit einem herausragenden Motiv belohnt.

Inspiration

Während es für den Pferdefotografen verpflichtend ist, die Grundlagen der Fotografie und die Verhaltensweisen und Bedürfnisse von Pferden zu erlernen, wird er im Laufe der Zeit von der Pflicht in die Kür wechseln. Es ist meist ein fließender Übergang, irgendwann von den fixen Regeln abzuweichen und seinen eigenen fotografischen Stil zu entwickeln.

Nichtsdestotrotz kann man sich selbstverständlich von anderen Fotografen inspirieren lassen, ohne sie zu kopieren. Man sollte aber insbesondere die eigenen Ideen und Vorstellungen mit einfließen lassen, die Inspiration weiterentwickeln und der Grundidee seinen Stempel aufdrücken. Somit sind immer mehr kreative Umsetzungen möglich, und der Weg zu guten Bildern ist geebnet.

2.3 Der Blick aufs Pferd

Pferde in ihrem Wesen zu erfassen, ist eine wichtige Voraussetzung für gute Bilder. So ist man versucht, Pferde bereits im Vorfeld in die Sparte »fotogen« und »nicht fotogen« einzustufen.

Wann ist ein Pferd fotogen?

Es liegt keineswegs an der Rasse, einer zotteligen Mähne oder einem struppigen Fell, wenn ein Pferd nicht fotogen wirkt. Es liegt in erster Linie am Ausdruck des Pferdes. Der Blick des Pferdes sagt alles aus, denn das Auge transportiert Emotionen. Danach sollte man sich seine Pferdemodels auswählen, wenn man die Möglichkeit dazu hat. Ein Profifotograf, der nach Auftrag arbeitet, wird sich seine Motive aber nicht immer aussuchen können, doch er kann »das Beste« aus dem Pferd herausholen, wenn er in der Lage ist, mit ihm zu kommunizieren und sein Vertrauen zu gewinnen. Pferde wissen, wen sie vor sich haben, sie können Menschen perfekt lesen.

Interessanterweise gibt es Pferde, die sich vor der Kamera regelrecht präsentieren. Natürlich können sie nicht erfassen, dass der Mensch mit dem großen schwarzen Teil in der Hand ein Fotograf ist, der lediglich Bilder von ihm machen möchte, doch sie merken es, wenn sie – im wahrsten Sinne des Wortes – »im Fokus« stehen. Selbstbewusste Pferde lieben es, wenn sich alles nur um sie dreht. Es sind die perfekten Showpferde, die auch auf Turnieren alles geben. Mit solchen Pferden macht das Arbeiten richtig Spaß, doch manchmal hat man es mit abgestumpften, desinteressierten oder gar depressiven Tieren zu tun, die es nun gilt, ins rechte Licht zu rücken.

Die Kunst des Fotografen besteht darin, diese Pferde zu motivieren und den Glanz in ihren Augen wieder zu erwecken. Das erfordert viel Erfahrung und Einfühlungsvermögen, und vor allem viel Geduld. Gelingt es dem Fotografen, den Charakter und Typ selbst eines »problematischen« Pferdes im Bild festzuhalten, gibt es keine »unfotogenen« Pferde mehr. Wie man ein Pferd porträtiert, ist lediglich eine Frage der Darstellung und fotografischen Umsetzung, die allerdings viel Fingerspitzengefühl und Einfühlungsvermögen erfordert.

Farbenspiele

Fellfarbe und Abzeichen des Pferdes spielen eine große Rolle, aus welchem Blickwinkel sich das Tier am besten darstellen lässt. Meist stattet Mutter Natur die Pferde weder mit gleichmäßigen Beinabzeichen noch mit einer symmetrischen Blesse aus. Nicht selten findet

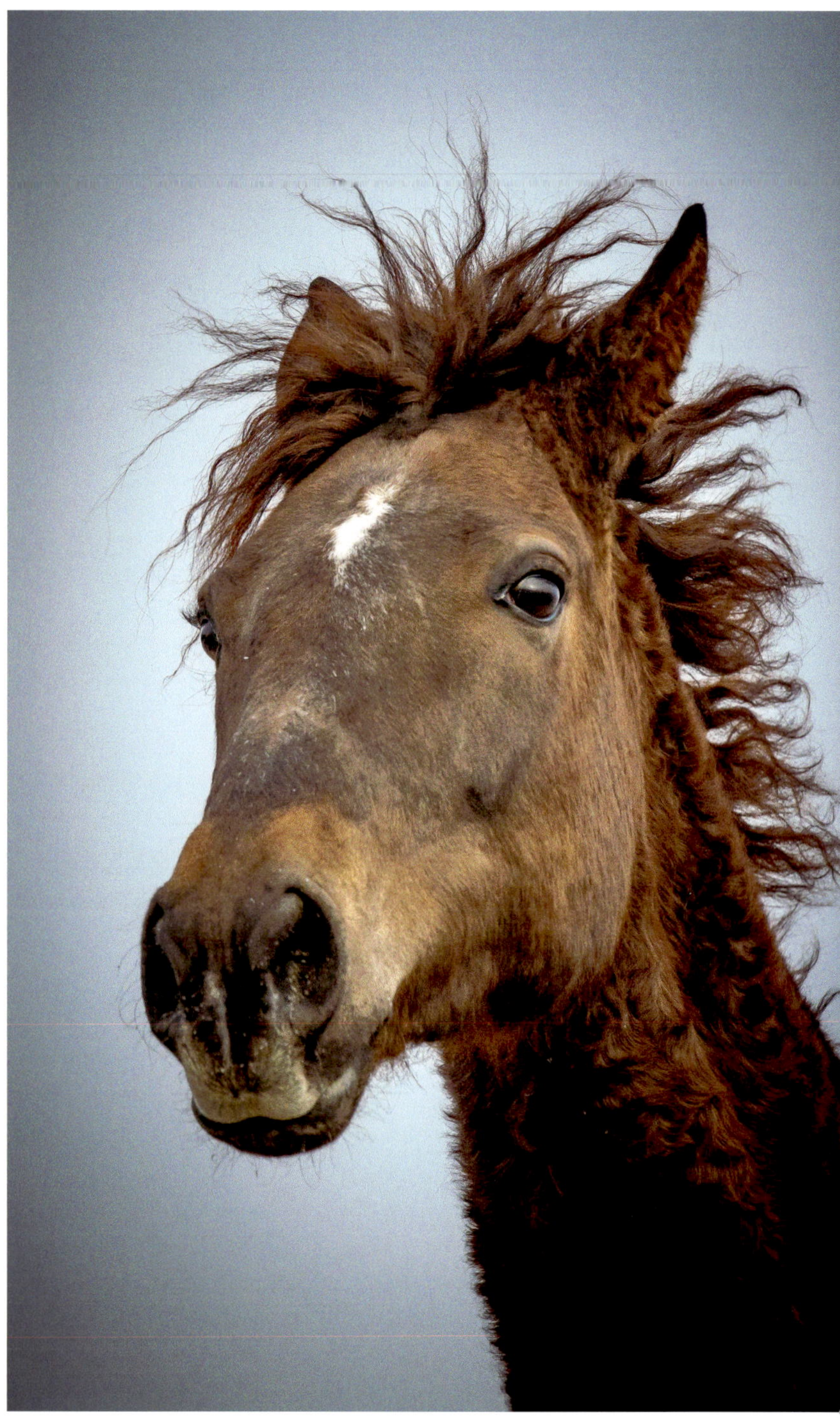

▲ *Der Ausdruck des Pferdes bestimmt seine Fotogenität. Ein waches, interessiertes Auge, wie es hier die Curlystute Soyala zeigt, ist die wichtigste Zutat für ein ausdrucksstarkes Bild; Canon EOS 1D X mit Canon EF 70–200 mm f/2,8L IS II USM bei 200 mm, 1/800 s, Blende 6,3, ISO 2000*

man drei gleichfarbige Beine, während ein Fuß andersfarbig ist und somit die Harmonie schwächt. Um das »schwarze Schaf« nicht wie das »fünfte Rad am Wagen« wirken zu lassen, muss sich der Fotograf Gedanken machen, das andersfarbige Bein harmonisch in das Bild zu integrieren. So sollte man eine Position wählen, bei der das aus der Rolle fallende Bein von zwei identisch gefärbten Beinen umschlossen wird, aber möglichst nicht alleine am Rande steht.

Pferde mit asymmetrischen Abzeichen am Kopf eignen sich kaum für eine symmetrische Aufstellung und Platzierung in der Mitte des Bildes. Hier ist es besser, das Pferd von schräg vorne zu porträtieren. Da die meisten Pferde mehr oder weniger asymmetrische Abzeichen haben, kann es sinnvoll sein, für die Umsetzung von symmetrisch angelegten Bildern, Pferde ohne jegliche Abzeichen auszuwählen.

Exterieurmängel

Exterieurmängel zu kaschieren, ist ebenfalls eine Aufgabe des Fotografen, die er mit der Wahl einer bestimmten Perspektive sehr gut lösen kann. Hierzu ist es aber erst einmal notwendig, dass man diese körperlichen Mängel überhaupt erkennt. Exterieurmerkmale sind zudem auch rassebezogen und werden in den einzelnen Zuchten nicht immer mit denselben Maßstäben beurteilt. Ein langer Rücken (»Rechteckpferd«) ist beispielsweise beim Dressurpferd durchaus wünschenswert, während das Westernpferd eher kompakt gebaut sein soll (»Quadratpferd«). Weist ein Westernpferd darum einen langen Rücken auf, ist es ratsam, es nicht im direkten, seitlichen Profil abzulichten, sondern beispielsweise von schräg vorne. Mit der schrägen Aufstellung unterstreicht man die Kompaktheit des Pferdes.

▾ *Pferde ohne Abzeichen eignen sich für ausgeglichene, aber auch symmetrisch angeordnete Bilder. Die Fjordpferde Caspar (links) und Angel fügen sich harmonisch in die farblich stimmige Landschaft ein. Die liegende Position der beiden vermittelt Ruhe und Gelassenheit und trägt zusätzlich zur Harmonie des Bildes bei; Canon EOS 1D X mit Canon EF 70–200 mm f/2,8L IS II USM bei 70 mm, 1/3200 s, Blende 7,1, ISO 800*

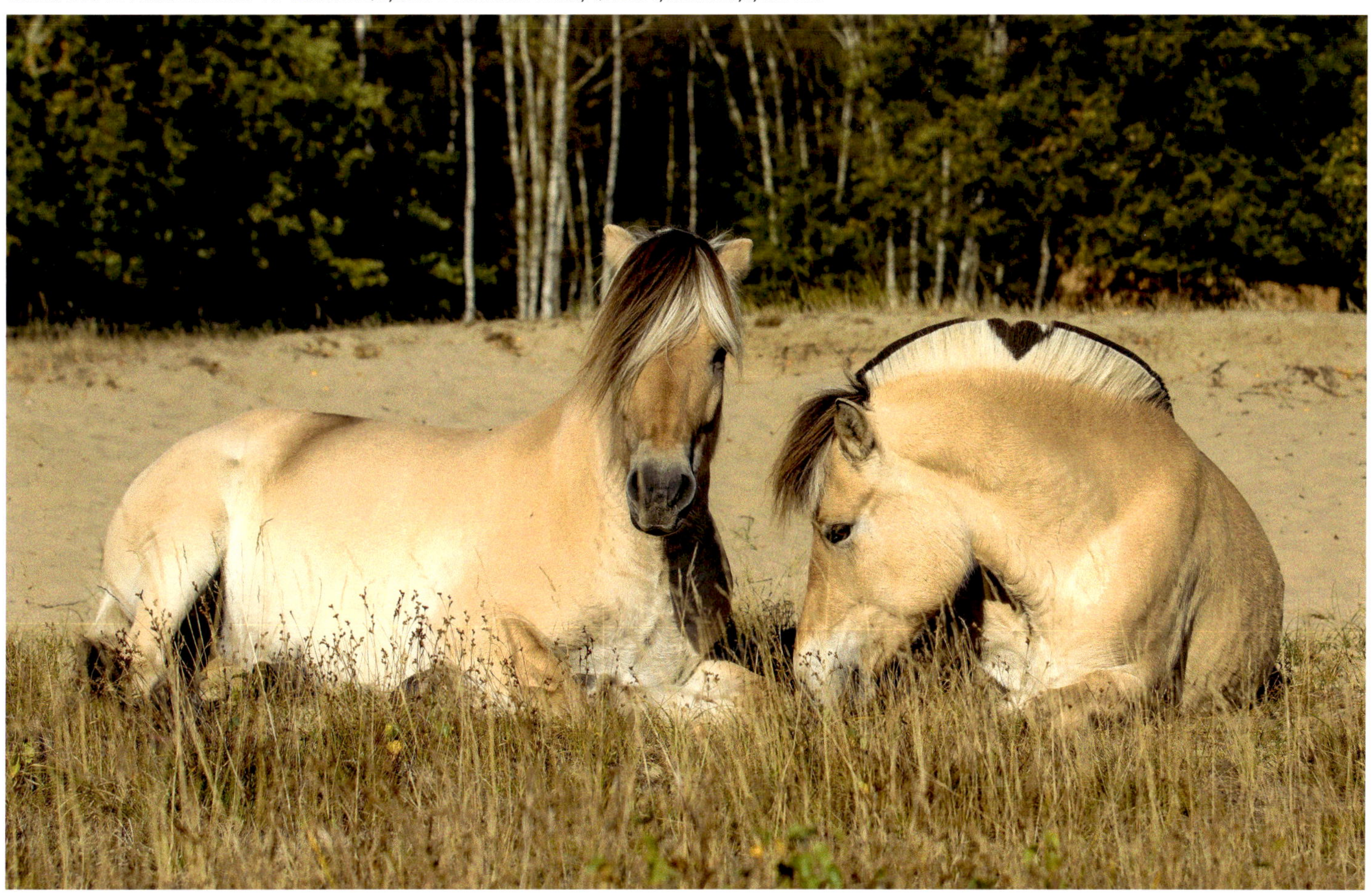

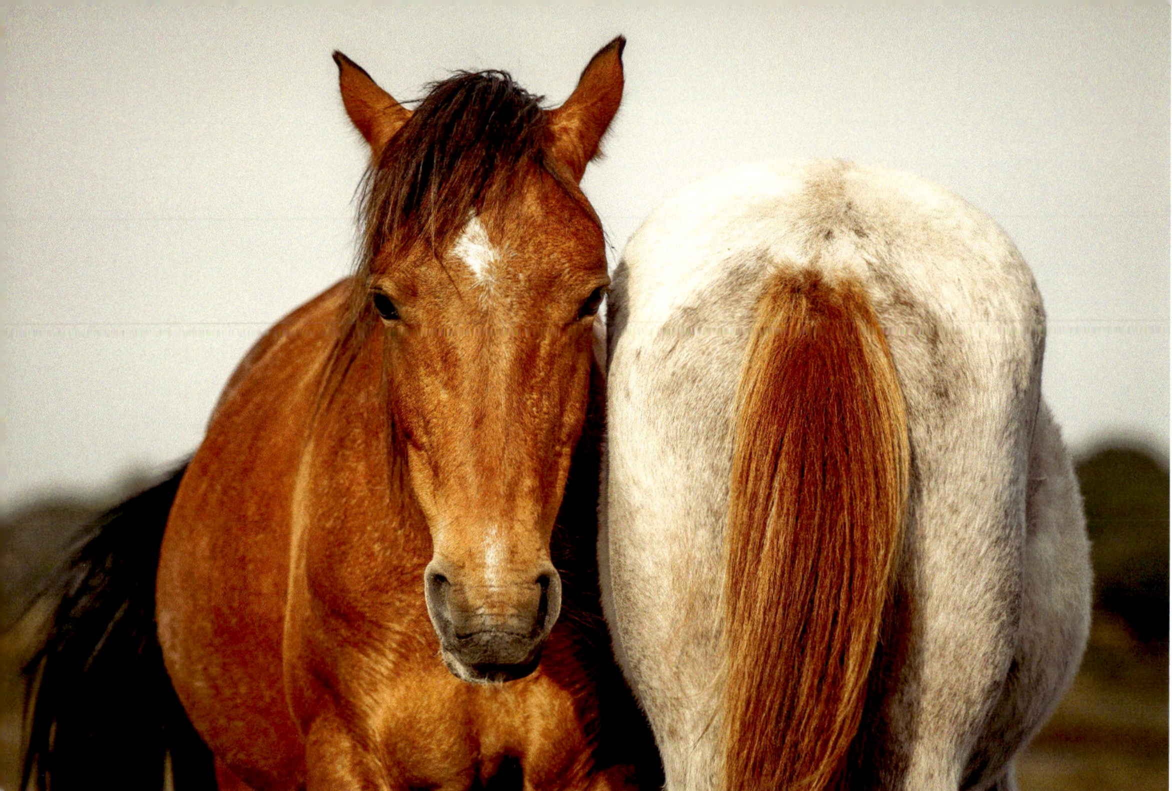

▲ *Neben der Perspektive bestimmt auch die Komposition eines Bildes dessen Wirkung; Canon EOS 1D X mit Canon EF 70–200 mm f/2,8L IS II USM bei 200 mm, 1/1600 s, Blende 4, ISO 500*

Die Wahl der Perspektive ist ein besonders wichtiges Stilmittel, um Pferde dominanter, größer oder kräftiger erscheinen zu lassen. Hierzu wählt man einen tiefen Kamerastandpunkt und eine vergleichsweise kurze Brennweite. Trotzdem sollte man darauf achten, dass man die perspektivischen Stilmittel nicht übertrieben einsetzt, da die Pferde ab einem gewissen Grad wiederum unharmonisch und verzerrt dargestellt werden.

Die Anordnung der Pferde zueinander oder zu anderen Bildbestandteilen bestimmt ebenfalls die Wirkung des Bildes. Interessante Kompositionen sind allerdings oft nicht planbar, sondern werden vom natürlichen Verhalten der Pferde und dem Zufall vorgegeben. Man muss nur lernen, diese Situationen zu erfassen und mithilfe der richtigen Perspektive in Szene zu setzen.

Um sein Auge für außergewöhnliche Situationen zu schulen, sollte man sich als Fotograf viel Zeit nehmen und die Pferde über einen langen Zeitraum in ihrem natürlichen Verhalten beobachten. Daraufhin kann man mit Perspektive und Brennweite experimentieren, um das Motiv interessant zu gestalten. Eine überlegte Herangehensweise ist in jedem Fall besser als einfach drauflos zu knipsen, in der Hoffnung, dass zufällig ein gutes Bild dabei sein wird.

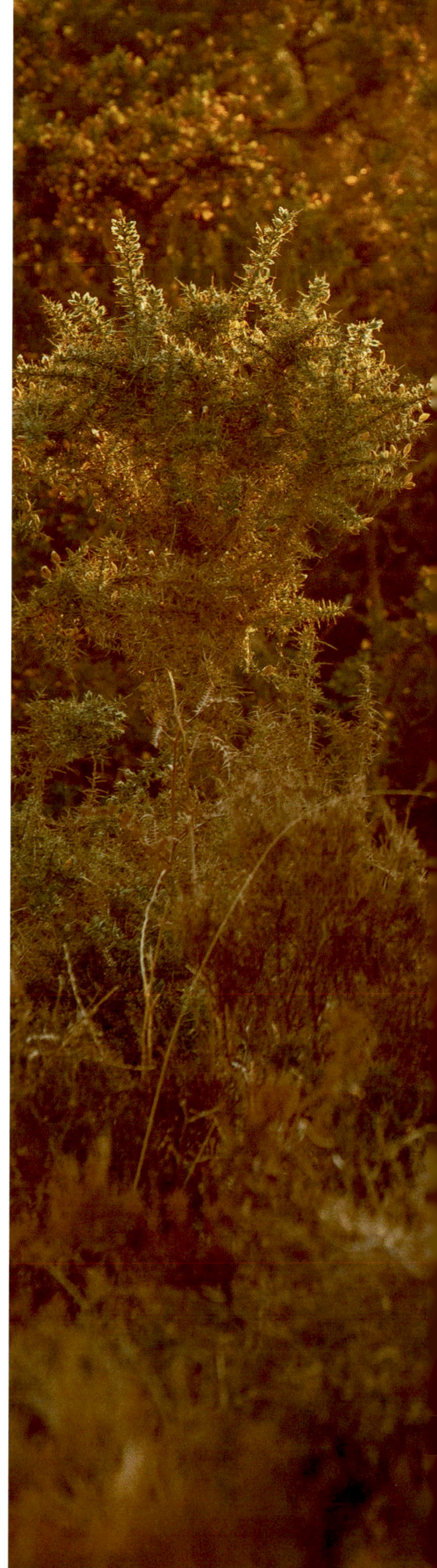

▶ *Pferde, die naturnah leben können, haben eine starke Präsenz. Die Stute strotzt vor Stolz und Selbstbewusstsein, was neben der romantischen Gegenlichtsituation zu einem ausdrucksstarken Bild beiträgt; Canon EOS 1D X mit Canon EF 70–200 mm f/2,8L IS II USM bei 200 mm, 1/320 s, Blende 5,6, ISO 800*

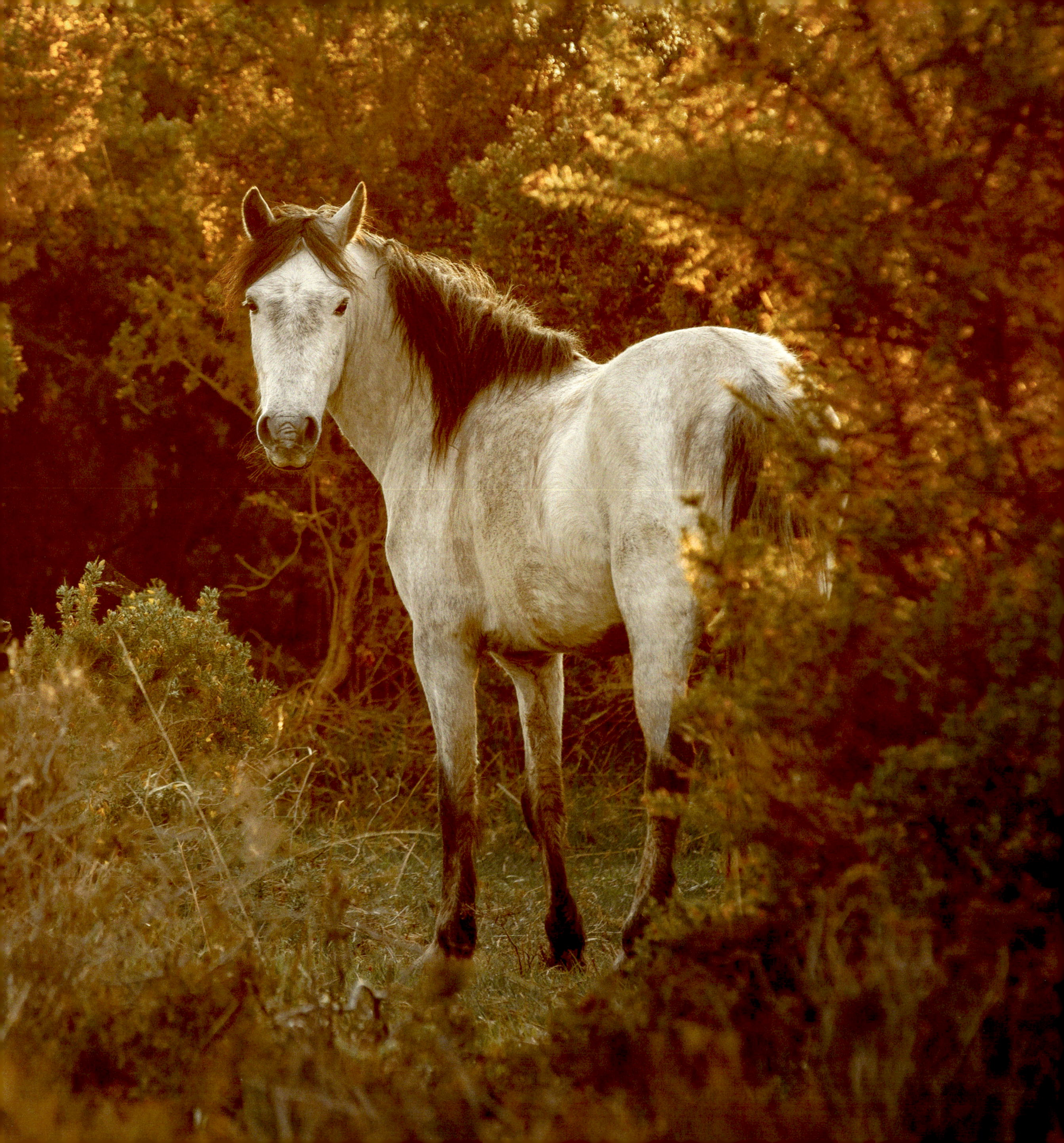

2.4 Bildaufbau

Die Ästhetik eines Bildes hängt stark von seinem Aufbau ab. So kommt der Fotograf nicht umhin, sich den verschiedenen Gestaltungsregeln zu widmen, die zur Bildharmonie beitragen. Ein ansonsten gut umgesetztes Foto kann banal wirken, wenn der Bildaufbau Mängel aufweist. Gewisse Grundsätze sollten deshalb immer berücksichtigt – oder eben ganz gezielt und nur unter bestimmten Bedingungen gebrochen – werden.

Bildaufteilung

Generell stellt sich dem Fotografen die Frage, an welcher Stelle des Bildes sein Hauptmotiv platziert werden soll. Selbst demjenigen, der erst am Anfang seiner fotografischen Laufbahn steht, ist schon zu Ohren gekommen, dass das Hauptmotiv besser nicht in die Bildmitte gesetzt werden soll.

Die wichtigsten Regeln zur Aufteilung des Bildes sind die Drittelregel und der Goldene Schnitt. Beide Gestaltungsregeln sind sich ähnlich, manche Fotografen halten sich lieber an den Goldenen Schnitt, andere finden die Drittelregel ästhetischer. Die Meinungen hierüber gehen auseinander, sodass jeder für sich entscheiden muss, was ihm besser gefällt. Es liegt zudem auch am Motiv, ob die Drittelregel oder der Goldene Schnitt passender erscheint.

Beim Goldenen Schnitt wird die Länge der Bildkante so unterteilt, dass die größere Teilstrecke zur kleineren Strecke im gleichen Verhältnis steht wie die gesamte Kantenlänge zur größeren Teilstrecke. Dieses Verhältnis ergibt in Zahlen ausgedrückt 1:1,618. Dieses Verhältnis kommt in der Natur häufig vor, sodass es deshalb wohl für unser Auge ansprechend wirkt.

Wendet man die Drittelregel an, wird die Kantenlänge in Höhe und Breite jeweils in drei gleich große Bereiche unterteilt, sodass bei einer Bildgröße von 2:3 insgesamt neun gleich große Rechtecke entstehen. Das Hauptmotiv legt man dabei stets auf die Schnittstelle der jeweiligen Bildeinteilung. Die Kreuzungslinien im Goldenen Schnitt liegen etwas mittiger als die der Drittelregel. Bei symmetrischen Motiven

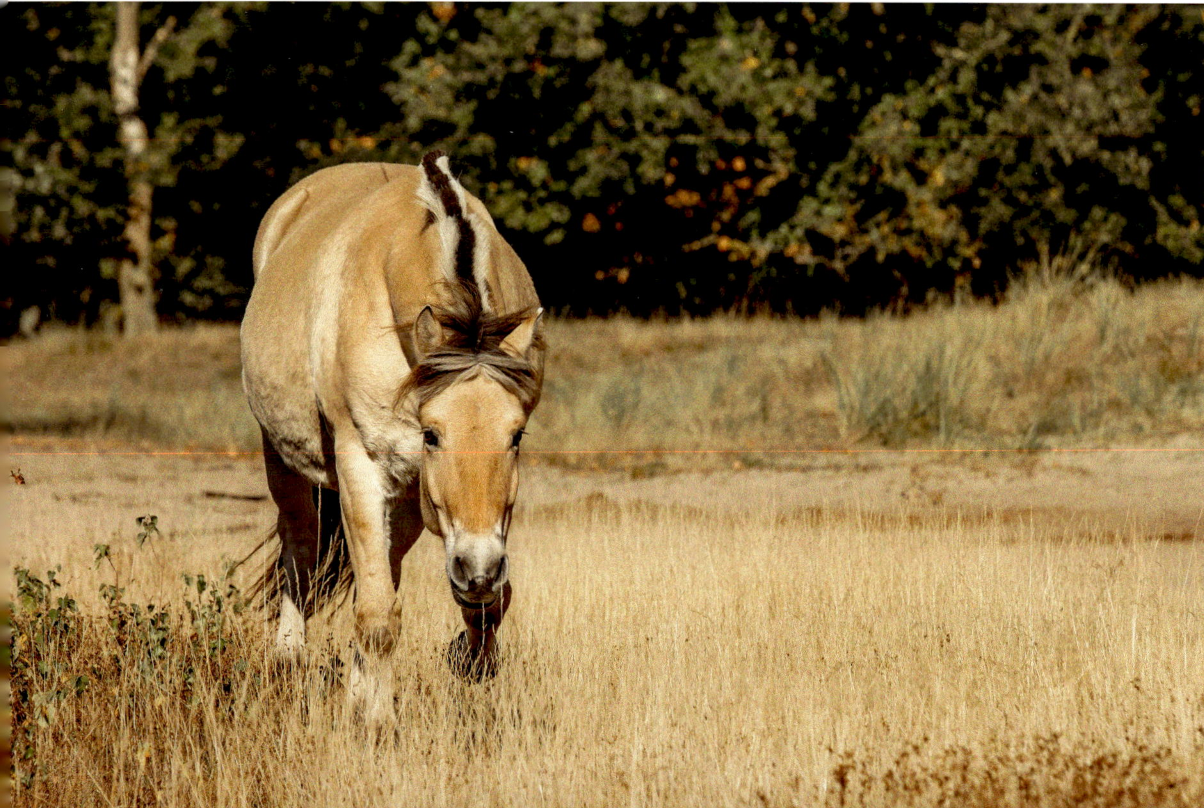

◀ *Der Norweger ist exakt nach der Drittelregel im Bild platziert. Für ein harmonisches Bild sollte der Freiraum immer in Blickrichtung des Pferdes angelegt werden; Canon EOS 1D X mit Canon EF 70–200 mm f/2,8L IS II USM bei 200 mm, 1/1600 s, Blende 8, ISO 400*

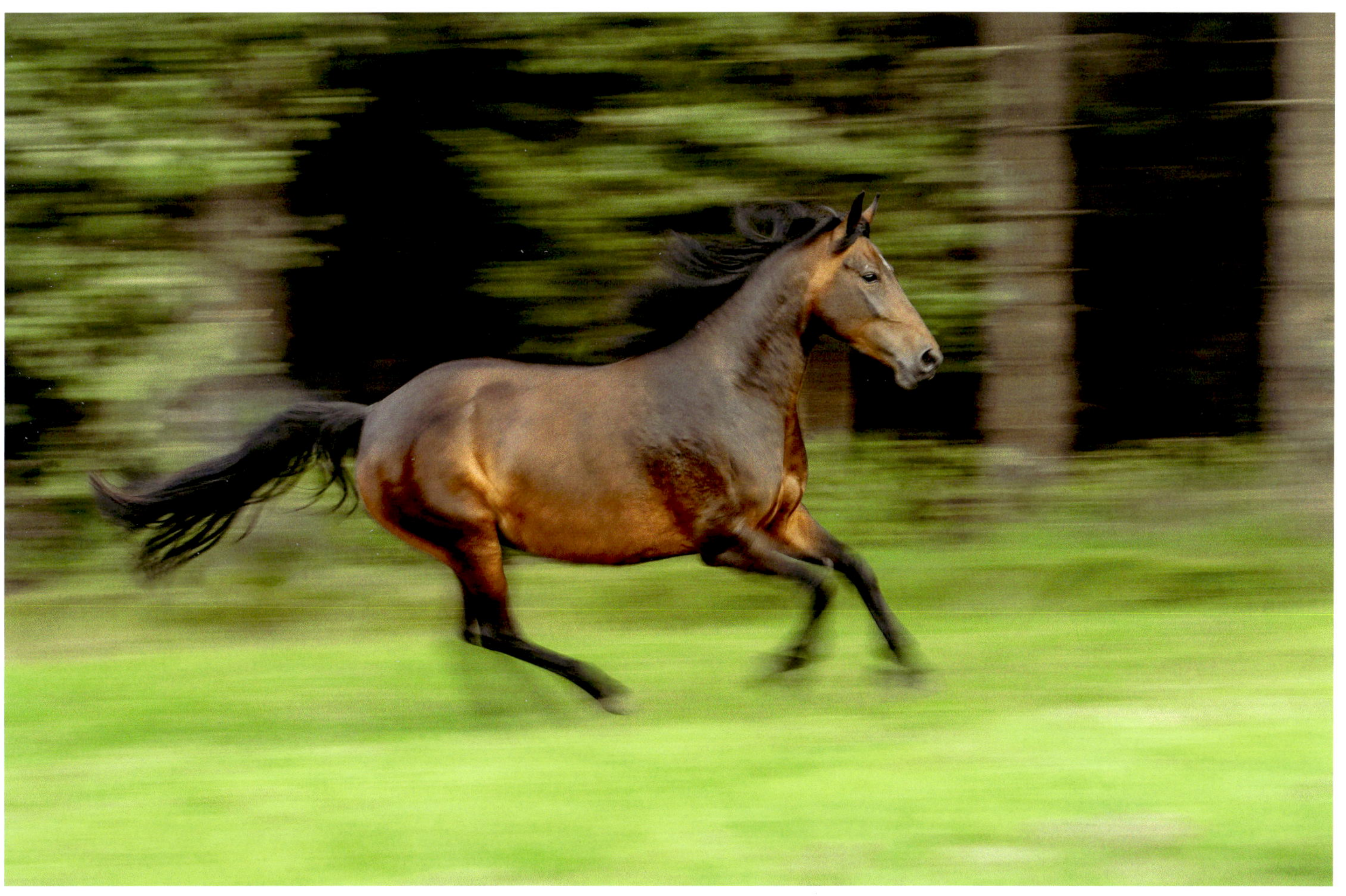

▲ *An scharfen Bildteilen fixiert sich der Blick des Betrachters. Darum sollte möglichst das Auge des Pferdes stets scharf abgebildet sein. Bei Langzeitbelichtungen wie bei diesem Mitzieher ist es allerdings nicht einfach, die Schärfe auf dem Auge zu erhalten (Retusche: Zaunlitze); Canon EOS 1D X mit Canon EF 70–200 mm f/2,8L IS II USM bei 120 mm, 1/30 s, Blende 5,6, ISO 320*

(beispielsweise bei einem Pferd, das frontal von vorne fotografiert wird) dürfen und sollten obige Regeln gebrochen werden. Das Motiv wird in diesem Fall exakt mittig platziert, um die Symmetrie hervorzuheben.

Blickführung

Bilder werden wie Texte »gelesen«, das heißt, dass der Blick des Betrachters über das Bild schweift. Dies geschieht normalerweise in gewohnter Leserichtung (die je nach Kultur unterschiedlich ist, im deutschsprachigen Raum jedoch von links oben nach rechts unten erfolgt). Zudem wird das Auge durch auffallende Punkte und Linien im Bild geleitet. Starke Kontraste, Störfaktoren und Schärfebereiche ziehen den Blick des Betrachters auf sich. Der Fotograf muss entscheiden, wie das Auge geleitet werden soll. Ein weiß leuchtendes Gebäude im Hintergrund wird bei einem Pferdeporträt als störend empfunden und lenkt den Blick vom Pferd ab. Deshalb sollten starke Kontraste und andere störende Elemente vermieden werden, wenn sie nicht zur Bildgestaltung beitragen. Setzt man Linien (z. B. die Halsoberlinie, den Rücken oder die Beine) äquivalent zu den Rasterlinien des Goldenen Schnitts oder der Drittelregel, wirkt das Bild stimmig. Auch die Blickrichtung über die Diagonale hat einen ästhetischen Charakter und lässt den Blick harmonisch durch das Bild gleiten. Es ist darum empfehlenswert, nach Diagonalen im Motiv zu suchen und diese an den Bilddiagonalen auszurichten. Diagonalen verleihen dem Foto mehr Dynamik und tragen sehr zur Gefälligkeit des Bildes bei.

Raum geben

In der Tierfotografie gibt es eine Vielzahl von Gestaltungsmöglichkeiten. Vom innigen Close-up, das Nähe und Geborgenheit vermittelt und somit Emotionen hervorragend transportieren kann, bis hin zum Landschaftsmotiv, in dem das weit entfernt grasende Pferd nur scheinbar eine untergeordnete Rolle spielt, sind den Gestaltungsformen kaum Grenzen gesetzt. In letzterem Beispiel vermittelt das Bild mehr Informationen als die pure Darstellung des Pferdes selbst. Es lädt den Betrachter ein, in den Lebensraum des Pferdes einzutreten, der das Bild folglich deutlich länger in Augenschein nimmt. Es ist deshalb nicht falsch, dem Tier mehr Freiraum auf dem Bild zu geben.

Auf diese Weise ist es auch möglich, durch die bewusste Gestaltung des Vorder- und Hintergrunds mehr Tiefe und somit eine größere Dimension ins Bild zu bringen. Bei der Bildaufteilung sollte in diesem Zusammenhang auch berücksichtigt werden, dass das Pferd nicht aus dem Bild schaut oder läuft.

Perspektive

Einen sehr großen Anteil hat die Wahl der Perspektive für die Bildgestaltung. So bestimmt zunächst auch die Brennweite den Blickwinkel auf das Pferd. Je weiter der Blickwinkel (= Weitwinkel) auf das Pferd gelegt wird, desto stärker wird das Pferd jedoch in seinen Proportionen verzerrt. Um keine unschönen Verzerrungen zu produzieren, sollte man eine Brennweite von 100 mm nur in Ausnahmefällen unterschreiten.

Hinzu kommt der Kamerastandpunkt in Bezug auf das Pferd. Eine Regel in der Tierfotografie lautet, dass man Tieren stets auf Augenhöhe begegnen – und dementsprechend auch fotografieren – soll. Dies gilt ebenso für die Pferdefotografie – selbstverständlich mit entsprechenden Ausnahmen. Will man das Pferd größer und erhabener erscheinen lassen, wählt man einen etwas tieferen Kamerastandpunkt – etwa auf Brust- bzw. Bauchhöhe des Pferdes. Die Perspektive von oben herab lässt das Pferd hingegen kleiner und niedlicher wirken. Das Pferd ist ein imposantes, stolzes und großes Tier (mit Ausnahme von verschiedenen Kleinpferderassen), sodass diese Eigenschaften durch die Wahl einer niedrigen Perspektive noch unterstrichen wird und darum deutlich häufiger zum Einsatz kommt als ein hoher Kamerastandpunkt.

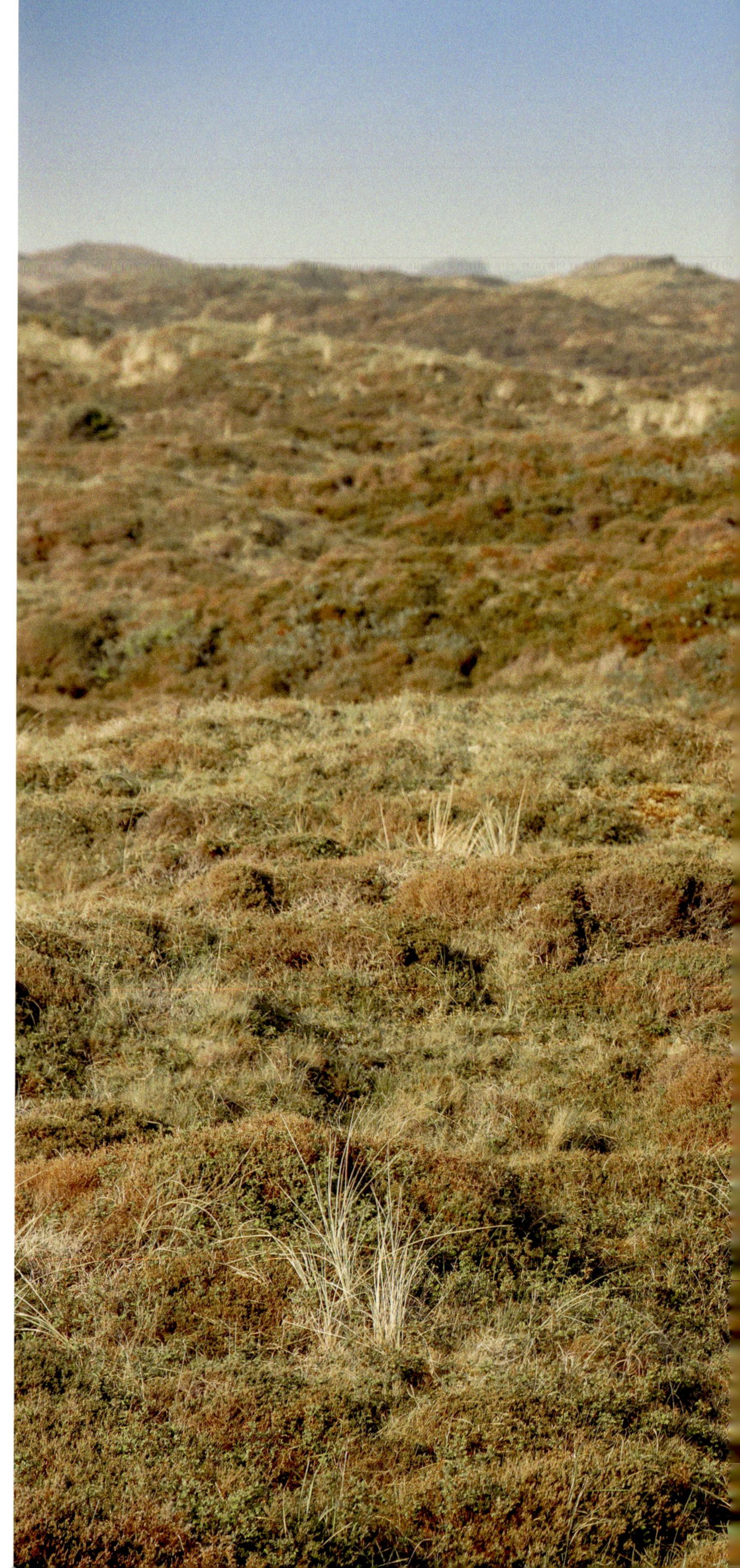

▸ Eine Einladung, in den Lebensraum der wildlebenden Exmoorponys einzutreten, assoziiert dieses Bild. Es besticht durch den Freiraum, der die Weite und Freiheit des Habitats der Ponys aufzeigt; Canon EOS 1D X mit Canon EF 70–200 mm f/2,8L IS II USM bei 200 mm, 1/1000 s, Blende 8, ISO 800

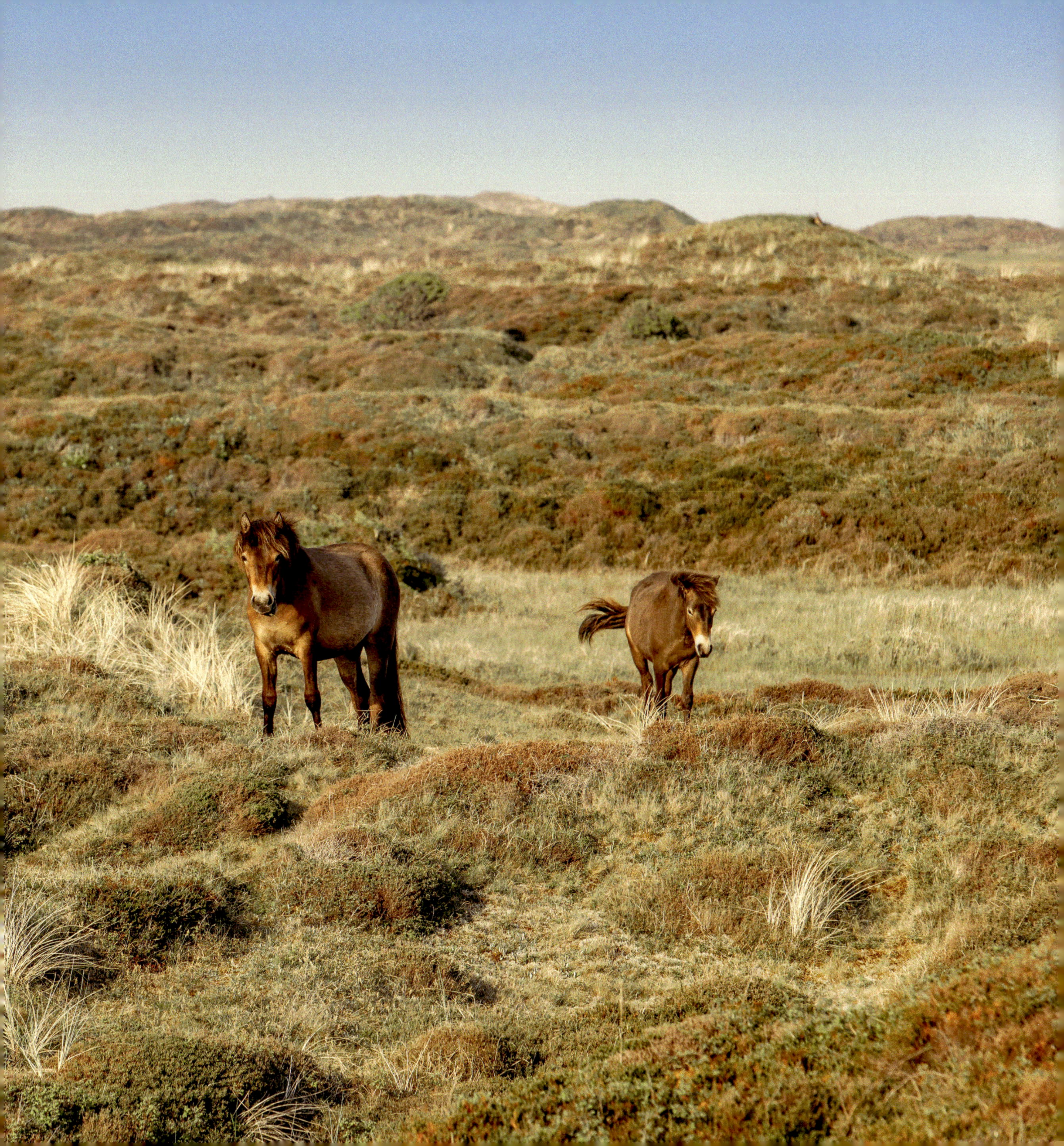

In der kreativen Pferdefotografie kann man aber durchaus mit der Perspektive experimentieren. Auf diese Weise können sich sehr interessante Blickwinkel ergeben (s. Kap. 9.3 »Außergewöhnliche Perspektiven«).

Kontraste

Kontraste ziehen den Blick des Betrachters an und erzeugen Spannung im Bild. Starke Kontraste dürfen darum bevorzugt auf dem Hauptmotiv liegen. Zu viel Kontrast in allen Bildteilen erzeugt allerdings eine unerwünschte Unruhe, weshalb ein Ruheraum in Form einer Fläche (z. B. Wiese) ins Bild eingebracht werden sollte. Kontraste können mit unterschiedlichen Techniken ins Bild einfließen. Zum einen denkt man bei dem Begriff meist sofort an den Hell-Dunkel-Kontrast, mit dem insbesondere bei Schwarzweißumsetzungen gearbeitet wird. Aber auch Farbkontraste tragen enorm zur Bildwirkung bei. So bilden Komplementärfarben einen starken Kontrast (Blau und Gelb bilden als Komplementärfarben dabei den stärksten Farbkontrast).

Größenunterschiede ergeben ebenfalls einen spannenden Bildaufbau wie beispielsweise das Gegenüberstellen eines Großpferdes und eines Shetlandponys. Steht ein einzelnes Pferd einer ganzen Herde gegenüber, spricht man von einem Mengenkontrast. Auch dies erzeugt Spannung und Interesse beim Betrachter.

Ebenso kann ein Richtungskontrast (z. B. die Laufrichtungen zweier Pferde kreuzen sich) spannend wirken. Nicht zuletzt darf man den Schärfekontrast nicht vergessen, der sehr zur harmonischen und interessanten Bildwirkung beiträgt. Da der Blick zunächst auf den Schärfebereich gezogen wird, sollte das Hauptmotiv scharf abgebildet sein. Je unschärfer der Hintergrund ist, desto mehr Kontrast bildet dieser nun zum scharfen Hauptmotiv.

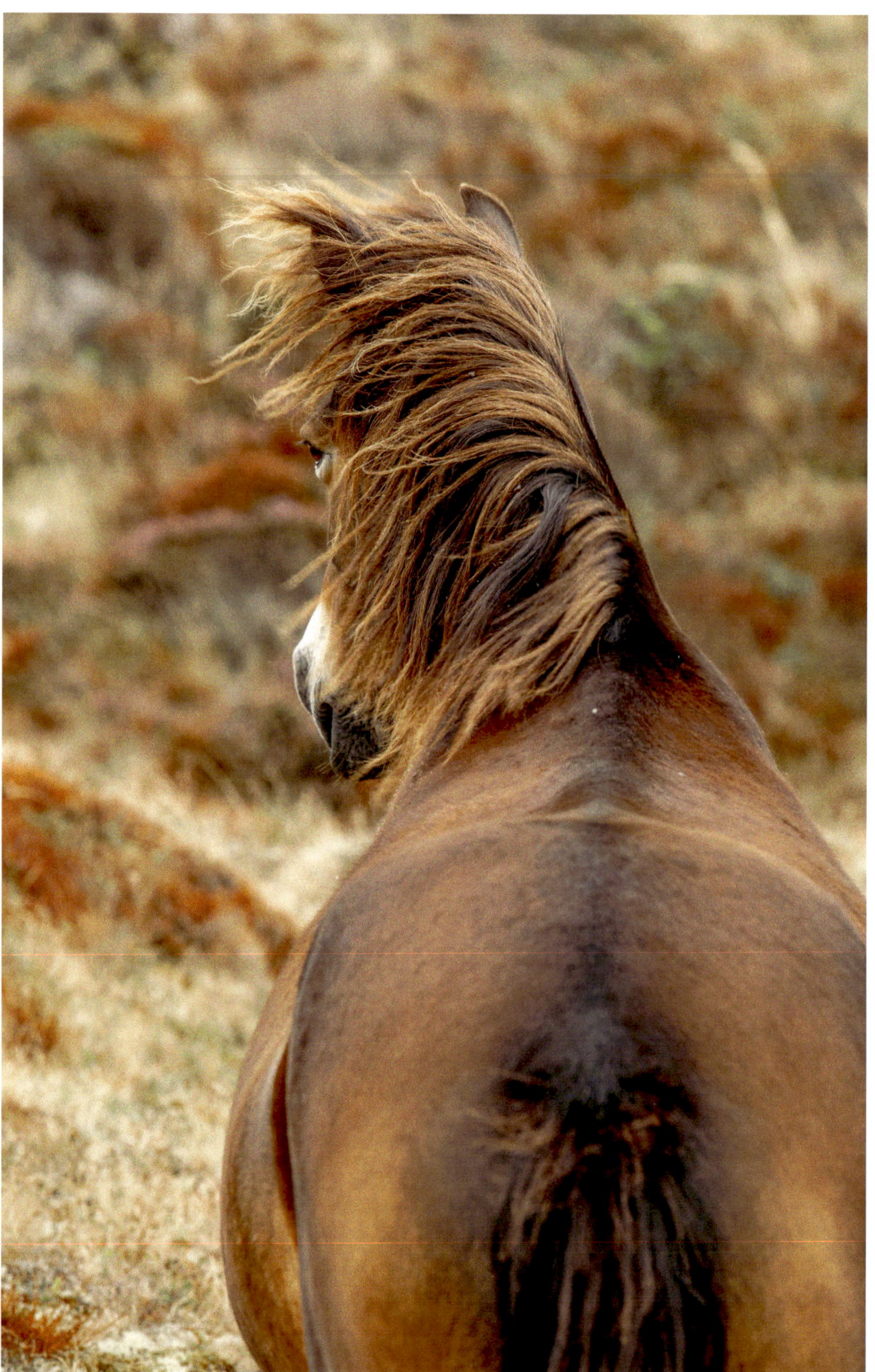

▲ *Die Perspektive von oben ist bei Pferden eher ungewöhnlich. Gerade deshalb hat sie ihren Reiz; Canon EOS 1D X mit Canon EF 70–200 mm f/2,8L IS II USM bei 200 mm, 1/125 s, Blende 6,3, ISO 1600*

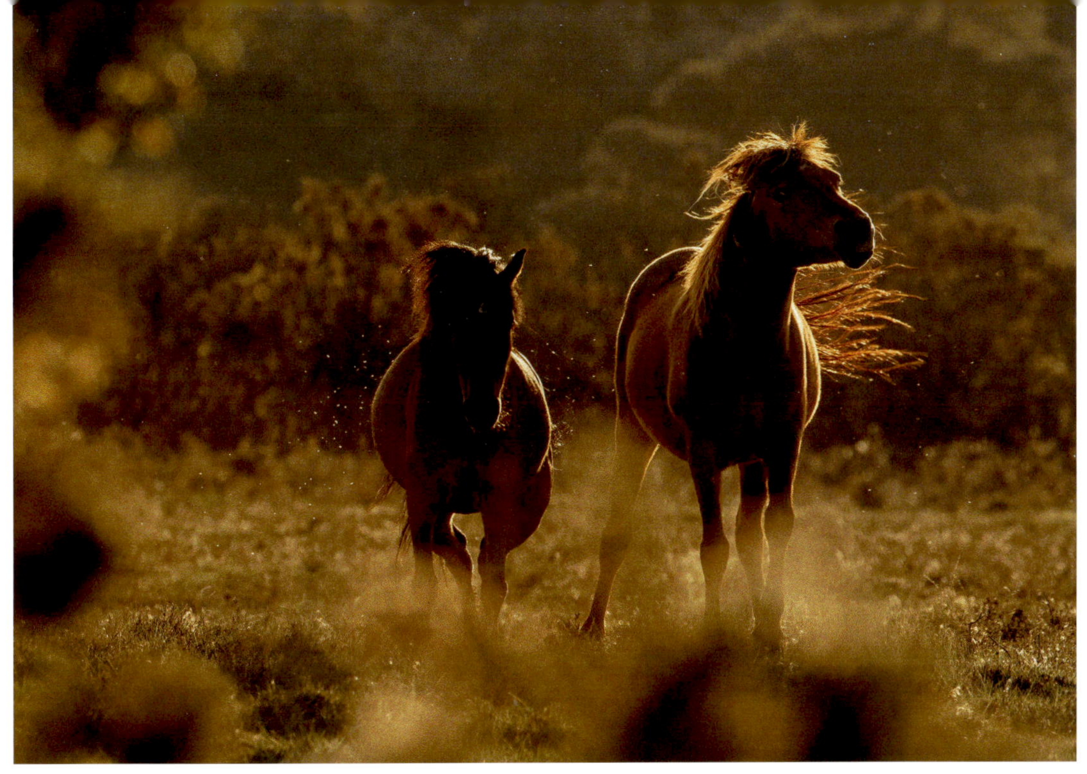

Sträucher im Vordergrund wurden genutzt, um bei dieser Gegenlichtaufnahme das Motiv einzurahmen; Canon EOS 1D X mit Canon EF 100–400 mm f/4,5-5,6L IS II USM bei 321 mm, 1/1600 s, Blende 5,6, ISO 800

Rahmen

Die Bildgestaltung mit Rahmen ist keineswegs neu, sollte aber nicht in Vergessenheit geraten, da natürliche oder künstliche Rahmen einen guten bildkompositorischen Effekt darstellen. Rahmen können das Motiv abgrenzen, isolieren oder in das Bild einbetten. Viele Menschen empfinden Fotos, die mit einem zusätzlichen Rahmen im Bild gestaltet sind, als harmonischer.

Gerade in der Pferdefotografie bieten sich viele Möglichkeiten an, komplette oder Teil-Rahmen ins Bild zu integrieren. Blickt ein Pferd aus seiner Box, bildet das Fenster einen wunderbaren Rahmen für das Porträt. Stalltore, Hofeinfahrten, Durchgänge, Torbögen und Brücken sind perfekte Möglichkeiten, um einen Rahmen zu schaffen.

Doch auch in freier Natur finden sich tolle Gestaltungsmöglichkeiten wie Büsche und Bäume mit tief hängenden Ästen, die das Pferdemotiv seitlich flankieren, überdachen oder gar komplett einrahmen. Nicht zuletzt lassen sich die Pferde selbst dazu verwenden: Blickt das Fohlen unter dem Hals seiner Mutter hervor, können Hals und Kopf der Stute als Rahmen für das Fohlenporträt dienen. Fotografiert man unter den Bauch eines Pferdes hindurch, um ein im Gras liegendes Pferd abzulichten, können Vorder- und Hinterbeine sowie der Bauch des stehenden Pferdes den passenden Rahmen stellen.

Ein Rahmen hält den Blick des Betrachters im Bild und wird deshalb auch gerne in der Malerei verwendet, indem die Ecken etwas dunkler gehalten werden. Denselben Effekt erzielt man mithilfe einer nachträglich eingebrachten Vignettierung durch das Bildbearbeitungsprogramm. Vignettierungen können sehr zur harmonischen Bildgestaltung beitragen, sollten aber nicht übertrieben eingesetzt werden. Ein natürlicher Rahmen wirkt meist lebendiger und für den Betrachter interessanter.

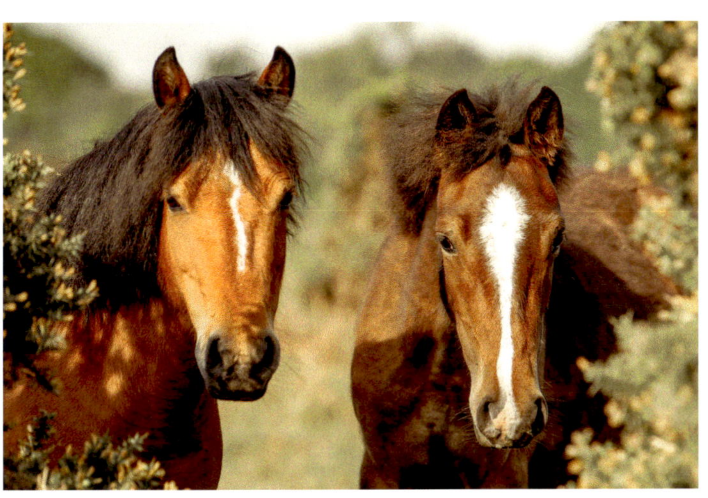

Ginstersträucher geben dem Doppelporträt der beiden Jungstuten den passenden Rahmen; Canon EOS 1D X mit Canon EF 70–200 mm f/2,8L IS II USM bei 190 mm, 1/1000 s, Blende 4, ISO 200

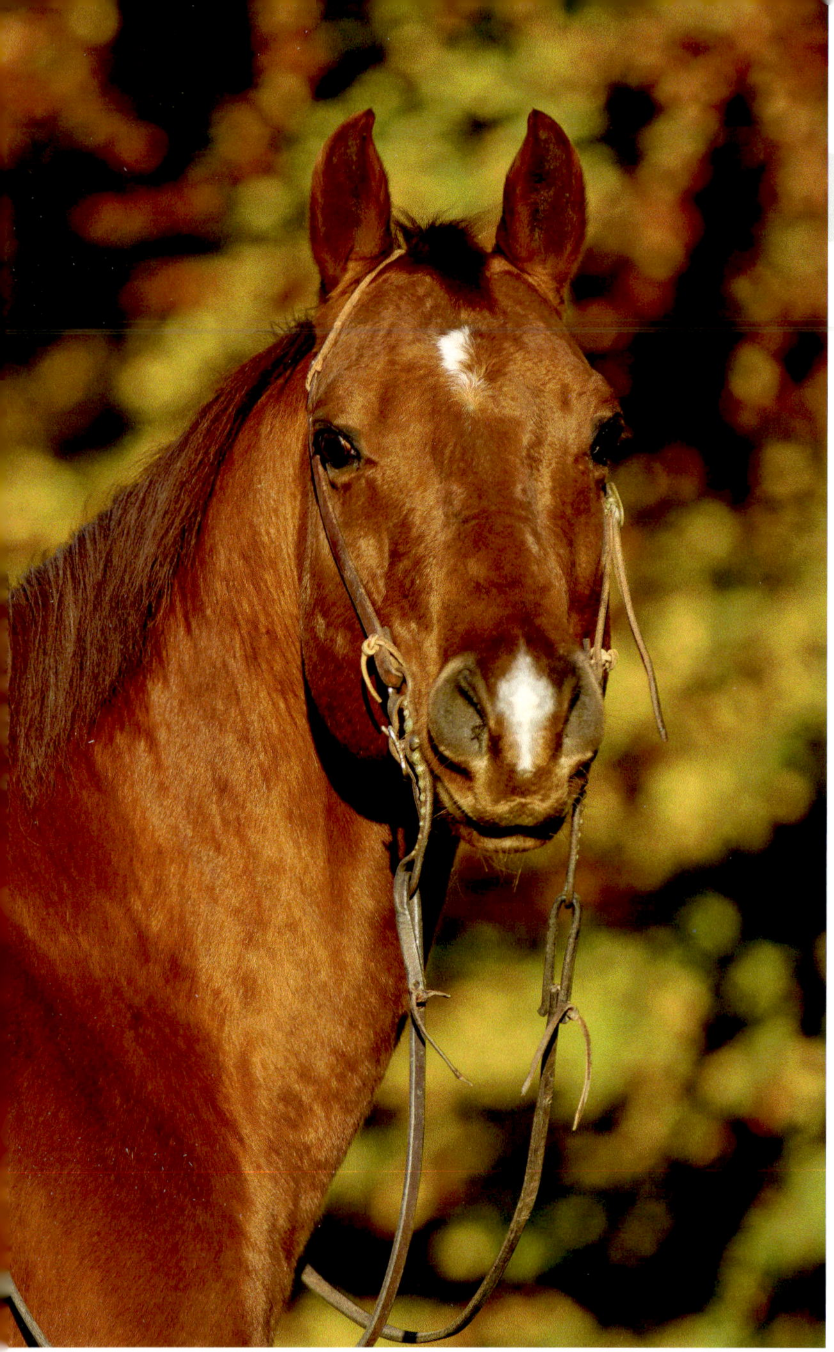

2.5 Hintergrund

Der Hintergrund ist ein sehr wichtiges Gestaltungselement, denn den Blick nur auf den Vordergrund – auf das Hauptmotiv – zu richten und dabei den Hintergrund völlig aus den Augen zu verlieren, kann die ganze Bildwirkung zunichtemachen.

Bei Porträtaufnahmen fotografiert man häufig mit Offenblende, um den Hintergrund unscharf zu gestalten. Bei Bewegungsbildern läuft man jedoch Gefahr, dass das Hauptmotiv schnell aus der Schärfeebene gerät. Störende Lichtpunkte sind damit ebenfalls nicht zu eliminieren. Es ist sowohl eine Frage der Kameraeinstellung als auch der grundsätzlichen Bildgestaltung, den Hintergrund passend zu platzieren.

Es gibt keine allgemeingültige Regel, wie der Hintergrund zu gestalten ist. Der Fotograf muss je nach Motiv entscheiden, ob er den Hintergrund eher ausblenden oder in die Bildgeschichte miteinbeziehen will. Für einen perfekten Hintergrund muss man sowohl das Motiv selbst mit Vorder- und Hintergrund als auch die Blendeneinstellung und die Brennweite im Blick haben.

Wenn der Hintergrund vom Hauptmotiv weit entfernt ist, kann man sich eher eine geschlossenere Blende leisten. Auch ruhige Formen (Wiesen, Felder, Himmel) lassen sich besser als Background einbinden und vertragen mehr Schärfentiefe als unaufgeräumte Szenen wie kreuz und quer verlaufende Äste, Gebäude, Autos und andere störende Gegenstände.

▲ *Der Hintergrund in herbstlichen Farben, die mit der Fellfarbe des Quarter-Horse-Wallachs Tucker hervorragend harmonieren, ist Grundlage für das stimmungsvolle Porträt; Canon EOS 1D X mit Canon EF 70–200 mm f/2,8L IS II USM bei 200 mm, 1/1600 s, Blende 3,5, ISO 400*

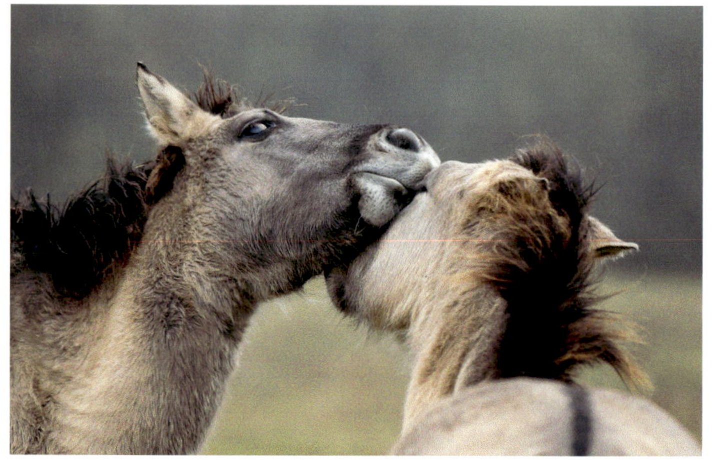

▶ *Ein perfektes Bokeh, das nicht vom Hauptmotiv ablenkt. Da der Hintergrund weit von den beiden Konikfohlen entfernt ist, benötigt man keine Offenblende, um den Wald in der Unschärfe verschwinden zu lassen; Canon EOS 1D X mit Canon EF 70–200 mm f/2,8L IS II USM bei 200 mm, 1/500 s, Blende 4, ISO 800*

Bokeh

Der Hintergrund wirkt deutlich angenehmer, wenn er unscharf gehalten wird. Qualitätsvolle Unschärfebereiche eines Fotos werden auch als Bokeh (japanisch = unscharf, verschwommen) bezeichnet. Ob es sich um ein »schönes« Bokeh handelt, ist eine Frage der Unschärfegestaltung. Unscharfe Bereiche entstehen aber nicht nur im Hintergrund, sondern auch im Vordergrund – je nachdem, auf welcher Ebene der Fotograf über die Fokussierung den Schärfebereich festlegt.

Ein ruhiges (unscharfes) Bokeh empfindet der Betrachter als angenehmer. Ein weicher und deutlich unscharfer Hintergrund wird darum auch als qualitätsvoller empfunden. Die Gefahr, dass der Hintergrund dann aber langweilig wirkt, besteht durchaus. Darum versucht man, den Unschärfebereich gezielt zu gestalten. Hoch im Kurs stehen sogenannte Lens flares, um den Hintergrund interessanter darzustellen. Lens flares sind Unschärfekreise, die durch Spitzlichter im Unschärfebereich entstehen und auf dem Bild dabei die Form der Blende abbilden. Um Lens flares zu produzieren, müssen Lichtreflexionen vorhanden sein, die in der Regel bei Gegenlichtsituationen auftreten. (Näheres hierzu siehe Kap. 4.4 »Lens flares«.)

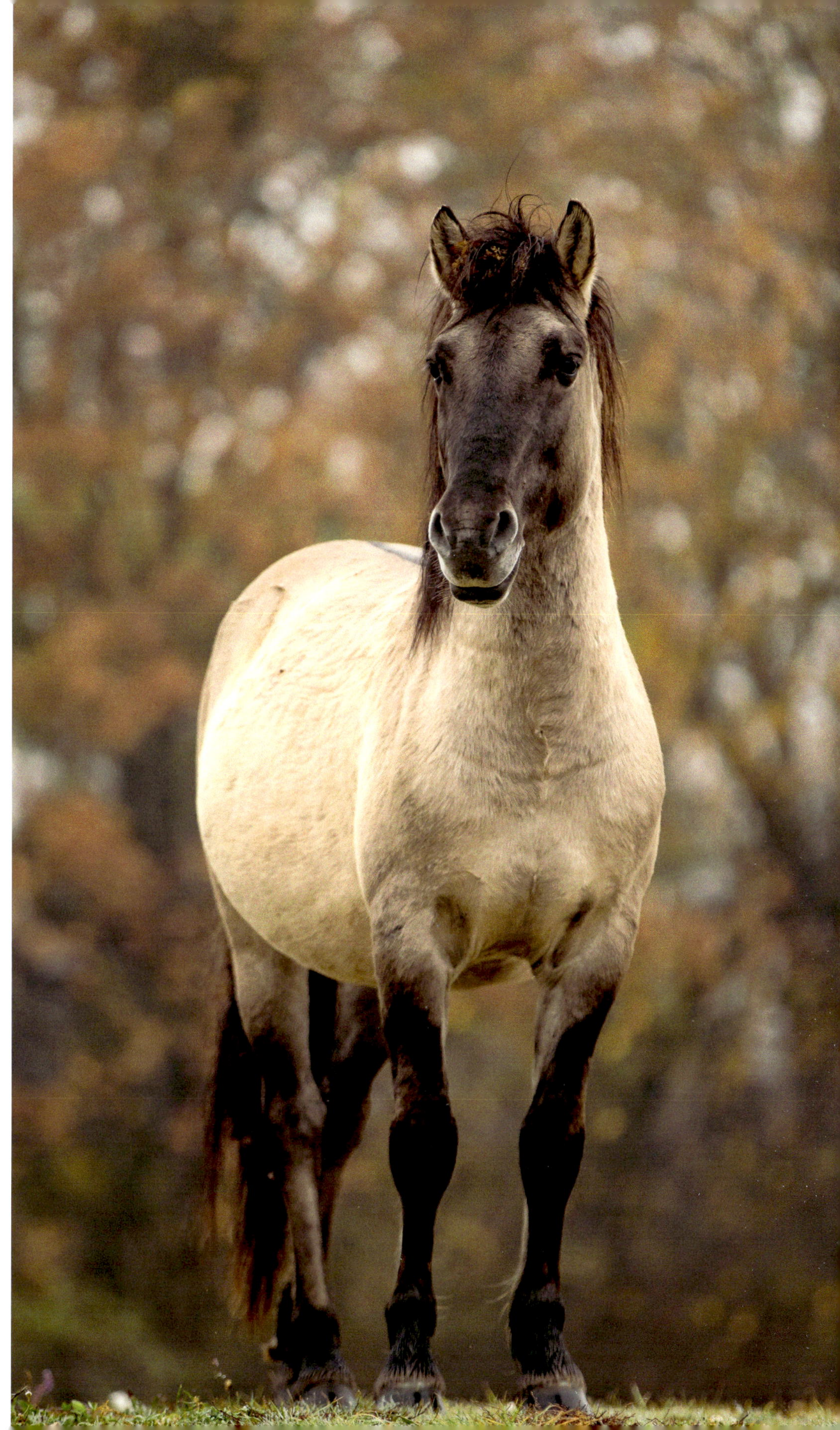

Das freilebende Konikpony wurde vor den mit Herbstlaub bestückten Bäumen fotografiert. Der durch die Blätter scheinende Himmel bildet auflockernde Unschärfekreise und trägt somit zu einem angenehmen Bokeh bei; Canon EOS 1D X mit Canon EF 70–200 mm f/2,8L IS II USM bei 200 mm, 1/1000 s, Blende 2,8, ISO 1000

2.6 Lichtführung

Ein elementarer Grundbaustein in der Fotografie ist das Licht. Nun ist Licht nicht gleich Licht, es variiert in seiner Intensität, der Farbgebung, Richtung und seinem Einfallswinkel. Diese Faktoren geben dem Fotografen die Möglichkeit, sein Bild zu gestalten. Um Licht gezielt einzusetzen, muss man eine Sensibilität für wirkungsvolle Lichtsituationen entwickeln.

In der Outdoorfotografie lassen sich Lichtsituationen nicht erzwingen, doch jede Lichtart hat ihren eigenen Charakter – es kommt nur darauf an, was der Fotograf daraus macht. Bevor man mit Licht gezielt arbeiten kann, muss man Charakter und Lichtrichtungen sowie deren Wirkungen verstehen.

Zunächst unterscheidet man zwischen natürlichem und künstlichem Licht. Das natürliche Licht wird durch das Sonnenlicht erzeugt, künstliche Lichtquellen können Taschenlampe, Blitzlicht, Glühlampen oder Baustrahler sein. Blitze und Dauerlichtlampen werden in der Regel in der Studiofotografie eingesetzt. Das natürliche Licht wird dabei nicht genutzt, dafür hat man die volle Kontrolle über Lichtstärke und -richtung.

Während bei der Arbeit mit künstlichem Licht nicht selten mehr als eine Lichtquelle zum Einsatz kommt, bleibt die Sonne der einzige Lichtspender bei der Fotografie mit natürlichem Licht. Dennoch lässt sich natürliches Sonnenlicht mit Reflektor, Diffusor, Abschatter etc. durchaus lenken, teilen und formen.

Lichtrichtungen

Allein durch den Standort des Fotografen in Ausrichtung zu seinem Motiv kann die Lichtrichtung bestimmt werden, wodurch völlig verschiedene Wirkungen zustande kommen. So kann der Fotograf das vorhandene Licht beim Einsatz von Lichtquellen neben den technischen Parametern hervorragend für eine kreative Bildgestaltung einsetzen.

Dem Anfänger in der Fotografie wird geraten, stets mit der Sonne im Rücken zu fotografieren. Das hat zunächst durchaus Sinn, denn die Chance auf korrekt belichtete Aufnahmen sind recht groß. Damit kann der Hobbyfotograf sicherlich akzeptable Ergebnisse mit dem Automatikprogramm seiner Kamera erzielen. Besonders kreativ ist dies jedoch nicht. Trotzdem hat das sogenannte Frontallicht seine

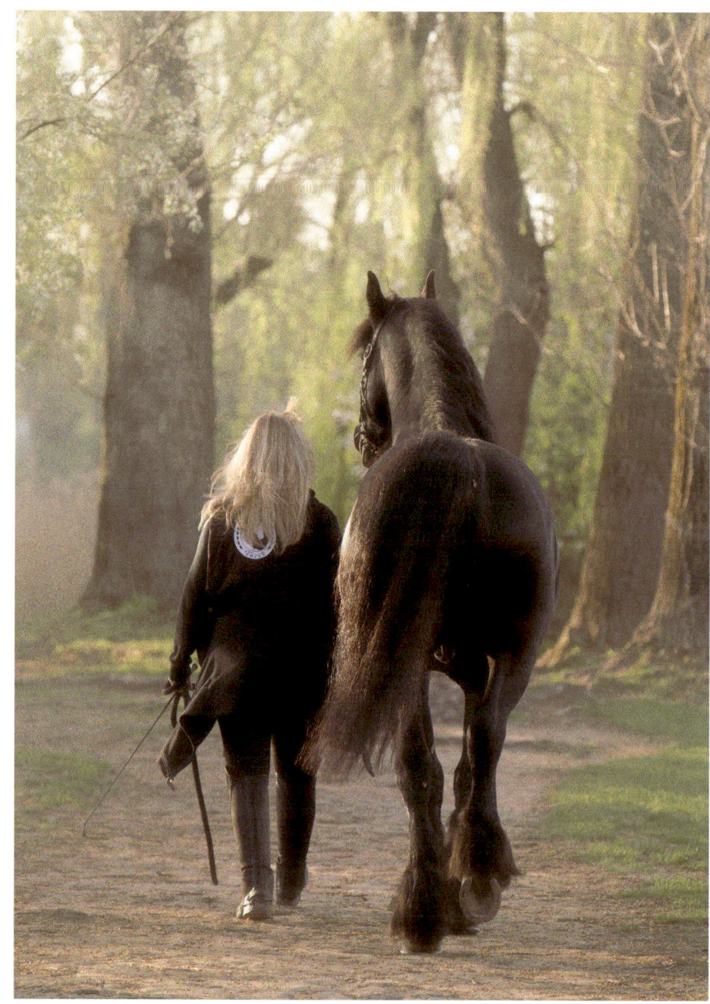

▲ *Diffuses Seitenlicht, während die aufgehende Sonne sich durch den Morgennebel kämpft, schafft eine romantische Atmosphäre; Canon EOS 1D X mit Canon EF 70–200 mm f/2,8L IS II USM bei 200 mm, 1/320 s, Blende 5,6, ISO 800*

Berechtigung und kommt bei vielen Motiven zum Einsatz. Bei Frontallicht fällt der Schatten direkt hinter das Motiv, sodass dieser auf dem Bild nicht zwingend sichtbar wird.

So kommt es zu einer gleichmäßigen Belichtung, und ein zu starker Kontrast durch harte Schlagschatten wird verhindert. Gerade bei hartem Licht kann die Kameratechnik dem Kontrastumfang nicht mehr gewachsen sein, wodurch Schatten im tiefen Schwarz zulaufen und gleichzeitig die Lichter überstrahlen. Bei fehlenden Schatten – und seien diese noch so diffus – wirkt das Bild jedoch meist etwas langweilig. Deshalb kommt das Auflicht in der kreativen Fotografie weniger zum Einsatz.

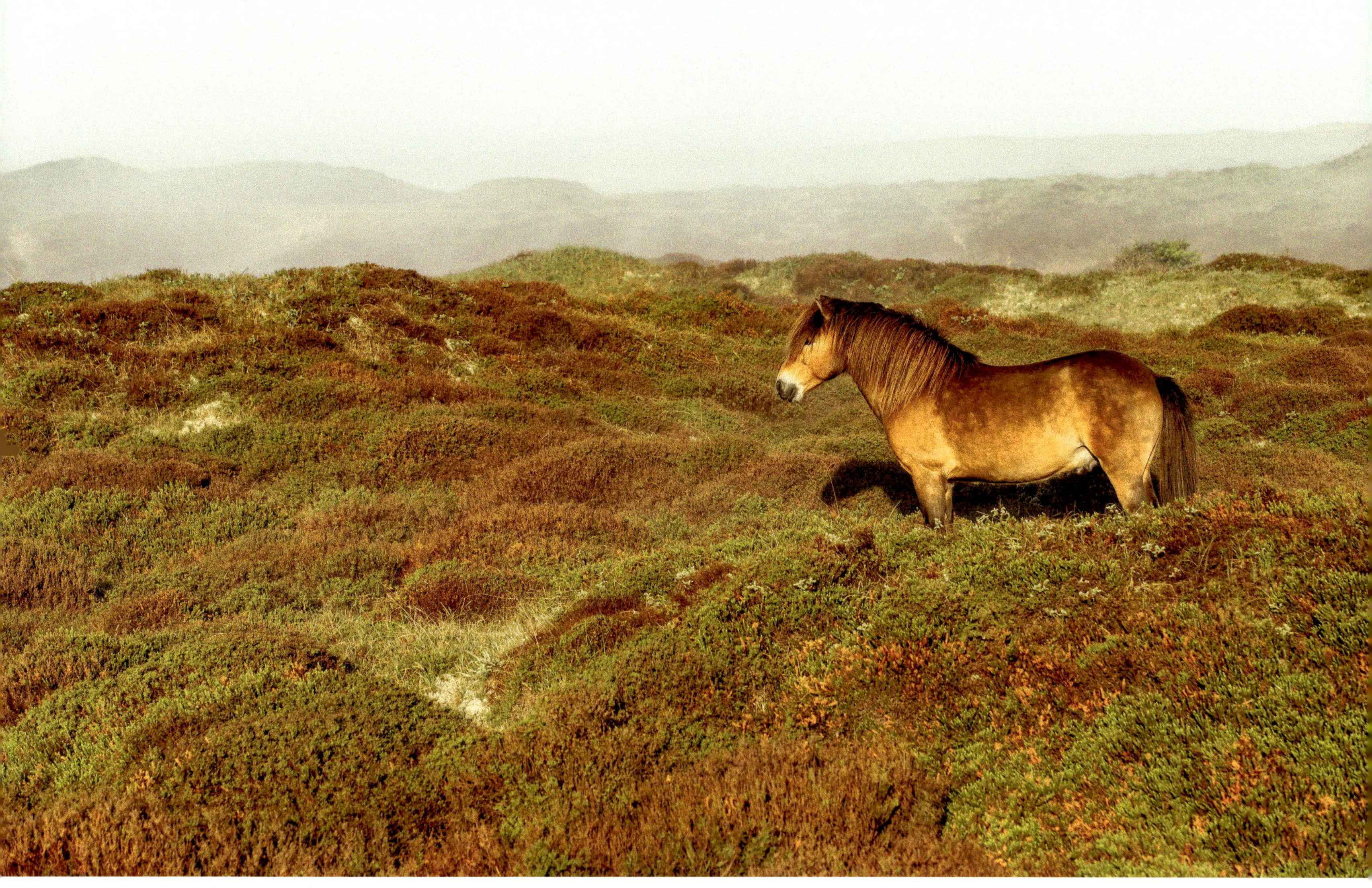

▲ *Die Sonne hat den Nebel an diesem Morgen noch nicht ganz weggedampft, sodass das Licht weich genug für stimmungsvolle Bilder ist. Dennoch zeichnen sich die Schatten bereits sehr klar ab. Der Ponyhengst wurde im klassischen Auflicht fotografiert; Canon EOS 1D X mit Canon EF 70–200 mm f/2,8L IS II USM bei 110 mm, 1/800 s, Blende 8, ISO 640*

Besser eignet sich das Seitenlicht, das in einem Bereich von 30 bis 60 Grad zur Aufnahmerichtung auf das Motiv fällt. Hierdurch werden deutliche Schatten produziert – bei einem Porträt liegt eine Gesichtshälfte im Licht, die andere im Schatten.

Bei hartem Licht kommt es wiederum zu einem sehr großen Kontrastumfang. Um diesen abzumildern, kann man die Schattenseite des Motivs mit einem Reflektor oder Zusatzblitz aufhellen. Damit nutzt man bereits eine zweite Lichtquelle beziehungsweise kann man das vorhandene Licht gezielt lenken. Das Seitenlicht wirkt sehr interessant, zumal es Kurven und Kanten hervorhebt und somit einen modellierenden Charakter hat.

Schon sehr kreativ einzusetzen ist das Streiflicht, das mit einem spitzen Winkel auf das Motiv trifft und auf diese Weise insbesondere die Strukturen des Motivs herausarbeitet.

Weil es starke Stimmungen transportiert, wird das Gegenlicht nicht nur in der kreativen Pferdefotografie favorisiert. Es bietet viele Möglichkeiten der Umsetzung, bringt aber jede Kameraautomatik an ihre Grenzen. Normalerweise muss man manuell nachjustieren, wenn man mit Gegenlicht arbeitet. Doch mit richtigem Umgang sind wundervolle Scherenschnittmotive (Silhouetten), die das Exterieur eines Pferdes hervorragend zur Geltung bringen, sowie Lichtsäume, die das Fell des Pferdes in leuchtende Strahlen versetzen, möglich.

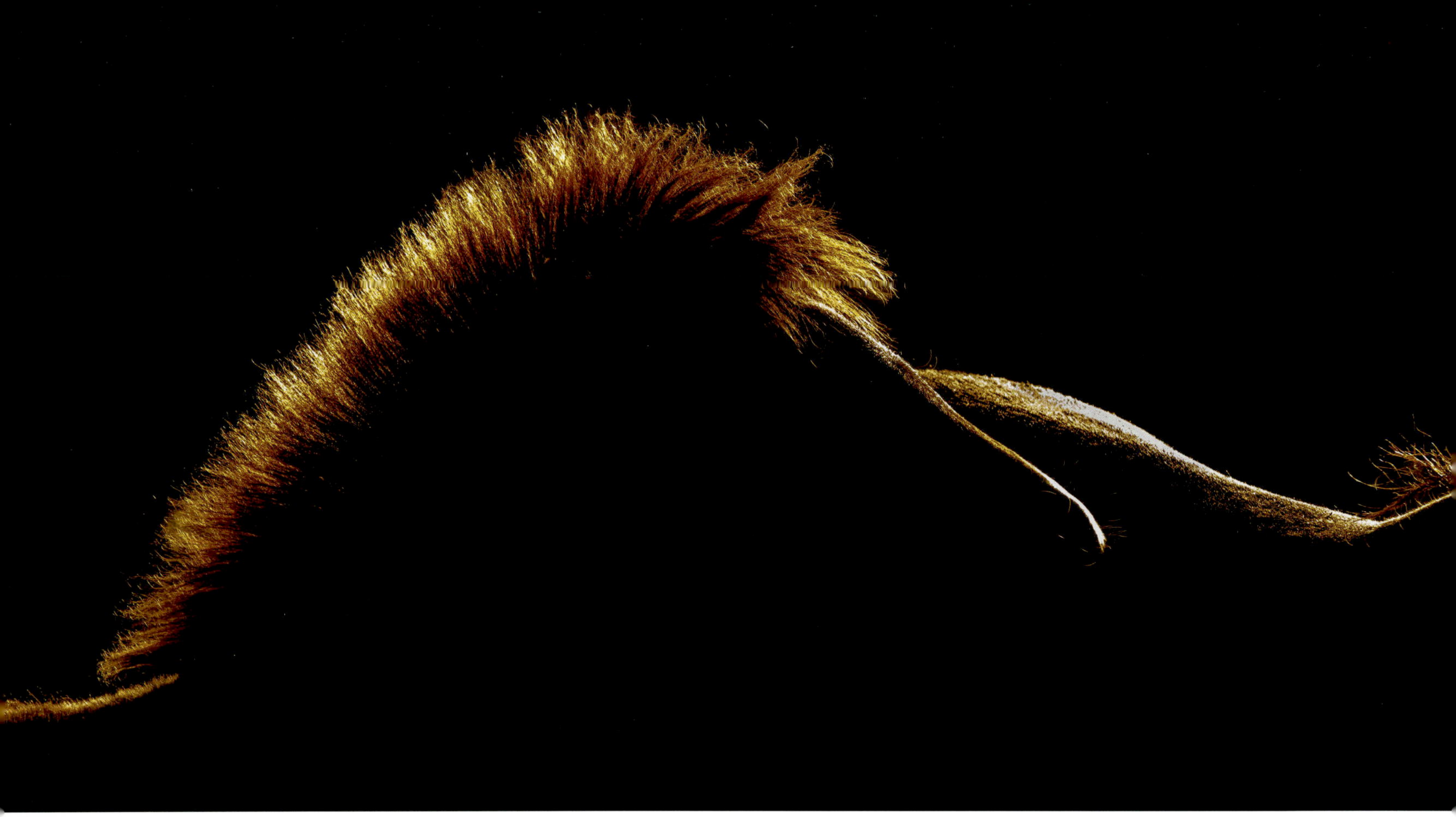

▲ *Bei dunklem Hintergrund und dem Gegenlicht der untergehenden Sonne sind attraktive Lichtsäume möglich. Besonders wirkungsvoll strahlt das Abendlicht durch die Stehmähne des Ponyfohlens hindurch; Canon EOS 1D X mit Canon EF 70–200 mm f/2,8L IS II USM bei 200 mm, 1/200 s, Blende 8, ISO 640*

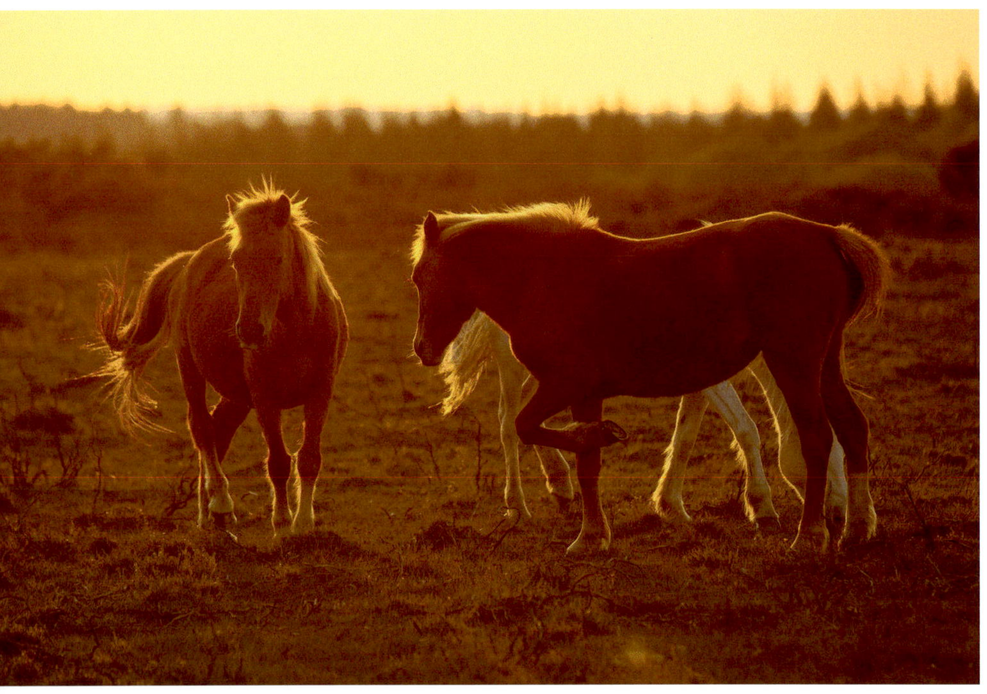

◀ *Gegenlichtaufnahmen funktionieren nur bei sanftem Gegenlicht. Nur so kann die Kamera den Kontrastumfang bewältigen; Canon EOS 1D X mit Canon EF 70–200 mm f/2,8L IS II USM bei 200 mm, 1/1250 s, Blende 4, ISO 500*

In der Studiofotografie kann man mit einer Lichtsetzung von unten zusätzlich eine mystische Lichtstimmung zaubern. Eine Lichtführung von unten nach oben ist in der Natur eher selten und wirkt deshalb dämonisch und unheimlich. In der Outdoorfotografie kann Wasser (Meer, See, Fluss) das Sonnenlicht von unten nach oben reflektieren und somit eine geheimnisvolle Lichtsituation erzeugen.

Lichtcharakter

Neben der Lichtrichtung spielt auch der Charakter des Lichts eine sehr große Rolle für die Wirkung des Bildes. Es wird zwischen hartem und diffusem Licht unterschieden, wobei die Übergänge fließend sind. Der Unterschied der beiden Lichtarten liegt in der Intensität des Motivkontrasts. Bei hartem Licht, wie es hauptsächlich bei hohem Sonnenstand (mittags) und wolkenlosem Himmel vorkommt, wird ein starker Motivkontrast erzielt. Es besteht die Gefahr von zugelaufenen Schattenbereichen und ausgefressenen Lichtern. Diffusor und Abschatter, aber auch das Gegenblitzen, um die Schattenbereiche aufzuhellen, können hier Abhilfe schaffen.

Ein moderater Kontrast entsteht bei bewölktem Himmel, Dunst und Nebel, weil die Sonnenstrahlen in den vielen kleinen Wassertröpfchen von Wolken und dunstiger Luft gebrochen und gestreut werden. Auch eine auf- oder untergehende Sonne hat weniger Leuchtkraft durch die flimmernde Atmosphäre am Horizont, sodass das Licht seinen Charakter ändert: Es wird weich und diffus.

Weiches Licht wird als romantisch und angenehm empfunden und kann deshalb wunderbare Stimmungen vermitteln. Der Motivkontrast ist gering, die Schatten diffus oder kaum vorhanden. Aus diesem Grund ist diffuses, weiches Licht in der Fotografie sehr beliebt.

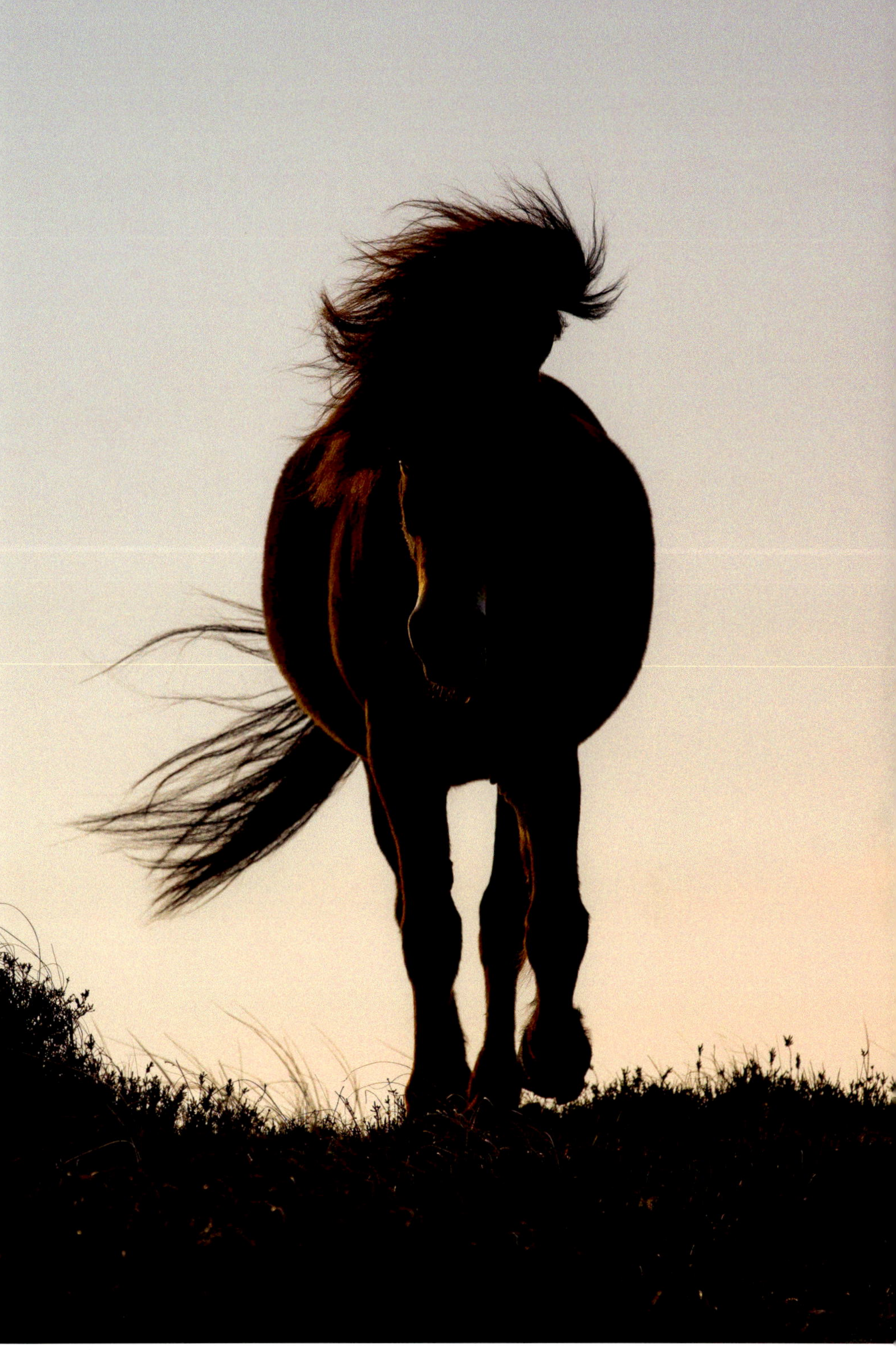

▲ *Die letzten Sonnenstrahlen, kurz bevor die Sonne untergeht, habe ich genutzt, um die Kanten des Ponyhengstes hervorzuheben. Ohne das sanfte Seitenlicht wäre das Pony in der Silhouette gegen den hellen Himmel wegen der Frontalperspektive nur noch schwer erkennbar gewesen;*
Canon EOS 1D X mit Canon EF 70–200 mm f/2,8L IS II USM bei 200 mm, 1/1600 s, Blende 8, ISO 800

3 Bildgestaltung

Das Foto eines Pferdes soll nicht nur eine Abbildung des Exterieurs und der Fellfarbe sein, sondern auch Typ und Charakter des Vierbeiners reflektieren. Hierfür ist es wichtig, die richtige Aufnahmeposition zu finden und die typischen Verhaltensmomente einzufangen. Dies alles in Verbindung mit einer technisch korrekten Kameraeinstellung, dem passenden Licht, der gekonnten Bildaufteilung und einer kreativen Komposition ergibt die vom Fotografen angestrebte, unvergessliche Momentaufnahme.

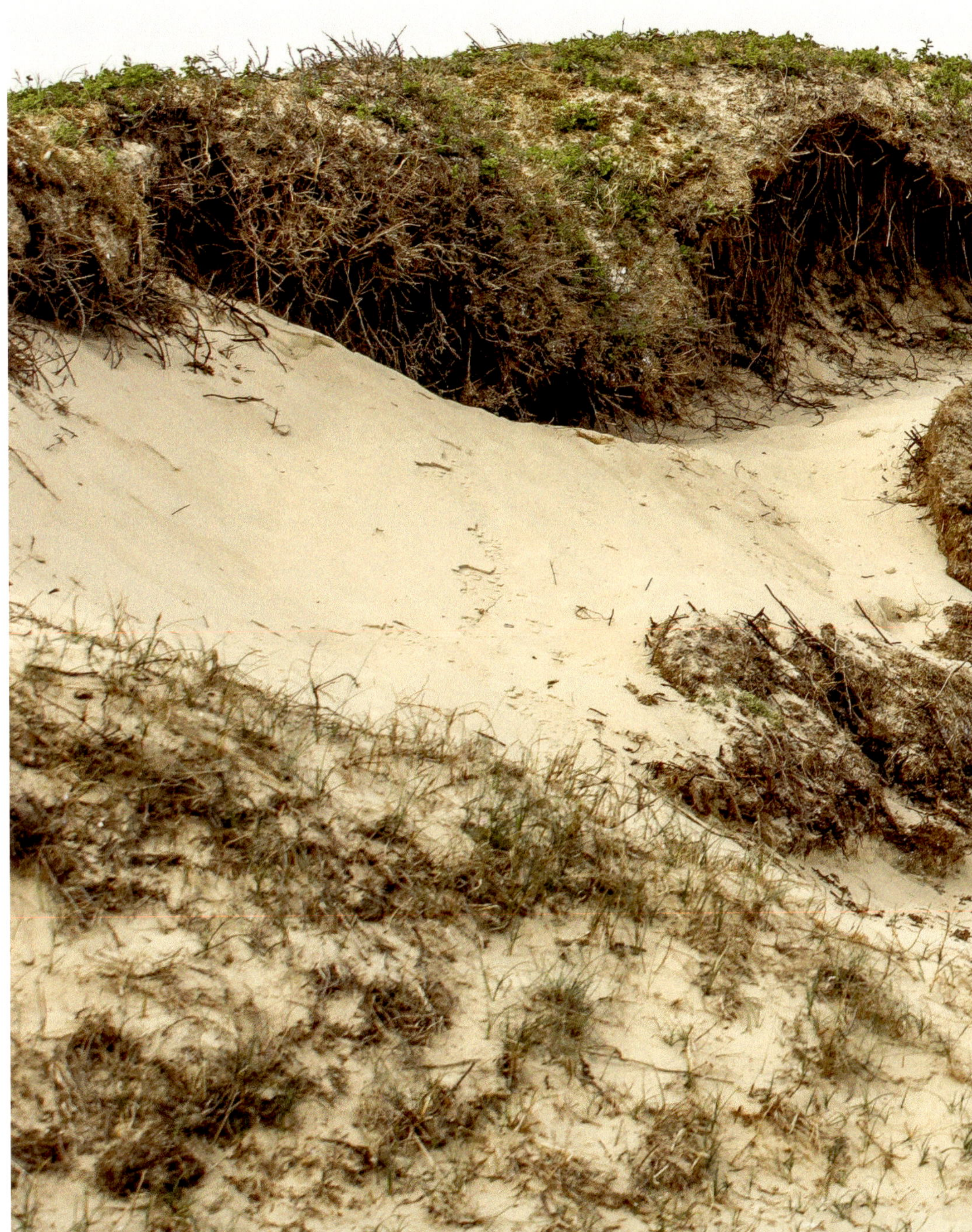

Vom klassischen Bildaufbau auch mal abweichen und das Hauptmotiv im Eck platziert: Das wilde Pony stand eine ganze Weile dösend auf der Düne, sodass ich mir Gedanken über den Bildaufbau machen konnte. Schließlich streckte es sein Hinterbein aus, um sich zu dehnen. Reflexartig drückte ich den Auslöser und konnte so diesen Moment einfangen; Canon EOS 1D X mit Canon EF 70–200 mm f/2,8L IS II USM bei 75 mm, 1/1600 s, Blende 8, ISO 400

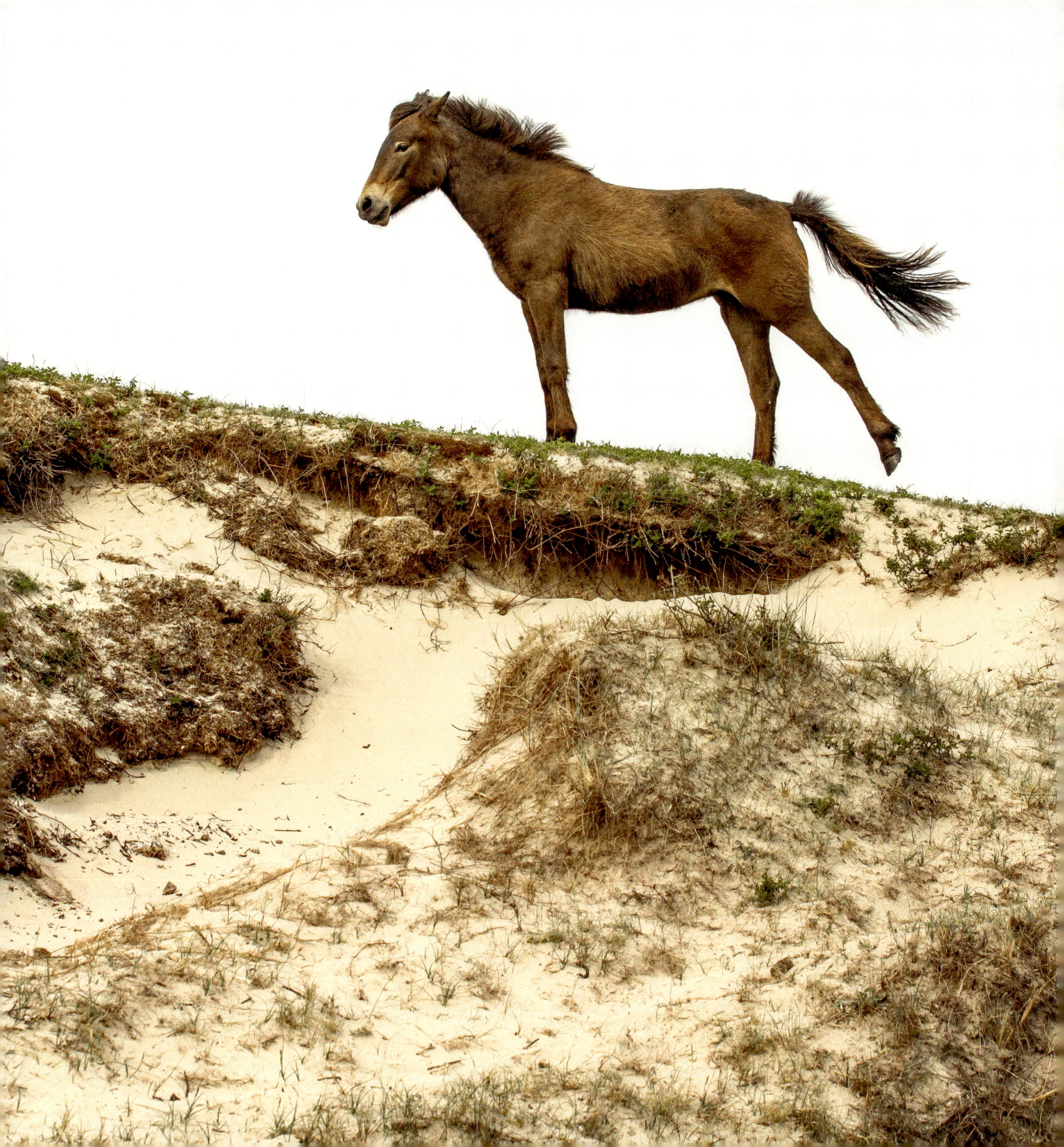

3.1 Porträts

Pferdeporträts sind sehr beliebte Motive und werden bei jedem Shooting standardmäßig umgesetzt. Doch Porträts lassen sich auf unterschiedlichste Art gestalten. Zum einen gibt es das typische Kopfporträt, zum anderen das Ganzkörperporträt. Doch für die kreativen Pferdefotografen lassen Porträts noch jede Menge weiterer Gestaltungsmöglichkeiten offen.

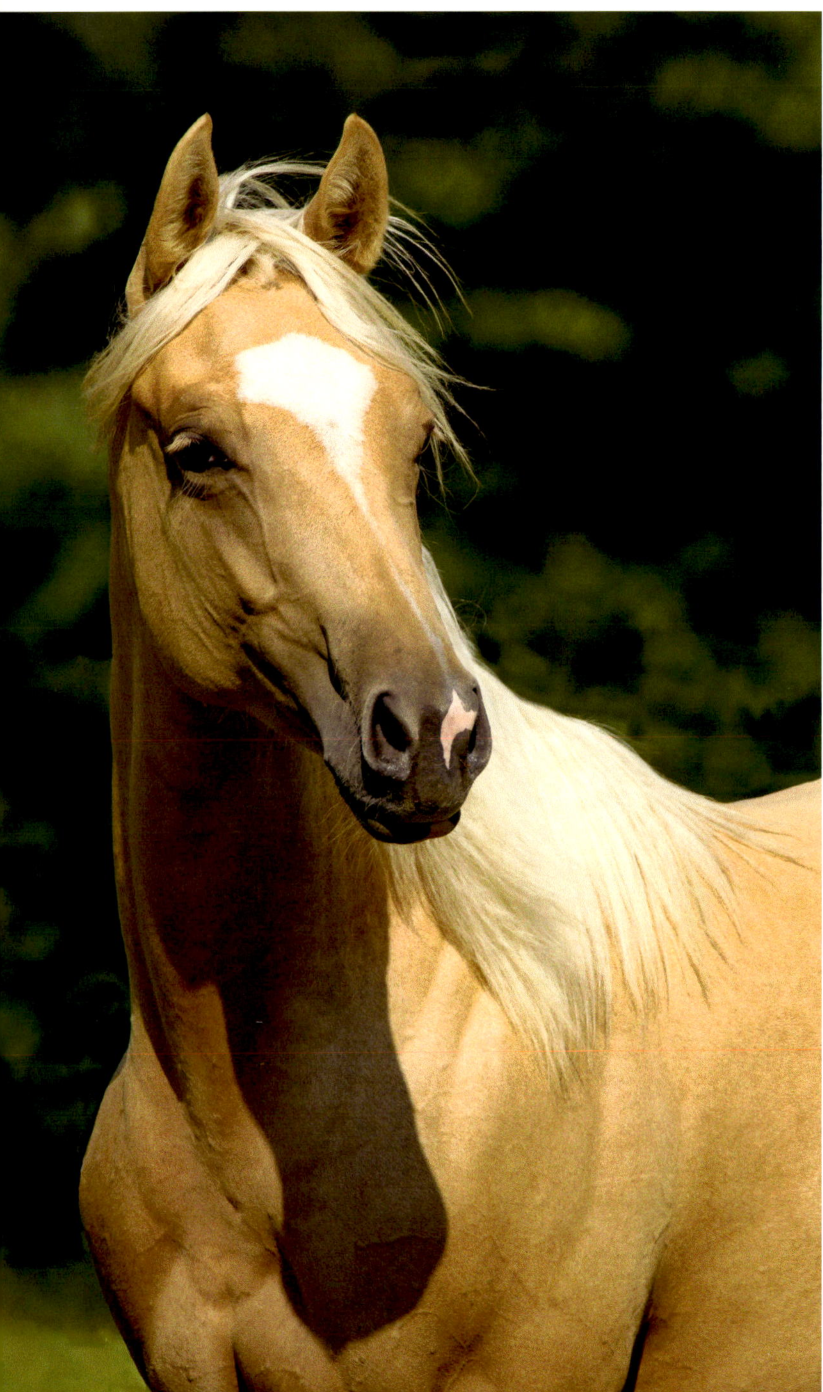

Neben den beiden klassischen Porträt-Varianten gibt es unzählige weitere Möglichkeiten des Aus- und Anschnitts. Selbst das Beschneiden des Pferdegesichts hat in bestimmten Fällen seinen Reiz. Bevor man allerdings kreativ wird, muss man den Fokus auf die Basics in der Porträtfotografie richten.

Blickrichtung

Ein Kopfporträt gewinnt an Dreidimensionalität, wenn es von schräg vorne aufgenommen wird. Frontal- und Seitenansichten wirken flach und zweidimensional, obwohl sie in gewissen Situationen auch gefallen können und deshalb durchaus eine Daseinsberechtigung haben. Insbesondere wenn man eine rassetypische Ramsnase oder einen edlen Hechtkopf herausstellen möchte, ist die umrissbetonte Seitenansicht sinnvoll.

Im Zuge der bevorzugten Blickrichtung erzielt man eine angenehme Dynamik und Tiefe im Bild, wenn das Pferd seinen Körper nicht gerade ausrichtet, sondern eine Biegung im Hals zeigt. So kommen auch die Halskonturen besser zur Geltung.

Um mit der Kamera ein gerahmtes Porträt zu designen, stellt man das Pferd in einem 45°-Winkel zur Aufnahmeposition auf und animiert es dazu, seinen Kopf um 90° zu wenden, wodurch die dynamische Biegung im Hals erreicht wird. Zudem stellt der Pferdekörper den Hintergrund für das Gesicht dar. Dies kann sehr vorteilhaft wirken, wenn ansonsten nur langweilige oder unruhige Hintergrundgestaltungen möglich wären. So rahmt der Körper des Pferdes das Gesicht ein, und kein ablenkender Hintergrund stört die Bildharmonie.

◂ *Ein klassisches Porträt von Quarter-Horse-Stute Jacs N Gin. Weil das Bild mit einer langen Brennweite von 600 mm aufgenommen wurde, ergab sich trotz Blende 8 ein ansprechender Hintergrund, während das Pferd komplett scharf durchgezeichnet ist (Retusche: Zaunlitze); Canon EOS 1D Mk IV mit Sigma EF 150–600 mm f/5-6,3 DG OS HSM Contemporary bei 600 mm, 1/2000 s, Blende 8, ISO 640*

Vorder- und Hintergrund

Das Gesicht ist die Hauptfigur im Bild, deshalb ist es wichtig, den Vorder- und Hintergrund ruhig und harmonisch zu gestalten. Ein angenehmes Bokeh erzielt man durch eine gleichmäßige Struktur, die eine deutliche und ausgeglichene Unschärfe aufweist. Drei Faktoren sind für die gewollte Unschärfe sowohl im Vorder- als auch im Hintergrund verantwortlich: eine offene Blende, ein großer Abstand zum Hintergrundmotiv beziehungsweise Nähe zum unscharf gestalteten Vordergrund sowie eine lange Brennweite. All diese Faktoren unterstützen die sanfte Unschärfe – das sogenannte Bokeh (s. auch Kap. 2.5 »Hintergrund«).

Schwarze Hintergründe sind ein Klassiker in der Pferdefotografie und können auch ohne Studiohintergrund erzeugt werden. Hierzu stellt man das Pferd in den Stalleingang oder ein Scheunentor, während das Sonnenlicht seitlich zum Eingang auftrifft. Man fokussiert auf den Pferdekopf (am besten mit der Spotmessung), wodurch der im Schatten liegende Hintergrund aufgrund des Kontrastunterschieds komplett schwarz wird. Eventuelle Lichteinfälle durch Fenster oder Ritzen im Bretterverschlag können mit Decken abgehängt werden.

Bildaufteilung

Gute Bilder werden häufig durch einen falschen Zuschnitt zerstört. Prinzipiell soll das Pferd in das Bild »hineinschauen«. Hierfür lässt der Fotograf in Blickrichtung des Pferdes entsprechend Raum. Diese Regel gilt sowohl für Porträts als auch für Aufstell- und Laufbilder. Ein Kopfporträt sollte zudem nicht zu knapp an den Rändern beschnitten sein. Werden Regeln umgangen, muss dies bewusst und deutlich geschehen. Ein Gesichtsanschnitt ist also immer möglich, solange die gekappten Teile nicht zu wenig beschnitten werden. Soll jedoch der komplette Pferdekopf abgebildet werden, darf man auch mit Freiraum nicht geizen. Das Pferd benötigt Raum für die Blickrichtung, und der Hals sollte großzügig mit aufs Bild. Bei einem zu knapp beschnittenen Hals wirkt das Pferd ansonsten wie »geköpft«. Der Anschnitt sollte deshalb kurz vor dem Widerrist erfolgen.

Das Auge

Das Auge des Pferdes spricht Bände und übermittelt Emotionen und Stimmungen. Es ist deshalb das wichtigste Element in einem Porträtbild. Um Pferde gut in Szene zu setzen, liegt der Fokus deshalb auf einem wachen Auge. Das Auge des Pferdes sollte deshalb stets scharf abgebildet sein. Nur in Ausnahmefällen kann die Schärfe auf anderen Strukturen liegen. Beispielsweise kann man bei einem gähnenden oder flehmenden Pferd auch auf das Maul scharf stellen, da bei diesen Motiven der Schwerpunkt anders gelagert ist.

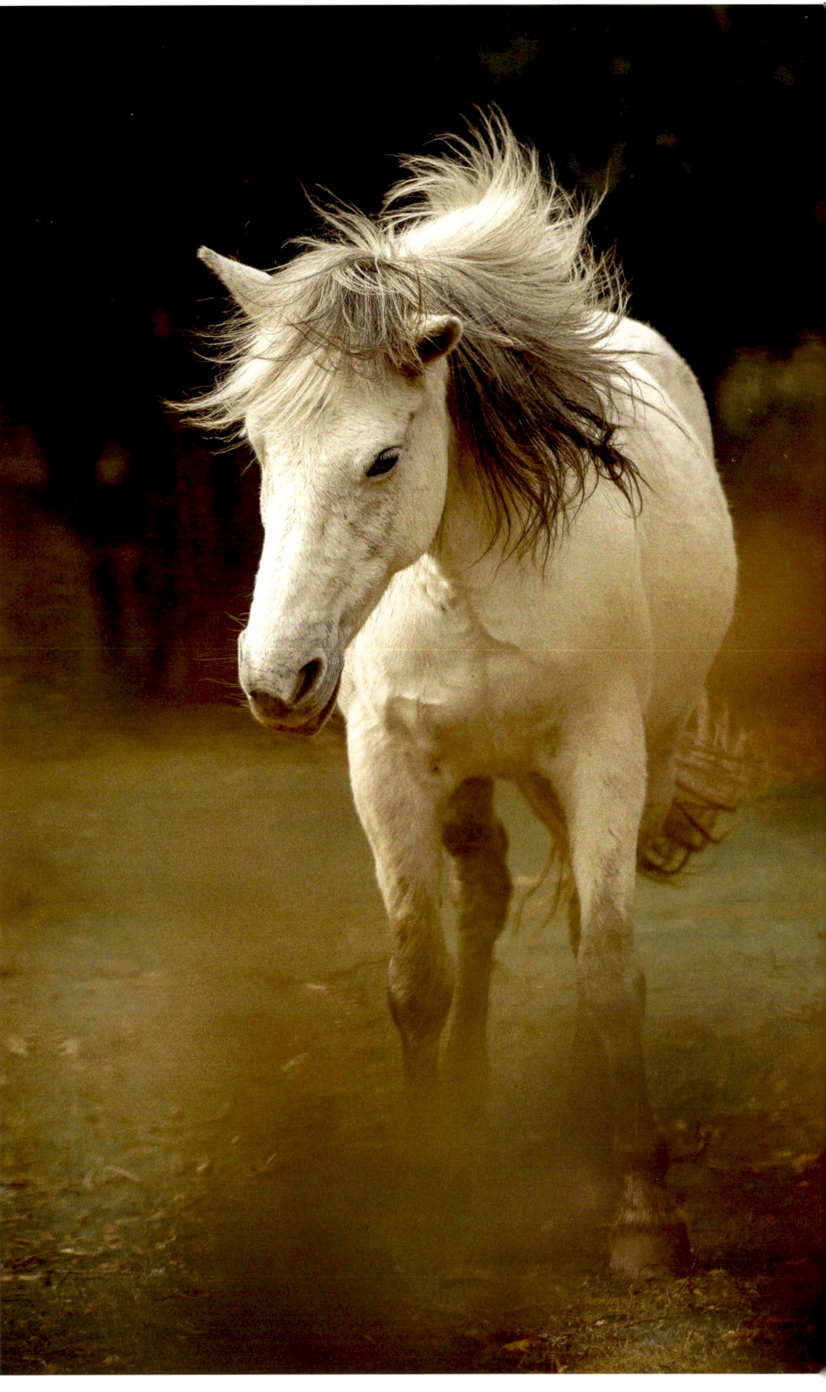

▲ *Ein ruhiges und in gutem Kontrast stehendes Hintergrund-Bokeh zeichnet dieses Porträt aus, sodass der Schimmel ansprechend zur Geltung kommt. Die unscharfen Sträucher im Vordergrund soften das Bild zusätzlich ab; Canon EOS 1D X mit Canon EF 70–200 mm f/2,8L IS II USM bei 200 mm, 1/1000 s, Blende 5,6, ISO 400*

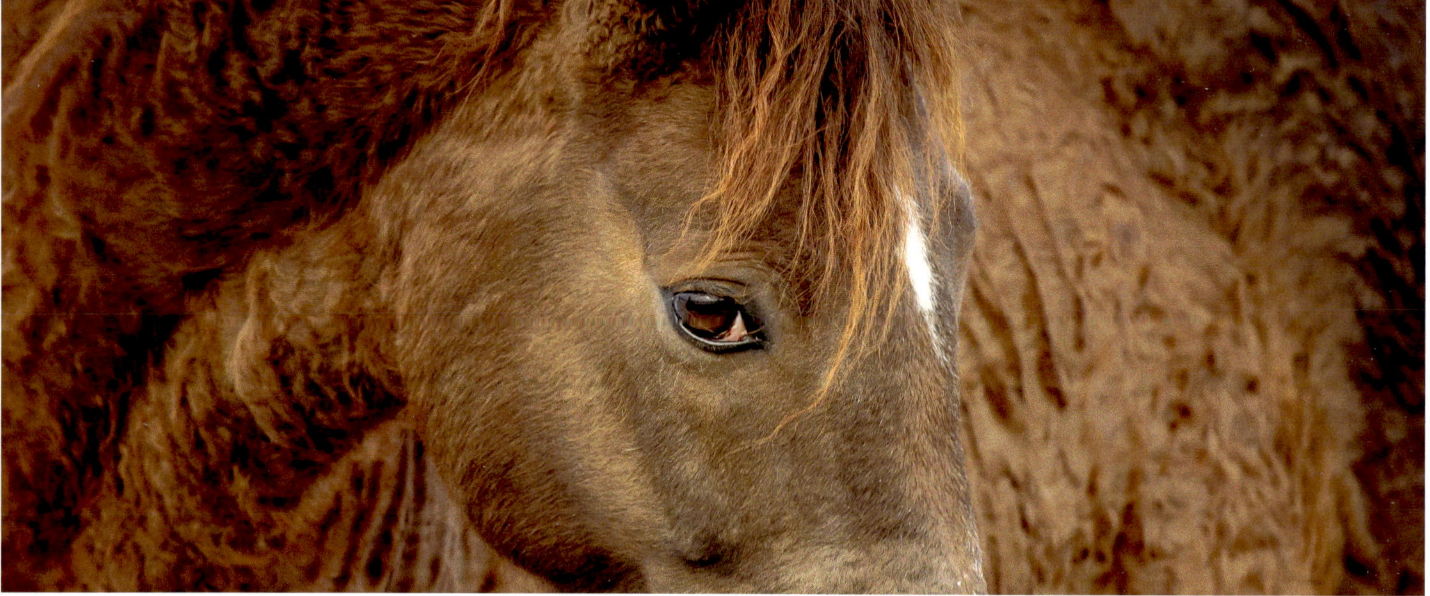

▲ *Das Auge der Curlystute Soyala wurde bei diesem Porträt bewusst mittig gesetzt, sodass das Gesicht der Stute durch das gelockte Winterfell eingerahmt wird und somit zur Geltung kommt; Canon EOS 1D X mit Canon EF 70–200 mm f/2,8L IS II USM bei 200 mm, 1/500 s, Blende 5,6, ISO 1250*

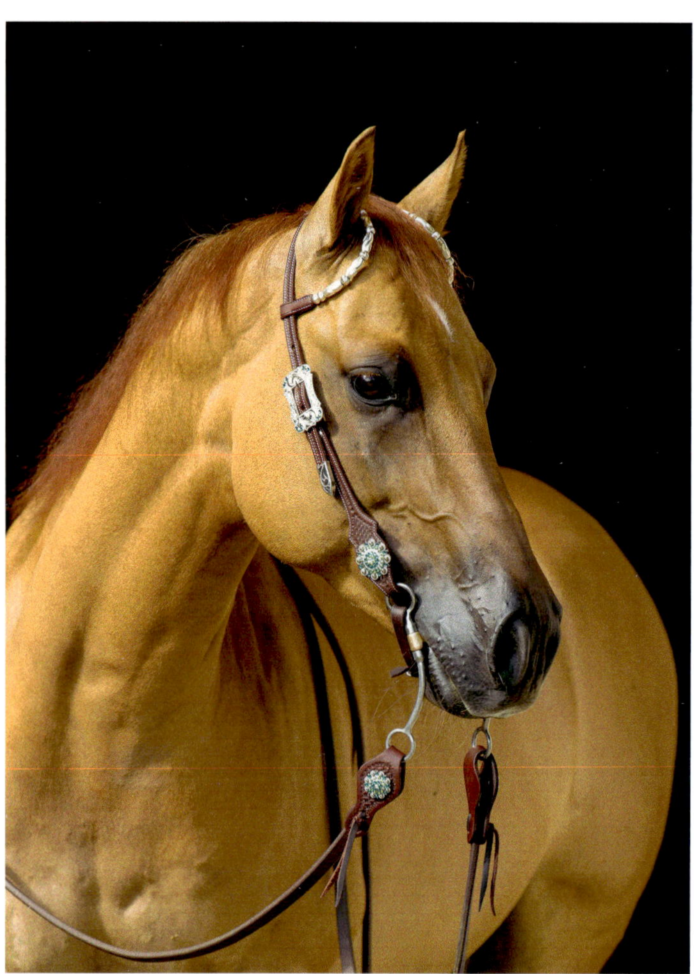

Man sollte darauf achten, dass das Pferd seine Augen ganz geöffnet hat, sie aber nicht angstvoll aufreißt. Ist der weiße Augapfel sichtbar, wird schnell Stress, Angst oder gar Panik vermittelt. Damit würde sich eine eher negative Bildaussage ergeben. Dennoch sollte das Pferd aufmerksam und wachsam sein. Hervorragend umsetzen lässt sich ein interessierter, weitschweifender Blick, wenn das Pferd in relativ großer Entfernung Bewegungen wahrnimmt. Dies kann man mit einem Helfer gut bewerkstelligen, der beispielsweise ein Pferd auf großem Abstand vorbeiführt oder reitet.

Lebendiger wirkt das Auge des Pferdes, wenn ein Lichtreflex erzeugt werden kann. Dabei spiegelt sich das Sonnenlicht oder das Blitzlicht im Auge des Pferdes. Oft kann der Lichtpunkt über eine geringfügige Positionsänderung der Kamera eingefangen werden. Die Position der Kamera zum Auge des Pferdes ist grundsätzlich ein wichtiger Aspekt für die Bildwirkung. In der Tierfotografie sollte standardmäßig stets auf Augenhöhe des Tieres fotografiert werden.

Gespitzte Ohren

Vulkanier Mr. Spock aus der Serie »Raumschiff Enterprise« lässt grüßen: Sein Markenzeichen sind die spitzen Ohren, die auch ein Pferd gut aussehen lassen: Gespitzte Ohren übermitteln Aufmerksamkeit und Interesse, wodurch ein positiver Bildeindruck entsteht. Aus diesem Grund ist es für Pferdeporträts fast schon obligatorisch, dass das

◂ *Für das Porträt von Cinny mit schwarzem Hintergrund wurde der Wallach vor ein Scheunentor gestellt und mit Spotmessung belichtet; Canon EOS 1D X mit Canon EF 70–200 mm f/2,8L IS II USM bei 200 mm, 1/250 s, Blende 5,6, ISO 250*

Pferd seine Ohren aufmerksam nach vorne ausrichtet. Gut trainierte Pferdemodels haben sogar gelernt, die Ohren auf Kommando zu spitzen. Ansonsten lassen sich die Pferde meist durch interessante Geräusche oder Bewegungen dazu animieren, die Ohren nach vorne zu richten und interessiert auf das Geschehen zu blicken.

Die Pferdefrisur

Das Langhaar des Pferdes ist ein weiterer wichtiger Faktor, um ein Kopfporträt zur Geltung zu bringen. Beliebt ist üppiges Mähnenhaar, doch nicht jedes Pferd ist mit dieser Pracht ausgestattet. Je nach Pferderasse und Stilrichtung kann man sich bei unregelmäßiger oder kurzer Mähne auch überlegen, ob man die Mähne nicht einflechtet. Eine Flechtfrisur kommt immer auch dann zum Einsatz, wenn man die Halslinie betonen möchte. Eine offene Mähne wirkt natürlicher, sollte aber dennoch gepflegt sein. Fürs Fotoshooting wird sie verlesen, gekämmt und ein spezielles Glanzspray sorgt für einen edlen Schimmer im Haar.

Technische Umsetzung

Damit das Pferdeporträt seine natürlichen Züge nicht verliert, ist die Wahl einer eher langen Brennweite wichtig. Eine Brennweite unter 100 mm kann den Pferdekopf in seinen Proportionen verzerren. Bei Ganzkörperporträts wirkt der Kopf unnatürlich groß, während der Körper viel zu klein erscheint. Diese Verzerrung durch den Weitwinkel sorgt für ein unharmonisches Gebäude. Porträts sollten darum möglichst mit einer längeren Brennweite ab 100 mm fotografiert werden, zumal man damit auch ein schöneres Bokeh erzielt.

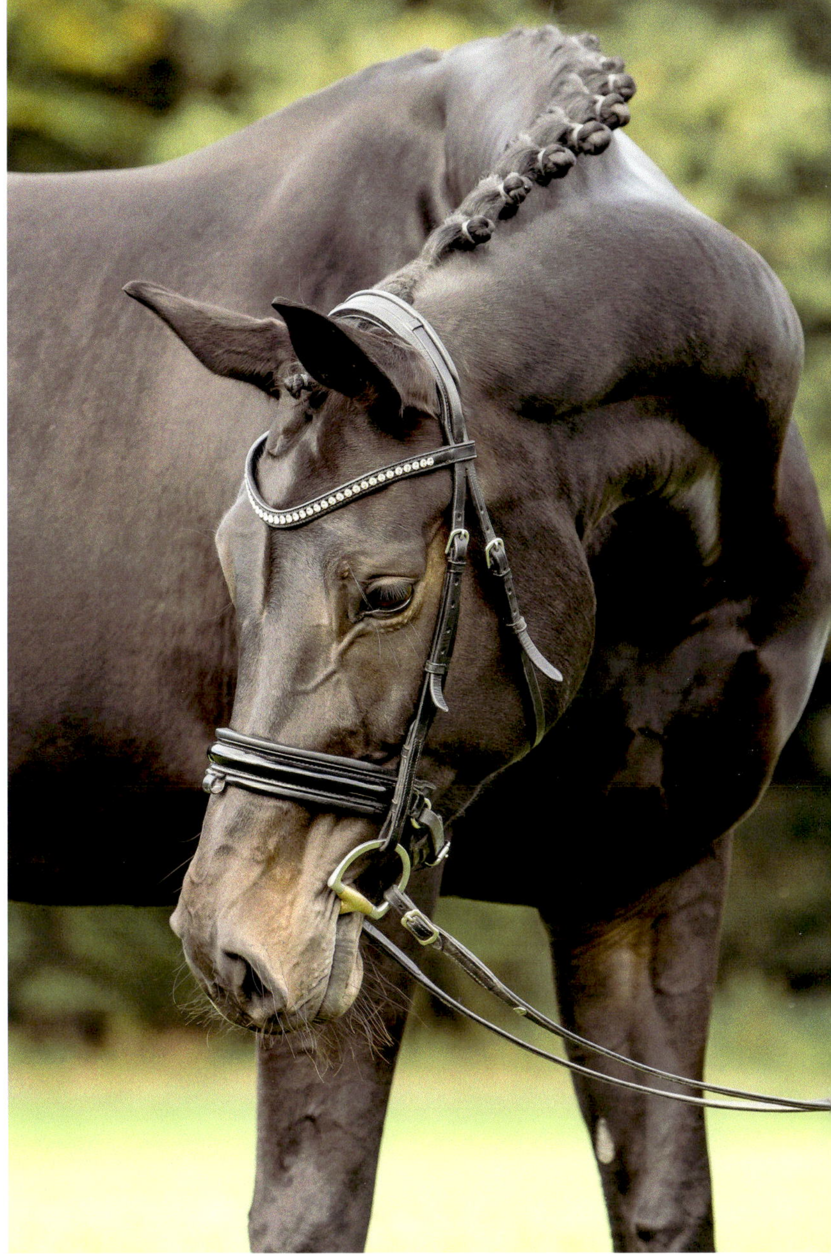

▲ *Die Hannoveranerstute Fee Caren im Porträt mit einer schönen Pose, bei der ihr Hals gut zur Geltung kommt und Tiefe ins Bild bringt; Canon EOS 1D X mit Canon EF 70–200 mm f/2,8L IS II USM bei 165 mm, 1/400 s, Blende 4,5, ISO 800*

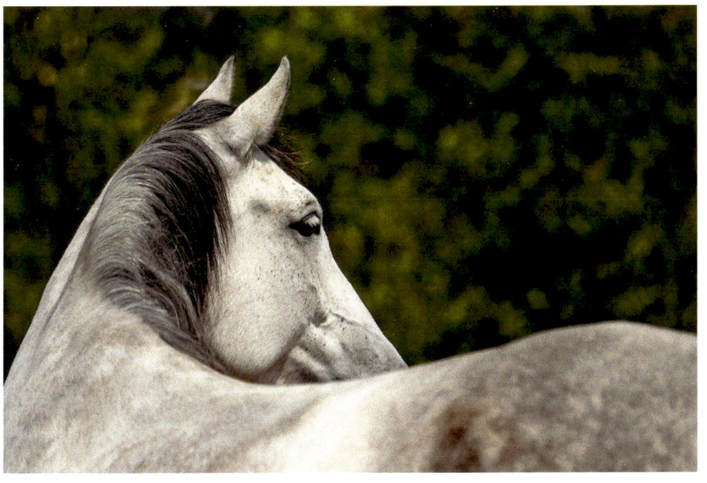

◂ *Eine beliebte Pose ist der Blick über den Rücken. Bei dieser Konstellation stellen Rückenlinie und Mähnenkamm einen Rahmen für das Gesicht von Andalusierstute Maravilla dar. Die offene Blende sorgt für ein schönes Bokeh; Canon EOS 1D X mit Canon EF 70–200 mm f/2,8L IS II USM bei 200 mm, 1/3200 s, Blende 2,8, ISO 100*

3.2 Aufstellbilder

Für den Hintergrund gelten bei den Ganzkörperporträts dieselben Kriterien wie für Kopfporträts. Allerdings muss man jetzt sein Augenmerk zusätzlich auf den Boden richten. Es ist elementar wichtig, wie die Pferde für ein Ganzkörperporträt aufgestellt werden. Auf die Position der Beine und die Blickrichtung des Pferdes muss der Fotograf besonders achten.

Neben der Positionierung des Pferdes bedarf es genauer Überlegungen, wie der Fotograf die Kamera positioniert, um das Pferd vorteilhaft abzulichten.

Für Aufstellbilder sollte der Untergrund eben und fest sein. Eine Wiese ist oft schöner als ein befestigter Boden, dennoch kann das Gras zu uneben sein oder zu hoher Wuchs die Hufe verdecken. Das ist insbesondere bei Zuchtbildern sehr ungünstig, da eine Beurteilung der Hufe damit nicht mehr möglich ist.

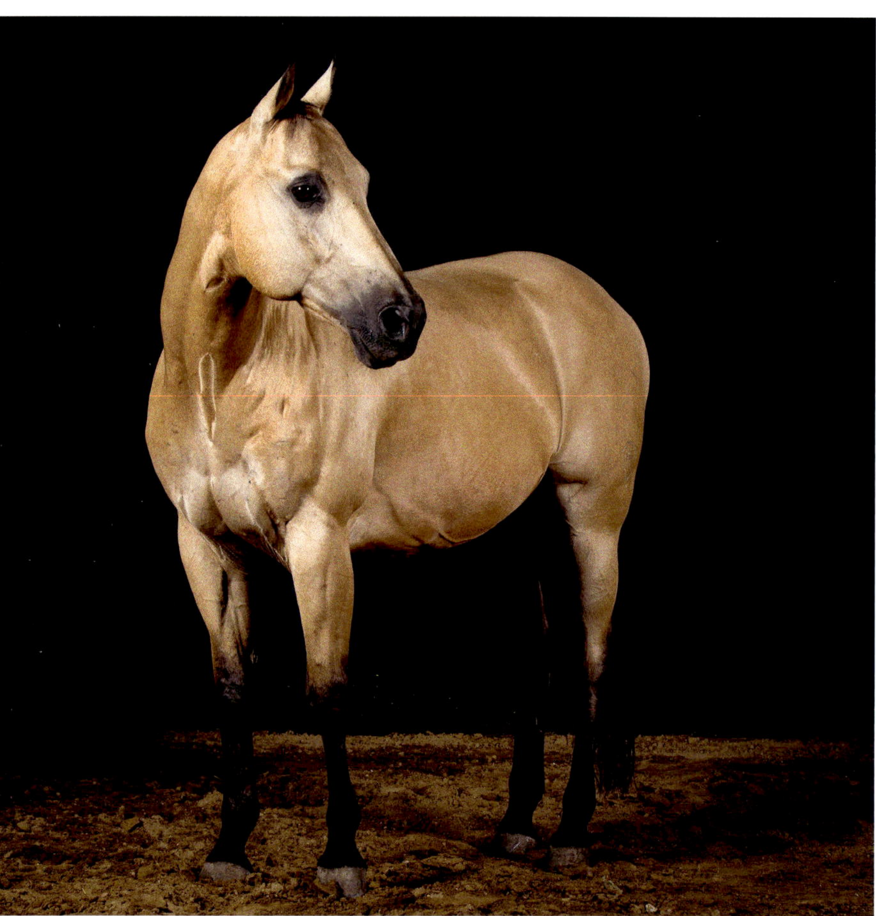

Exterieurmängel kaschieren

Nicht nur für Verkaufs- und Zuchtbilder ist eine vorteilhafte Darstellung des Pferdegebäudes wichtig. Fotografisch kann man mit Brennweiten, Positionen und Blickwinkel großen Einfluss auf die Wirkung nehmen und so manchen Exterieurmangel kaschieren. Das Pferd sollte so fotografiert werden, dass die positiven Eigenschaften stärker zum Tragen kommen. Bei alten Pferden lässt die Tragfähigkeit des Rückens nach, sodass sich im Laufe der Zeit ein Senkrücken bildet. Manche Pferde haben durch ihre genetische Veranlagung einen weichen Rücken. Ein lordosierter Rücken sieht nicht schön aus und sollte deshalb nicht noch extra durch eine direkte Seitenansicht betont werden. Deshalb fotografiert man Pferde mit einem schwachen Rücken besser von schräg vorne.

Einige Pferderassen – oft mit Kaltbluteinschlag oder naturnahe Ponyrassen – haben einen relativ kurzen und dicken Hals, der etwas unedel wirkt. Auch hier kann man fotografisch eingreifen und kurze Hälse in einer Biegung ablichten, wodurch sie optisch länger wirken. Ein weiteres Beispiel sind überbaute Pferde, die ebenfalls oft verpönt, allerdings bei manchen Rassen sogar typisch und gewollt sind. Dennoch möchten viele Pferdebesitzer dies nicht auf den Bildern hervorgehoben haben. Hier gibt es zwei Möglichkeiten, diesen Gebäudemangel abzuschwächen. Zunächst kann man über eine Bodenunebenheit versuchen, die

◀ *Quarter-Horse-Wallach Dusty kann ohne Halfter und Führstrick kontrolliert und somit im Studio frei aufgestellt werden. Die schräge Aufstellung mit gegensätzlicher Kopfstellung bringt Tiefe ins Bild und stellt das Pferd sehr kompakt dar; Canon EOS 1D X mit Canon EF 70–200 mm f/2,8L IS II USM bei 100 mm, 1/250 s, Blende 7,1, ISO 250*

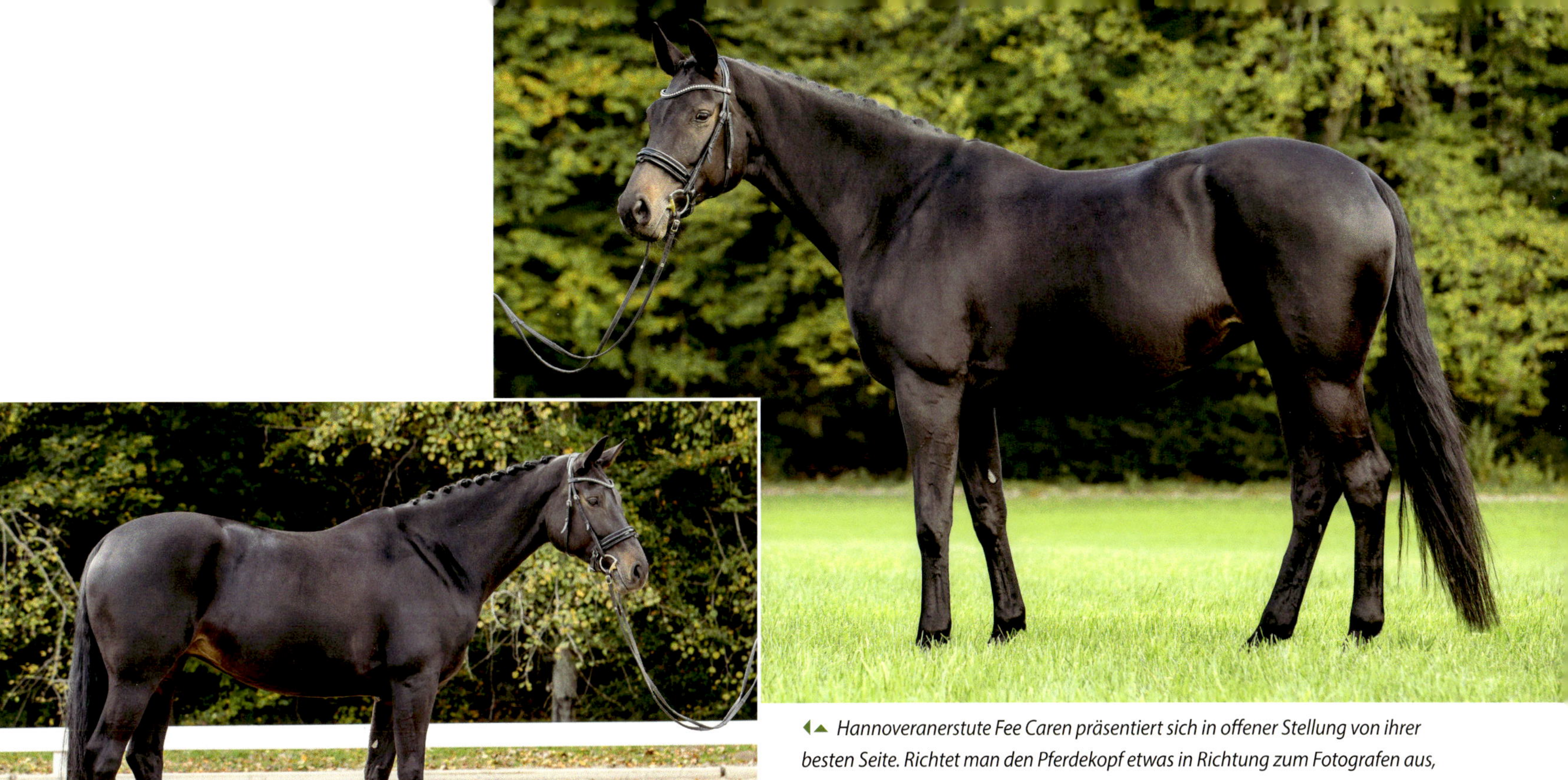

◀▲ *Hannoveranerstute Fee Caren präsentiert sich in offener Stellung von ihrer besten Seite. Richtet man den Pferdekopf etwas in Richtung zum Fotografen aus, wirkt die Seitenansicht plastischer. Der Hintergrund ist am obigen Bild sehr gut gewählt, dennoch versinken die Hufe im zu hohen Gras. Beim linken Bild ist der Boden besser gewählt. Allerdings stört die Reitplatzeinzäunung, und die Bäume hätten noch etwas mehr Unschärfe vertragen können; Canon EOS 1D X mit Canon EF 70–200 mm f/2,8L IS II USM bei 135 mm, 1/500 s, Blende 4,5, ISO 800*

Hinterhand minimal tiefer zu stellen. Eine andere – in der Regel bessere – Möglichkeit ist es, das Pferd auf Höhe der Schulter abzulichten. Man kann die Schulter zusätzlich um einige Zentimeter näher zum Kamerastandpunkt platzieren, damit diese größer erscheint und die Kruppe somit niedriger wirkt. Andersherum kann der Fotograf eine schwache Hinterhand stärker erscheinen lassen, indem er auf Höhe der Hinterhand fotografiert und die Hinterbeine noch ein paar Zentimeter näher zur Kamera stellt. Eine leichte Hals- und Rumpfbiegung komplettiert die Pose für ein perfektes Porträt in Seitenansicht.

Selbst Fehlstellungen lassen sich durch korrekte Positionierung der Beine sowie eine ausgewählte Aufnahmeposition tarnen. Somit kann das Pferd im wahrsten Sinne des Wortes von »seiner besten Seite« präsentiert werden.

Ausrüstung

Sowohl bei Kopf- als auch Ganzkörperporträts stellt sich die Frage, ob das Pferd mit Halfter oder Zäumung ausgestattet werden soll. Manche Fotografen retuschieren den Führstrick und das Halfter, wenn das Pferd nicht frei stehen kann. Ob Halfter und Zaum sinnvoll sind, ist zum einen reine Geschmackssache, zum anderen kommt es darauf an, für welchen Zweck das Foto gedacht ist. Es ist aber auch eine Frage des Umfelds und Ausbildung des Pferdes, ob es ohne Halfter in der vorgesehenen Position gehorsam stehen bleibt.

Grundsätzlich hat ein Porträt ohne Halfter und Zäumung einen natürlicheren Charakter. So mancher Zaum kann einen hübschen Pferdekopf aber auch schmücken. Dennoch stören vor allem der Führstrick oder die Zügel den Gesamtaufbau des Bildes nicht unwesentlich, sodass die meisten Fotografen Stricke und Zügel ganz selbstverständlich retuschieren.

Diese Lösung ist immer noch besser, als das Risiko von entlaufenen Pferden einzugehen. Darum gilt: Sicherheit geht vor! Nur bei absolut gut ausgebildeten und kontrollierbaren Pferden können Porträts und Aufstellbilder ohne Halfter und Führstrick realisiert werden.

Warmblüter werden bevorzugt mit einem Reitzaum abgebildet, Araber mit einem zierlichen, schmucken Araberzaum und Kaltblüter mit

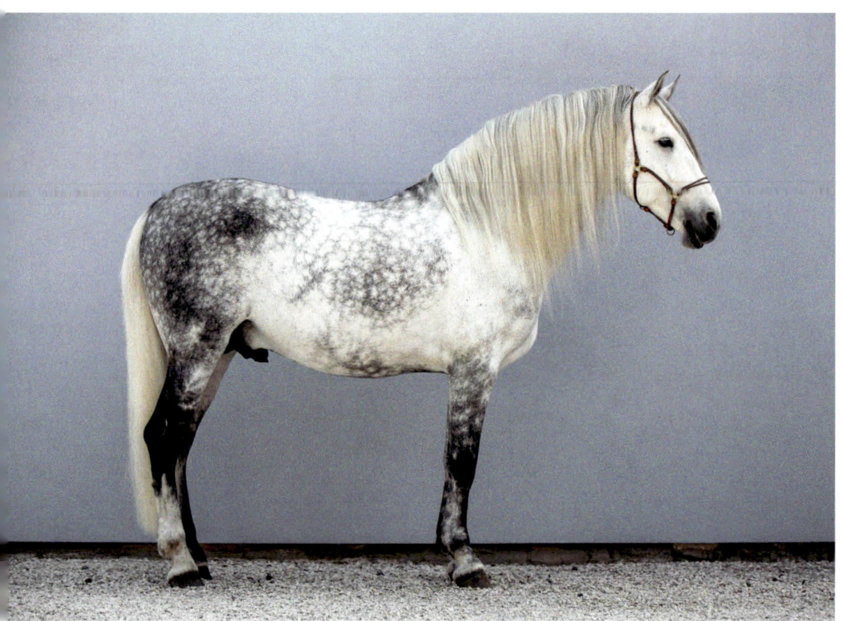

▲ *Der 9-jährige PRE-Hengst Jardinero in geschlossener Stellung in Seitenansicht. Der Schimmel wurde vor einen ruhigen Hintergrund gestellt, damit sein Exterieur gut zur Geltung kommt (Retusche: Führstrick); Canon EOS 1D X mit Canon EF 70–200 mm f/2,8L IS II USM bei 110 mm, 1/3200 s, Blende 5, ISO 640*

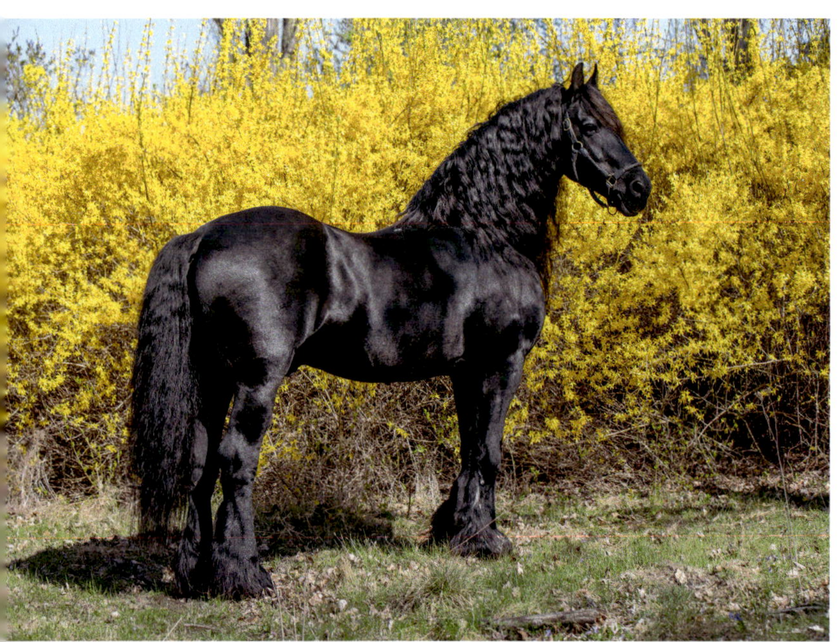

▲ *Friesenhengst Agelan wurde mit der Hinterhand etwas zum Fotografen gestellt, um diese zu betonen (Retusche: Führstrick); Canon EOS 1D X mit Canon EF 70–200 mm f/2,8L IS II USM bei 100 mm, 1/1250 s, Blende 4, ISO 500*

einem Prachtgeschirr. Für welche Ausrüstung man sich auch immer entscheidet, die wichtigsten Kriterien sind Sauberkeit und eine perfekte Passform. Nichts stört das Bild mehr als ein schmutziges Halfter oder eine zu eng oder schief sitzende Reitzäumung.

Korrektes Aufstellen

Ein harmonischer Eindruck entsteht, wenn das Pferd ausbalanciert steht. Aus diesem Grund sollte es bei Ganzkörperporträts alle vier Beine gleichmäßig belasten, wobei die Röhrbeine senkrecht zum Boden stehen. Stehen jeweils die Vorderbeine und die Hinterbeine zueinander parallel, spricht man von einer geschlossenen Stellung.

Die geschlossene Stellung ist die übliche Aufstellpose beispielsweise bei Barock- und Westernpferden. Auf diese Weise werden die Pferde in Zuchtschauen präsentiert, und so wünschen sich die Züchter und Pferdebesitzer auch die Ganzkörperporträts vom Fotografen. Im Gegensatz dazu ist die sogenannte offene Stellung bei den Warmblutzüchtern die für sie korrekte Aufstellpose. Dabei wird das zum Fotografen näher stehende Beinpaar exakt senkrecht platziert. Die Beine der kamerafernen Seite jedoch wären in geschlossener Stellung bei einer exakten Seitenansicht verdeckt. Da die Zuchtrichter jedoch von ihrem Richtertisch aus alle vier Beine gleichzeitig sehen und beurteilen müssen, werden die abgewandten Beine etwas unter den Körper gestellt. Für diese offene Stellung wird das Vorderbein nach hinten und das Hinterbein nach vorne platziert.

Die Platzierung der Beine gibt der Fotograf von seiner Position aus vor. Dabei darf man schon ein wenig penibel vorgehen, da bereits wenige Zentimeter entscheiden, ob ein Bild harmonisch wirkt oder nicht. Während der Stellungskorrektur der untergestellten Beine sollte man insbesondere darauf achten, dass die Abstände zum jeweiligen Beinpaar gleichmäßig sind. Das Hinterbein sollte beispielsweise nicht weiter unter den Körper gestellt sein als das seitengleiche Vorderbein zurückgestellt wurde.

Alternativ kann man bei Ganzkörperporträts für den persönlichen Gebrauch auch eine Mischform wählen, indem man die Vorderbeine parallel, also geschlossen aufstellt, die Hinterbeine hingegen mit einem untergestellten Bein der dem Betrachter abgewandten Körperhälfte. Viele Pferde stehen so stabiler, da sie das Gleichgewicht mit versetzt stehender Hinterhand besser halten können.

Weitere Sonderformen von Aufstellposen ergeben sich nach der jeweiligen Pferderasse. Araber werden gerne mit stark ausgestelltem Hinterbein präsentiert, um die rassetypisch flache Kruppe herauszustellen. Auch die hohe Kopfhaltung mit schwanenartig gehaltenem Hals gehört zu dieser typischen Pose.

Posen

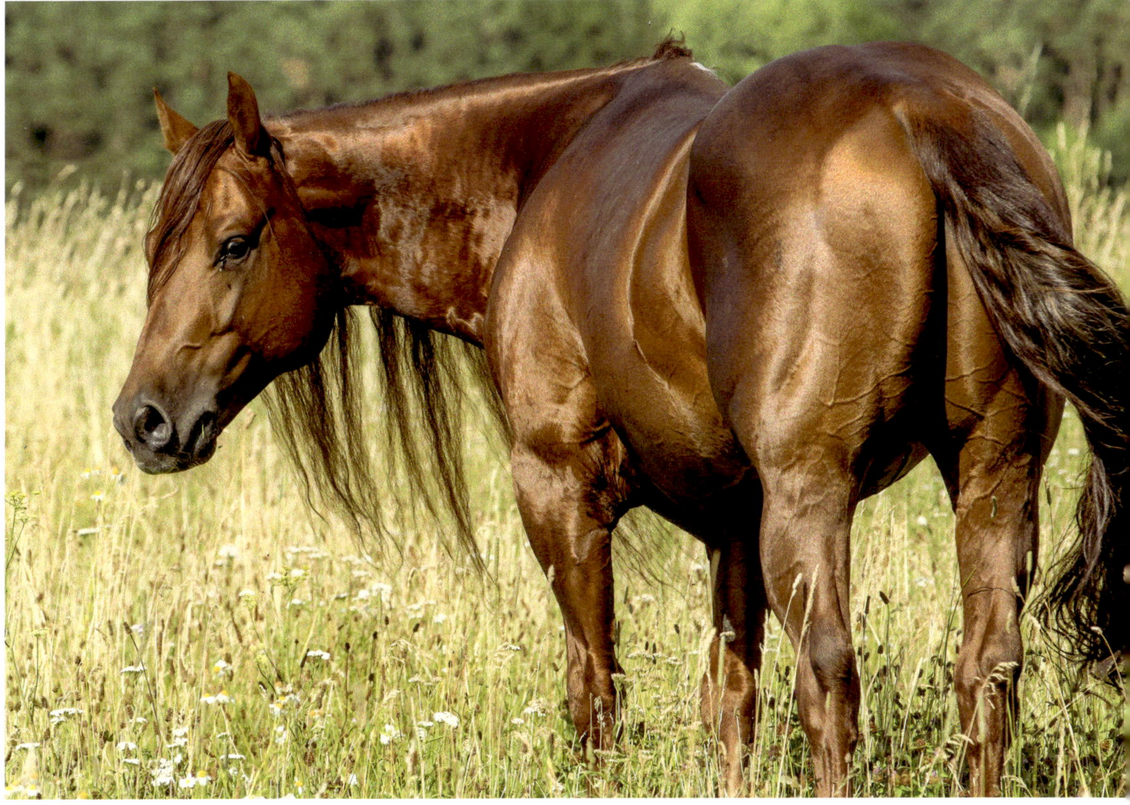

▲ *Quarter-Horse-Hengst Customized Crome in der für Westernpferde beliebten Position von schräg hinten fotografiert. Auf diese Weise wird die enorm bemuskelte Hinterhand der Quarter Horses hervorgehoben; Canon EOS 1D X mit Canon EF 70–200 mm f/2,8L IS II USM bei 200 mm, 1/1600 s, Blende 6,3, ISO 800*

Ob man nun Aufstellbilder im Studio oder in der freien Natur macht, ist unerheblich für die Positionierung des Pferdes. Im Gelände muss man jedoch sein Augenmerk zusätzlich auf einen ebenen Boden und einen idealen Hintergrund richten. Das freie Gelände bietet dem Fotografen die Möglichkeit, weitere Elemente zum Bildaufbau mit einzubeziehen wie beispielsweise Büsche oder Bäume. Im Studio hingegen ist der Fokus vollständig auf das Pferd ausgerichtet, sodass die exakte Positionierung des Vierbeiners eine noch größere Rolle spielt als im freien Feld. Allerdings kann man im Studio noch besser mit der Lichtführung arbeiten und interessante Stimmungen zaubern. Doch was nützt einem das schönste Licht, wenn das Pferd schlampig steht, ein Bein entlastet oder dieses ungünstig ausstellt?

Neben der sauberen Beinpositionierung gibt es einige Körperstellungen, die sich für Ganzkörperporträts hervorragend eignen. Manche Posen sind für das eine oder andere Pferd mehr oder weniger geeignet, und alle unterliegen sie dem persönlichen Geschmack. Dennoch ist man mit dieser Auswahl sowohl im Gelände als auch im Studio als Fotograf »gut aufgestellt«. Auf der folgenden Doppelseite werden die wichtigsten Posen erläutert.

Variationen

Alle Posen können selbstverständlich in Ausschnitt, Biegung, Abstellung und Höhe der Kopfhaltung variiert werden. Jedes Pferd hat zudem zwei Seiten, und der Fotograf sollte sich überlegen, welche Seite des Pferdes er bevorzugt ablichten möchte. Meist ist die Seite, auf der die Mähne fällt, fotogener. Doch nicht nur die Lage der Mähne ist das bestimmende Merkmal für die Seitenwahl. Narben, Verletzungen oder (insbesondere bei Schecken) eine unruhige Fellfarbe auf einer Körperhälfte kann dazu beitragen, dass die gegenüberliegende Seite des Pferdes vorteilhafter erscheint. Bei Pferden mit einem blinden Auge oder anderweitigen Anomalien entscheidet man sich auch meist für eine Ablichtung der gesunden Seite.

Dennoch können derartige »Makel« auch eine Besonderheit des jeweiligen Pferdes darstellen und somit gerade deshalb mit ins Bild genommen werden. Eine Krankheit oder Anomalie muss nicht zwangsläufig hässlich sein, hier obliegt es dem Fotografen, diese Besonderheiten entsprechend herauszuarbeiten und »ins rechte Licht« zu rücken.

1. Direkte Seitenansicht

Das Pferd wird in offener oder geschlossener Stellung im 90°-Winkel zum Fotografen aufgestellt.

2. Frontale Vorderansicht

Diese Position eignet sich nur im Ausnahmefall oder bei Kopfporträts, bei der man beispielsweise die Symmetrie herausarbeiten will.

3. Gerade Aufstellung, 45° von schräg vorne

Mit dieser Aufstellform im Winkel von etwa 45° zum Fotografen wirkt das Pferd plastischer. Man bringt mehr Tiefe ins Bild, was eine ansprechende Wirkung hat. Die Beine können nebeneinander platziert dargestellt werden, was einen aufgeräumten Eindruck macht.

4. Gerade Aufstellung, 45° von schräg hinten

Normalerweise ist es eher ungünstig, Pferde von hinten zu porträtieren. Dennoch hat diese Pose ihren Charme, zumal man damit eine ausgeprägte Hinterhand hervorheben kann.

5. Gerade Aufstellung, 45° von schräg hinten, mit konkaver Halsbiegung

Eine Abwandlung der unter Punkt 4 vorgestellten Positionierung, wobei das Pferd den Hals in Richtung des Fotografen wendet und somit der Kopf des Pferdes – besonders aber sein Auge – besser erfasst werden kann.

6. Gerade Aufstellung, frontal von hinten, mit konkaver Halsbiegung

Wiederum eine Alternative zur obigen Pose. Diesmal steht das Pferd mit der Kruppe frontal zum Fotografen und blickt über eine starke Halsbiegung zur Kamera.

Es empfiehlt sich, die Kruppe bei der Bildgestaltung anzuschneiden, damit diese nicht zu präsent wirkt, sondern der Fokus auf den Kopf des Pferdes geleitet werden kann.

7. Frontale Seitenansicht, konkav gebogene Aufstellung

Mit dieser Variante der Seitenansicht lässt sich ein problematisches Exterieur optimiert darstellen. Je nachdem positioniert man die Kamera auf Höhe der Schulter

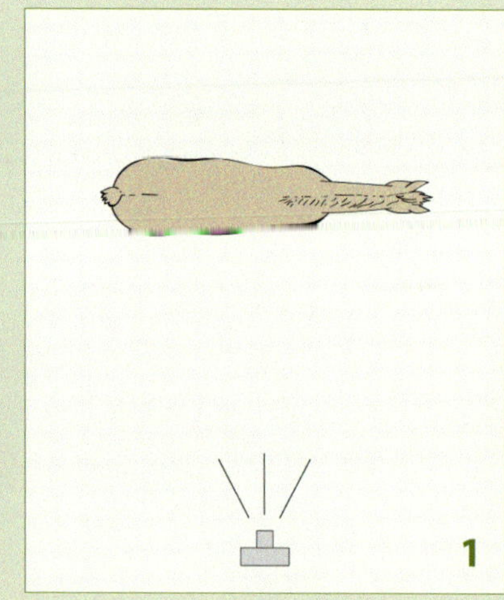

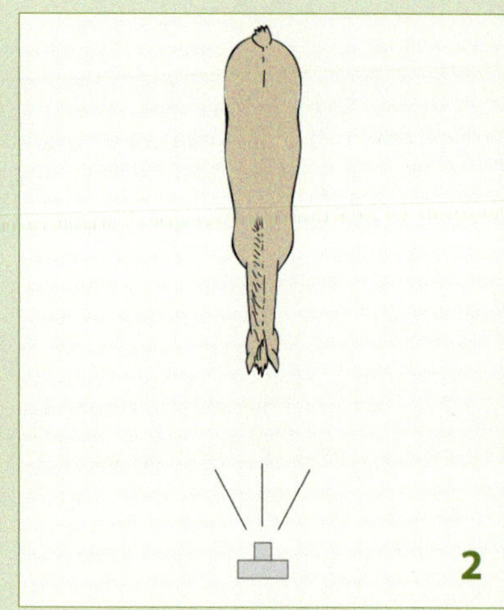

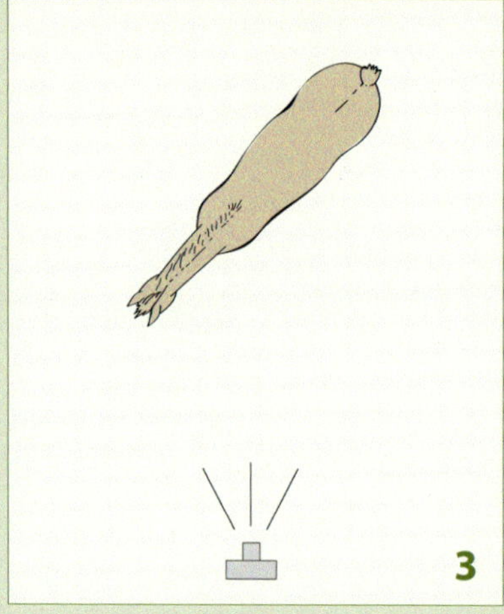

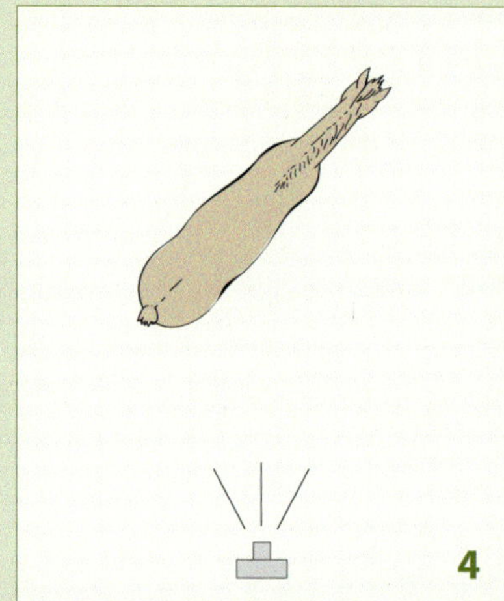

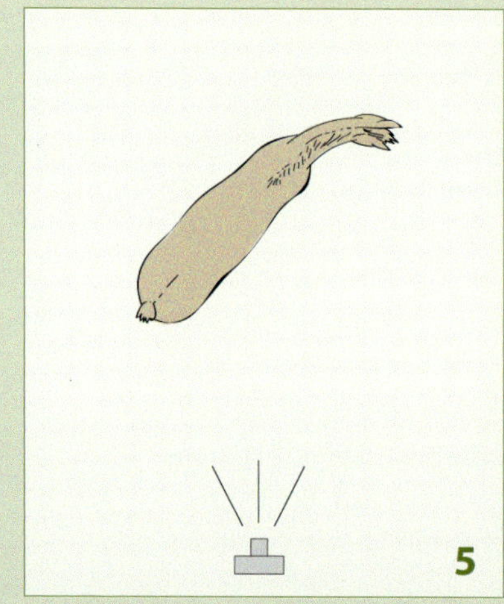

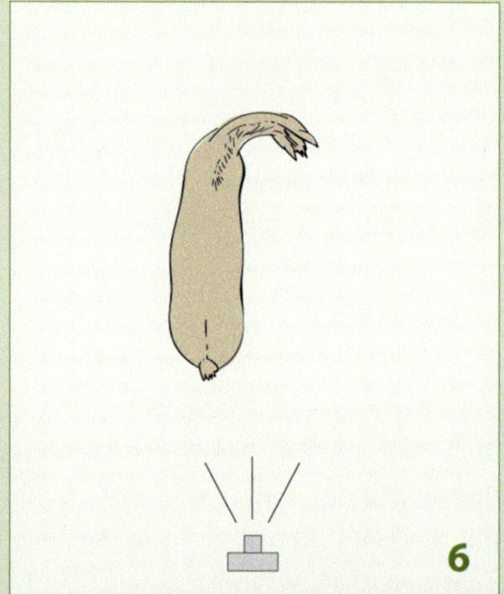

oder Kruppe. Eine leichte Biegung oder Abstellung des Pferdekörpers lässt die Schulter oder Kruppe etwas in den Hintergrund treten.

8. Frontale Vorderansicht, mit Halsbiegung

Mit dieser Pose wirkt das Bild allein durch die Halsbiegung. Aufgrund der Frontalansicht sollte man eine eher lange Brennweite (z. B. 200 mm) wählen, damit der Kopf nicht verzerrt wird.

9. Konvex gebogene Aufstellung, 45° von schräg vorne

Diese Positionierung kann sehr smart wirken, man bewegt sich aber auf schmalem Grat, was die Bildwirkung betrifft. Eine lange Brennweite ist wichtig, damit die Schulter nicht zu dominant wird.

10. Gerade Aufstellung, 45° von schräg vorne, mit konkaver Halsbiegung

Bei dieser sehr harmonisch und kompakt wirkenden Pose stellt der Pferdekörper den Hintergrund für den Pferdekopf dar. Diese Positionierung ergibt deshalb ein homogenes und in sich geschlossenes Bild, vor allem wenn der Kopf des Pferdes tief gehalten wird.

11. Seitenansicht mit konkaver Halsbiegung

Die Abstellung des Pferdes kann variiert werden. Diese Pose funktioniert auch in der frontalen Seitenansicht, wobei das Pferd den Hals nun um fast 180° wendet. Wiederum bildet der Pferdekörper nun den Hintergrund für den im Profil abgebildeten Kopf.

12. Gerade Aufstellung, 45° von hinten oder direkte Seitenansicht, mit konvexer Halsbiegung, Fokus über den Rücken

Eine sehr beliebte Pose unter Fotografen ist es, den Blick des Pferdes über dessen Rücken einzufangen. Das Pferd steht mehr oder weniger schräg zum Fotografen und wendet seinen Kopf so, dass er vom Körper verdeckt ist. Der Fotograf zielt mit seinem Fokus jedoch über den Rücken des Pferdes auf das Auge. Meist wird das Pferd in dieser Positionierung nicht als Ganzkörperporträt dargestellt, sondern enger zugeschnitten. Dann bildet der Rücken den unteren Bildrand, und die Halsbiegung kann als seitlicher Bildrahmen dienen.

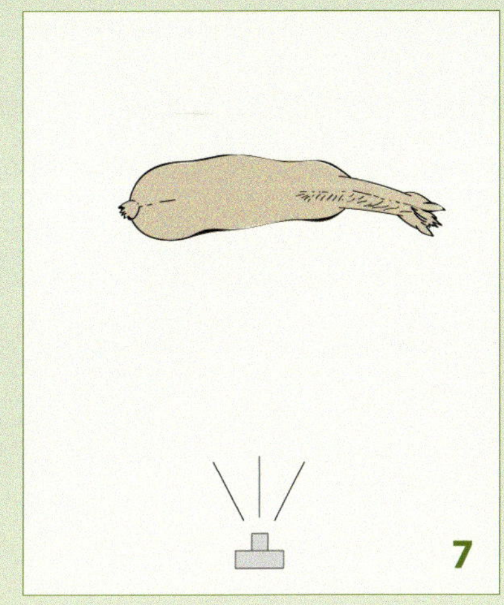

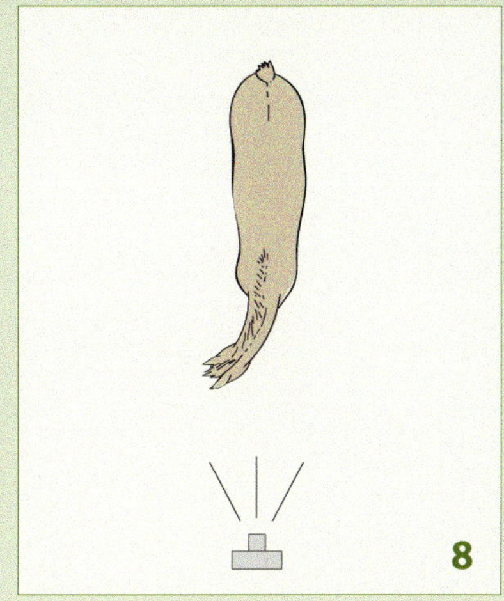

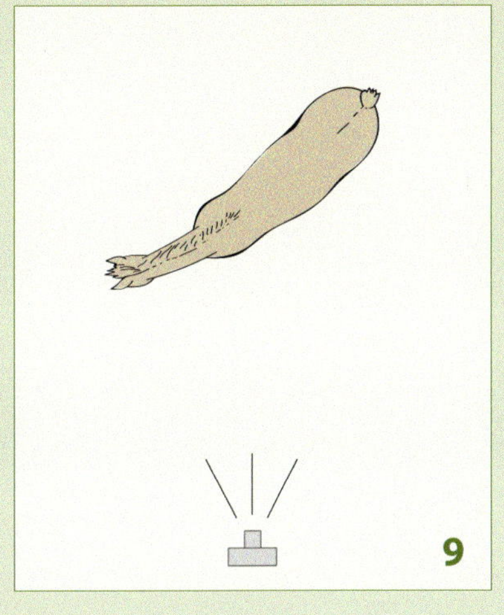

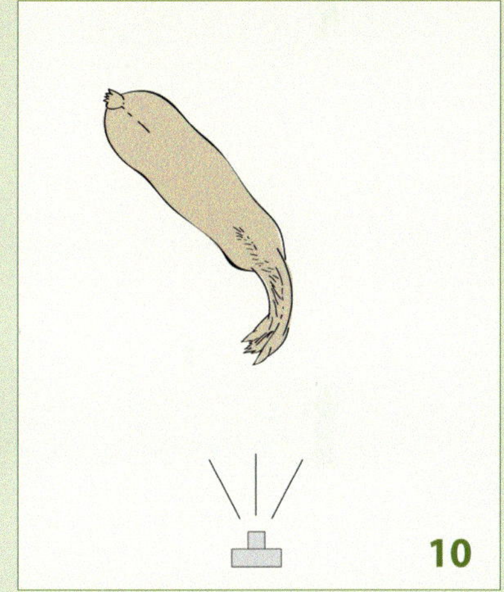

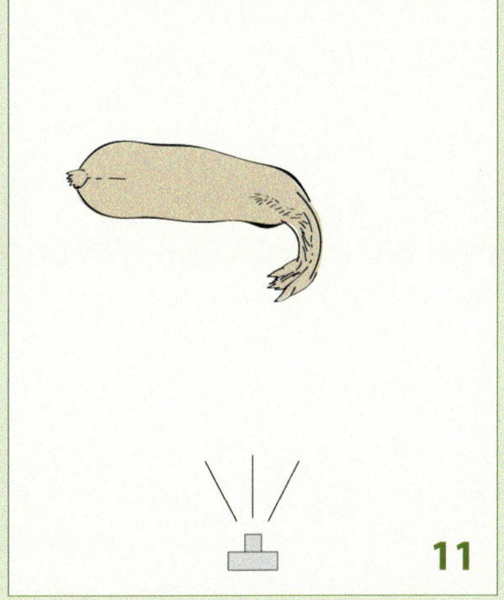

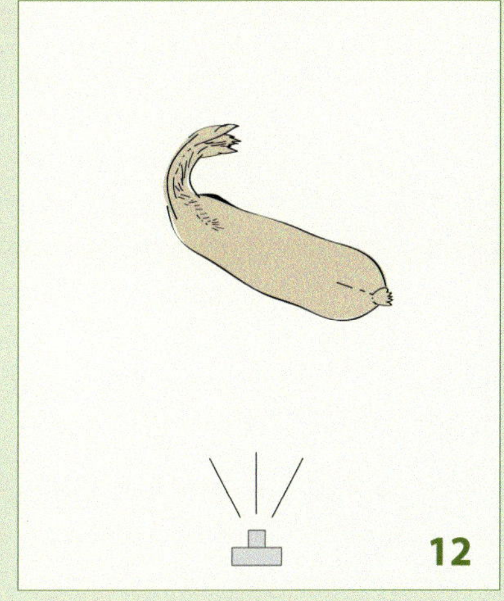

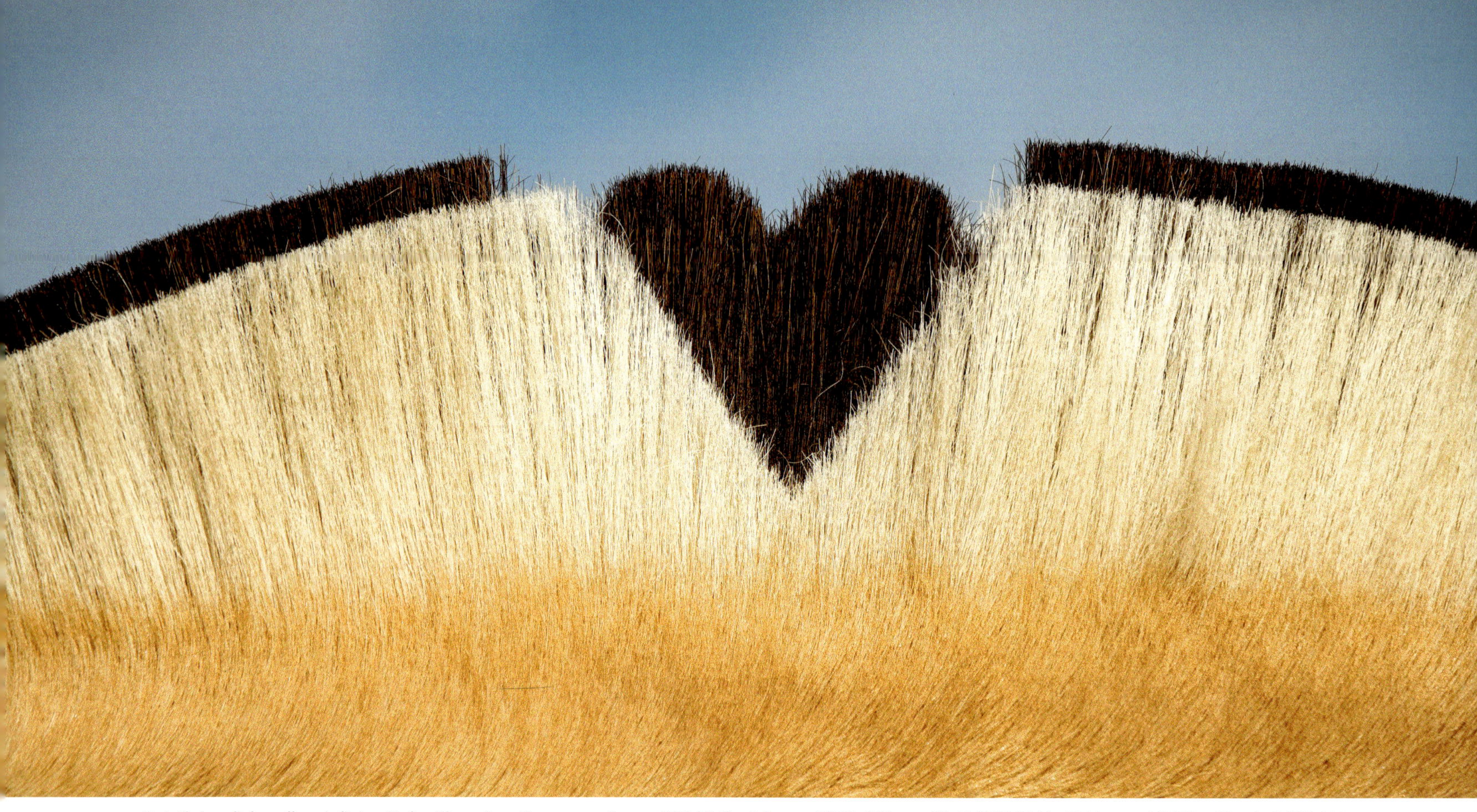

▲ *Detail einer liebevoll gestalteten Stehmähne eines Norwegers; Canon EOS 1D X mit Canon EF 70–200 mm f/2,8L IS II USM bei 200 mm, 1/2000 s, Blende 8, ISO 400*

3.3 Details

Um ein Pferd gut in Szene zu setzen, muss es nicht immer vollständig abgebildet werden. Interessant können bestimmte Ausschnitte, teils auch extreme Close-ups wirken. Allerdings müssen Strukturen und Merkmale auf dem Bild festgehalten werden, die eine Orientierung zulassen.

Wenn ein Ausschnitt nicht zugeordnet werden kann, ist der Betrachter irritiert. Jeglicher Bildausschnitt muss deshalb klar identifiziert werden können, denn der Clou an der Sache ist, dass der Bildbetrachter das Foto in seinem Kopf selbst vervollständigt. Der Fotograf muss sich die Frage stellen, wie viele Informationen auf dem Bild notwendig sind, dass die Abbildung komplettiert und damit verstanden werden kann.

Die fehlenden Bildteile lassen aber auch Raum für Interpretationen. Beispielsweise kann sich der Betrachter bei einer im Ausschnitt abgebildeten fliegenden Mähne ein galoppierendes Pferd vorstellen, aber auch dass der Vierbeiner im Sturm steht oder eben den Kopf schüttelt. Doch er muss in jedem Fall erkennen, dass es sich um eine Pferdemähne handelt, um seine Fantasie mit ins Bild einzubringen. Solche Close-ups machen ein Bild interessant und lassen den Blick länger auf der Abbildung verweilen.

Laut Henri Cartier-Bresson (22. August 1908 bis 3. August 2004), einem französischen Fotografen, ist ein Foto nur dann ein gutes Bild, wenn man es länger als eine Sekunde ansieht. Erst dann wirkt es interessant. Man findet es schön und lässt seinen Blick über das Bild gleiten. Ein solches Foto transportiert Emotionen und Gefühle und

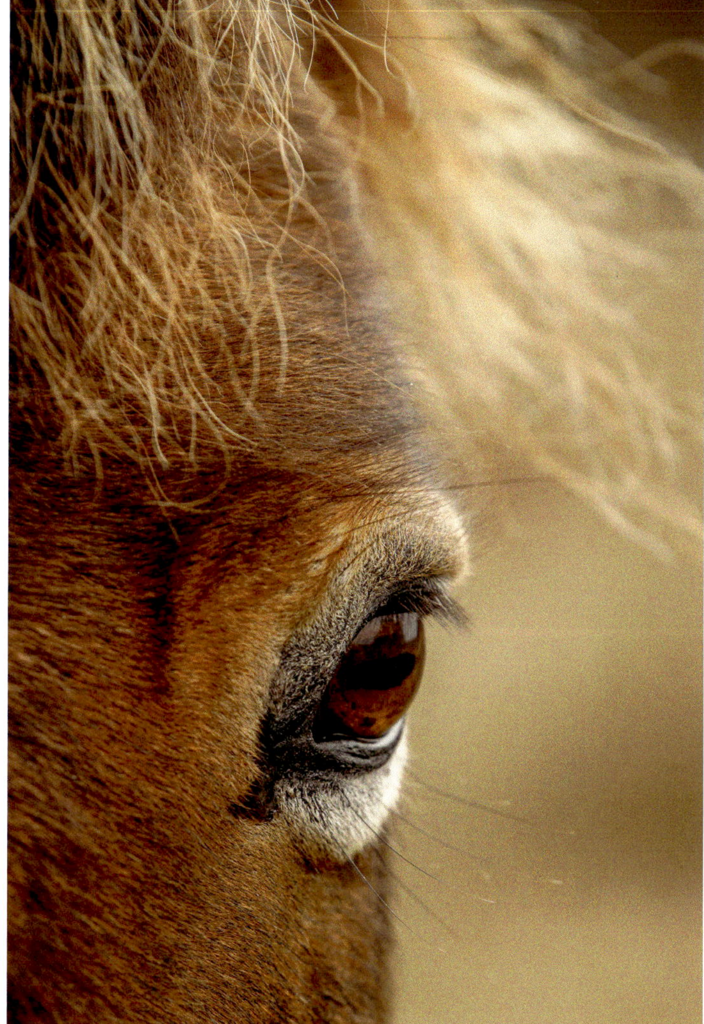

▲ *Das Pferdeauge ist ein sehr beliebtes Close-up. Es gehört viel Einfühlungsvermögen und Pferdeverstand dazu, Emotionen und Gefühle im Auge des Pferdes zu lesen; Canon EOS 1D X mit Canon EF 70–200 mm f/2,8L IS II USM bei 200 mm, 1/250 s, Blende 6,3, ISO 1250*

erzählt zudem eine Geschichte. Diese Story kann ein Close-up mitgestalten. Das macht Detailaufnahmen so interessant und teilweise auch ein wenig geheimnisvoll.

Close-ups

Ein Klassiker sind Kopfdetails, die Fotografen immer wieder gerne umsetzen. Sie bieten sich aufgrund ihrer klaren, unverwechselbaren und leicht zuzuordnenden Strukturen geradezu an. Besonders beliebt ist das Auge des Pferdes, das viele Informationen und Emotionen weiterleitet.

Egal, ob man sich entscheidet, das Auge von der Seite oder von vorne abzulichten, wenn es Emotionen transportieren soll, ist es nicht ratsam, einen zu knappen Ausschnitt zu wählen. Die Augenhöhle und umgebende Gesichtsstrukturen gestalten die Mimik des Pferdes und vermitteln die Gefühlsregungen. Ein zu enger Ausschnitt hingegen zeigt lediglich eine dokumentarische Abbildung der Anatomie des Auges.

Das Auge kann ganze Geschichten erzählen: Vom wachen, interessierten Auge bis hin zum ärgerlichen, missmutigen Blick gibt es viele Facetten. Leider aber findet man unter den Reitpferden auch recht häufig traurige und »tote« Pferdeaugen, die keinerlei Ausstrahlung (mehr) haben und Leid, Depressionen und Schmerzen vermitteln. Hinschauen lohnt sich, und vielleicht kann man sich als verständnisvoller Fotograf auch ein wenig für das Wohlergehen der Pferde einsetzen.

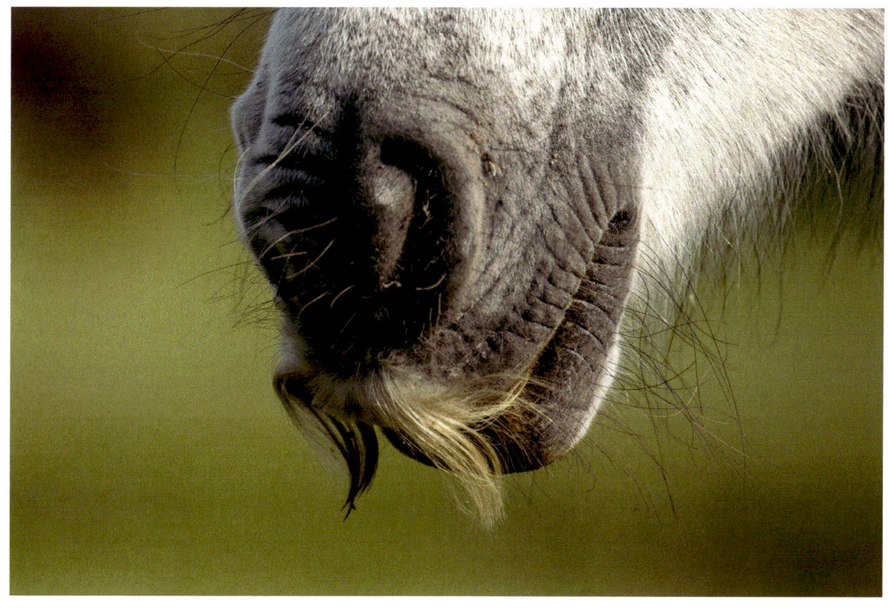

▶ *Nicht nur Menschen, auch manche Pferde tragen einen Oberlippenbart. Ein schönes Detail, das man bei verschiedenen Pferderassen, insbesondere aber bei Tinkern, findet; Canon EOS 1D X mit Canon EF 100–400 mm f/4,5-5,6L IS II USM bei 400 mm, 1/1600 s, Blende 5,6, ISO 400*

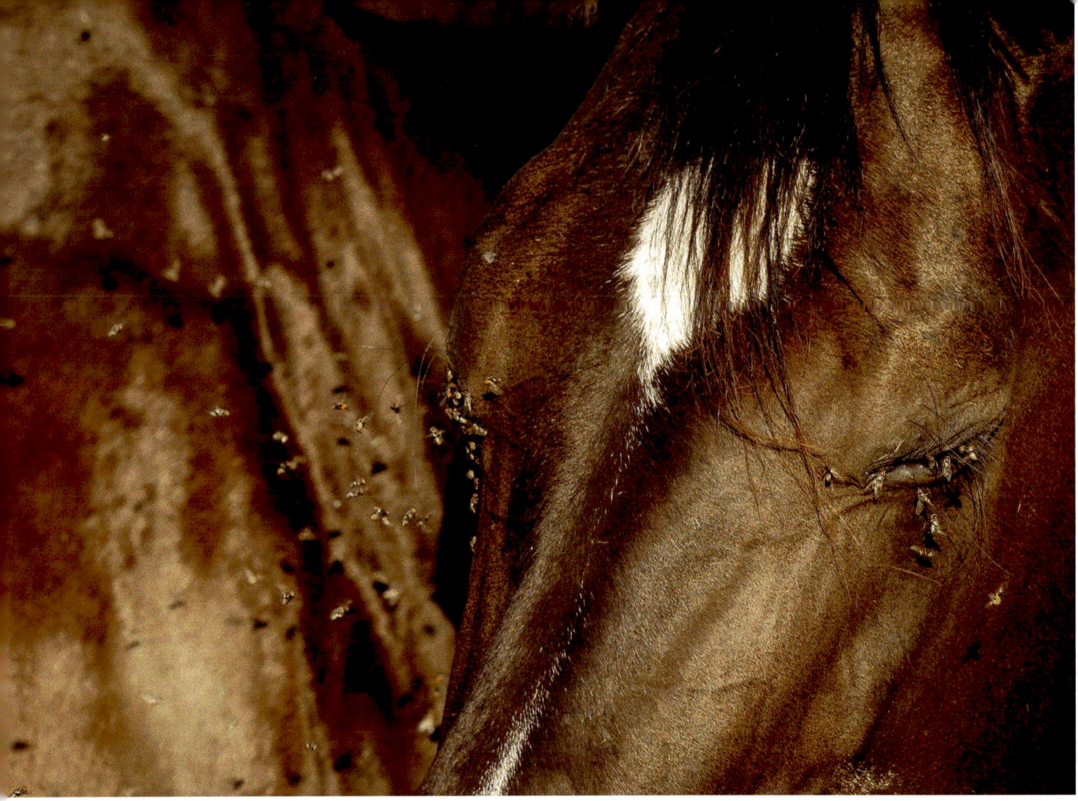

▲ *Im Sommer ist die Fliegenplage auf vielen Koppeln oft sehr schlimm. Auch das lässt sich in einem größeren Ausschnitt gut darstellen; Canon EOS 1D X mit Canon EF 70–200 mm f/2,8L IS II USM bei 140 mm, 1/1000 s, Blende 6,3, ISO 800*

Maul und Nüstern sind ebenfalls an der Mimik beteiligt und haben so einige Storys auf Lager. Darum ist auch die Maulpartie mit den feinen Tasthaaren ein interessantes Fotomotiv.

Nicht zuletzt kann man mitunter das Ohrenspiel mit der Kamera einfangen und emotionale Highlights setzen. Zudem sind die Ohren mit farbig akzentuierten und kontrastreichen Rändern eingefasst und langen Tasthärchen geschmückt.

Langhaar

Von fliegenden Mähnen haben viele Pferdebegeisterte schon als Kind geträumt. Warum nicht diesen Traum in Bildern festhalten? Doch es muss nicht immer die fliegende Mähne sein, die fotografisch reizvoll ist. Hübsch gestaltete Stehmähnen, wie sie vor allem die Freunde des Fjordpferdes lieben, können tolle Close-ups abgeben.

Der Schweif kann ebenfalls für eine dynamische Detailaufnahme eingesetzt werden, wenn das Pferd beispielsweise nach einer Fliege schlägt. Schließlich können die vielfältigen Flechtfrisuren für Mähne und Schweif interessante Fotomotive darstellen. Kunstvoll geflochtene Mähnen – für die Show zusätzlich mit Blümchen oder Schleifen versehen – sind ebenso beliebte Motive für ansprechende Detailaufnahmen.

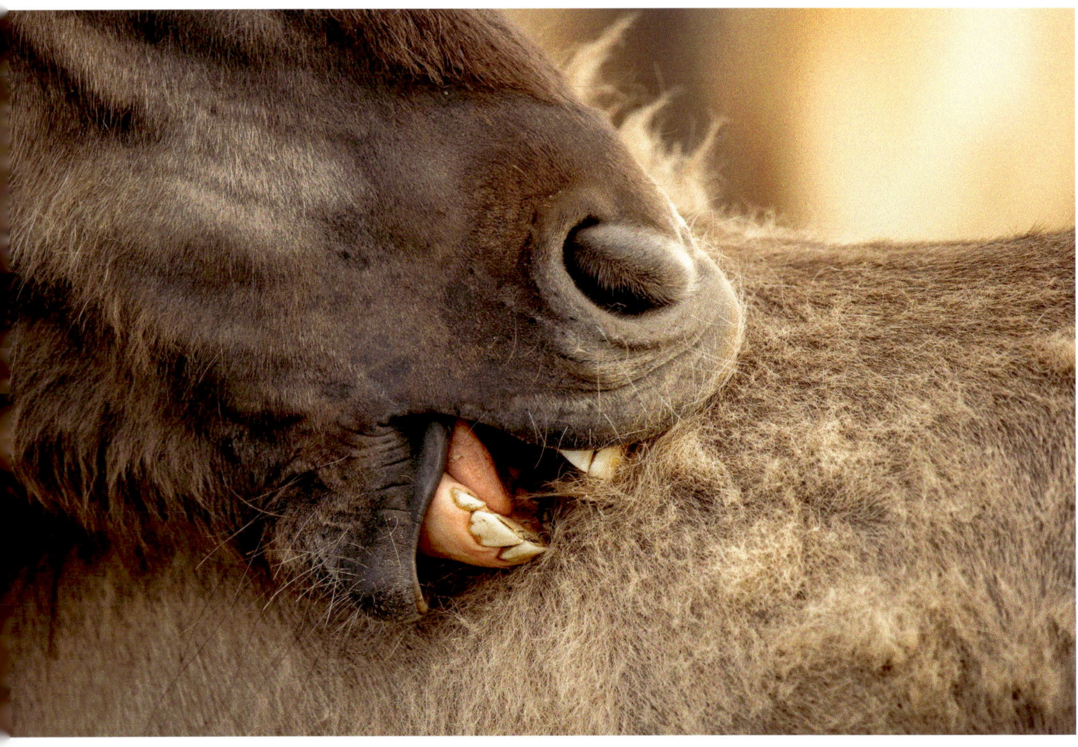

◀ *Junge Dülmener Wildpferde bei der Fellpflege. Pferde genießen es, sich gegenseitig zu beknabbern; Canon EOS 1D X mit Canon EF 100–400 mm f/4,5-5,6 L IS II USM bei 400 mm, 1/800 s, Blende 6,3, ISO 1600*

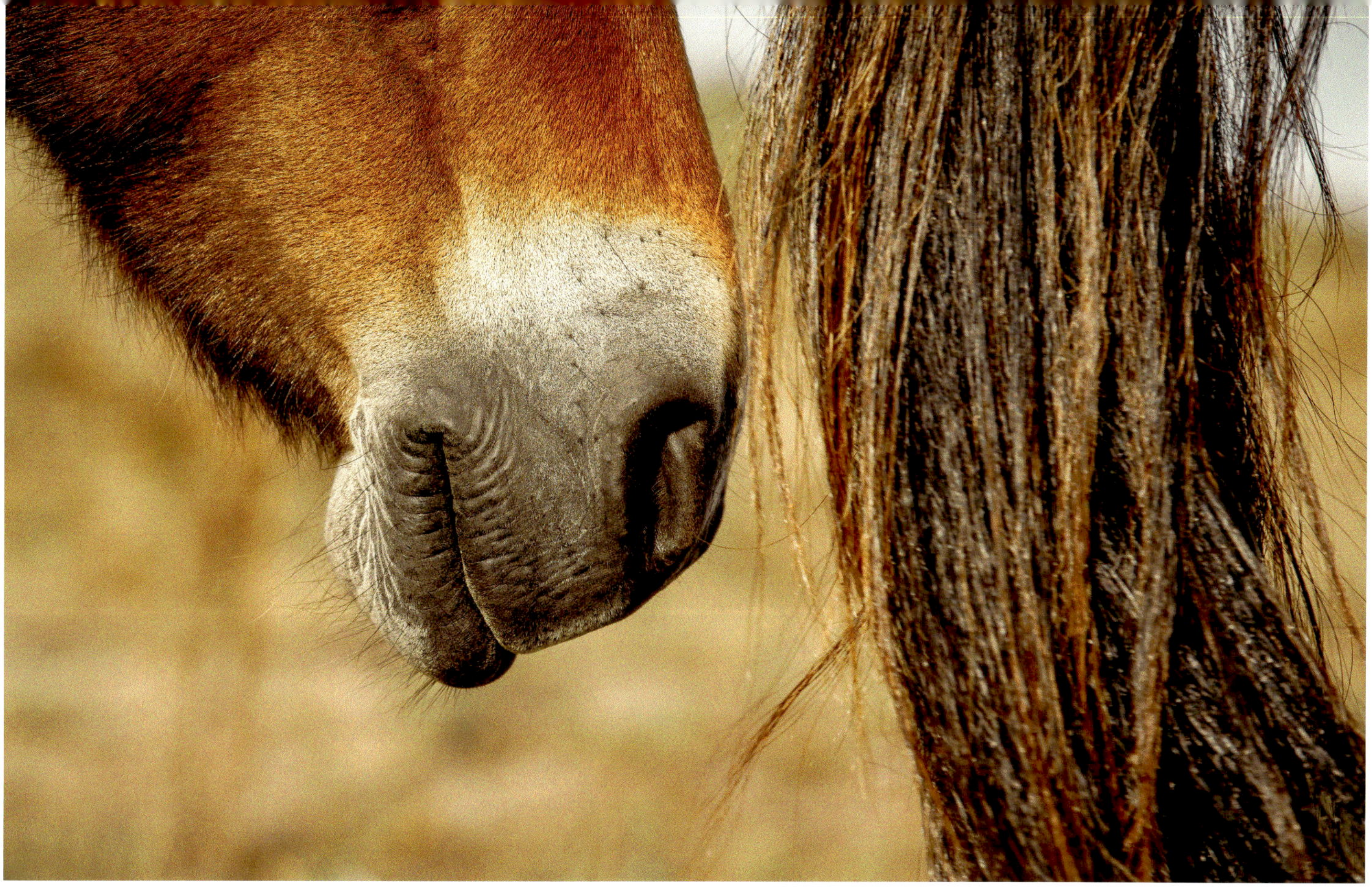

▲ *Detailaufnahmen lassen auch Raum für Kompositionen: Der Kopf dicht am Schweif des Artgenossen hält lästige Fliegen fern; Canon EOS 1D X mit Canon EF 70–200 mm f/2,8L IS II USM bei 200 mm, 1/1250 s, Blende 7,1, ISO 640*

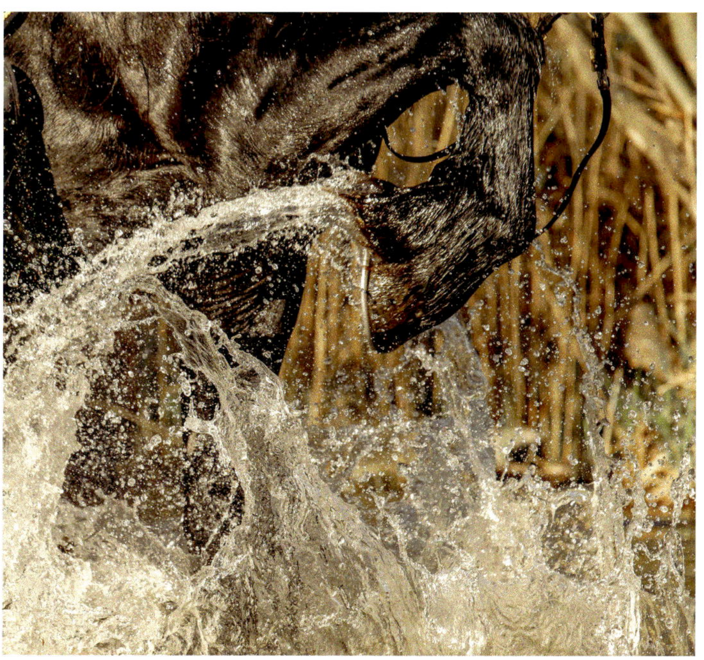

Donnernder Hufschlag

Wunderschöne actiongeladene Detailaufnahmen lassen sich realisieren, wenn man die Hufe und Beine des Pferdes unter die Lupe nimmt. Das spritzende Wasser, wenn der Pferdehuf in eine Pfütze fußt, oder das Gewirr von gefühlt Hunderten von Pferdebeinen, wenn eine Herde vorübergaloppiert, lässt das Fotografenherz höher schlagen. Der Fantasie von Motivumsetzungen sind hier kaum Grenzen gesetzt. Kreative Ideen mit besonderen Blickwinkeln, Kurz- oder Langzeitbelichtungen oder das Spiel mit dem Licht geben dem Bild schließlich den letzten Schliff.

◀ *Pferde mögen es, im Wasser zu scharren, so lässt sich auch hier eine schöne Detailszene herausarbeiten; Canon EOS 1D X mit Canon EF 70–200 mm f/2,8L IS II USM bei 100 mm, 1/1250 s, Blende 5, ISO 500*

3.4 Pferde in Aktion

Das Pferd ist ein Lauftier, es steht deshalb außer Frage, dass man dieses edle Wesen nicht nur im Porträt, sondern auch in Bewegung ablichten möchte. Möglichkeiten hierzu bieten sich auf der Koppel im freien Lauf oder unter dem Sattel sowohl auf dem Reitplatz als auch im Gelände.

Freilaufbilder

In der Regel ist es nicht möglich, freilaufende Pferde ohne Absicherung zu fotografieren. Das wäre viel zu gefährlich. Dennoch sieht man immer wieder Bilder, die den Anschein erwecken, dass sich die Pferde völlig frei im Gelände bewegen. Schnell ist der Verdacht gegeben, dass Zäune oder Führstricke wegretuschiert wurden. Das ist auch sehr oft der Fall, dennoch ist dies nicht immer nötig, beispielsweise wenn man den Koppelzaun schon on location geschickt ausblenden kann. Hierfür eignen sich vor allem Hangkoppeln, wobei der Hügel den im Hintergrund liegenden Zaun verdeckt. Schickt man das Pferd schließlich über diese Erhöhung, kann man den Vierbeiner mit dem Himmel als Hintergrund ablichten. Das Pferd wirkt aufgrund der tiefen Kameraposition größer und erhabener, und der Himmel bietet einen ruhigen Background für harmonische Bilder.

In manchen Fällen können Sträucher und Bäume den Zaun verdecken, insbesondere wenn eine Hecke die Zaunlitzen schon überwuchert hat. Jede Koppel ist anders, und man muss als Fotograf die bestmögliche Position – insbesondere auch unter Berücksichtigung des Lichteinfalls – suchen.

Nicht in allen Fällen müssen Abtrennungen aus dem Bild verbannt werden, farblich gedeckte Holzzäune wirken oft gar nicht störend und können durchaus in die Bildgestaltung miteinbezogen werden. Bei der vorherigen Besichtigung und Auswahl der geeigneten Weide für Freilaufbilder sollte man zunächst die Koppelgröße in Augenschein nehmen. Auf zu kleinen Koppeln ist es möglicherweise schwierig, die Pferde in Bewegung zu halten. Auch der Blickwinkel ist häufig eingeschränkt. Zu große Weiden haben im Gegensatz dazu wiederum den Nachteil, dass die Pferde schwieriger zu kontrollieren sind und die Helfer lange Laufwege haben, um den Vierbeiner zu positionieren oder wieder einzufangen.

Nach Möglichkeit lässt man das Pferd mit etwas Abstand zum Zaun über die Koppel laufen. Pferde tendieren leider dazu, sich an Begren-

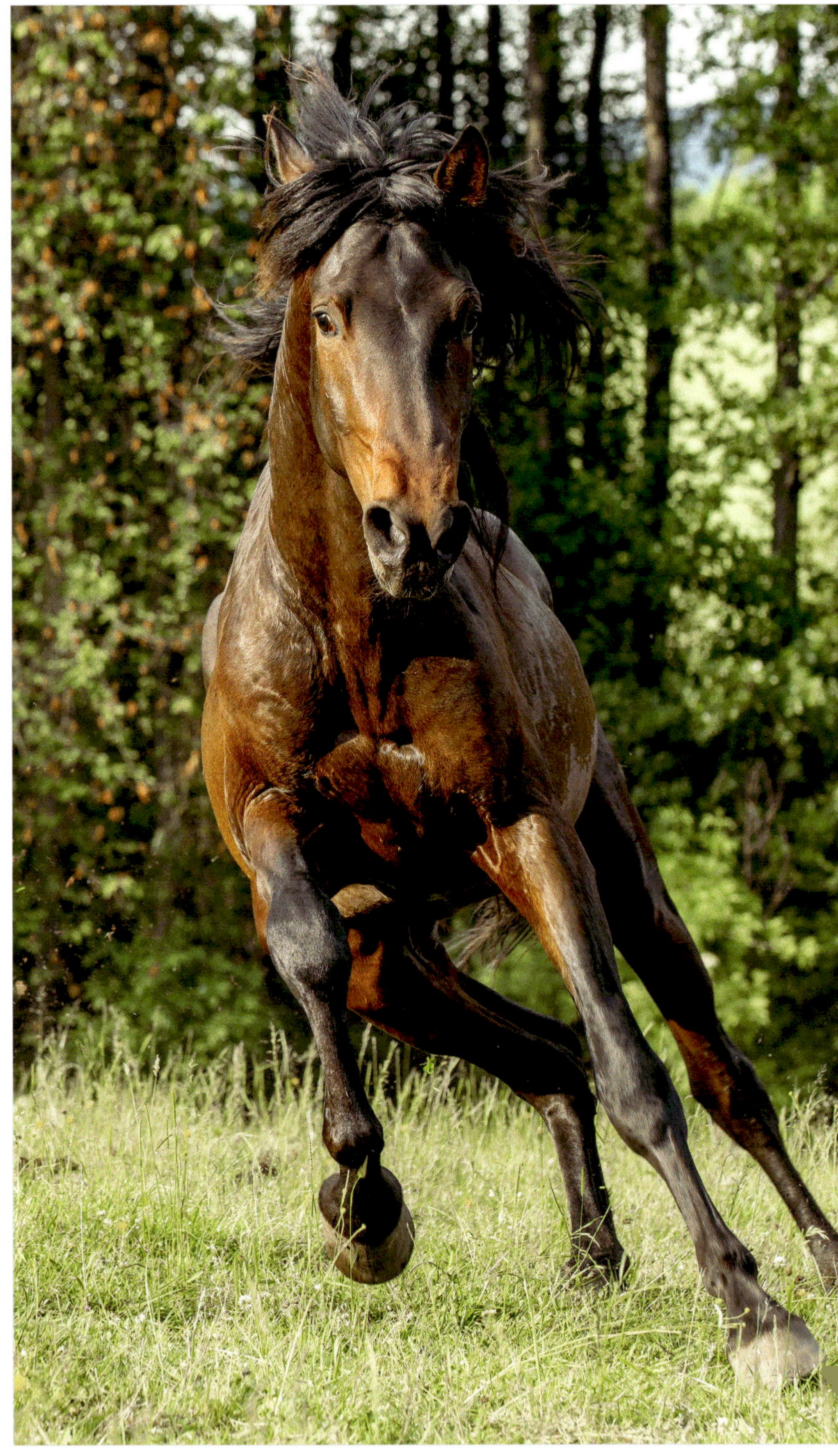

▲ *Andalusierhengst Tiron beim Freilaufshooting auf der Weide; Canon EOS 1D X mit Canon EF 70–200 mm f/2,8L IS II USM bei 120 mm, 1/400 s, Blende 6,3, ISO 1000*

zungen zu orientieren, so sollte der Laufweg am besten diagonal durch die Koppel gelegt werden. Der Vierbeiner wird meist in Richtung Ausgang oder zu seinen Artgenossen laufen. Es bietet sich deshalb an, den Koppeleingang als Laufziel einzuplanen und das Pferd somit diagonal vom Eingang entfernt loszuschicken.

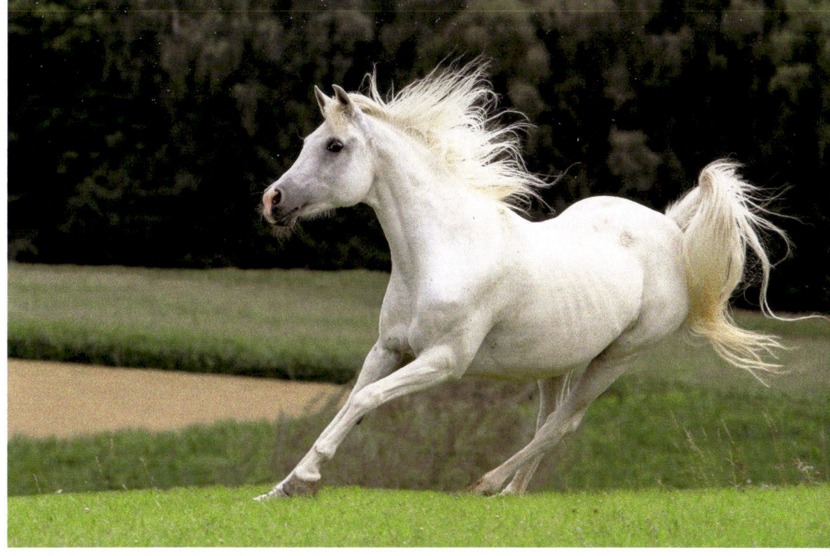

▲ *Araberstute Sidi beim Freilauf: Die Beinstellung ist zwar nicht ideal, dennoch besticht das Bild durch den Ausdruck des Pferdes, die Schweifhaltung und die fliegende Mähne (Retusche: Zaun); Canon EOS 7D mit Canon EF 100–400 mm f/4,5-5,6L IS USM bei 285 mm, 1/640 s, Blende 6,3, ISO 800*

Unter dem Reiter

Wenn das Pferd geritten wird, steht es unter der Kontrolle des Reiters, so kann auf eine Umzäunung verzichtet werden. Das Gelände bietet zudem viel mehr Möglichkeiten für ansprechende Hintergründe als die Koppel. Ferner kann der Laufweg des Pferdes exakt vorgeplant werden. Bleibt nur noch, den Reiter anzuweisen, nicht in die Kamera zu blicken und keine zu strenge Miene aufzusetzen.

Laufphasen

Jede Gangart, ob Schritt, Trab, Galopp oder Spezialgänge wie Tölt oder Pass, hat eine jeweils typische Fußungsfolge. Nicht jede Phase

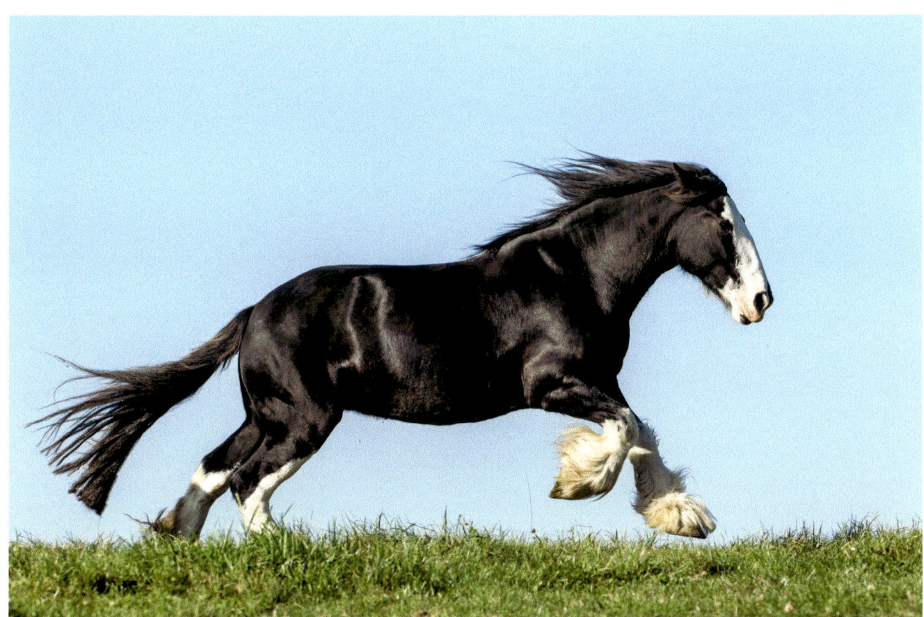

▲ *Bei großrahmigen Pferden mit kurzem Rücken wie bei diesem Tinkerwallach eignet sich die gestreckte Galoppphase sehr gut (Retusche: Zaunlitze); Canon EOS 1D Mk IV mit Sigma EF 150–600 mm f/5-6,3 DG OS HSM Contemporary bei 232 mm, 1/1250 s, Blende 8, ISO 640*

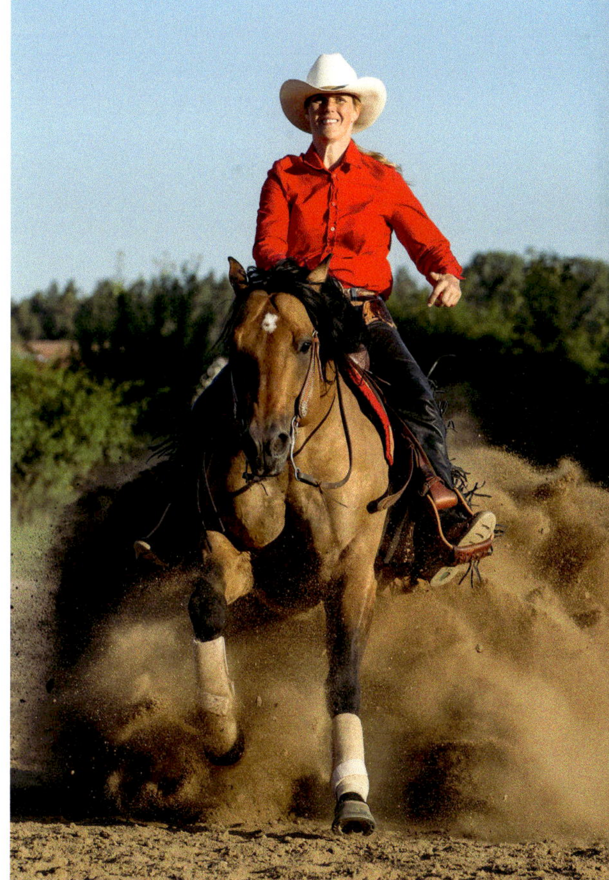

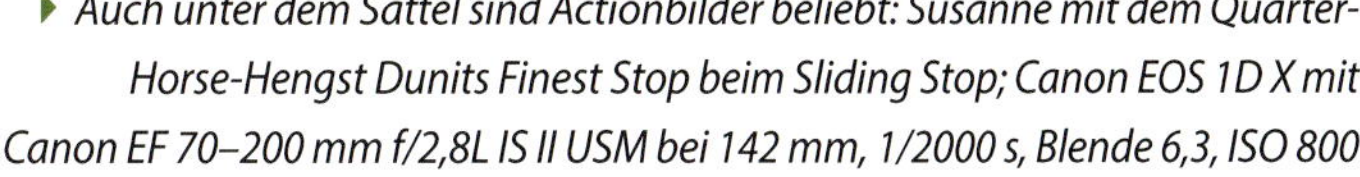

▶ *Auch unter dem Sattel sind Actionbilder beliebt: Susanne mit dem Quarter-Horse-Hengst Dunits Finest Stop beim Sliding Stop; Canon EOS 1D X mit Canon EF 70–200 mm f/2,8L IS II USM bei 142 mm, 1/2000 s, Blende 6,3, ISO 800*

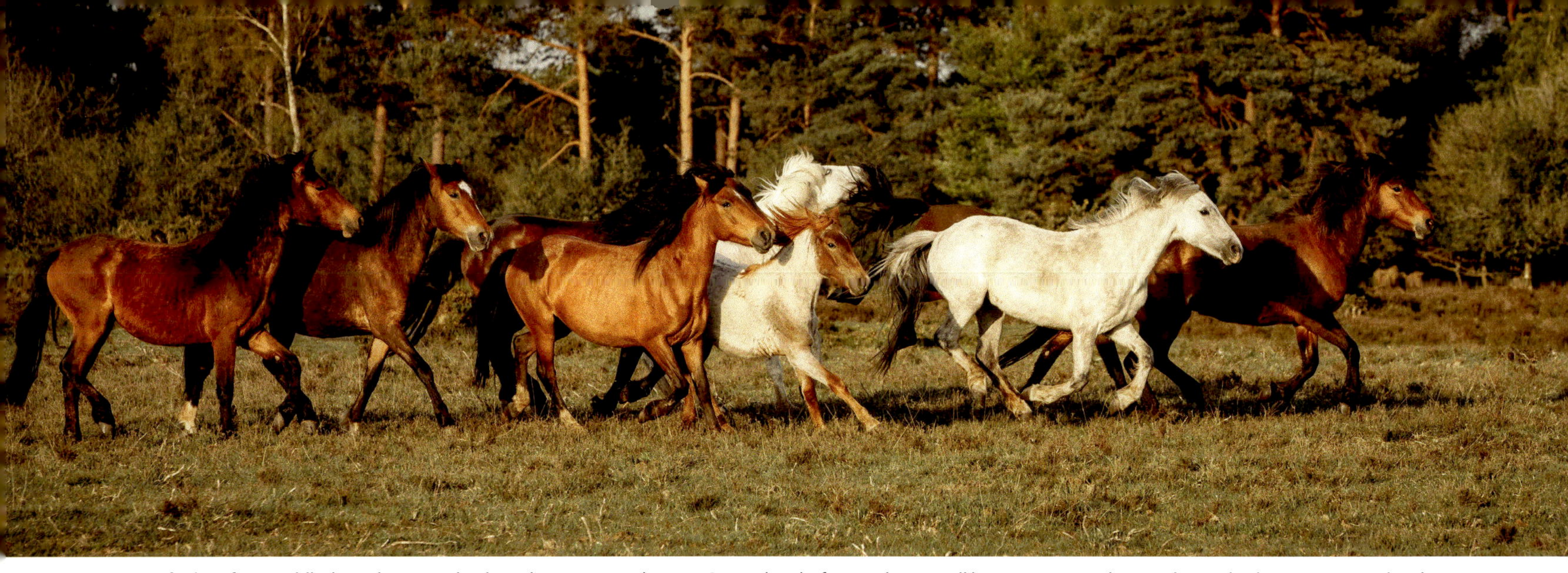

▲ *Pferde in freier Wildbahn galoppieren höchst selten. Meist sind sie mit Grasen beschäftigt. In diesem Fall hat ein neuer Leithengst die Herde übernommen und treibt alle Stuten der Umgebung zusammen, sodass es zu solchen Galoppszenen kommen kann; Canon EOS 1D X mit Canon EF 70–200 mm f/2,8L IS II USM bei 155 mm, 1/1600 s, Blende 6,3, ISO 1000*

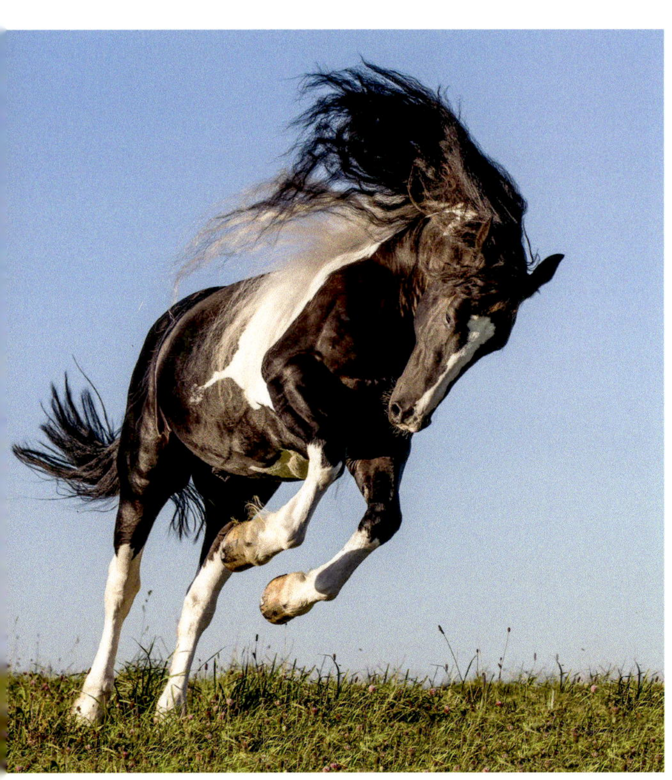

▲ *Barock-Pintohengst Anthimos sprüht vor Energie. Die tiefe Kameraposition blendet zum einen den Koppelzaun aus, zum anderen macht sie das Bild noch imposanter; Canon EOS 1D X mit Canon EF 70–200 mm f/2,8L IS II USM bei 130 mm, 1/400 s, Blende 7,1, ISO 3200*

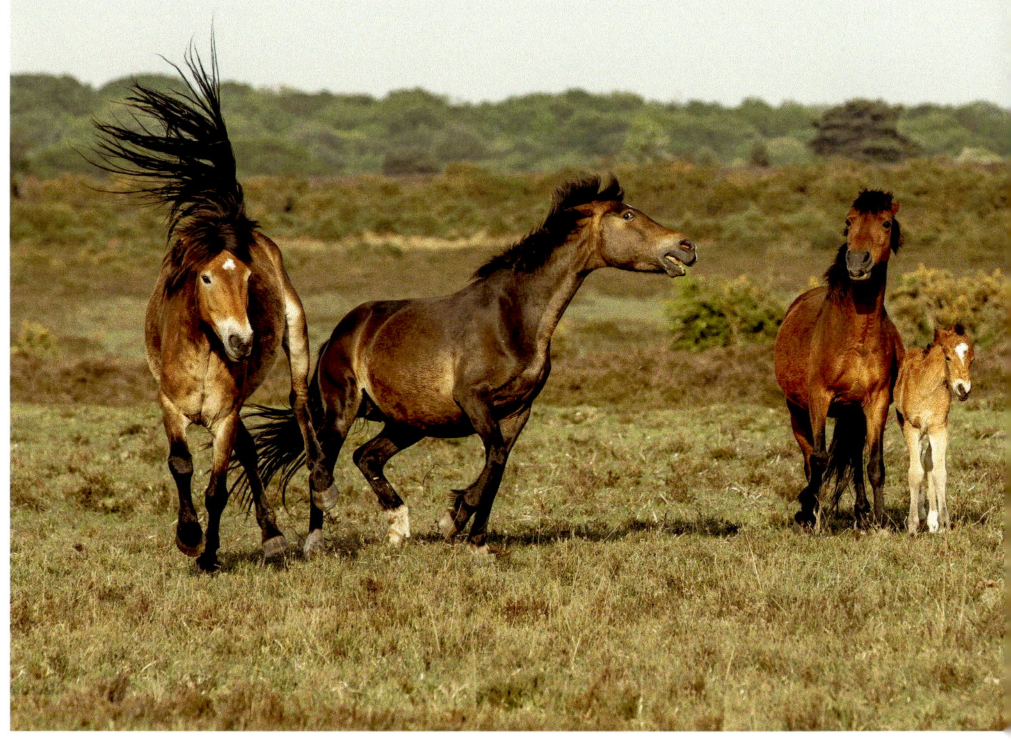

▲ *Die Stuten schirmen ihre jungen Fohlen vom Rest der Herde ab, damit die Prägung des Neugeborenen ohne Störung ablaufen kann. Immer wieder versuchen andere Herdenmitglieder jedoch, mit dem Fohlen Kontakt aufzunehmen. Meistens hat die Mutterstute eine feste Freundin (oft eine Nachwuchsstute aus den Vorjahren) an ihrer Seite, die Stute und Fohlen vehement verteidigt; Canon EOS 1D X mit Canon EF 70–200 mm f/2,8L IS II USM bei 200 mm, 1/2000 s, Blende 5,6, ISO 800*

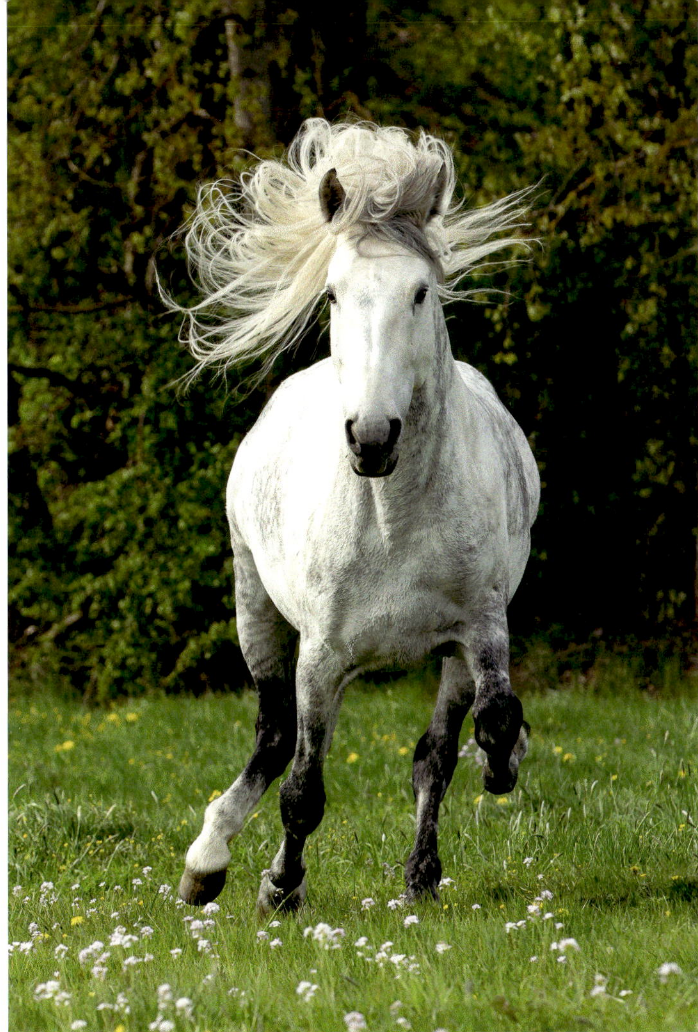

▲ *PRE-Hengst Jardinero voll in seinem Element beim Freilaufshooting auf der Koppel (Retusche: Zaunlitze); Canon EOS 1D X mit Canon EF 70–200 mm f/2,8L IS II USM bei 150 mm, 1/1600 s, Blende 5,6, ISO 800*

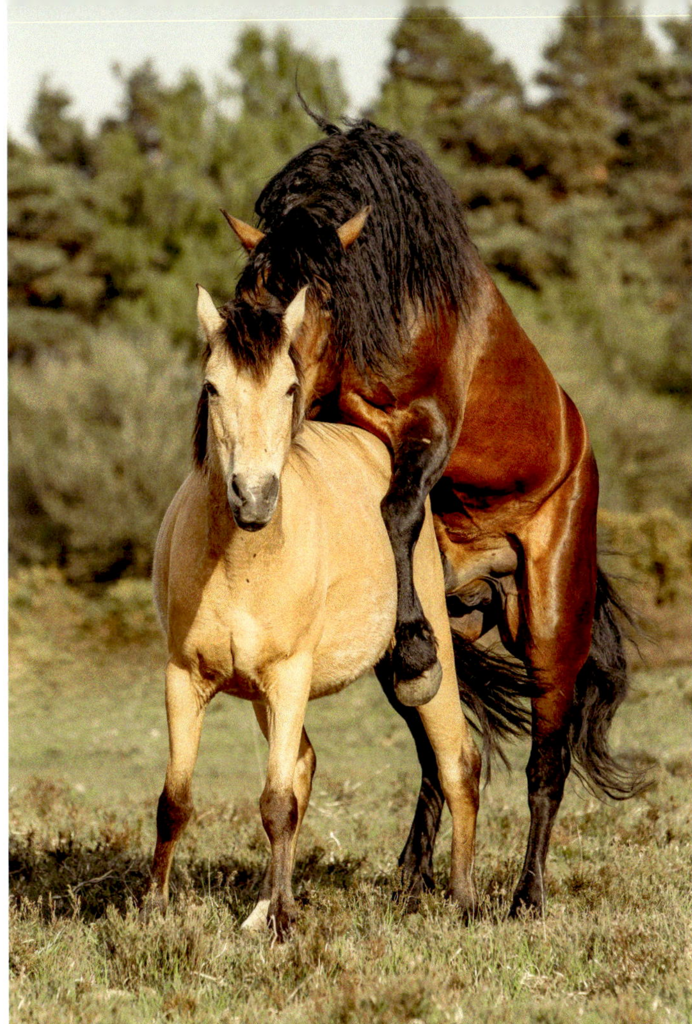

▲ *In einer intakten Wildpferdeherde kommt es vor allem im Frühjahr häufig zu Deckakten des Leithengstes; Canon EOS 1D X mit Canon EF 70–200 mm f/2,8L IS II USM bei 200 mm, 1/2000 s, Blende 5,6, ISO 800*

sieht auf dem Foto vorteilhaft aus, darum ist es wichtig, die richtige Fußungsphase zu erwischen. Im Schritt ist es aufgrund der langsamen Abfolge, wie das Pferd seine Beine setzt, noch relativ einfach, im richtigen Moment abzudrücken. Gute Fußungsphasen sind vor allem, wenn das Pferd zum Zeitpunkt des Auslösens das zuerst fußende Hinterbein soeben am Boden aufgesetzt hat und das gleichseitige Vorderbein abgewinkelt vorschwingt.

Mehr Agilität ist in den Gangarten Trab und vor allem Galopp zu erwarten, wobei man zusätzlich noch mit fliegender Mähne und wehendem Schweif dynamische Akzente setzen kann. Im Trab ist wiederum die beste Abbildungsphase während der Schwebephase oder kurz bevor das Pferd mit dem diagonalen Beinpaar auffußt. Im Galopp gibt es einige Bewegungsphasen, die ein fotografisches »No-Go« darstellen. Die Einbeinstütze direkt vor der Schwebephase ist nicht sehr vorteilhaft. Das Gesamtgewicht des Pferdes liegt auf der Schulter; Kruppe und Kopf nehmen eine hohe Position ein, und der Rücken ist durchgedrückt. Attraktive Bewegungsabschnitte sind hingegen die Schwebephase, wenn alle vier Beine locker unter dem Körper über dem Boden schweben oder wenn das führende Hinterbein aufgefußt hat. Die Hinterbeine berühren nicht gleichzeitig den Boden, sondern nacheinander. Sobald das zweite Hinterbein auffußt, tritt im Arbeitsgalopp auch das diagonale Vorderbein auf. Diese Galoppphase ist fotografisch ebenfalls sehr ansprechend. Im Renngalopp ist in dieser Phase das diagonale Vorderbein noch in der Luft, was noch mehr Power vermittelt.

Bei kurzen und gedrungenen Pferden ist die Streckphase, bei der sich das Pferd kraftvoll vom Boden abstößt und nach vorne katapultiert, sehr vorteilhaft. Im Umkehrschluss ist es sinnvoll, Pferde mit einem

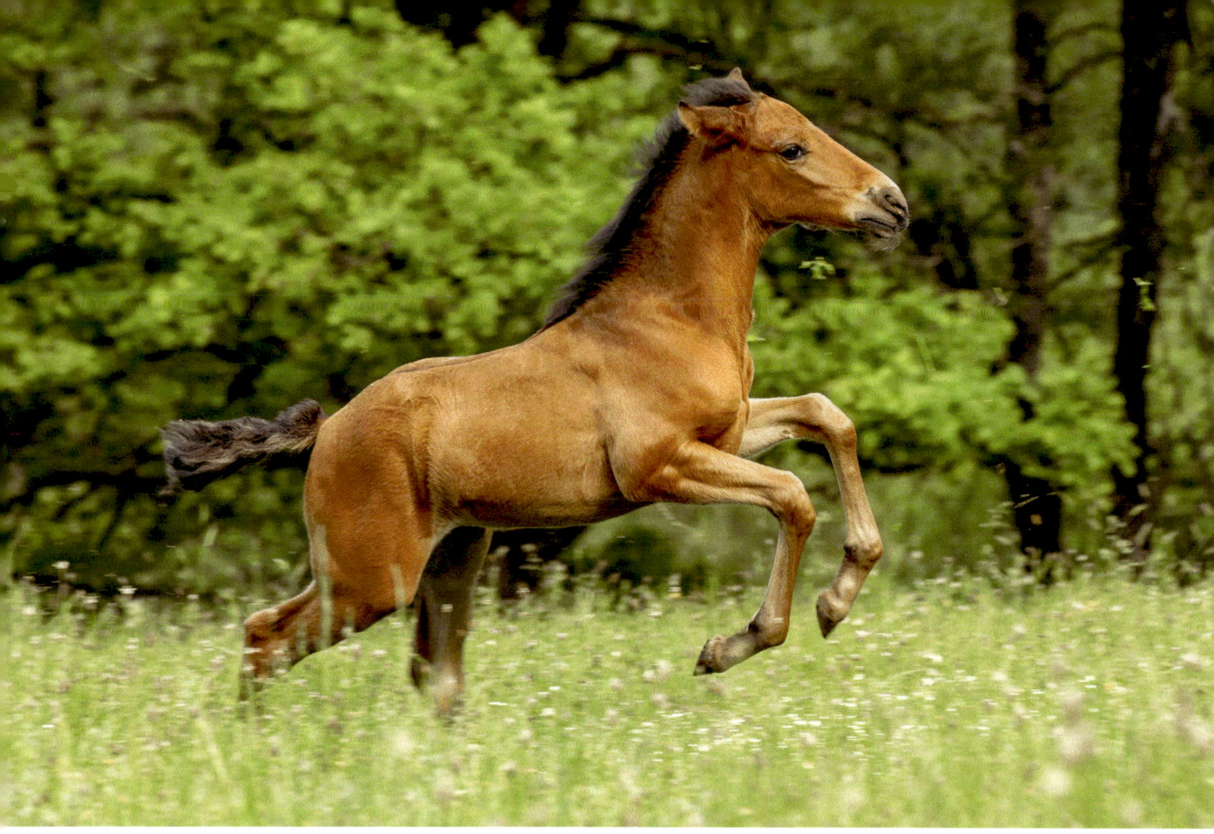

◀ *Andalusier-Stutfohlen Wega darf sich auf der Koppel austoben. Bedingt durch das fehlende Licht habe ich mich für eine etwas längere Belichtungszeit entschieden, wobei das Gras durch die Kamerabewegung eine dynamische Unschärfe erfährt, das Fohlen jedoch scharf abgebildet bleibt; Canon EOS 1D X mit Canon EF 70–200 mm f/2,8L IS II USM bei 200 mm, 1/500 s, Blende 6,3, ISO 1250*

langen Rücken in der Schwebephase abzulichten, da die angewinkelten Beine unter dem Körper mehr Kompaktheit ins Bild bringen.

Mehr als nur Galopp

Der Galopp allein macht den kreativen und motivierten Fotografen noch nicht glücklich. Will man die Power der kraftvollen und edlen Pferde noch besser hervorheben, sollte man sich auf besondere Manöver spezialisieren. Hierfür müssen die Pferde allerdings auch geeignet sein. Nicht jeder Vierbeiner liebt schnelle und abrupte Manöver. Athletische Pferde wie Quarter Horses, Vollblüter oder Araber eignen sich für dieses Vorhaben jedoch meist sehr gut. Zunächst ist abzuklären, ob das jeweilige Pferd in bestimmten Disziplinen und deren erforderlichen Manövern trainiert ist. Wenn der Bewegungsablauf einer Lektion bereits Routine ist, kann man zu sehr schönen actionreichen Bildern kommen. Unter dem Sattel sind solche Manöver nicht schwierig herbeizuführen, da der Reiter die Bewegungen des Pferdes stets kontrollieren kann. Im Freilauf auf der Koppel ist es jedoch nicht so einfach, das Pferd zu bestimmten Bewegungsabläufen zu animieren. Mehrere Helfer sind meist nötig, um das Pferd

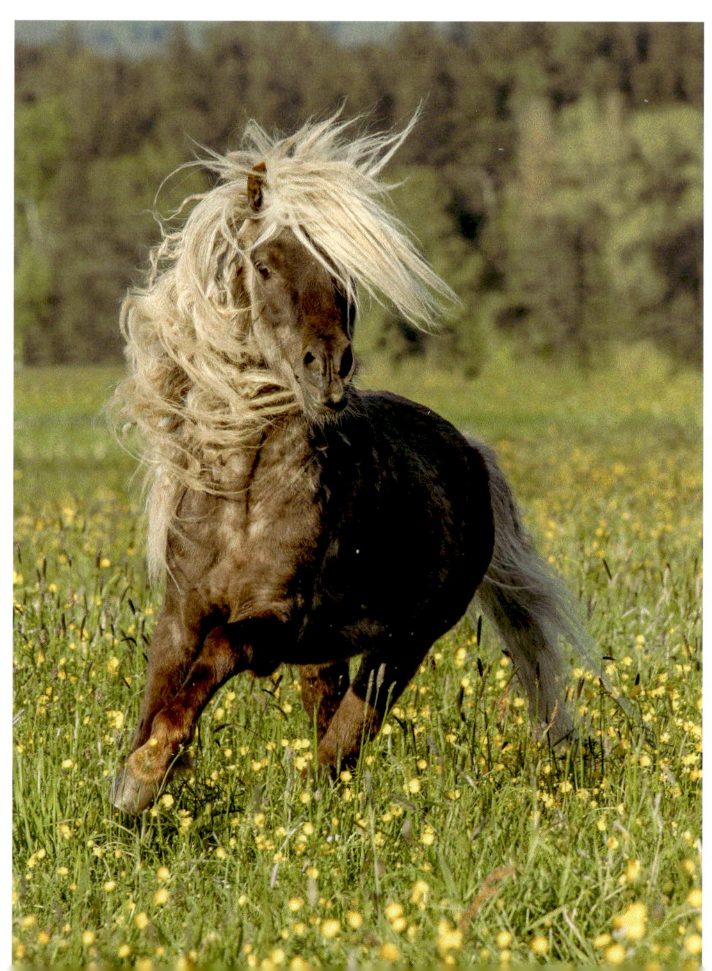

▶ *Classic-Ponyhengst Prix präsentiert sich gerne dem Fotografen (Retusche: Zaunlitze); Canon EOS 1D Mk IV mit Canon EF 70–200 mm f/4L IS USM bei 200 mm, 1/640 s, Blende 6,3, ISO 400*

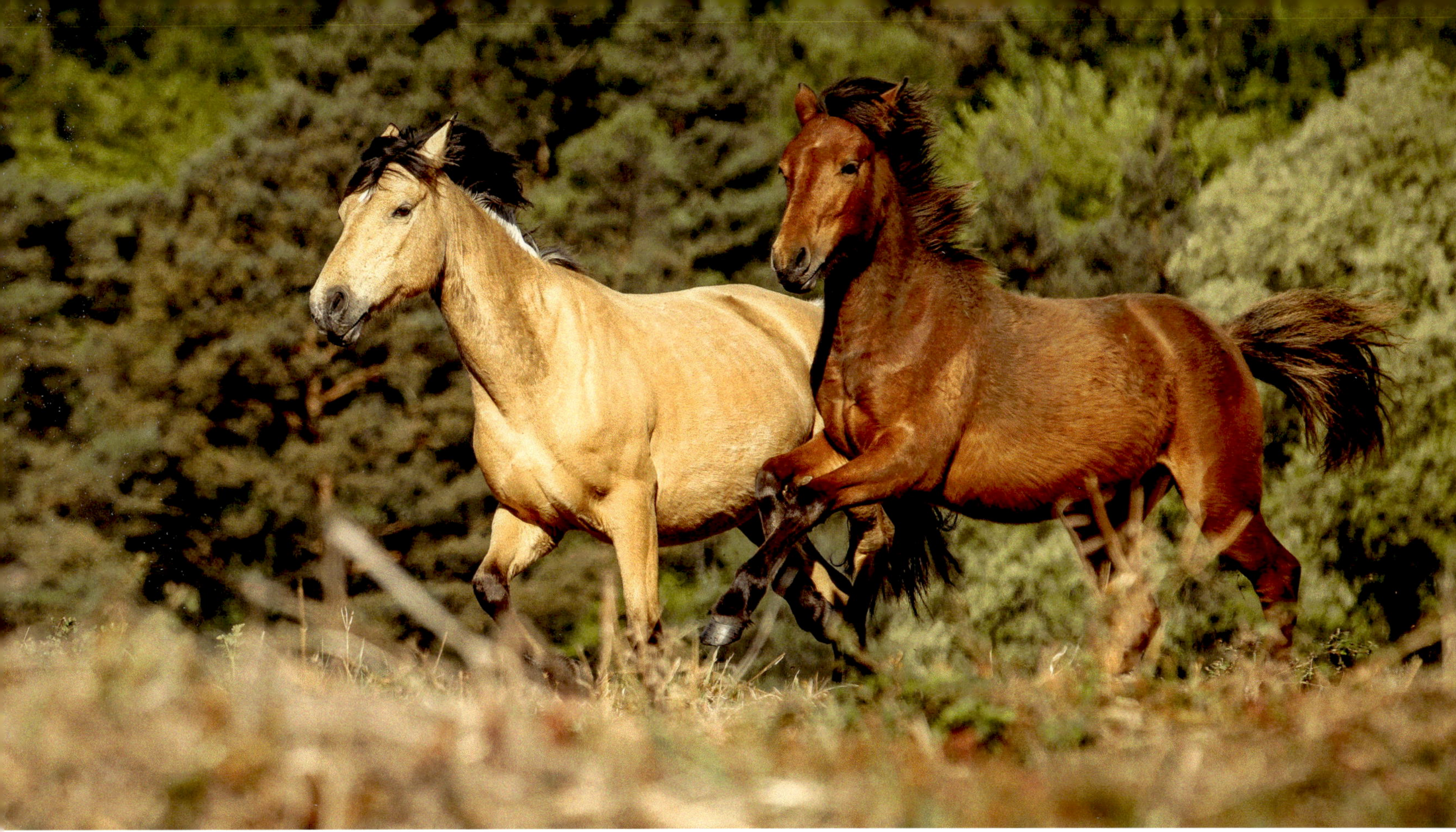

▲ *Zwei befreundete Stuten suchen ihr Heil in der Flucht. So ergab sich eine gute Gelegenheit, die Pferde im Galopp abzulichten. Auf dem Boden liegend konnte ich das verdorrte Gras im Vordergrund unscharf mit aufs Bild nehmen; Canon EOS 1D X mit Canon EF 70–200 mm f/2,8L IS II USM bei 200 mm, 1/2000 s, Blende 5,6, ISO 400*

zu Wendungen oder Sprüngen anzuspornen. Doch trainierte Pferde können auch Manöver wie Steigen, schnelle Drehungen und Wendungen auf Anweisung ausführen. Fotografiert man jedoch Pferde in freier Natur, muss man sehr viel Geduld mitbringen, bis sich eine actionreiche Situation bietet.

Kameraeinstellungen

Für Bewegungsbilder sollte man sich an einer Belichtungszeit von mindestens 1/1250 s oder kürzer orientieren, um das Pferd trotz schneller Aktionen scharf ablichten zu können. Zwar gelingen mit Bildstabilisator und ruhiger Hand durch einen Mitzieher auch bei längeren Belichtungszeiten scharfe Bilder, das Risiko für unscharfe Aufnahmen ist dennoch recht hoch.

Je nach vorhandener Helligkeit muss die Blende zudem etwas geöffnet und/oder die ISO-Zahl angehoben werden. Eine offenere Blende hilft zudem, den Hintergrund unscharf zu halten. Eine zu offene Blende jedoch bringt auch die Gefahr mit sich, dass das Pferd aus dem Schärfebereich läuft. Gegebenenfalls kann man mit dem ISO-Bereich jonglieren, um die Wunschkombination von Zeit und Blende zu erreichen. Ein allzu hoher ISO-Wert ist allerdings ebenso wenig wünschenswert, um starkes Bildrauschen zu vermeiden. Da sich die Kameras im Rauschverhalten doch deutlich unterscheiden, muss für jede Kamera-/Objektiv-Kombination eine entsprechende Einstellung gewählt werden. Ebenso sind die individuelle Örtlichkeit in Bezug auf den Hintergrund und das jeweils vorhandene Licht in die Überlegungen der Kameraeinstellung mit einzubeziehen.

3.5 Bildkritik

Das perfekte Bild gibt es nicht und wird es wohl nie geben. Wer es darauf anlegt, kann an jedem Bild Kritik üben und daran etwas auszusetzen haben. Nicht zuletzt entscheidet auch der persönliche Geschmack, ob eine Aufnahme als gelungen angesehen wird oder nicht.

Oftmals scheiden sich die Geister, ob ein Bild zu hell oder zu dunkel gehalten ist, der Hintergrund unruhig oder interessant wirkt oder der Schärfepunkt an der richtigen Stelle liegt. Die Gestaltungsregeln helfen, ein ordentliches Bild zu erstellen, das dem Großteil der Menschen gefällt. Die Kreativität des Fotografen trägt dazu bei, diese Regeln in bestimmten Fällen wieder zu brechen, um etwas Besonderes zu schaffen. Insbesondere diese kreativen Ansätze können polarisieren, und teilweise sogar provokant wirken. Oft sind es nur Nuancen, die ein »Wow« von einem schulterzuckenden »Damit kann ich gar nichts anfangen« trennen. Doch das macht die Fotografie auch so spannend.

Kleinste Fehler

Es gibt trotzdem eine Menge Kriterien, die ein Bild gut oder wertlos machen und bei denen der persönliche Geschmack keinerlei Rolle spielt. Sogar kleinste Fehler können ein ansonsten gutes Bild komplett ruinieren. Ein typisches Beispiel dafür ist, wenn der Schärfepunkt nicht sauber sitzt. Wird bei einem Porträt das Auge des Pferdes nicht exakt getroffen und fokussiert man auch nur zwei Zentimeter daneben, ist die beste Lichtstimmung nichts mehr wert. Mit Kreativität lässt sich dies nicht entschuldigen, und die Aussage »Mir gefällt es trotzdem« ist nur ein Versuch, sich für das misslungene Foto zu rechtfertigen. Für ein kreatives Bild müsste die Schärfe ganz gezielt auf einen anderen – interessanten – Punkt gelegt werden. Der Regelbruch, die Schärfe mal nicht aufs Auge zu legen, muss klar beabsichtigt und diese Absicht im Bild auch erkennbar sein.

Das bewusste Brechen von Regeln wird dann deutlich, wenn anstatt des Auges ein anderer Blickfang die Rolle des Schärfepunkts übernimmt und die Bildwirkung auf diese Weise aufrechterhält. Dennoch funktionieren manchmal auch Bilder, die komplett unscharf gehalten sind und keinerlei Schärfepunkt aufweisen.

Warum ist das so? Es sind stets Bilder, deren Unschärfe deutlich ist und somit ein unabsichtliches Verwackeln ausgeschlossen ist. Zudem möchte der Fotograf möglicherweise nicht mit Schärfe überzeugen, sondern eventuell mit einem besonderen Licht oder interessante Formen hervorheben. So tritt die Schärfe als ursprünglich zwingendes Merkmal für eine funktionale Bildwirkung in den Hintergrund. Wichtig sind in solchen Bildern das Farbenspiel, die Formen oder ein interessanter Lichteinfall.

Selbstreflexion

Jeder Fotograf sollte sich mit seinen eigenen Aufnahmen kritisch auseinandersetzen. Welche Elemente sind ansprechend? Gibt es störende Faktoren? Wodurch wird das Bild gefällig? Funktioniert die Bildwirkung? Wurde das Hauptmotiv richtig platziert? Welche Regeln wurden eingehalten oder (bewusst) missachtet?

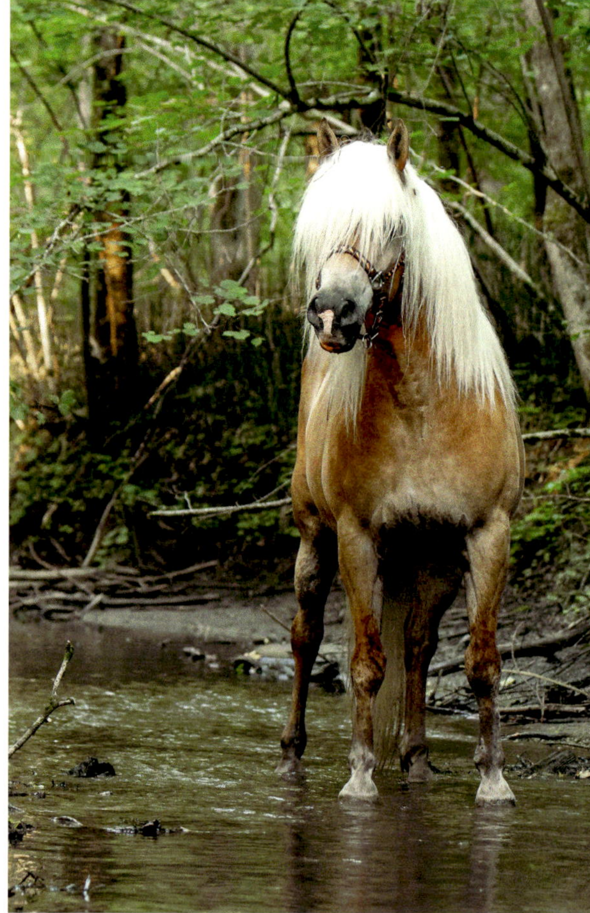

▲ *Die Haflingerstute Florina ist gut platziert. Alle vier Beine sind ordentlich aufgestellt, der Blick etwas seitlich geführt, sodass die lange Mähne gut zur Geltung kommt. Störend ist jedoch das nicht sichtbare Auge. Massive Bildfehler jedoch sind der misslungene Versuch, das Pferd mit dem dunklen Ast oberhalb des Kopfes einzurahmen. Der Ast ist zu nah am Pferdekopf, und weiteres Astgewirr macht das Bild unruhig. Insbesondere stört der helle Ast, der den Kopf anschneidet. Ebenso durchbricht der Ast auf Kniehöhe hinter dem Pferd den Körper. Ein angeschnittener Ast am linken unteren Bildrand ist ebenfalls ein Störfaktor. Trotz geöffneter Blende ist der Hintergrund viel zu unruhig, weil eine zu kurze Brennweite gewählt wurde. Zu guter Letzt ist der Lichteinfall am linken Bildrand ungünstig; Canon EOS 1D X mit Canon EF 70–200 mm f/2,8L IS II USM bei 70 mm, 1/100 s, Blende 2,8, ISO 4000*

Zudem ist die Betrachtung und Analyse von hervorragenden Bildern anderer Fotografen hilfreich, um die eigenen Aufnahmen zu verbessern. Wie hat der Fotograf das Licht gesetzt? Warum wirkt dieses Bild besser als mein eigenes? Was macht die Bildwirkung eigentlich aus? Was ist der Unterschied zum eigenen Bild?

Die Selbstreflexion trägt zur Entwicklung des eigenen Könnens bei, dennoch darf man nicht zu hart mit sich ins Gericht gehen, weil man ansonsten schnell gefrustet ist und mit nichts mehr zufrieden sein kann. Dennoch sollte jeder Fotograf einen gewissen Anspruch an die Qualität seiner Aufnahmen haben.

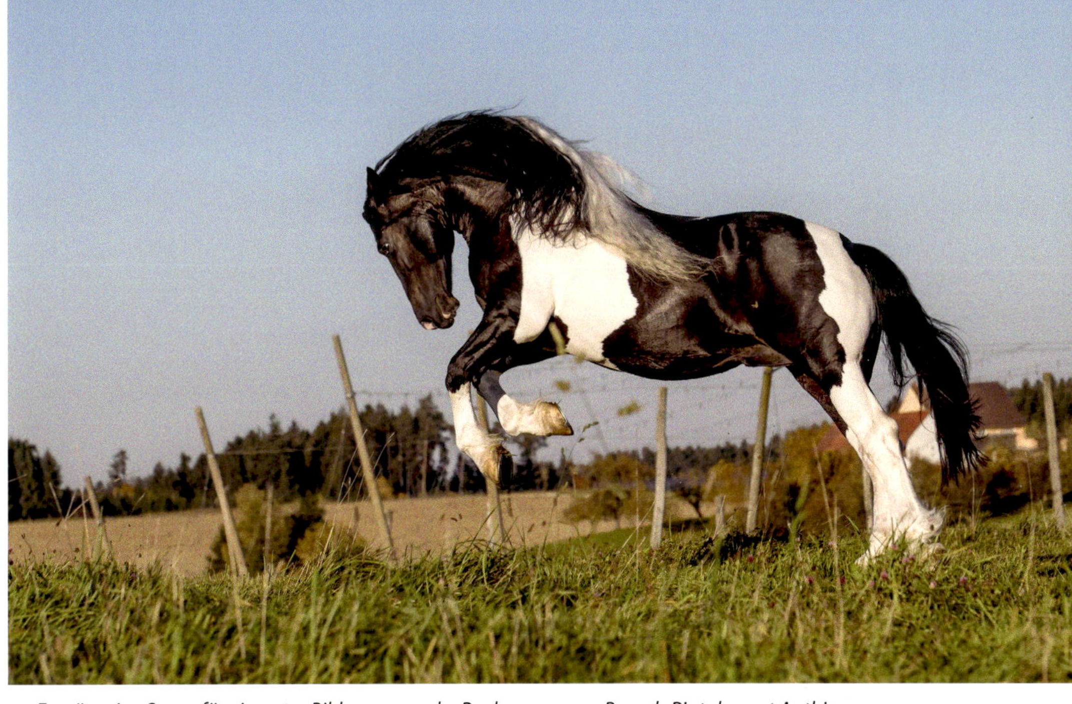

▲ *Es wäre eine Szene für ein gutes Bild gewesen, der Bocksprung von Barock-Pintohengst Anthimos. Auch die tiefe Perspektive ist gut gewählt. Dennoch ist der unruhige Hintergrund das Todesurteil für dieses Bild. Auch eine offenere Blende hätte das Bild nicht gerettet. Der völlig wolkenlose Himmel macht das Bild ebenfalls etwas kitschig und langweilig, sodass die Wirkung verloren geht; Canon EOS 1D X mit Canon EF 70–200 mm f/2,8L IS II USM bei 135 mm, 1/3200 s, Blende 7,1, ISO 640*

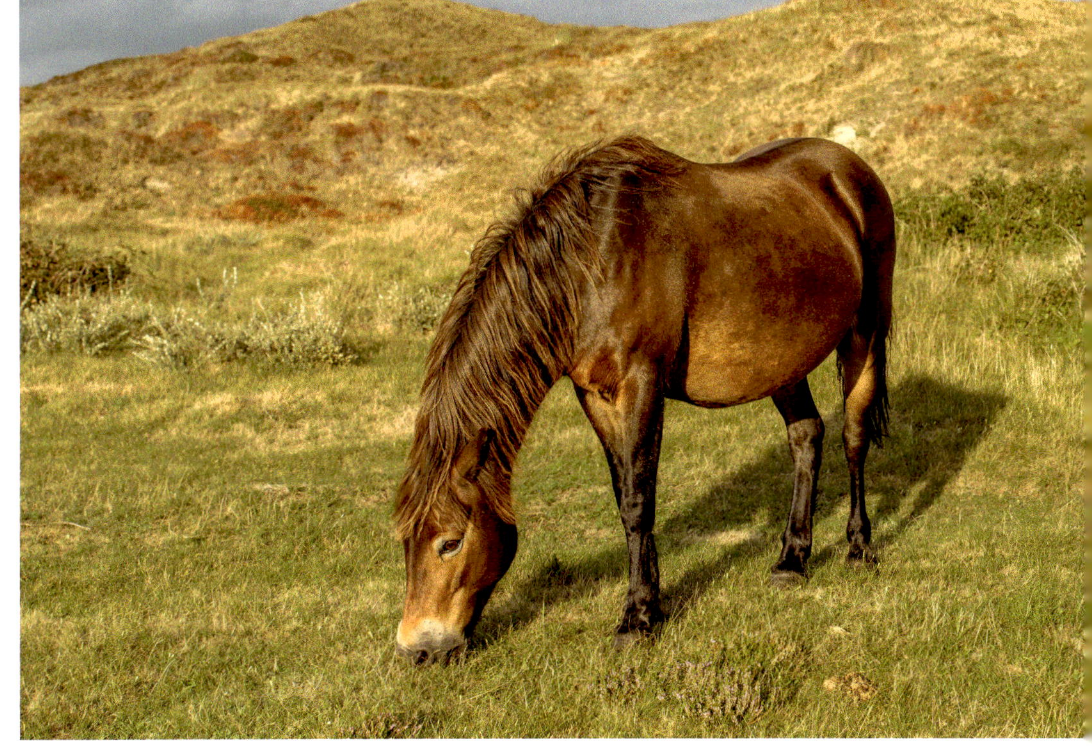

▶ *Ein wunderbar sanftes Licht, das leider nur ein paar Sekunden anhielt, sodass keine Zeit blieb, um für eine gute Bildgestaltung zu sorgen. Doch das weiß der Betrachter nicht, er sieht nur das Ergebnis. Schade darum, dass die Brennweite zu kurz war und somit die Schulter zu stark dominiert. Ein paar Schritte zurück wären nötig gewesen. Zudem ist die Perspektive zu hoch gewählt, und nicht alle vier Beine des Ponys sind zu sehen. Aus der Hocke heraus wäre eine bessere Position gewesen, dann wäre auch der störende helle Fleck über der Kruppe des Pferdes verdeckt. Nach ein paar Sekunden hätte das Pony beim Grasen wohl auch noch den rechten Vorderfuß nach vorne gesetzt. Somit geht das Bild trotz schönem Licht in den Mülleimer – beziehungsweise kann nur noch als schlechtes Beispiel dienen. Ganz abgesehen von den fotografischen Fehlern wurde die Wohlfühlzone des Pferdes unterschritten, was das Exmoorpony durch angelegte Ohren zeigt; Canon EOS 1D X mit Canon EF 70–200 mm f/2,8L IS II USM bei 70 mm, 1/320 s, Blende 8, ISO 1000*

4 Gegenlicht

Mit Gegenlichtaufnahmen lassen sich sehr romantische, stimmungsgeladene und geheimnisvolle Bilder kreieren. Doch die richtige Belichtung ist nicht immer einfach. In den meisten Fällen ist es nötig, manuell gegenzusteuern, um die harmonische Stimmung, die man vor Ort wahrnimmt, auch einzufangen.

Wildpferd kurz nach Sonnenaufgang. Eine halbe Stunde banges Warten in der Hoffnung, dass das Pony den Hügelkamm erklettern wird, um seine Silhouette gegen die aufgehende Sonne ablichten zu können. Schließlich glückte die Aufnahme doch noch, bevor die Sonne zu viel Kraft bekam; Canon EOS 1D X mit Canon EF 70–200 mm f/2,8L IS USM bei 200 mm, 1/2500 s, Blende 8, ISO 1000

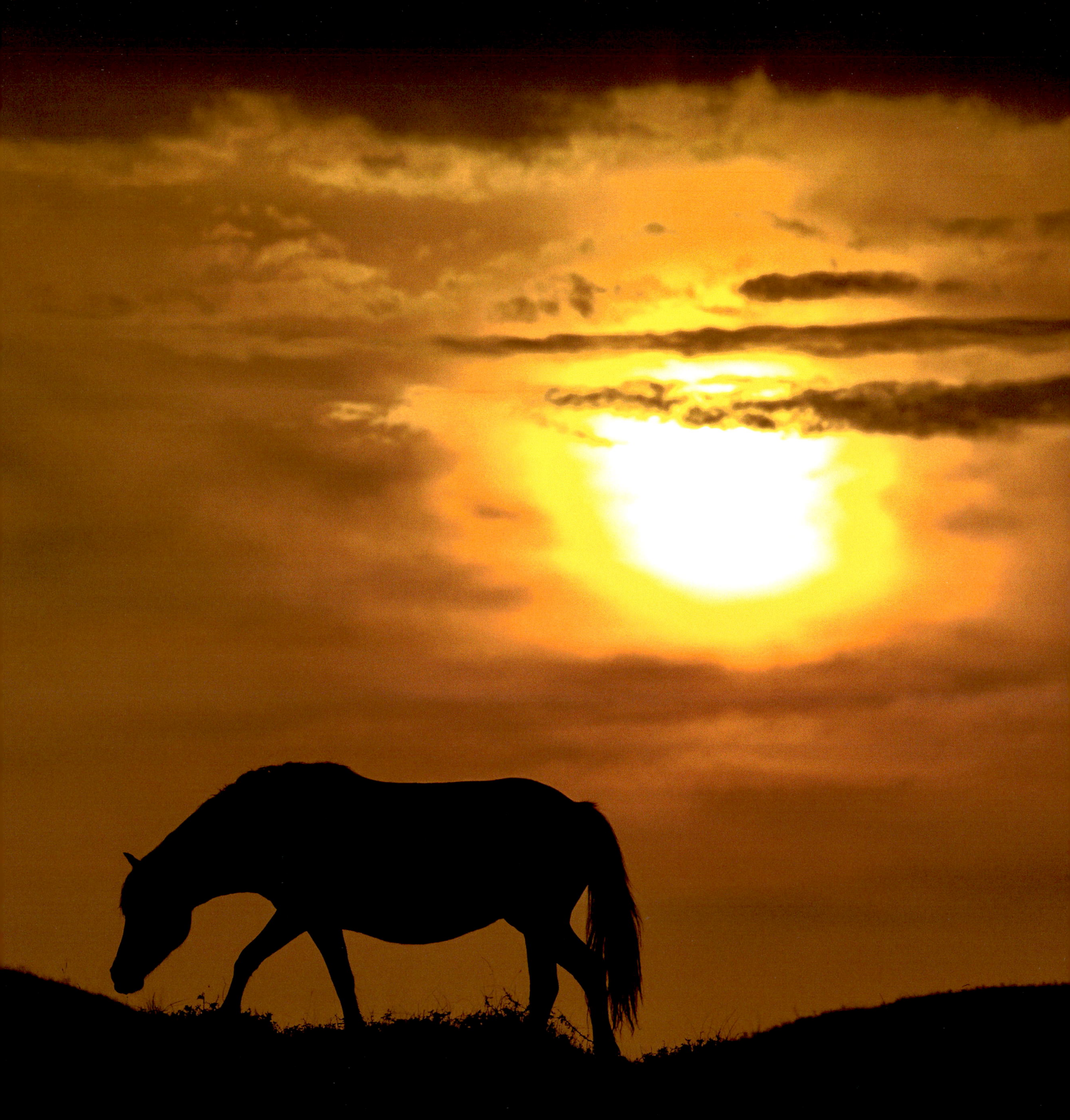

4.1 Sanftes Gegenlicht

Wenn sich die Lichtquelle direkt oder schräg hinter dem Motiv befindet, entsteht eine Gegenlichtsituation, die nicht immer einfach zu beherrschen ist. Der Fotograf muss deshalb einiges beachten, damit Gegenlichtaufnahmen harmonisch und nicht misslungen wirken. Für die richtige Wiedergabe der Stimmung muss meist manuell unterbelichtet werden, dennoch sollte das Motiv noch ausreichend sichtbar bleiben und nicht bis zur Silhouette reduziert werden.

▼ *Im Spätsommer stand um 6:30 h früh die Sonne nicht mehr flach über dem Horizont, doch eine dunkle und bedrohlich wirkende Wolkenwand verhüllte das Himmelsgestirn für kurze Zeit, wodurch diese Aufnahme möglich wurde. Die das Weideland überfliegenden Graugänse unterstreichen die Szenerie und sorgen für eine willkommene Auflockerung im Bild; Canon EOS 1D X mit Canon EF 70–200 mm f/2,8L IS II USM bei 175 mm, 1/2500 s, Blende 7,1, ISO 800*

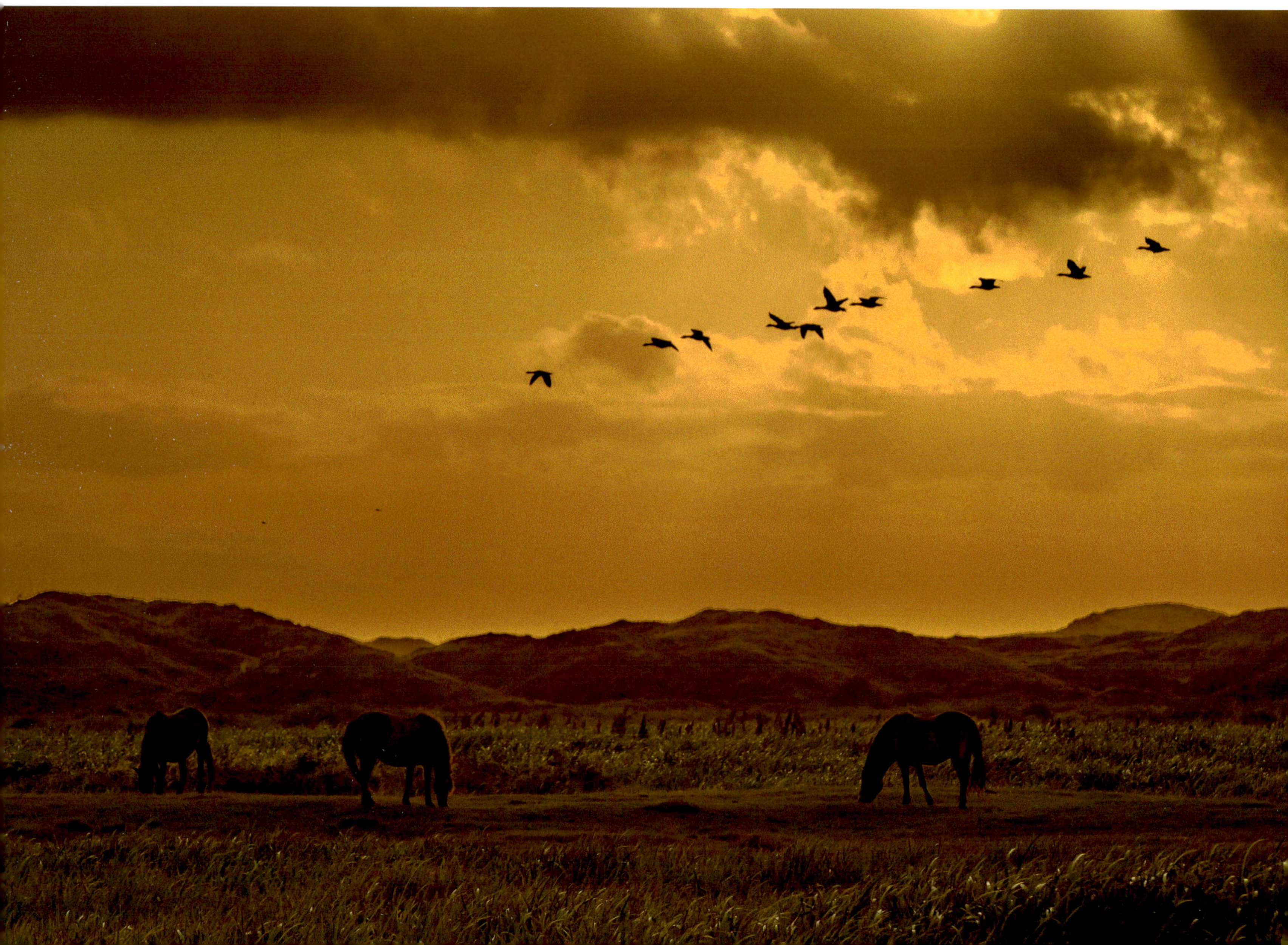

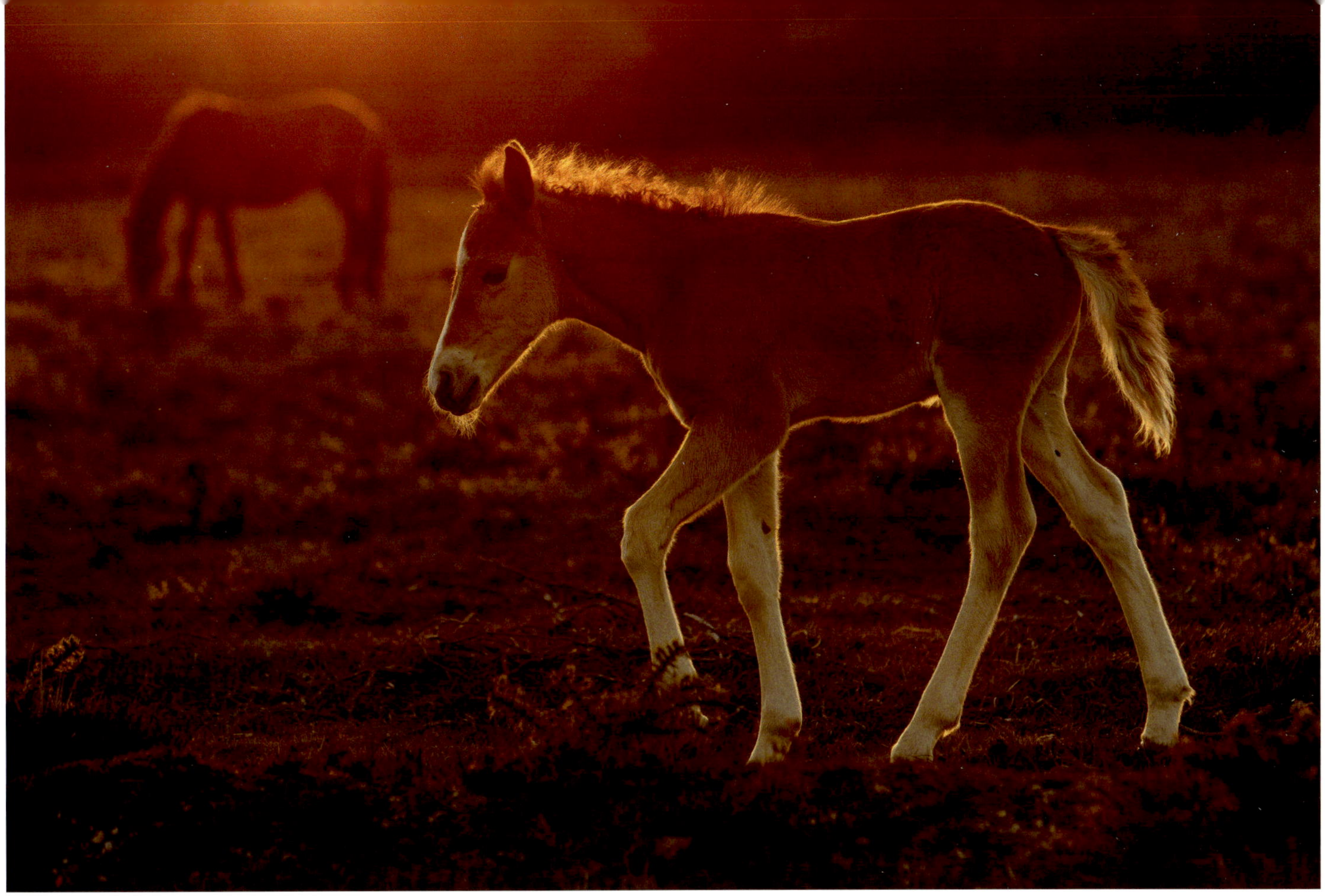

▲ *Kurz vor Sonnenuntergang entstand dieses Bild des wenige Tage alten Fohlens. Für die sanfte Lichtstimmung habe ich manuell um zwei Stufen unterbelichtet; Canon EOS 1D X mit Canon EF 70–200 mm f/2,8L IS II USM bei 155 mm, 1/800 s, Blende 4, ISO 1250*

Scheint die Sonne direkt in die Kamera, versucht die Automatik, dieser extremen Helligkeit zu begegnen, indem sie mit der Belichtung gegensteuert. Folglich wird das vor der Lichtquelle befindliche Motiv stark abgedunkelt. Die Kontraste sind in Gegenlichtsituationen allerdings meist so stark, dass der Bereich um die Lichtquelle (z. B. Sonne) dennoch überbelichtet und das Motiv viel zu dunkel abgebildet wird.

Kontrastumfang begegnen

Es gibt verschiedene Möglichkeiten, diesem Kontrastumfang zu begegnen. Man versucht, den Kontrast entweder abzumildern, zu eliminieren oder bindet genau diese Hell-Dunkelstufen in die Bildwirkung mit ein. Somit können sehr kreative und ansprechende Bilder gezaubert werden.

Man muss sich allerdings bereits im Vorfeld für eine Umsetzung entscheiden, weil man bei der nachträglichen Bildbearbeitung ansonsten einen zu hohen Qualitätsverlust hinnehmen müsste.

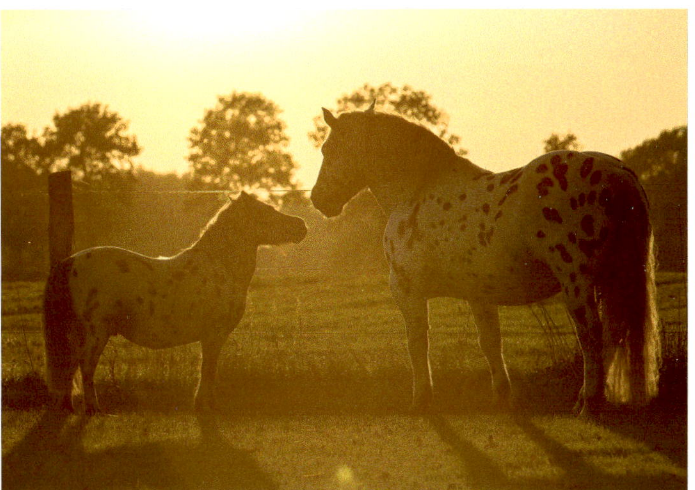

▲ *Die beiden Tigerscheckenwallache Sketter und Reindi Elmar haben sich kurz vor Sonnenuntergang zu einem Zwiegespräch verabredet; Canon EOS 1D X mit Canon EF 70–200 mm f/2,8L IS II USM bei 200 mm, 1/3200 s, Blende 7,1, ISO 800*

Die beste Möglichkeit, den Kontrastumfang auszuschalten, ist, ihm aus dem Weg zu gehen. Das geschieht damit, dass man die Lichtquelle reduziert. Deshalb eignet sich insbesondere das sanfte Abend- oder Morgenlicht für Gegenlichtaufnahmen. Die Sonne hat früh und abends eine geringere Strahlkraft, wodurch das Licht weicher wirkt. Überlässt man die Belichtungsberechnung nun aber der Kameraautomatik, wird man vom Ergebnis enttäuscht sein. Da die Gesamthelligkeit bei weichem Licht reduziert ist, belichtet die Kamera viel zu hell. Die Automatik ist darauf ausgelegt, eine gleichmäßige Belichtungssituation herzustellen. Doch damit ist die Stimmung dahin. Aus diesem Grund muss man – je nach Situation – eine bis zwei Stufen unterbelichten, damit man die Atmosphäre, wie man sie in der Realität vor Ort erlebt hat, auch im Bild wiederfindet. Gerade Sonnenauf- und Sonnenuntergänge ergeben romantische Lichtstimmungen, die farblich von freundlichem Gelb über sattes Orange in tiefes Rot übergehen. Der warme Farbton zieht jeden Betrachter in seinen Bann. Auch wenn Sonnenuntergangsbilder oft als kitschig abgetan werden, deren Wirkung kann man sich dennoch nicht entziehen (s. auch Kap. 5.4 »Sonnenauf- und Sonnenuntergang«).

Lichtsäume

Setzt man also die Lichtquelle direkt hinter das Motiv, bilden sich wirkungsvolle Lichtsäume, die das Objekt im Vordergrund in seinen Umrissen nachzeichnen. Derartige Lichtsäume haben einen wunder-

Ein morgendlicher Ritt im Wattenmeer der Nordsee ist für Reiter und Pferd ein besonderes Erlebnis. Da sich die nächtlichen Regenwolken noch nicht ganz verzogen hatten und sich nochmals vor die Sonne schoben, ergaben sich interessante Lichtstrahlen, die der Gegenlichtaufnahme die stimmungsvolle Wirkung verleihen; Canon EOS 1D X mit Canon EF 70–200 mm f/2,8L IS II USM bei 70 mm, 1/3200 s, Blende 7,1, ISO 800

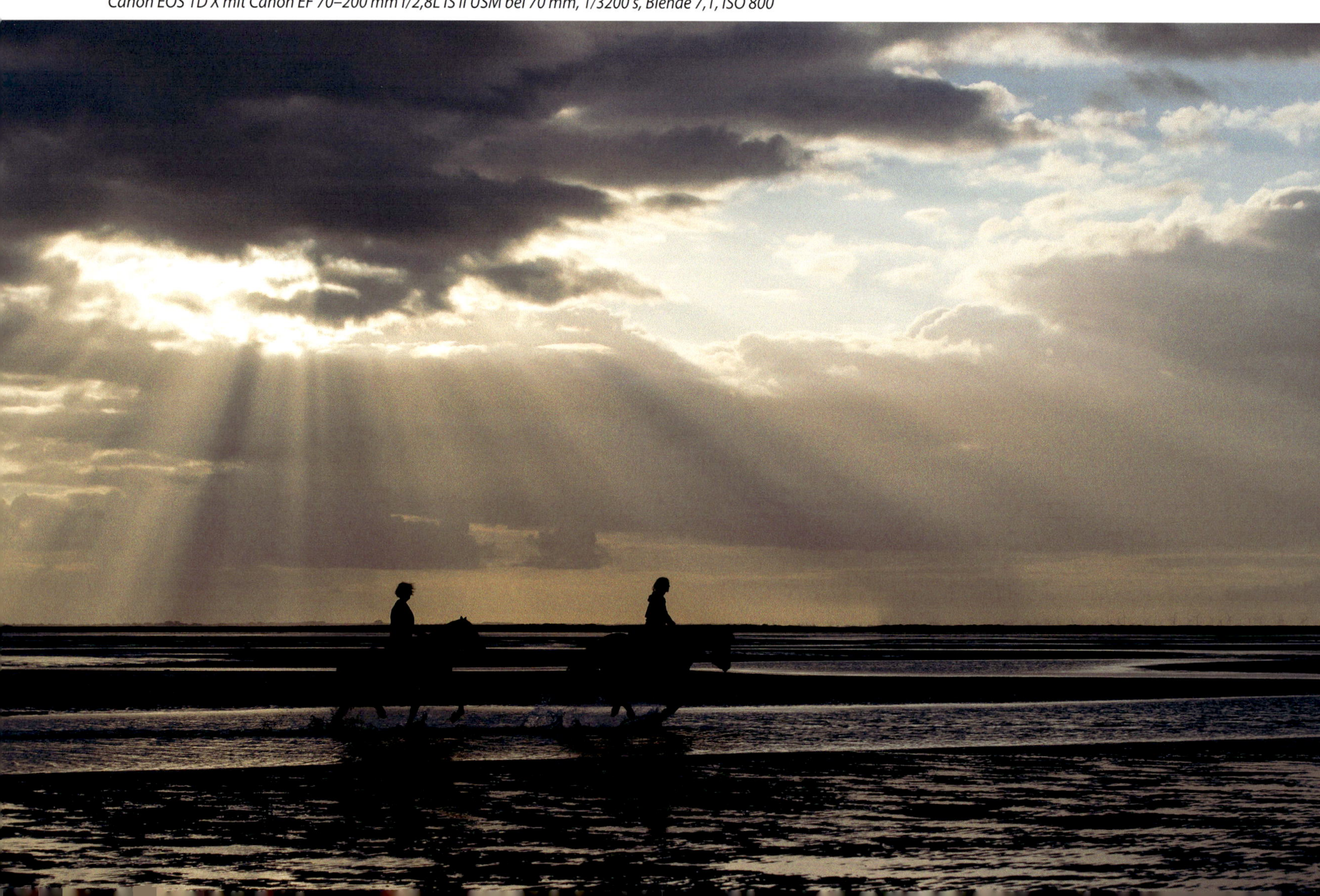

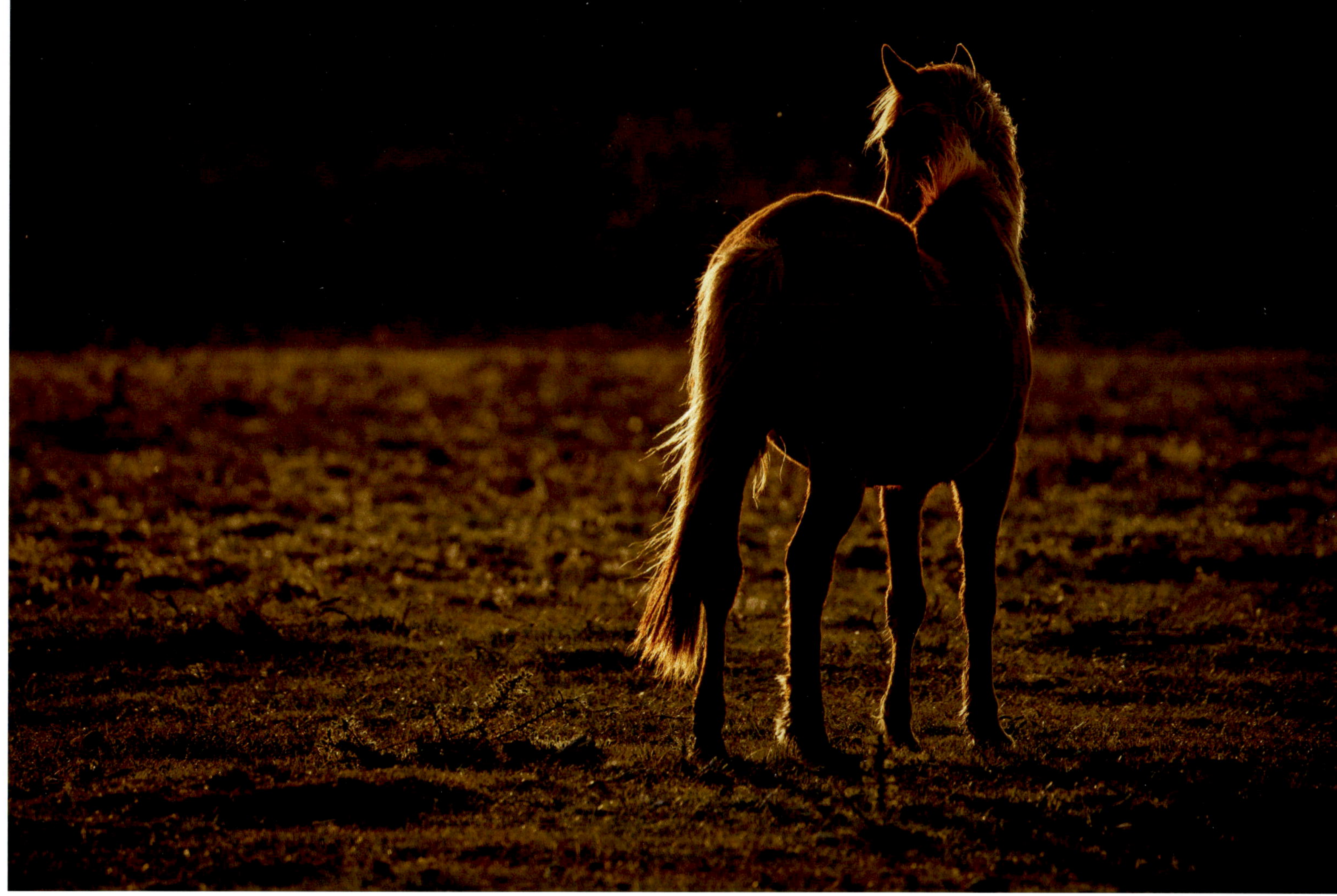

▲ *Solche Stimmungsbilder sind nur bei weichem Morgen- und Abendlicht möglich. Das Pony ist perfekt aufgestellt, und sein Blick in die untergehende Sonne bringt Licht ins Auge. Der dunkle Hintergrund sorgt dafür, dass die Lichtsäume gut zur Geltung kommen; Canon EOS 1D X mit Canon EF 100–400 mm f/4,5-5,6L IS II USM bei 360 mm, 1/1000 s, Blende 6,3, ISO 800*

vollen Effekt bei Tieren, weil sich die einzelnen Haare ihres Fells im Schein des Gegenlichts wunderbar abzeichnen. Beim Pferd wirken vor allem die Tasthaare am Maul, an Ohren und Augen sehr schön, aber auch das Langhaar setzt attraktive Akzente. Die Stehmähne von jungen Fohlen oder eine im Wind flatternde Mähne kann so ebenfalls ansprechend in Szene gesetzt werden.

Kurz vor Sonnenuntergang oder unmittelbar nach Sonnenaufgang ist das Licht am besten für Gegenlichtaufnahmen geeignet. Die nah am Horizont stehende Sonne lässt sich meist problemlos hinter dem Pferd platzieren, wenn man den Kamerastandpunkt entsprechend anpasst. Doch nicht immer erhält man mit der Automatikfunktion ein zu helles Bild. Je nachdem, wohin man den Fokus legt, belichtet die Kamera heller oder dunkler. Trifft man mit dem Fokus auf die helle Sonne, wird das Motiv stark abgedunkelt. Fokussiert man das Pferd im Vordergrund, frisst der lichtüberflutete Himmel meist aus.

In manchen Fällen ist es gewollt, dass der Himmel zu einem weißen Hintergrund avanciert oder das Vordergrundmotiv im Schwarz versinkt. Im letzteren Fall entstehen Scherenschnitte, die ebenfalls ihren Reiz haben. Um zu entscheiden, ob man den Hintergrund lieber hell oder den Vordergrund eher dunkel gestalten möchte, hilft es, zur manuellen Belichtungskorrektur zusätzlich noch mit der Spotmessung zu arbeiten.

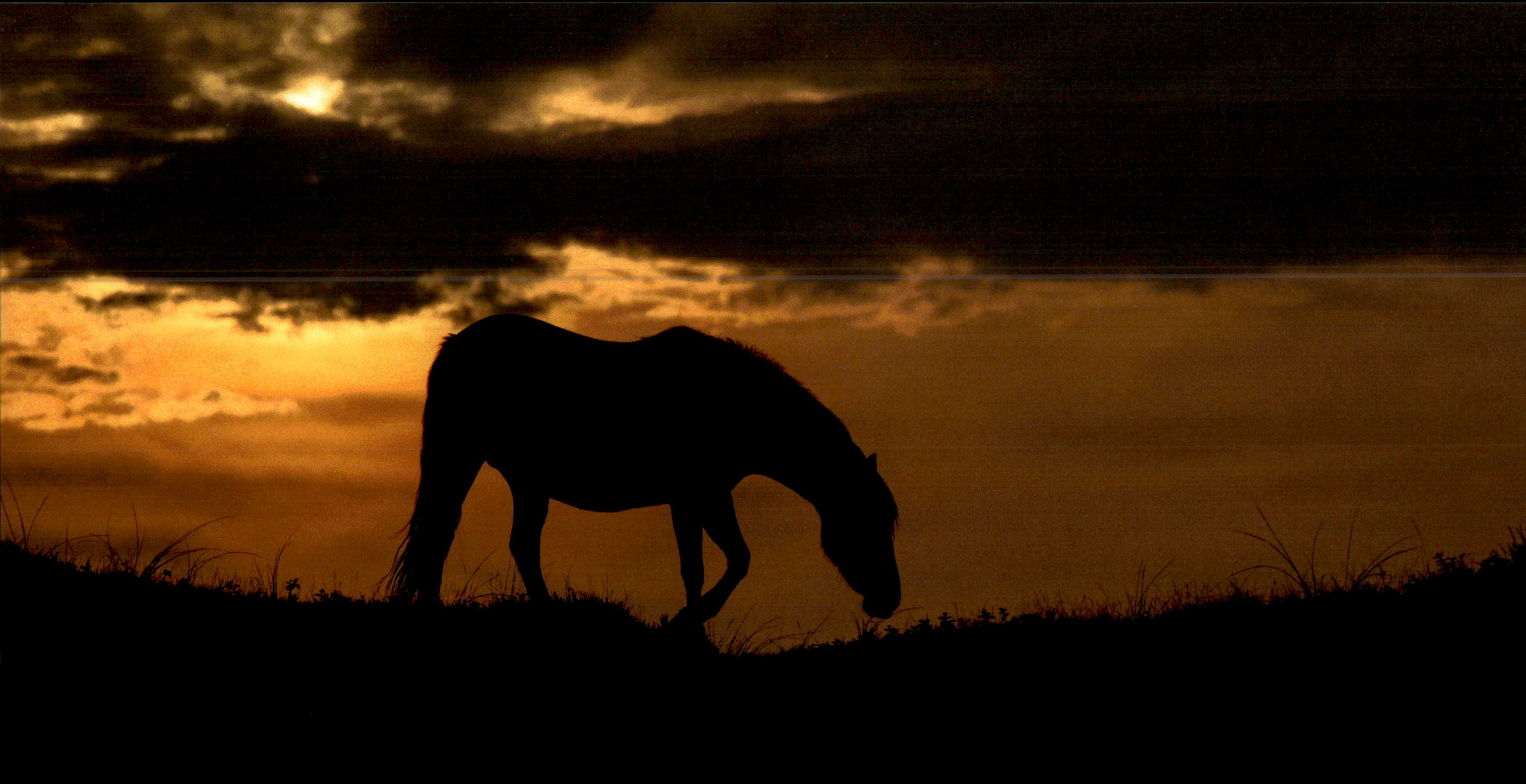

▲ *Die nächtlichen Gewitterwolken hatten sich noch nicht ganz verzogen, sodass die Morgensonne nochmals hinter die Wolken schlüpfte. Auf diese Weise entstand eine mystische Stimmung, bei der sich das Wildpferd als Silhouette abzeichnete, als es auf der Suche nach würzigen Kräutern über den Grat eines Hügels wanderte; Canon EOS 1D X mit Canon EF 70–200 mm f/2,8L IS II USM bei 200 mm, 1/1000 s, Blende 9, ISO 1000*

4.2 Silhouetten

Gerade wenn der Himmel sich sehr stimmungsvoll darstellt und interessante Wolkenkonstellationen eine mystische Atmosphäre ergeben, will man den Hintergrund keinesfalls in nichtssagendem Weiß verschwinden lassen. In diesem Fall entscheidet man sich bei Gegenlichtaufnahmen dann sehr oft für eine korrekte Hintergrundbelichtung. Somit wird nun das Hauptmotiv sehr dunkel bis komplett schwarz dargestellt. Es entsteht eine Silhouette.

Silhouetten können sehr reizvoll sein, wenn man bei der Bildgestaltung gewisse Dinge beachtet. Da vom Hauptmotiv nur der Umriss abgebildet wird, muss man dafür sorgen, dass sich dieser auch vom Hintergrund gut abhebt. Das Hauptmotiv sollte also einen guten Kontrast zum hellen Hintergrund darstellen. Fotografiert man ein Pferd vor einer dunklen Hügelkette oder vor einem Wald, wird sich keine Silhouette abzeichnen, sondern das Pferd mit dem Hintergrund verschmelzen und in tiefem Schwarz zulaufen. Auf diese Weise bekommt man das Pferd nicht vom Hintergrund gelöst, letztendlich ist möglicherweise überhaupt kein Motiv mehr erkennbar.

Die perfekte Silhouette

Beim Gestalten von Silhouettenbildern ist es deshalb wichtig, dass sich das Hauptmotiv gegen den Himmel (oder anderweitigem hellen Hintergrund) abzeichnet, um einen klaren Scherenschnitt zu erhalten, der das Motiv identifizierbar macht. Dies erfordert in den

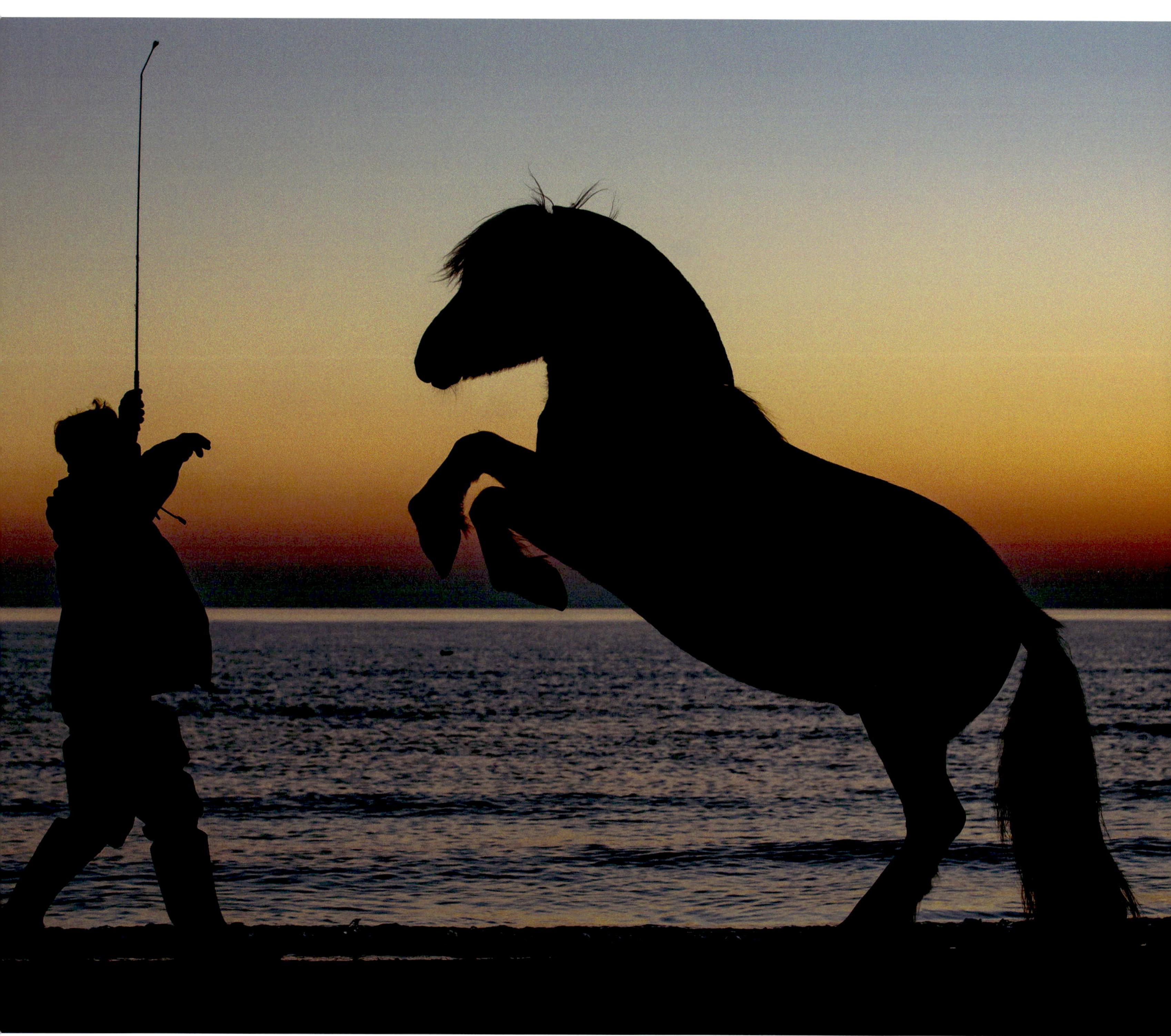

▲ *Jeanne und Fjordwallach Caspar beim »Frühsport« kurz vor Sonnenaufgang am Meeresstrand. Die seitliche Aufnahmeposition ergibt eine perfekte Silhouette; Canon EOS 1D X mit Canon EF 70–200 mm f/2,8L IS II USM bei 70 mm, 1/800 s, Blende 7,1, ISO 1250*

▲ *Der Nebel kämpft auf den großen Plains gegen die aufgehende Sonne, während eine Gruppe von wilden Pferden im Gänsemarsch ihre Weideplätze aufsucht. Die Szenerie ergab ein wunderbares Panorama, wobei ich die wandernden Pferde in klaren Silhouetten ablichten konnte; Canon EOS 1D X mit Canon EF 70–200 mm f/2,8L IS II USM bei 70 mm, 1/2000 s, Blende 14, ISO 640*

▼ *Der Wind treibt am frühen Morgen dichte Regenwolken übers Land. Nur noch wenige Wolkenlücken lassen den rotblauen Himmel durchscheinen. Das Pferd im hellen Hintergrundbereich platziert, ergibt den besten Kontrast; Canon EOS 1D X mit Canon EF 70–200 mm f/2,8L IS II USM bei 70 mm, 1/250 s, Blende 8, ISO 1000*

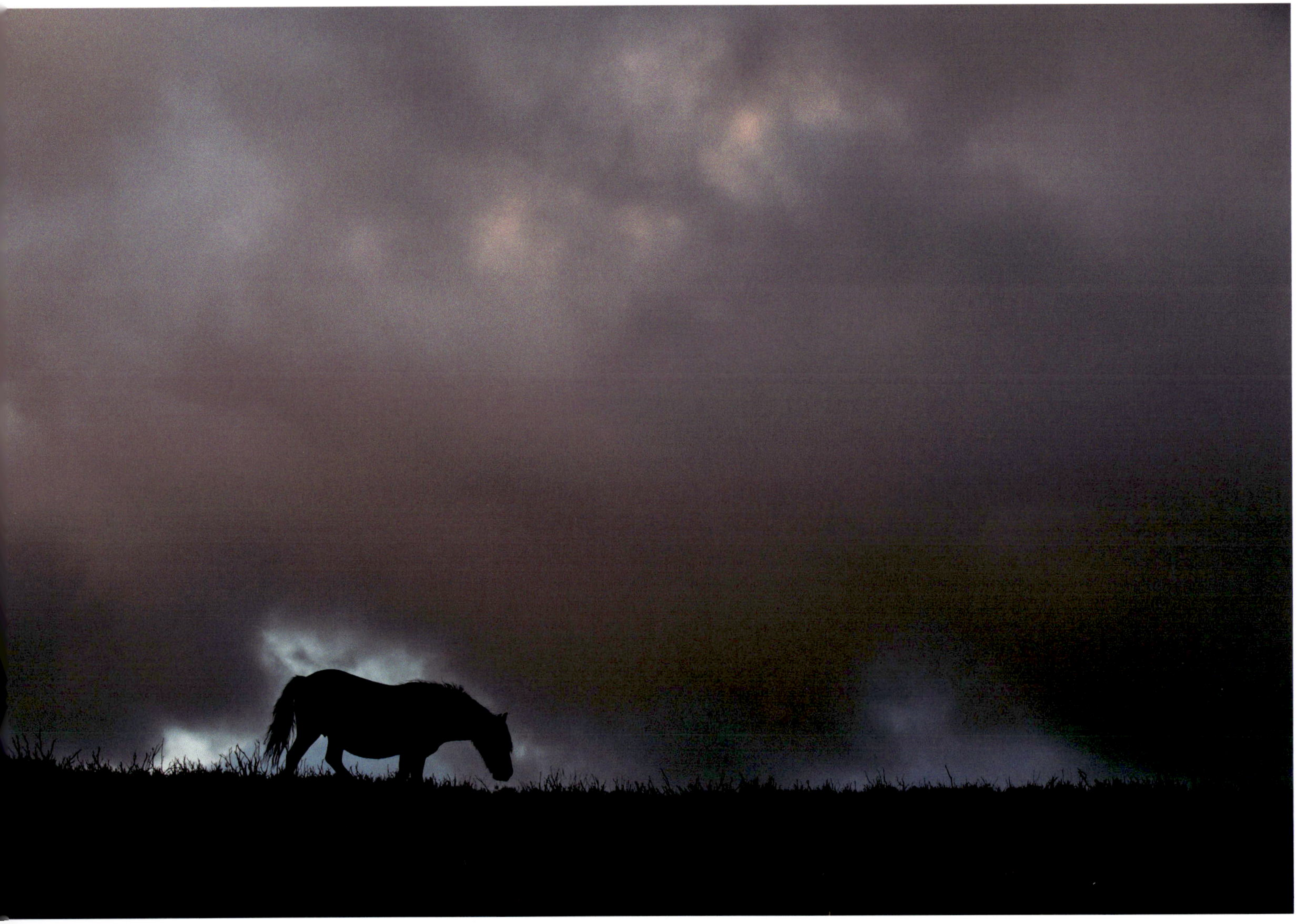

meisten Fällen eine Seitenansicht des Motivs. Wählt man hingegen die Frontansicht könnte der Kopf des Pferdes vor seinem breiteren Körper unsichtbar werden, und das Motiv wäre gegebenenfalls nicht mehr erkennbar. Eventuell kann auch noch eine schräge Positionierung funktionieren. Man sollte bei der Gestaltung des Bildes unbedingt in Umrissen denken, um die richtige Perspektive zu finden, denn auch wenn man durch den Sucher die Gestalt noch gut erkennen kann, besteht die Gefahr, dass sie sich letztendlich im Schwarz verliert. Des Weiteren ist eine relativ tiefe Kameraposition wichtig, um das Scherenschnittbild gegen den hellen Hintergrund (Himmel) zu erzeugen. Je mehr Umrissflächen abgebildet werden können, desto besser. Darum kann es schon einmal nötig sein, sich flach auf den Boden zu legen oder die Kamera bodentief zu halten und mit einem auf die Kamera aufgesetzten Winkelsucher zu fotografieren, damit sich das Pferd in seinen Umrissen komplett gegen den Hintergrund abhebt. Praktisch ist es, wenn das Pferd auf einem Hügel steht und man von unten fotografieren kann, wie man es auch gerne bei Freilaufbildern auf der Koppel macht, um den Zaun im Hintergrund auszublenden. Mit der tiefen Kameraposition erscheint das Pferd zudem deutlich imposanter und gibt dem Bild somit einen zusätzlichen Touch.

Bei Silhouetten wird der Blick des Bildbetrachters recht schnell auf den Hintergrund gelenkt, da der Vordergrund auf den Umriss reduziert ist und ansonsten keinerlei Informationen bietet. Das Wichtigste ist jedoch gesagt und somit die Aufgabe des Fotografen erfüllt. Das Bild lebt in erster Linie von der Lichtstimmung, den Farben oder der Wolkenkonstellation des Himmels.

Somit empfiehlt es sich in den meisten Fällen, das Bild in den schwarzen Anteilen (des Bodens) knapp zu beschneiden, die Silhouette nach der Regel des Goldenen Schnitts zu platzieren und dem Hintergrund genügend Raum im Bild zu geben.

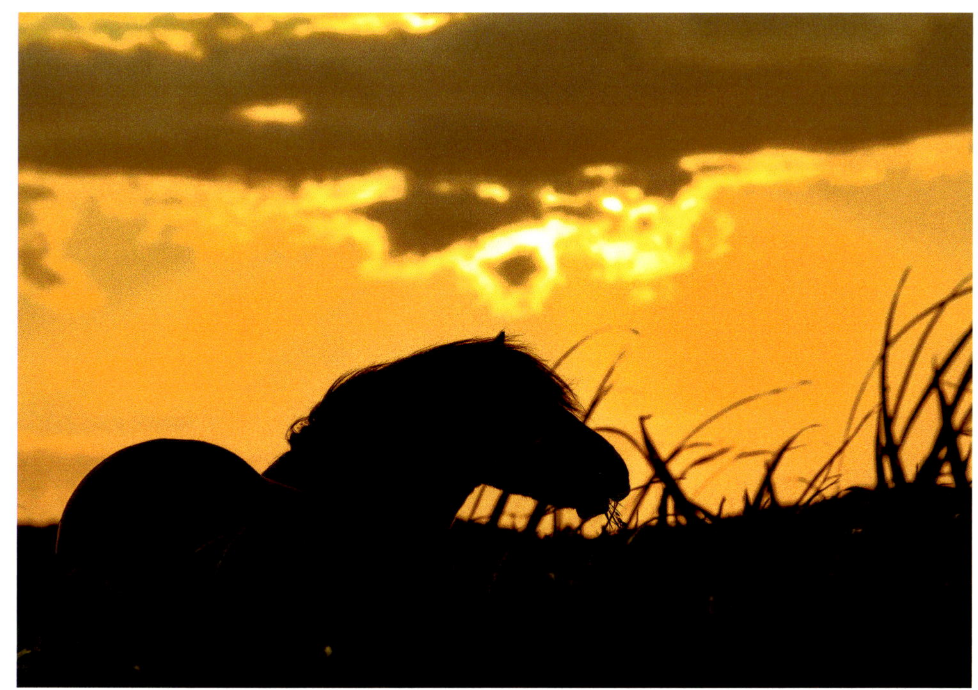

Am frühen Morgen ergab sich die Gelegenheit für eine ansprechende Gegenlichtaufnahme. Pony und Grashalme zeichnen sich silhouettenhaft ab, dennoch bleibt genügend Licht, um die Strukturen von Pferd und Gras unterscheiden zu können; Canon EOS 1D X mit Canon EF 70–200 mm f/2,8L IS II USM bei 185 mm, 1/3200 s, Blende 7,1, ISO 800

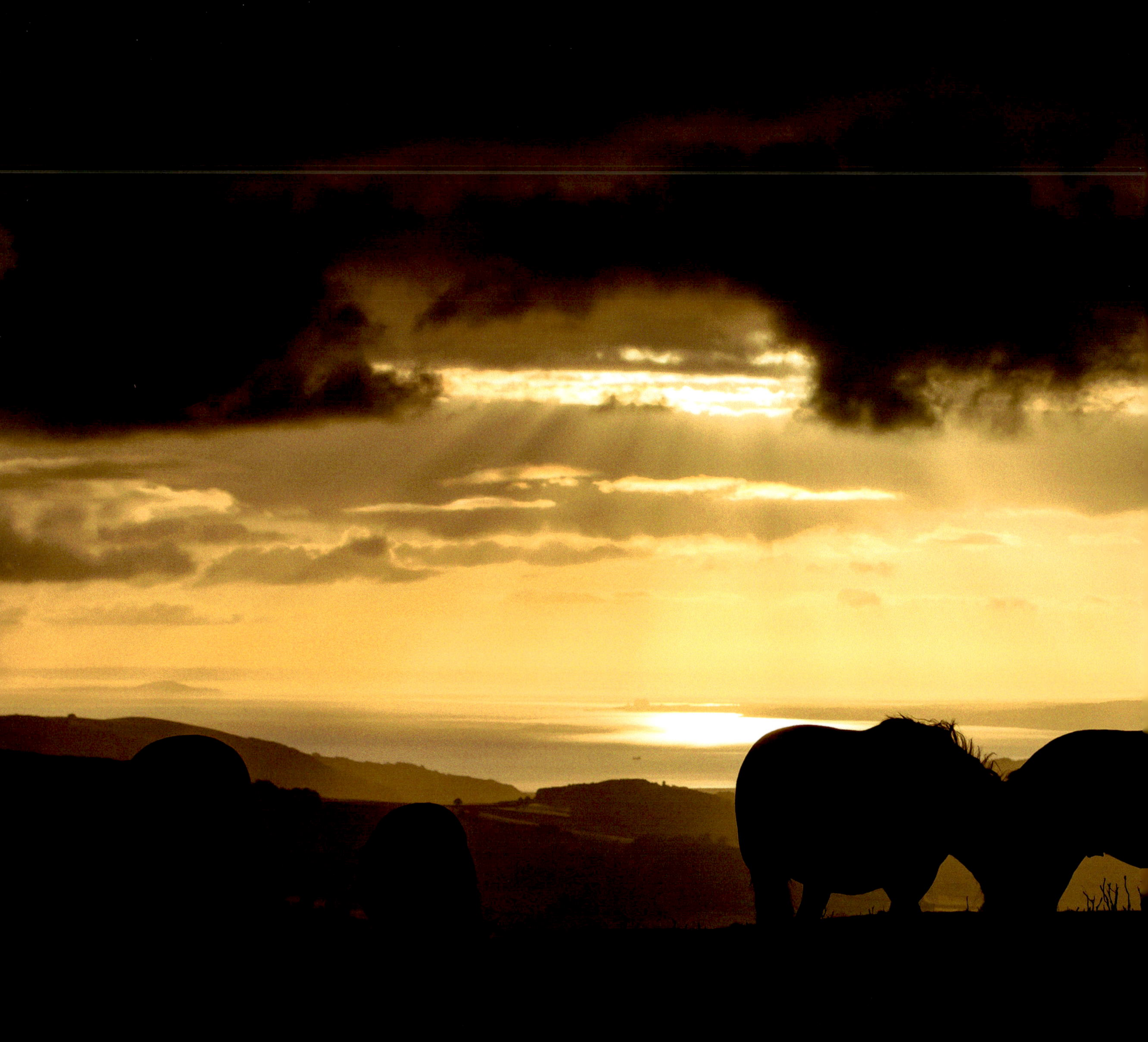

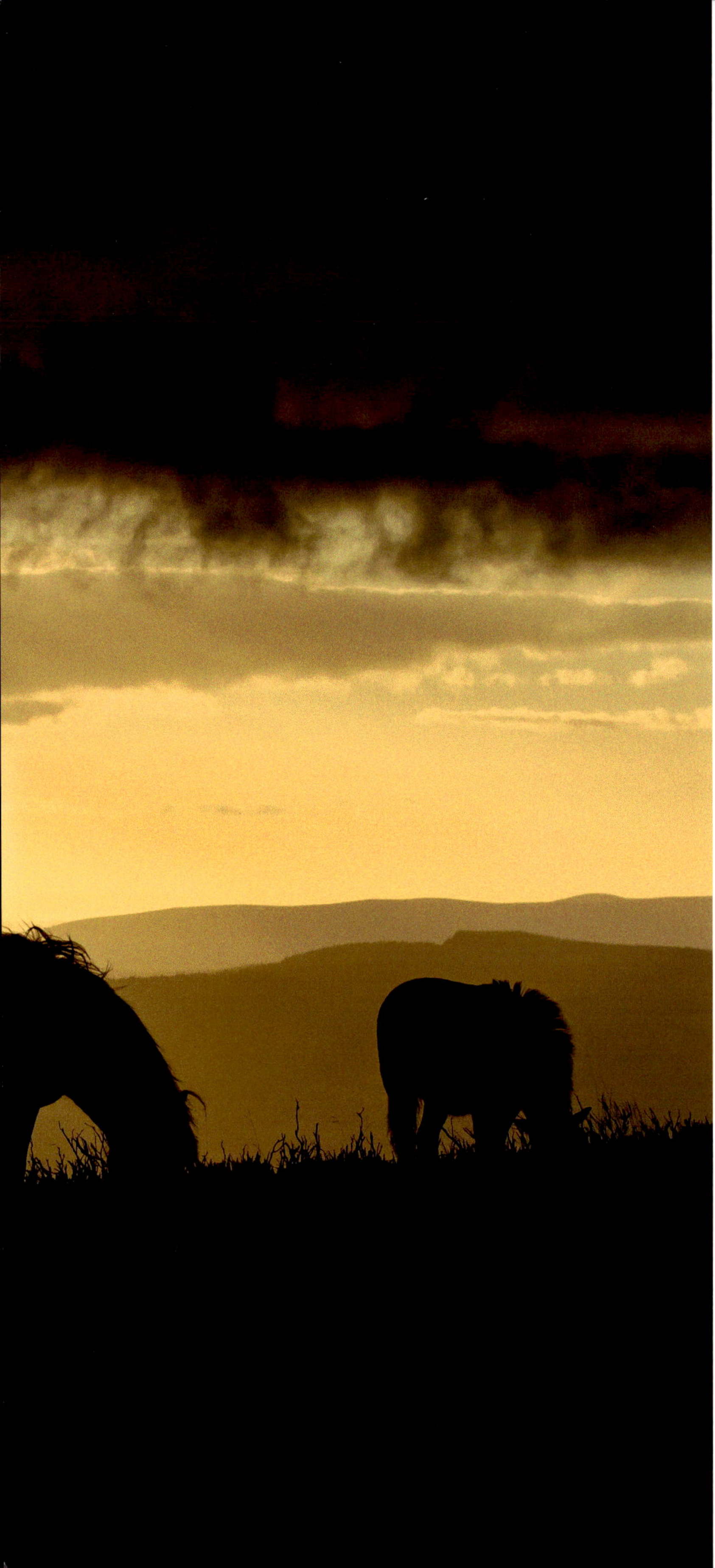

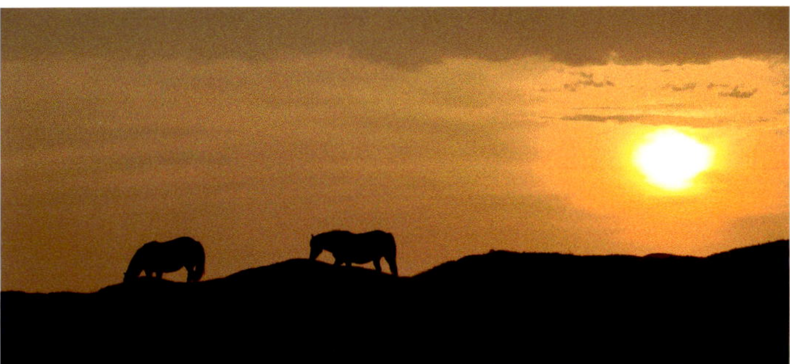

▲ *Zwei Wildpferde wanderten am frühen Morgen über den Hügelkamm und konnten so im Scherenschnitt abgelichtet werden; Canon EOS 1D X mit Canon EF 70–200 mm f/2,8L IS II USM bei 100 mm, 1/1600 s, Blende 8, ISO 1000*

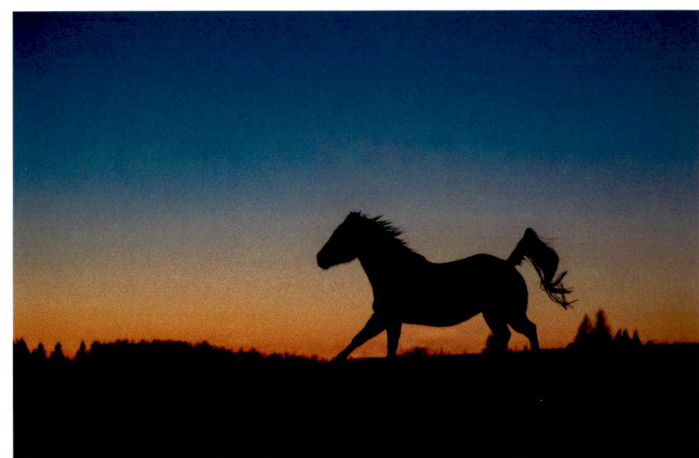

▲ *Um eine möglichst perfekte Silhouette von Quarter-Horse-Stute Silena im Galopp zu erhalten, war es nötig, sich an der tiefsten Stelle der Koppel flach auf den Boden zu legen. Das Bild entstand an einem kalten, klaren Wintertag nach Sonnenuntergang in letztem Restlicht, das einen sehr hohen ISO-Wert erforderlich machte (Retusche: Stromoberleitung); Canon EOS 1D X Mk II mit Canon EF 70–200 mm f/2,8L IS II USM bei 80 mm, 1/320 s, Blende 2,8, ISO 10000, manuelle Fokussierung*

◀ *Am Porlock Hill im Südwesten Englands grasen noch wildlebende Exmoorponys. Das Wetter ist sehr wechselhaft, und die Wolkenkonstellationen können dramatische Lichtstimmungen zaubern. Diese halten allerdings nur wenige Sekunden an. Zwar waren die Ponys in dieser kurzen Zeit nicht ideal platziert (eine Störung der Pferde kam aber auf keinen Fall infrage), damit sich ihre Silhouetten klar abzeichnen konnten, dennoch sind die Pferde als Silhouette ausreichend zu erkennen. So ergeben sie einen idealen Vordergrund für dieses stimmungsvolle Bild; Canon EOS 1D X mit Canon EF 70–200 mm f/2,8L IS II USM bei 75 mm, 1/3200 s, Blende 8, ISO 1000*

4.3 Hartes Gegenlicht

Hartes Licht ist beim Fotografieren sehr unbeliebt, weil es schwierig ist, die Kontraste zu bewältigen. Entweder fressen Bildteile aus, oder es laufen die Schatten zu. Dennoch ist es nicht immer möglich, hartem Gegenlicht zu entgehen. Es gibt aber einige Möglichkeiten, dem grellen Licht zu begegnen. Lösungen sind, entweder gleich mit Scherenschnitten zu arbeiten oder die Schattenbereiche gezielt aufzuhellen.

Der Unterschied von hartem und weichem Licht wird häufig an der Art des Schattenwurfs beschrieben. Hartes Licht erzeugt Schatten mit klaren, kantigen Umrissen, bei weichem Licht wirkt der Schatten hingegen diffus und läuft im Kantenbereich unscharf aus. Je härter das Licht, desto größer der Kontrastumfang, den die Kamera insbesondere bei Gegenlicht schließlich nicht mehr bewältigen kann. Die meisten Fotografen vermeiden deshalb Gegenlichtaufnahmen, wenn die Sonne zu hoch am Himmel steht und ein hartes Licht produziert. Dennoch ist es nicht immer möglich, die Mittagszeit zu umgehen. So muss sich der Turnierfotograf nach dem Zeitplan des Veranstalters richten, und wenn eine Dressurprüfung mittags angesetzt ist, hat er keine andere Wahl, als zu dieser Zeit zu fotografieren. Wenn er dann aufgrund eines äußerst ungünstigen Hintergrunds oder eines ihm zugewiesenen Platzes auch noch gegen das Licht fotografieren muss, bleibt ihm nichts anderes übrig, als kreativ zu werden.

Scherenschnitte kreieren

Nicht nur der Turnierfotograf kann in diese Situation geraten. Jeder, ob Hobby- oder Profifotograf, wird sich irgendwann mit hartem Gegenlicht konfrontiert sehen und sollte deshalb eine Lösung zur Bewältigung des Kontrastumfangs parat haben. Es bieten sich ver-

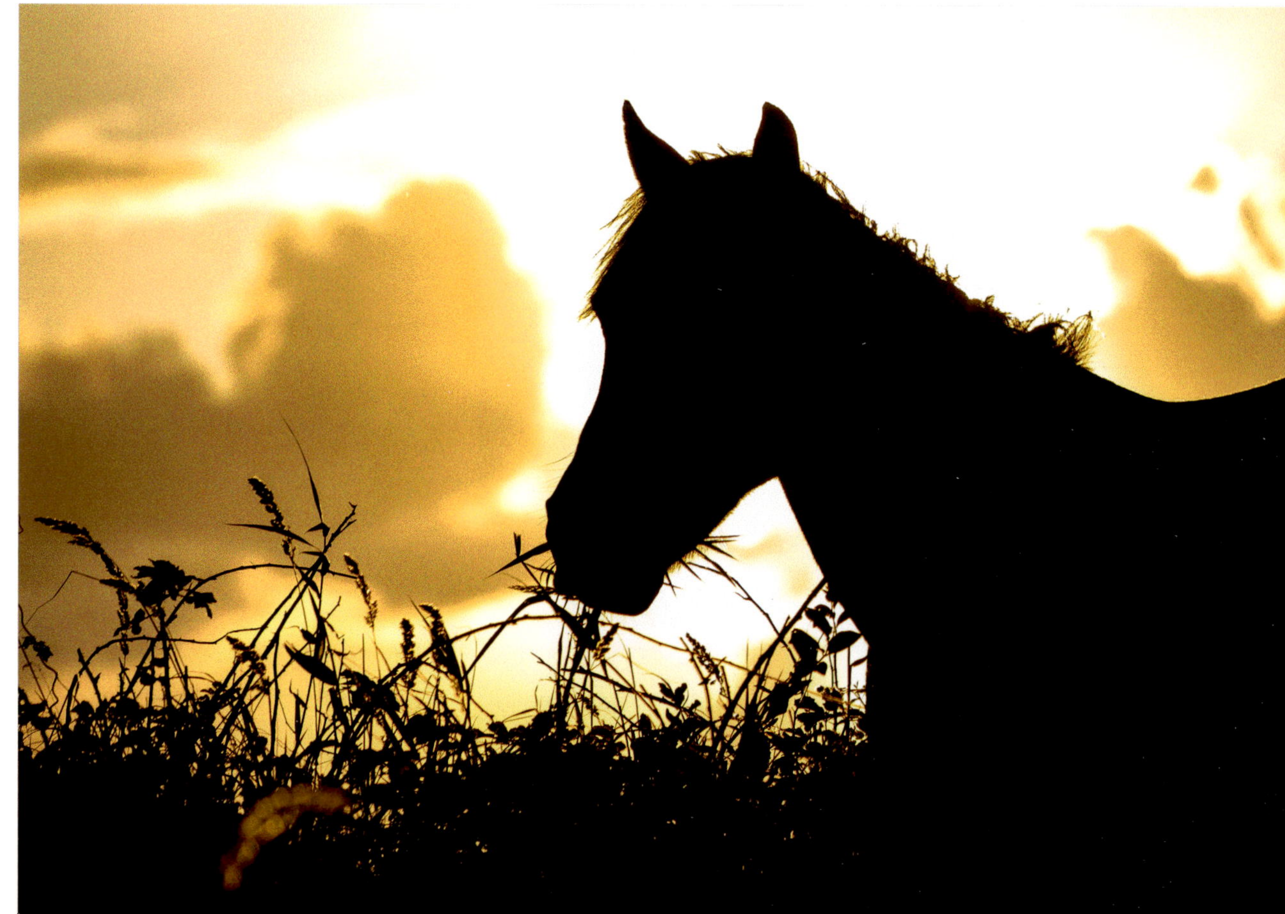

▸ *Bei hartem Gegenlicht lassen sich gute Scherenschnitte produzieren. Das Fohlen und die Gräser zeichnen sich als Silhouetten sehr gut gegen den hellen Himmel ab; Canon EOS 1D X mit Canon EF 70–200 mm f/2,8L IS II USM bei 123 mm, 1/3200 s, Blende 4, ISO 800*

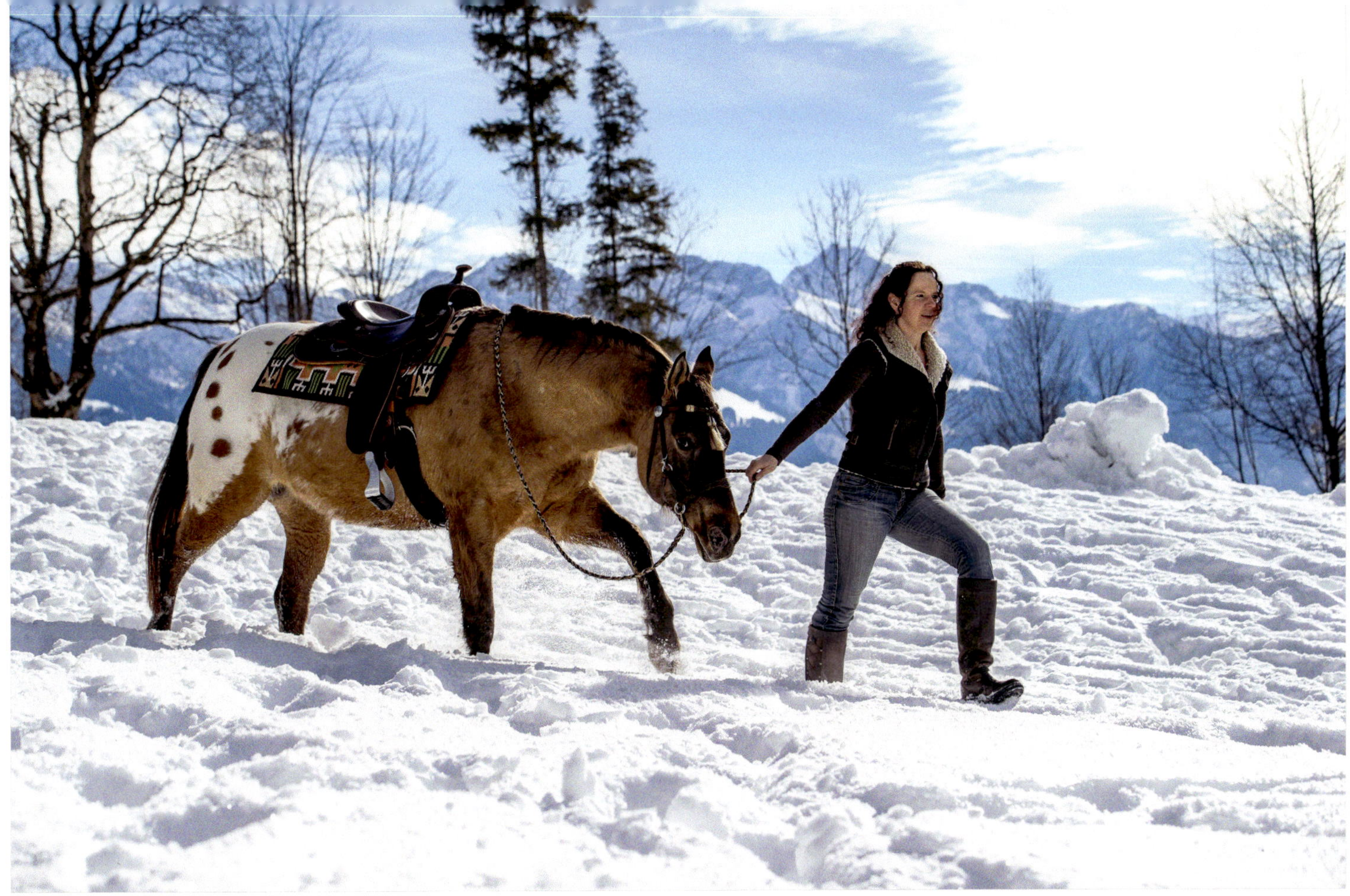

▲ *Grelles Licht ist kein gutes Fotolicht – im Gegenlicht schon gar nicht. Dennoch gelingt das Gegenlichtfoto, da die Schneefläche einen hervorragenden Reflektor abgibt und die Schattenseite des Motivs ausreichend aufhellt; Canon EOS 1D X mit Canon EF 70–200 mm f/2,8L IS II USM bei 100 mm, 1/3200 s, Blende 6,3, ISO 320*

schiedene Gestaltungsmöglichkeiten an. Zunächst kann man auch hier auf eine Silhouetten-Umsetzung zurückgreifen (s. Kap. 4.2 »Silhouetten«). Hierzu platziert man die Sonne direkt hinter dem Pferd und belichtet auf den Hintergrund. Auf diese Weise bildet sich das Pferd als Scherenschnitt ab. An den Kanten der Silhouette kann sich gegebenenfalls auch ein schöner Lichtsaum zeigen. Wenn man sich für diese Umsetzung entscheidet, sollte entweder der Hintergrund attraktive Details bieten oder die Silhouette selbst eine interessante Form darstellen. Das kann beispielsweise ein Pferd im Porträt, in der Sprungphase oder beim Steigen sein. Aber auch ein schön gesetzter Galopp während der Schwebe- oder Abfußungsphase der Hinterhand in der Seiten- oder schrägen Ansicht sind reizvolle Motive.

Da die Farbausbeute bei harten Gegenlichtbildern eher mäßig ist, kann man zusätzlich über eine Schwarzweißumsetzung nachdenken (s. Kap. 8.1 »Starke Kontraste – klare Formen«). Schwarzweißbilder leben vor allem von Konturen und Formen, die klarer zum Vorschein kommen, wenn auf Farbe verzichtet wird.

Möchte man Porträtbilder umsetzen, spielen die Gesichtsmimik und der Augenausdruck eine entscheidende Rolle für die Bildwirkung. Für dieses Vorhaben eignen sich Scherenschnitte weniger gut. Hellt man den Pferdekopf aber nun stärker auf, würde der Hintergrund unweigerlich überstrahlen.

Um dies zu verhindern, gibt es nur eine Lösung: Man muss partiell aufhellen. Dies kann durch einen Reflektor oder eine weitere Lichtquelle geschehen, die gezielt auf den Pferdekopf gerichtet wird.

Reflektor einsetzen

Am einfachsten ist der Einsatz eines Reflektors. Mithilfe einer gold- oder silberbespannten Fläche nutzt man diesen wie einen Spiegel und lenkt das auftreffende Sonnenlicht auf den Pferdekopf um. Die Technik funktioniert auch mit einem weißen Tuch, einer Styroporplatte oder im Winter mit einer Schneefläche. Sonnenbeschienene Schneeflächen erzeugen sehr starke Reflexionen, dass man auf eine zusätzliche, künstliche Lichtquelle verzichten kann.

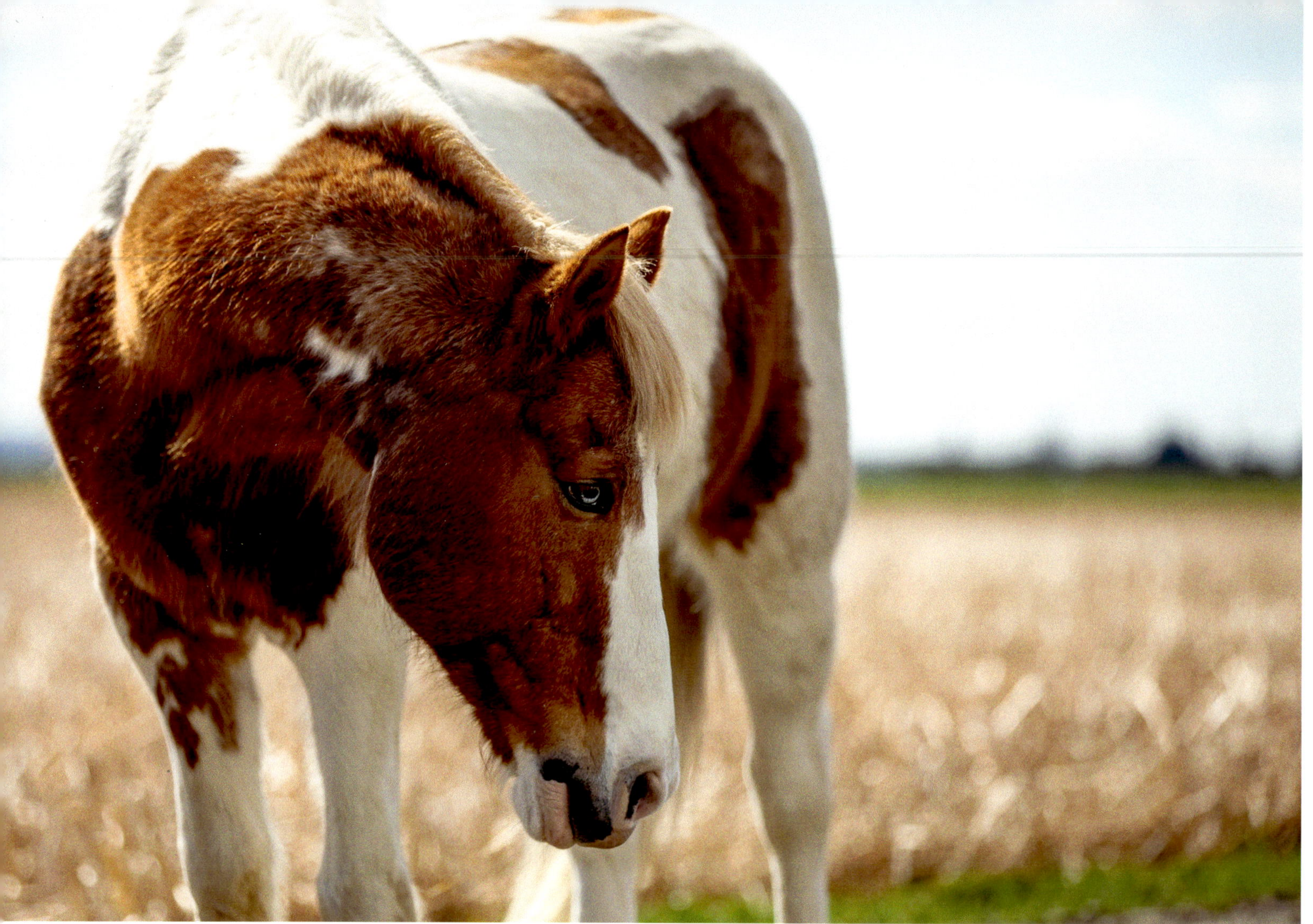

▲ *Die Schattenseite von Paintmix-Wallach Nico wurde mit einem silberfarbenen Reflektor aufgehellt. Zugleich diente der Reflektor als Animationsmittel, das die Aufmerksamkeit des Pferdes auf sich lenkte; Canon EOS 1D X mit Canon EF 70–200 mm f/2,8L IS II USM bei 145mm, 1/2500 s, Blende 2,8, ISO 100, Reflektor*

Der Handel hält aber auch zusammenfaltbare Reflektoren bereit, bei denen die Reflektorfläche auswechselbar ist. So kann man neben einer Gold- oder Silberfolie auch eine weiße, durchsichtige oder schwarze Fläche wählen. Zudem kann der Reflektor auch als Abschatter und Diffusor eingesetzt werden. Für Pferde sollte man sich für einen großen Reflektor mit einem Durchmesser von mindestens 1,10 m entscheiden.

Normalerweise verwendet man bei hartem Gegenlicht insbesondere die gold- oder silberbespannte Fläche des Reflektors, um möglichst viel Licht umzulenken. Der goldene Reflektor wirkt etwas weicher, die silberne Fläche lenkt hingegen härteres Licht auf den Pferdekopf um. Ein Reflektor kann zudem einen Lichtpunkt ins Auge des Pferdes zaubern und so für einen lebendigeren Blick sorgen. Damit der Lichtpunkt nicht unnatürlich groß ausfällt, sollte der Helfer mit dem Reflektor nicht zu nah ans Pferd herantreten.

Einen perfekten Nebeneffekt liefert der Reflektor zusätzlich: Die meisten Pferde reagieren auf den großen Reflektor sehr interessiert und spitzen aufmerksam die Ohren. Auf diese Weise kann der Helfer das Pferd zusätzlich animieren, sich vor der Kamera zu präsentieren.

Weitere Hilfslichter

Alternativ lassen sich die Körperpartien des Pferdes im Schattenbereich mit verschiedenen Lichtquellen aufhellen, wodurch die starken Kontraste – bedingt durch das harte Gegenlicht – abgemildert werden können. Der Einsatz eines Aufhellblitzes eignet sich recht gut, um die Schatten auszuleuchten. Das Blitzlicht ergibt jedoch ein recht kaltes Licht, sodass es sich anbietet, auch mit einem zusätzlichen Diffusor oder Filter zu arbeiten. Damit lässt sich das Licht weicher und harmonischer gestalten.

Wer sich mit einem Blitz nicht so anfreunden kann, dem bieten sich noch andere Lichtquellen wie eine LED-Taschenlampe oder ein Akku-Baustrahler an, die als Aufheller fungieren. Nicht jede Taschenlampe eignet sich aber für diesen Zweck. Eine gleichmäßige Beleuchtung (Kreisflutlicht) sollte gewährleistet sein, wozu man ein wenig Abstand zum Pferd halten muss, um es komplett mit dem Lichtkegel zu erfassen. Je größer der Abstand der Lichtquelle, umso mehr Lichtenergie ist nötig, um die erforderliche Helligkeit zu erzeugen. Die »08/15«-Taschenlampe eignet sich deshalb selten für diesen Zweck. Zudem sollte man auf die richtige Lichttemperatur achten und nur LED-Lampen verwenden, die mit 5000–6000 Kelvin (Tageslichtweiß) arbeiten.

Dauerlichtlampen werden häufig als Ersatz für das Blitzlicht eingesetzt. Der Vorteil liegt darin, dass man die Belichtungseinstellung gezielt vornehmen kann und diese nicht erst nach der Aufnahme beurteilen muss. Bei der Arbeit mit Pferden sollte man aus Sicherheitsgründen jedoch möglichst auf stromführende Kabel verzichten. Zudem hat man nicht an jeder Location (z. B. im Gelände) eine Stromquelle zur Verfügung. Es bietet sich deshalb an, möglichst akkubetriebene Lichtquellen zu benutzen. Der Markt hält jede Menge unterschiedlicher LED-Flutlichtlampen und Akku-Baustrahler bereit, die sich gut als Schattenaufheller eignen.

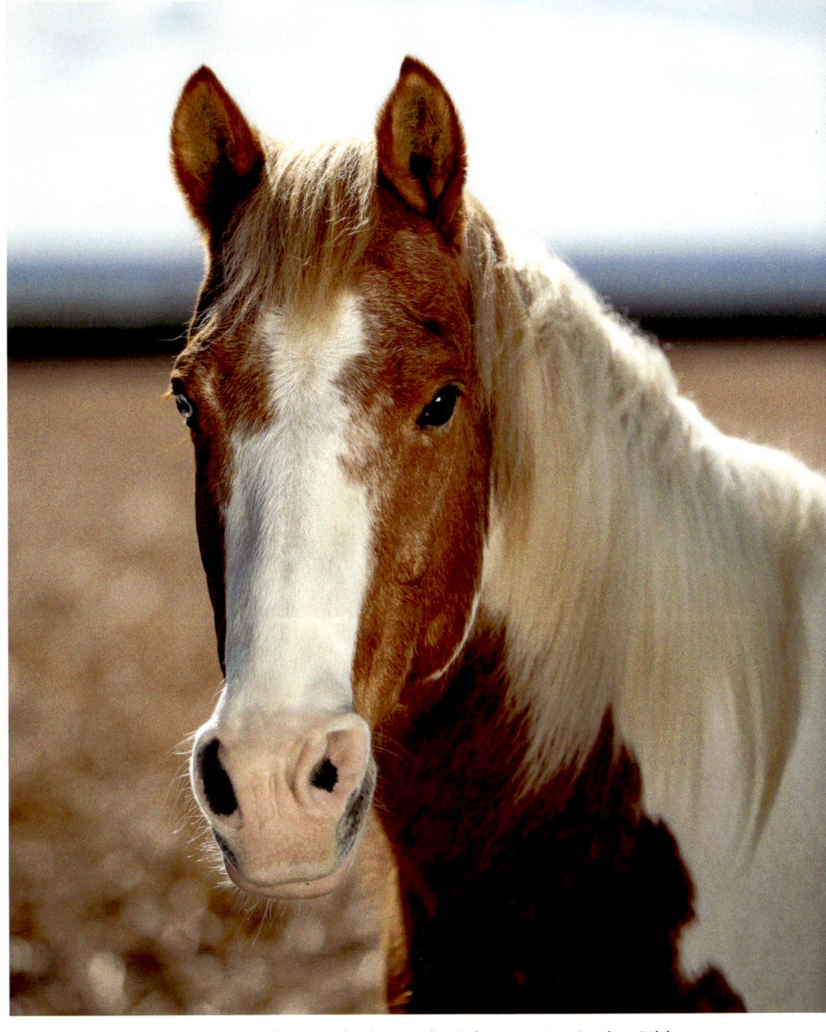

▲ Der Reflektor hellt das Gesicht des Pferdes an der Schattenseite (rechte Bildseite) auf und erzeugt einen Lichtpunkt im dunklen Auge, der dem Porträt mehr Lebendigkeit verleiht; Canon EOS 1D X mit Canon EF 70–200 mm f/2,8L IS II USM bei 135 mm, 1/6400 s, Blende 2,8, ISO 100, Reflektor

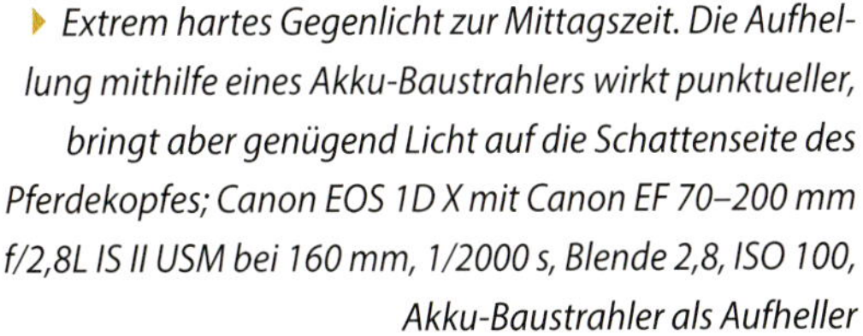

▸ Extrem hartes Gegenlicht zur Mittagszeit. Die Aufhellung mithilfe eines Akku-Baustrahlers wirkt punktueller, bringt aber genügend Licht auf die Schattenseite des Pferdekopfes; Canon EOS 1D X mit Canon EF 70–200 mm f/2,8L IS II USM bei 160 mm, 1/2000 s, Blende 2,8, ISO 100, Akku-Baustrahler als Aufheller

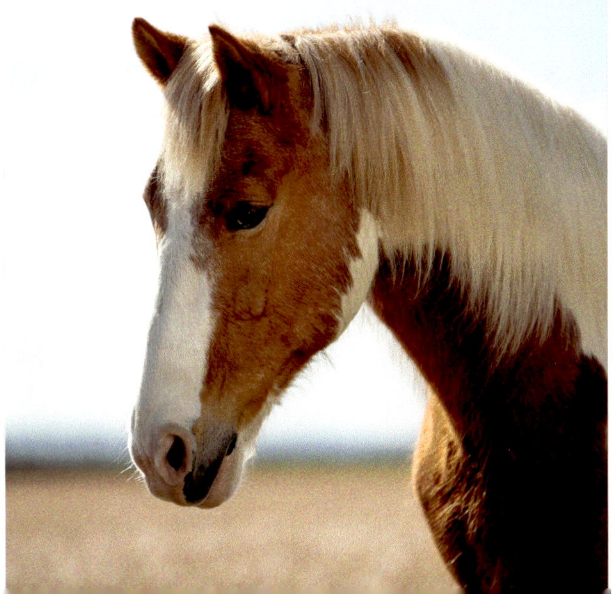

4.4 Lens flares

Eine besondere Form des Bokehs sind sogenannte Lens flares, das sind unscharfe Lichtkreise, die den Hintergrund besonders harmonisch gestalten. Diese Unschärfekreise entstehen durch Lichtreflexionen, in der Regel in einer Gegenlichtsituation. Um diese schönen Blendenkreise gezielt im Hintergrund zu platzieren, müssen einige Voraussetzungen erfüllt sein.

Da Silhouetten lediglich eine schwarze Ebene auf dem Bild darstellen, in ihrer Form zwar mystisch wirken und neugierig machen, ansonsten – bis auf die Form an sich – allerdings kaum weitere Informationen übermitteln, ist eine ansprechende Gestaltung des Hintergrundbereichs in einem Gegenlichtbild umso wichtiger. Doch nicht nur bei Scherenschnittbildern, sondern auch für jegliche andere Aufnahme empfiehlt es sich, auf einen adäquaten Hintergrund zu achten. Bei der Gestaltung des Unschärfebereichs sollte man deshalb speziell nach Spitzlichtern Ausschau halten. Diese bilden sich nämlich mit den richtigen Einstellungen der Kamera und bei Benutzung eines geeigneten Objektivs auf dem Foto als wunderschöne Lichtkreise, sogenannte Lens flares, ab.

Wie Lens flares entstehen

Um Lens flares zu produzieren, ist ein wenig Vorwissen über die Entstehung dieser beliebten Unschärfekreise wichtig. Wenn Lichtstrahlen eines Motivs durch die Blende des Objektivs zu einem Strahlenbündel vereint auf einen gemeinsamen Punkt der Sensoroberfläche treffen, entsteht eine scharfe Abbildung. Die Lichtstrahlen vor oder hinter der fokussierten Fläche vereinen sich hingegen vor oder hinter der Sensorebene und zeichnen sich darum auf dem Bild als Unschärfe ab. Diese ungebündelten Lichtstrahlen stellen auf dem Sensor keinen scharfen Punkt, sondern einen Unschärfekreis dar, der die Form der jeweiligen Blende annimmt. Je nach Anordnung beziehungsweise Anzahl der Blendenlamellen können diese Unschärfeflächen eine runde bis vieleckige Form aufweisen.

Da jede Menge Lichtstrahlen durch die Blendenöffnung eindringt, entstehen sehr viele Punkte und Flächen auf dem Sensor. Während die fokussierten Lichtstrahlen einen scharfen Punkt ergeben, überlagern sich die defokussierten Lichtstrahlen durch ihre größere Fläche und bilden damit eine unscharfe Abbildungszone – das Bokeh.

Auf dem fertigen Bild sind die Unschärfescheibchen in ihrer Formgebung normalerweise nicht sichtbar, vielmehr sieht man eine verwaschene, unscharf abgegrenzte Fläche. Treffen jedoch sehr helle Lichtpunkte auf den Sensor, heben sich diese von den dunklen Unschärfescheibchen ab und werden als helle Kreise erkennbar. Ein mit Lens flares gespickter Bokeh-Effekt wirkt besonders ansprechend, tritt aber recht selten auf, da verschiedene Voraussetzungen gegeben sein müssen, damit die Unschärfekreise auf dem Bild zu sehen sind. Um nun Lens flares bewusst in die Bildgestaltung mit einfließen zu lassen, müssen verschiedene Aspekte berücksichtigt werden.

Manchmal findet man bei nachträglicher Betrachtung eines Bildes aber auch rein zufällig Blendenflecke im Unschärfebereich. Diese können zur Aufwertung des Bildes beitragen, aber auch durchaus störend wirken.

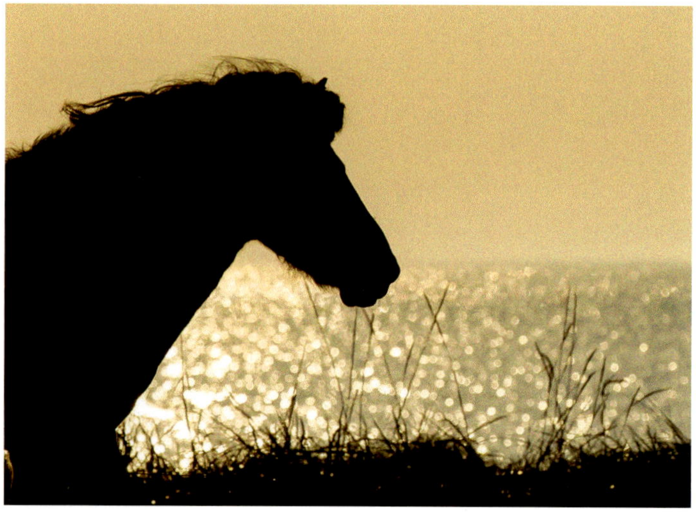

◂ Wildlebendes Exmoorpony auf einer Düne vor dem Meer. Die schon tief stehende Sonne zaubert Lichtreflexionen ins Wasser. Die Lens flares verleihen dem Bild mehr Lebendigkeit; Canon EOS 1D X mit Canon EF 70–200 mm f/2,8L IS II USM bei 200 mm, 1/3200 s, Blende 8, ISO 800

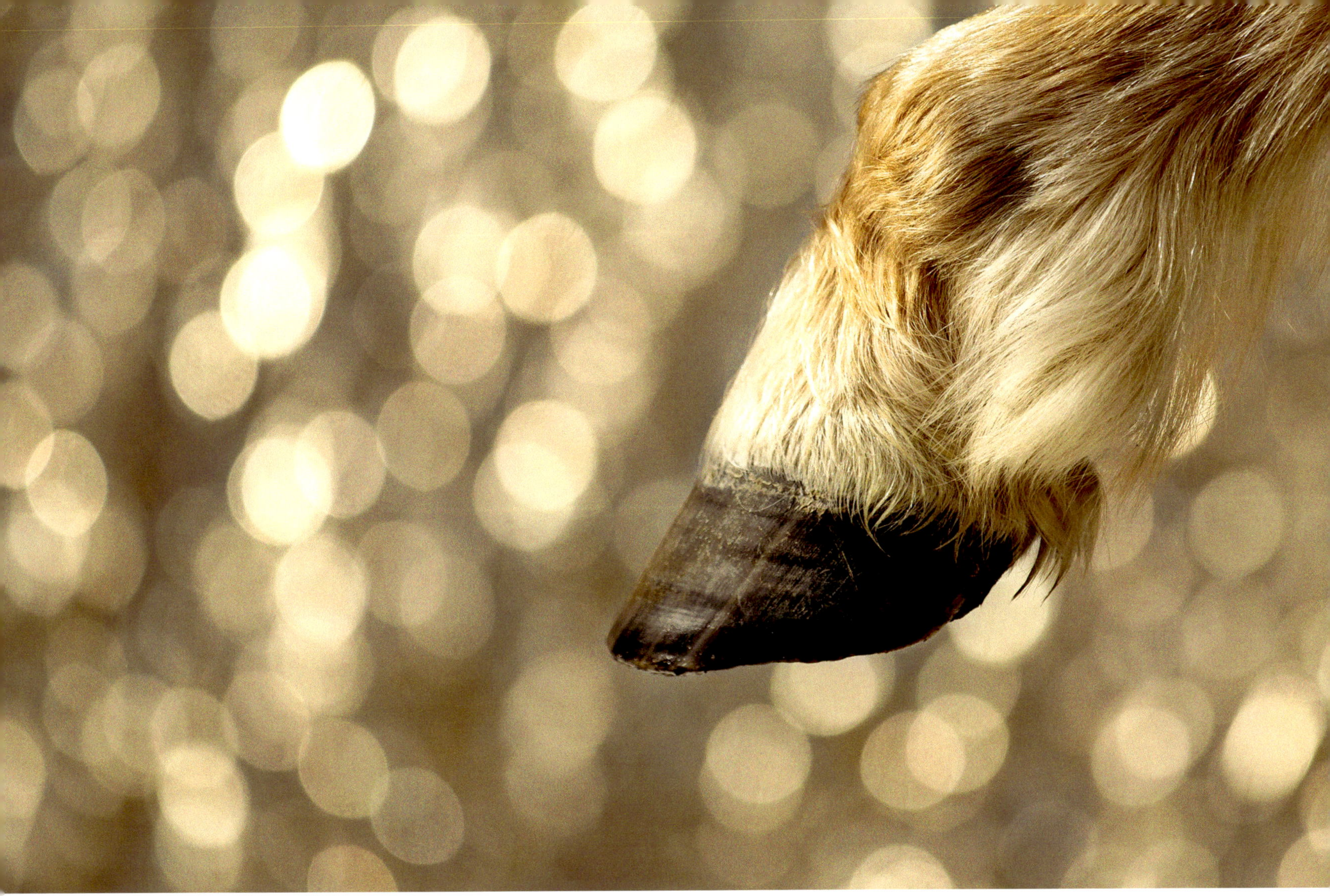

▲ *Um Lens flares gezielt in den Hintergrund einzubinden, nutzte ich einen Hintergrund mit reflektierender Oberfläche. Auf diese Weise konnte ich den Huf von Haflingerstute Ronja im Seitenlicht fotografieren und dennoch Blendenflecke im Bokeh erzeugen; Canon EOS 1D X mit Canon EF 70–200 mm f/2,8L IS II USM bei 182 mm, 1/6400 s, Blende 2,8, ISO 100*

Unerwünschte Blendenflecke

Als unschöne Lens flares wird ein sogenanntes »swirling bokeh« bezeichnet, bei der sich die Blendenflecke nicht rund, sondern linsenförmig abzeichnen. Dieser Effekt tritt auf, wenn es zu einer Vignettierung kommt, wobei der Tubus den Lichteinfall zum Sensor stört. Hier hilft es, einfach ein wenig abzublenden, um die Vignettierung zu verringern. Ebenso gut können sphärische Aberrationen, die sich auf den Lens flares als farbige Umrandungen darstellen, störend wirken. Verantwortlich für die Form und Art der Lens flares ist neben der Blendenform die Abbildungseigenschaft des jeweiligen Objektivs. Es ist deshalb empfehlenswert, seine Ausrüstung einer Experimentierphase zu unterziehen, um herauszufinden, welches der Objektive das schönste Bokeh zaubert.

Lens flares bei Auflicht?

Nicht immer möchte man das Hauptmotiv im Schatten darstellen, aber dennoch ein schönes Bokeh – vorzugsweise mit Lens flares – kreieren. Die Unschärfekreise bilden sich allerdings nur dann, wenn Licht von vorne auf den Sensor fällt, also bei Gegenlicht. Somit könnte man meinen, dass Auflichtbilder mit Lens flares nicht möglich sind. Doch keineswegs: Mit ein wenig Kreativität und spezieller

Lichtführung lassen sich durchaus Auflichtbilder mit Lens flares erstellen. Weil das Licht auf das Hauptmotiv fallen soll, man für die Unschärfekreise jedoch Gegenlicht benötigt, kann man mit einer zusätzlichen Lichtquelle arbeiten. Am einfachsten ist es, gegenzublitzen.

Eine andere Möglichkeit besteht darin, das Licht umzulenken. In diesem Fall positioniert man das Pferd so, dass das Sonnenlicht von der Seite oder von schräg vorne auf das Motiv fällt. Als Hintergrund ist nun eine teilreflektierende Fläche nötig, wodurch Spitzlichter zurückreflektiert werden. Das können Glitzervorhänge sein, die man sich aus dem Bastelbedarf besorgt oder eine spiegelnde Rückwand mit Relief. Mit ein wenig Experimentierfreude lässt sich auf diese Weise ein interessantes Bokeh gestalten.

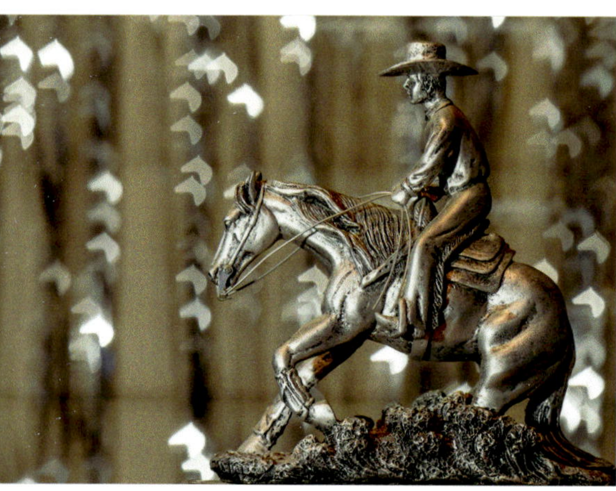

▲ *Die Silver Trophy vor einer Glasvitrine mit Spiegelapplikationen. Das Objektiv wurde mit einer selbst gebastelten Pferdekopfblende ausgestattet; Canon EOS 1D X mit Canon EF 70–200 mm f/2,8L IS II USM bei 200 mm, 1/160 s, Blende 2,8, ISO 3200*

Lens flares gezielt kreieren

Die meisten hochwertigen, lichtstarken Objektive erzeugen ein ansprechendes Bokeh, beherzigt man die notwendigen Faktoren zur bewussten Erzeugung von Blendenflecken. Es müssen viele Punkte berücksichtigt werden, sodass man es nicht dem Zufall überlassen sollte, ob Lens flares entstehen.

- Gegenlicht ist fast immer obligatorisch, wenn man Blendenflecke kreieren will. Lens flares entstehen, wenn Spitzlichter durch die Linse fallen, weil sich nur sehr helle Unschärfescheibchen von den dunklen abheben. Es ist allerdings empfehlenswert, von hartem Gegenlicht abzusehen, denn die Spitzlichter könnten das Hauptmotiv überstrahlen, und die Kamera könnte mit dem Kontrastumfang überfordert sein. Somit kommt es zu stark überbelichteten, ausgefressenen Bereichen, selbst wenn man manuell mit einer Unterbelichtung gegensteuert.

  Für ein schönes Bokeh reichen auch feine Lichtreflexe wie eine reflektierende Wasseroberfläche, Tautropfen auf Grashalmen, die das aufgehende Sonnenlicht reflektieren, oder Lichtstrahlen, die durch das Blätterdach eines Baumes scheinen.

- Die Wahl eines lichtstarken Objektivs ist vorteilhaft, da man die Blende stärker öffnen kann, was die Chance, Lens flares zu erzeugen, erhöht. Zwar entstehen auch mit Blendenöffnungen von 5,6 oder 6,3 bereits Lens flares, dennoch werden die Lichtkreise bei einer offenen Blende von beispielsweise 2,8 größer. Man wählt die Blende entweder über die Zeitautomatik vor oder stellt alle Parameter manuell ein.
- Bei Teleobjektiven mit langer Brennweite stehen die Chancen auf Lens flares deutlich besser. Empfehlenswert sind Objektive mit einer Brennweite ab 200 mm, da bei Telebrennweiten der Unschärfebereich größer ist.
- Gestaltungstechnisch sollte man auf einen ausreichenden Unschärfebereich im Bild achten – sowohl im Hintergrund als auch im Vordergrund. Wenn das scharf abgebildete Hauptmotiv zu knapp beschnitten wird, fehlt der Raum für ein ansprechendes Bokeh.
- Der Abstand vom Hauptmotiv zum reflektierenden Hintergrund sollte möglichst groß sein, damit sich die Unschärfekreise deutlich abbilden.
- Zusätzlich platziert man das Hauptmotiv möglichst nah vor der Kamera. Da dies bei langer Brennweite und einem großen Motiv wie einem Pferd schwierig zu bewerkstelligen ist, kann es sinnvoll sein, das Motiv anzuschneiden. So eignen sich Kopfporträts oder auch nur Details wie Schweif, Beine, Auge oder Nase des Pferdes als Hauptmotiv.
- Wer Lust auf Experimente hat, kann sich eine eigene Blendenform aus Pappe basteln und diese vor das Objektiv platzieren. Somit bilden sich die Lens flares nicht als die gewöhnlichen Kreise auf dem Foto ab, sondern werden in Form der ausgeschnittenen Fläche der künstlich gestalteten Blende präsent.

Ein altes Hufeisen diente als Hauptmotiv bei dieser Kreation von farbigen Lens flares aus Pferdeköpfen, die durch die selbst gebastelte, künstliche Blendenöffnung entstanden sind; Canon EOS 1D X mit Canon EF 70–200 mm f/2,8L IS II USM bei 200 mm, 1/1250 s, Blende 2,8, ISO 100

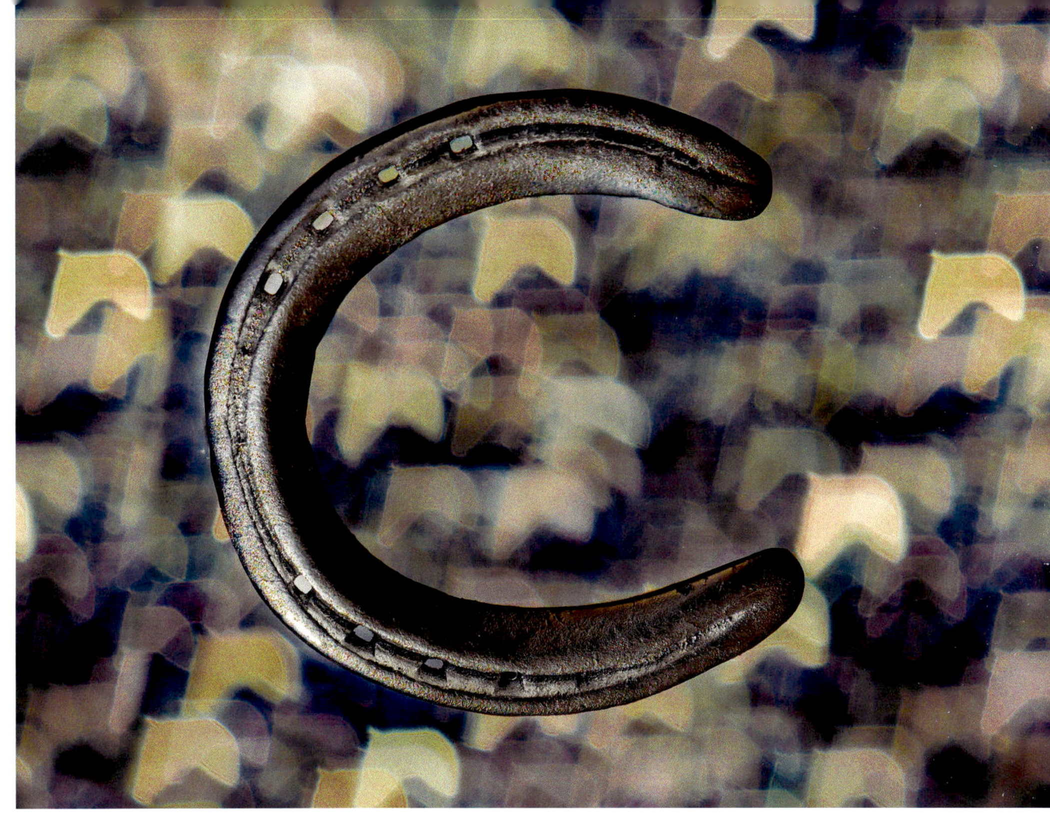

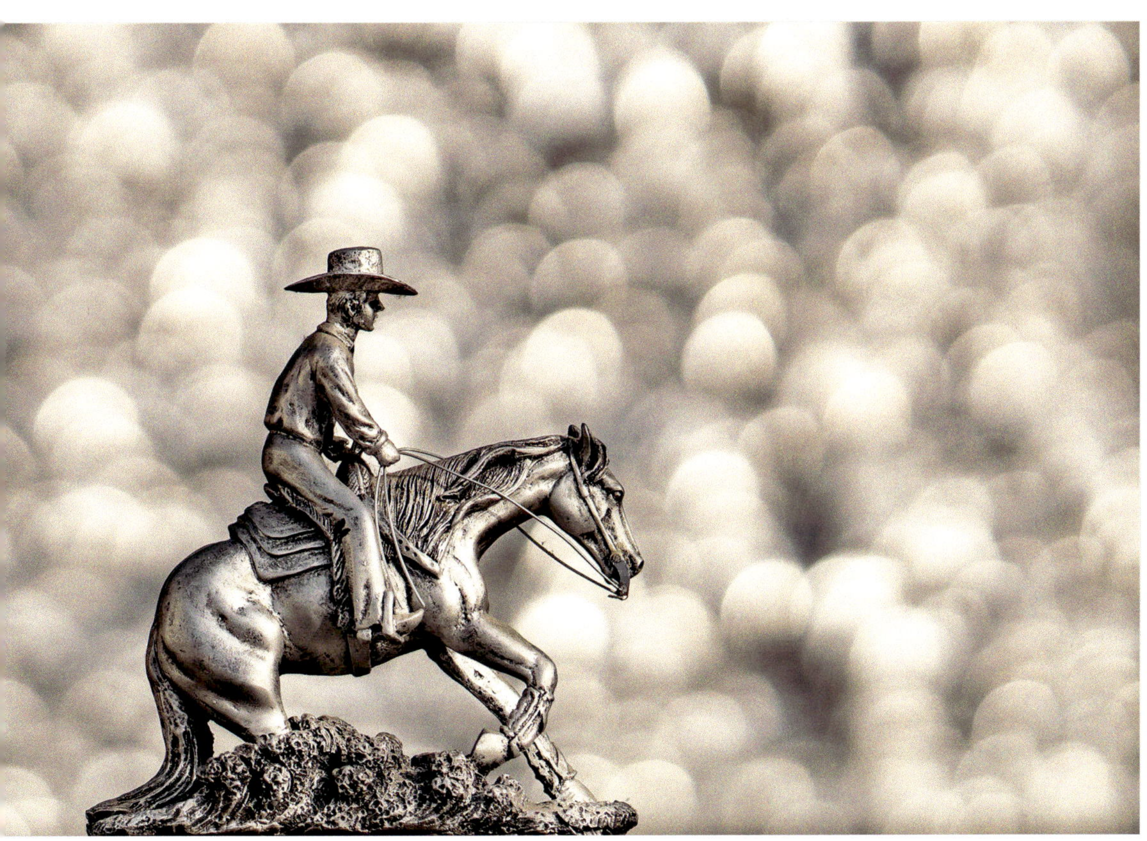

Siegertrophäe mit klassischem Lens-flares-Bokeh. Die intensiven Blendenkreise wirken fast wie Wolken oder Watteböllchen und sorgen für eine interessante Tiefenwirkung; Sony Alpha 7RM 3 mit Sigma EF 135 mm f/1,8 DG HSM Art 018, 1/3200 s, Blende 1,8, ISO 200

5 Wetterphänomene

Bilder bestehen nicht nur aus einem Hauptmotiv. Manchmal wird das Hauptmotiv zur Nebensache, wenn sich die Umgebung gigantisch präsentiert. Das Pferd gehört in die Natur – in seinen Lebensraum. Gibt man diesem Raum mehr Platz auf dem Bild und werden jahreszeitlich typische Wetterphänomene mit eingebunden, können faszinierende Stimmungsbilder entstehen.

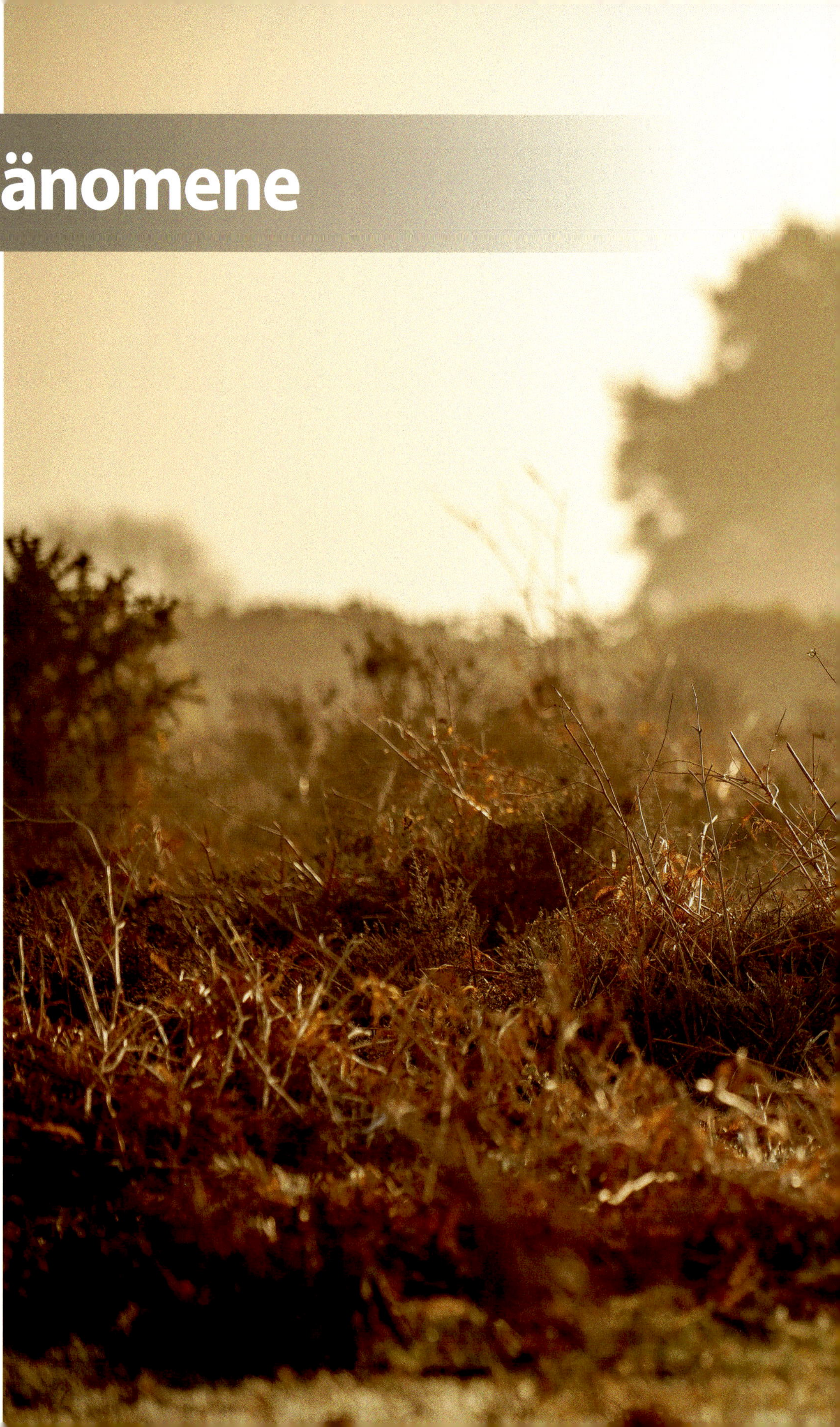

▸ Outdoorfotografen sind stets von den Launen der Natur abhängig. Für den kreativen Fotografen gibt es jedoch kein schlechtes Wetter, denn gerade bei unangenehmem Wind, Nebel oder Regen ergeben sich oft fantastische Möglichkeiten, interessante Stimmungen zu zaubern. Wetterphänomene konkurrieren dann oft mit dem Hauptmotiv Pferd, sodass sich die Pferdefotografie zur »Landschaftsfotografie mit Pferd« wandeln kann; Canon EOS 1D X mit Canon EF 70–200 mm f/2,8L IS II USM bei 160 mm, 1/3200 s, Blende 3,5, ISO 200

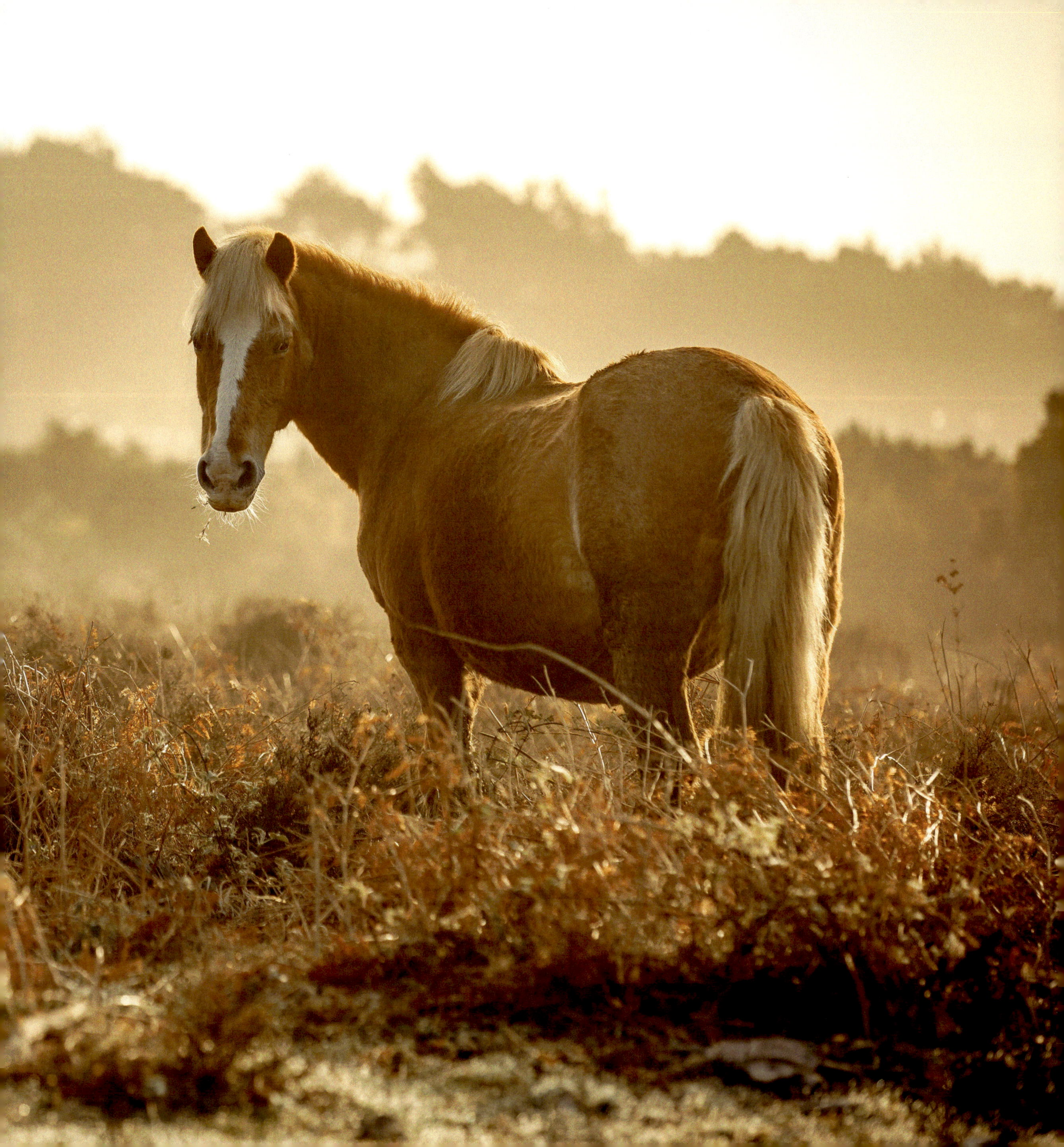

5.1 Nebel

Eines der faszinierendsten Wetterphänomene ist Nebel. Er beinhaltet etwas Geheimnisvolles, gibt er doch oft nur Umrisse und vage Formen preis. Im Kampf gegen die Sonne ergeben sich außergewöhnliche Lichtszenarien, die sich kein Fotograf entgehen lassen will.

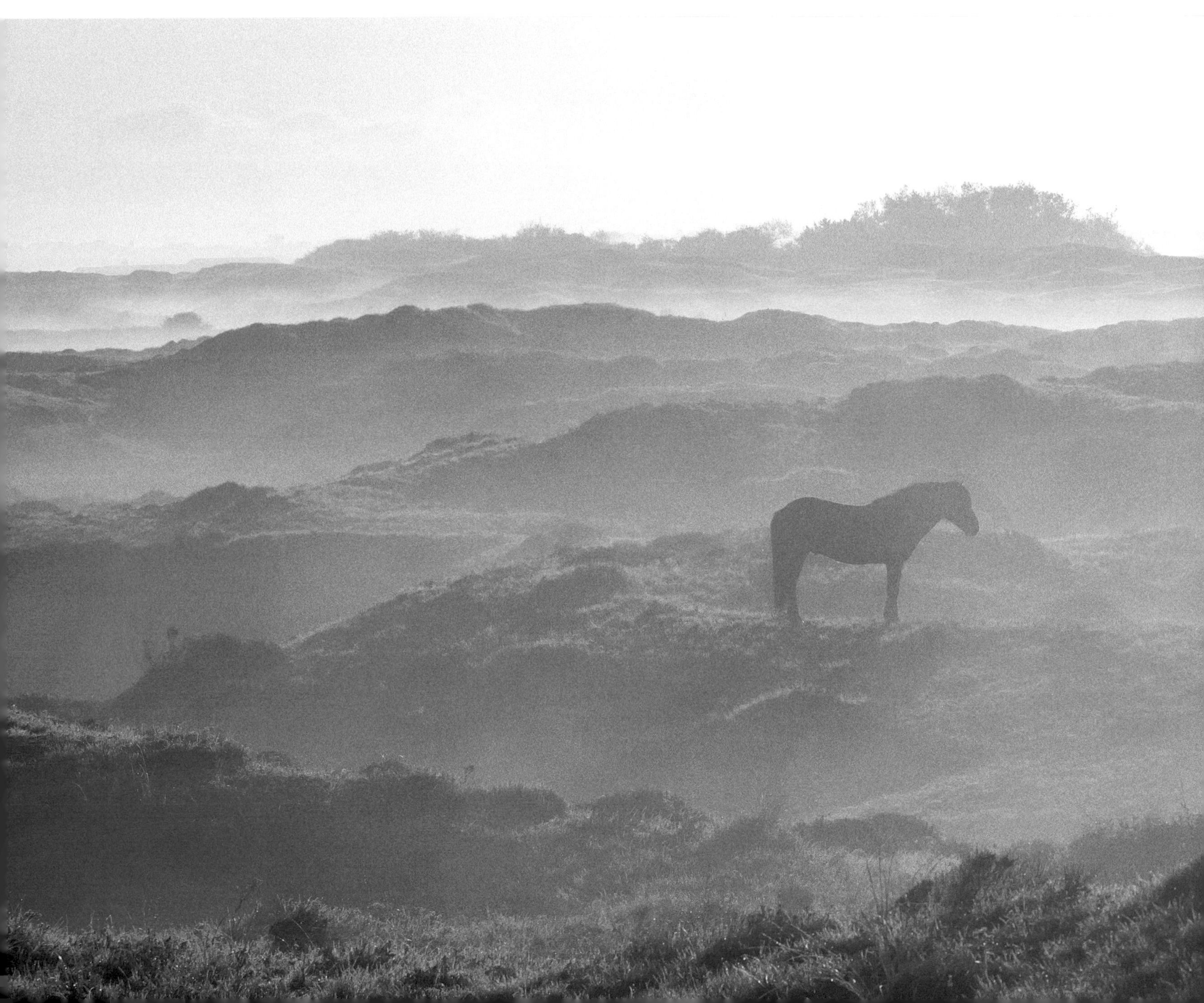

▼ *Mit Nebel war an diesen warmen Maitagen von bis zu 25 °C Tagestemperatur eigentlich nicht zu rechnen. Doch um 5 Uhr in der Frühe zeigte das Thermometer überraschenderweise lediglich + 2 °C . Ideale Bedingungen für die Bildung von Nebel. Auf der Suche nach den wilden Exmoorponys war viel Geduld gefragt, doch auch Eile war angesagt, da die Sonne bereits über den Heidehügeln stand und am Nebel nagte. Als ich einen Hügel erklomm, um Ausschau nach der Herde zu halten, stand plötzlich der Leithengst auf einem gegenüberliegenden Grat. Die Sonne dampfte den Nebel bereits weg, doch für dieses stimmungsvolle Bild reichte die Zeit, bevor die Sonne vollends die Oberhand gewann; Canon EOS 1D X mit Canon EF 70–200 mm f/2,8L IS II USM bei 70 mm, 1/2500 s, Blende 8, ISO 500*

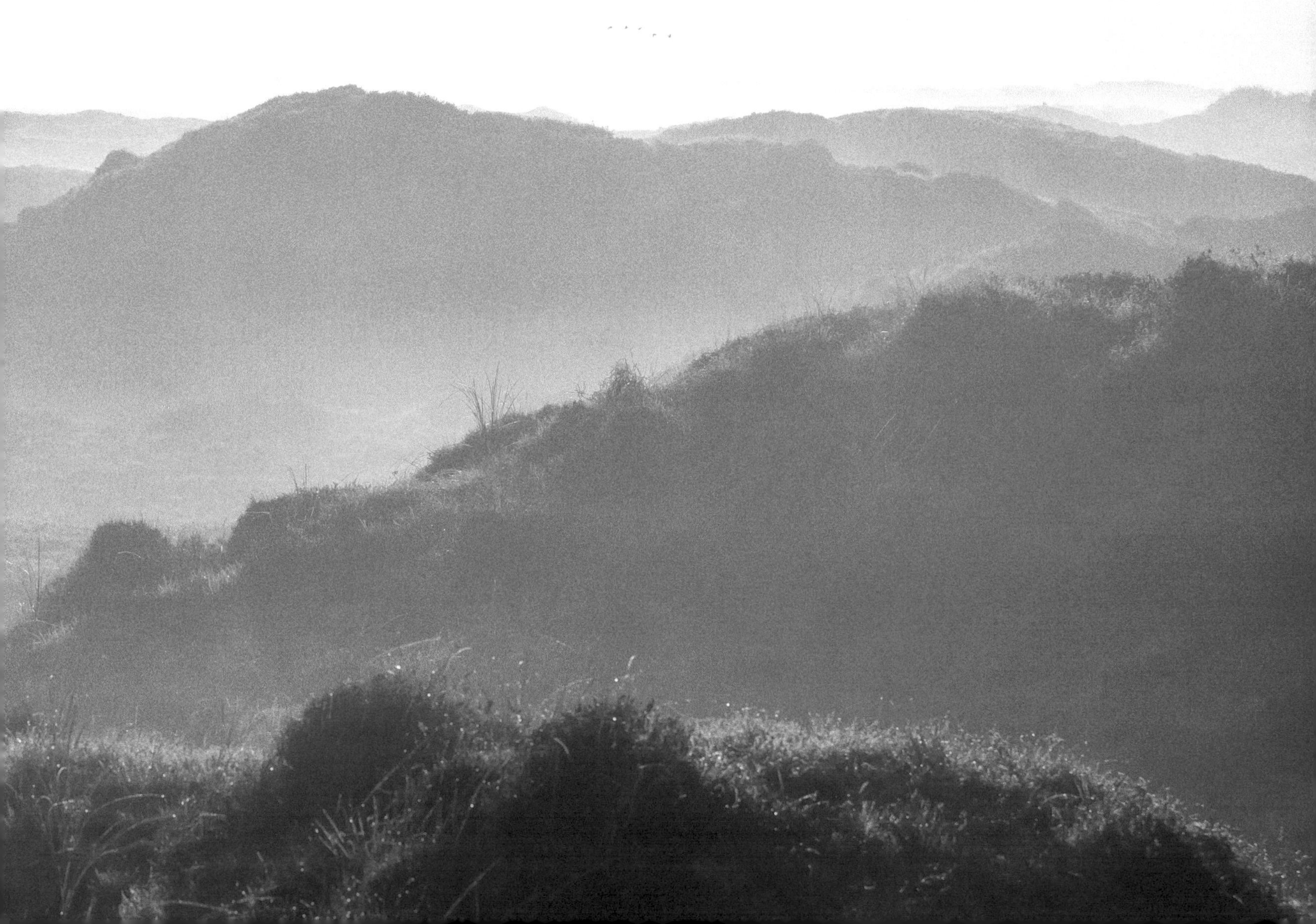

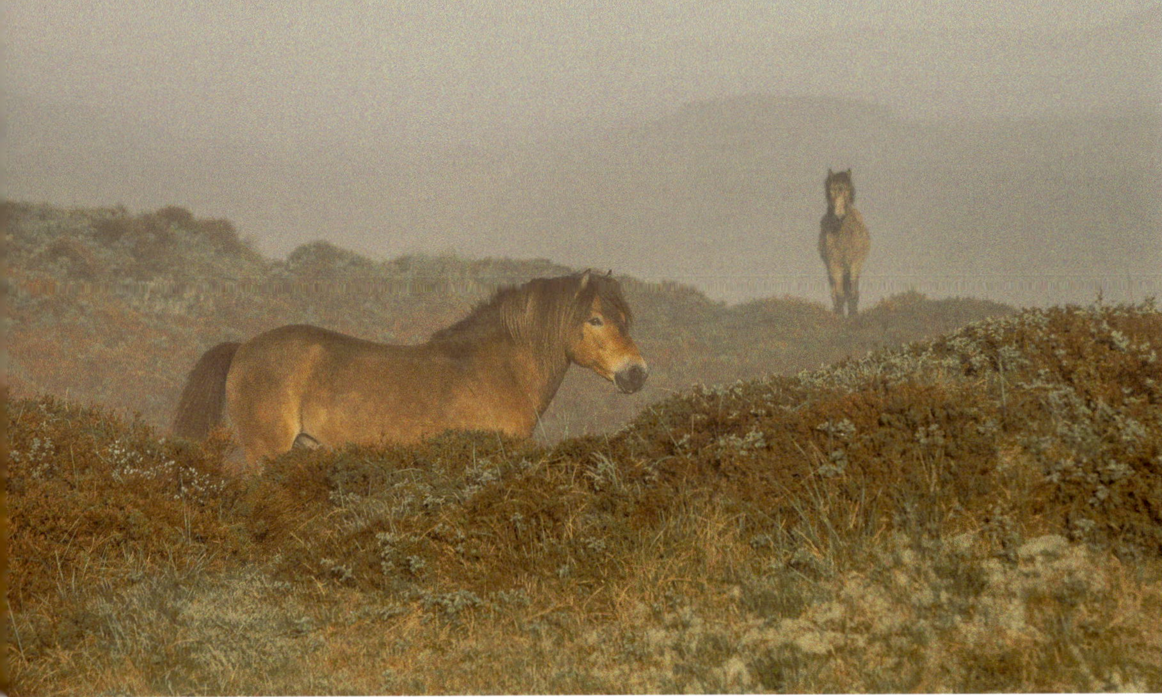

▲ *Dichter Nebel überzieht das hügelige Weideland der freilebenden Exmoorponyherde. Der Hintergrund verschwindet im mystischen Grau des Nebels und zaubert eine geheimnisvolle Stimmung; Canon EOS 1D X mit Canon EF 70–200 mm f/2,8L IS II USM bei 200 mm, 1/1250 s, Blende 8, ISO 640*

In der freien Natur ist der Fotograf logischerweise vom Wetter abhängig. Wie oft macht einem schlechtes Wetter einen Strich durch die Rechnung? Obwohl Sonnenbilder geplant waren, präsentiert sich der Himmel in tristem Grau! Ein Schreckensszenario für den Fotografen!? Nicht jedoch für den kreativen Bildkünstler, denn er ist in der Lage, aus jeder Situation gute Bilder zu zaubern. Verabschiedet sich das Licht, kann man beispielsweise mit Langzeitbelichtungen arbeiten oder Schauplätze mit einbinden, die bei hartem Licht nicht gut funktionieren. Möglichkeiten gibt es viele, um aus einer ungeplanten Situation das Beste zu machen. Das Wetter ist nicht beeinflussbar, aber man kann sich danach richten. Es ändert trotz der felsenfesten Überzeugung des Wettermoderators oft genug seine Meinung. Dann heißt es eben, flexibel zu sein. Und manchmal bekommt man mehr von der Natur geschenkt, als man sich trotz jeglicher noch so akribischer Planung hätte erhoffen können.

▲ *Quarter-Horse-Stute Silena genießt auch an nebligen Tagen den Weidegang. Der extrem dichte Nebel ist eine willkommene Gelegenheit, die Aktion des Pferdes durch eine Silhouette hervorzuheben und damit die Form des Motivs zu betonen. Gleichzeitig war es mithilfe des Nebels möglich, den Koppelzaun im Hintergrund nahezu aufzulösen; Canon EOS 1D X mit Canon EF 70–200 mm f/2,8L IS II USM bei 90 mm, 1/1600 s, Blende 4, ISO 800*

Viele Menschen empfinden Nebeltage als trist und trostlos. Wer möchte an solchen Tagen schon gerne vor die Tür? Hoffentlich der Fotograf! Man muss kein Landschaftsfotograf sein, um den Nebel für seine Motive zu nutzen. Die Landschaft bietet nämlich auch dem Pferdefotografen einen hervorragenden »Rahmen« für sein Motiv.

Wie und wann entsteht Nebel?

Um nicht von zufälligen Nebelbegebenheiten abhängig zu sein, ist eine Vorplanung dennoch sinnvoll. Wann und wo hat man also die besten Chancen auf die Entstehung von Nebel? Grundsätzlich bildet sich Nebel meist in den kühlen Abendstunden, sodass man gut beraten ist, am frühen Morgen mit der Kamera auf Tour zu gehen. Voraussetzung für die Bildung von Nebel sind starke Temperaturschwankungen beziehungsweise fallende Temperaturen. Nebel entsteht dann, wenn die wassergesättigte Luft den Taupunkt erreicht. Hierzu ist tagsüber die Verdunstung von Wasser (durch warme Sonneneinstrahlung) nötig. Deshalb bildet sich Nebel auch meist über Nacht sowie eher in der Nähe von Gewässern.

Die größten Chancen auf Nebel hat man im Herbst und im Winter, da sich abends die Luft so stark abkühlt, dass das verdunstete

Wasser wieder kondensiert. Fällt die Temperatur allerdings unter null Grad, bildet sich Reif. Die Nebelwahrscheinlichkeit ist insbesondere an den Meeresküsten sehr hoch. Wenn die sonnenerwärmte Festlandluft über das Meer zieht, bildet sich sofort Nebel, weil die Luft durch das kalte Wasser schnell abkühlt. Fällt die Temperatur unter etwa 7 °C bildet sich schließlich Nebel. Diesen Nebel nennt man Advektionsnebel, der an den Küsten sehr hartnäckig sein kann und dann tagelang die Sicht beeinträchtigt.

Im Nebel fotografieren

Dunkle Pferde heben sich im Nebel besser ab als helle. Nun muss man sich entscheiden, was man umsetzen möchte. Mit einem Schimmel kann man in dichtem Nebel wunderbare High-Key-Bilder anfertigen. Ein braunes oder schwarzes Pferd hingegen kontrastiert sehr gut mit dem Hintergrund, und der Nebel isoliert das Motiv vom Hintergrund zusätzlich. So werden unschöne Zäune oder Gebäude im Hintergrund vom Nebel regelrecht verschluckt.

Damit der Nebel auf dem Bild nicht grau wird, sollte um ein bis zwei Blendenstufen überbelichtet werden. Wenn die Nebelstimmung verstärkt werden soll, ist es empfehlenswert, ein Teleobjektiv einzusetzen. Den Brennweitenfaktor komprimiert die Tiefe im Bild, und der Nebel wirkt dadurch dichter.

Nebel zaubert eine mystische Stimmung, da manches im Verborgenen bleibt. Gewinnt im Laufe des Tages aber die Sonne oder der Wind die Oberhand, reißt der Nebel auf oder wird von der Sonne weggedampft. Dann färbt sich der Nebel zartgelb, orange oder rötlich. Eine romantische Stimmung entsteht durch einen weichen und warmen Schleier, der die Szenerie beherrscht. Diese Situation hält meist nur wenige Minuten an, doch es ist reichlich Zeit für außergewöhnliche Stimmungsfotos von Pferden auf der Weide oder von vorübergaloppierenden Reitern. Fast jedes Pferdemotiv eignet sich dazu, in stimmungsvollen Nebel eingetaucht zu werden.

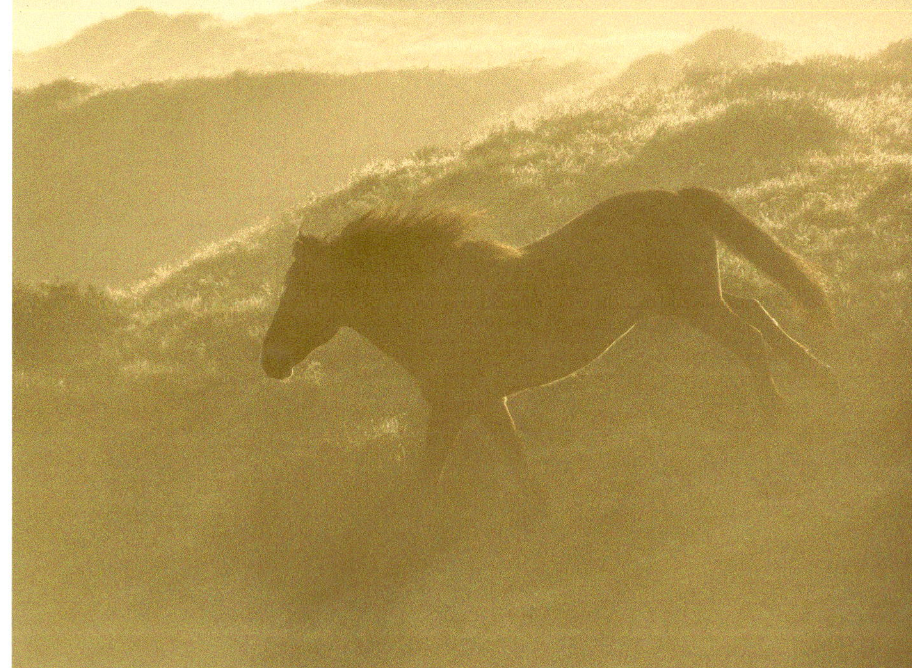

▲ *Die morgendlichen Sonnenstrahlen dampfen den Nebel weg, während das Wildpferd über die Hügel galoppiert; Canon EOS 1D X mit Canon EF 70–200 mm f/2,8L IS II USM bei 200 mm, 1/1000 s, Blende 8, ISO 320*

▼ *Die Ponyherde genießt ihr Frühstück, während die Maisonne fleißig dem Nebel zu Leibe rückt. Innerhalb von 10 Minuten war der Nebel aufgelöst; Canon EOS 1D X mit Canon EF 70–200 mm f/2,8L IS II USM bei 70 mm, 1/400 s, Blende 8, ISO 320*

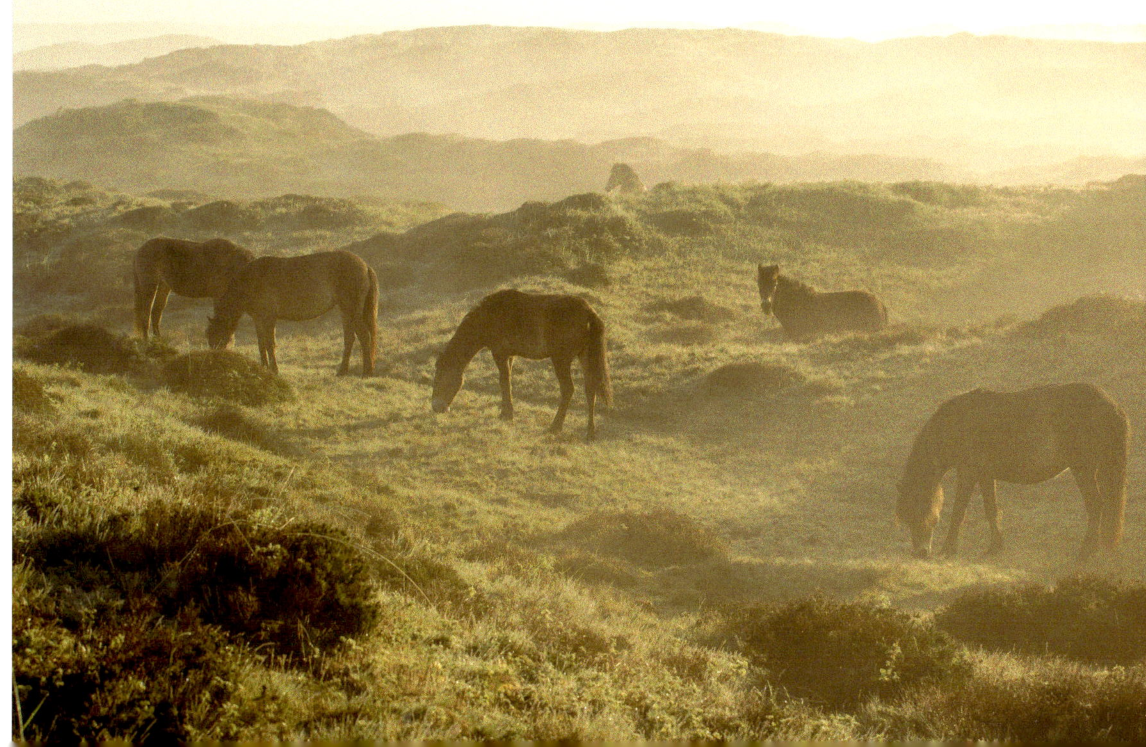

5.2 Regenbogen

Eines der schönsten Wetterphänomene ist der Regenbogen. Aufgrund seiner bunten Farben ist er das ideale Futter für die Kamera und kann jedes Pferdebild nur aufwerten. Trotz guter Wetterbeobachtung lässt es sich jedoch kaum planen, einen Regenbogen zu fotografieren.

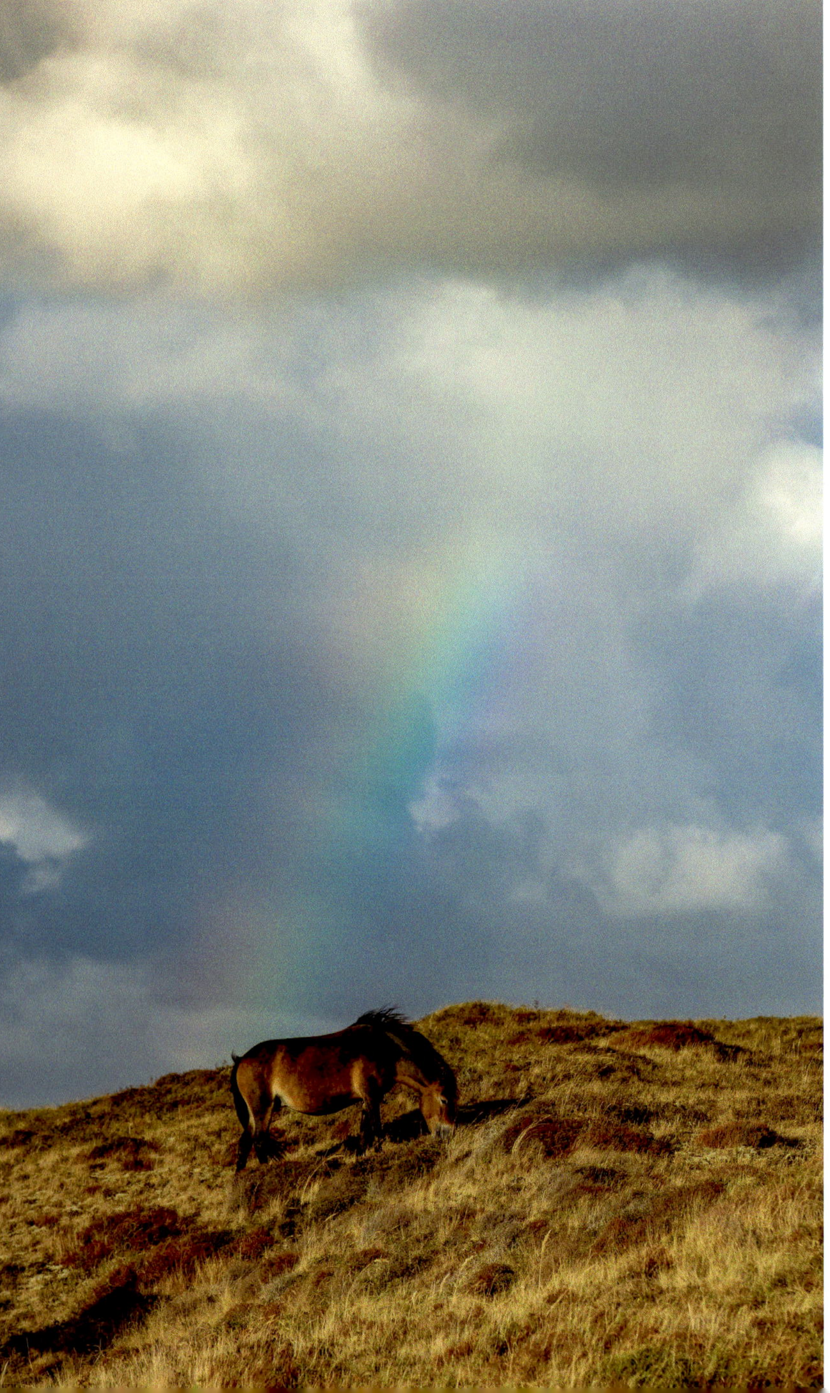

Einen Regenbogen gezielt zu fotografieren, ist kaum möglich, dennoch kann man seine Chancen erhöhen, wenn man das Wetter gut beobachtet.

Wie ein Regenbogen entsteht

Bei wechselhaftem Wetter, bei dem sich Sonne und Regen einander in zügiger Folge ablösen, stehen die Chancen zwar am besten, dass sich ein Regenbogen am Himmel zeigt, dennoch ist dieses Naturschauspiel schwierig vorherzusagen. Meistens bricht die Sonne nur kurzzeitig durch die Wolken, und der Regenbogen zeigt sich lediglich wenige Sekunden oder Minuten lang. Nicht selten herrscht bei einer solchen Wetterlage auch viel Wind, der die Regenwolken vor sich hertreibt und somit der Sonne immer wieder eine Chance gibt, sich zu zeigen. Ist man bei solchem Wetter in der Natur unterwegs, sollte man auf einen Regenschutz für seine Kameraausrüstung nicht verzichten.

Ein Regenbogen entsteht immer dann, wenn sich das Sonnenlicht in den Wassertröpfchen des Regens bricht. Darum ist neben der obligatorischen Sonne der Regen ein wichtiger Bestandteil dieses Phänomens. Trifft beides zusammen, sind aufgrund der Lichtbrechung in den Regentropfen alle Farben des Prismas am Himmel zu sehen. Je nach Intensität des Regenschauers und der Sonneneinstrahlung reicht der Regenbogen von einem minimalen Bruchstück einer Himmelsverfärbung bis hin zu einem doppelt sichtbaren Halbkreis, der sich von einer Stelle des Horizonts halbkreisförmig über einen Großteil des Himmels zieht und an anderer Stelle wieder in die Erde eintaucht.

◀ *Schon kleine Farbtupfer werten ein ansonsten eher langweiliges Foto auf. Die Wolkenformationen unterstreichen das Wilde des rauen Pferdelebens; Canon EOS 1D X mit Canon EF 70–200 mm f/2,8L IS II USM bei 200 mm, 1/2500 s, Blende 7,1, ISO 640*

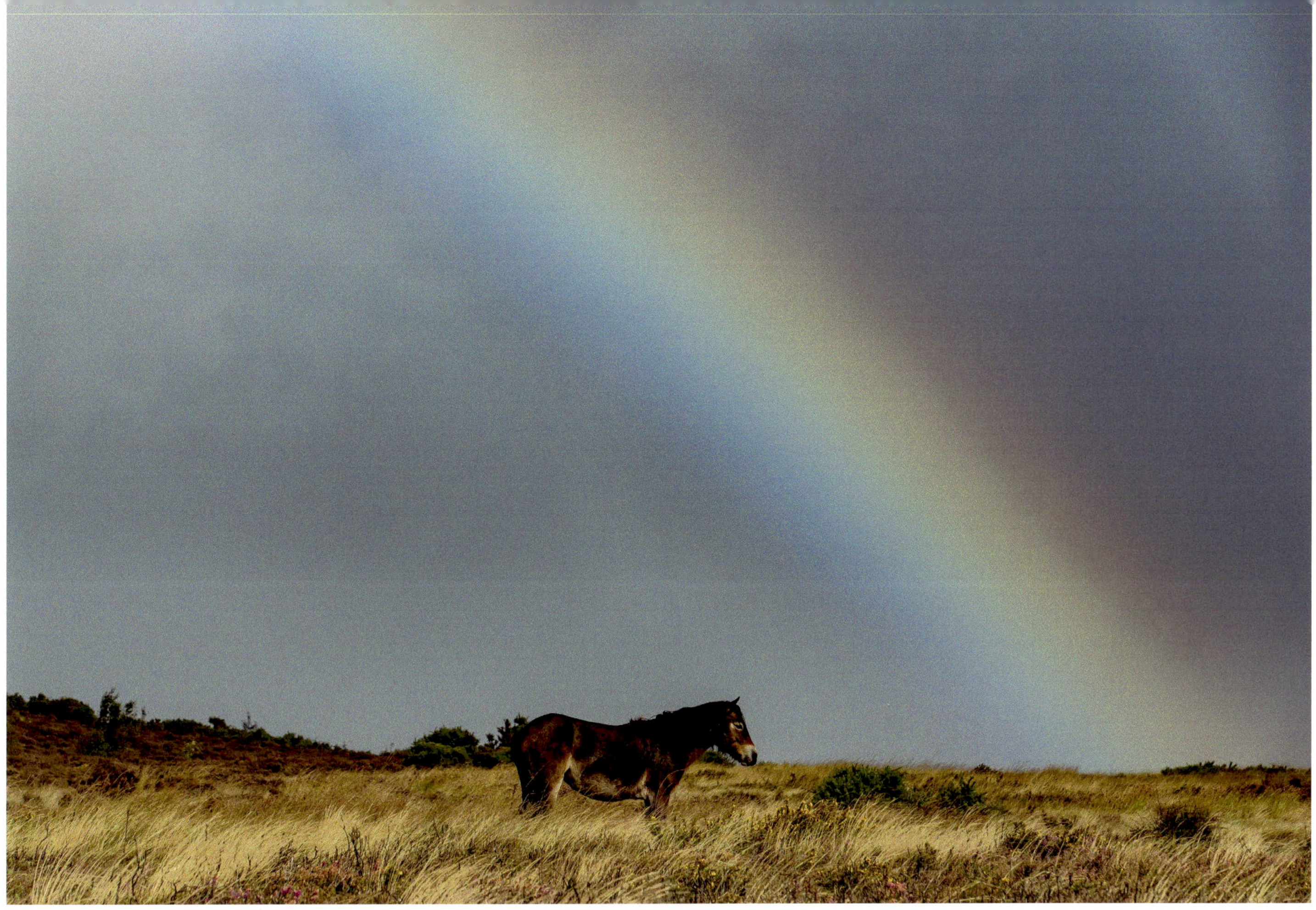

▲ *Auf diesem Bild stülpt sich der Regenbogen wie ein schützendes Dach über das Wildpferd. Der bedrohlich dunkle Himmel vermittelt eine düstere Stimmung, die durch die freundlichen Regenbogenfarben gebrochen wird. Die dadurch erzeugte Spannung steht im interessanten Widerspruch zur Verhaltensweise des Ponys, das geduldig und eher unbeteiligt Wind und Wetter trotzt; Canon EOS 1D X mit Canon EF 70–200 mm f/2,8L IS II USM bei 120 mm, 1/1250 s, Blende 8, ISO 800*

Regenbogen im Fokus

Um einen kompletten Regenbogen, der sich eventuell mit gespiegelter Farbabfolge in parallelem Verlauf doppelt zeigt, ablichten zu können, benötigt man ein Weitwinkelobjektiv. Ein Pferdefotograf ist aber mit der Abbildung eines Regenbogens an sich nicht zufrieden, für ihn steht das Pferd im Vordergrund, das selbstverständlich unbedingt mit aufs Bild soll. Mit einem Weitwinkelobjektiv wäre das Pferd zu klein auf dem Bild und käme nicht zur Geltung. Hier muss man sich entscheiden: Möchte man einen Regenbogen mit Pferd oder ein Pferd mit Regenbogen fotografieren?

Der Landschaftsfotograf würde sich voraussichtlich für die erste Variante entscheiden, der Pferdefotograf favorisiert hingegen meist die zweite Möglichkeit. Das Pferd soll nicht nur Beiwerk sein, sondern das Hauptmotiv des Bildes bleiben. Da es aber auch vorteilhaft ist, den Lebensraum des Pferdes mit auf dem Bild darzustellen, kann in diesem Fall der Landschaft auch mehr Raum gegeben werden. Zeigt sich jedoch ein Regenbogen am Himmel, wird man die Kamera etwas höher schwenken, um den Farbkreis als Gestaltungselement mit aufs Bild zu bannen. Nach den Gestaltungsregeln stellt man dem Himmel etwa zwei Drittel des Gesamtbildes zur Verfügung, um möglichst viel vom Regenbogen mit aufs Bild zu nehmen. Manchmal wirkt jedoch ein schmalerer Bodenstreifen noch besser.

Da die Kamera gegen die dunklen Regenwolken gerichtet häufig etwas zu hell belichtet, sollte man manuell mit etwa einer Stufe Unterbelichtung nachkorrigieren. Damit kommen auch die Regenbogenfarben besser zur Geltung. Mit der Sonne im Rücken intensiviert sich das dunkle Grau der Regenwolken, sodass eine faszinierende Lichtstimmung entsteht. Dieses Licht gilt es nun mit der Kamera einzufangen.

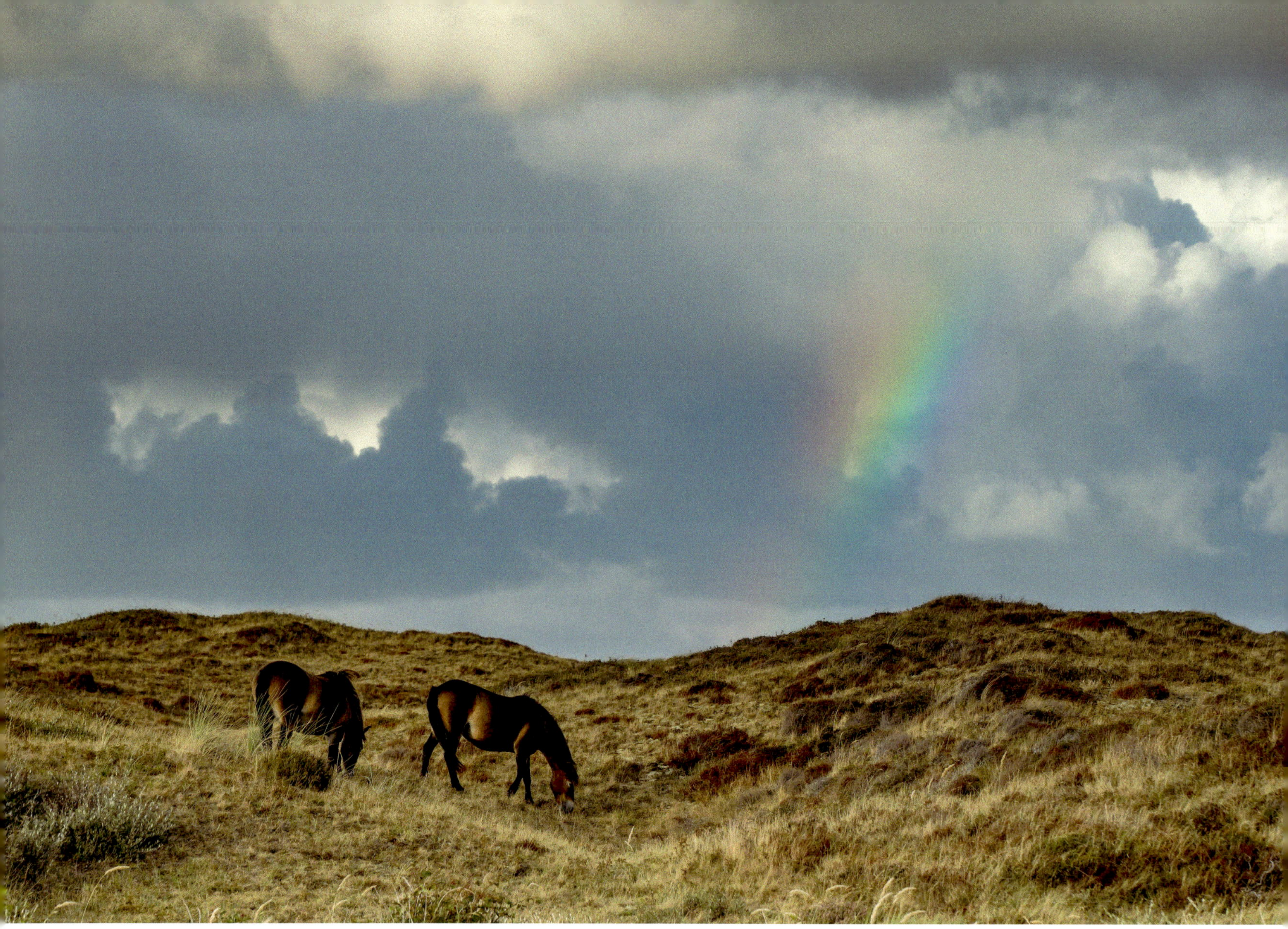

▲ *Der Wind reißt die Wolken nach einem Regenguss auf, wodurch sich interessante Formationen zeigen. Das diffuse und nur kurzzeitig durchbrechende Sonnenlicht reicht aus, um einen bunten Klecks in Regenbogenfarben in den Himmel zu zaubern. Die Farbstreifen verhelfen dem Bild zu mehr Harmonie; Canon EOS 1D X mit Canon EF 70–200 mm f/2,8L IS II USM bei 125 mm, 1/1250 s, Blende 7,1, ISO 1000*

Farben und Bogen als Gestaltungsmittel

Oft entsteht ein dramatischer Himmel, wenn der Wind die Regenwolken in Fetzen reißt, der Regenbogen zerfällt dann aber auch sehr schnell, und die Leuchtkraft lässt nach. Doch schon ein kleiner Farbklecks kann ein ansonsten eher langweilig wirkendes Weidefoto aufwerten.

Wenn man Pferde fotografiert, ist es stets vorteilhaft, die Umgebung auf dem Bild mit einzubeziehen. Es zeigt schließlich den Lebensraum des Pferdes und vermittelt das Gefühl von Freiheit und Wildheit, die in den Genen der Tiere verwurzelt sind. Dabei ist es unerheblich, ob es sich um Hauspferde auf einer Weide oder um tatsächlich freilebende Wildpferde handelt, die man vor der Linse hat.

Hat man die Chance, den Regenbogen als Gestaltungsmittel mit aufs Bild zu nehmen, kann man versuchen, den Pferden mithilfe des Farbkreises auch einen Rahmen zu geben. Dieser vermittelt wiederum

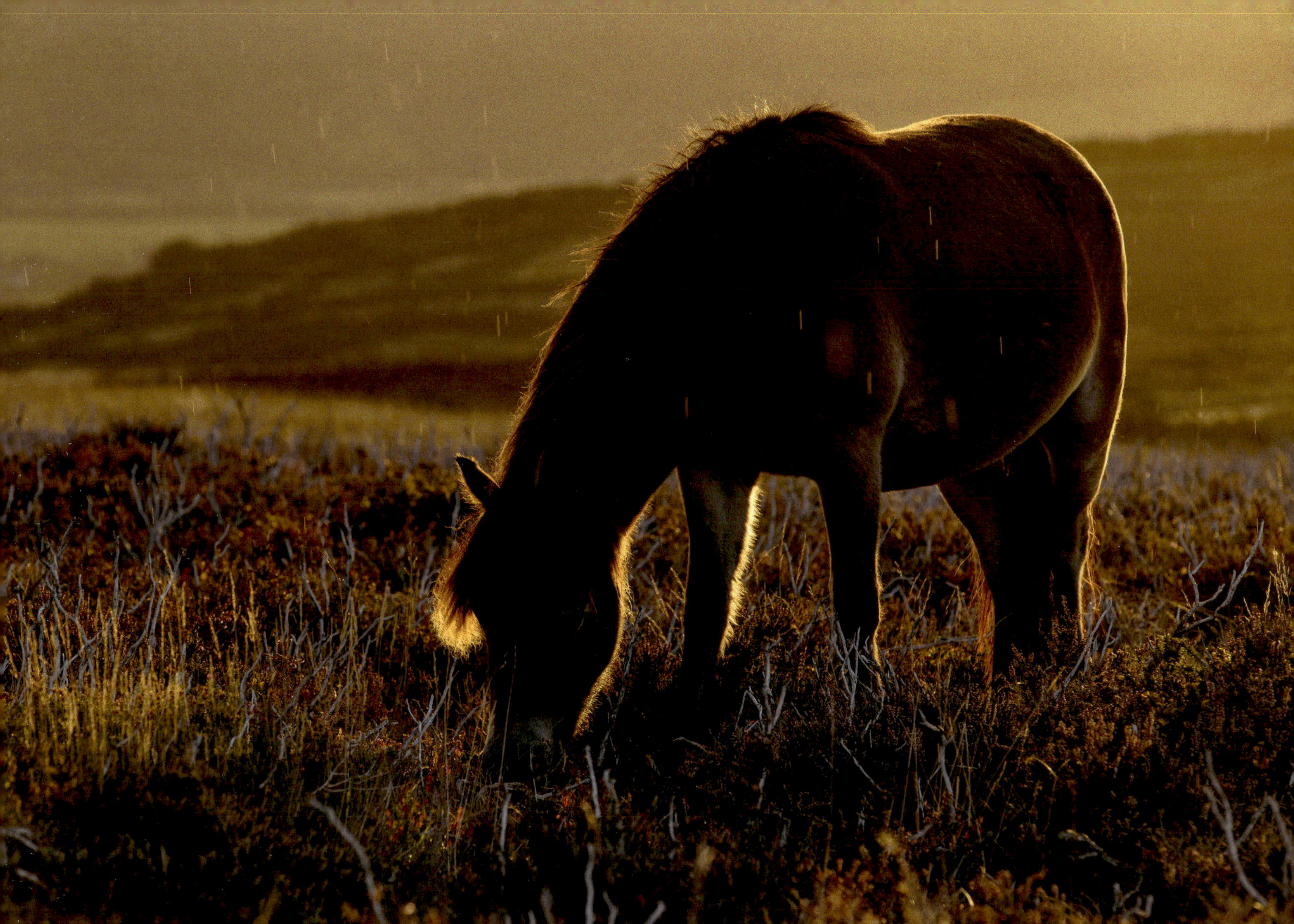

▲ *Bei Regenbogenwetter einmal hinter sich geblickt: Während die Morgensonne gegen die Regenwolken ankämpft, ergibt sich eine fantastische Lichtstimmung, die das Exmoorpony in einen sanften Lichtsaum hüllt. Mit einer etwas längeren Belichtungszeit wird der Regen deutlicher sichtbar, weil sich die Regentropfen in kleine Striche verwandeln; Canon EOS 1D X mit Canon EF 70–200 mm f/2,8L IS II USM bei 200 mm, 1/160 s, Blende 8, ISO 1000*

einen beschützenden Charakter und tätigt so eine widersprüchliche und damit spannende Aussage: Einerseits zeigt der im Bild einbezogene Lebensraum die Rauheit, Freiheit und wilde Seite des Pferdelebens auf, andererseits vermittelt der Regenbogen durch seine Form Geborgenheit und Ruhe.

So schön sich ein Regenbogen auf dem Bild macht, man sollte keinesfalls die Kehrseite der »Medaille« vergessen. Um zu sehen, was sich hinter einem abspielt, sollte der Fotograf beizeiten auch einmal hinter sich blicken. Oft wird diese Flexibilität mit wunderschönen Gegenlichteffekten belohnt.

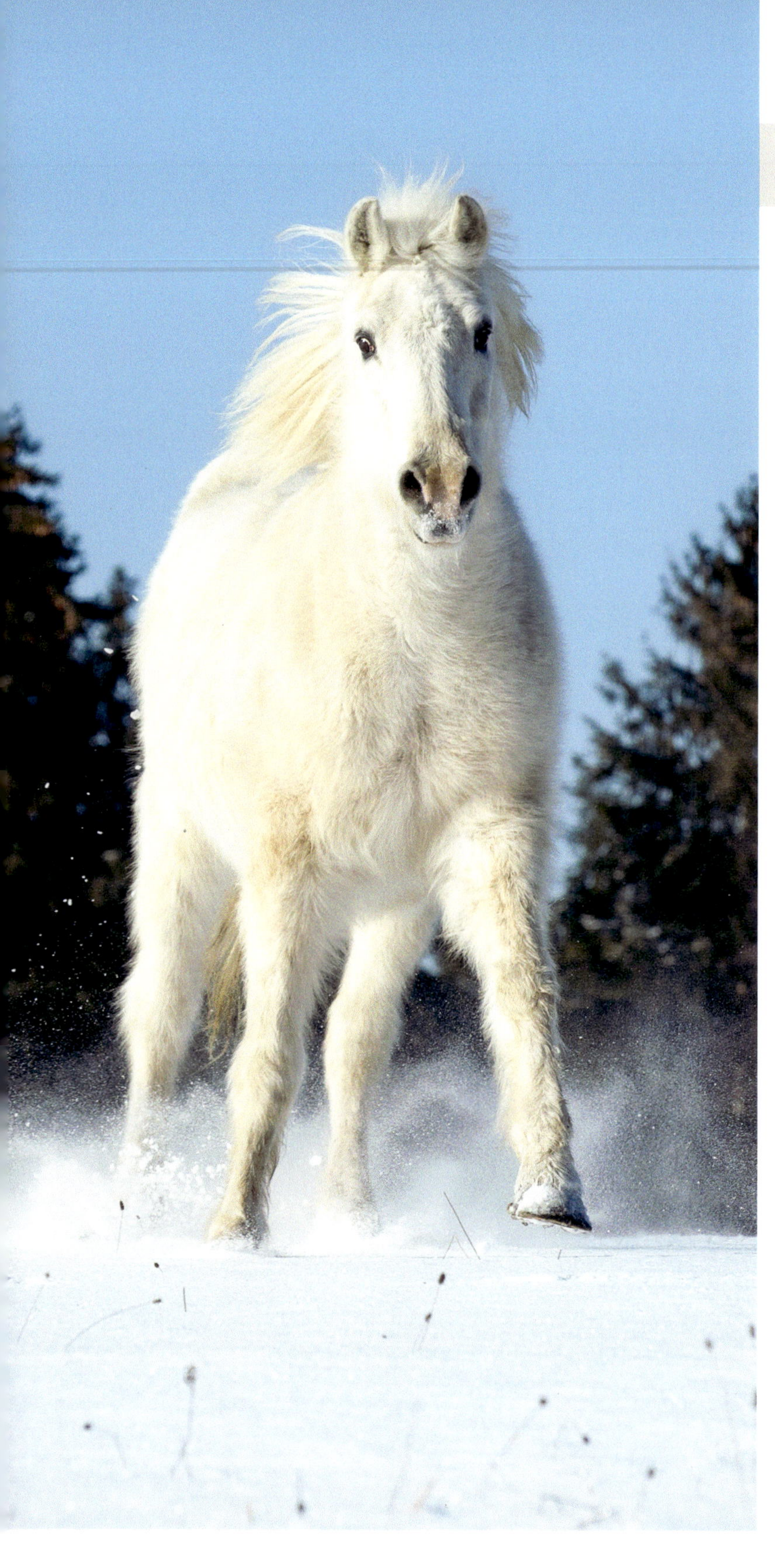

5.3 Winter

In der kalten Jahreszeit muss man sich manchmal schon überwinden, die Kamera in die Hand zu nehmen und nach draußen zu gehen. In den meisten Fällen lohnt es sich aber, denn das Winterhalbjahr hält mit Eis, Schnee, Nebel und Reif interessante Lichtstimmungen und Strukturen bereit.

Möchte man Pferde ins rechte Licht rücken, können winterliche Wetterlagen sehr dazu beitragen. Erst das Wetter mit seinen vielen Facetten wie Nebel, Wind, Reif und Schnee hilft, das winterliche Licht zu gestalten und für Dramatik und Stimmung zu sorgen.

»Reif« für den Winter

Zugegeben, es braucht etwas Überwindung, sich in der kalten und dunklen Jahreszeit noch vor Sonnenaufgang aus den Federn zu quälen. Beim Blick aus dem Fenster kann man sich über dichten Nebel zunächst auch nicht wirklich freuen. Doch wenigstens einen Trost gibt es in den Wintermonaten: Die Sonne geht viel später auf, sodass man nicht schon – wie im Sommer – um 4 Uhr früh das gemütliche Bett verlassen muss. Das ist doch sehr tröstlich!

Der Blick auf das Thermometer verrät, was an diesem Tag an Motiven möglich ist. Je kälter, umso interessanter können die Gegebenheiten sein. Denn Nebel gefriert bei Minustemperaturen und legt sich als Reif über die Vegetation. Was gibt es Besseres, als mit »bereiften« Bäumen den Hintergrund eines Pferdeporträts oder Freilaufbildes zu gestalten? Ist das Wunschmotiv im Kopf, hüpft es sich doch schon viel leichter in die Thermohose!

Pferde lieben Schnee

Es lohnt sich, wie so oft beim Fotografieren, früh genug am Start zu sein, um die meist nur kurzen Phasen des besten Lichts nicht zu verpassen. Das ist in Verbindung mit der Pferdefotografie nicht immer einfach, da nicht nur die Umweltbedingungen, sondern auch das Pferd in dem Moment »mitspielen« müssen. Doch keine Sorge:

◂ Auch mit 37 Jahren hat die New-Forest-Stute Dunya im winterlichen »Eisbärenlook« viel Freude, über die mit Neuschnee bedeckte Weide zu toben. Die durch die unberührte Schneedecke sprießenden Grasstängel geben der Schneefläche mehr Struktur; Canon EOS 1D Mk IV mit Canon EF 70–200 mm f/2,8L IS II USM bei 165 mm, 1/1250 s, Blende 6,3, ISO 400

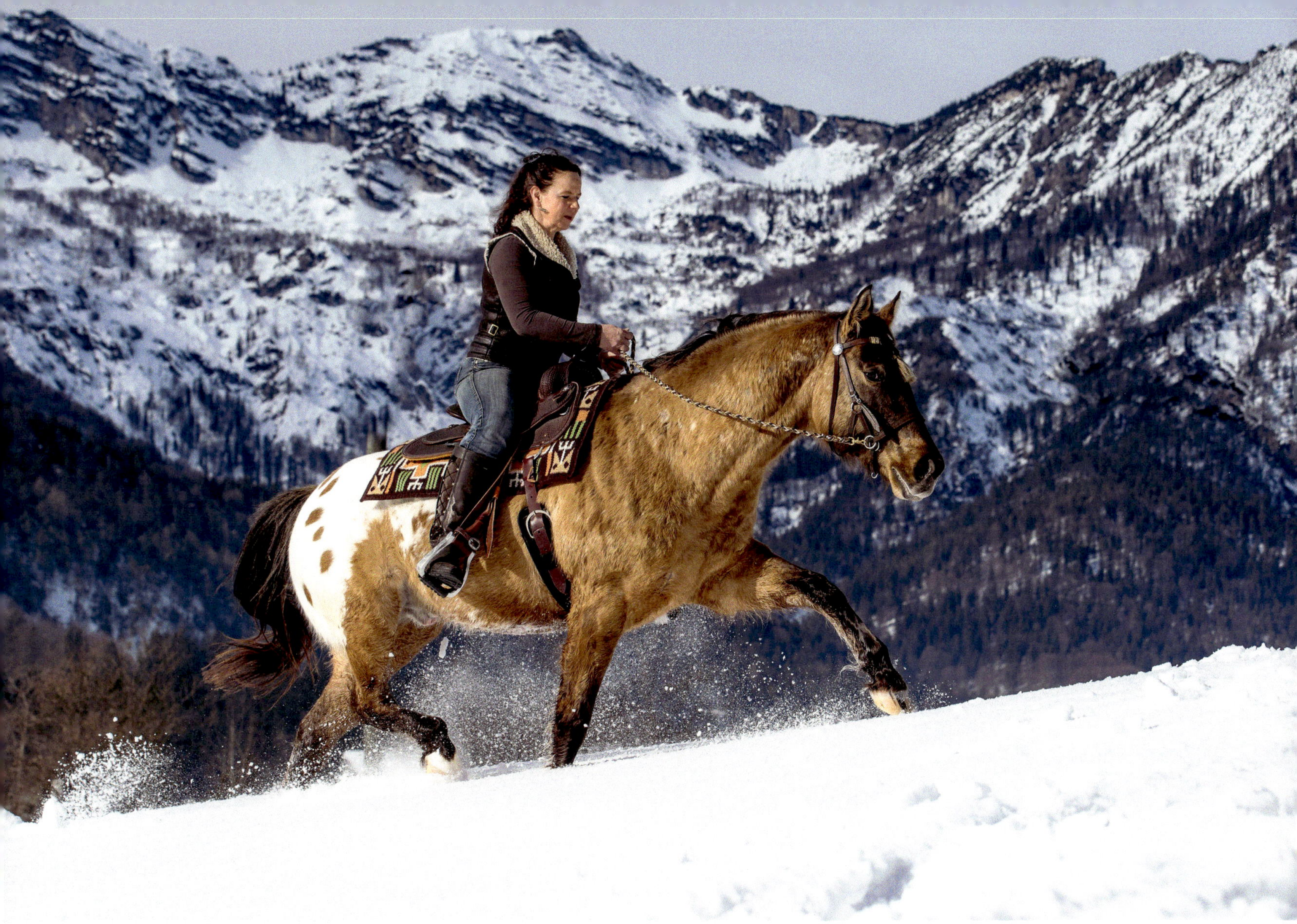

▲ *Appaloosawallach Feivel und seine Reiterin Monika genießen den winterlichen Ausritt vor der fantastischen Kulisse der verschneiten Berchtesgadener Alpen (Retusche: störendes Element, Stromoberleitung); Canon EOS 1D X mit Canon EF 70–200 mm f/2,8L IS II USM bei 102 mm, 1/2000 s, Blende 7,1, ISO 400*

Pferde lieben Schnee! Wälzen, rennen und toben stehen bei den Vierbeinern ganz oben auf der To-Do-Liste, vor allem, wenn über Nacht Neuschnee gefallen ist. Und kalte Temperaturen machen ihnen nichts aus, im Gegenteil: Kälte spornt die Vierbeiner sogar zu vermehrter Aktivität an.

Die Pferde sollten aber erst auf die Koppel entlassen werden, wenn der Fotograf bereit ist. In den ersten Minuten entstehen nämlich die besten Motive, bis sich die Tiere genügend ausgetobt haben. Für Freilaufbilder sind Spuren im Schnee allerdings nicht besonders schön, deshalb sollte der Laufweg des Pferdes über eine unberührte Neuschneedecke genau geplant werden. Der erste Versuch muss sitzen. Aus diesem Grund sollte man sich für die Serienbildfunktion der Kamera entscheiden, um die Chancen für die vorteilhaften Galoppphasen hochzuschrauben. Freilaufende Pferde zu fotografieren, stellt eine zusätzliche Herausforderung dar, weil es nicht immer einfach ist, das Verhalten der Vierbeiner zu kontrollieren oder deren Laufweg zu bestimmen. Ohne Helfer kommt der Fotograf darum selten aus.

Einfacher umzusetzen sind deshalb Reitfotos, da der Reiter deutlich besser auf den Laufweg Einfluss nehmen kann. Bilder von Reitern und Pferden im Galopp über schneebedeckte Wiesen und Felder

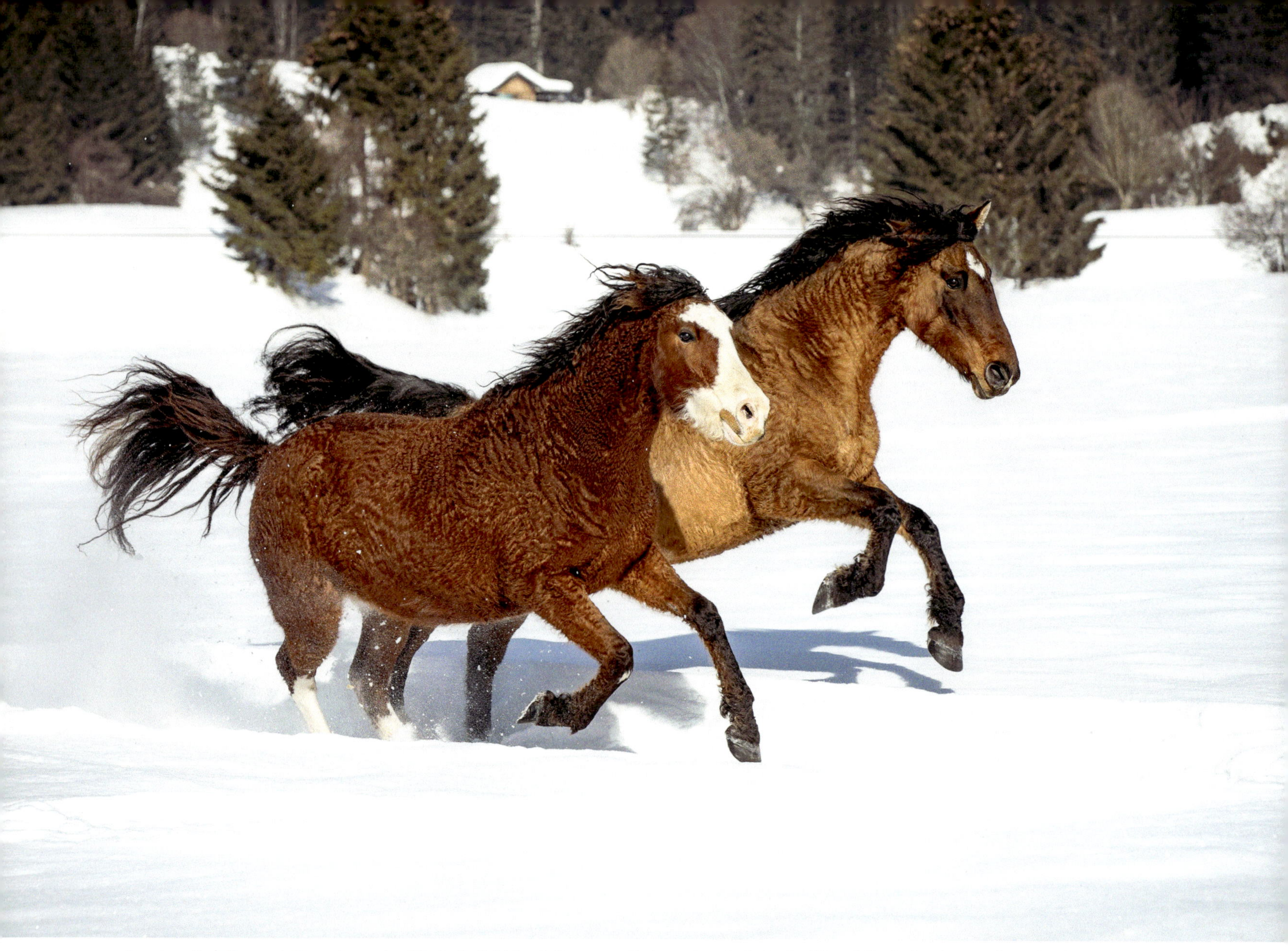

▲ *American Curly Horses sind ganz besondere Pferde. Ihr Fell ist antiallergen, und bei manchen Curlys ist das Winterfell gelockt oder gewellt wie bei diesen beiden befreundeten Stuten Bella (vorne) und Karma. Die seltenen Curly Horses sind wegen ihres Lockenfells ein besonderes Motiv im Winter; Canon EOS 1D X mit Canon EF 70–200 mm f/2,8L IS II USM bei 150 mm, 1/2500 s, Blende 8, ISO 400*

haben auch ihren Reiz, dennoch bleibt die Emotion der Freiheit und Wildheit klar auf der Strecke. Es ist eine Frage des Geschmacks, ob man Pferde unter dem Sattel oder lediglich solo ablichten möchte. Zudem werden die örtliche Begebenheit sowie die Intension des Fotoshootings eine entscheidende Rolle spielen, ob man sich für Reitbilder, ruhige Porträts oder Freilaufbilder entscheidet.

Will man den sonst so kontrastarmen Winter etwas aufpeppen, entscheidet man sich für ein dunkles Pferd (Rappe, Brauner) in weißem Schnee oder vor reifbedeckten Bäumen. Damit wird auch der Reif oder Schnee tatsächlich weiß abgebildet, da die Kamera das dunkle Hauptmotiv nicht zu dunkel belichten wird.

Dennoch muss man vorsichtig sein, denn nicht immer schafft die Kamera den Kontrastumfang, sodass entweder der Schnee überbelichtet oder das Pferd unterbelichtet ist. Bricht die Sonne durch den morgendlichen Nebel (ein Glücksfall für den Fotografen!), bringt man Licht auf das dunkle Fell, und das Problem ist gelöst.

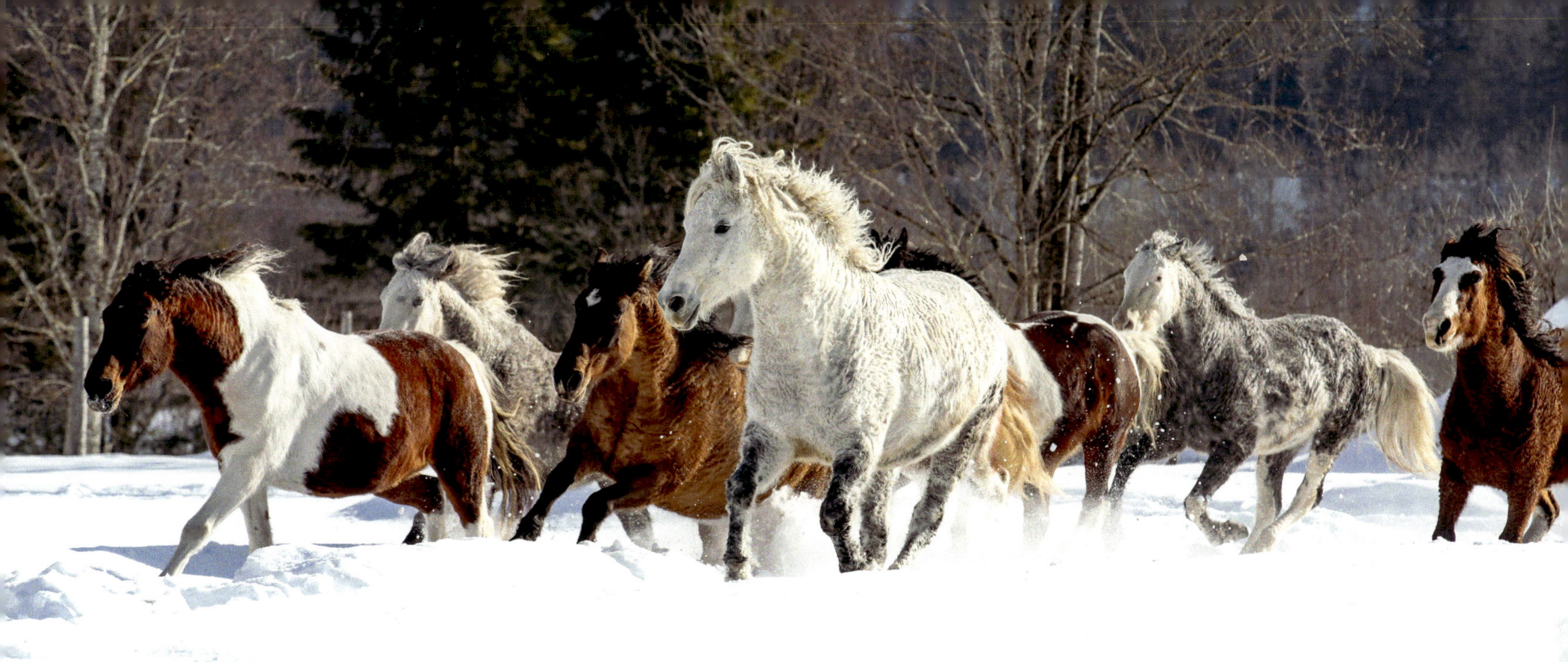

▲ *Eine Herde von American Curly Horses beim Galopp über die schneebedeckte Weide; Canon EOS 1D X mit Canon EF 70–200 mm f/2,8L IS II USM bei 200 mm, 1/1250 s, Blende 8, ISO 400*

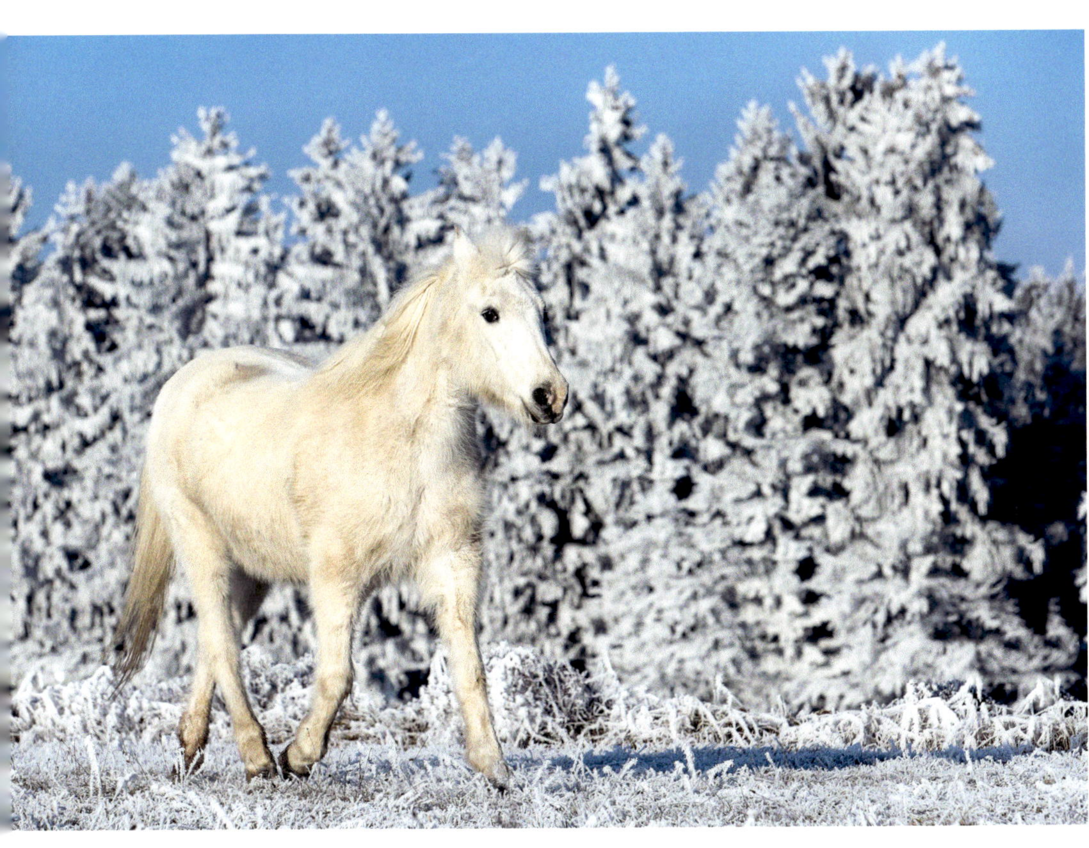

◀ *Winter-Wonderland: Starker Nebel in der Nacht, ein leichter Wind und Temperaturen im Minusbereich waren die Zutaten für die Bildung von Reif, der die Vegetation mit dickem Weiß überzog. So entstand eine herrliche Kulisse für das Freilaufbild von New-Forest-Stute Dunya (Retusche: Koppelzaun); Canon EOS 1D X Mk II mit Canon EF 70–200 mm f/2,8L IS II USM bei 145 mm, 1/2000 s, Blende 6,3, ISO 250*

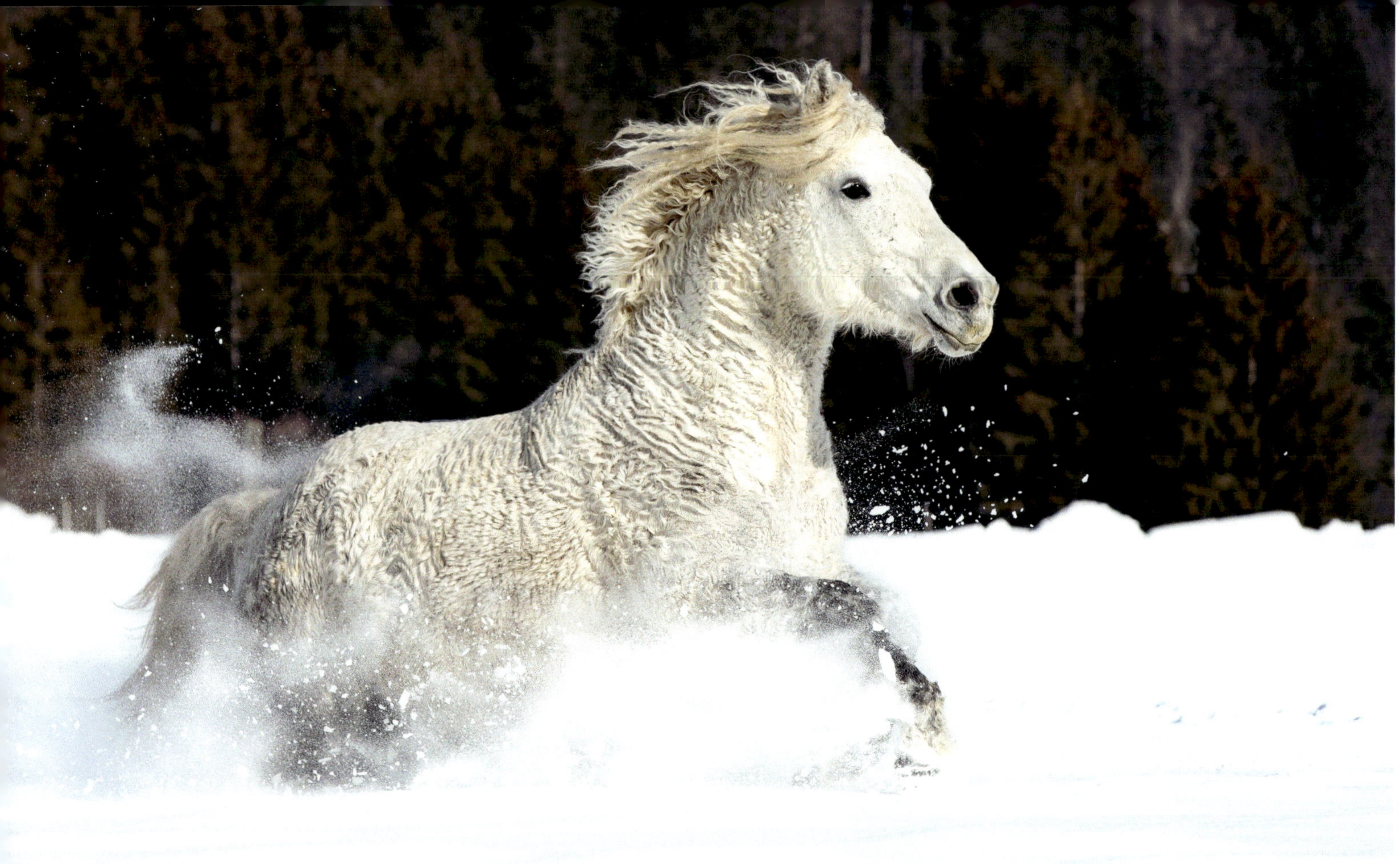

▲ *Die 13-jährige Curlystute Lucia beim Galopp durch den Tiefschnee, der ihr bis zum Bauch reicht; Canon EOS 1D X mit Canon EF 70–200 mm f/2,8L IS II USM bei 185 mm, 1/2000 s, Blende 6,3, ISO 320*

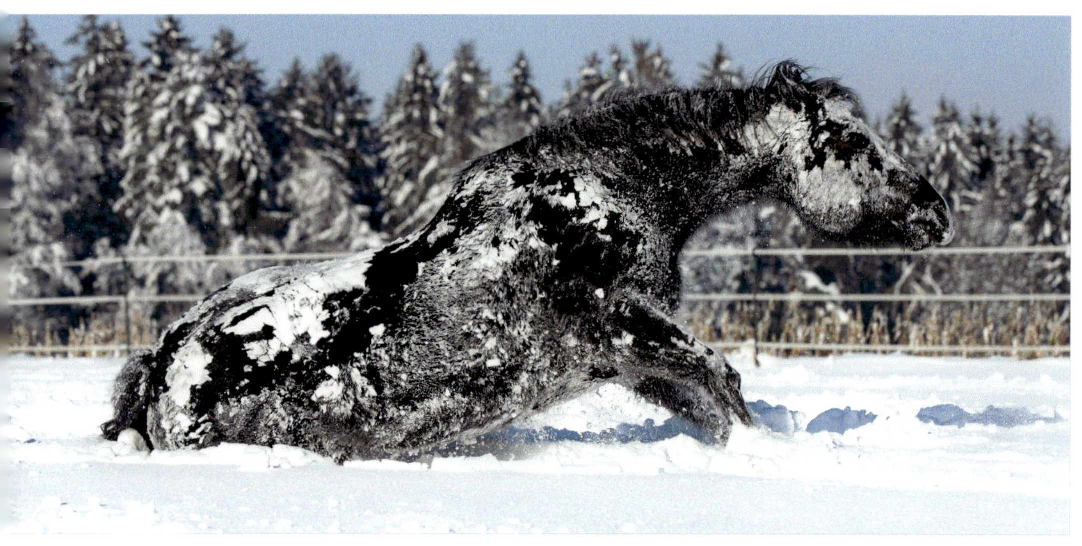

▲ *Wie viele andere Pferde auch liebt es die Quarter-Horse-Stute Silena, sich im Schnee zu wälzen; Canon EOS 1D X mit Canon EF 70–200 mm f/2,8L IS II USM bei 105 mm, 1/3200 s, Blende 5,6, ISO 400*

Schnee und Reif sind immer weiß

Um dem Kontrastproblem aus dem Weg zu gehen, bevorzugt man vielleicht einen Schimmel als Fotomodel. Ein weißes Pferd vor hellem Hintergrund bringt den kreativen Fotografen sofort auf die Idee, ein High-Key-Bild zu kreieren (s. Kap. 10.1 »High Key«). Da lohnt es sich zunächst schon einmal, die Belichtung etwas großzügiger zu gestalten. Der Automatikmodus sollte bei Schneebildern aber möglichst ausgeschaltet bleiben, da dieser bei hellen Situationen (Schnee) eine Überbelichtung vermutet und darum die Belichtung herunterregelt, sie also zu knapp bemisst, sodass der Schnee letztendlich grau wirkt. Dies ist nicht realistisch und nimmt dem Bild den Reiz. Schnee und Reif

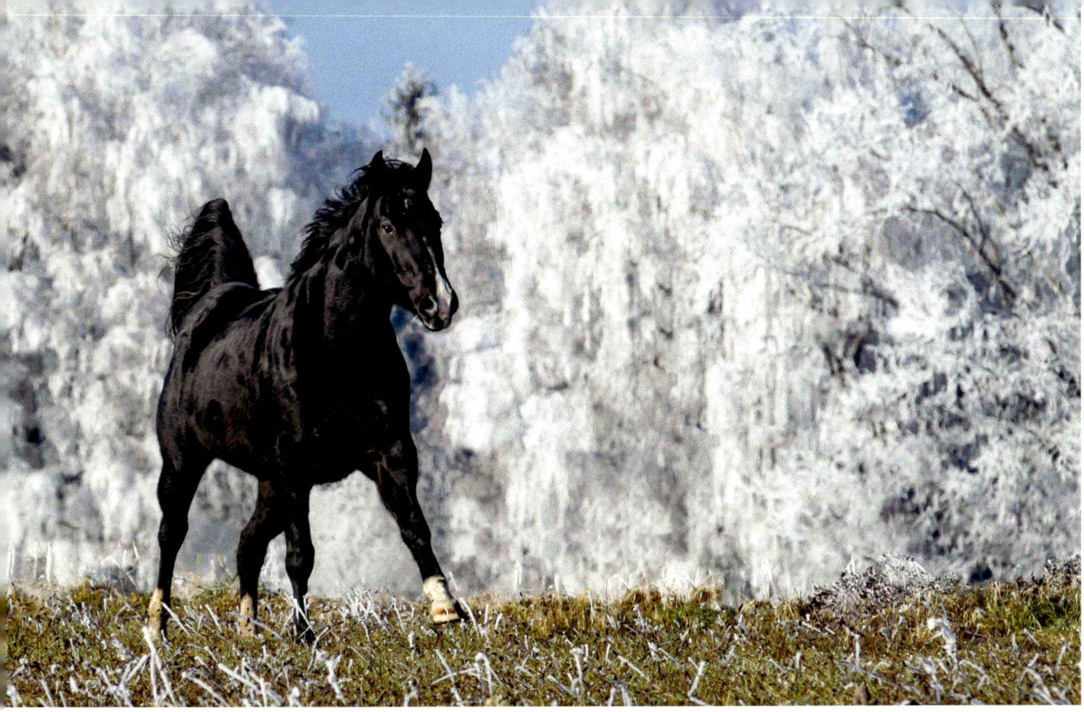

Die Quarter-Horse-Stute Silena stellt einen wunderbaren Kontrast zu den mit Reif bedeckten Bäumen im Hintergrund dar. (Retusche: Koppelzaun); Canon EOS 1D Mk IV mit Canon EF 70–200 mm f/2,8L IS II USM bei 200 mm, 1/1600 s, Blende 8, ISO 640

sind immer weiß, das muss im Bild ersichtlich sein. Deshalb müssen Schneefotos meist ein wenig überbelichtet werden. Es ist also empfehlenswert, die Belichtungskorrektur bereits vor Ort mindestens um eine Blendenstufe hochzuziehen, damit Schnee und Reif auch wirklich weiß bleiben. Trotzdem darf der Schnee nicht überbelichtet werden, da ansonsten Bildinformationen durch ausgefressene Bildanteile verloren gehen. Die eingeschaltete Überbelichtungswarnung in der Kamera zeigt dem Fotografen an, wenn zu stark überbelichtet wurde.

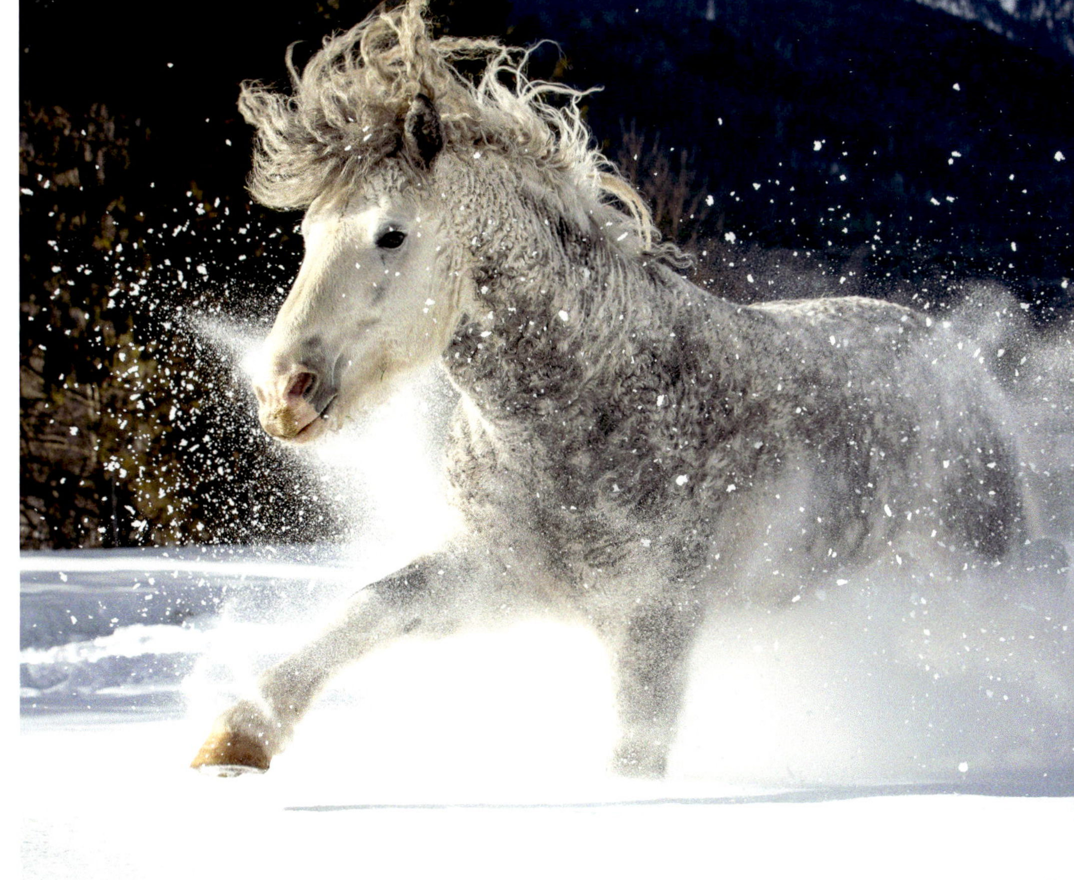

Curlyhengst Moonshadow galoppiert mit viel Power durch den Tiefschnee. Der Schneestaub unterstreicht seine kraftvollen Bewegungen; Canon EOS 1D X mit Canon EF 70–200 mm f/2,8L IS II USM bei 100 mm, 1/1600 s, Blende 6,3, ISO 320

5.4 Sonnenauf- und Sonnenuntergang

Für die einen sind sie kitschig, für die anderen die romantischsten Bilder überhaupt: Pferde bei Sonnenaufgang oder -untergang. Auch wenn es sich um »totfotografierte«, abgedroschene Motive handelt, der zauberhaften Stimmung kann sich keiner wirklich entziehen. Sonnenauf- und Sonnenuntergänge funktionieren deshalb immer.

Morgengrauen oder Abenddämmerung?

Ob man lieber bei Sonnenaufgang oder -untergang fotografiert, hängt von den örtlichen Begebenheiten, den organisatorischen Umständen und natürlich vom Wetter ab. Vielleicht aber auch von der persönlichen Bettschwere, denn für den Sonnenaufgang muss man im Sommer schon recht früh aus den Federn. Wer motiviert genug ist, dem wird die Tageszeit egal sein. Wenn das Licht passt, ist der engagierte Fotograf vor Ort. Bei Tagesanbruch ist das Licht meist klarer und wirkt darum etwas kühler und härter als bei Sonnenuntergang. Taucht die Sonne hinter dem Horizont ab, glüht sie in warmen Farbtönen und sorgt für eine beruhigende, meditative Stimmung. Die Sonne wird knapp über dem Horizont deutlich größer wahrgenommen als im Zenit, was den imposanten Eindruck dieses faszinierenden Naturschauspiels noch verstärkt. In Wahrheit ändert sich die Größe der Sonne zwar nicht, mit einem Teleobjektiv herangezoomt wird sie auf dem Bild jedoch größer dargestellt.

Das Pferd in die Landschaft einbinden

Ein Sonnenuntergang ist schön, manchmal kann er aber auch langweilig wirken. Dann fehlt das Salz in der Suppe in Form eines passenden Vordergrunds. Schon der Landschaftsfotograf plädiert für Tiefe in seinen Bildern, die nur durch einen passenden Vordergrund entsteht. Für den Pferdefotografen ist die Landschaft oft nur Beiwerk.

▼ *Die sanfte Abendsonne sorgt für eine harmonische Stimmung in weichen Gelb- und Orangetönen. Im Gegenlicht wird das Pony mit einem feinen Lichtsaum umhüllt; Canon EOS 1D X mit Canon EF 70–200 mm f/2,8L IS II USM bei 200 mm, 1/2000 s, Blende 4, ISO 500*

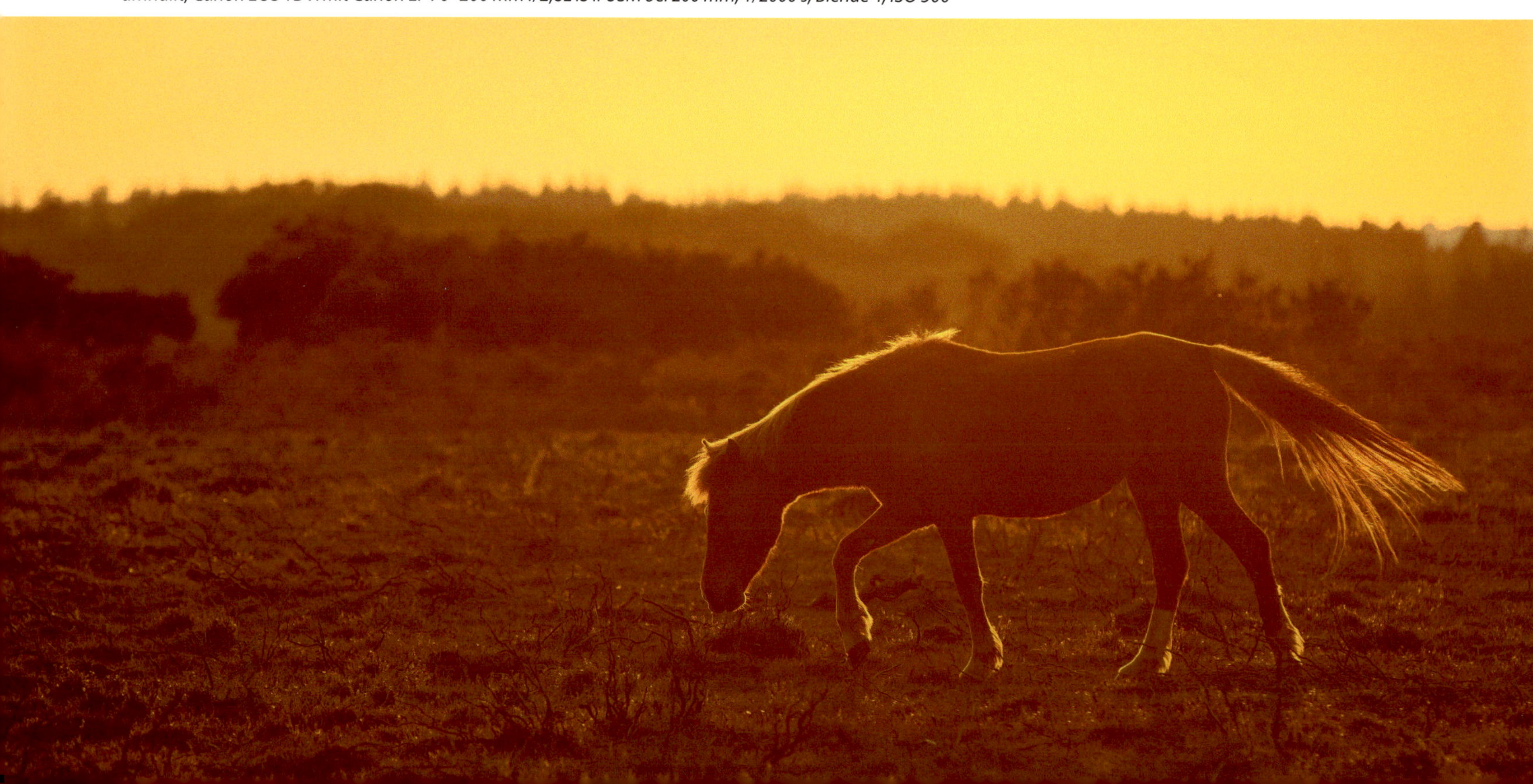

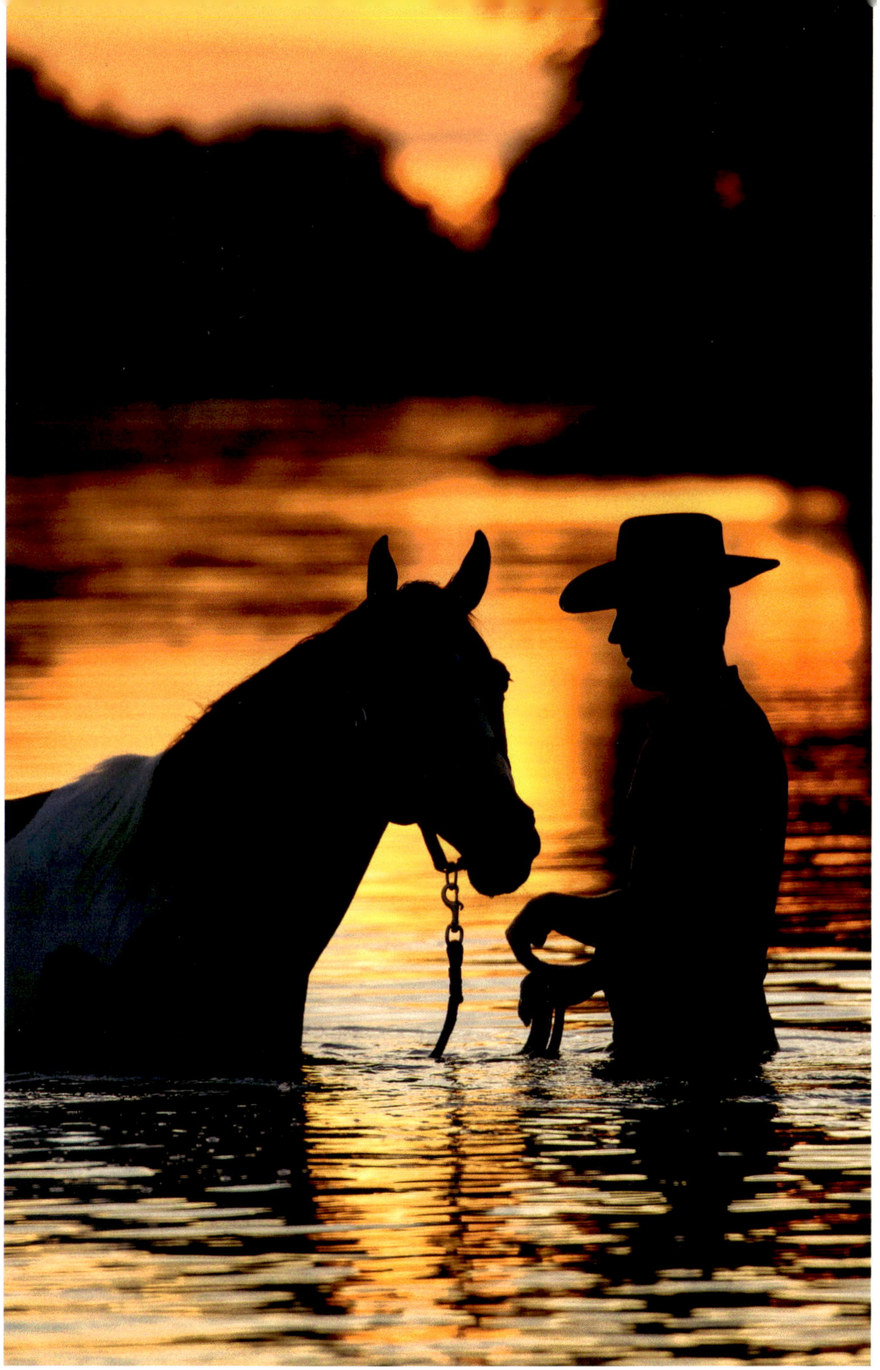

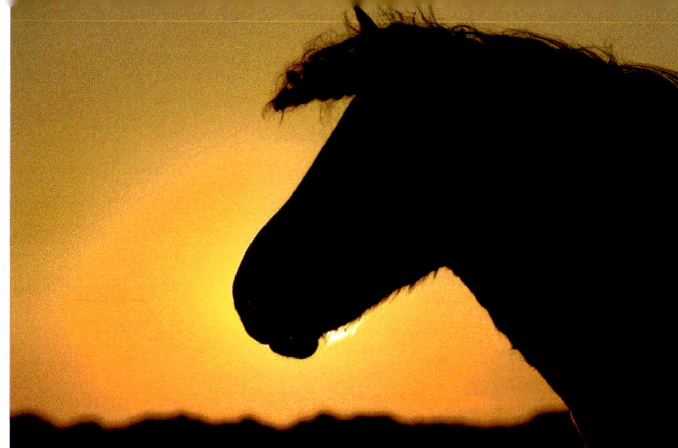

▲ *Wildlifeaufnahme eines Exmoorponyhengstes kurz vor Sonnenuntergang. Die Sonne wurde für eine perfekte Silhouette direkt hinter der Pferdenase platziert; Canon EOS 1D X mit Canon EF 70–200 mm f/2.8L IS II USM bei 200 mm, 1/3200 s, Blende 6,3, ISO 500*

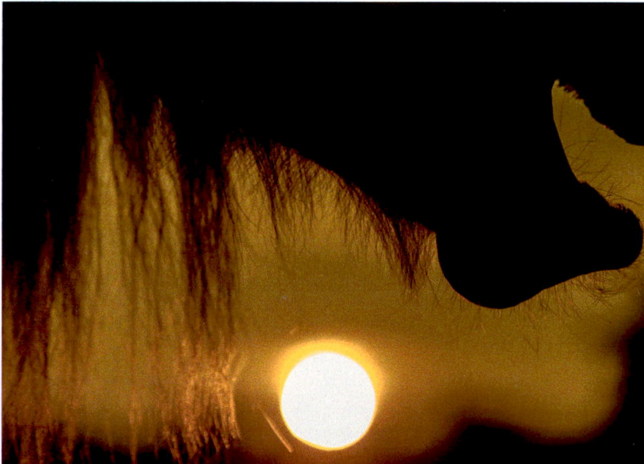

▲ *Irish-Cob-Stute Gwen wiehert im letzten Abendlicht der untergehenden Sonne nach ihren Artgenossen; Canon EOS 1D X mit Canon EF 70–200 mm f/2,8L IS II USM bei 200 mm, 1/3200 s, Blende 6,3, ISO 800*

▲ *Ein wenig Cowboyfeeling gefällig? Die untergehende Sonne spiegelt sich im Wasser und stellt den perfekten Background für Christian und seinen Paint-Horse-Wallach Magic dar; Canon EOS 1D X mit Canon EF 100–400 mm f/4,5-5,6L IS II USM bei 400 mm, 1/ 400s, Blende 6,3, ISO 640*

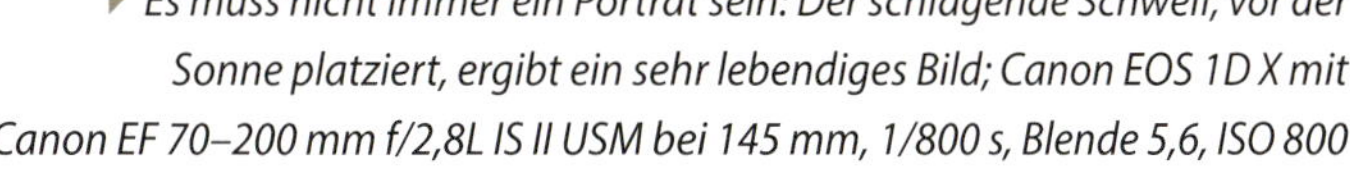

▸ *Es muss nicht immer ein Porträt sein: Der schlagende Schweif, vor der Sonne platziert, ergibt ein sehr lebendiges Bild; Canon EOS 1D X mit Canon EF 70–200 mm f/2,8L IS II USM bei 145 mm, 1/800 s, Blende 5,6, ISO 800*

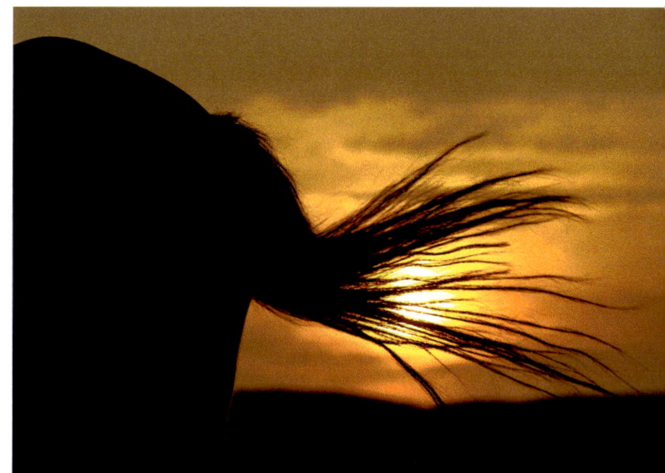

Das sollte aber nicht so sein, denn nur durch einen harmonischen Hintergrund wird das Bild »rund«. Das Pferd jedoch – ob Beiwerk oder Hauptmotiv – liefert den passenden Vordergrund für Wetter- und Landschaftsbilder. Eine grandiose Landschaft, getaucht in imposantes Licht, ist somit auch der beste Rahmen für die Darstellung von ausdrucksstarken Pferden.

Für ein Sonnenaufgangs- oder Sonnenuntergangsfoto ist die richtige Location besonders wichtig. In den Bergen wird man Schwierigkeiten haben, einen freien Blick auf den Horizont zu bekommen, es sei denn, man steht auf dem Gipfel des höchsten Berges. Es ist darum einfacher, sich im flachen Land umzusehen. Der Klassiker ist natürlich der Sonnenuntergang oder auch -aufgang über dem Meer. Es ist immer von Vorteil, wenn man Wasser in die Bildgestaltung mit einbauen kann, denn damit bieten sich jede Menge kreativer Gestaltungsmöglichkeiten.

Da man es beim Sonnenaufgang mit einer Gegenlichtsituation zu tun hat, empfiehlt sich die Abbildung des Pferdes als Silhouette (s. Kap. 4.2 »Silhouetten«). Spritzendes Wasser ergibt faszinierende Reflexionen. Da Pferde sehr gerne im Wasser mit den Hufen scharren, lässt sich diese Bildidee relativ einfach umsetzen. Doch auch im Wasser galoppierende oder steigende Pferde ergeben ein wunderbares Motiv.

Kameraeinstellungen

Um genügend Tiefenschärfe zu erhalten, öffnet man die Blende nicht zu sehr. Eine Blende von 7,1 bis 11 eignet sich hierfür sehr gut. Die Belichtungszeit richtet sich nach dem Motiv, denn ein Bewegungsfoto erfordert eine kurze Verschlusszeit von mindestens 1/1250 s mit Tendenz zu noch kürzer. Das Bild sollte zudem um bis zu zwei Stufen unterbelichtet werden, damit Helligkeit und Farben realistischer dargestellt werden. Die Belichtung für ein bewegtes Motiv bei wenig Licht erfordert einen relativ hohen ISO-Wert. Man muss also mit den Werten etwas jonglieren, bis die optimale Balance erreicht ist.

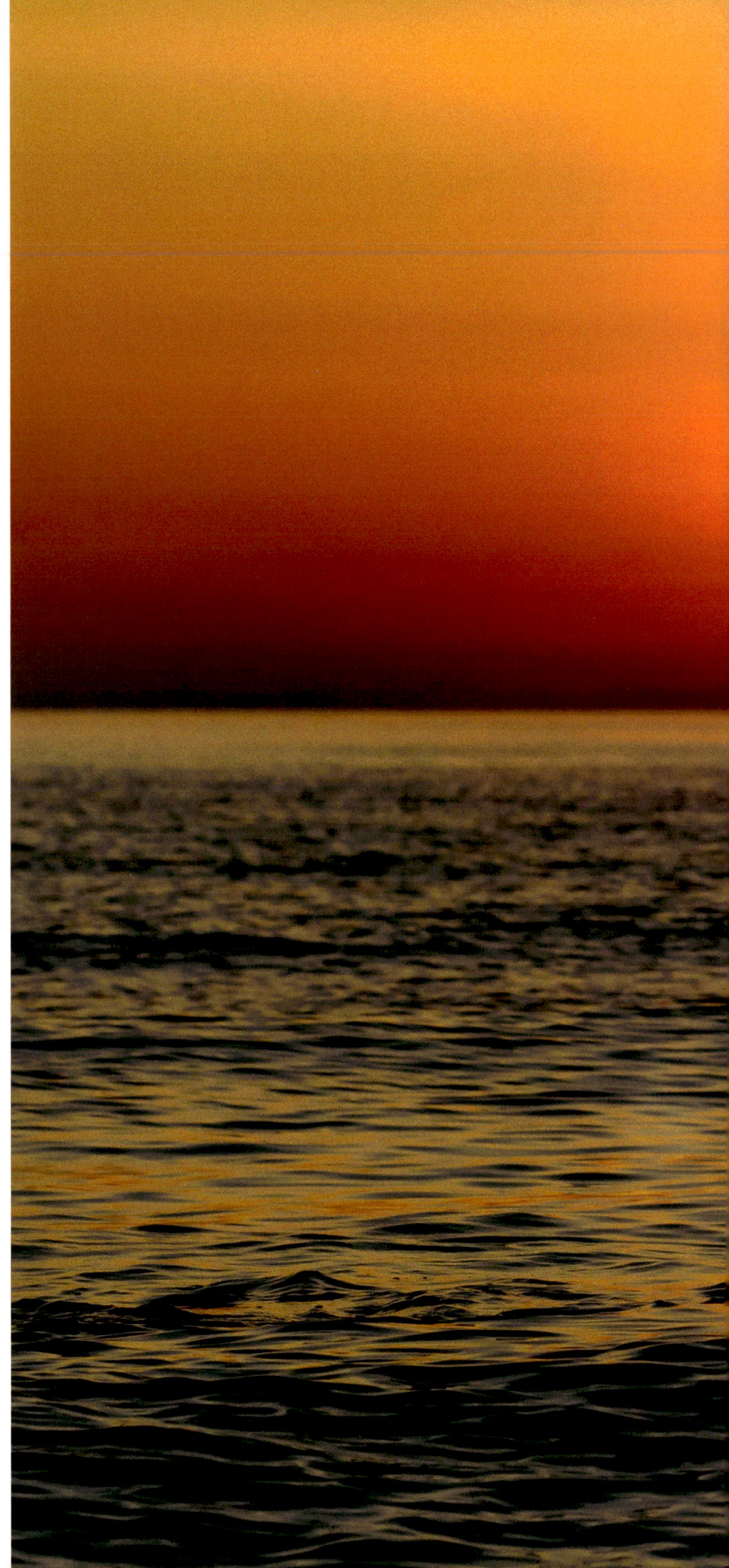

▸ *Sonnenaufgang über dem Meer. Norwegerwallach Casper zieht beim Steigen eine schöne Wasserfontäne hoch, die einen wunderbaren Lichteffekt ergibt. (Retusche: Sicherheitsstrick); Canon EOS 1D X mit Canon EF 70–200 mm f/2,8L IS II USM bei 115 mm, 1/3200 s, Blende 7,1, ISO 1250*

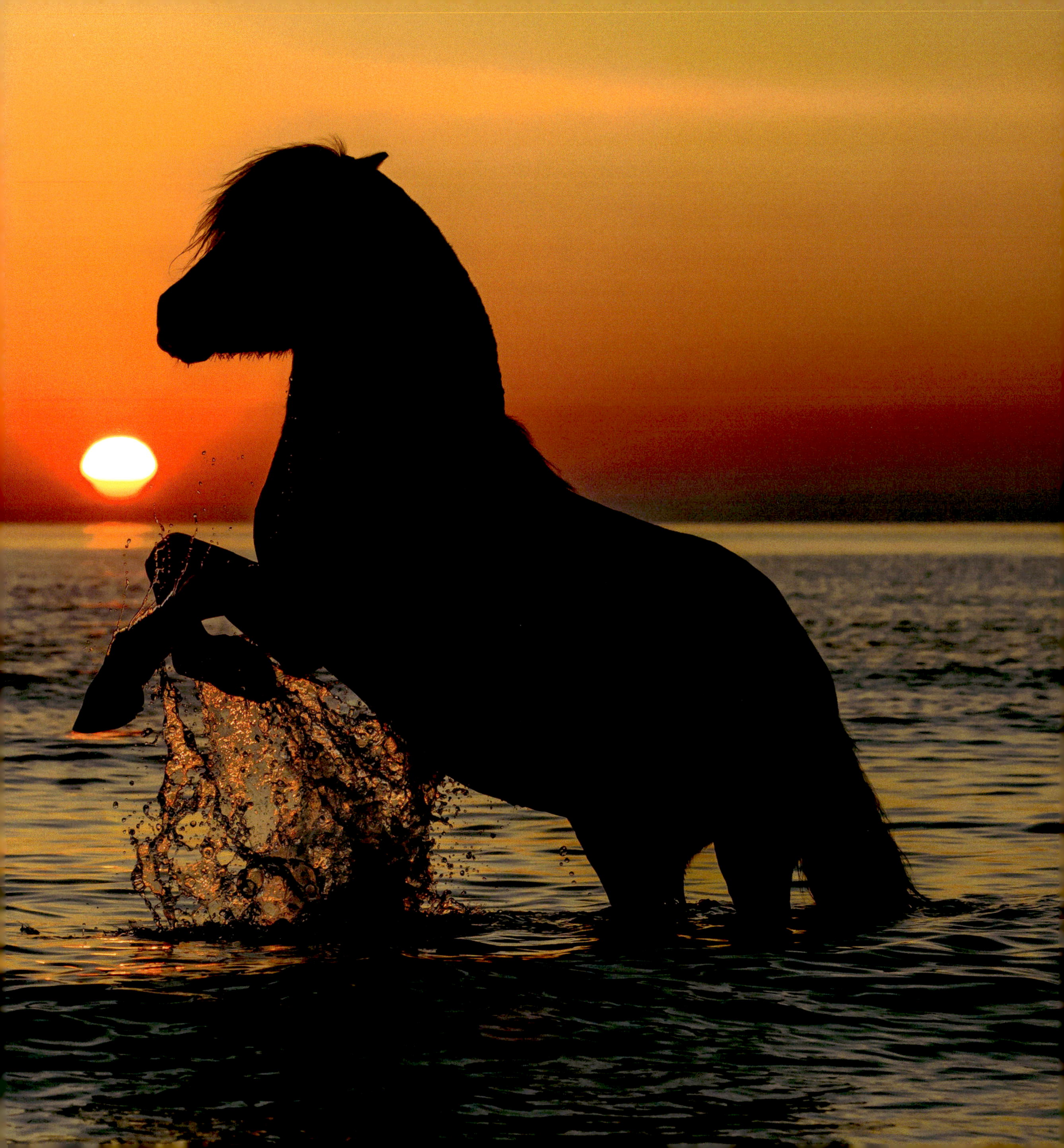

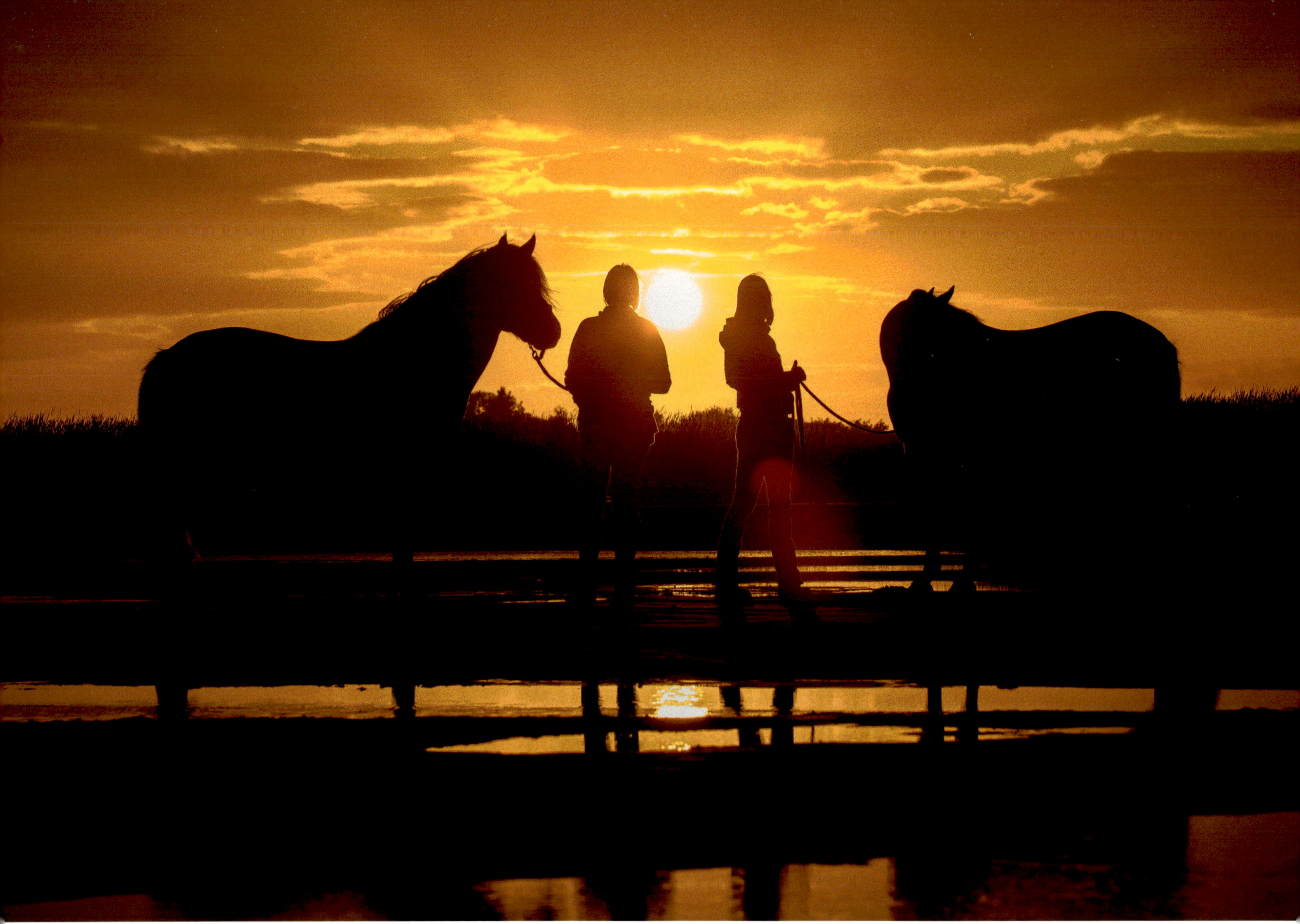

▲ *Sonnenaufgang an der Nordsee. Im Wattenmeer sind die Gezeiten großen Schwankungen ausgesetzt. Das Wasser hinterlässt bei Ebbe viele Wasserpfützen, die den Himmel und die Sonne spiegeln. So versinkt der Boden nicht in reinem Schwarz, sondern gibt dem Bild mehr Struktur; Canon EOS 1D X mit Canon EF 70–200 mm f/2,8L IS II USM bei 123 mm, 1/2000 s, Blende 8, ISO 500*

Während des Shootings sollte man die Belichtung häufig überprüfen, da sich das Licht sehr schnell ändert. Beim Sonnenaufgang wird es von Minute zu Minute heller, wodurch man stetig den ISO-Wert senken oder die Belichtungszeit verkürzen kann. Beim Sonnenuntergang gelten natürlich die umgekehrten Parameter – es wird immer dunkler.

Steht die Sonne noch unter dem Horizont oder ist sie bereits untergegangen, kann man durchaus noch gut fotografieren, indem man das Licht des rötlich schimmernden Himmels, das alsbald in ein dunkles Blau abgleitet, nutzt. Da es aber noch oder schon sehr dunkel ist, kann man gegebenenfalls auch mit Langzeitbelichtungen arbeiten.

Nicht zu vergessen ist beim Fotografieren von Sonnenauf- und Sonnenuntergängen, dass es jeweils zwei Seiten einer Medaille gibt. Also einfach mal umdrehen und hinter sich blicken. Das sanfte Licht, wenn die Sonne knapp über dem Horizont steht, taucht im Auflicht jedes Pferdefell in einen zarten Orangeton. Dies wirkt besonders gut bei helleren Braunen, Füchsen und Falben. Doch auch jede andere Pferdefarbe profitiert von diesem außerordentlich weichen Licht.

Kurz nach Sonnenaufgang ergibt sich ein besonders schönes, orangefarbenes Licht. Deshalb lohnt es sich, nicht nur in die Sonne zu fotografieren, sondern auch das weiche Auflicht zu nutzen; Canon EOS 1D X mit Canon EF 70–200 mm f/2,8L IS II USM bei 200 mm, 1/1600 s, Blende 6,3, ISO 800

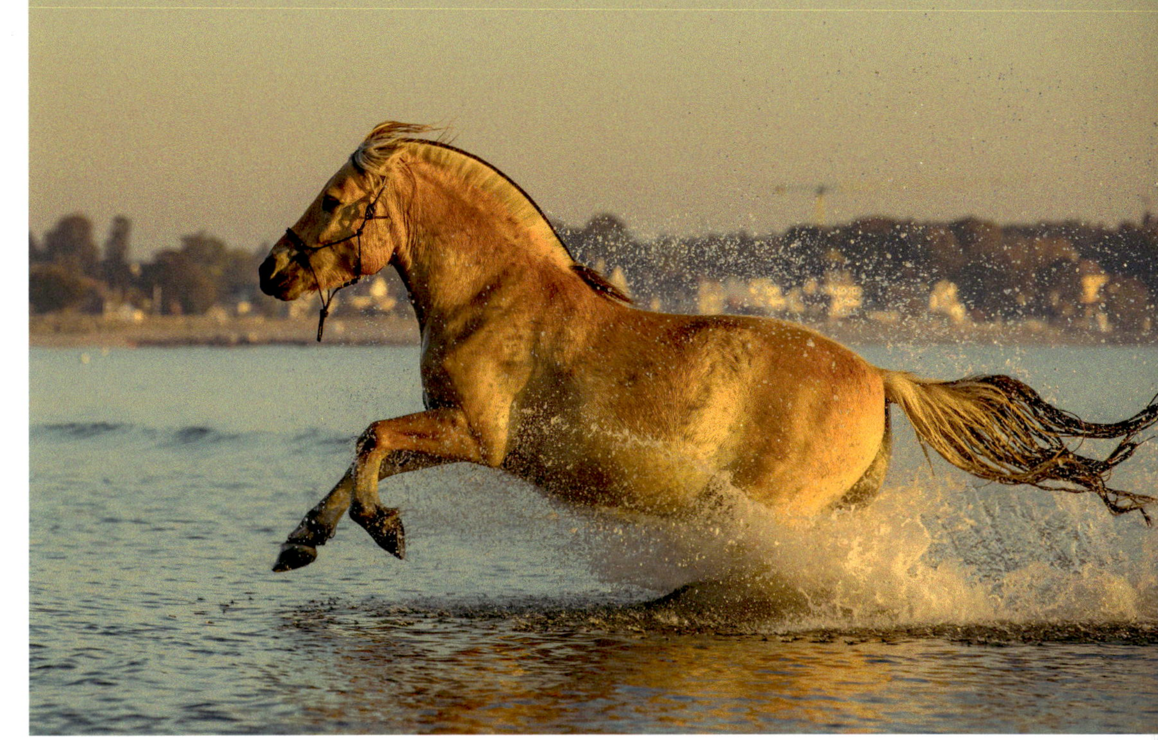

Wildpferd bei Sonnenuntergang. Die im Wind wehende Mähne macht das Bild lebendiger; Canon EOS 1D X mit Canon EF 70–200 mm f/2,8L IS II USM bei 200 mm, 1/6400 s, Blende 8, ISO 800

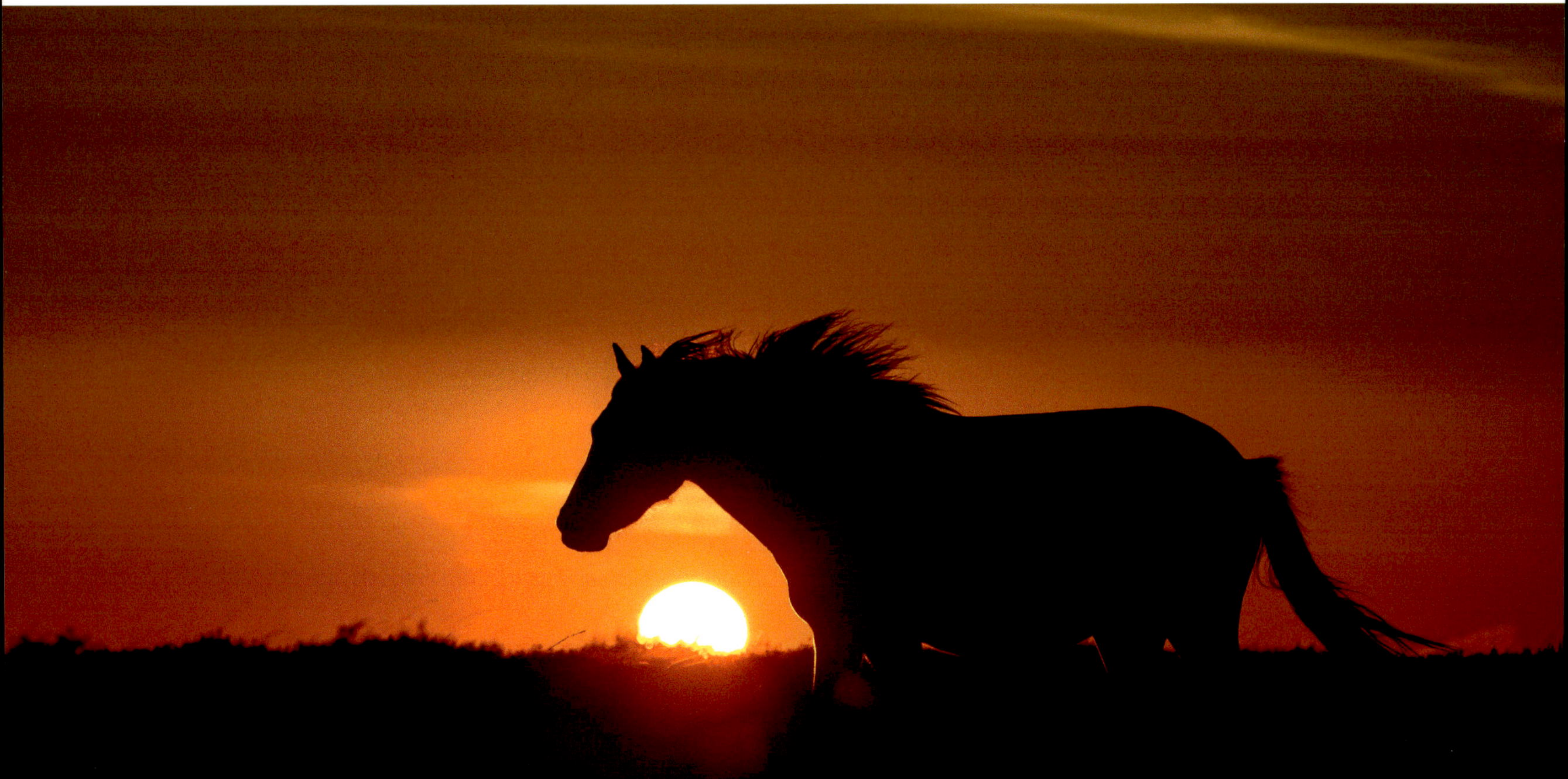

6 Repro-Look

An schönen Motiven kann man sich kaum sattsehen. Sie fesseln nicht nur das Auge des Betrachters, sondern berühren auch sein Herz. Es lohnt sich deshalb, das Motiv zu duplizieren, denn es verträgt mehr Aufmerksamkeit als die einfache Abbildung. Reproduzieren lautet das Stichwort – und dies möglichst kreativ, in Form von Spiegelungen, Schattenwurf und Mehrfachbelichtungen.

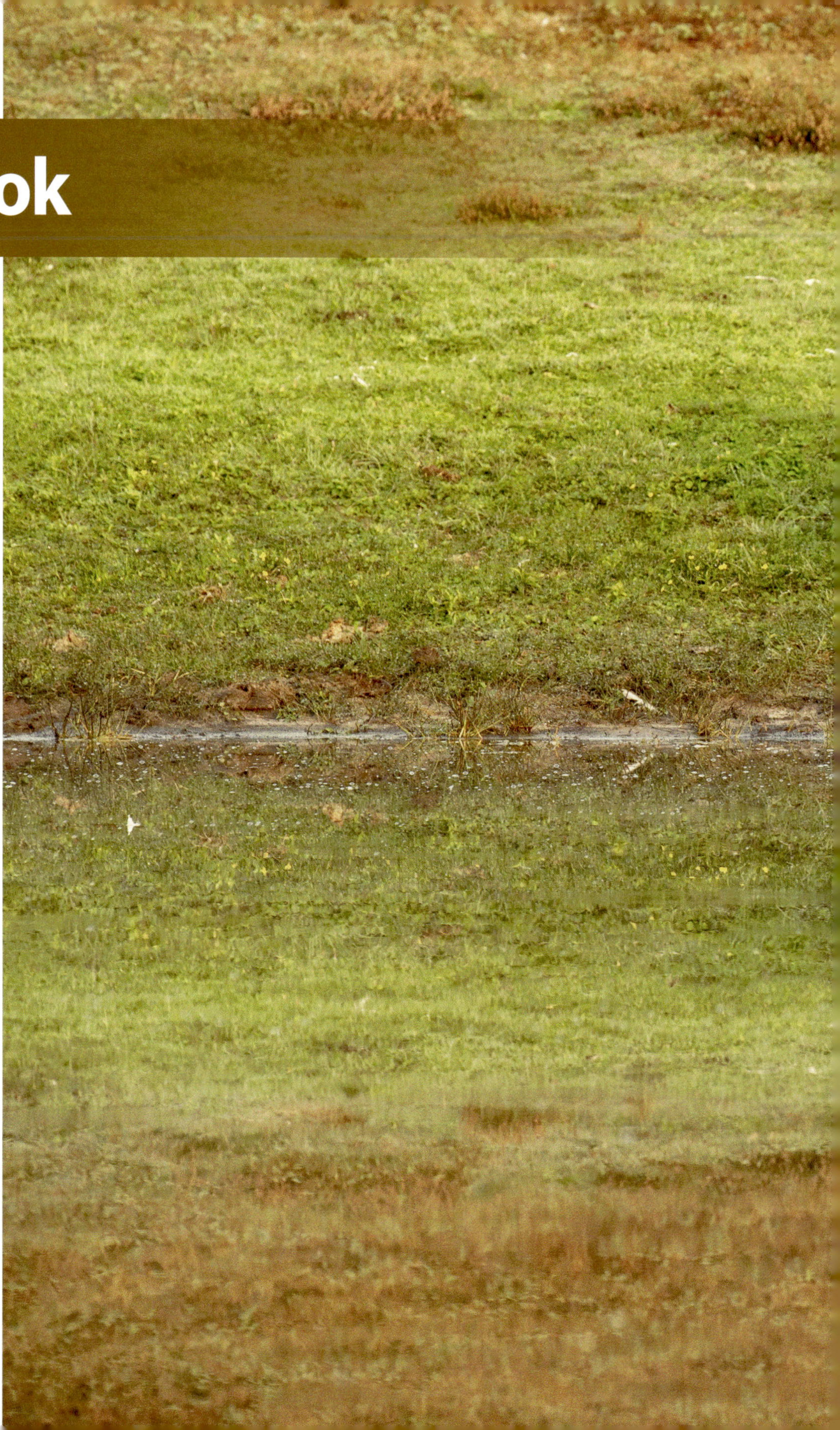

▸ *Für mein Vorhaben, eine Spiegelung zu fotografieren, war es ein Glücksfall, dass die Stute so nahe an der Wasserstelle graste. In dem Moment brachen zudem die ersten Sonnenstrahlen durch eine milchige Wolkendecke und tauchten die Szenerie in ein herrliches, orangefarbenes und diffuses Licht; Canon EOS 1D X mit Canon EF 70–200 mm f/2,8L IS II USM bei 200 mm, 1/500 s, Blende 7,1, ISO 1250*

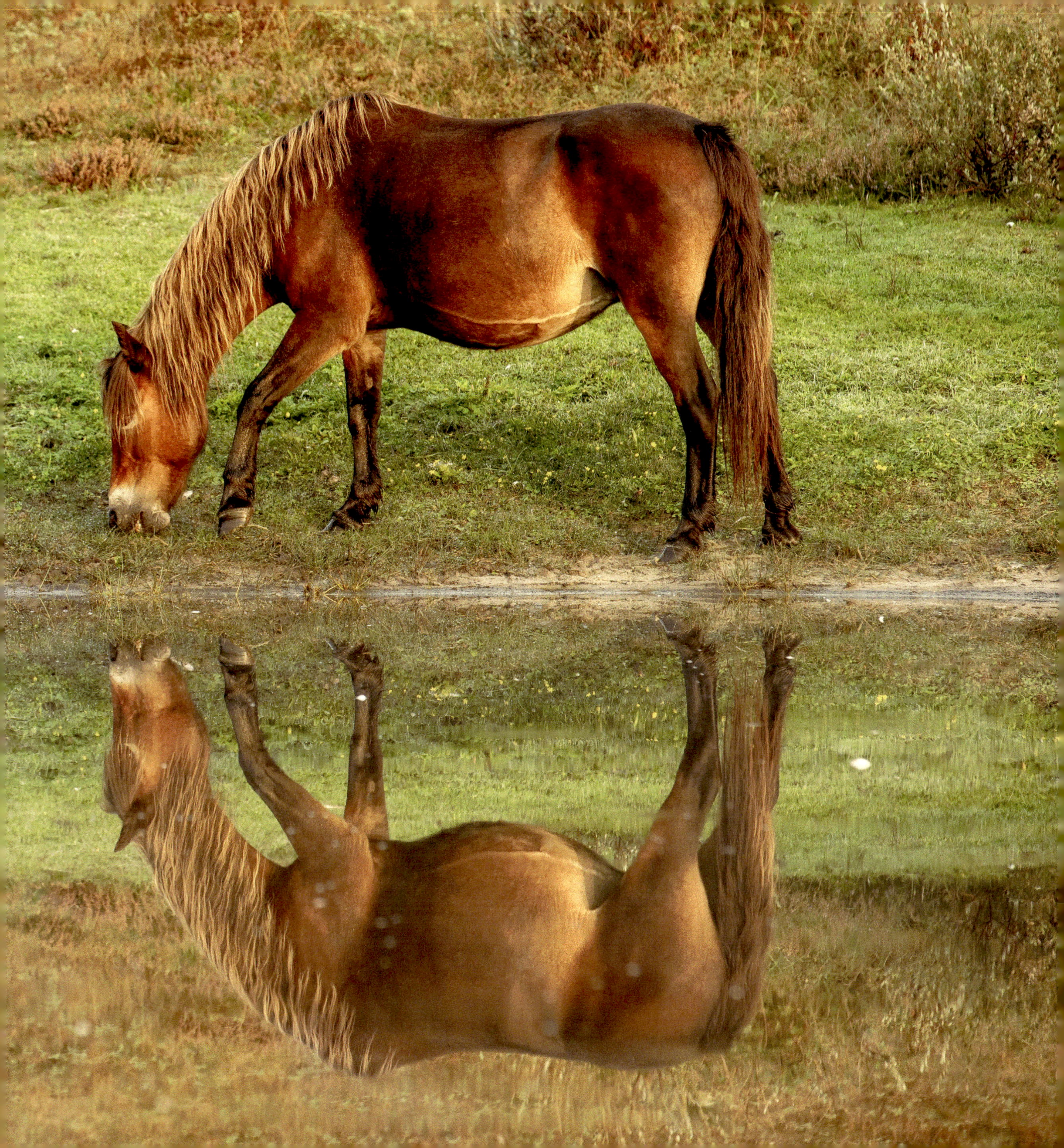

6.1 Spiegelungen

Wann immer sich die Möglichkeit bietet, sollte man das Hauptmotiv in Form von Spiegelungen auf dem Bild duplizieren. Dies erzeugt eine zusätzliche Spannung und zieht den Blick des Betrachters magisch an. In der Pferdefotografie eignet sich eine ruhige Wasseroberfläche am besten für die Umsetzung von Spiegelungen.

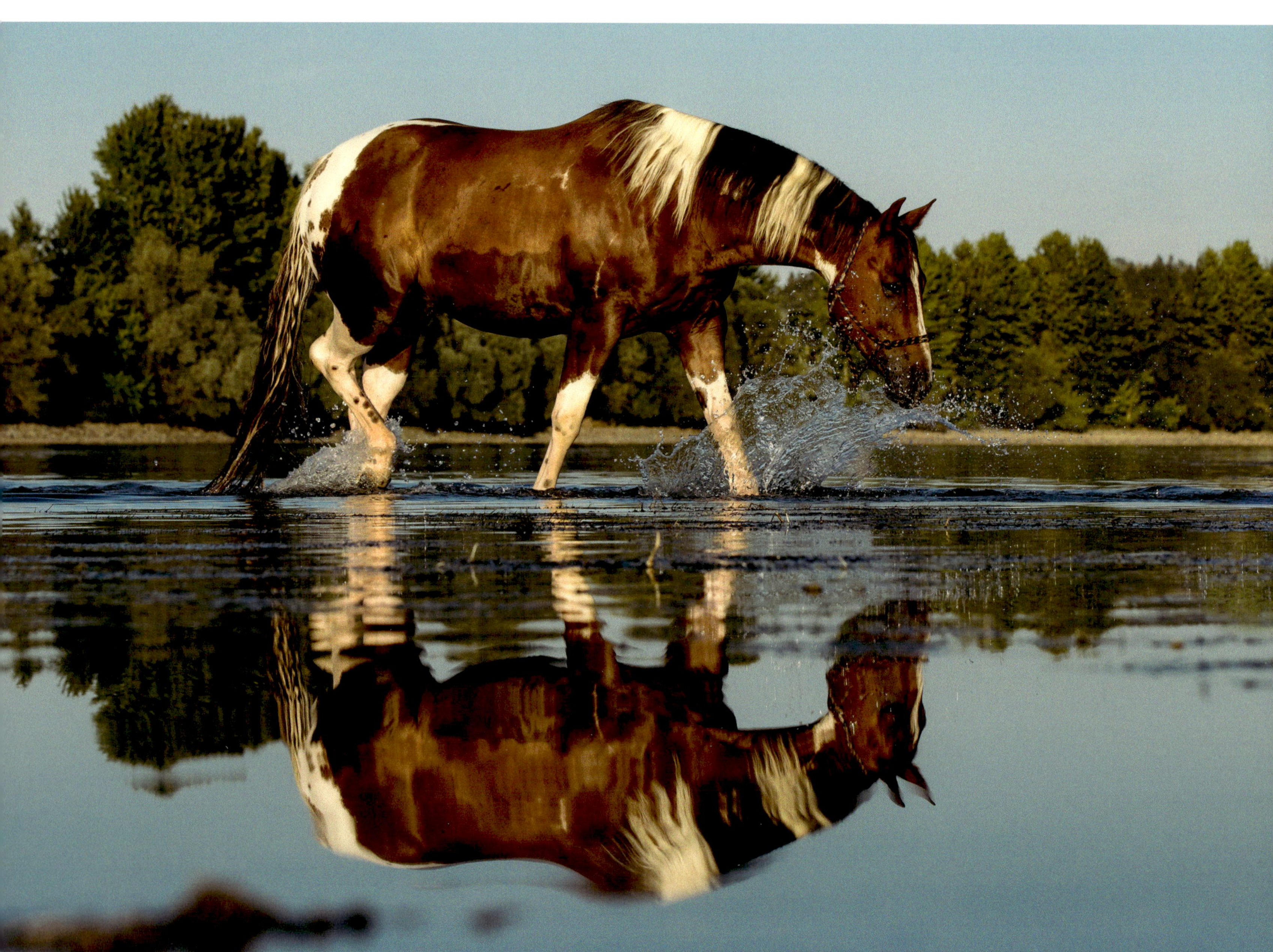

Für Spiegelungen eignet sich grundsätzlich jede spiegelnde Oberfläche, ob es sich um Glasscheiben (z. B. Schaufenster, Autoscheiben etc.), Metallstrukturen (verchromte Verblendungen, Auto- sowie Maschinenteile, Gebäudefassaden) oder Wasseroberflächen (Flüsse, Seen, Pfützen) handelt. Prinzipiell ist alles möglich, dennoch ist es insbesondere für die Pferdefotografie am passendsten, sich für das Wasser als natürliches Element zu entscheiden. Die Wahl hierfür fällt einem nicht schwer, denn für eine komplette Abbildungskopie des Pferdes wird eine große Fläche benötigt. Letztendlich ist es außerdem einfacher und sicherer, sich mit dem Pferd im Gelände als in Städten und auf Straßen zu bewegen.

Am Wasser

An Flüssen, Weihern, Seen oder am Meer lassen sich Spiegelungen umsetzen, wenn das Pferd entweder nah am Ufer oder im Wasser platziert ist. Eine schöne Spiegelung ergibt sich aber nur dann, wenn die Wasseroberfläche sehr ruhig ist und keine Wellen die Spiegelung stören. Die besten Chancen auf eine glatte Wasseroberfläche

◀ *Im trockenen Sommer 2018 führte die Donau extremes Niedrigwasser, sodass sich Paint-Horse-Wallach Aslan eine Kneippkur gönnen konnte. Für die Spiegelung habe ich die Kamera knapp über dem Wasserspiegel platziert; Canon EOS 1D X mit Canon EF 70–200 mm f/2,8L IS II USM bei 100 mm, 1/2000 s, Blende 7,1, ISO 640*

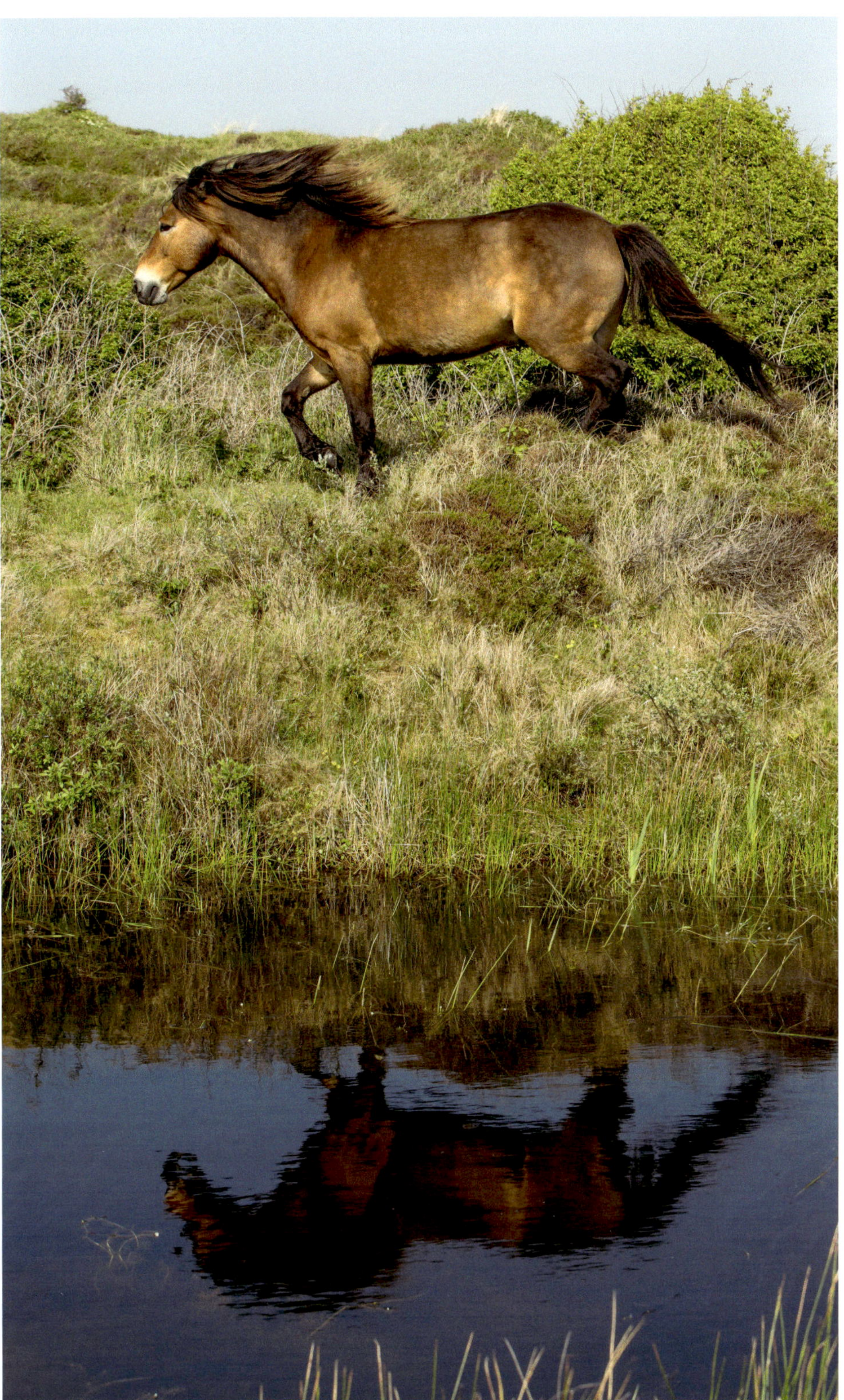

▶ *Das Exmoorpony hatte es eilig, und so blieben nur Sekunden, um die Kamera ins Hochformat zu drehen und den Hengst mitsamt seinem Spiegelbild im Tümpel abzulichten; Canon EOS 1D X mit Canon EF 70–200 mm f/2,8L IS II USM bei 70 mm, 1/1600 s, Blende 8, ISO 800*

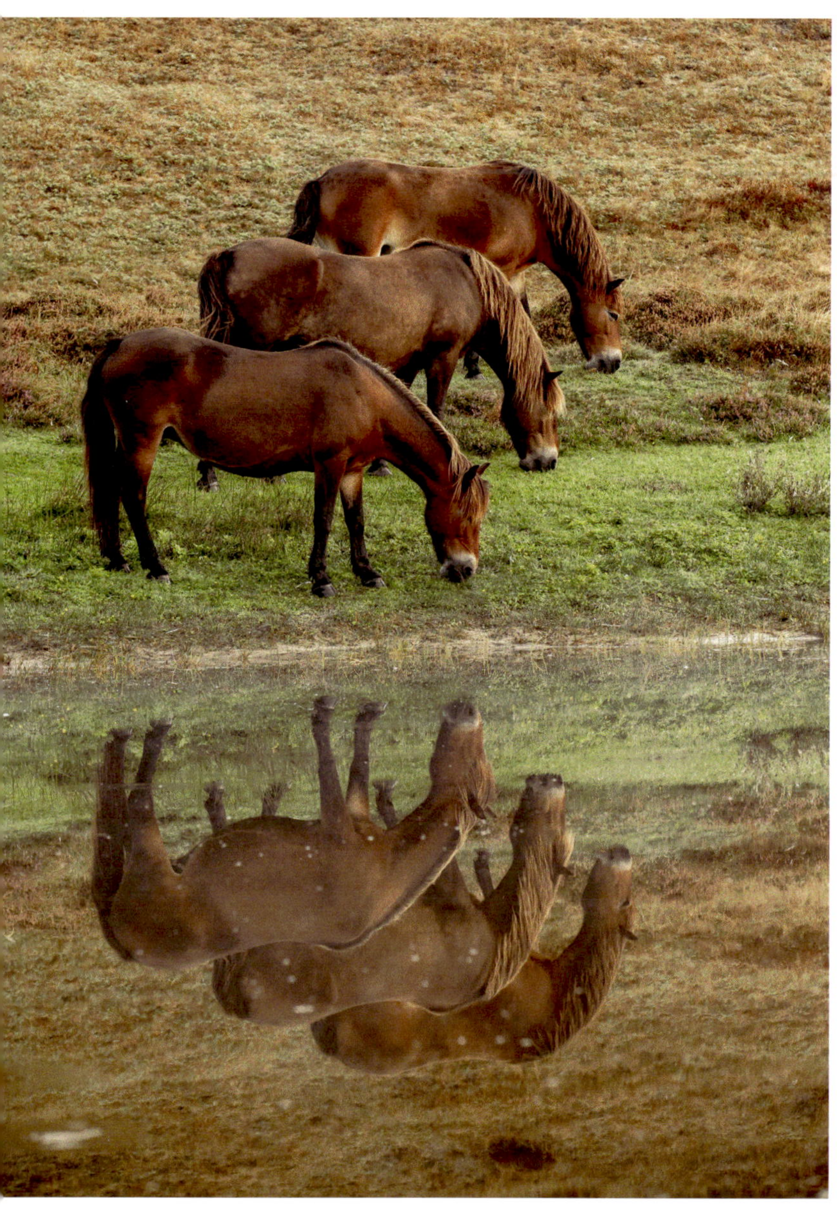

▲ *Die perfekte Symmetrie macht dieses Bild zum Hingucker: Die Ponystuten haben sich an der Wasserstelle mustergültig aufgereiht. Die rasse- und farbgleichen Pferde, exakt auf einer Linie positioniert und in derselben Fresshaltung, potenzieren die Kongruenz der Spiegelung. Eine Idee der Natur, denn besser hätte man auch Hauspferde nicht platzieren können; Canon EOS 1D X mit Canon EF 70–200 mm f/2,8L IS II USM bei 135 mm, 1/250 s, Blende 7,1, ISO 1250*

bestehen in den frühen Morgenstunden oder am späten Abend, wenn der Wind abflaut und weder Boote noch badende Menschen die Szenerie stören. Zudem bietet die Sonne zu diesen Zeiten das beste Licht. Naturgemäß findet man eine spiegelglatte Oberfläche außerdem eher an stillen Seen oder Tümpeln als am Meer oder an Fließgewässern. Doch manchmal kann man auch an Flüssen und am Meer Glück haben, denn die wichtigste Voraussetzung für ruhiges Wasser ist Windstille.

Das Pferd sollte möglichst nah an den Rand des Wassers herangeführt werden, damit nicht zu viel Totraum an der Spiegelachse entsteht, der den Effekt zerstören würde. Bei der Bildgestaltung sollte darauf geachtet werden, dass die komplette Spiegelung mit aufs Bild genommen wird. Die Spiegelachse wird nun nicht nach den üblichen Gestaltungsregeln des Goldenen Schnitts oder der Drittelregel außerhalb, sondern tatsächlich direkt in der Mitte platziert. Dies unterstützt die Bildaussage der Spiegelung umso mehr und unterstreicht die Symmetrie.

Bei absolut ruhigem Wasser ist es schwierig, die Realität von der Spiegelung zu unterscheiden – ein absolutes Highlight, wenn eine solche Aufnahme gelingt. Doch auch wenn das Wasser minimale Wellenbewegungen zeigt, lohnt es sich, mit dem Spiegeleffekt zu arbeiten. Wichtig ist, dass das Motiv noch gut erkennbar in der Spiegelung abgebildet ist.

Alles verkehrt herum

Doch damit nicht genug: Spiegelungen können noch kreativer auf den Chip gebannt werden. Während man auf keinen Fall die Spiegelung anschneiden sollte (was den Effekt komplett ruinieren würde), kann die Umsetzung immer noch eine interessante Wirkung erzeugen, wenn man nur die Spiegelung im Bild zeigt. Das Motiv steht somit auf dem Kopf und regt den Betrachter zum Umdenken an. Manche Fotografen entscheiden sich dazu, die Spiegelung letztendlich um 180° zu drehen, was auf den ersten Blick irritierend wirken kann. Es dauert etwas länger, ein solches Bild zu »lesen«, ist aber ebenfalls eine interessante Interpretation.

Schärfepunkt verlagern

Eine weitere Alternative für eine kreative Umsetzung ist es, lediglich das gespiegelte Objekt aufs Bild zu nehmen und den Schärfepunkt auf ein kleines, zunächst unbedeutend wirkendes Motiv zu richten – beispielsweise auf einen im Vordergrund schwimmenden Frosch oder eine Wasserpflanze. Auf diese Weise wird das Auge des Bildbetrachters von der dominierenden Spiegelung auf das kleine Objekt, das vom Fotografen die Schärfeebene erhalten hat, gelenkt.

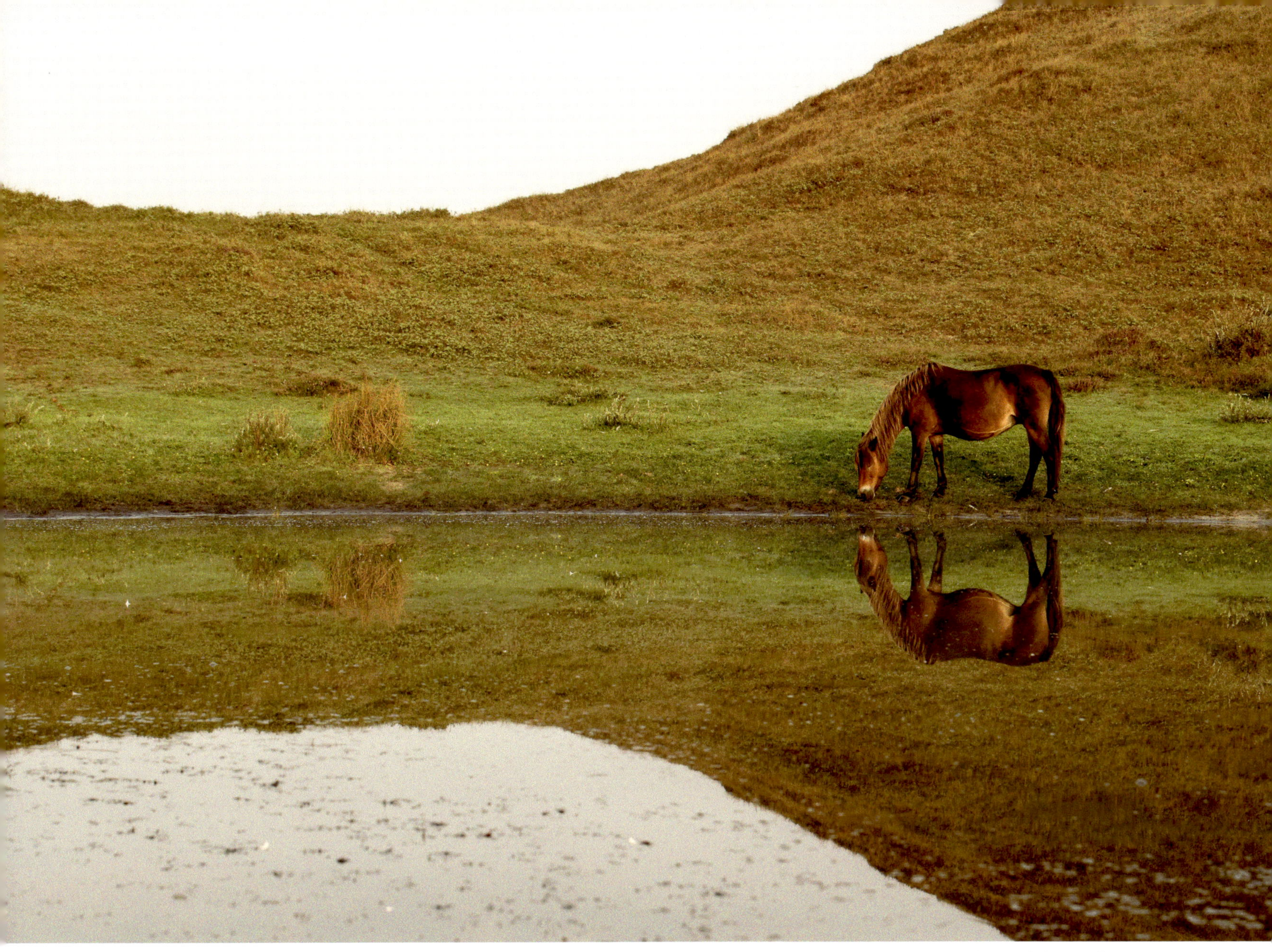

▲ *Manchmal ist es auch vorteilhaft, die Landschaft großzügiger mit ins Bild zu nehmen. Hier spiegelt sich nicht nur das Wildpferd, sondern auch die Hügelkette im Wasser. Dadurch zeichnet sich die geschwungene Form der Landschaft doppelt ab und unterstützt somit die Bildaussage; Canon EOS 1D X mit Canon EF 70–200 mm f/2,8L IS II USM bei 70 mm, 1/800 s, Blende 7,1, ISO 1250*

Weiches Wasser

Wenn der Wind eine schöne Spiegelung zerstört, gibt es einen Ausweg, der dennoch ein interessantes Bild zulässt. Diese Version erfordert allerdings ein absolut ruhig stehendes Pferd, denn nun kommt eine Langzeitbelichtung zum Einsatz.

Die lange Belichtungszeit sorgt dafür, dass sich das Wasser weich und fließend darstellt. Die Umsetzung ist sicherlich eine Herausforderung für den Fotografen, der viel Geduld mitbringen muss, bis der Vierbeiner über die gesamte Belichtungszeit unbeweglich bleibt. Aber einen Versuch ist die Idee wert. Je nach Wasserbewegung reichen oft schon 6 s Belichtungszeit aus, besser sind aber 10 bis 30 s.

Für diese langen Verschlusszeiten sind stets ein Stativ und meist auch die Verwendung eines Graufilters nötig.

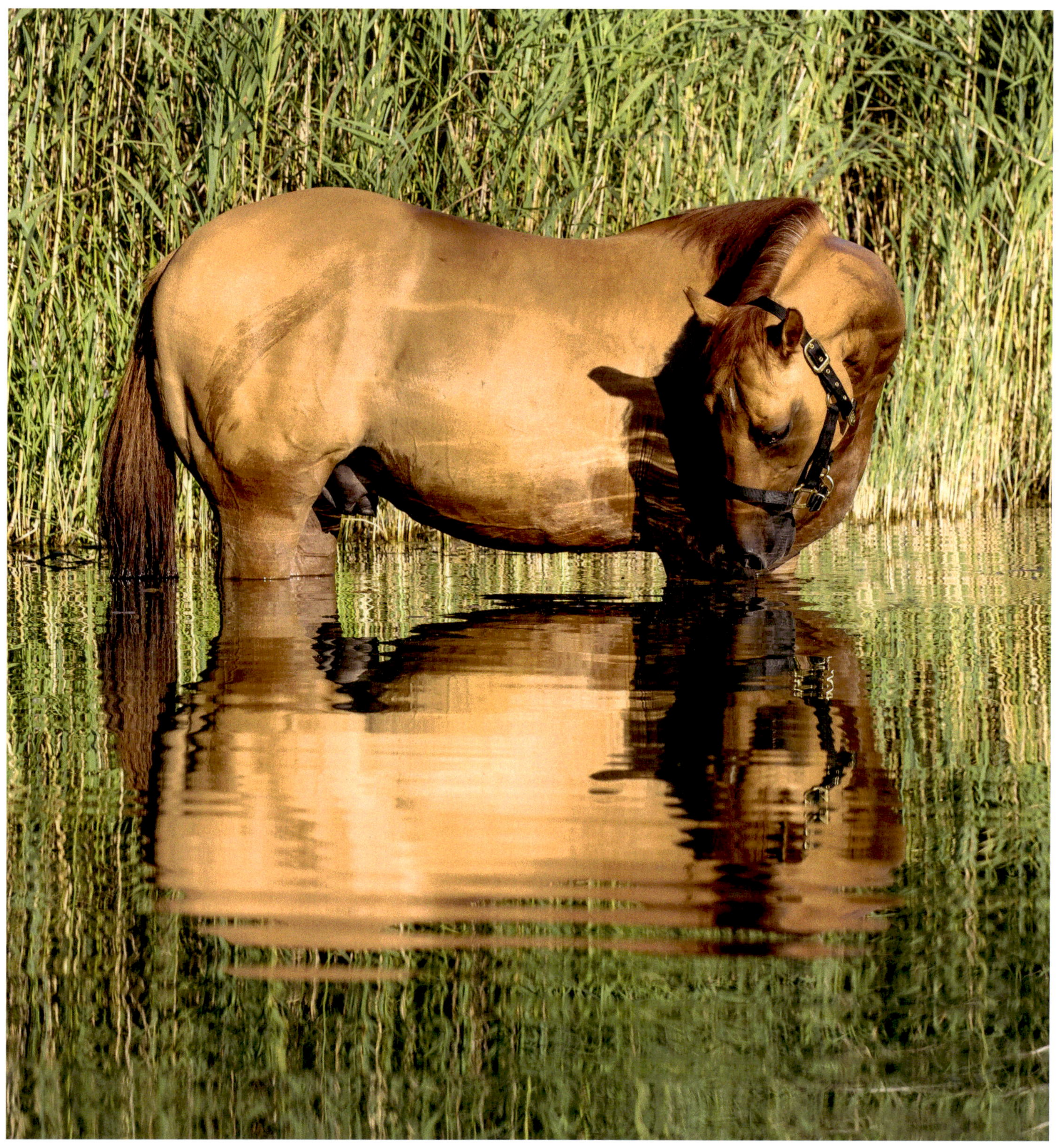

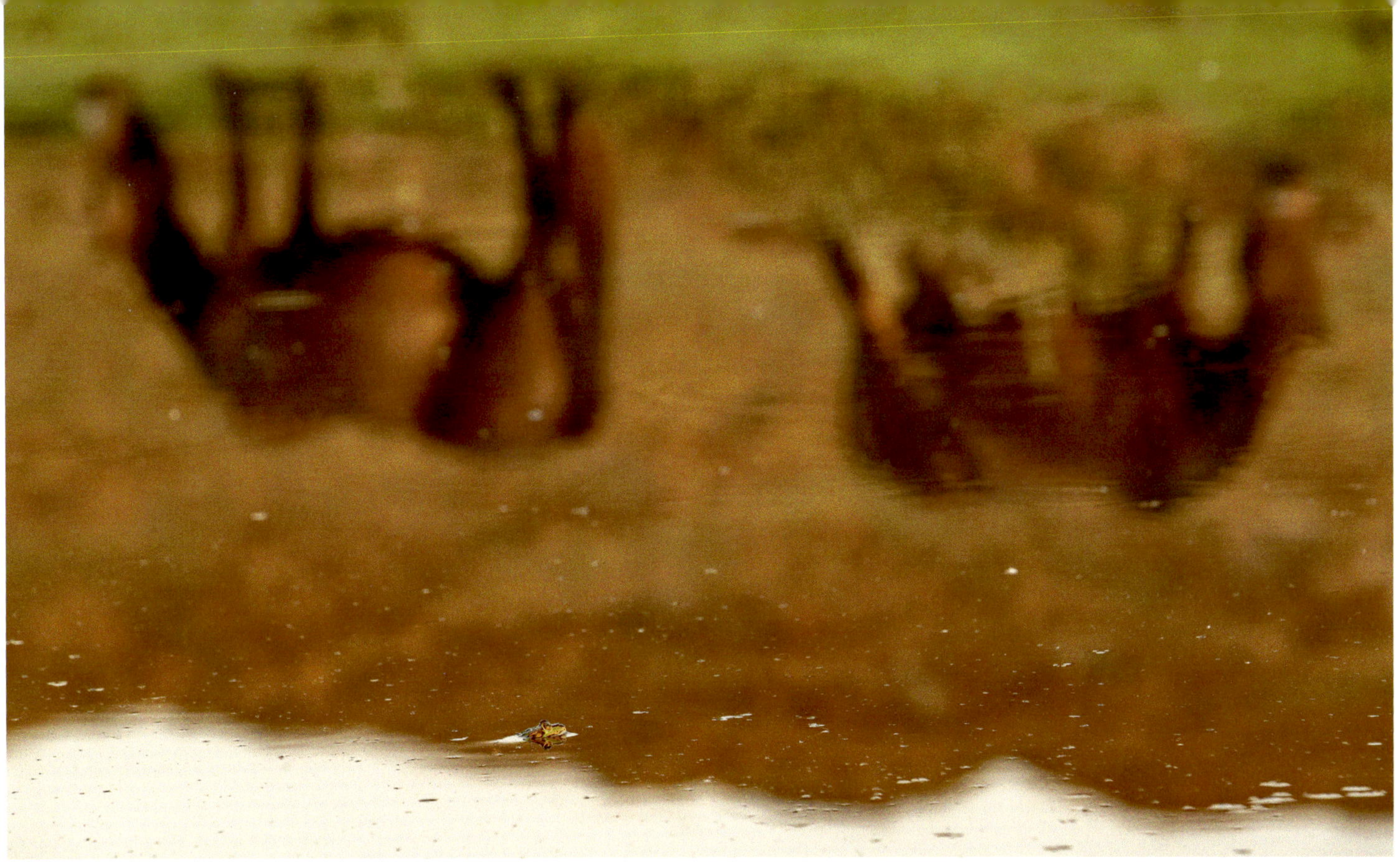

▲ *Eine kreative Umsetzung der Schärfeverlagerung, die den Betrachter überrascht: Die gespiegelten Pferde ziehen zunächst den Blick auf sich, doch das Auge sucht nach einem Schärfepunkt, den es schließlich im unteren Bildbereich in Form eines Frosches, der aus dem Wasser lugt, findet; Canon EOS 1D X mit Canon EF 70–200 mm f/2,8L IS II USM bei 200 mm, 1/500 s, Blende 7,1, ISO 1250*

Im Wasser

Wem das Aufstellen des Pferdes am Ufer trotz eines schönen Spiegeleffektes zu langweilig erscheint, der kann den Vierbeiner auch ins Wasser schicken. Damit wird zwar die Wasseroberfläche unruhig, doch ein gezieltes Management führt auch hier zu guten Ergebnissen. In seichtem Wasser glätten sich die Wogen recht schnell, zudem dauert es eine Weile, bis die Wellen die komplette Wasseroberfläche überflutet haben, wenn das Pferd durch das Nass watet. So lassen sich auch wunderbare Bewegungsbilder mit Spiegelung kreieren. Gut geschulte Pferde lassen sich auch im Wasser wie eine Statue aufstellen. Nach der Platzierung des Pferdes benötigt man nur noch etwas Geduld, bis sich die Wasseroberfläche soweit beruhigt hat, dass eine ansehnliche Spiegelung entsteht. Die Spannung entsteht schon vor Ort beim Fotografieren: Wird sich das Pferd bewegen und damit Wellen produzieren, bevor das Bild im Kasten ist?

◀ *Gut trainierte Pferde wie der Quarter-Horse-Wallach Cinny lassen sich auch im Wasser aufstellen. Man braucht etwas Geduld, bis sich das Wasser geglättet hat und damit eine schöne Spiegelung möglich ist. Cinny betrachtet in der Zwischenzeit neugierig sein eigenes Spiegelbild im Wasser, während ich hoffte, dass er seine Nase nicht ins Wasser taucht, um zusätzliche Wellen zu produzieren; Canon EOS 1D X mit Canon EF 70–200 mm f/2,8L IS II USM bei130 mm, 1/1250 s, Blende 8, ISO 640*

Manche Pferde scharren sehr gerne im Wasser, sodass diese Umsetzung schwierig sein kann. Doch wenn man das Pferd an eine etwas tiefere Stelle führt, ist der Drang, mit den Hufen aufs Wasser zu schlagen, nicht mehr so groß. Geduld ist dennoch gefragt, um einen schönen Spiegeleffekt abzulichten. Bei allen Variationen von Spiegelungen am Wasser sollte man einen möglichst tiefen Kamerastandpunkt wählen. Die Spiegelung kommt so besser zur Geltung. Mit einer langen Brennweite flacht sich der Winkel automatisch ab, doch muss man sich meist nach den Gegebenheiten vor Ort richten. Im Notfall muss man selbst ins kühle Nass und damit bei einem Stolperer um seine wertvolle Kamera fürchten. Deshalb wählt man lieber einen Platz am (gegenüberliegenden) Ufer und variiert mit der Brennweite.

6.2 Schatten

Schatten können als geheimnisvolles und abstraktes Abbild des Hauptmotivs eine interessante Bildwirkung erzeugen. In Bezug auf das Hauptmotiv selbst stehen dem Fotografen außerdem jede Menge kreativer Gestaltungsmöglichkeiten offen. Die Binsenweisheit »Wo Licht ist, ist auch Schatten« trifft ganz besonders auf die Fotografie zu. Während man sich vorwiegend mit der Lichtführung beschäftigt, sollte man aber den Blick auf die Schatten nicht vergessen.

Oftmals sind harte Schatten sehr störend, insbesondere wenn sie wichtige Bereiche des Hauptmotivs abdecken. Doch auch im Hintergrund können sie die Bildwirkung demontieren. Deshalb ist man bei der Farbfotografie darauf bedacht, auf diffuses Licht zu setzen, um den Kontrastumfang im Zaum zu halten und die Bildaussage zu wahren. In Schwarzweißumsetzungen hingegen haben Schatten viel mehr Aussagekraft, sodass sie sogar sehr wichtig für die Bildgestaltung werden. Darum vertragen Schwarzweißbilder auch einen höheren Kontrast, weil dieser ein wichtiges Gestaltungsmittel ist und Schatten besser hervorhebt.

Doch auch in der Farbfotografie muss man Schatten nicht zwingend eliminieren. Wie so oft lässt sich manch unliebsame Eigenschaft durch eine kreative Gestaltung gezielt hervorheben und avanciert damit vom unerwünschten Nebeneffekt zum interessanten Hauptmotiv.

Schatten als Hauptmotiv

Eine tief stehende Sonne sorgt für einen flachen Lichteinfall und verzerrt den Schatten des eigentlichen Hauptmotivs. Der langgezogene Schatten wirkt somit noch zweidimensionaler. Der Betrachter sieht

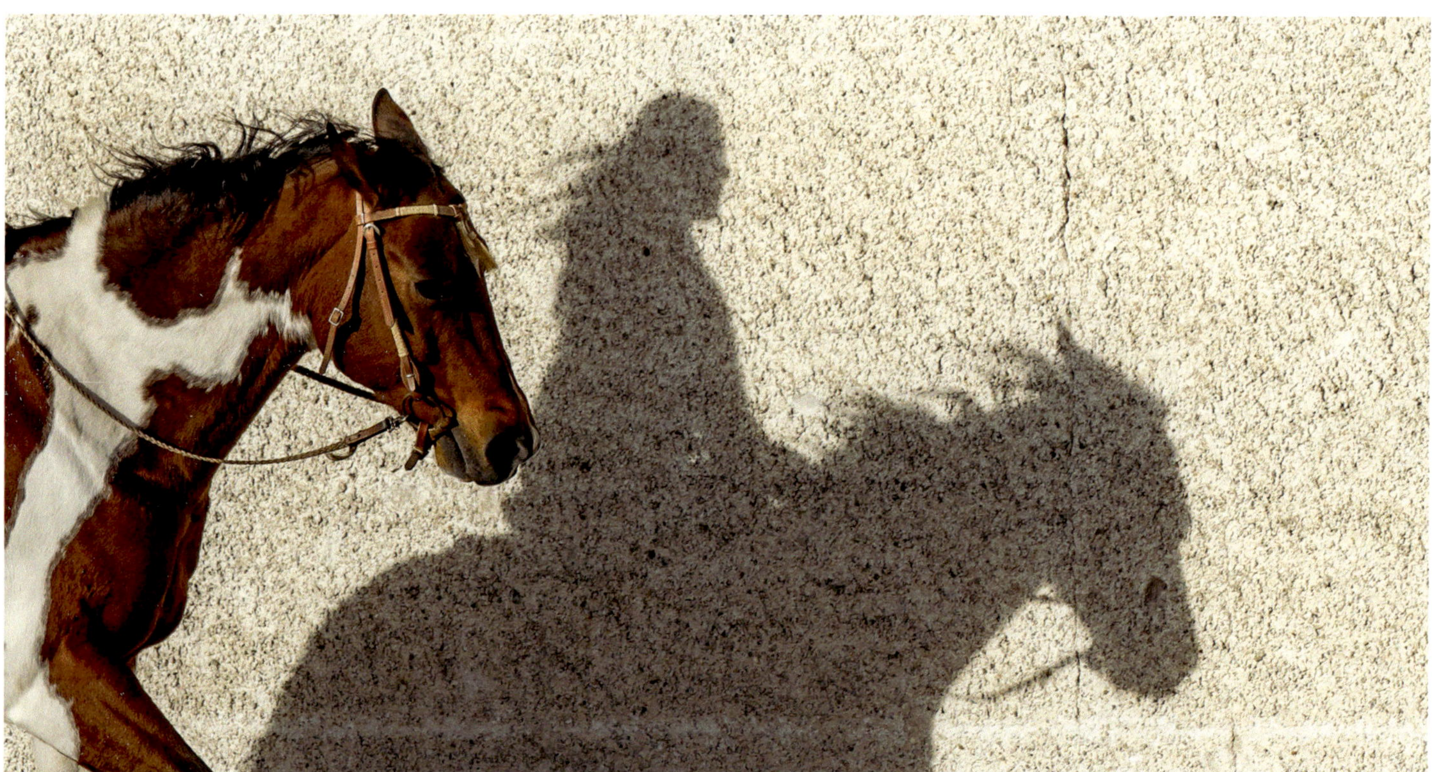

▲ *Der Schatten wird zum Hauptmotiv. Canon EOS 1D X mit Canon EF 70–200 mm f/2,8L IS II USM bei 155 mm, 1/2000 s, Blende 8, ISO 400*

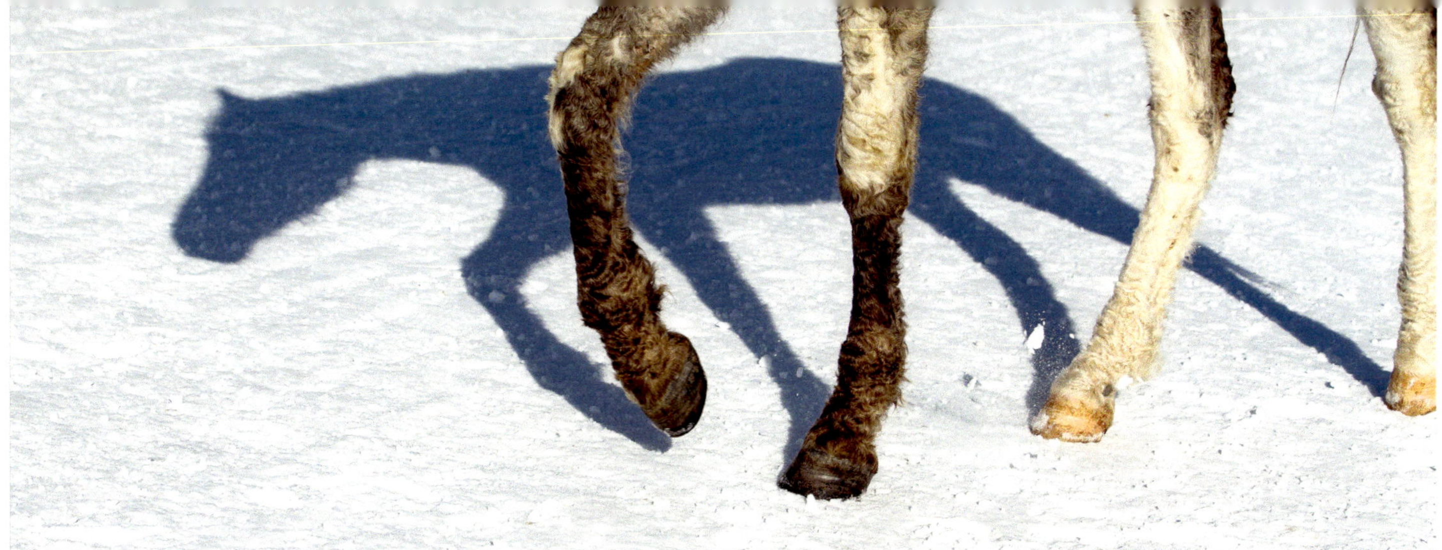

▲ *Die festgetretene Schneefläche bietet eine ideale Abbildungsfläche für den Schatten von Curly-Wallach Blue, dessen interessante Beinfärbung und Fellkräuselung die Fantasie des Betrachters fordert, das Bild zu vervollständigen; Canon EOS 1D X mit Canon EF 70–200 mm f/2,8L IS II USM bei 80 mm, 1/1250 s, Blende 7,1, ISO 125*

lediglich die Umrisse des Motivs, wodurch eine gewisse Abstraktion entsteht. Blendet man das Hauptmotiv aus und belässt nur den Schatten im Bild, wirkt das Foto geheimnisvoll und regt die Fantasie des Bildlesers an. Die Reduktion auf das Wesentliche ist damit vollends erfüllt. Das menschliche Gehirn versucht, die Szenerie gedanklich zu vervollständigen und lässt Interpretationen zu, die sich insbesondere nach den Erfahrungswerten des jeweiligen Menschen richten, so z. B. nach der Farbe oder der Rasse des Pferdes.

Eine andere Umsetzung kann dem Betrachter Teilinformationen geben, indem man das Pferd angeschnitten mit aufs Bild nimmt, die Information nach Farbe oder Typ des Pferdes wird vermittelt. Mehr benötigt der Betrachter aber nicht, um nun das Bild in seiner Vorstellung zu komplettieren. Ein Schattenwurf kann eine Duplizierung des Motivs ergeben, die man sehr schön kreativ in die Bildgestaltung einfließen lassen kann.

Transformation

Schatten können sich bei entsprechender Positionierung in Bezug auf den Lichteinfall auch auf dem Hauptmotiv wie eine Bemalung oder eine Tätowierung abzeichnen. Dadurch entsteht ein interessanter Blickfang. Dieser Schatten, der nicht durch das Motiv selbst, sondern durch ein unbedeutendes Nebenobjekt (das gar nicht selbst auf dem Bild sichtbar sein muss) entsteht, zieht die Blicke auf sich. Ein kleines, unauffälliges Detail kann so zum Hauptmotiv werden oder dieses schmücken. Die Wirkung eines Schmuckschattens kann aber schnell kippen, wenn eine derartige Schattierung als störendes Bildelement wahrgenommen wird. Dies geschieht, wenn die Schattenzeichnung nicht attraktiv genug ist. Interessant wird der Schmuckschatten durch eine ansprechende und eindeutig erkennbare Form, wie beispielsweise die Abbildung von Blättern, einer Blume oder eines Schmetterlings.

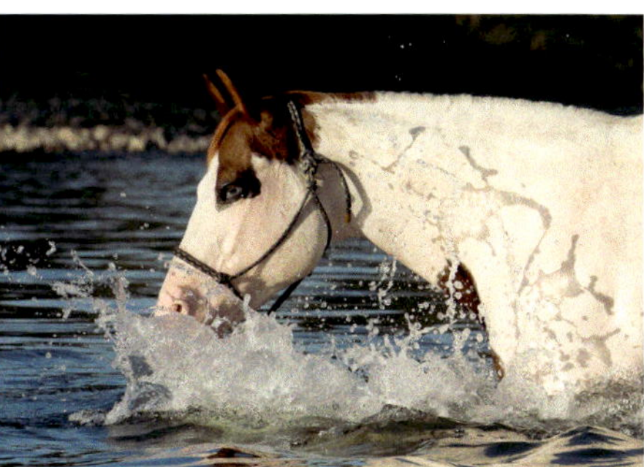

▲ *Schmuckschatten auf dem Hals des Pferdes durch Wasserspritzer; Canon EOS 1D X mit Canon EF 70–200 mm f/2,8L IS II USM bei 140 mm, 1/1250 s, Blende 8, ISO 640*

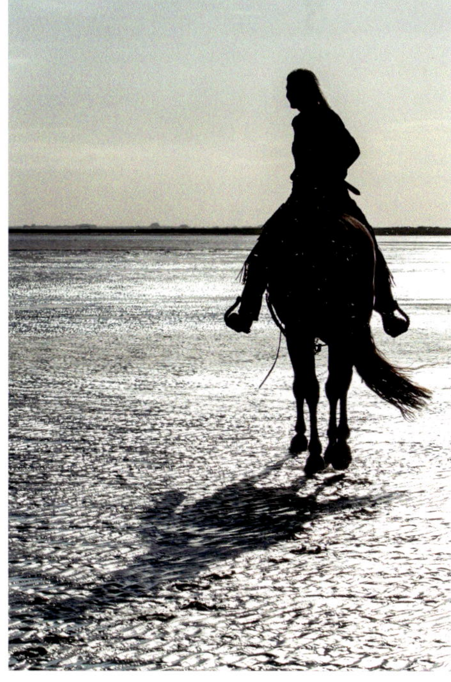

▶ *Der Schatten von Reiter und Pferd wird in diesem Bild als Gestaltungselement herangezogen und diagonal im Bild platziert; Canon EOS 1D X mit Canon EF 70–200 mm f/2,8L IS II USM bei 100 mm, 1/6400 s, Blende 8, ISO 500*

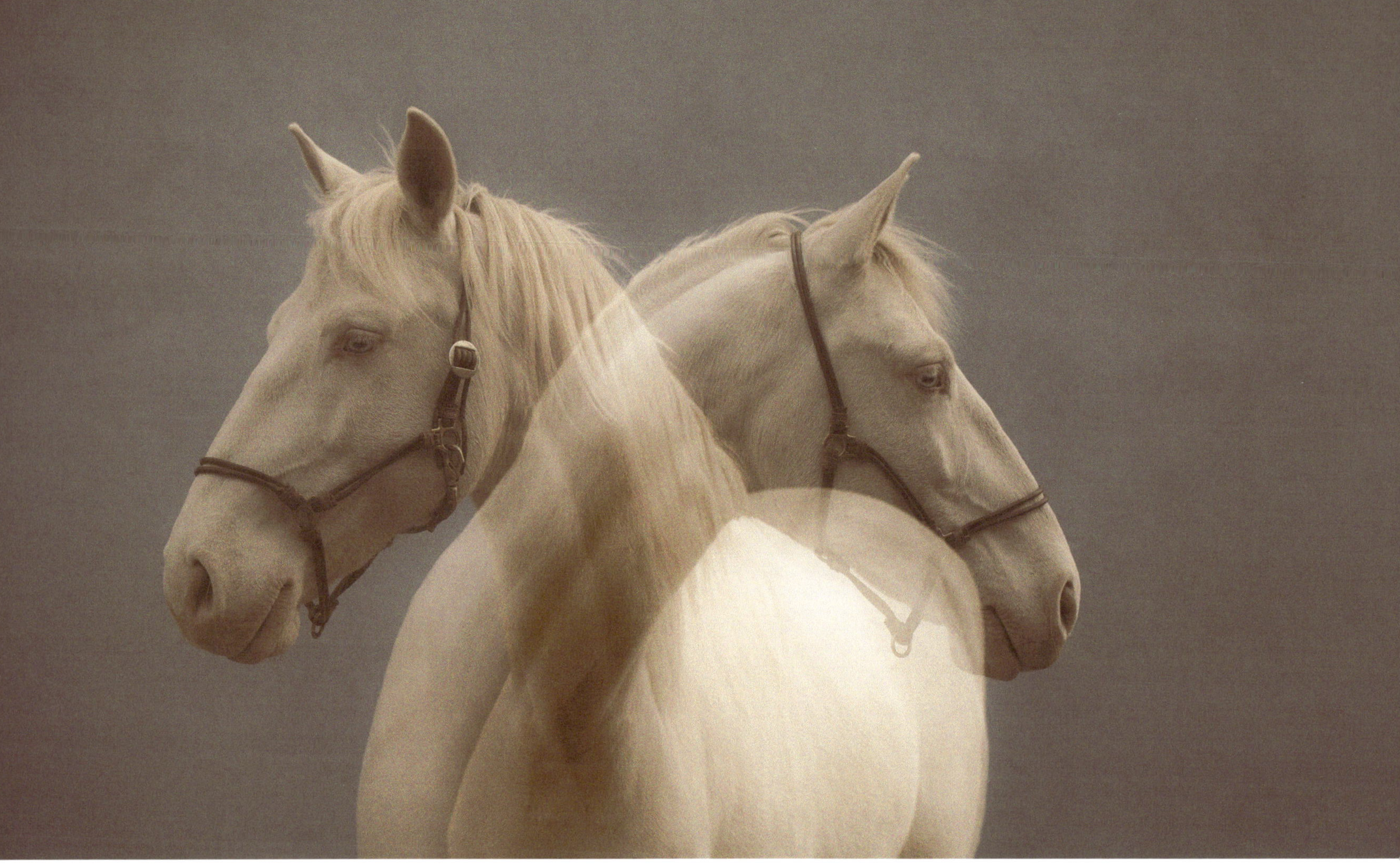

▲ *Duplex-Effekt: Eine Doppelbelichtung von Lusitano-Wallach Malibu. Die halbtransparente Darstellung des Pferdekopfes ergibt eine Weichzeichnung, die durch den bräunlichen Ton noch forciert wird (Retusche: Führstrick); Canon EOS 1D X mit Canon EF 70–200 mm f/2,8L IS II USM bei 100 mm, 1/1000 s, Blende 3,2, ISO 125*

6.3 Mehrfachbelichtungen

Doppel- und Mehrfachbelichtungen sind ein Klassiker in der kreativen Fotografie. Sie bieten eine ungeahnte Fülle von Umsetzungsmöglichkeiten, angefangen von experimentellen Bildern über feinsinnige Ansichten bis hin zu kunstvoll gestalteten Montagen.

Zu analogen Zeiten belichtete man ein Bild doppelt, indem man den Film nicht weitertransportierte. Heutzutage bieten höherwertigere Kameras die Möglichkeit von Doppel- und Mehrfachbelichtungen an, wobei die einzelnen Aufnahmen direkt in der Kamera verrechnet werden und man das Ergebnis nach wenigen Sekunden bestaunen kann.

Selbstverständlich lassen sich Mehrfachbelichtungen auch mithilfe eines Bildbearbeitungsprogramms wie Adobe Photoshop über die Ebenenfunktion montieren, doch es geht schließlich darum, diesen Effekt fotografisch umzusetzen. Will man die Doppelbelichtung am PC erstellen, benötigt man außerdem viel Zeit und natürlich auch eine gewisse Erfahrung im Umgang mit dem Programm. Diese Zeit will ein Fotograf allerdings lieber mit der Kamera in der Hand auf der Jagd nach tollen Motiven verbringen.

Ganz abgesehen davon bleibt bei der Erstellung von Mehrfachbelichtungen mit dem kamerainternen Feature im Raw-Modus die volle Qualität der Aufnahmen erhalten. Professionelle Fotografen entscheiden sich deshalb meist für die kamerainterne Gestaltung von Mehrfachbelichtungen. Es spart Zeit und ist zudem eine spannende Herausforderung, diverse Bildideen in der Praxis zu realisieren.

Die geplante Kombination von Bildern lässt sich bei der kamerainternen Verrechnung sofort kontrollieren und vor Ort gegebenenfalls nachbessern oder umgestalten, wenn die Kombi doch nicht so passt, wie man es sich vorgestellt hat. Des Weiteren wird man immer wieder mit überraschenden Effekten belohnt, wenn man während des Fotografierens etwas experimentellen Erfindergeist mit einfließen lässt.

Bietet die Kamera keine Mehrfachbelichtungsfunktion an, können trotzdem mit der Abziehtechnik (s. Kap. 7.3 »Abziehbilder«) und anderen fantasievollen Wischerbildern interessante Doppelbelichtungseffekte erzielt werden. Die kreativen Gestaltungsmöglichkeiten sind auch hier sehr umfangreich.

Duplexeffekt

Aus einem einzigen Pferd eine ganze Herde zaubern, das funktioniert mit der Mehrfachbelichtungsfunktion problemlos. Für die Umsetzung dieser Idee wird die Kamera auf einem Stativ montiert. Wichtig ist die absolut verwacklungsfreie Aufnahme, denn wenn überlagerte Bilder nicht exakt deckungsgleich sind, erzeugt man eine unerwünschte Unschärfe im Bild. Zudem dürfen sich die Objekte, die scharf auf dem Bild abgebildet werden sollen, nicht bewegen. Das bedeutet, dass windige Tage für Doppel- und Mehrfachbelichtungen mehr als ungünstig sind. Das mehrfach belichtete Pferd hingegen sollte bei jeder Aufnahme an anderer Stelle platziert werden.

Ein Helfer kann den Vierbeiner für die nächste Aufnahme beispielsweise ein Stück weitertreiben oder führen. Im Endeffekt erhält man eine »normale« Abbildung der Umgebung, das Pferd jedoch wird sich schemenhaft und transparent darstellen, und zwar so oft dupliziert, wie man Bilder übereinanderlegt. Moderne Kameras können hierfür bis zu 10 Bilder miteinander verrechnen. Doch auch schon eine Doppelbelichtung, also zwei Aufnahmen in Folge, haben eine überaus reizvolle Wirkung. Oft ist weniger auch mehr, das Auge will nicht überflutet werden mit zu vielen Überlagerungen und Eindrücken. Die Kunst der Reduktion darf gerade bei Mehrfachbelichtungen nicht aus den Augen verloren werden.

Ideenquelle

Wer mit Mehrfachbelichtungen experimentieren will, hat die Qual der Wahl, denn es gibt unzählige Umsetzungsideen:

- Ein Pferd soll mehrfach auf einem Bild erscheinen (Duplexeffekt).
- Durch eine Überlagerung wirkt das Hauptmotiv transparent (Geisterbilder). Dabei wird das Pferd nur auf einem Foto abgebildet, das zweite Bild enthält nur den Hintergrund.
- Eine überlagerte scharfe und unscharfe Aufnahme erzeugt einen Weichzeichnereffekt.
- Das Pferd wird nach der ersten Aufnahme herangezoomt und mit der zweiten Abbildung, auf dem das Pferd vergrößert abgelichtet wird, verschmolzen.
- Zwei aufeinander abgestimmte Motive wie ein Pferd im Porträt und eine weit entfernte Pferdeherde lassen sich wunderbar montieren.
- Mit Mehrfachbelichtungen können auch interessante Collagen erzeugt werden. Hierzu platziert man verschiedene Motive auf ein Foto mit möglichst gleichem oder ähnlichem Hintergrund.
- Für einen Überlagerungseffekt wird die erste Aufnahme unscharf mithilfe eines Wischers aufgenommen (s. Kap. 7.2 »Alternative Wischeffekte«), das zweite Bild hingegen wird scharf belichtet.
- Bei der vorigen Technik kann das Wischerbild aber einfach auch durch ein unscharfes Foto ersetzt und mit der zweiten, scharfen Aufnahme, auf dem das Hauptmotiv platziert wird, kombiniert werden.

Weichzeichnung

Einen weiteren smarten Effekt erzielt man mit der Weichzeichnertechnik per Doppelbelichtung. Hierzu legt man einfach eine scharfe und eine unscharfe Aufnahme übereinander. Häufig wird diese Technik in der Naturfotografie für Blumen angewandt, um den lieblichen Charakter der Blüten zu unterstreichen.

Doch auch ein edles Pferdeporträt kann von diesem Effekt profitieren und eine gezielte Weichzeichnung vertragen.

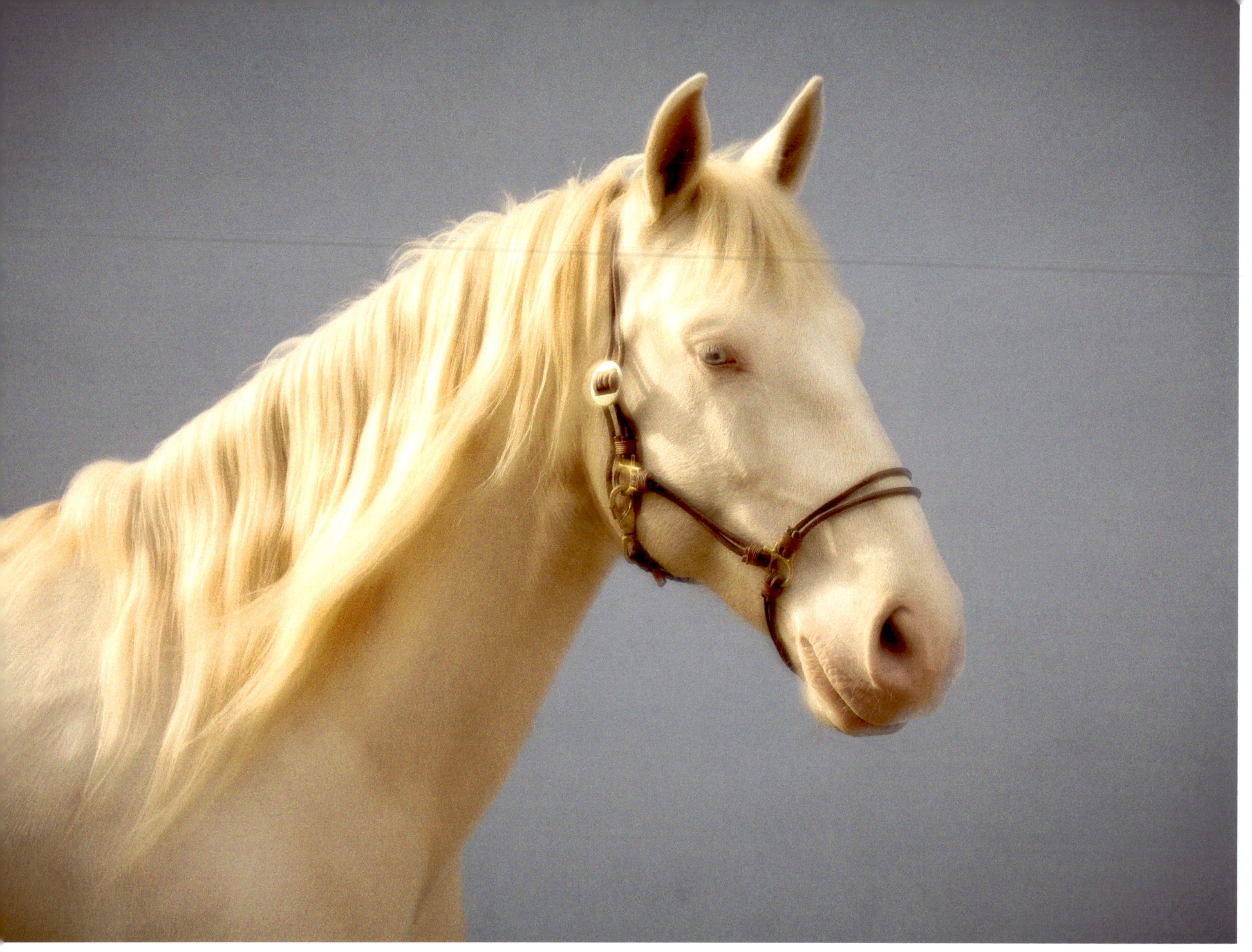

▲ *Porträt von Lusitano-Wallachs Malibu in einer Doppelbelichtung, die eine interessante Weichzeichnung ergibt. Die scharfe Aufnahme wurde hierfür mit einer zweiten, defokussierten Aufnahme kombiniert (Retusche: Führstrick); Canon EOS 1D X mit Canon EF 70–200 mm f/2,8L IS II USM bei 102 mm, 1/1000 s, Blende 3,2, ISO 125, Doppelbelichtung, Stativ, manueller Fokus*

Das Schwierige bei der Umsetzung dieser Idee ist, dass sich das Pferd während der beiden Aufnahmen nicht bewegen darf. Der Fotograf muss die Defokussierung deshalb sehr schnell und gezielt vornehmen. Sicherlich wird es den einen oder anderen Fehlversuch geben, wenn das Pferd auch nur mit dem Auge blinzelt oder den Kopf minimal bewegt. Doch ein wenig Geduld zahlt sich aus.

Aus- oder Einzoomen?

Bei der Weichzeichnung des Porträts ist das Auszoomen für die unscharfe Aufnahme dann besser geeignet als einzuzoomen, wenn man die Ränder des Pferdekopfes scharf abgebildet haben möchte. Der Pferdekopf grenzt sich so vom Hintergrund besser ab, und die Außenkanten bleiben scharf.

Zoomt man hingegen für die unscharfe Aufnahme in das Bild hinein, ziehen sich die unscharfen Ränder über das scharfe Bild. Auf diese Weise erhalten die Ränder einen weichen, unscharfen Rahmen.

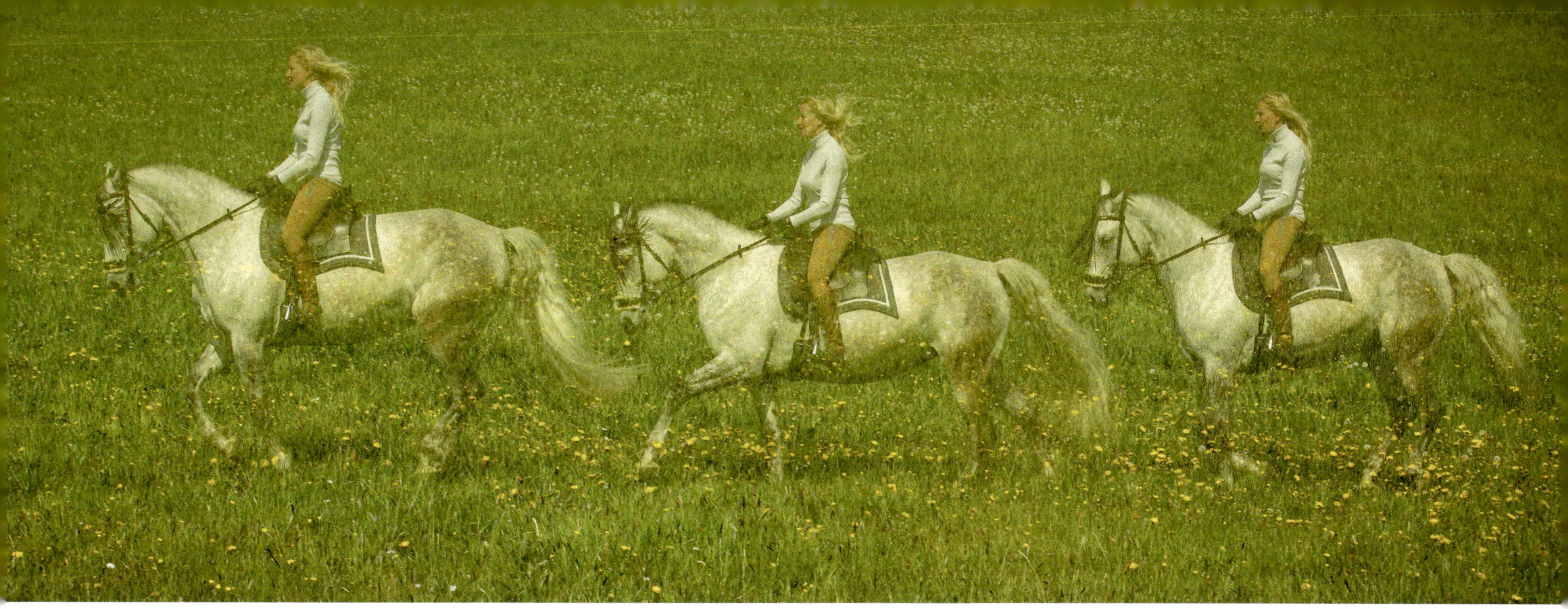

▲ In einer Dreifachbelichtung habe ich Daniela mit ihrer spanischen Stute Maravilla beim Galopp über die Wiese abgelichtet (Hinweis: Das Reiten über fremde Wiesen, die sich im Aufwuchs befinden, ist nicht erlaubt. Deshalb wurde für dieses Foto die Erlaubnis des Besitzers eingeholt); Canon EOS 1D X mit Canon EF 70–200 mm f/2,8L IS II USM bei 70 mm, 1/3200 s, Blende 8, ISO 320, Dreifachbelichtung, Stativ

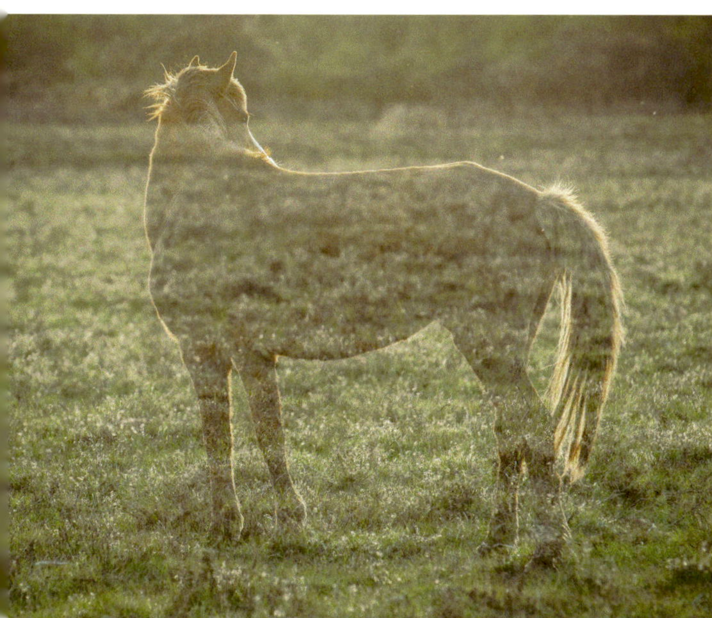

▲ Das Pony wurde bei sanftem Gegenlicht fotografiert, sodass sich ein Lichtsaum ergab, der das Pferd in der Überlagerung gut vom Hintergrund abhebt. Der dunkle Pferdekörper hingegen erscheint in der Doppelbelichtung durchsichtig;
Canon EOS 1D X mit Canon EF 70–200 mm f/2,8L IS II USM bei 200 mm, 1/800 s, Blende 5, ISO 800, Doppelbelichtung, freihand

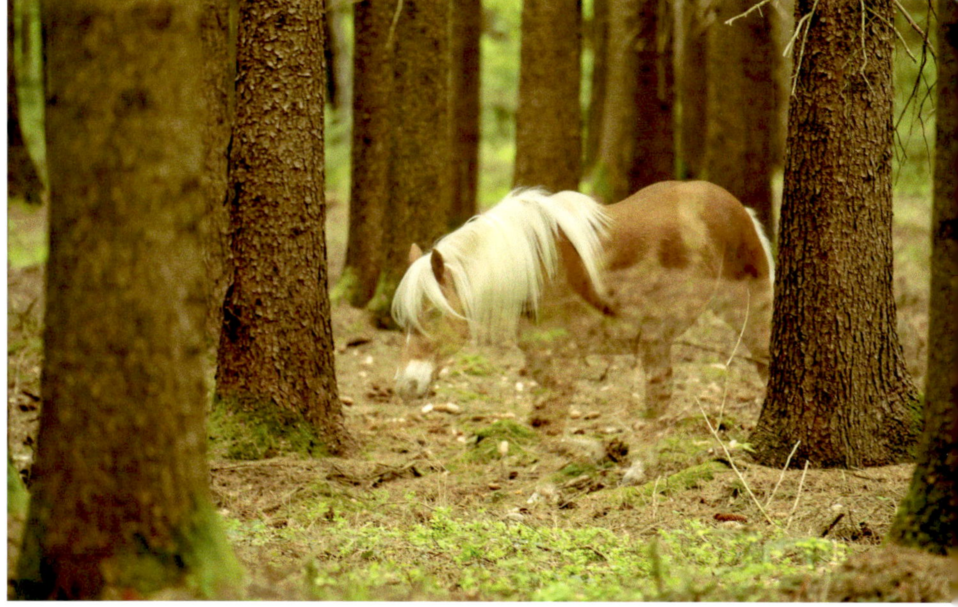

▲ Die Haflingerstute Donnea verschmilzt nahezu mit dem Waldboden. Die Waldszene wurde in Doppelbelichtung zunächst mit und anschließend ohne Pferd fotografiert; Canon EOS 1D X mit Canon EF 70–200 mm f/2,8L IS II USM bei 200 mm, 1/160 s, Blende 2,8, ISO 1600, Doppelbelichtung, Stativ, Spiegelvorauslösung

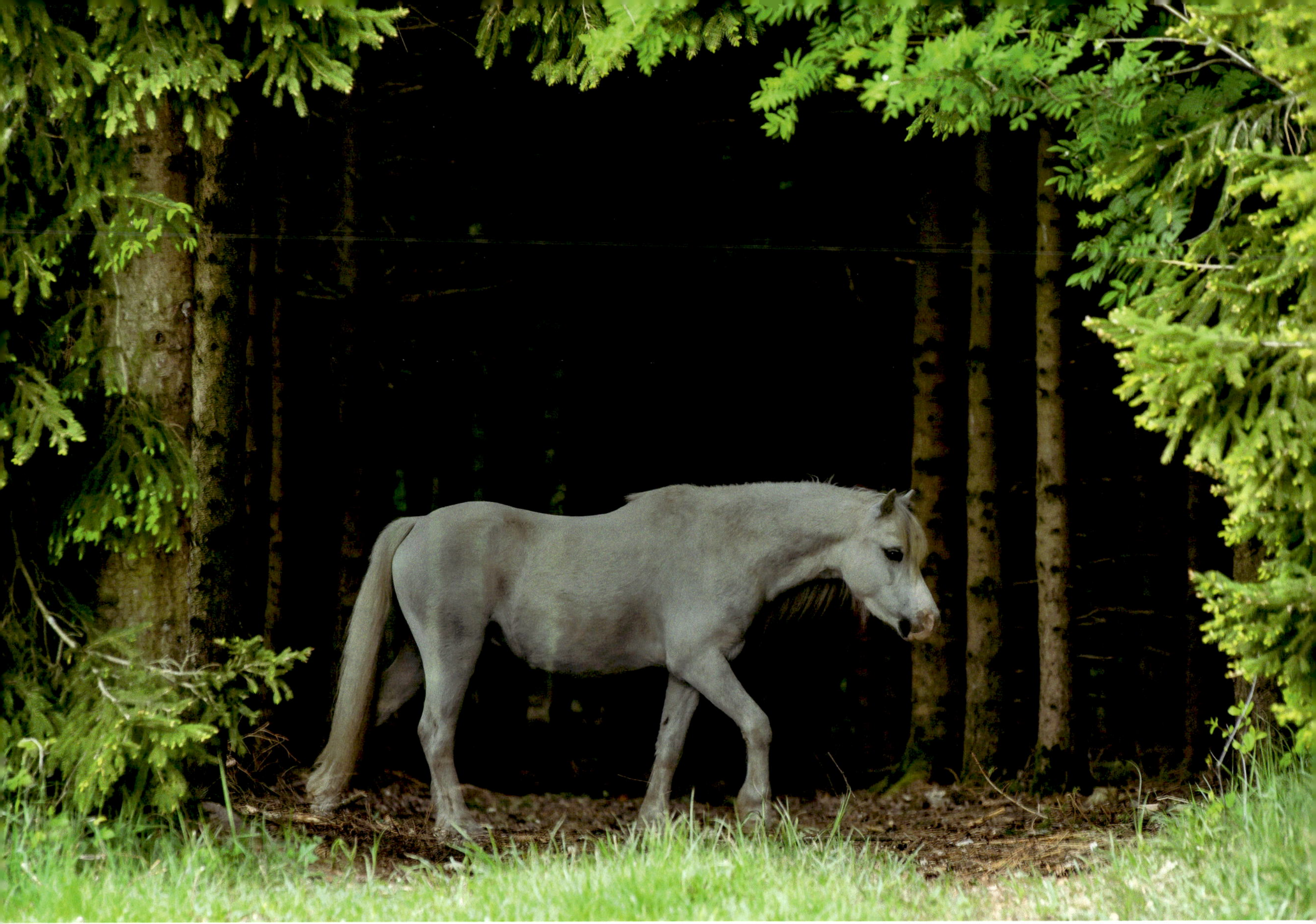

▲ *Wenn der Kontrast hoch ist, kommt die Transparenz bei der Doppelbelichtung weniger zum Tragen. Das Pony wird somit gut vor dem Hintergrund freigestellt. Dennoch wirkt der durch den Wald laufende und vom Tannengrün schön eingerahmte Schimmelwallach geisterhaft; Canon EOS 1D X mit Canon EF 70–200 mm f/2,8L IS II USM bei 200 mm, 1/160 s, Blende 2,8, ISO 1600, Doppelbelichtung, Stativ*

Ghostrider

Ein regelrechtes Geisterbild lässt sich ebenfalls durch eine Doppelbelichtung erstellen. Wiederum werden zwei Bilder überlagert, diesmal jedoch steht das Pferd nur für eine Aufnahme Model. In der zweiten Aufnahme wird lediglich der Hintergrund nochmals deckungsgleich abgebildet.

Die Möglichkeiten des Motivs sind vielfältig: Ein Reiter im Galopp ist ebenso spannend wie ein Pferd im Porträt. Im Endergebnis bildet sich das Hauptmotiv transparent ab und erzeugt auf diese Weise den Geistereffekt. Je größer allerdings der Kontrast von Motiv und Hintergrund ist, desto deutlicher wird das Pferd abgebildet. Ein dunkler Wald als Hintergrund bringt einen Schimmel besser zur Geltung als einen Rappen.

Will man das Pferd hingegen regelrecht im Wald »verschwinden« lassen und eine noch mystischere Stimmung erzeugen, kann man sich für ein dunkles Pferd entscheiden, da dieses mehr mit dem Hintergrund verschmilzt.

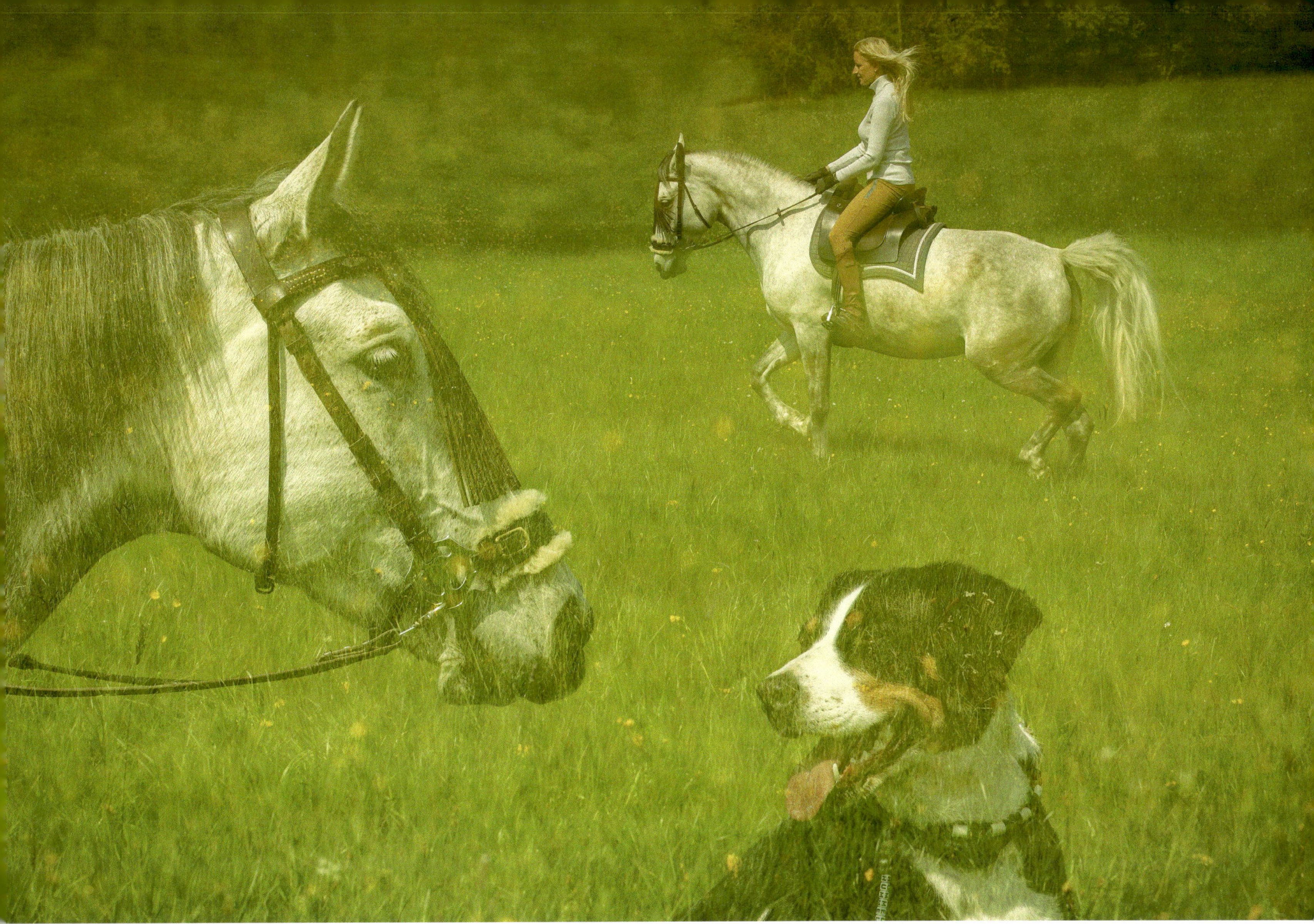

▲ *Eine Collage mithilfe einer Dreifachbelichtung: Zunächst wurde das Porträt der Andalusierstute Maravilla aufgenommen, im zweiten Bild wurde die Hündin Hummel platziert und schließlich Daniela mit Maravilla beim Reiten; Canon EOS 1D X mit Canon EF 70–200 mm f/2,8L IS II USM bei 70 mm, 1/3200 s, Blende 6,3, ISO 320, Dreifachbelichtung*

Kreative Überlagerungen

Nun sind der Fantasie des Fotografen keine Grenzen gesetzt, Doppel- und Mehrfachbelichtungen umzusetzen. Warum diese Technik also nicht mit anderen kreativen Umsetzungen kombinieren?

Bei diesem Vorgang legt man beispielsweise ein Wischerbild vom Hintergrund und ein scharfes Foto des Pferdes übereinander. Ein ähnliches Ergebnis erzielt man mit einer Doppelbelichtung wie mit der in Langzeitbelichtung durchgeführten (und in Kap. 7.4 »Zoomeffekte« beschriebenen) Zoomtechnik.

Auch sehr interessant sind in Mehrfachbelichtung angefertigte Collagen. Bei dieser Technik fotografiert man mehrere Motive in Folge, die im Endbild zusammengesetzt werden. Schon im Vorfeld muss das Endresultat im Kopf feststehen, damit die Motive in den Einzelbildern passend platziert sind und nicht überlagert werden.

Für einen homogenen Hintergrund sollte man sich für ein möglichst ruhiges Motiv entscheiden, damit es zu keinen störenden Überlagerungen kommt, und das Bild nicht chaotisch erscheint.

6.4 Doppelgänger

Eine ganz reale Dopplung von einem Pferdepaar ist ebenfalls ein interessanter Blickfang. Wenn die Tiere fast wie Zwillinge aussehen und sich noch dazu synchron verhalten – das ist gerade im Tierreich etwas Besonderes, wo doch jedes Lebewesen einzigartig ist. Diese Bildidee umzusetzen, erfordert allerdings etwas Geduld und eine gute Planung.

Menschen sind von Zwillingen fasziniert. Diesen Umstand unterstreicht man noch, indem sich Zwillinge oft einheitlich kleiden und dieselben Unternehmungen tätigen. Zwar gibt es bei Pferden ebenfalls Zwillingsgeburten, doch sind diese sehr selten. Die farbliche Varianz ist jedoch insbesondere in naturnah lebenden Pferdeherden (Przewalskipferde, Exmoorponys, Koniks etc.) eingeschränkt, sodass man darunter eher visuelle Doppelgänger findet. Diese Vereinheitlichung hat mit der Überlebensstrategie zu tun, denn aufzu-

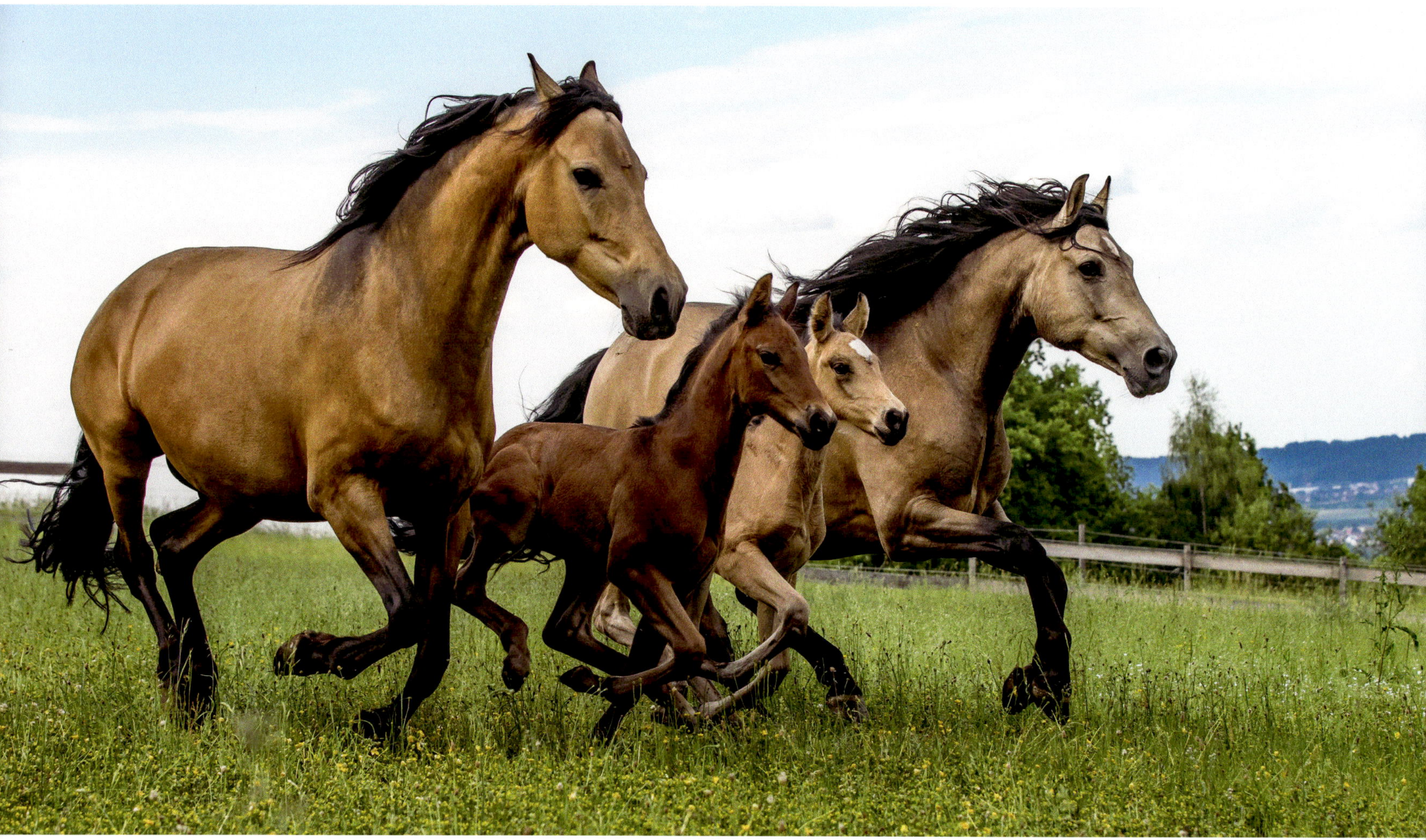

▲ *Die beiden spanischen Stuten Filliberta und Oquidea flankieren ihre Fohlen Wahida und Wega. Alle Pferde laufen im Gleichschritt und auf Augenhöhe – diese Szene ist ein Traum für jeden Fotografen, aber leider nicht steuerbar; Canon EOS 1D X mit Canon EF 70–200 mm f/2,8L IS II USM bei 100 mm, 1/1250 s, Blende 6,3, ISO 800*

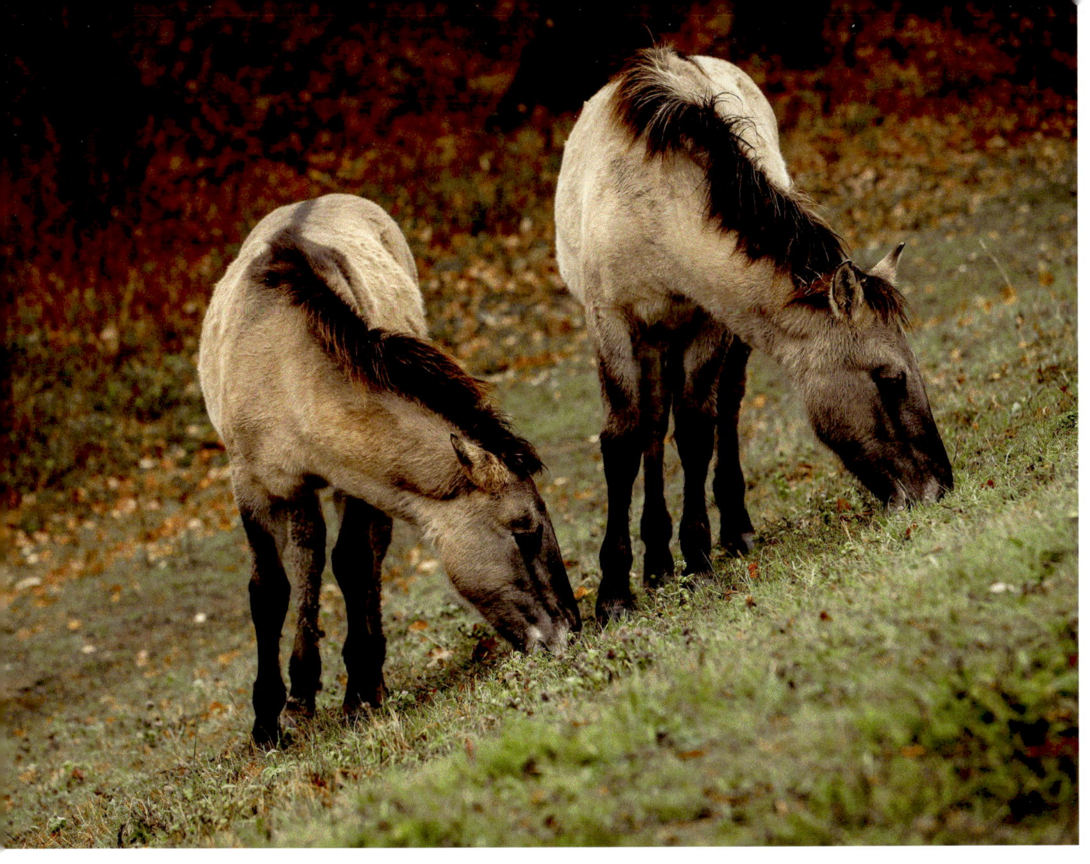

Zwei freilebende Konikfohlen sind dicke Freunde und grasen gemeinsam an einem Hang. Gleiche Rasse, gleiche Farbe und synchronisierte Bewegungen machen die beiden zu Doppelgängern; Canon EOS 1D X mit Canon EF 70–200 mm f/2,8L IS II USM bei 125 mm, 1/320 s, Blende 4,5, ISO 1000

fallen und aus der Masse herauszustechen, bedeutet bei Beutetieren den schnellen Tod. So tragen auch viele Pferde einer Herde dieselbe oder eine ähnliche Fellfarbe, die aus tarnungstechnischen Gründen gut mit der Umgebung des jeweiligen Lebensraums verschmilzt.

Dies ist für den Fotografen wahrlich ein Geschenk der Natur, da es ihm damit ermöglicht wird, diese naturgeschaffene Farbharmonie bildlich festzuhalten.

In der Natur fündig werden

Neben der Gleichmäßigkeit der Pferdefarben innerhalb robuster Pferderassen tragen die gar nicht so selten vorkommende verhaltensbezogene Symmetrie und Synchronität zusätzlich zur Farbharmonie eines Bildes bei. Es erfordert allerdings etwas Glück und viel Geduld, um solche Situationen zu erfassen und schließlich auch abzulichten. Vor allem in wildlebenden Pferdeherden lassen sich die Tiere nicht positionieren, man ist auf den Zufall angewiesen. Für viele Fotografen ist aber gerade dies das Spannende an dieser Bildidee. Trotzdem findet man der-

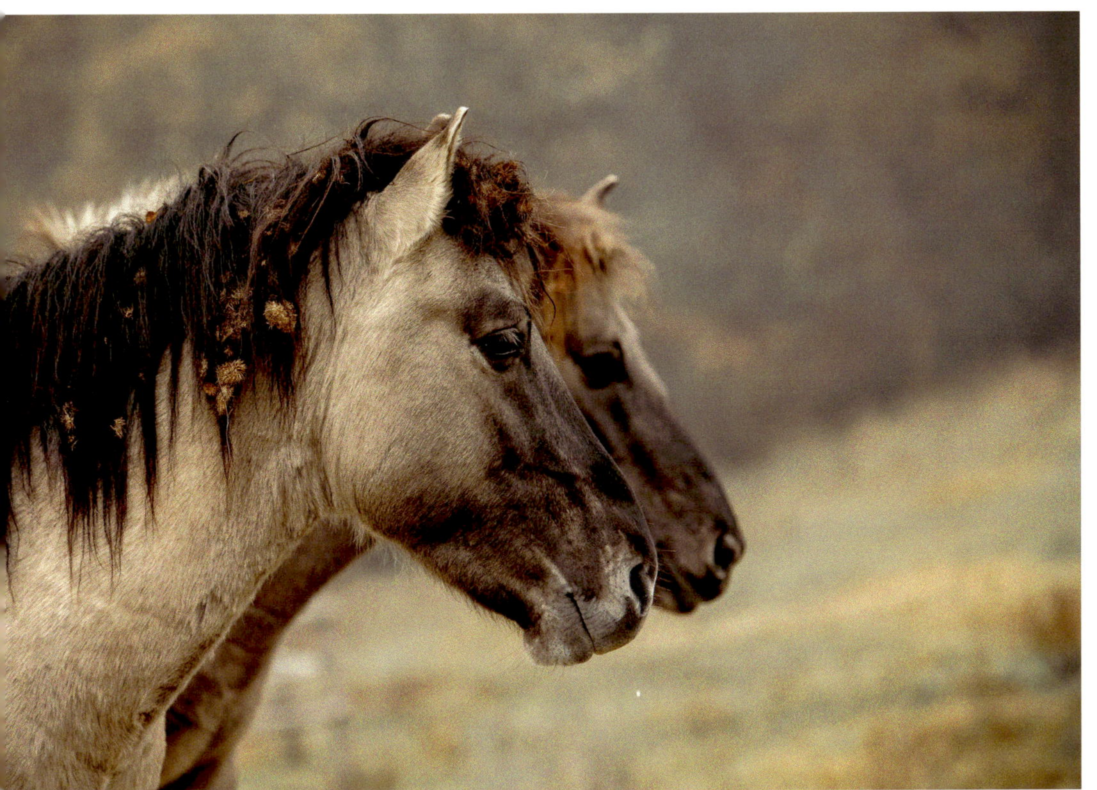

Wilde Koniks im Doppelporträt. Die synchrone Kopfhaltung wirkt wie eine Spiegelung; Canon EOS 1D X mit Canon EF 70–200 mm f/2,8L IS II USM bei 200 mm, 1/320 s, Blende 5,6, ISO 1250

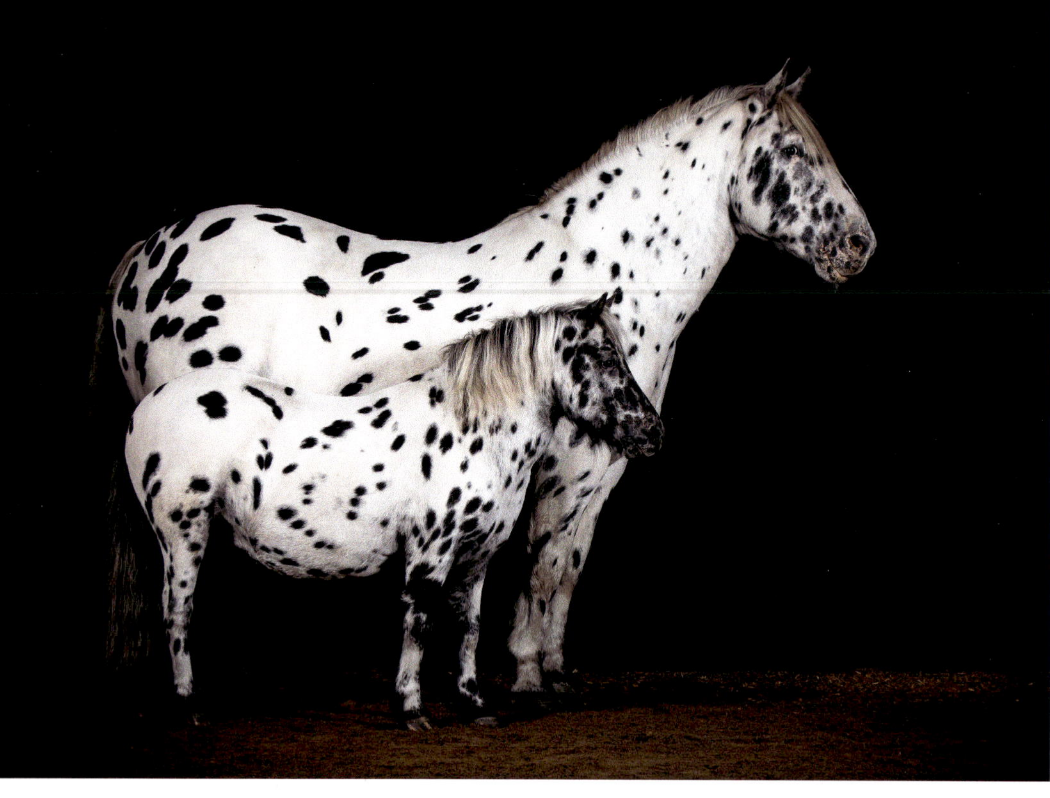

◂ *Ein ungleiches Paar, aber durch die markante Tigerscheckenfärbung dennoch Doppelgänger: Norikerwallach Reindi Elmar und Shetlandpony-wallach Sketter sind beste Freunde; Canon EOS 1D X mit Canon EF 70–200 mm f/2,8L IS II USM bei 100 mm, 1/125 s, Blende 7,1, ISO 250, zwei Studioblitze*

artige Situationen öfter als man vermutet. Synchrones oder nachahmendes Verhalten fördert das Gruppengefühl und den Zusammenhalt innerhalb der Herde. Es ist deshalb ein durchaus sinnvolles und gängiges Verhalten unter Herdentieren, die Artgenossen nachzuahmen. Es gibt sogar echte Pferdefreundschaften, z. B. gleichaltrige Spielgefährten aber auch erwachsene Pferde, die häufig zusammen grasen und miteinander spielen, sodass hier gute Chancen bestehen, synchrones Verhalten zu beobachten.

Befreundete Pferde im Visier

Selbstverständlich lassen sich auch unter den Hauspferden Doppelgänger finden und verschiedene Themen fotografisch umsetzen. Es reicht dennoch nicht, innerhalb derselben Rasse farbgleiche Pferde zu suchen. Da Hauspferde häufig mit sehr individuellen Abzeichen an Kopf und Beinen ausgestattet sind, ist es nicht einfach, »Zwillinge« auszumachen. Interessanterweise jedoch bilden in größeren »zivilisierten« Pferdeherden oft diejenigen Tiere eine Gruppe, die ähnlichen Typs sind und auch eine identische Fellfarbe aufweisen.

Schimmel werden selbst innerhalb von dunkelfarbigen Hauspferdeherden oft gemieden oder gar gemobbt. Selbstverständlich müssen sie nicht immer die Außenseiter sein, denn es ist stets eine Frage, in welcher Konstellation die Pferde aufwachsen, wie sie geprägt werden und was sie im Laufe ihres Lebens lernen. Deshalb findet man sehr wohl auch harmonische, gemischte Herden.

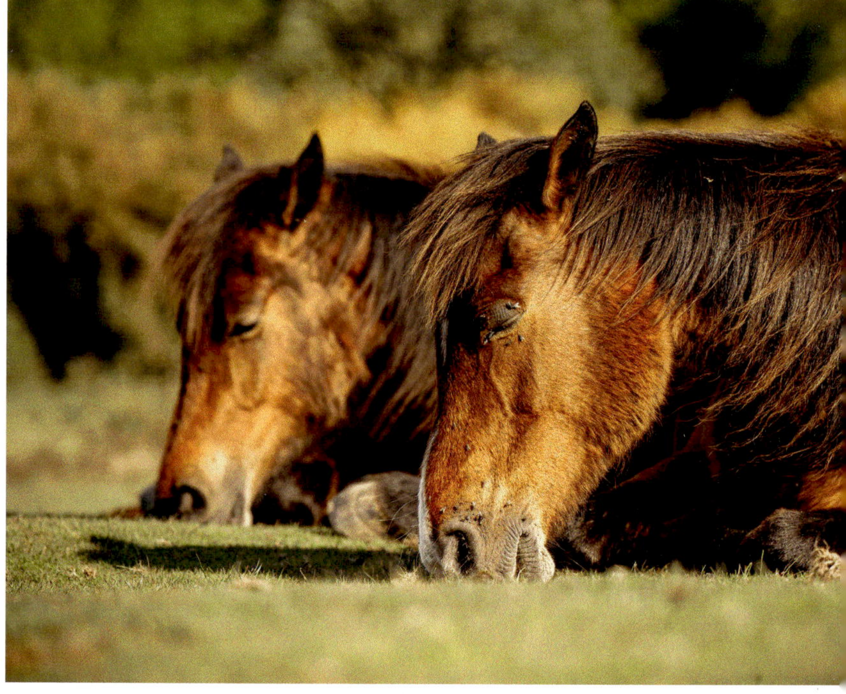

▴ *Zwei befreundete Ponystuten beim gemeinsamen Mittagsschlaf in aufrecht liegender Position. Auch hier bot sich ein Doppelporträt an, weil Farbe, Rasse und Haltung synchron sind; Canon EOS 1D X mit Canon EF 70–200 mm f/2,8L IS II USM bei 130 mm, 1/1600 s, Blende 2,8, ISO 250*

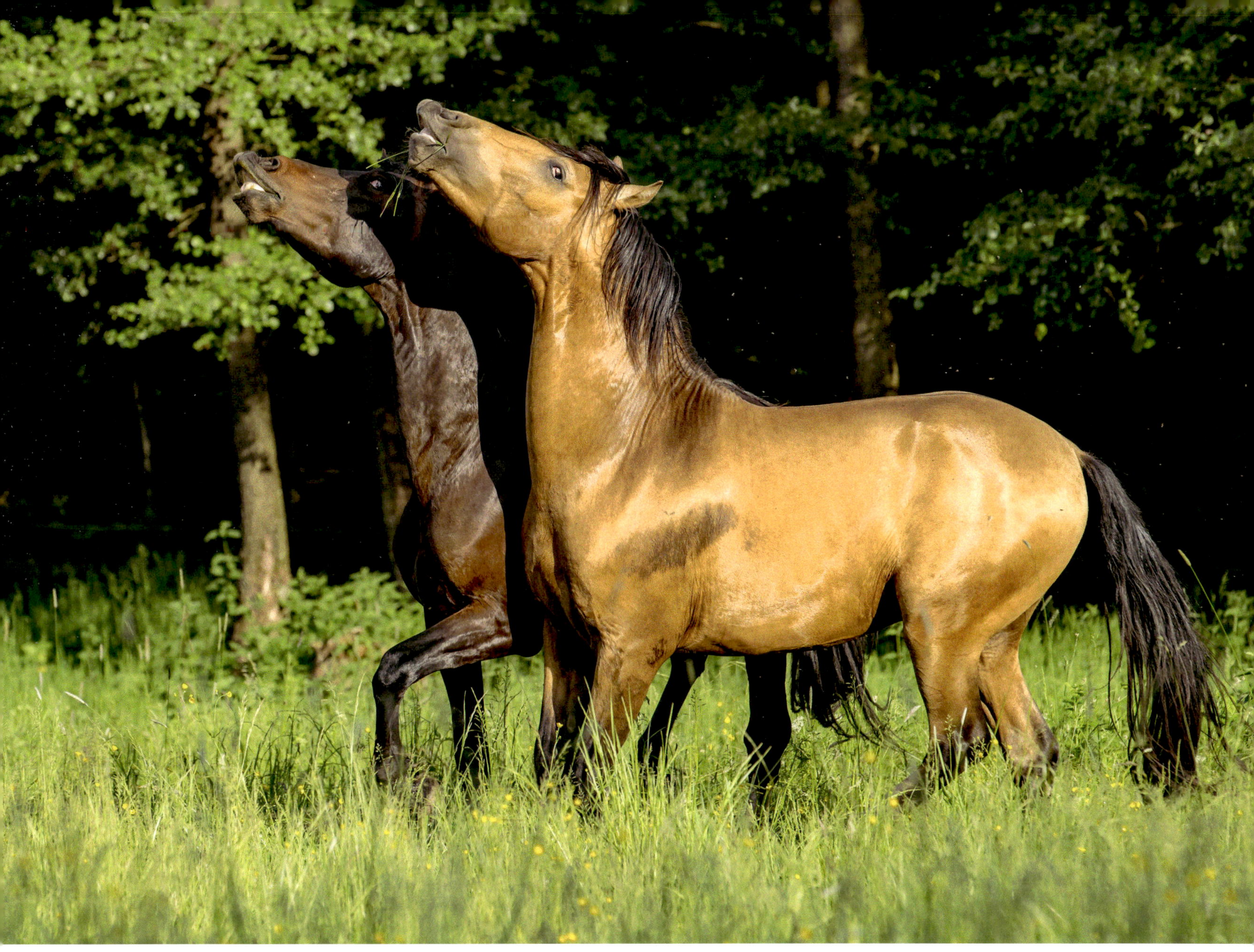

▲ *Die beiden halbstarken Andalusierhengste Tamino und Tiron toben auf der Weide und flehmen um die Wette; Canon EOS 1D X mit Canon EF 70–200 mm f/2,8L IS II USM bei 200 mm, 1/1000 s, Blende 7,1, ISO 1000*

Für die Fotoidee, Doppelgänger abzulichten, ist die exakte Planung zunächst der erste Schritt. Es ist besonders wichtig, nach zwei Pferden zu suchen, die nicht nur ähnlich aussehen, sondern auch miteinander befreundet sind, um sie nah zusammen zu positionieren, ohne dass böse Blicke ausgetauscht werden und zurückgelegte Ohren (Drohverhalten) ein negatives Bild ergeben.

Ob man nun die Pferde freilaufen lässt, gemeinsam grasen oder nur im Doppelpack porträtieren will, sollte die Situation ergeben. Schöne Effekte sind gleiche Bewegungsmuster (Gleichschritt) oder eine exakte Deckungsgleichheit in Form und Farbe im Porträt. Man muss diese Symmetrie und Synchronität nur erkennen und den Blick dafür entwickeln, um dann im richtigen Moment auf den Auslöser zu drücken.

7 Langzeitbelichtungen

Mit Langzeitbelichtungen können in der Fotografie interessante Effekte erzeugt werden, die das menschliche Auge ohne den festgehaltenen Moment so nicht erfassen kann. Auf einem Foto wird alles fixiert, was sich während des offenen Verschlusses vor der Linse abspielt. Ist die Belichtungszeit länger, wird eine Bewegung nicht nur punktuell eingefangen, sondern der ganze Weg aufgezeichnet, der während der Verschlusszeit zurückgelegt wird. Bewegungen stellen sich im Resultat als unscharfe Linien dar, die dem Betrachter Dynamik vermitteln. Aufgrund der dadurch erreichten Unschärfe entsteht ein realistischerer Eindruck als bei einem Bild mit kurzer Belichtungszeit.

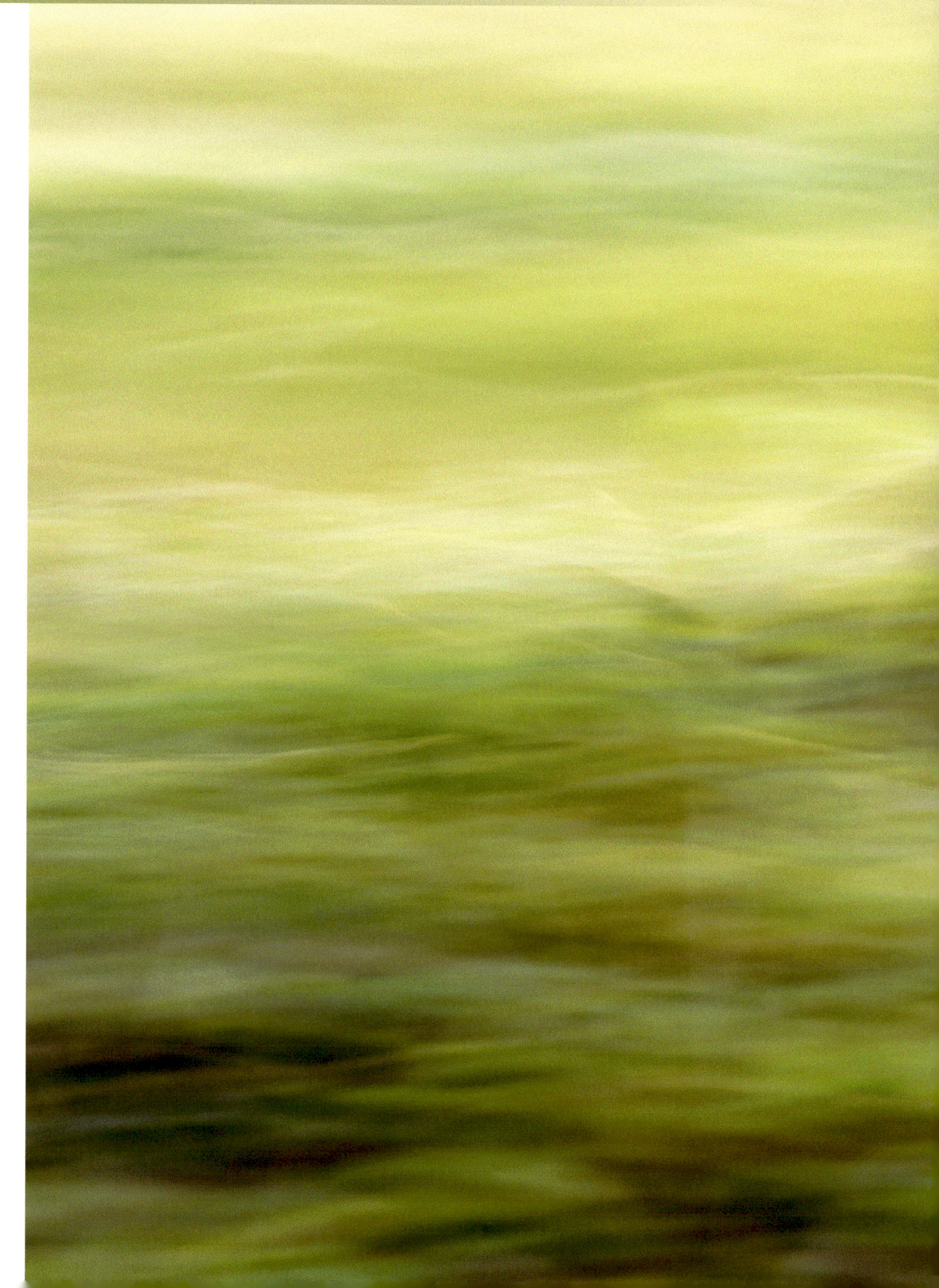

Wie ein abstraktes Gemälde, jedoch nur mit der Kamera – ohne Einsatz eines Bildbearbeitungsprogramms – kreiert: Mithilfe der Langzeitbelichtung kommen die Rücken der grasenden Ponys in hochgewachsener Vegetation, die sich wie Meereswogen darstellen, eindrucksvoll zur Geltung; Canon EOS 1D X mit Canon EF 70–200 mm f/2,8L IS II USM bei 200 mm, 0,3 s, Blende 11, ISO 100

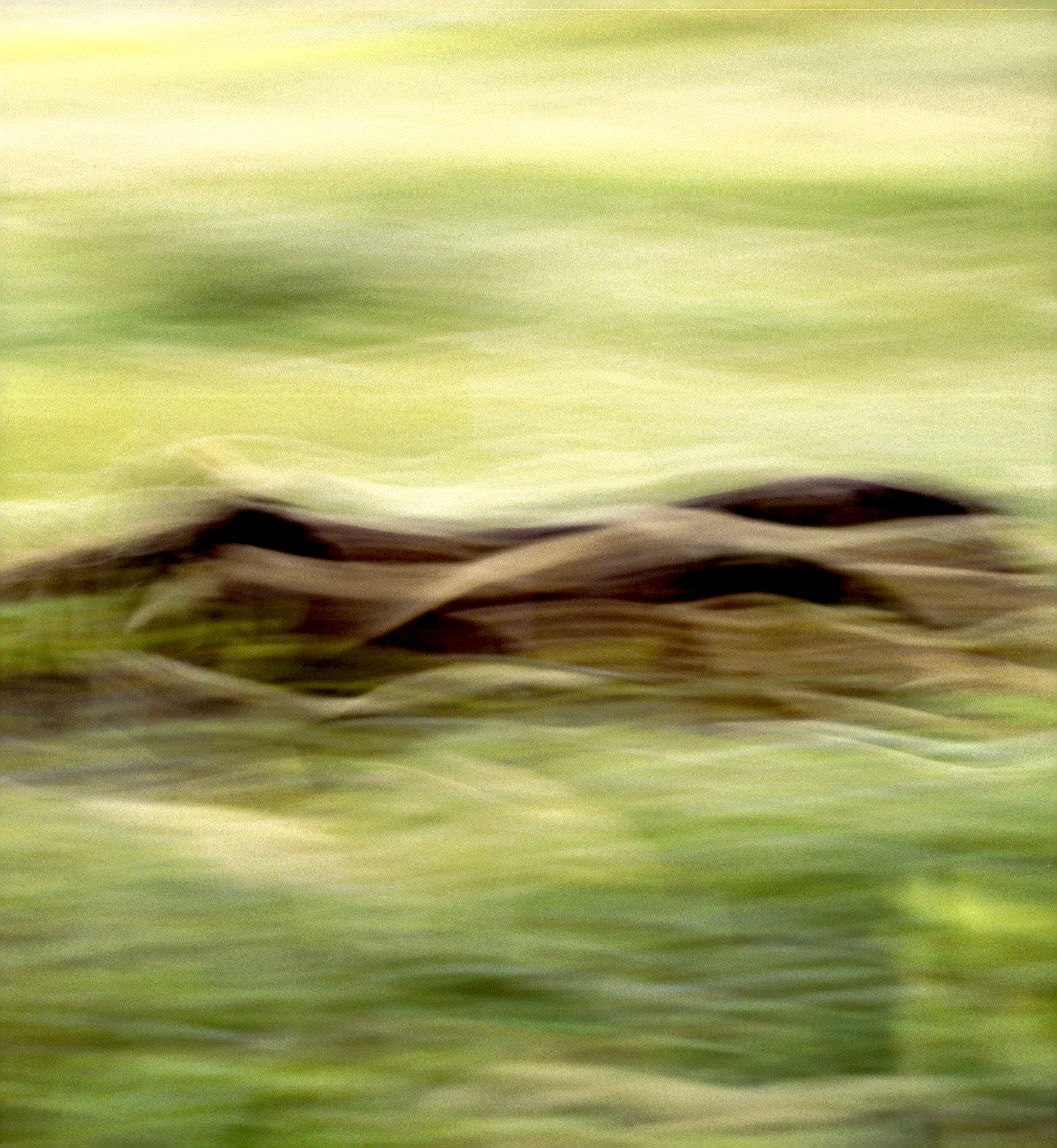

7.1 Dynamik durch Mitzieher

Man kann Langzeitbelichtungen sehr unterschiedlich einsetzen. Der Klassiker in der Tierfotografie sind Mitzieher, auch »Panning« genannt. So lassen sich lauffreudige Tiere, wie es auch die Pferde sind, ideal in Szene setzen, wenn man deren Bewegungsmechanik durch einen Wischeffekt betont.

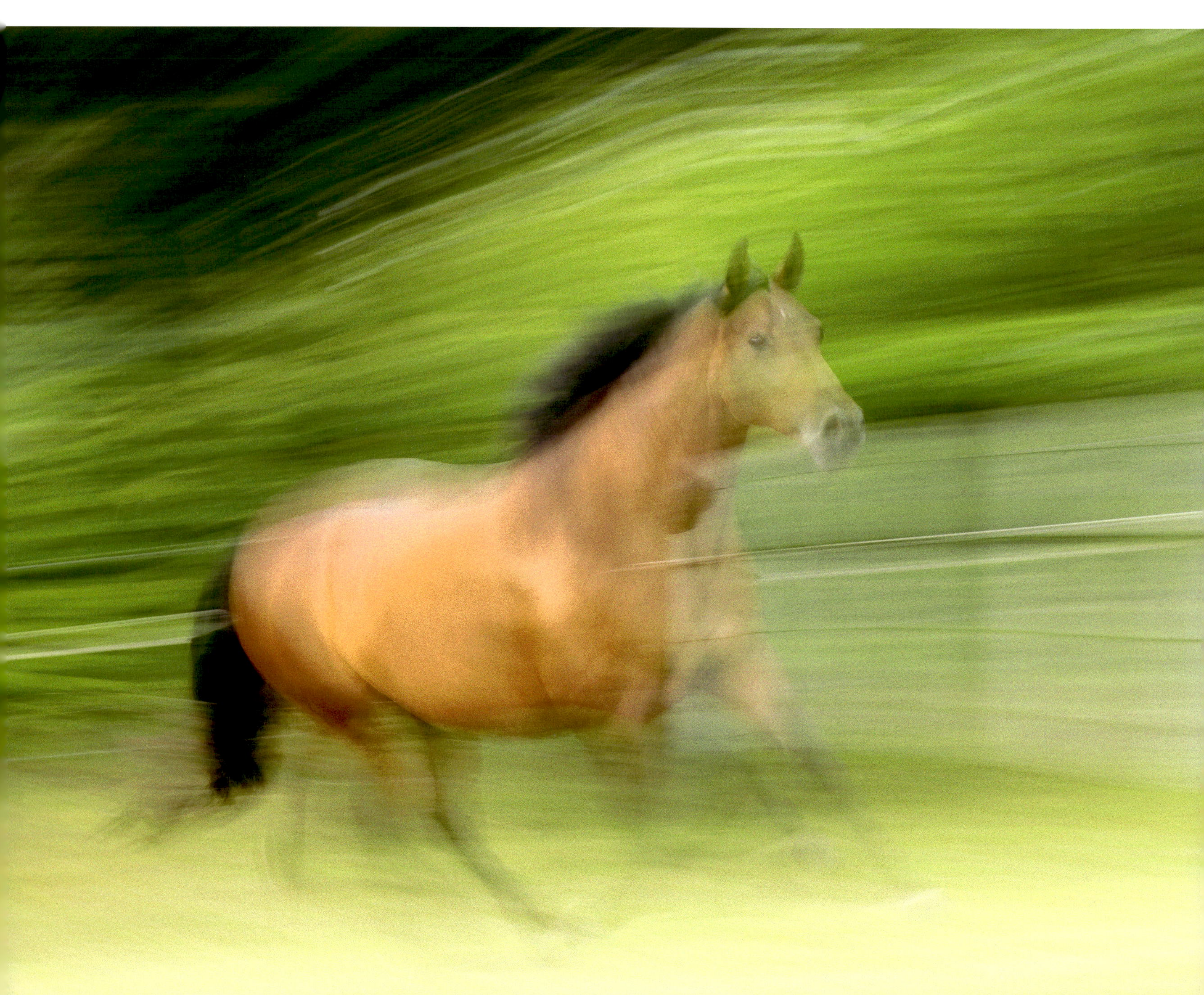

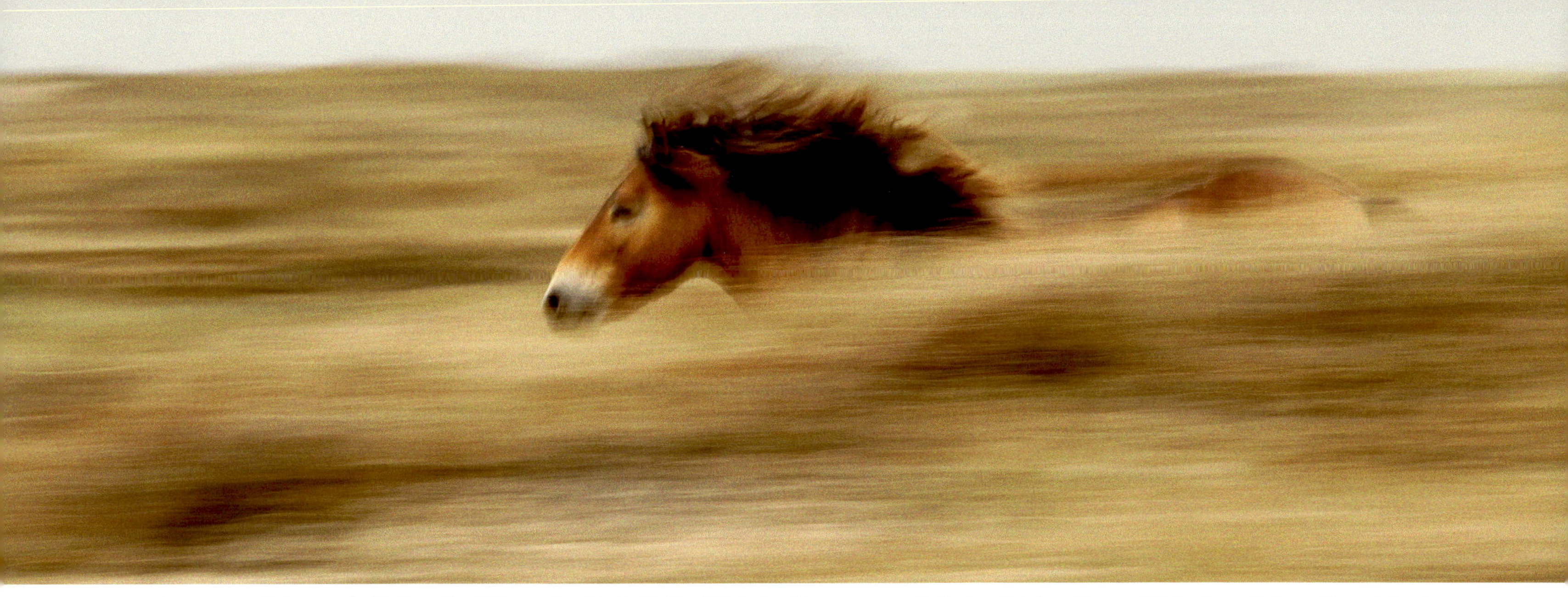

▲ *In rasantem Galopp sucht die Stute Anschluss an ihre Herde. Ihr Weg führte durch unwegsames Gelände mit hohem Gras und Sträuchern, die ihren Körper teilweise verdecken. Die wehende Mähne und der Wischereffekt verraten auch ohne sichtbare Beine die Geschwindigkeit; Canon EOS 1D X mit Canon EF 70–200 mm f/2,8L IS II USM bei 200 mm, 1/8 s, Blende 20, ISO 50*

Der Plan sieht folgendermaßen aus: Mindestens das Auge, vorzugsweise aber der ganze Kopf des Pferdes, sollte möglichst scharf abgebildet sein. Die Beine hingegen will man verwischt darstellen, um das Bild dynamischer wirken zu lassen.

Auch der Hintergrund verstreicht beim Mitzieher in waagrechten Linien – ein wunderbarer Effekt, wodurch sich sogar störende Gegenstände wie Zaunlitzen auflösen können. Zudem sind selbst komplett unscharfe Aufnahmen interessant und ansprechend.

Für den Wischereffekt ist eine Belichtungszeit von etwa 1/30 s oder länger nötig. Die Ziehbewegung mit der Kamera wird der Laufgeschwindigkeit des Pferdes angepasst, sollte aber entsprechend zügig sein, um eine schöne Unschärfe zu erhalten. Somit muss das Pferd eine sportliche Vorstellung geben, will man einen ansehnlichen Bewegungseffekt erreichen. Welche Belichtungszeit nun die besten Ergebnisse liefert, ist abhängig von der Brennweite, der Geschwindigkeit des Pferdes und der Distanz, die der Fotograf zum Pferd hat.

◀ *Bei diesem Mitzieher wurde das Pferd von schräg vorne aufgenommen. Dabei habe ich mit dem Objektiv einerseits seitlich mitgezogen, andererseits zusätzlich gezoomt. Des Weiteren habe ich die Kamera zum Ende der Belichtungszeit nach vorne weggezogen. So entstand ein interessanter Tunneleffekt mit schwacher Überlagerung; Canon EOS 1D X mit Canon EF 70–200 mm f/2,8L IS II USM bei 200 mm, 0,3 s, Blende 8,0, ISO 50*

Da heißt es, ein wenig zu experimentieren. Das ist bei Pferden durchaus machbar, wenn man ein oder zwei Helfer hat, die das Pferd auf der Koppel zum Laufen animieren. Der Laufweg lässt sich öfter wiederholen, sodass mehrere Versuche realisiert werden können. Dennoch sollte man darauf achten, dass auch ein Pferd irgendwann keine Lust und/oder Kondition mehr hat, dieselbe Strecke mehrfach zu laufen. Im Bild soll auch rüberkommen, dass das Pferd Freude am Laufen hat und nicht dazu gezwungen wird.

In der Wildpferdefotografie hingegen ist ein Mitzieher deutlich schwieriger zu erstellen. Freilebende Pferde lassen sich nicht dirigieren, um von A nach B zu laufen, zudem galoppieren sie nur selten, sodass viel Geduld und Glück erforderlich sind, um einen guten Mitzieher umzusetzen.

Kameraeinstellung

Um Überbelichtungen zu vermeiden, müssen die ISO- und Blendenwerte der Kamera angepasst werden, wenn die Belichtungszeit verlängert wird. Arbeitet man mit den halbautomatischen Einstellungsmöglichkeiten, bietet es sich an, die Blendenautomatik (Tv) zu wählen. Dabei gibt man die Belichtungszeit vor, die Kamera errechnet automatisch die korrekte Blende für ein ausgewogen belichtetes Bild. Problematisch kann die Halbautomatik dann werden, wenn man über unterschiedliche Helligkeitsbereiche zieht, beispielsweise wenn der Hintergrund von dunkel (Wald) zu hell (Himmel) wechselt. Aus diesem Grund ist es vorteilhaft, über die gesamte Mitziehstrecke

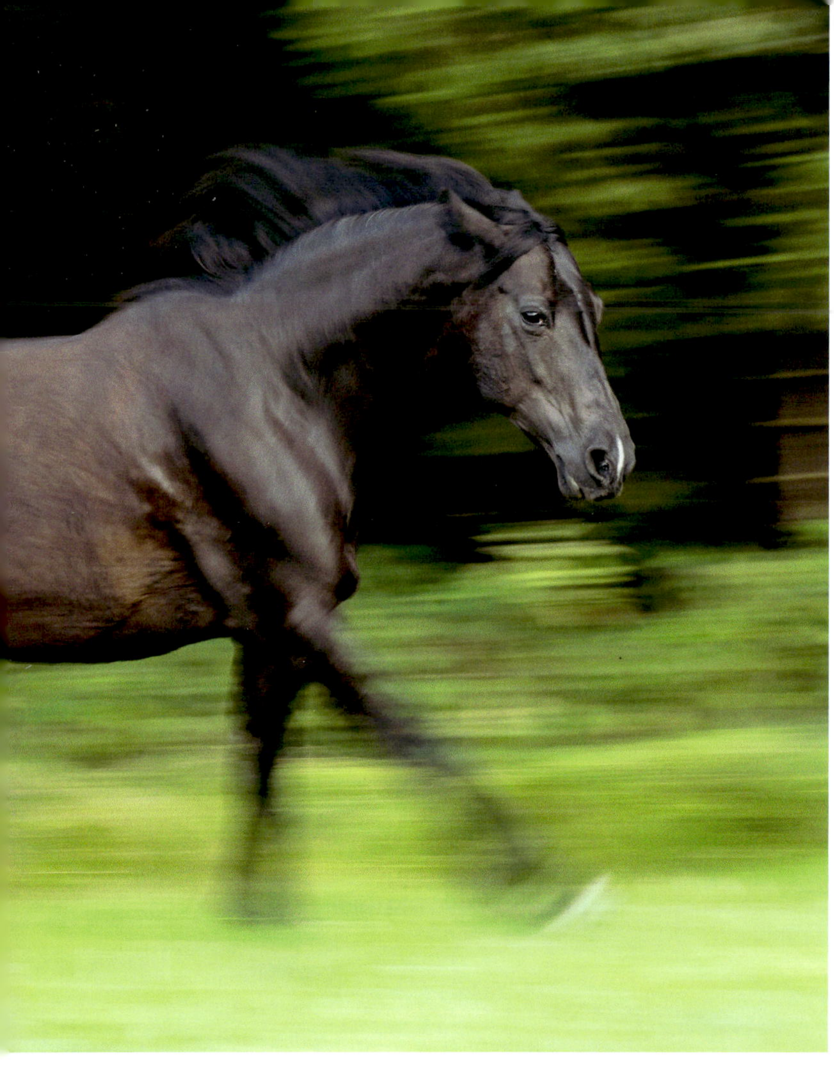

bei der Wahl der Location schon im Vorfeld auf ausgewogene Lichtverhältnisse zu achten.

Eine weitere Methode wäre die automatische ISO-Einstellung, die mittlerweile viele Kameras anbieten. Hierzu wählt man Zeit und Blende vor und lässt die Kamera die passende ISO-Zahl für eine korrekte Belichtung errechnen. Diese Option ist dann sehr praktisch, wenn man sich wie bei der Panning-Technik auf eine bestimmte Belichtungszeit festlegen möchte, aber zusätzlich die Blende kontrollieren will, damit eine zu kleine Blendenwahl keine stark ausgeprägte Tiefenschärfe erzeugt. Störende Gegenstände im Hintergrund könnten sich dann zu intensiv im Bild manifestieren, auch wenn der Hintergrund durch den Mitzieheffekt sowieso unscharf abgebildet wird.

Selbstverständlich ist die komplett manuelle Kameraeinstellung ebenso eine gute Option, da man jeden einzelnen Wert gezielt steuern kann. Situationen für mögliche Mitziehbilder kommen oft spontan. Bis man die Kameraeinstellungen jedoch angepasst hat, ist die Phase, die man fotografieren möchte, längst vorbei. Um schneller reagieren zu können, bieten die meisten Kameras die Speicherung

◀ *Klassischer Mitzieher: Der Kopf des Pferdes ist scharf, die Beine unscharf, und der Hintergrund löst sich durch die Geschwindigkeit in Streifen auf. Durch Verwendung eines Graufilters ist eine größere Blende möglich; Canon EOS 1D X mit Canon EF 70–200 mm f/2,8L IS II USM bei 180 mm, 1/30 s, Blende 5,6, ISO 320, Graufilter*

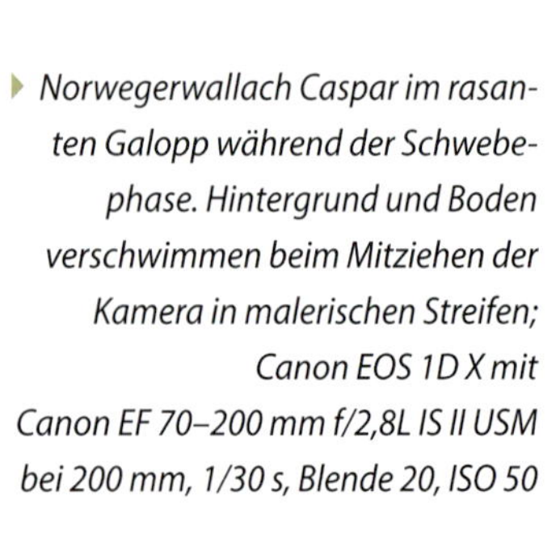

▶ *Norwegerwallach Caspar im rasanten Galopp während der Schwebephase. Hintergrund und Boden verschwimmen beim Mitziehen der Kamera in malerischen Streifen; Canon EOS 1D X mit Canon EF 70–200 mm f/2,8L IS II USM bei 200 mm, 1/30 s, Blende 20, ISO 50*

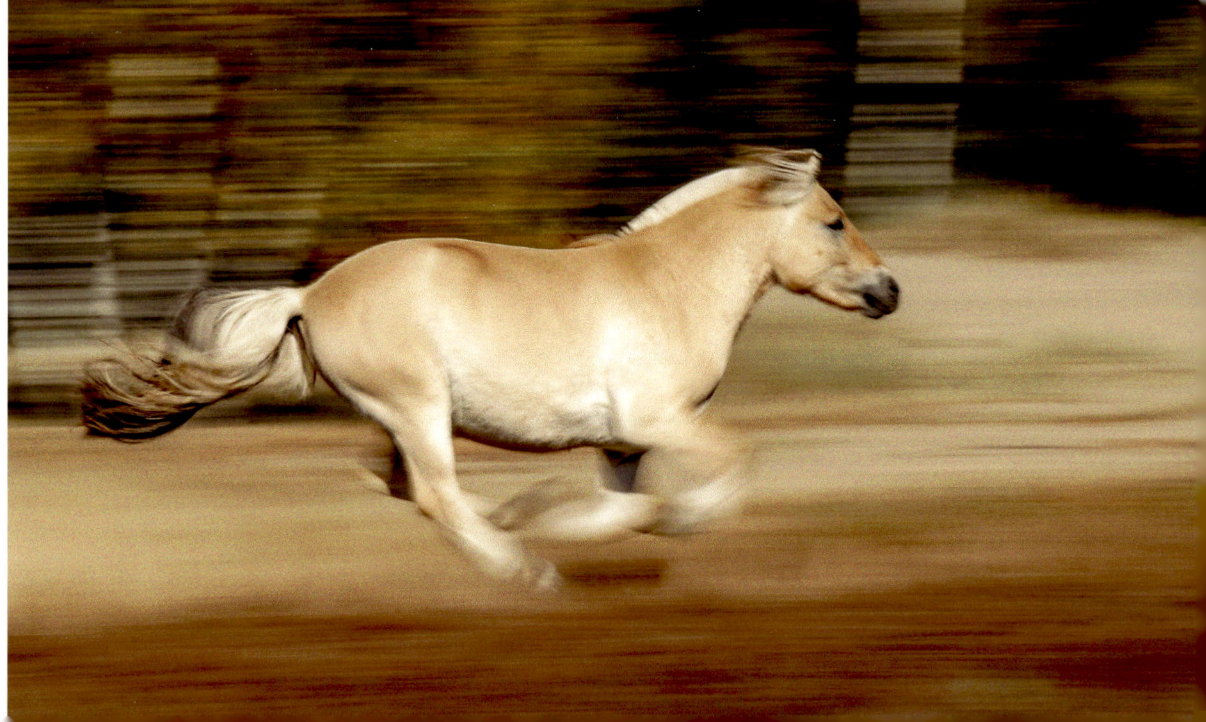

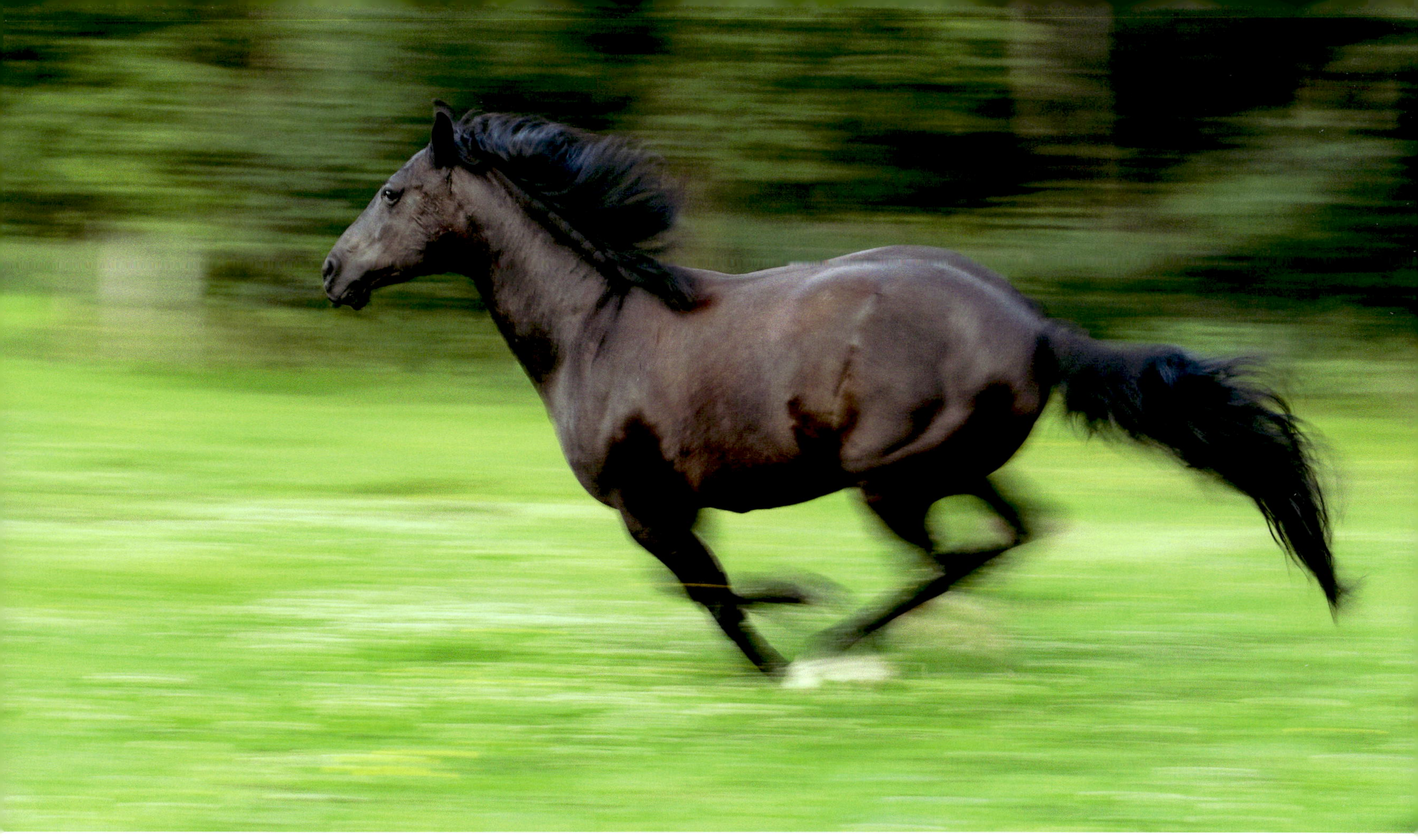

▲ *Die Kopfbewegung im Galopp ist kurz nach der Auffußungsphase der stützenden Vorhand bei den meisten Pferden am größten. Doch nicht alle Pferde haben die gleiche Galoppmanier. Die Araber-Berberstute Dalima bleibt in der Stützphase mit dem Kopf relativ ruhig, sodass ich diesen beim Mitziehen scharf abbilden konnte (Retusche: Zaunlitze); Canon EOS 1D X mit Canon EF 70–200 mm f/2,8L IS II USM bei 100 mm, 1/30 s, Blende 7,1, ISO 320, Graufilter*

einer Voreinstellung (beispielsweise C1 bis C3) an. Programmiert man häufig passende Einstellungen für einen Mitzieher (lange Belichtungszeit von etwa 0,20 s, kleine Blende mit einem Wert von beispielsweise 16 sowie eine niedrige ISO von 50 oder 100) im manuellen Modus, genügt ein kurzer Augenblick, um die Kamera umzustellen und schussbereit zu haben. Programmiert man eine vorgegebene (kleine) Blende und (lange) Belichtungszeit in Kombination mit der Einstellung Auto-ISO passt die Kamera die korrekte Belichtung über die ISO-Zahl an, und man ist bei schnellem Umstellen der Kamera dennoch sicher, nicht über- oder unterzubelichten.

Neben den Kameraeinstellungen sollte man die Optionen seines Objektivs nicht vergessen. Viele Objektive sind mit einem Bildstabilisator ausgestattet, der nun aber beim Mitziehen eher irritiert und deshalb ausgeschaltet werden sollte. Verfügt das Objektiv jedoch über einen Panning-Modus (eine alternative Stabilisatorfunktion, die lediglich vertikales Kameraverwackeln kompensiert), kann man diesen Modus durchaus dazuschalten.

Technik

Um die Kamera ruhig mit der Bewegung des Pferdes mitziehen zu können, kann man auf die Idee kommen, ein Stativ zu verwenden. Dennoch hat sich diese Praxis nicht bewährt. Beim Fotografieren aus der Hand haben die meisten Fotografen ein besseres Gefühl, wenn sie Kamera und Objektiv in die Laufrichtung des Pferdes mitziehen.

Für gute Mitzieher ist es wichtig, dass man vor dem Auslösen schon auf den Pferdekopf scharf gestellt hat und die Ziehbewegung ausführt. Erst während der Ziehbewegung betätigt man den Auslöser und zieht die Kamera kontinuierlich in der Horizontalen weiter, bis die Belichtung abgeschlossen ist. Da Pferde jedoch in der Galoppphase immer auch mit dem Kopf nicken, ist es nicht einfach, den

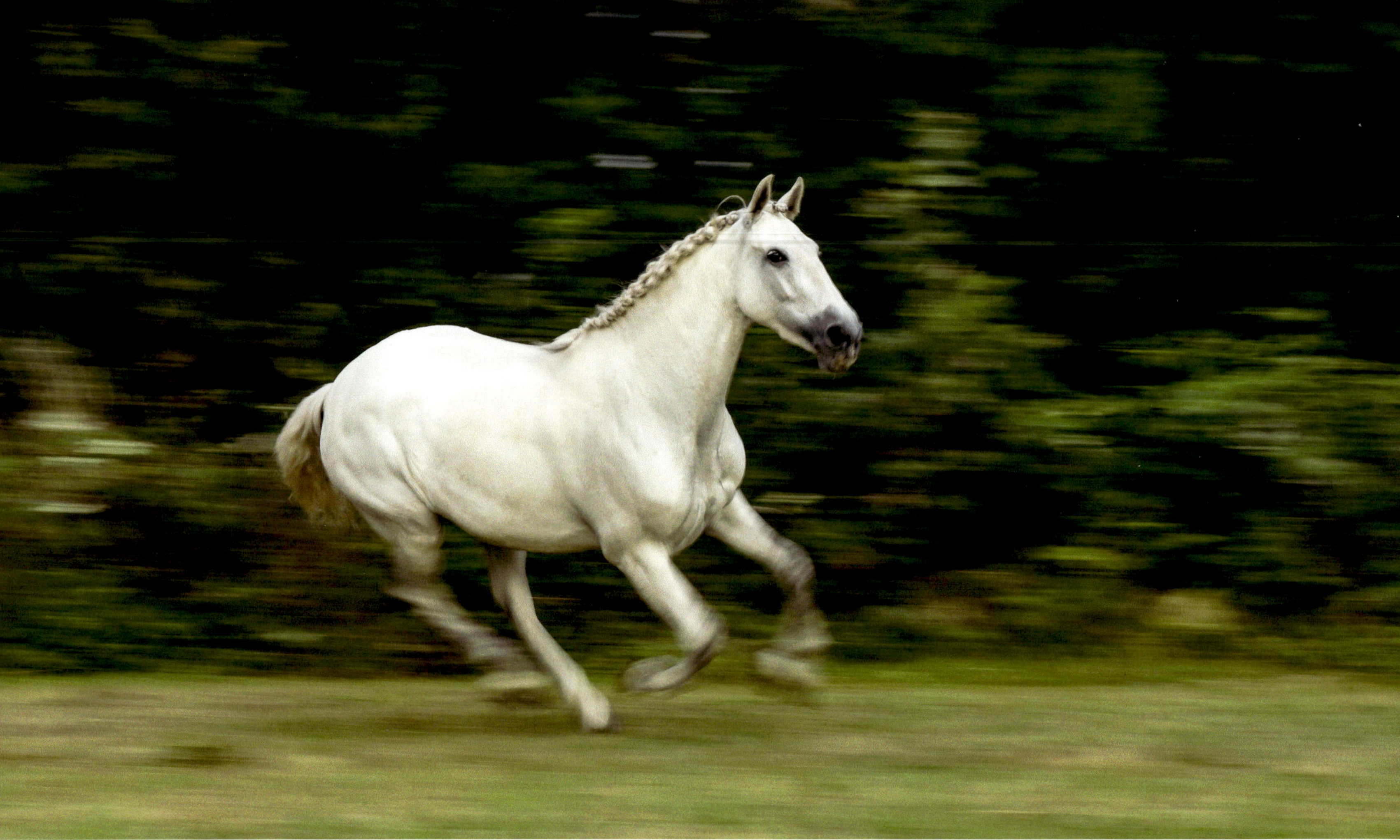

▲ *Die Lusitano-Schimmelstute Genovesa galoppiert sehr engagiert über die Koppel, die mit Sträuchern und hohen Bäumen eingesäumt ist. Diese bilden einen idealen Hintergrund für das Mitzieherbild. Die dünnen Zaunlitzen lösen sich im Unschärfebereich sehr gut auf; Canon EOS 1D X mit Canon EF 70–200 mm f/2,8L IS II USM bei 160 mm, 1/30 s, Blende 11, ISO 160*

Kopf scharf auf das Bild zu bringen. Es gehört viel Übung dazu, bis eine gute Aufnahme gelingt.

Wenn man jedoch ein Gespür für die Bewegungen des Pferdes hat und den Auslöser betätigt, sobald das Pferd in der Schwebephase ist und mit dem ersten Hinterbein auffußt, hat man die größten Chancen für einen scharf abgebildeten Kopf. Denn in dieser Phase wird der Kopf am wenigsten in der Vertikalen bewegt. Dennoch ist die Bewegungsmechanik nicht bei jedem Pferd gleich, sodass man etwas experimentieren muss, in welcher Bewegungsphase die größten Chancen bestehen, den Kopf möglichst scharf abzubilden.

Tipps für gelungene Mitzieher

- Um den Ausschuss gering zu halten, sollte man einige Tipps beherzigen, die die Chance auf gute Mitziehbilder erhöhen. Damit man trotz langer Belichtungszeit immer noch eine Blende von 8 oder 11 erzielt und diese nicht zu weit schließen muss, sollte man für die Umsetzung von Mitziehern einen eher dunklen, bewölkten Tag wählen oder die frühen Morgen- und Abendstunden bevorzugen. Alternativ kann man über den Einsatz eines Graufilters nachdenken. Das einfallende Licht auf den Sensor wird somit verringert, sodass man mit einer stärker geöffneten Blende und einer längeren Belichtungszeit arbeiten kann.

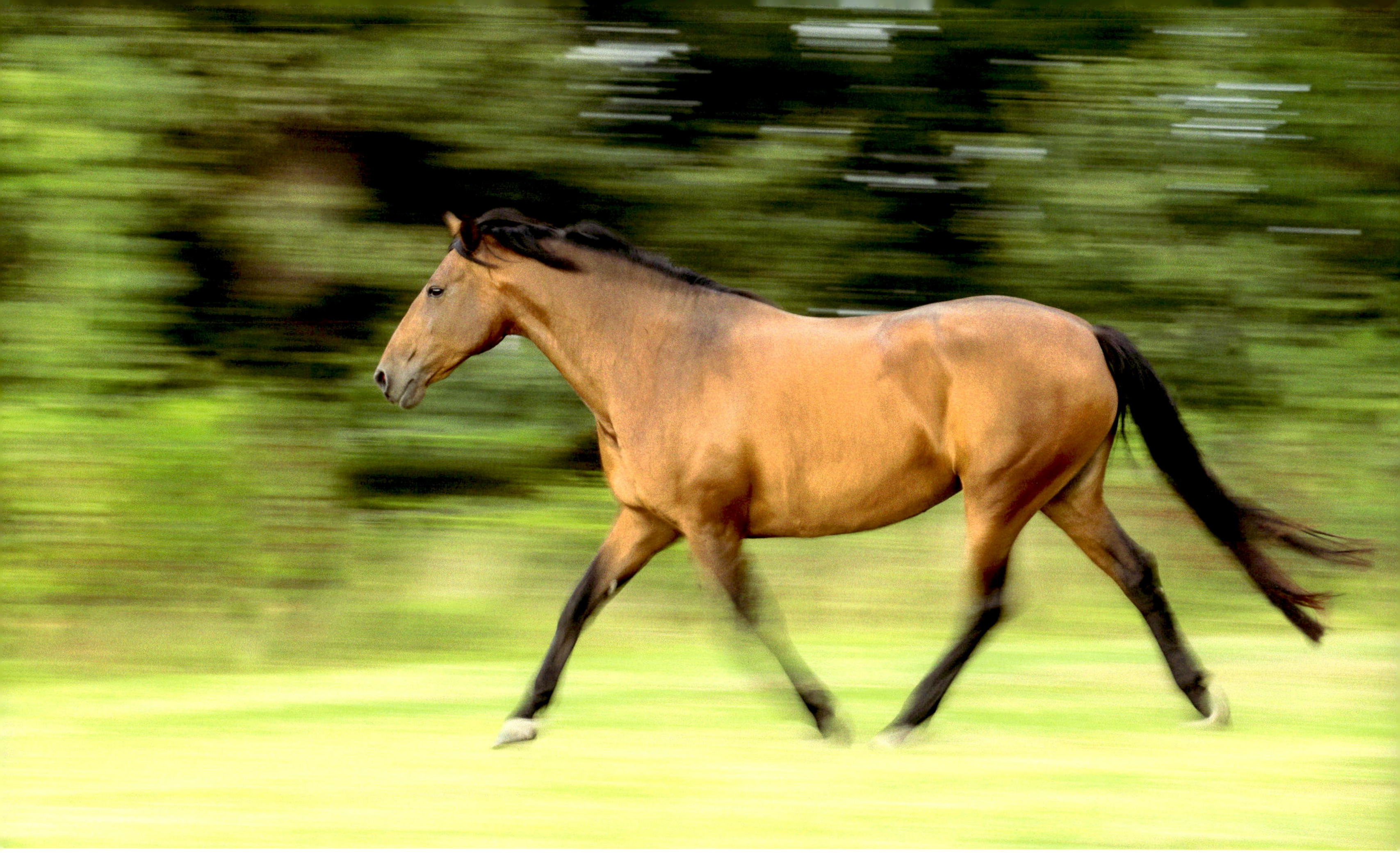

▲ *Auch im Trab lassen sich sehr schöne Mitzieher erstellen. Umso schwieriger war es, den Kopf von Lusitanostute Vitoria scharf zu halten, da im Trab eine längere Belichtungszeit gewählt werden muss und die ruhige Schwebephase nur sehr kurz erfolgt; Canon EOS 1D X mit Canon EF 70–200 mm f/2,8L IS II USM bei 142 mm, 1/15 s, Blende 8, ISO 250*

- Es ist einfacher, den Bewegungen des Pferdes zu folgen, wenn die Vierbeiner schnell laufen. Der vertikale Verwacklungsfaktor ist dann verringert und die Chance auf eine scharf abgebildete Kopfpartie größer. Es sollten deshalb temperamentvolle Pferde zum Einsatz kommen, die möglichst die hohe Geschwindigkeit gleichmäßig durchhalten.
- Steigungen (Hangkoppeln) sind eher ungünstig, weil die Pferde sich stärker am Boden abdrücken müssen, damit unruhiger laufen und mit dem Kopf deutlicher nicken. Die Chance, den Pferdekopf in der Schärfeebene zu halten, wird dann schwierig. Ein Besuch auf der Galopprennbahn ist eine gute Möglichkeit, das Mitziehen zu üben.
- Die Pferde sollten sich parallel zur Kamera bewegen, um in der Zeit des offenen Verschlusses im Schärfebereich zu bleiben. Die im Prinzip eher bevorzugte Perspektive von schräg vorne ist darum nur schwer umzusetzen, dennoch nicht unmöglich. Auch tolle Zieh-/Zoomeffekte lassen sich bei dieser Perspektive hervorzaubern.
- Mit welcher Brennweite das galoppierende Pferd aufgenommen werden soll, muss gut überlegt werden. Je kürzer die Brennweite, desto geringer ist die Distanz zum Pferd und desto schneller muss man die Kamera mitziehen. Das gibt einen besseren Wischeffekt, erhöht aber auch die Gefahr der Unschärfe am Kopf.

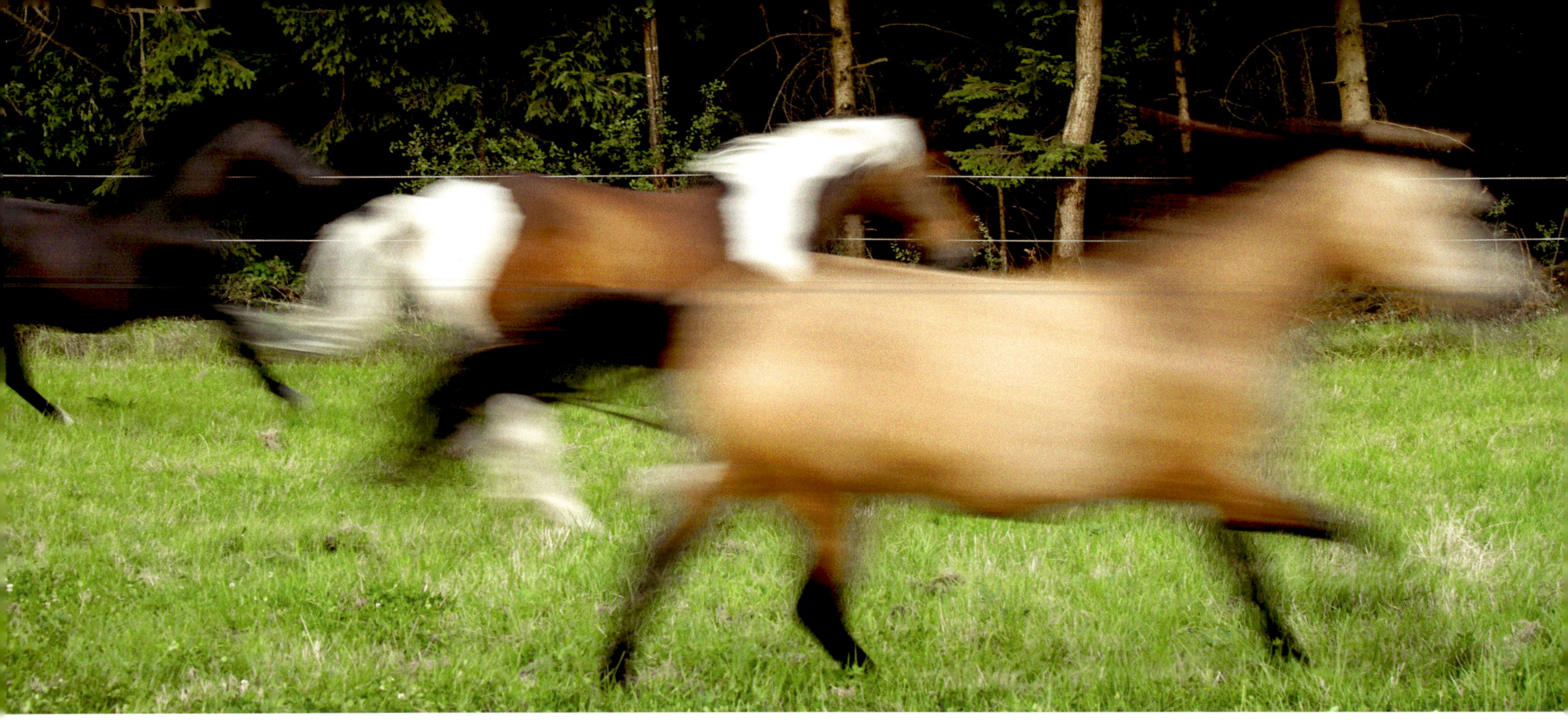

▲ *Die Alternative zum klassischen Mitzieher: Die Kamera ist auf dem Stativ montiert und wird nicht bewegt. Somit werden die vorbeilaufenden Pferde bei einer längeren Belichtungszeit unscharf abgebildet. Auch diese Aufnahmeart spiegelt Dynamik wider; Canon EOS 1D X mit Canon EF 70–200 mm f/2,8L IS II USM bei 70 mm, 1/30 s, Blende 9, ISO 400*

7.2 Alternative Wischeffekte

Wer sich tiefer in das Abenteuer der Langzeitbelichtungen stürzen will, kann interessante Spezialeffekte erzielen, wenn man von den üblichen Regeln abweicht. Mit Langzeitbelichtungen zu experimentieren, ist ein guter Weg, um unscharfe Bilder lieben zu lernen, entstehen doch immer wieder überraschende und grandiose Effekte.

Alles unscharf

So sieht man häufig auch Mitziehbilder, bei denen so gar nichts scharf ist. Und dennoch vermitteln sie Dynamik, Emotionen und manchmal auch etwas Geheimnisvolles. Die Grenze zwischen einem gelungenen Bild und einem nur unscharfen Foto für den Mülleimer ist fließend. Zudem ist es immer auch eine Frage des Geschmacks, ob man komplett unscharfe Bilder mag und sie darum als gut bezeichnet oder sie eben nur als unscharf abstempelt. Es entscheidet stets das Gefühl des einzelnen Betrachters, ob eine Aufnahme gelungen ist oder nicht. Es spielt auch der aktuelle Trend eine Rolle, welche Bilder »funktionieren«. Unscharfe Aufnahmen werden aber nur dann vom Betrachter angenommen, wenn sie nicht verwackelt wirken. Hierfür müssen sich die Unschärfemerkmale vom klassischen verwackelten Bild unterscheiden. Langgezogene Schlieren im Streifenlook oder in Form eines gezielt gestalteten Musters (Halbkreise o. Ä.) sind hierfür typische Beispiele.

Statische Kamera

Einen ebenso dynamischen, aber völlig anderen Effekt erzielt man, wenn die Kamera auf einem Stativ montiert ist und auf diese Weise fixiert gehalten wird, während ein oder mehrere Pferde im Belichtungszeitraum durchs Bild laufen. Perfekt lässt sich diese Technik umsetzen, wenn mehrere Pferde vor der Kamera vorbeilaufen. Bei dieser Technik verwischen die Pferde, während der Hintergrund scharf abgebildet wird.

Ruhiges Pferd – bewegte Kamera

Pferde, die sich nicht bewegen? Ja, die gibt es, wenn auch meist gerade dann nicht, wenn das liebe Tier für ein Foto stillhalten soll. Geduld ist also gefordert für dieses fotografische Projekt. Der Plan ist, ein ruhig stehendes Pferd abzulichten und dabei die Kamera zu bewegen. Man kann hier seiner Fantasie freien Lauf lassen und Bewegungen wie Wackler, Zieheffekte, Kreise, Kurven oder auch Zoomen ausprobieren.

Damit das Bild nicht nur tatsächlich verwackelt aussieht, wird in der ersten Hälfte der Belichtungszeit die Kamera zunächst einmal nicht bewegt. Auf diese Weise wird das Motiv ausreichend scharf auf den Sensor gebannt. Schließlich beginnt man mit der Kamerabewegung und legt einen verwischten Effekt über die scharfe Abbildung. Das Ergebnis kann ein traumhaftes, weichgezeichnetes Motiv ergeben. Die Kamerabedienung bei dieser Aufnahmetechnik ist das eine, das geübt werden muss. Das andere hingegen ist die Frage, wie man einem Pferd beibringt, wie angewurzelt stehen zu bleiben, damit eine Langzeitbelichtung gelingt.

Pferde bleiben oftmals regungslos stehen, wenn sie etwas Ungewöhnliches am Horizont erblicken. Sie spitzen die Ohren und lauschen in die besagte Richtung. Damit Pferde über einen längeren Zeitraum interessiert in eine Richtung blicken, kann ein Helfer beispielsweise einen Regenschirm aufspannen, mit einer Tüte rascheln,

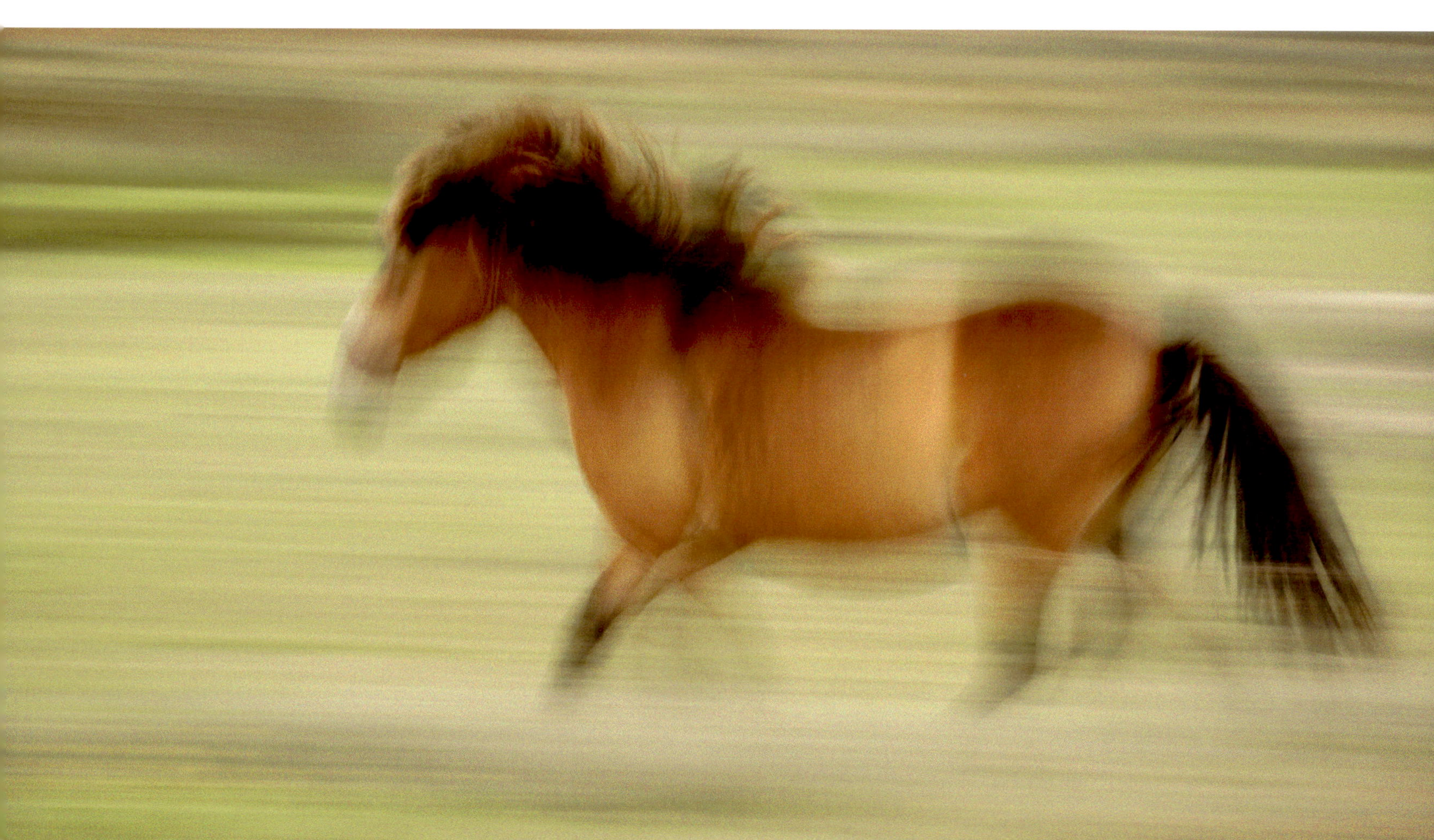

▲ *Alles unscharf und dennoch wirkungsvoll, weil alle Facetten des Bildes klar erkennbar sind und der Hintergrund sich in schönen Streifen darstellt. Das Pony wurde im Galopp als Mitzieher in Langzeitbelichtung fotografiert; Canon EOS 1D X mit Canon EF 70–200 mm f/2,8L IS II USM bei 135 mm, 1/5 s, Blende 32, ISO 100*

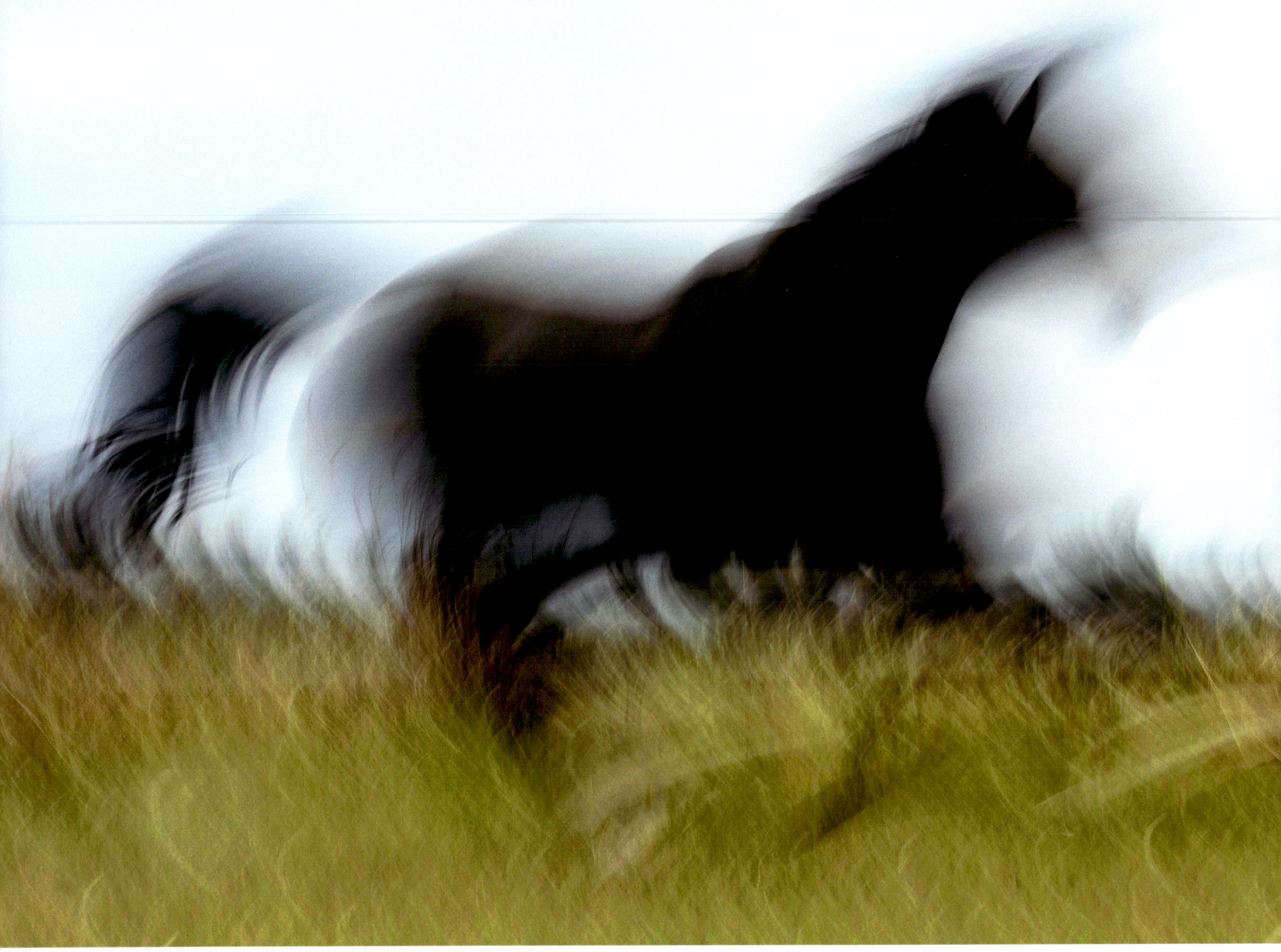

▲ *Quarter-Horse-Stute Silena galoppiert über die Koppel, wobei ich die Kamera während der Belichtungszeit bogenförmig bewegt habe. Dadurch entstand dieses sehr künstlerisch anmutende Bild; Canon EOS 1D X mit Canon EF 70–200 mm f/2,8L IS II USM bei 100 mm, 1/13 s, Blende 13, ISO 100*

mit einem Fähnchen wedeln oder anderweitig die Aufmerksamkeit des Pferdes auf sich ziehen. Während das Pferd in Richtung des Helfers blickt, nutzt der Fotograf die Zeit für seine kreative Fotoumsetzung. Interessante Effekte können aber auch mit einem laufenden Pferd umgesetzt werden. Ein Mitzieher wird dabei mit einer weiteren Kamerabewegung kombiniert. Bei diesen experimentellen Umsetzungen sind die Ergebnisse zunächst nicht immer vorhersehbar. Mit zunehmender Erfahrung lassen sich jedoch bestimmte Effekte gut planen.

Belichtungszeit anpassen

Eine Herausforderung ist auch eine Kreation, bei der bestimmte Motivteile unscharf gehalten werden, das Hauptmotiv allerdings überwiegend in der Schärfe bleibt.

So können z.B. schlagende Schweife und ein schüttelnder Kopf unscharf abgelichtet werden, während der restliche Körper scharf gezeichnet bleibt. Hierfür wird lediglich die Belichtungszeit so angepasst, dass nur die schnellen Bewegungen unscharf werden.

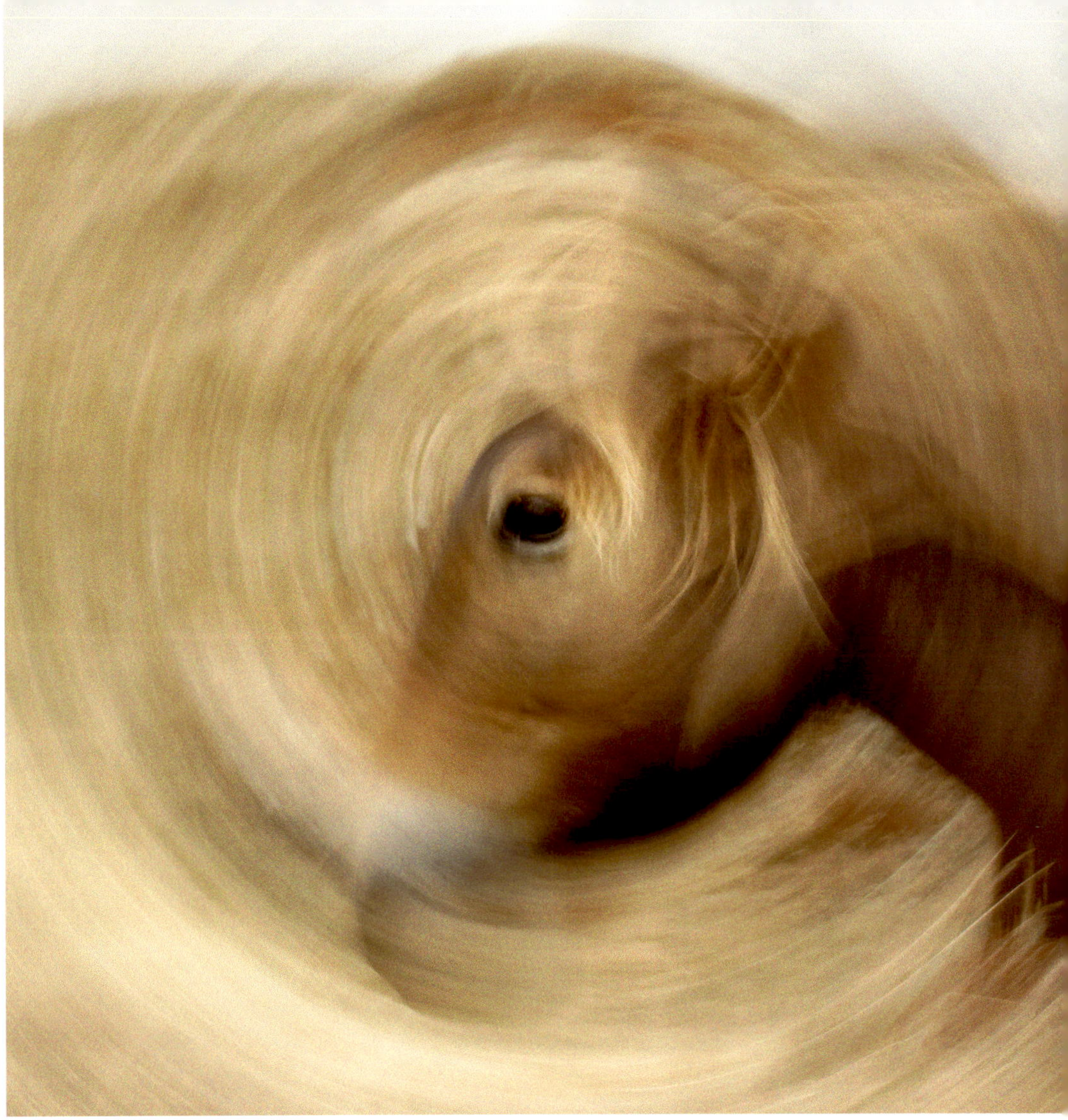

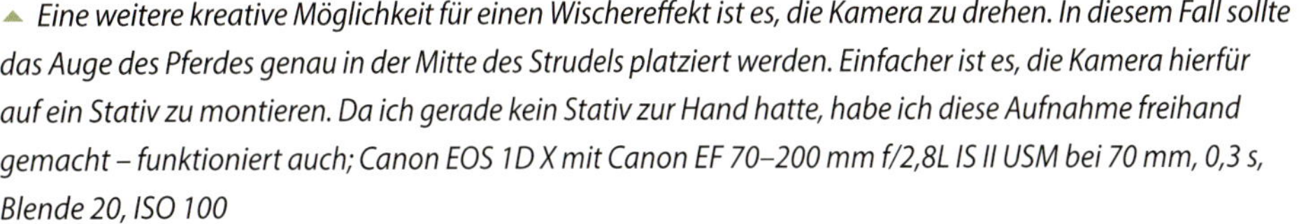

▲ *Eine weitere kreative Möglichkeit für einen Wischereffekt ist es, die Kamera zu drehen. In diesem Fall sollte das Auge des Pferdes genau in der Mitte des Strudels platziert werden. Einfacher ist es, die Kamera hierfür auf ein Stativ zu montieren. Da ich gerade kein Stativ zur Hand hatte, habe ich diese Aufnahme freihand gemacht – funktioniert auch; Canon EOS 1D X mit Canon EF 70–200 mm f/2,8L IS II USM bei 70 mm, 0,3 s, Blende 20, ISO 100*

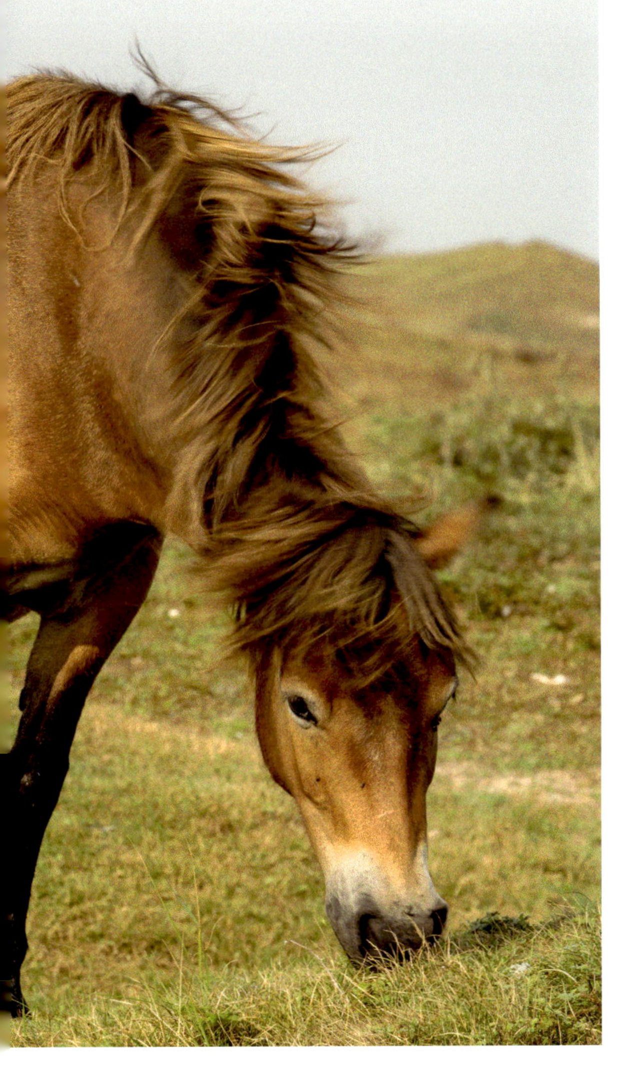

◂ *Das Pony schüttelte sich immer wieder die lästigen Fliegen ab. Dabei war die Idee, eine längere Belichtungszeit zu wählen, damit die fliegende Mähne einen dynamischen Touch erhält und eine leichte Unschärfe bekommt; Canon EOS 1D X mit Canon EF 70–200 mm f/2,8L IS II USM + 2,0-fach-Telekonverter bei 300 mm, 1/60 s, Blende 18, ISO 100*

7.3 Abziehbilder

Magische Resultate lassen sich mithilfe von Langzeitbelichtungen und besonderer Ziehtechniken erreichen. Spezielle Wischerbilder mit Streifen-, Unschärfe-, Nebel- und Doppelbelichtungseffekten sind damit möglich. Diese Form von Langzeitbelichtungen geben viel Raum zum Experimentieren und überraschen immer wieder mit faszinierenden Ergebnissen.

Irrealistische Bilder mit künstlerisch anmutendem Charakter sind das Ergebnis von »Abziehbildern«, die man nun nicht irgendwo aufklebt, sondern mit einer speziellen Wischertechnik erzeugt, bei der die Kamera nach kurzer Belichtungszeit vom Motiv weggezogen wird. Für alle Abzieh- oder Wischerbilder ist die Technik zunächst annähernd gleich. Die für »Mitzieher« auf Langzeitbelichtung eingestellte Kamera wird zunächst auf das Hauptmotiv gerichtet und nach etwa der Hälfte der Belichtungszeit vom Motiv – meist waagrecht – weggezogen.

Streifeneffekt

Das Pferd wird vor einem kontrastreichen Hintergrund aufgestellt. Helle Pferde (Schimmel, Palominos etc.) platziert man vorzugsweise vor einem dunklen Hintergrund wie beispielsweise einem Wald. Rappen und Braune ergeben einen guten Effekt vor einem hellen Hintergrund (Himmel, helle Stallwand o. Ä.). Der Fotograf fokussiert mit bis zu zwei Sekunden Belichtungszeit auf das Pferd und versucht, für die erste Hälfte der Belichtungszeit keine Verwackler zu produzieren.

Schließlich zieht er die Kamera horizontal vom Pferd in Richtung seines Kopfes so lange weg, bis die Belichtungszeit abgelaufen ist. Die Displaykontrolle zeigt nun ein Bild, bei dem das Pferd deutlich sichtbar ist. Ab seiner Kruppe jedoch ziehen waagrechte Streifen bis zum Bildrand, so als wäre das Pferd ins Bild hineingeschoben worden.

Bei einem sich bewegenden, laufenden Pferd »überholt« der Fotograf das Pferd während des Mitziehens. Die dadurch entstehenden »Abziehstreifen« unterstreichen den dynamisierenden Effekt der Langzeittechnik.

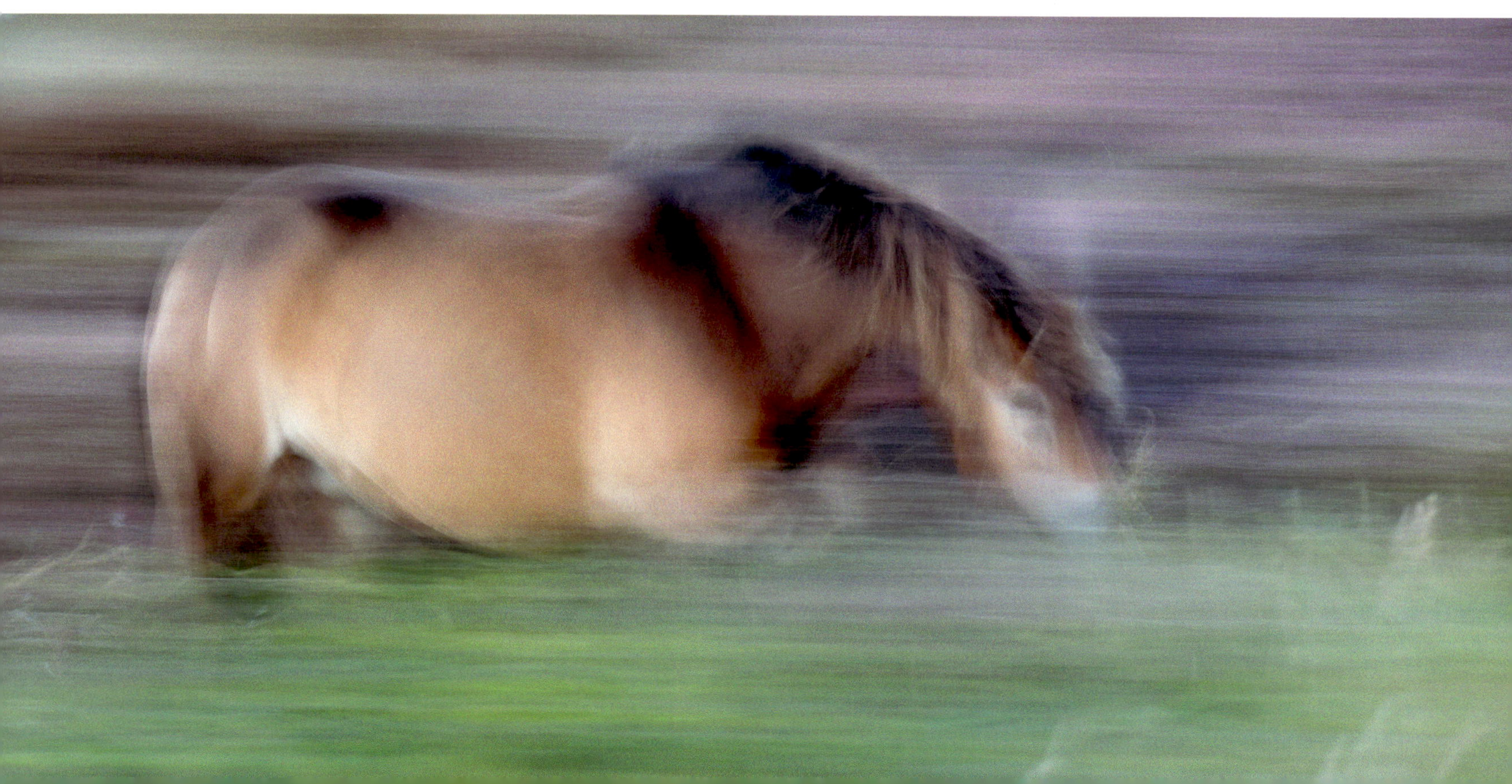

Für diese Technik kann gegebenenfalls ein Stativ benutzt werden, um die Abziehstreifen möglichst waagrecht platzieren zu können. Doch gerade bei Bildern, auf denen man beispielsweise einen Windeffekt mit den Streifen hervorheben möchte, wirken exakt waagrechte Streifen zu statisch. Geringe Abweichungen von der Waagrechten unterstreichen die Dynamik stärker und haben einen natürlicheren Effekt. Aus diesem Grund ist es meist besser, freihändig zu arbeiten und auf ein Stativ zu verzichten.

Überlagerung

Mit derselben Technik lassen sich Bilder mit Überlagerungseffekt kreieren. Diese sehen einer Doppelbelichtung täuschend ähnlich. Wenn die eigene Kamera keine Funktion für Doppelbelichtungen bietet, ist diese Technik eine sehr gute Alternative, um Bilder mit einem sehr ähnlichen Effekt abzulichten.

Wiederum stellt man in der Kamera eine lange Belichtungszeit ein und kombiniert diese mit einer kleinen Blende und niedriger ISO-Zahl. Ist es dennoch zu hell für eine längere Belichtungszeit, behilft man sich mit einem zusätzlichen Graufilter.

Nun fokussiert man auf das Hauptmotiv für etwa die Hälfte der gesamten Belichtungszeit und zieht die Kamera schließlich waagrecht vom Pferd weg. Um das Pferd nun in den Hintergrund eintauchen zu lassen, schwenkt man allerdings wieder zurück und zieht über das Motiv hinweg auf die andere Seite. Man kann mit der Kamera auch Kreise oder Wellen beschreiben – hier sind der Fantasie des Fotografen keine Grenzen gesetzt. Die Kamera bleibt bis zum Ende der Belichtungszeit in Bewegung.

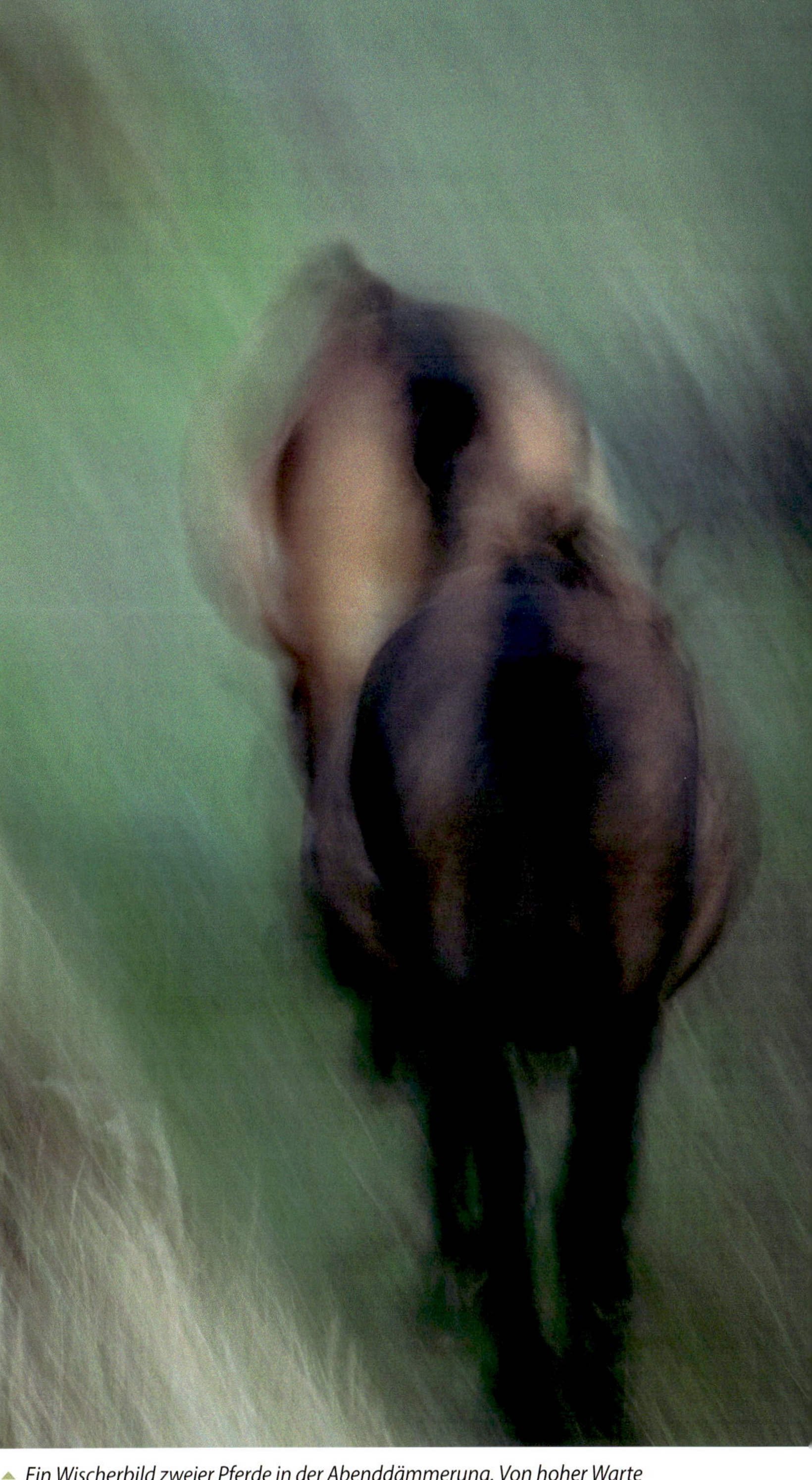

▲ *Ein Wischerbild zweier Pferde in der Abenddämmerung. Von hoher Warte aus war auch noch eine etwas andere Perspektive möglich; Canon EOS 1D X mit Canon EF 70–200 mm f/2,8L IS II USM bei 200 mm, 1,6 s, Blende 6,3, ISO 100*

◀ *Das Pony wandert in der Abenddämmerung durch eine Gras- und Heidelandschaft. Es war bereits so dunkel, dass normale Belichtungszeiten nur über extrem hohe ISO-Zahlen erreicht werden konnten. Darum war Kreativität gefragt: Mit der Abziehtechnik bei mehr als einer Sekunde Belichtungszeit wird das Bild gleich viel interessanter; Canon EOS 1D X mit Canon EF 70–200 mm f/2,8L IS II USM bei 150 mm, 1,3 s, Blende 8, ISO 100*

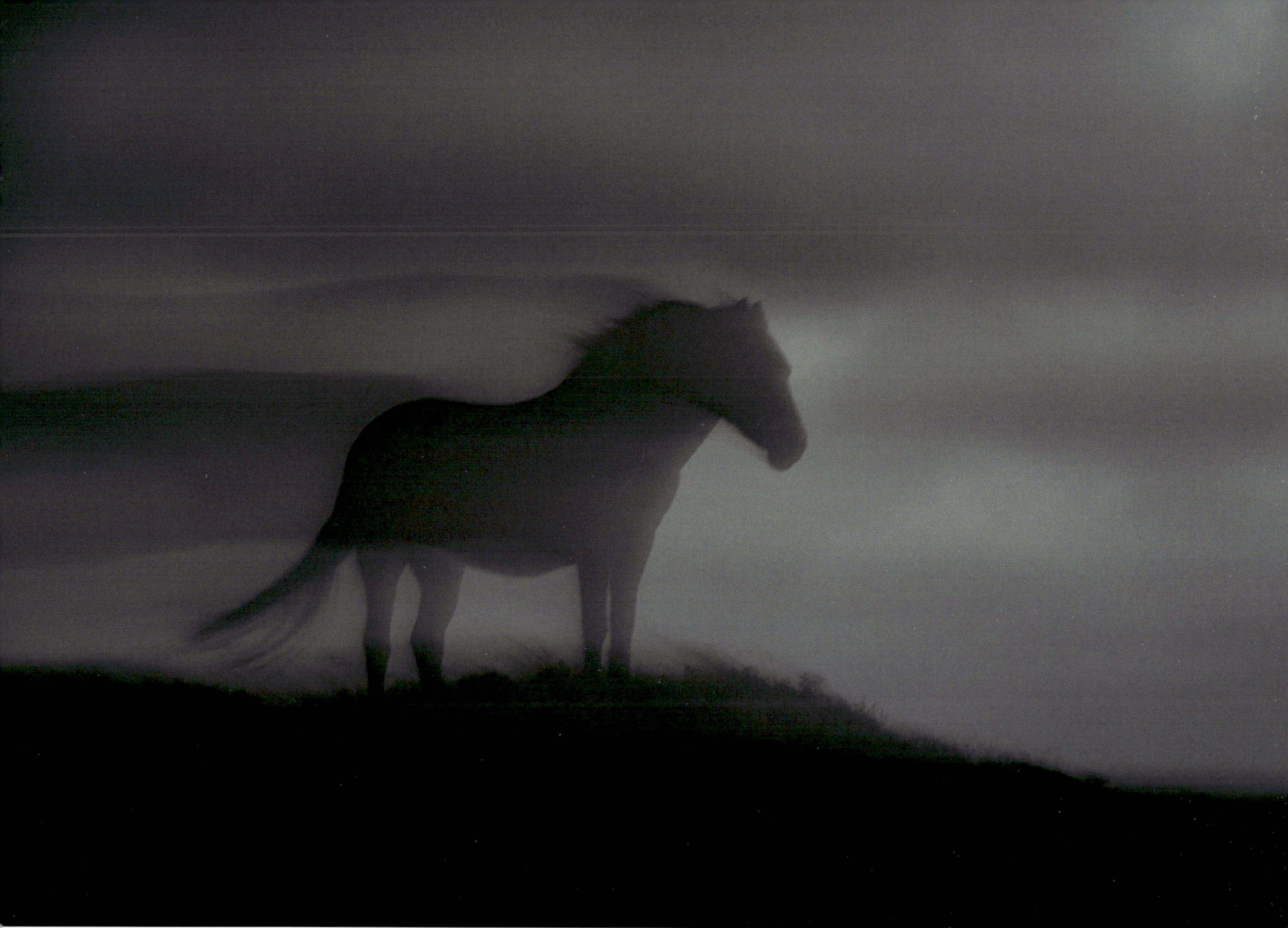

▲ *Schlechtes Wetter ist kein Fotowetter? Doch, unbedingt! Mit einer kreativen Langzeitbelichtung an einem windigen, grauen und regnerischen Morgen konnte ich die dunkle und mystische Stimmung noch besser einfangen; Canon EOS 1D X mit Canon EF 70–200 mm f/2,8L IS II USM bei 170 mm, 0,8 s, Blende 8, ISO 250*

Ist der Überlagerungseffekt zu stark, sollte man länger auf das Pferd belichten. Bei einem zu schwachen Effekt zieht man die Kamera früher vom Motiv weg. Nach ein paar Versuchen wird man den Dreh raus haben, wie lange man auf das Pferd fokussieren sollte, bevor man die Kamera bewegt. Diese Technik kann auch sehr interessante Effekte hervorrufen, wenn man sie mit einem Mitzieher kombiniert. Bei dieser Form »überholt« der Fotograf mit der Kamera das Pferd während der Bewegung. Man sollte das Pferd hierfür jedoch nicht zu stark heranzoomen, um dem Hintergrund und somit dem Überlagerungseffekt mehr Raum im Bild geben zu können.

Nebeleffekt

Keine Bildbearbeitung ist nötig, um einem Bild einen Nebeleffekt zu verleihen. Man muss auch nicht auf den nebligen Herbst warten oder mit Nebelmaschinen arbeiten. Nur mithilfe der Kamera lässt sich dieser Effekt ebenfalls erzeugen: Man muss nur die richtige Location wählen und die korrekte Technik anwenden. Das Pferd sollte vor einem deutlich helleren Hintergrund stehen oder laufen.

Idealerweise lässt sich dieses Vorhaben umsetzen, wenn man das Pferd vor einem hellen, wolkigen Himmel fotografieren kann. Zieht

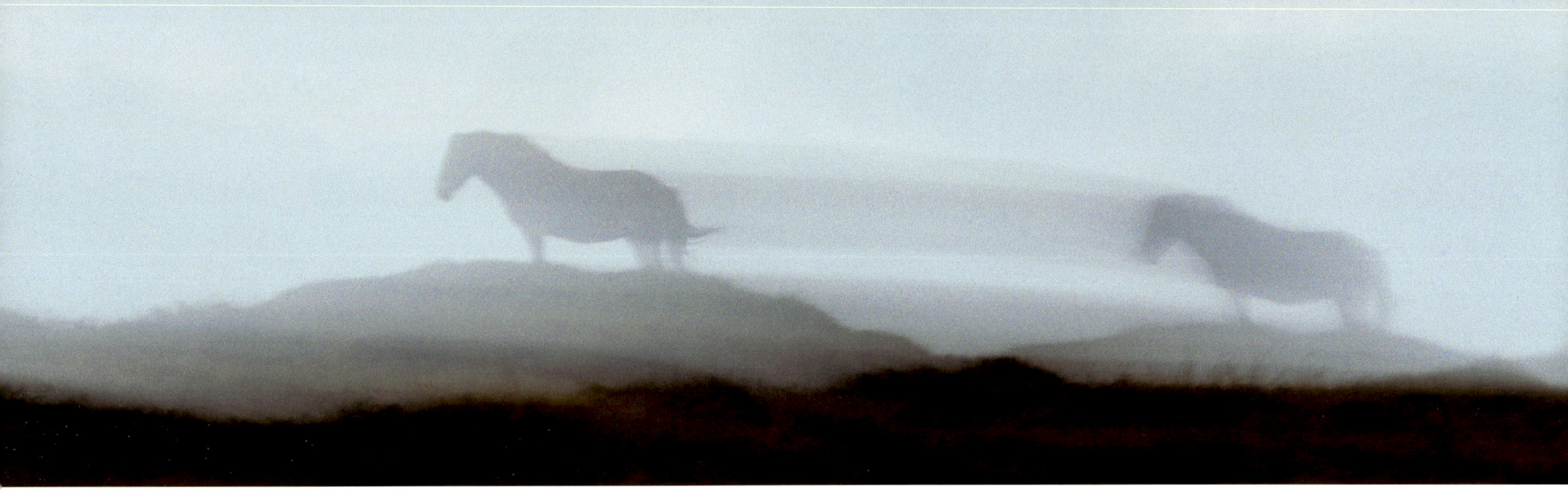

▲ *Dasselbe Pferd hüpft bei nebligem Wetter von einem Hügel auf den anderen. Dieser Eindruck entsteht mit einer Langzeitbelichtung und schneller Verlagerung der Kamera nach halber Belichtungszeit; Canon EOS 1D X mit Canon EF 70–200 mm f/2,8L IS II USM + 2,0-fach-Telekonverter bei 400 mm, 1/4 s, Blende 45, ISO 50*

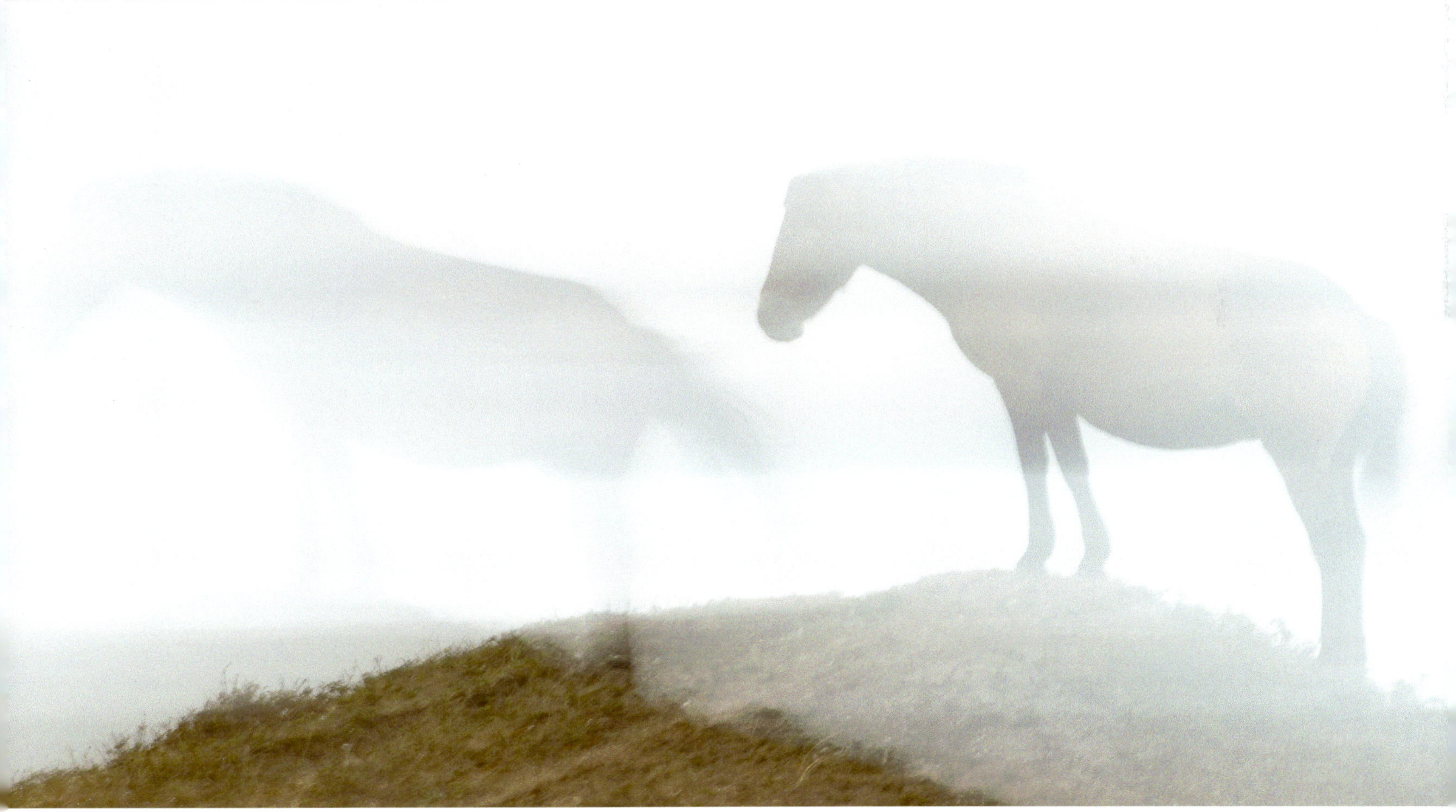

▲ *Ein Pferd im Nebel mit Doppelbelichtung? Nein, lediglich eine Simulation mithilfe einer Kameraverlagerung bei einer Langzeitbelichtung; Canon EOS 1D X mit Canon EF 70–200 mm f/2,8L IS II USM bei 200 mm, 0,5 s, Blende 32, ISO 100*

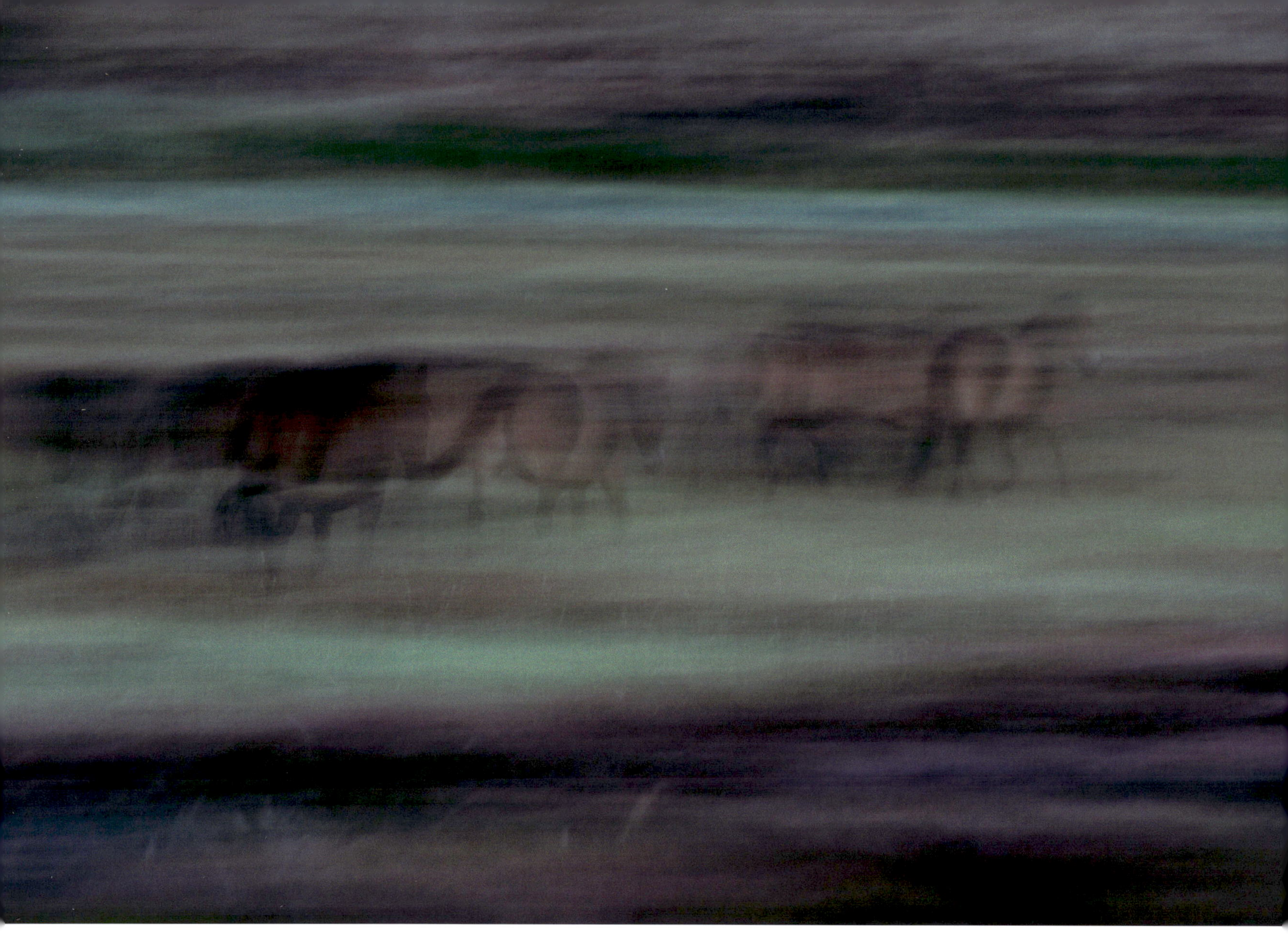

▲ *Dunkel, mystisch und geheimnisvoll: Eine Geisterherde wandert durch die Dämmerung. Mit der Abziehtechnik in Langzeitbelichtung ergibt sich dieser surrealistische und malerische Effekt; Canon EOS 1D X mit Canon EF 70–200 mm f/2,8L IS II USM bei 200 mm, 1 s, Blende 6,3, ISO 100*

man nun während der Belichtungszeit die Kamera vom Hauptmotiv ab, legt sich der helle Himmel wie ein Schleier über das Pferd. Und schon »nebelt« es im Bild. Bei schlechtem Wetter mit dunklen Regenwolken kann man mit dieser Technik einen mystischen Effekt zaubern.

Klonen

Wie eine weitere Form der Doppelbelichtung kann die Abziehtechnik wirken, wenn man die Belichtungszeit wie folgt nutzt: Man platziert das Pferd vor einem kontrastreichen Hintergrund (dunkles Pferd vor hellem Himmel) beispielsweise im rechten Drittel des Bildausschnitts, fokussiert das Tier an und drückt auf den Auslöser. Nach etwa der Hälfte der Belichtungszeit zieht man die Kamera blitzschnell waagrecht nach rechts weg, allerdings nur so weit, dass das Pferd noch im Sucher, jetzt aber auf dem linken Drittel des Bildausschnitts sichtbar ist. Mit ruhiger Hand wartet man nun das Ende der Belichtungsphase ab. Die Kontrolle des Displays zeigt das Pferd nun in einer leicht transparenten Dopplung. Je nach Abziehgeschwindigkeit erhält man auch einen Streifeneffekt, der die beiden Pferdeklone miteinander verbindet.

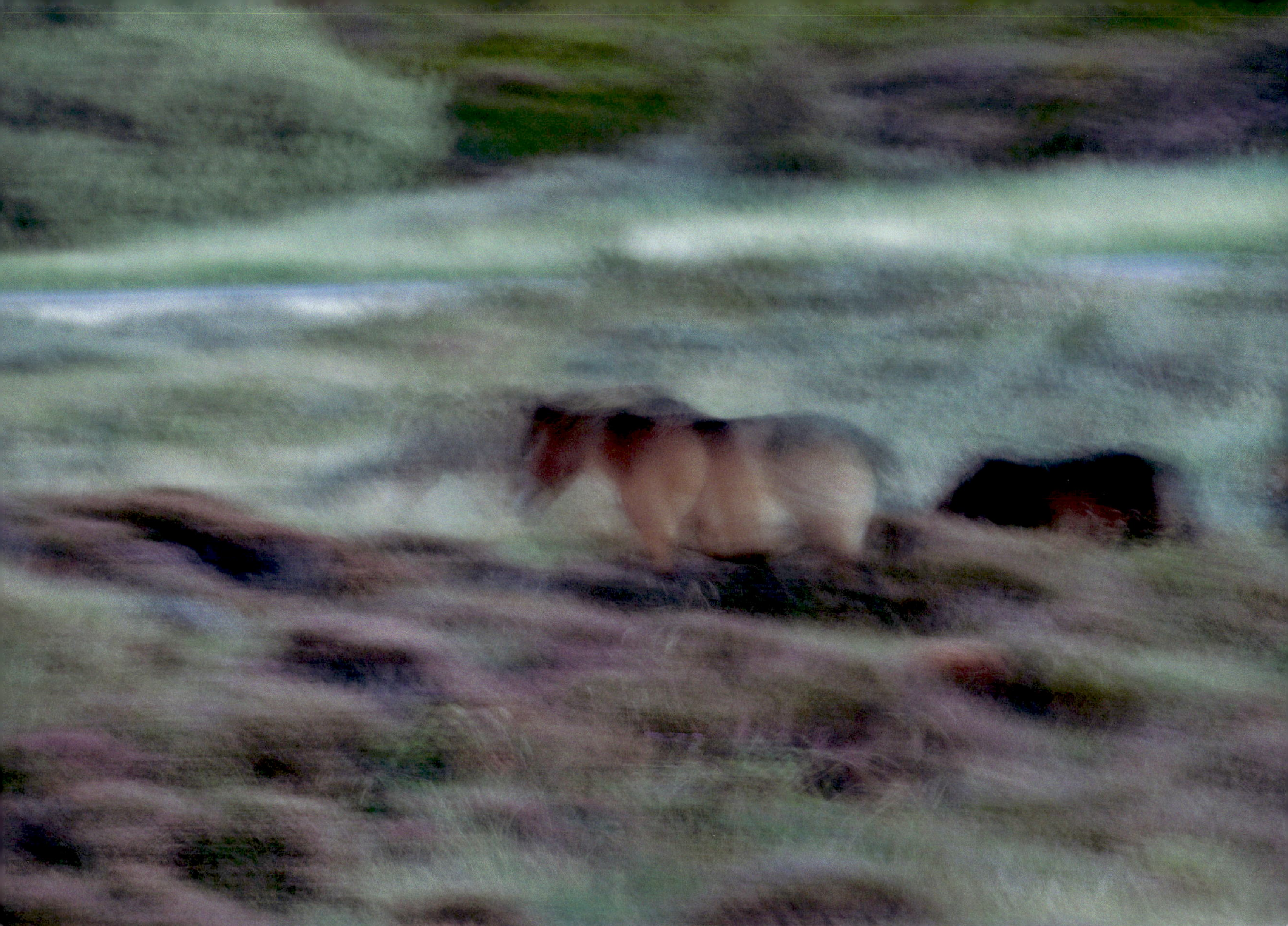

▲ *Ein Aquarell? Keineswegs! Stakkatoartige Kamerabewegungen erzeugen bei einer Langzeitbelichtung diesen unwirklichen Effekt, der an ein Gemälde erinnert. Die Aufnahme erfolgte abends in einer blühenden Heidelandschaft; Canon EOS 1D X mit Canon EF 70–200 mm f/2,8L IS II USM bei 200 mm,1,3 s, Blende 6,3, ISO 100*

Wie gemalt

Jeder Zieheffekt hat seinen eigenen Charakter, so lassen sich auch Bilder gestalten, die wie mit einem Pinsel gemalt aussehen. Die Abziehdauer ist hier eher kurz, so werden Pinselstriche simuliert, und der Kameraschwenk verläuft meist nicht geradlinig, sondern eher bogen- oder kreisförmig. Zudem wird die Kamera dabei nicht langsam, sondern oft auch ruckartig bewegt.

Motive wie Pferde auf der Weide sind für diese Art der künstlerisch umgesetzten Fotografie besonders geeignet. Mithilfe der Vegetation ergeben sich schöne Farbtupfer durch Blumen oder blühende Sträucher, und das Gras stellt sich wie Meereswogen dar. Die Pferde erscheinen zudem geisterhaft und geheimnisvoll.

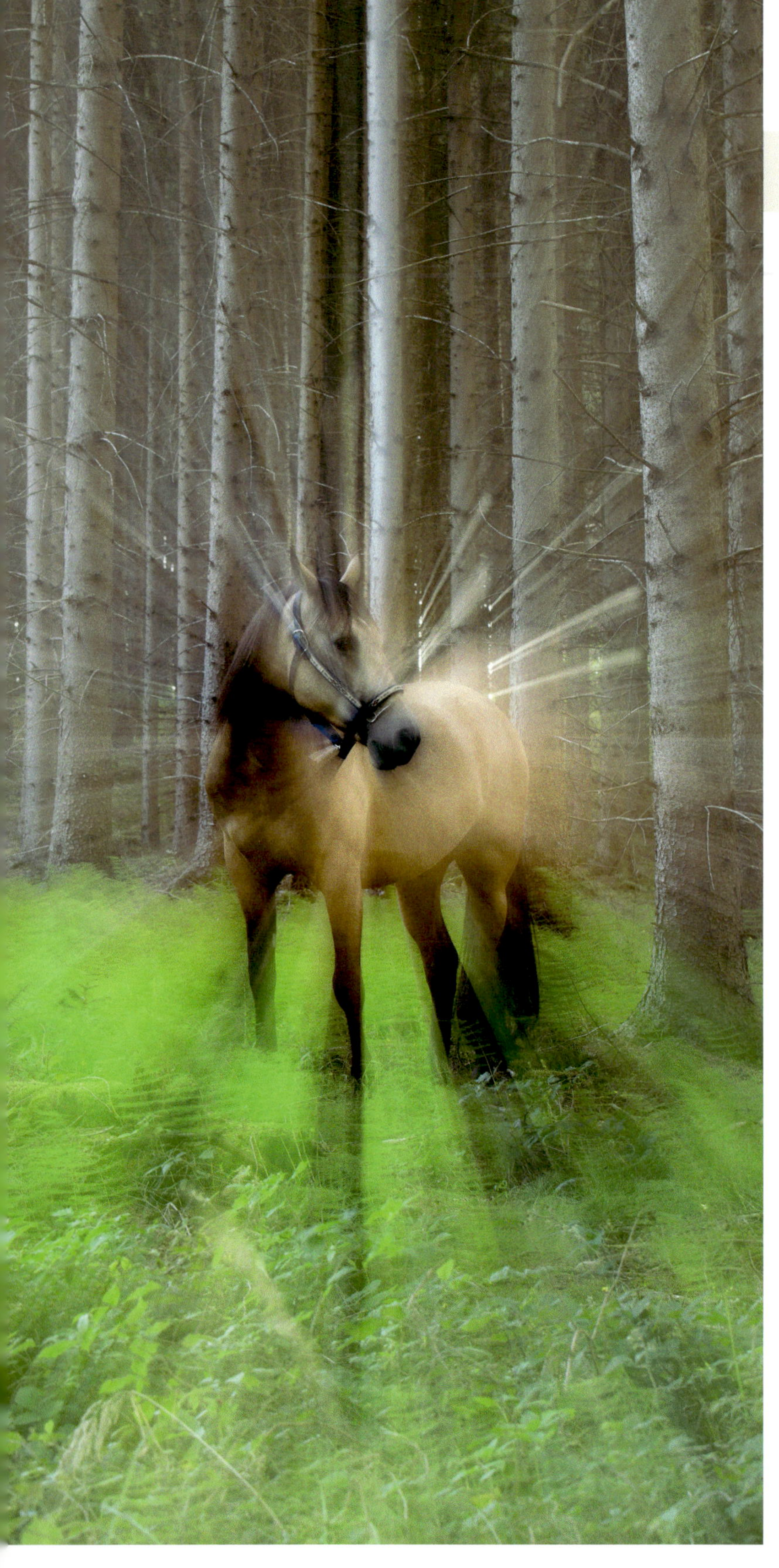

7.4 Zoomeffekte

Nicht nur wenn es zu dunkel wird, denkt der Fotograf an Langzeitbelichtungen, sondern auch wenn er kreativ arbeiten will. So sind Zoomeffekte eine weitere Möglichkeit, um sich mit längeren Belichtungszeiten auszutoben.

Viele Pferde halten sich weder an die Pläne des Fotografen noch an Regeln, die der Pferdebesitzer für das Fotoshooting aufgestellt hat. Mit Tieren zu arbeiten, erfordert viel Geduld und Flexibilität aller Beteiligten. Was tun, wenn man schöne Mitzieher fotografieren möchte, aber das Pferd bleibt nicht auf der vorgesehenen Parallelbahn, sondern dreht ab und läuft direkt auf den Fotografen zu? Kein Problem, denn in diesem Fall tritt Plan B in Kraft: Wenn ein Mitzieher nicht möglich ist, kann man aus der Situation immer noch einen klasse Zoomeffekt erzeugen.

Technik

Für diese Art eines Zoomeffekts galoppiert das Pferd auf den Fotografen zu. Während der Belichtungszeit, die wie beim klassischen Mitzieher ebenfalls bei 0,3 s oder länger liegt, dreht der Fotograf am Zoomring seines Objektivs. Es entstehen in diesem Fall sternförmige Wischeffekte, was dem Bild ebenfalls eine phänomenale Dynamik verleiht.

Beim freihändigen Fotografieren ist es allerdings schwierig, die Kamera während der Drehbewegung am Objektiv ruhig zu halten. In diesem Fall ist ein Stativ unerlässlich. Manche Fotografen bevorzugen allerdings ein Schiebezoom, weil es für ein gleichmäßiges Zoomen einfacher zu bedienen ist und die Kamera dabei ruhiger gehalten werden kann.

◀ *Der 8-jährige Araber-Berber-Wallach Asil beim Waldshooting. Bewusst stellte ich den Wallach vor die untergehende Sonne, deren letzte Strahlen zwischen den Baumstämmen hindurchblitzten. Auf diese Weise verstärken sie den Strahleneffekt durch das Zoomen mit dem Objektiv zusätzlich; Canon EOS 1D X mit Canon EF 70–200 mm f/2,8L IS II USM bei 168 mm, 0,5 s, Blende 8, ISO 100, Stativ*

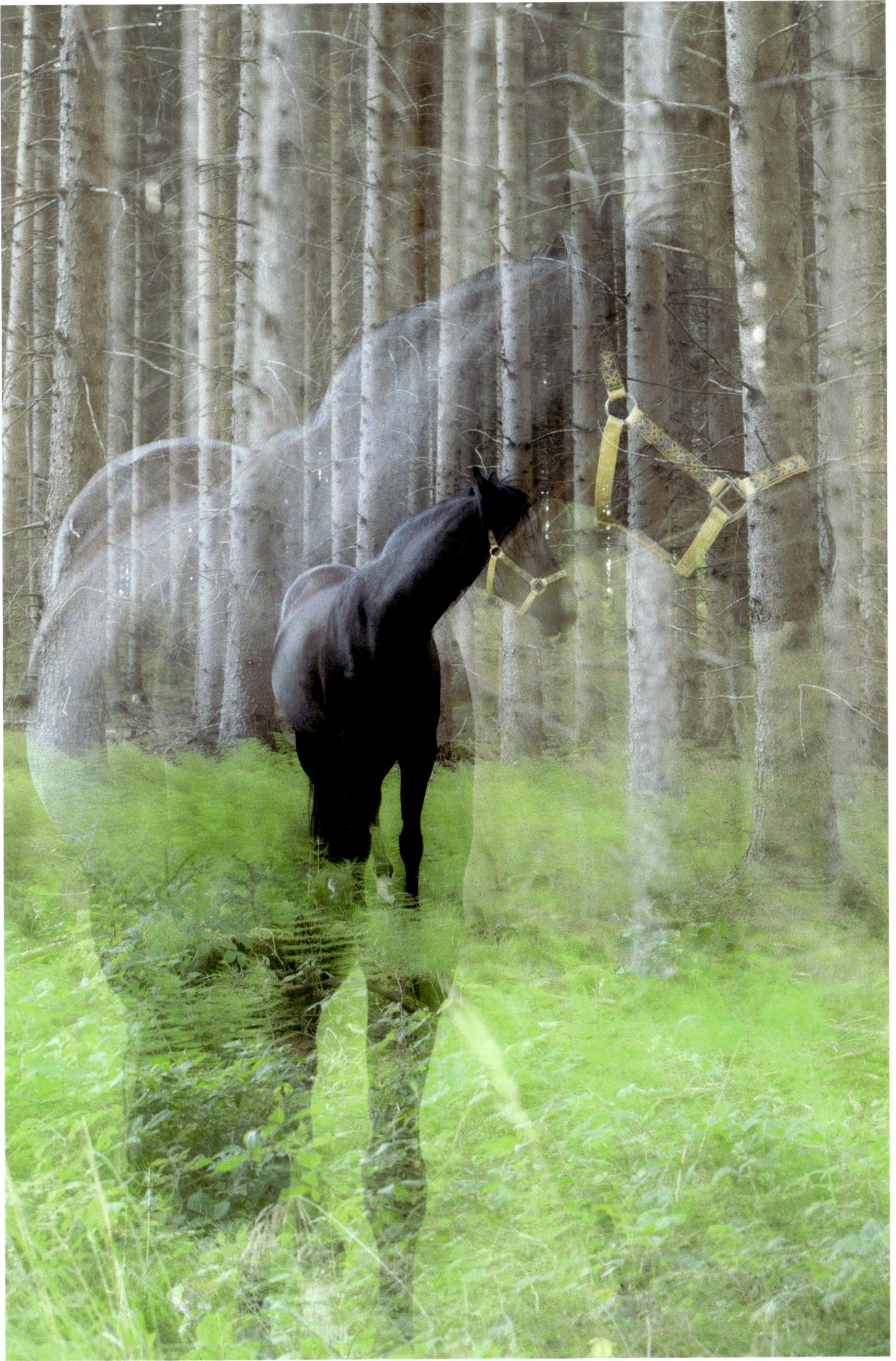

▲ *Die Araber-Berber-Stute Dalima blieb lange genug ruhig stehen, um mit einer Langzeitbelichtung durch Zoomen mit dem Objektiv eine Doppelbelichtung zu simulieren; Canon EOS 1D X mit Canon EF 70–200 mm f/2,8L IS II USM bei 200 mm, 1 s, Blende 8, ISO 100, Stativ*

Während der Belichtungszeit zu zoomen, beschränkt sich aber nicht nur auf Bewegungsbilder. Auch bei Standbildern lassen sich hiermit einzigartige Strahleneffekte erzeugen.

Simulierte Doppelbelichtung

Auch mit der Zoomtechnik lässt sich der Effekt einer Doppelbelichtung erzeugen. Ein leichtes Telezoomobjektiv reicht hierfür aus. Das klassische 70–200-mm-Zoomobjektiv, das in der Pferdefotografie sehr häufig zum Einsatz kommt, hat sich auch für diese Technik bewährt. Während man beim Abzieheffekt die Dopplung des Pferdes nebeneinanderstellt, überblenden sich die beiden »geklonten« Pferde beim Zoomeffekt. Die Technik ist im Prinzip jedoch dieselbe: Zunächst bleibt man mit dem Fokus während der ersten Hälfte der Belichtungszeit auf dem Pferd bei 70 mm. Nun zoomt man sehr schnell in das Bild hinein und wartet die restliche Belichtungszeit bei 200 mm ab. Somit bildet sich das Pferd doppelt – im aus- und eingezoomten Zustand – ab.

Man kann natürlich auch den umgekehrten Weg wählen und nicht in das Bild hinein-, sondern herauszoomen. Der Fantasie des Fotografen sind hier keine Grenzen gesetzt.

Strahleneffekt

Wenn während der längeren Zeit der Belichtungsphase am Zoomring gedreht wird, kommt ein interessanter und dynamischer Strahleneffekt zustande. Das schönste Ergebnis erzielt man, wenn das Zoomen möglichst gleichmäßig über die gesamte Belichtungszeit erfolgt. Es ist empfehlenswert, am Anfang der Belichtungszeit ein wenig auf dem Pferd in Ruhe und ohne Zoomen zu verweilen, damit der Vierbeiner als Hauptmotiv klar zur Geltung kommt.

Die meisten Fotografen zoomen anfangs zu schnell und können damit nicht die gesamte

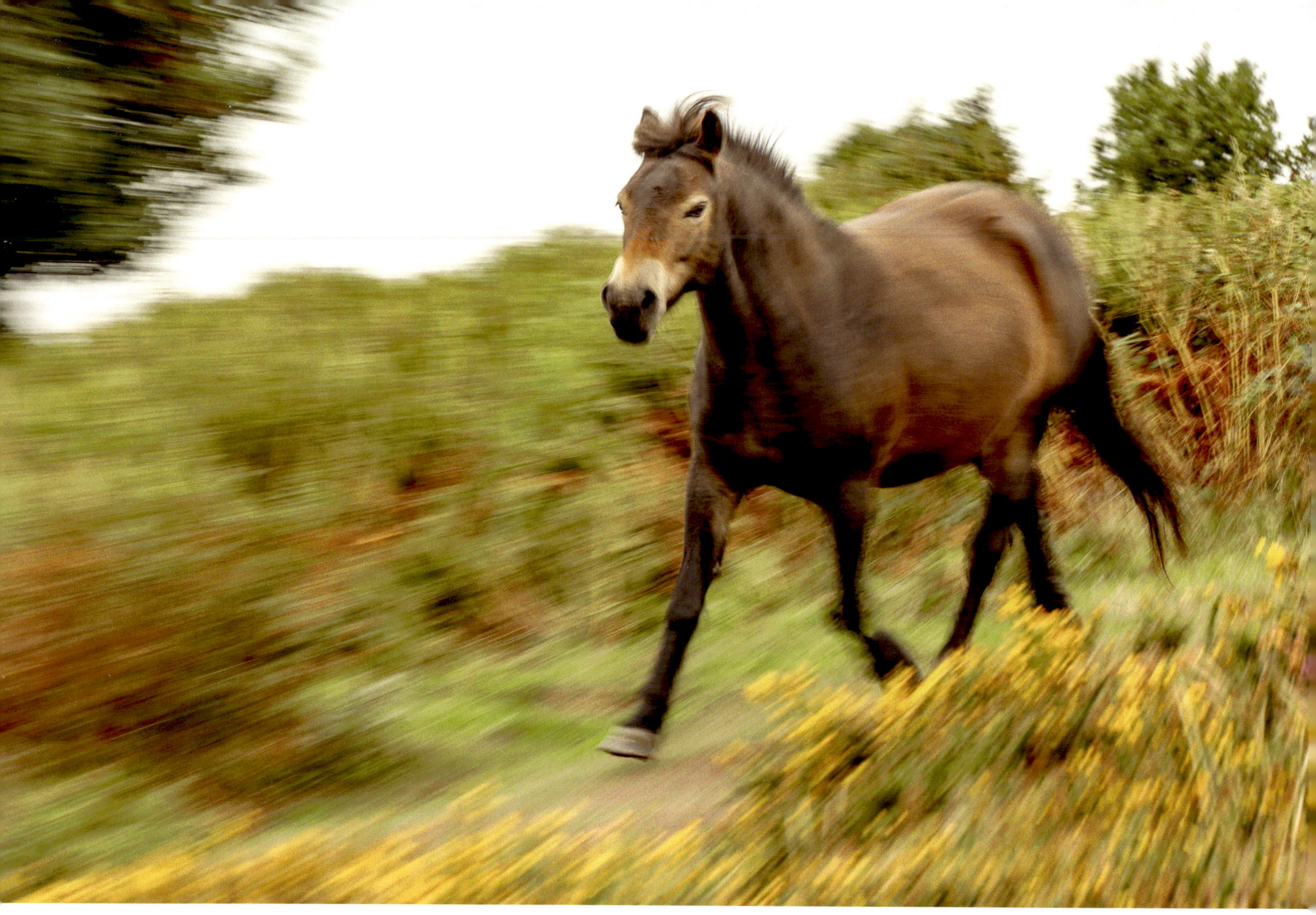

▲ *In der Aufnahmeposition von seitlich-vorne habe ich mich während der Belichtungszeit für eine Kombination aus Zoomen und Mitziehen entschieden. Die Dynamik im Bild wird damit sehr gut vermittelt; Canon EOS 1D X mit Canon EF 70–200 mm f/2,8L IS II USM bei 190 mm, 1/25 s, Blende 14, ISO 100, freihand*

Belichtungszeit nutzen. Es bedarf einiger Übung, die Zeit und damit die Geschwindigkeit, mit der gezoomt werden muss, einzuschätzen.

Um ansehnliche Ergebnisse zu erzielen, sollte das Pferd bei Porträtaufnahmen in Langzeitbelichtung über die gesamte Belichtungsdauer in einer Pose verharren. Gar nicht so einfach, wenn man beispielsweise einen quirligen Vollblüter vor der Kamera hat! Bei unruhigen Pferden ist Ablenkung oft die beste Lösung, damit sie für einige Sekunden ruhig stehen. Für das Pferd ungewöhnliche Tätigkeiten wie Winken oder Springen, aber auch dosiert eingesetzte (unbekannte) Geräusche können dazu beitragen, das Pferd kurzzeitig »einzufrieren«.

▸ *Bei der Araber-Berber-Stute Dalima habe ich zügig eingezoomt und mehr Belichtungszeit für den eingezoomten Fokus verwendet. Somit ist die große Abbildung präsenter und wird mit schönen Zoomstrahlen überlagert; Canon EOS 1D X mit Canon EF 70–200 mm f/2,8L IS II USM bei 200 mm, 1 s, Blende 8, ISO 100, Stativ*

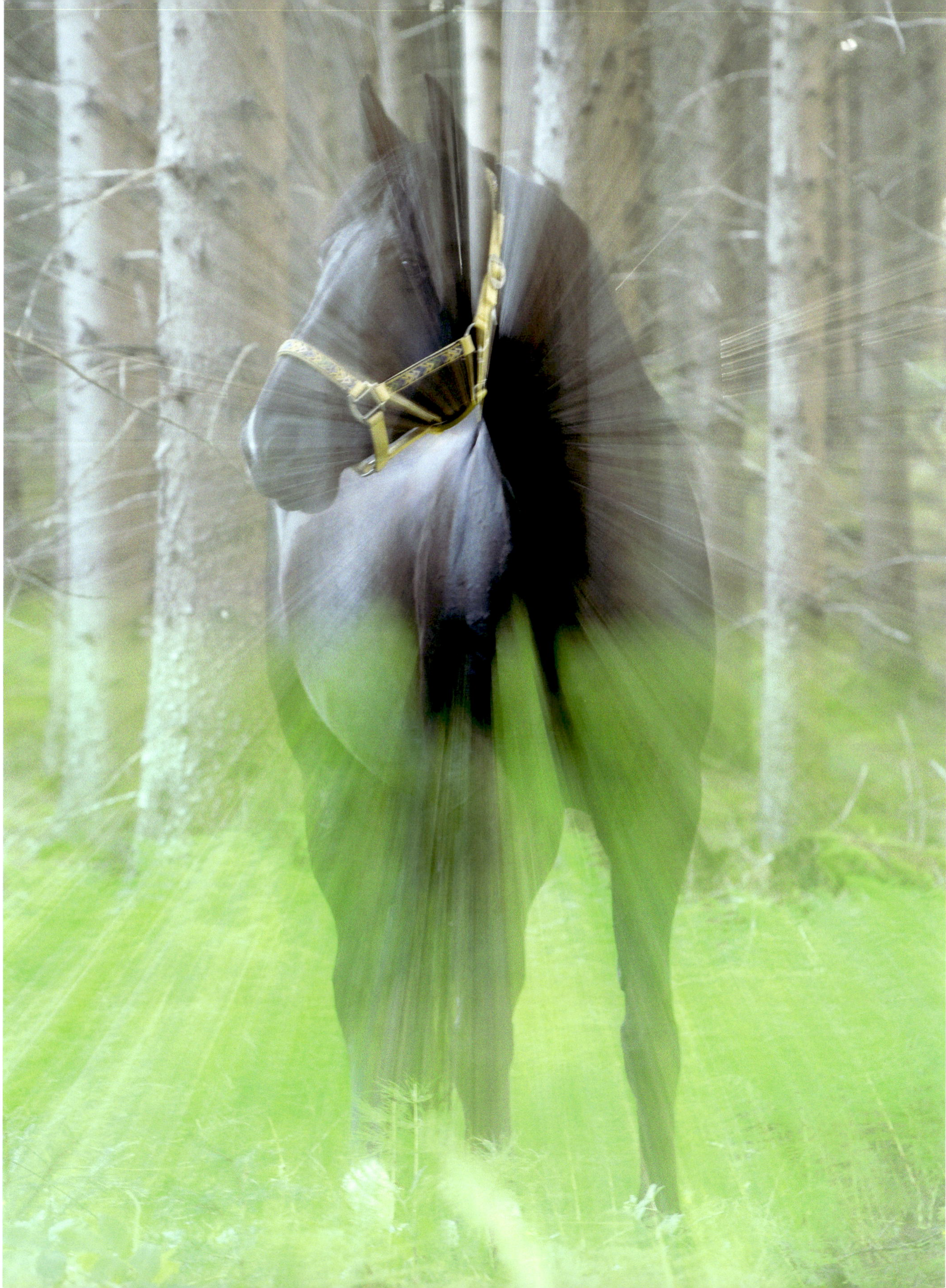

8 Grauzonen

Schwarzweißbilder gehören für viele der Vergangenheit an, haben aber gerade deswegen ein nostalgisches Flair. Sie reduzieren die Bildaussage auf das Wesentliche – auf Formen, Linien, Strukturen, Kontraste und Helligkeitsstufen. Darum eignen sich Schwarzweißumsetzungen ganz besonders für eine kreative und künstlerische Darstellung.

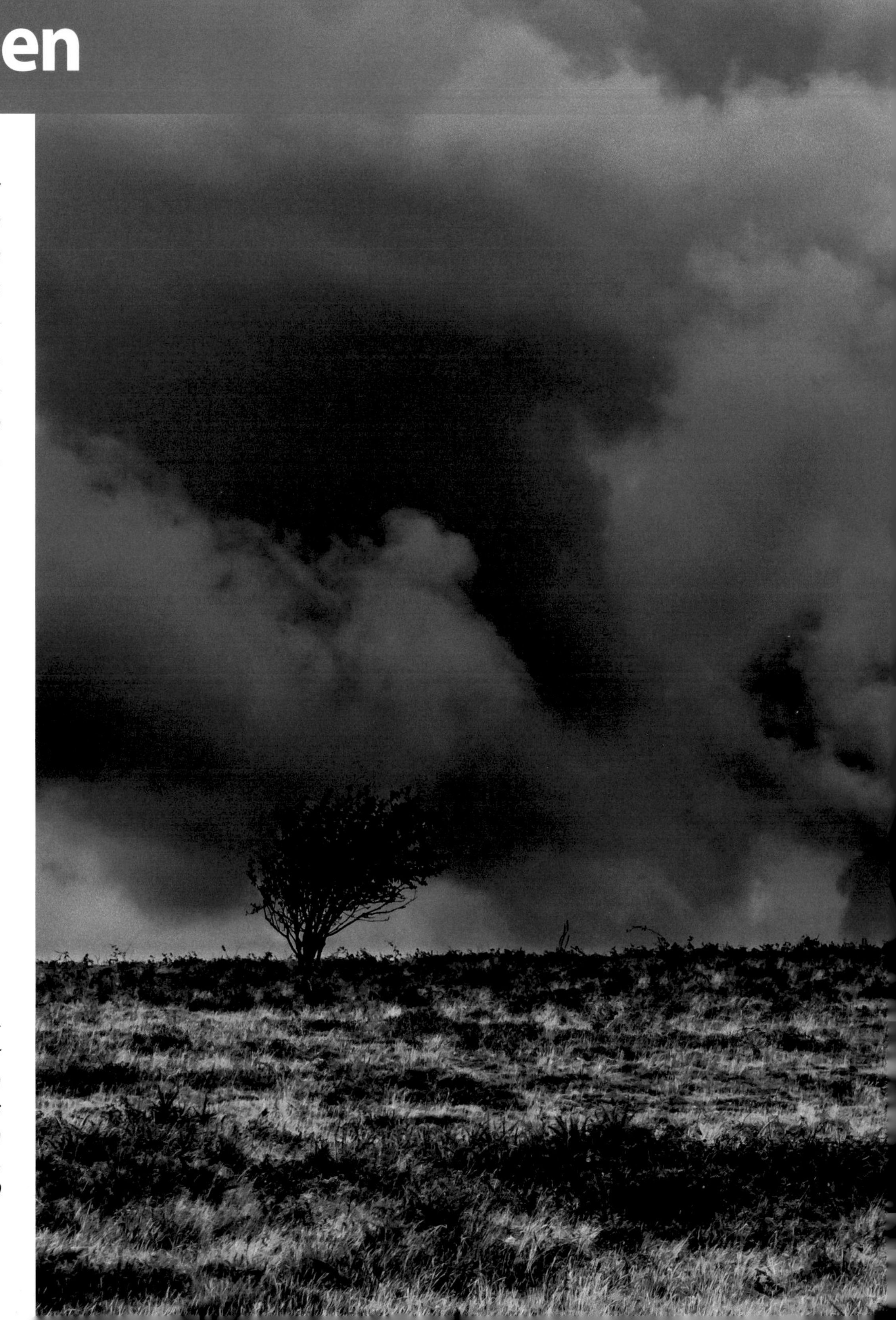

▸ *Die Wolkenformationen erscheinen in Schwarzweiß besonders mächtig und bedrohlich. Dieser Eindruck wird durch den Größenvergleich mit dem Wildpferd noch zusätzlich verstärkt; Canon EOS 1D X mit Canon EF 70–200 mm f/2,8L IS II USM bei 100 mm, 1/320 s, Blende 8, ISO 1000*

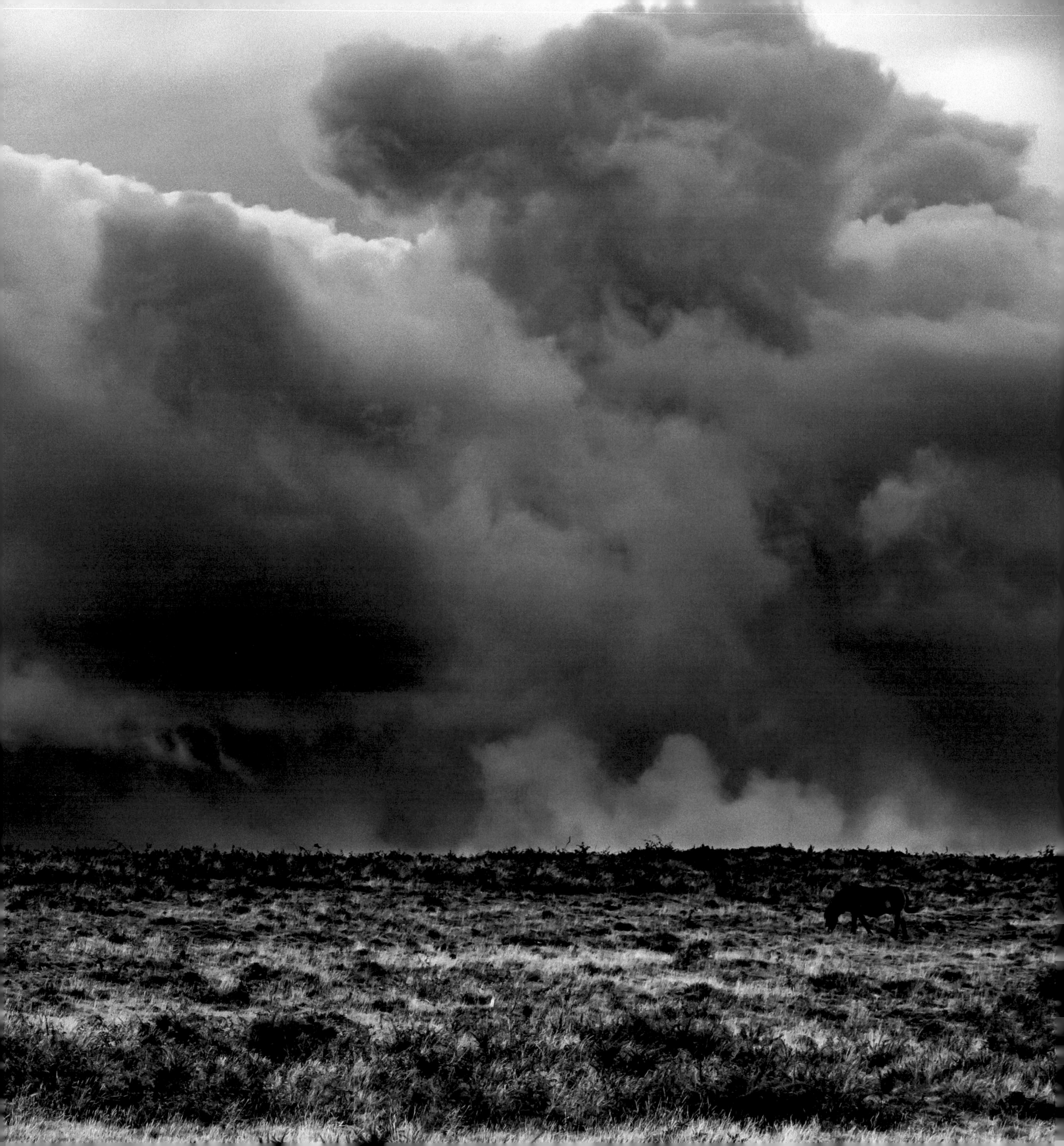

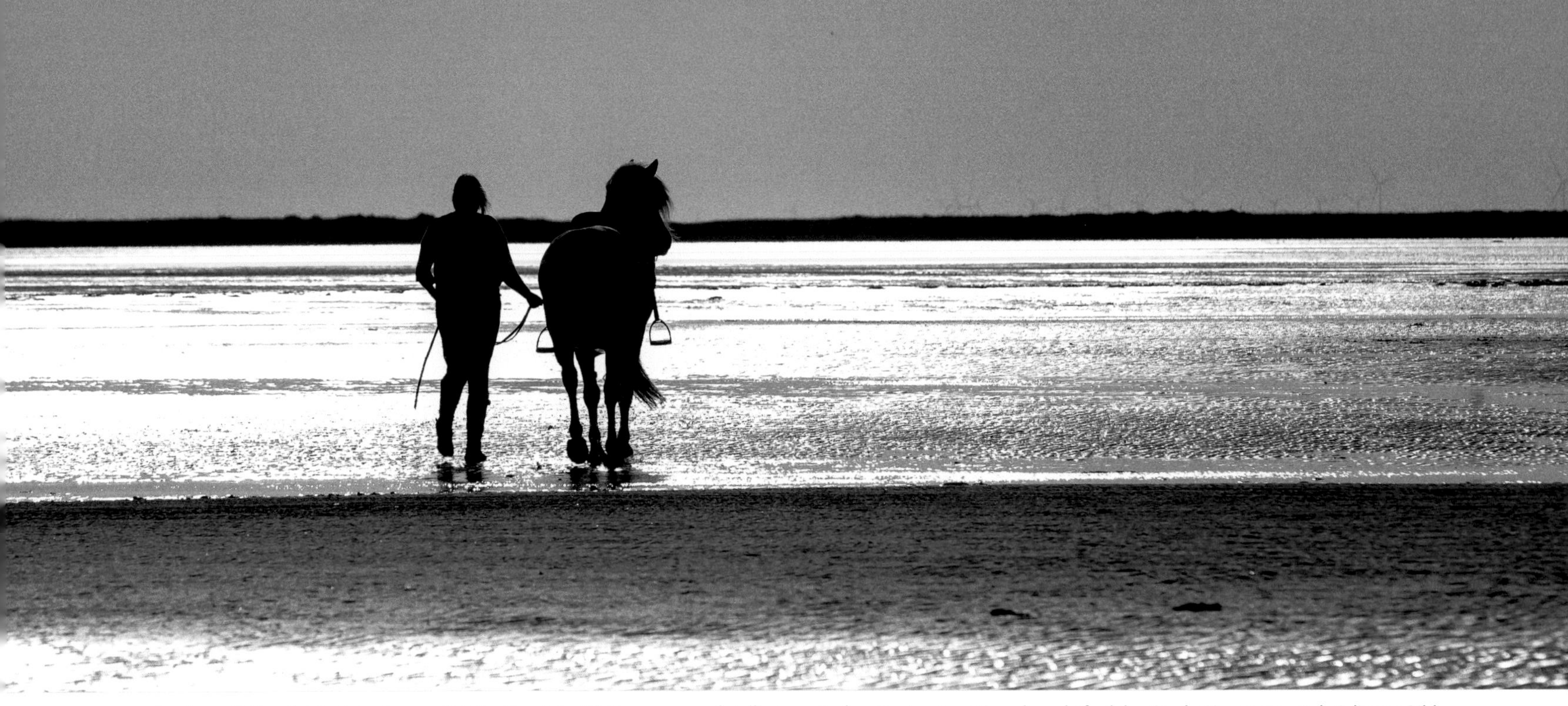

▲ *Im Gegenlicht reflektiert das Sonnenlicht im Sand des Wattenmeers und stellt einen starken Kontrast zu Mensch und Pferd dar. Starke Kontraste wie bei diesem Bild sind für eine Schwarzweißumsetzung gut geeignet; Canon EOS 1D X mit Canon EF 70–200 mm f/2,8L IS II USM bei 200 mm, 1/3200 s, Blende 8, ISO 640*

8.1 Starke Kontraste – klare Formen

Warum sollte man ein Bild in Schwarzweiß umsetzen, wenn doch heutzutage jede Kamera Farbbilder produzieren kann? Die Frage ist leicht beantwortet: Manche Bilder erzielen in Graustufen eine bessere Bildwirkung als in Farbe. Was zunächst schwer vorstellbar ist, wird verständlich, wenn man begreift, wie ein Schwarzweißbild seine Wirkung entfaltet.

Die Bezeichnung »Schwarzweißfoto« ist eigentlich irreführend. Zwar kann jedes Schwarzweißbild natürlich schwarze und weiße Bereiche enthalten, doch Schwarz und Weiß können genauso gut in jedem Farbfoto enthalten sein. Alles was zwischen Schwarz und Weiß liegt und sich in einem Farbfoto eben als Farbe darstellt, sind jedoch im Schwarzweißbild Anteile, die in Graustufen erscheinen.

Selbst der Begriff »monochrom« wäre nicht ganz richtig, da der Ausdruck genau genommen »einfarbig« bedeutet. Eine Farbe kann aber auch bunt sein, also rot oder blau. Trotzdem haben sich die Begriffe »schwarzweiß« und »monochrom« für Graustufenbilder durchgesetzt.

Prinzipiell lässt sich jedes Farbbild in Graustufen umwandeln. Die Frage nach der Konvertierung unterliegt selbstverständlich auch immer dem persönlichen Geschmack des Fotografen. Dennoch wird man feststellen, dass nur Bilder in Schwarzweiß »gut« aussehen, wenn bereits bei der Aufnahme vor Ort bestimmte Kriterien erfüllt sind.

Reduktion

Die Reduzierung auf die wesentlichen Bestandteile ist in der Fotografie ein Aspekt für die grundsätzliche Bildwirkung. Farbe hat eine starke Aussagekraft, und viele Fotos transportieren Botschaften erst durch ihre farbigen Akzente. Andere Farbbilder hingegen bestechen weniger aufgrund ihrer Buntheit, sondern brillieren durch ihre Strukturen, Linien und Formen. Entzieht man einem solchen Bild die Farbe, wird die Aufmerksamkeit noch stärker auf die Form gelenkt und den Strukturen damit deutlich mehr Raum gegeben. Dies ist ein

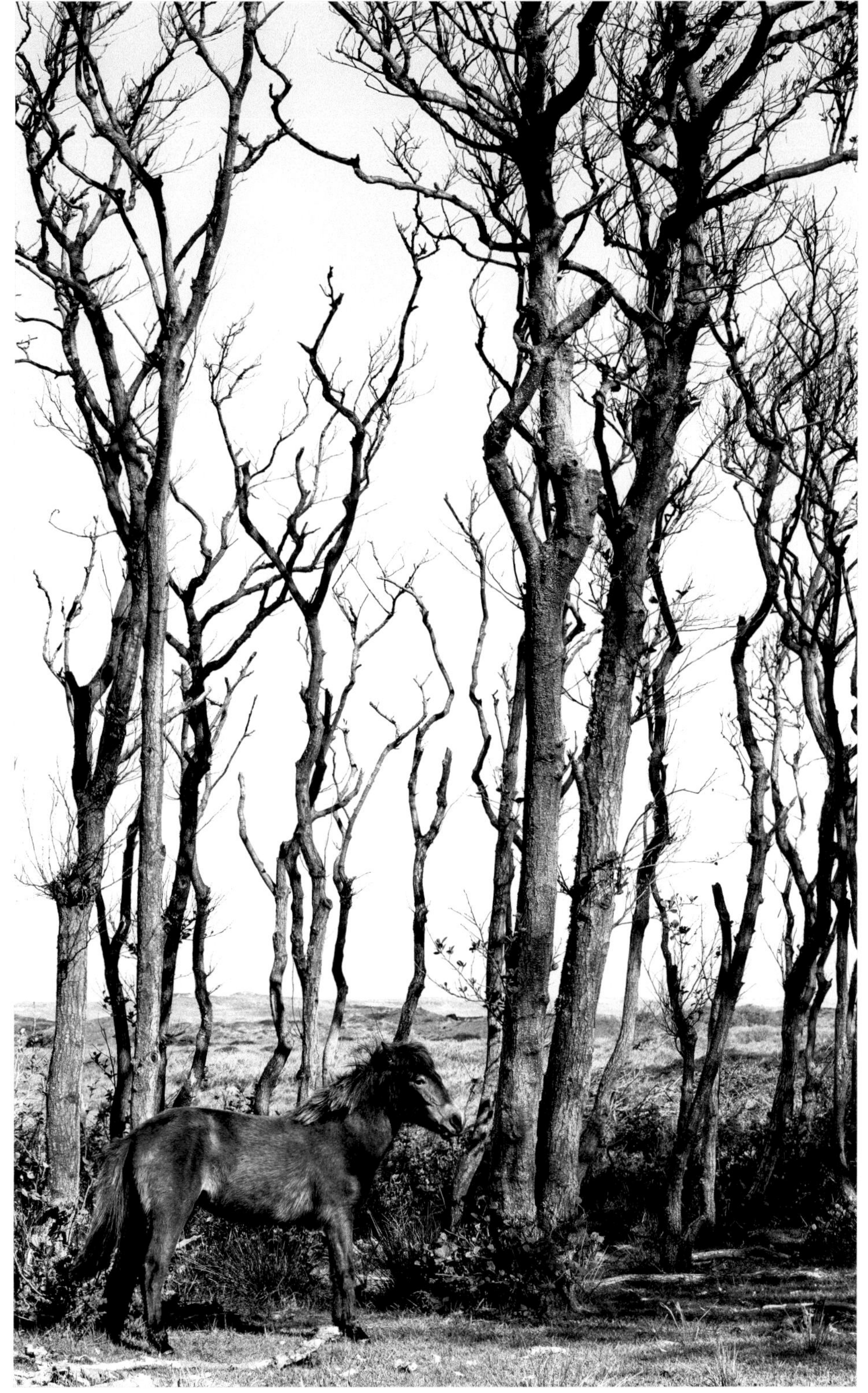

Grund, das Foto in Schwarzweiß darzustellen, weil die wichtigen Bestandteile dadurch besser zur Geltung kommen.

Es kann allerdings nicht der richtige Weg sein, allgemein schlechte (farblose) Bilder in Schwarzweiß umzusetzen, denn dadurch werden mittelmäßige Fotos auch nicht besser. Selbst ein perfektes Farbfoto kann für die Umwandlung in Schwarzweiß ungeeignet sein und damit zu einem eher langweiligen Bild werden.

Kontrast

Wenn die Farbe eine große Aussagekraft in einem Bild hat, ist es für eine Schwarzweißumsetzung nicht geeignet. Andererseits wirkt ein Bild in Schwarzweiß ebenfalls nicht, wenn die Kontraste zu schwach sind. Liegen die Helligkeitstöne von Farben zu nah beieinander, ergeben sich ähnliche Grauwerte in der Schwarzweißumwandlung. Vor allem haben Rot- und Grüntöne fast identische Helligkeitswerte, die sich dann in einem Schwarzweißbild kaum mehr voneinander unterscheiden.

Die Farben Blau und Gelb hingegen weisen einen sehr großen Helligkeitsunterschied auf und kontrastieren entsprechend. Für eine Umsetzung in Graustufen ist ein solches Foto darum sehr gut geeignet. Auch bei dunklen Bäumen vor hellem Himmel ist der Kontrast sehr intensiv. Insbesondere zeichnen sich die Zweige als starke Formen gegen den Himmel ab. Dies sind gute Argumente für ein Graustufenbild!

◂ *Die kahlen Bäume bieten einen perfekten Kontrast zum hellen Himmel; Canon EOS 1D X mit Canon EF 70–200 mm f/2,8L IS II USM bei 70 mm, 1/3200 s, Blende 8, ISO 640*

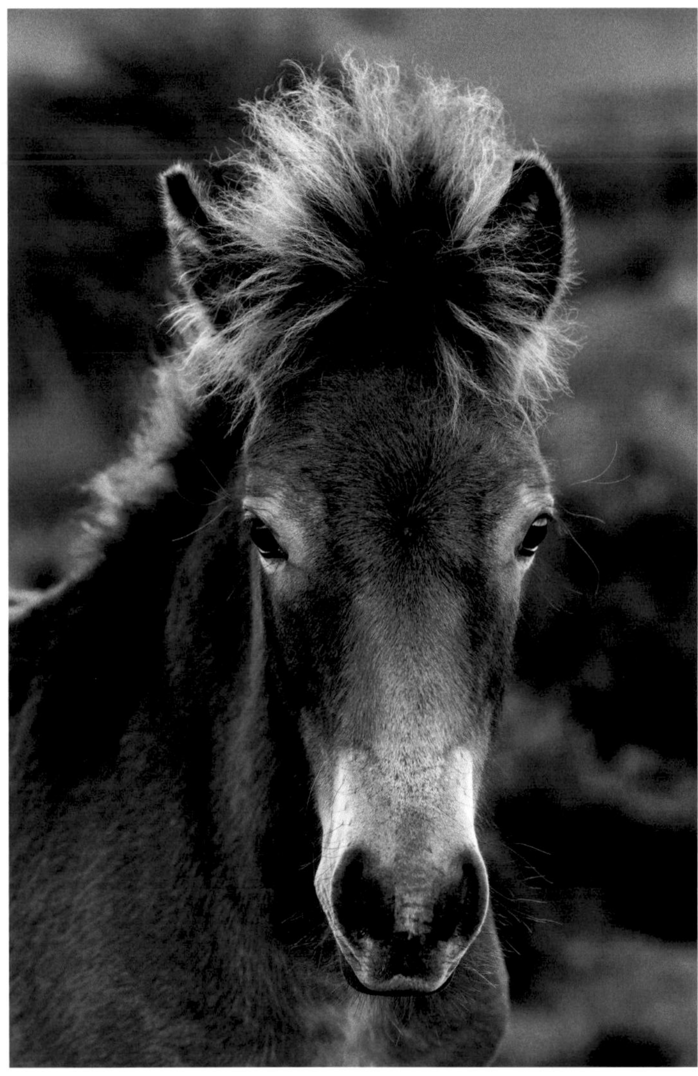

▲ *Kontrast und Struktur zeichnen dieses Porträt aus; Canon EOS 1D X mit Canon EF 70–200 mm f/2,8L IS II USM bei 175 mm, 1/200 s, Blende 5,6, ISO 1000*

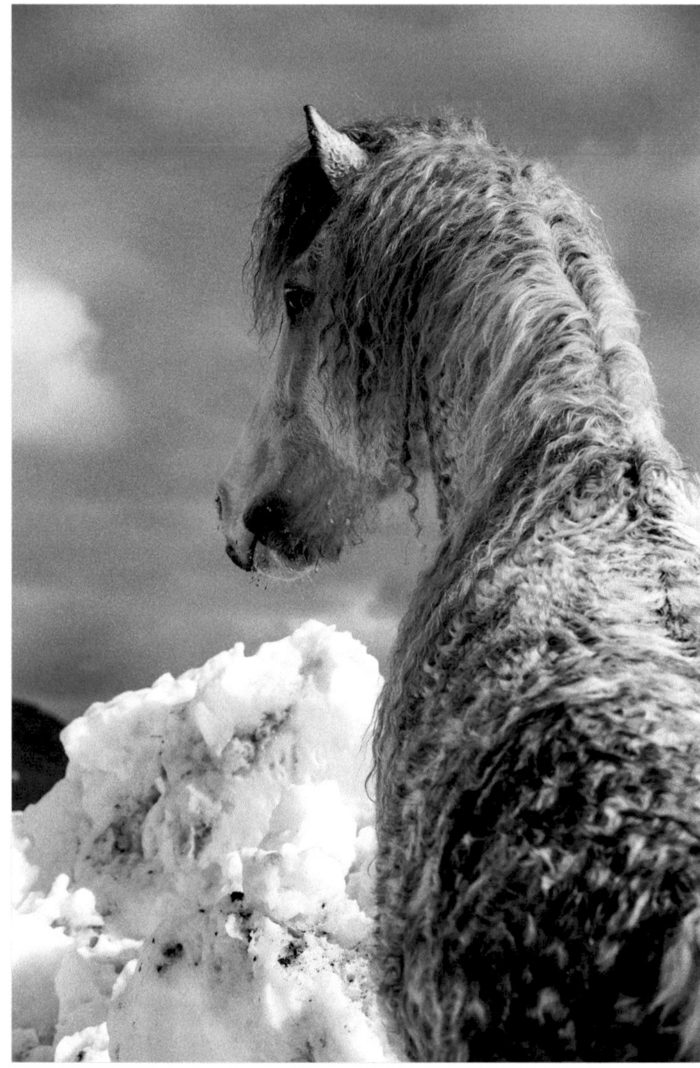

▲ *Das Curlyfell beeindruckt durch seine Form und Struktur; Canon EOS 1D X mit Canon EF 70–200 mm f/2,8L IS II USM bei 100 mm, 1/2000 s, Blende 8, ISO 320*

Hat ein Foto einen sehr hohen Kontrast, lohnt es sich, zu überprüfen, ob das Bild für Schwarzweiß besser geeignet ist. So können Bilder, die bei harter Mittagssonne aufgenommen wurden, eventuell in Graustufen umgewandelt werden. Selbstverständlich dürfen auch hier die hellsten Bildbestandteile nicht überstrahlen und die dunkelsten nicht zulaufen.

Der Kontrastumfang muss immer beherrschbar sein, das gilt sowohl für Farb- als auch für Schwarzweißfotos. Der Kontrast wird in einer Schwarzweißaufnahme hervorgehoben, er wird stärker betont, muss darum aber absolut stimmig sein. Ein gutes Schwarzweißfoto braucht ein ebenso perfektes Farb-Original, um in Graustufen seine Wirkung entfalten zu können.

Form statt Farbe

Sind das Motiv und seine Form wichtiger als die Farbe, kann dessen Wirkung in einem Schwarzweißbild noch intensiviert werden. Darum werden Aktfotografien, aber auch Architekturbilder und teilweise auch Landschaftsfotos gerne in Schwarzweiß umgewandelt.

Tiere sind farblich oftmals auf Tarnfarben reduziert und heben sich vom Hintergrund nicht sonderlich stark ab, es sei denn, man lichtet

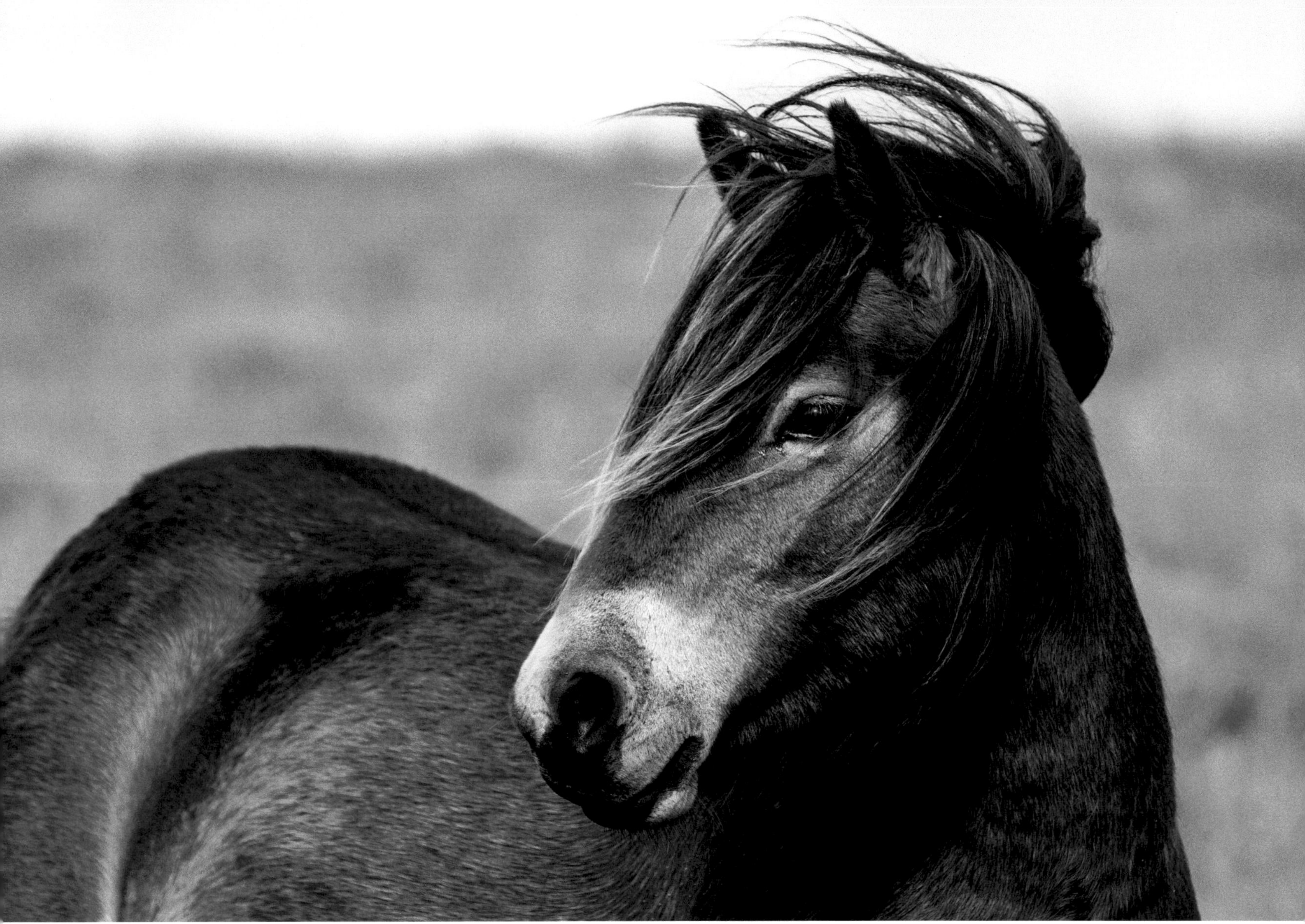

▲ *Dieses Porträt hat eine klare Form und einen guten Kontrast. Das rassetypische Mehlmaul und die weiß umrandeten Augen des Exmoorponys zeichnen sich gegenüber dem dunklen Fell hervorragend ab; Canon EOS 1D X mit Canon EF 70–200 mm f/2,8L IS II USM + 1,4-fach-Telekonverter III bei 280 mm, 1/1250 s, Blende 8, ISO 800*

dunkle Tiere gegen den hellen Himmel oder Schimmel gegen eine braune Stallwand ab. Obwohl dennoch häufig der Kontrast fehlt, wirken Tiere allein durch ihre ästhetische Form. Dies trifft unbestritten auch auf das Pferd zu.

Pferde findet man nicht in Blau, Grün, Rot oder Pink. Die Farben sind auf verschiedene Erdfarben (Brauntöne) sowie Schwarz und Weiß beschränkt. Pferde brillieren deshalb meist durch ihre Form und nicht aufgrund ihrer Farbe. Ausnahmen wie die goldschimmernden Achal Tekkiner oder windfarbenen Islandpferde, deren Fellglanz und/oder -farbe absolute Besonderheiten darstellen, würden ihre Bildaussage als Schwarzweißfoto hingegen komplett verlieren. Aufgrund der Kontrastfähigkeit eignen sich vor allem Rappen und Schimmel, aber auch Tiger- und Plattenschecken für eine Schwarzweißumsetzung. Die klare und edle Körperform des Pferdes tut ihr Übriges.

Der Fotograf muss in der Lage sein, die farbige Realität in Grau zu sehen, um die Wirkung eines Schwarzweißbildes bereits vor Ort einschätzen zu können.

8.2 Fine Art

Der Begriff der Fine-Art-Fotografie wird oft individuell interpretiert. In der Regel bezeichnet man damit die künstlerische Darstellung einer Fotografie in purer Ästhetik und höchster Qualität. Sie lässt dem Betrachter damit viel Raum für Auslegung und Interpretation des Bildes.

Primär ist Fine Art ein Genre der Schwarzweißfotografie, sie beschränkt sich jedoch keineswegs darauf. Auch bestimmte Farbbilder können in die Kategorie der »feinen Kunst« eingestuft werden. Was unterscheidet also ein Fine-Art-Foto von einer »normalen«, guten Ablichtung? Die Grenzen sind sicherlich fließend und unterliegen stets dem Urteil und Geschmack des Betrachters.

Unter Fine Art sind vor allem künstlerisch gestaltete Aufnahmen in sehr hoher Qualität zu verstehen. Das Hauptmotiv muss knackig scharf, die Tonwerte exakt ausgearbeitet und kleinste Details bis in die Haarspitzen absolut stimmig sein. Das Motiv soll den Betrachter inspirieren, ihm Botschaften übermitteln und seine Seele berühren. Dazu gehören weiche und sinnliche Umsetzungen, aber auch klare und harte Bildaussagen, die durch eine exakte und detaillierte Bearbeitung unterstützt werden.

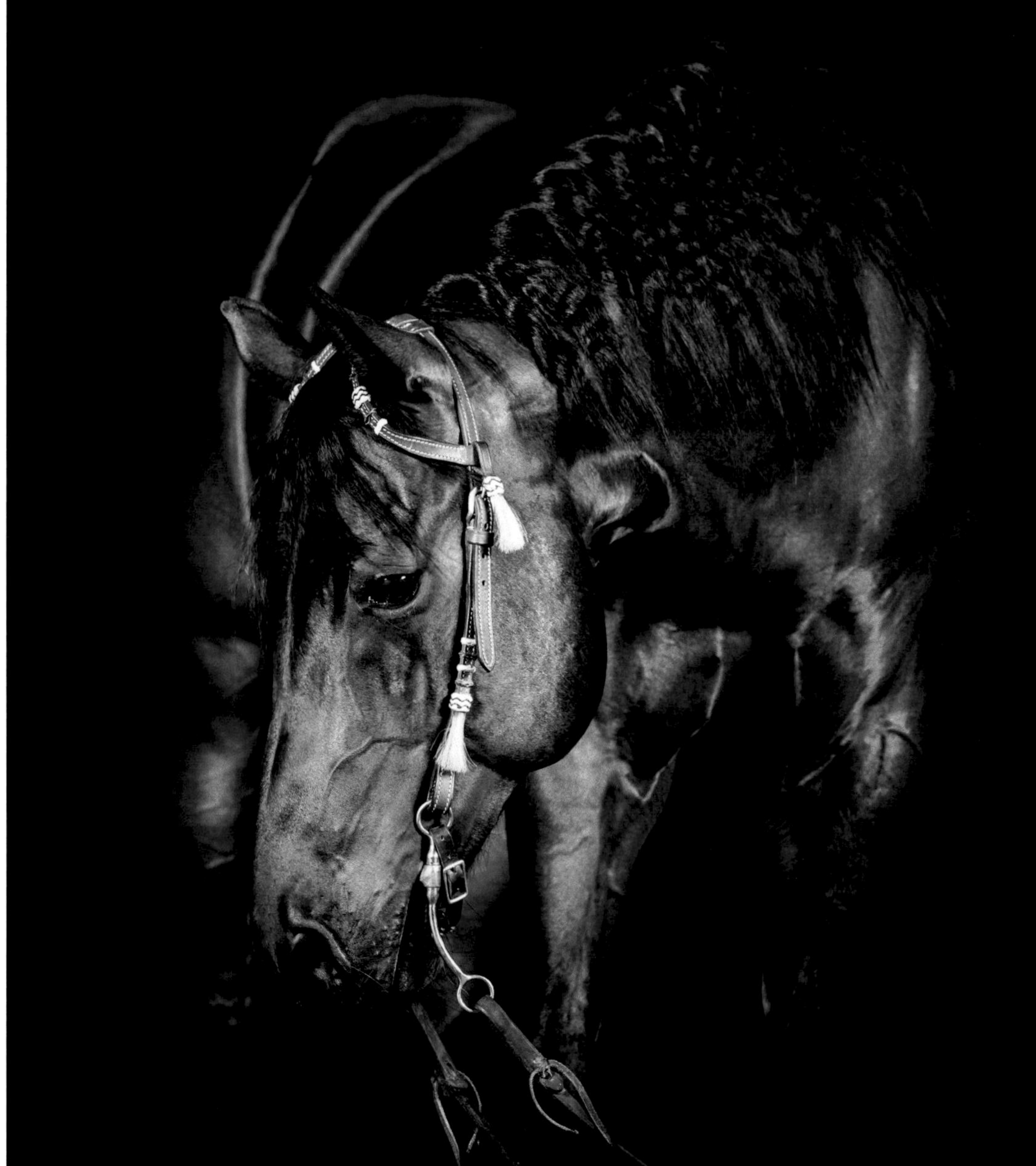

▸ *Ästhetik ist ein Synonym für Fine-Art-Fotografie. Quarter-Horse-Wallach San Jo Ray hat die dafür erforderliche, feinsinnige Ausstrahlung; Canon EOS 1D X mit Canon EF 70–200 mm f/2,8L IS II USM bei 160 mm, 1/250 s, Blende 7,1, ISO 250, zwei Studioblitze*

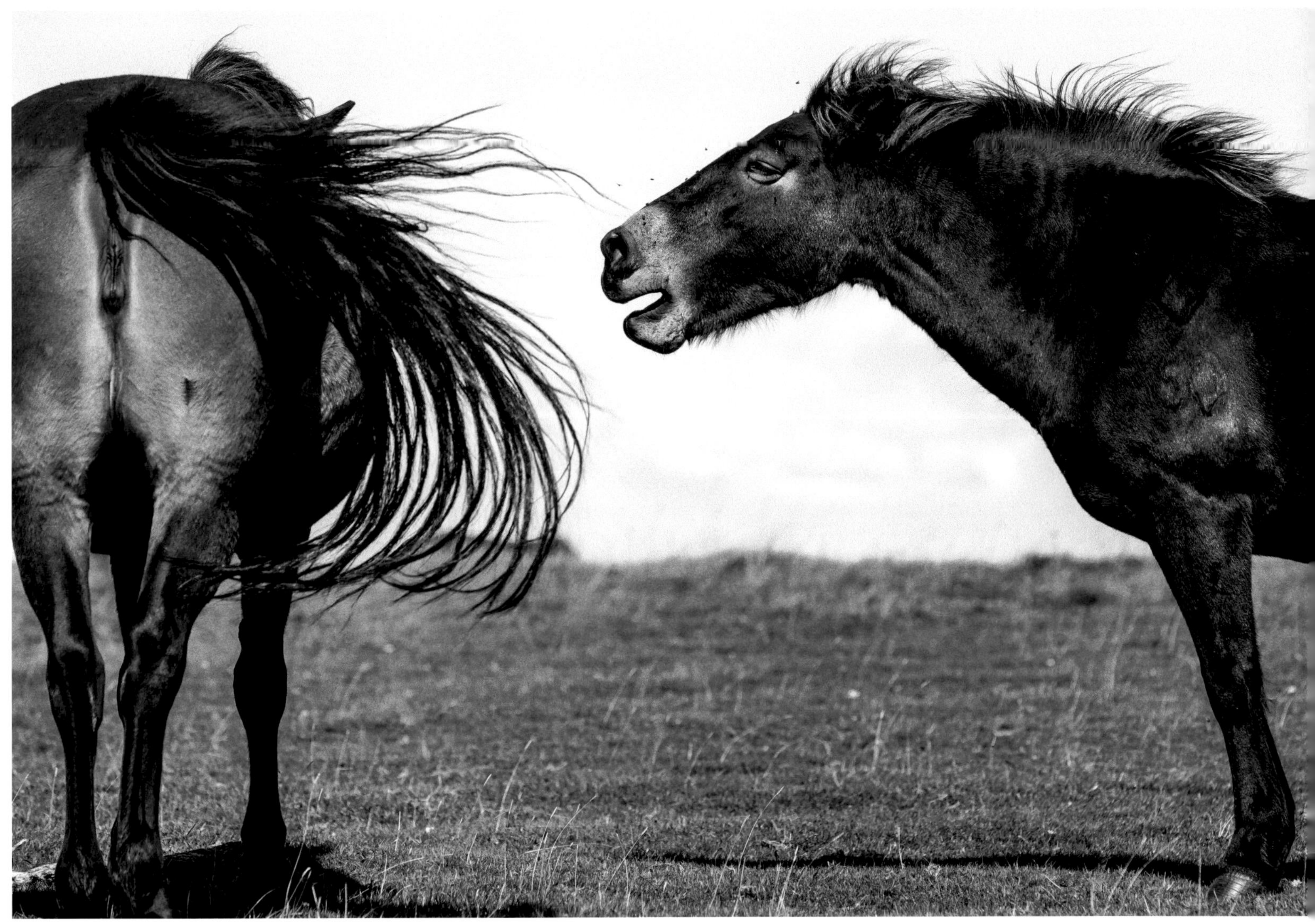

▲ *Welches Bild erzählt eine Geschichte, wenn nicht dieses? Zwei Ponys halten Siesta. Die kurzen Schatten verraten, dass das Bild um die Mittagszeit aufgenommen wurde. So entsteht ein starker Kontrast. Die gähnende Stute lässt sich von ihrem Artgenossen die lästigen Fliegen aus dem Gesicht vertreiben. Pferdeexperten erhalten noch mehr Informationen: Der Schulterbrand des rechten Ponys verrät die Herkunft des Pferdes. Die Raute steht für die Rasse Exmoorpony, geboren im Exmoor Nationalpark im Südwesten Englands. Die darunter stehende Nummer gibt Auskunft darüber, welcher Herde in welchem Bezirk das Pony angehört. Zudem wissen Insider, dass das Pony mindestens 10 Jahre alt sein muss, da man mittlerweile dazu übergegangen ist, die Pferde zu chippen, sodass jüngere Pferde keinen Schulterbrand mehr erhalten. Ein Bild also, in dem man lesen kann wie in einem Buch. Farbe benötigt es nicht, um Gefühle und Geschichte zu vermitteln; Canon EOS 1D X mit Canon EF 70–200 mm f/2,8L IS II USM bei 200 mm, 1/1600 s, Blende 7,1, ISO 250*

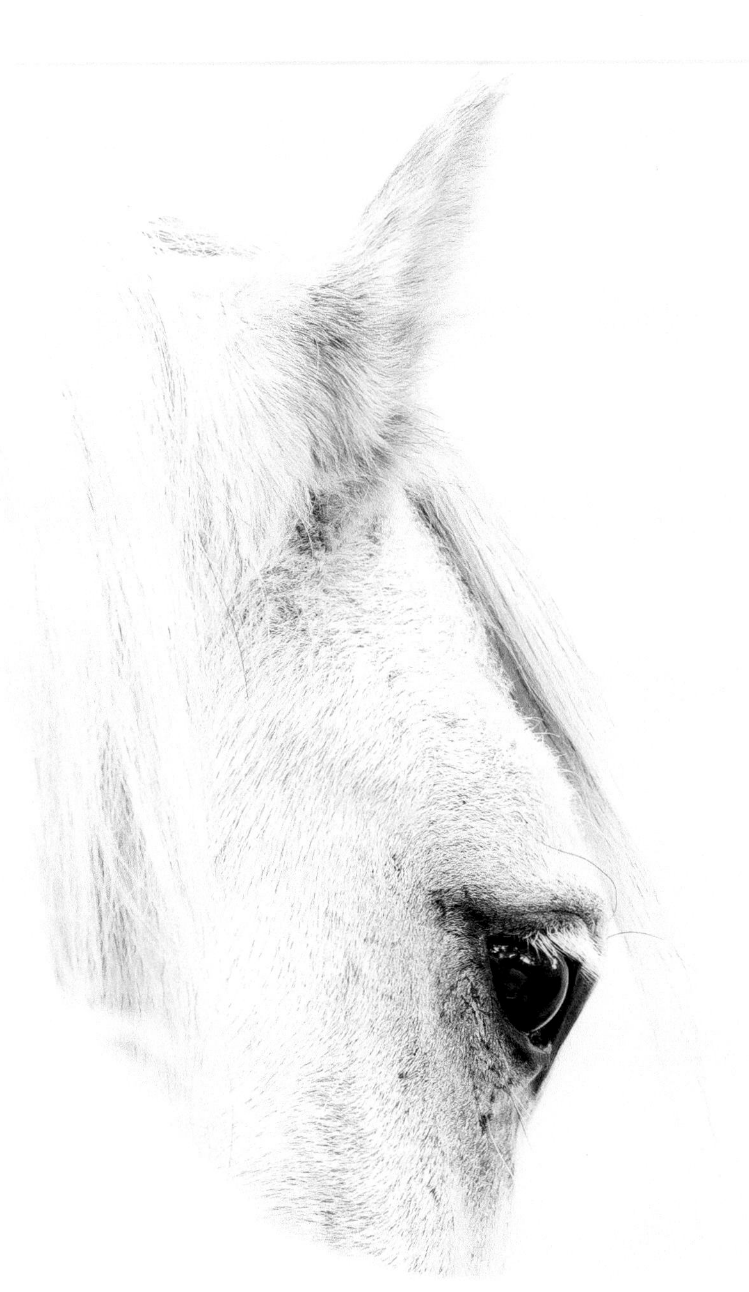

Die absolut präzise Nachbearbeitung eines Fine-Art-Bildes ist essenziell, was allerdings nicht bedeutet, dass die Bilder über Bildbearbeitungsprogramme verfälscht werden (müssen). Viele Fotografen nutzen jedoch Photoshop, um Effekte zu platzieren und eine besondere Lichtstimmung zu zaubern. Wie bereits erwähnt, kann dies aber nicht die Zielsetzung eines Fotografen sein. Es ist außerdem keine Lösung, fehlendes fotografisches Können durch manipulative Eingriffe am Rechner kompensieren zu wollen. Vielmehr sind Fine-Art-Fotografen absolute Perfektionisten – sowohl in der fotografischen Umsetzung on location als auch in der nachfolgenden Bildentwicklung am Rechner.

Bilder mit Tiefgang

Dem nicht genug. Die künstlerische Fotografie besteht insbesondere in der Umsetzung einer kreativen Idee allein mit der Kamera, die hierfür lediglich als Handwerkszeug dient. Die Bilder müssen allerdings natürlich über den Raw-Konverter entwickelt und optimiert werden. Bei Fine-Art-Bildern wird diese Bearbeitung noch exakter und detaillierter vollzogen – ohne sie jedoch zu verfälschen. Vielmehr kommt es auf die detaillierte Optimierung des Bildes an, um beim Betrachter entsprechende Emotionen zu wecken.

◂ *Ein klares Auge, ein tiefsinniger Blick, die künstlerische Umsetzung im High-Key-Stil sowie die kreative Perspektive ergeben bei einer detaillierten und feinen Bearbeitung des Porträts eine ansehnliche Fine-Art-Fotografie; Canon EOS 1D X mit Canon EF 70–200 mm f/2,8L IS II USM bei 200 mm, 1/200 s, Blende 5,6, ISO 800*

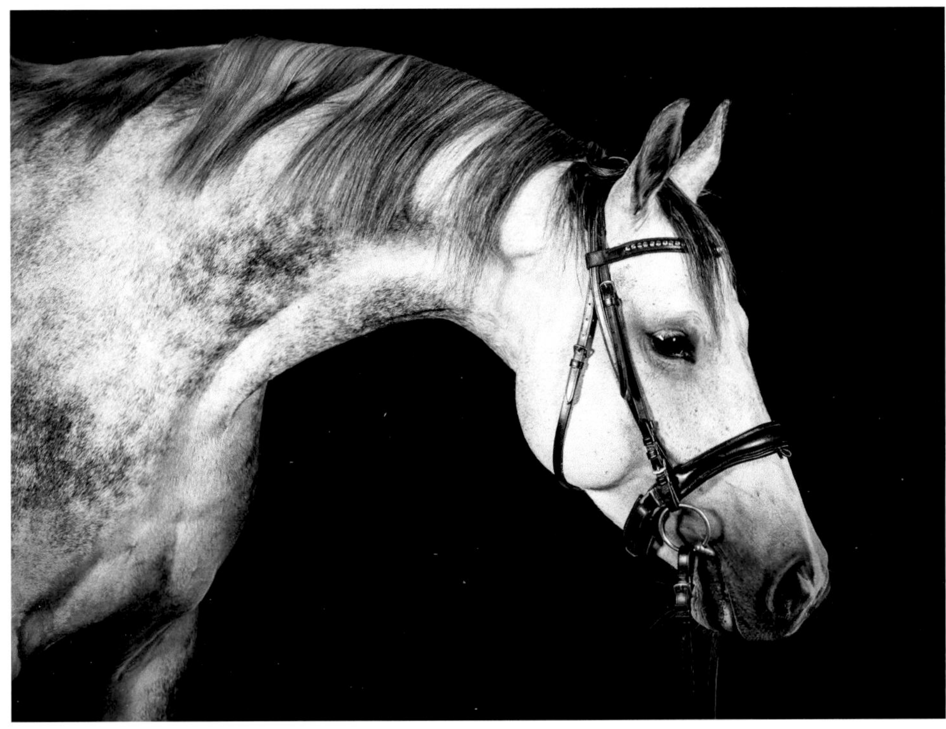

◂ *Die harmonische Halsform kommt bei Warmblutstute Daisy in dieser Schwarzweißumsetzung besonders zur Geltung; Canon EOS 1D X mit Canon EF 70–200 mm f/2,8L IS II USM bei 170 mm, 1/250 s, Blende 7,1, ISO 250; zwei Studioblitze*

▾ *Die sich im Wind wiegenden Gräser, die wehende Pferdemähne, die vorüberziehenden, dunklen Wolken und das allein über die Grasebenen schreitende Pony transportieren ein starkes Gefühl: Einsamkeit; Canon EOS 1D X mit Canon EF 70–200 mm f/2,8L IS II USM + 1,4-fach-Telekonverter III bei 280 mm, 1/2000 s, Blende 8, ISO 640*

Das Ziel sind stets ästhetisch ansprechende Bilder, die emotional und räumlich in die Tiefe gehen und somit in der Lage sind, den Betrachter in die Bildgeschichte einzubinden. Einen emotionalen Tiefgang erreicht man in der Fine-Art-Pferdefotografie beispielsweise mit einem ausdrucksstarken Blick des Pferdes. Räumliche Tiefe hingegen wird durch starke Kontraste – dem Spiel von Licht und Schatten – und Linien erzeugt. Diagonale Konturen weisen den Weg in die Tiefe und somit ins Unergründliche und Geheimnisvolle. Derartige Darstellungen berühren die Seele, fesseln den Blick und rauben den Atem. Das sind Bilder, die das Prädikat »Fine Art« verdienen.

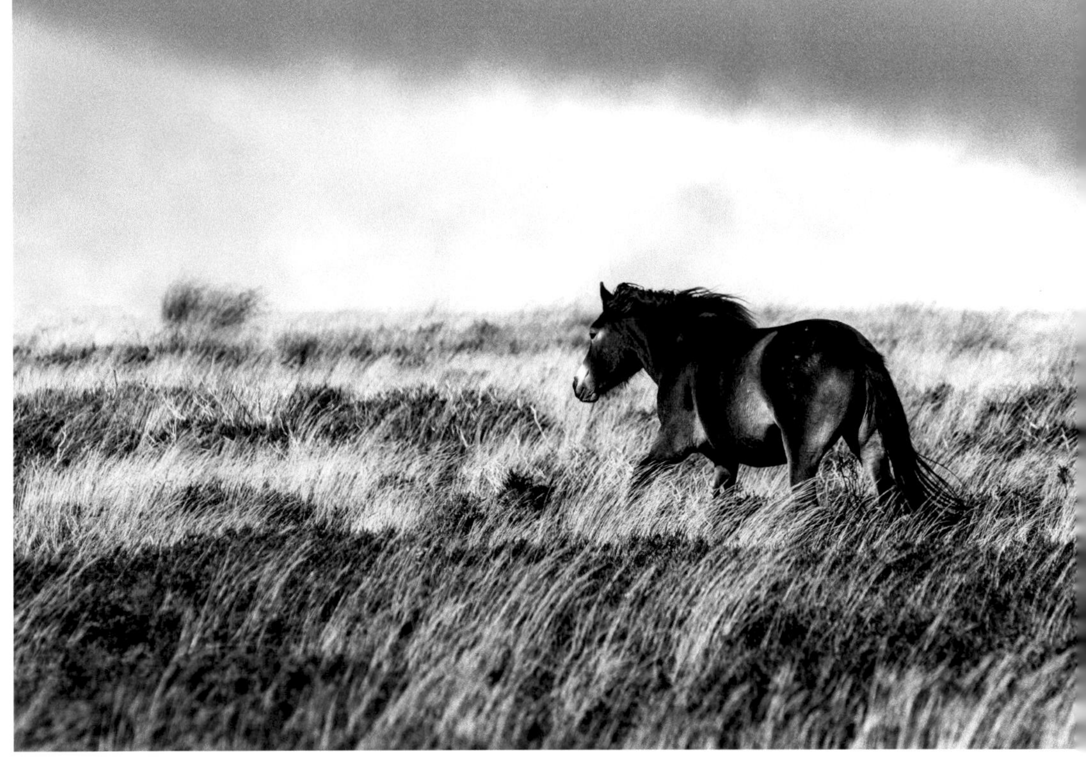

Schwarzweißbilder eignen sich sehr gut für diese Form der Fotografie, da sie eine deutlich höhere Stufe der Abstraktion darstellen. Aus diesem Grund nutzen sehr viele Fine-Art-Fotografen die Umwandlung ihrer Bilder in Graustufen.

9 Mehr Dimension

Fotografieren bedeutet mehr, als ein geplantes Bild nach den eigenen Vorstellungen zielgerichtet umzusetzen. In der Tier- und speziell in der Pferdefotografie ist nicht alles vorhersehbar. Zufälle können besondere Momente schaffen, die nie planbar gewesen wären. So gilt es, die Situation vor Ort genau zu beobachten und vorausschauend zu erfassen. Auf diese Weise lassen sich überraschende Situationen durch Flexibilität und Improvisation, aber dennoch durchdacht auf der Speicherkarte verewigen.

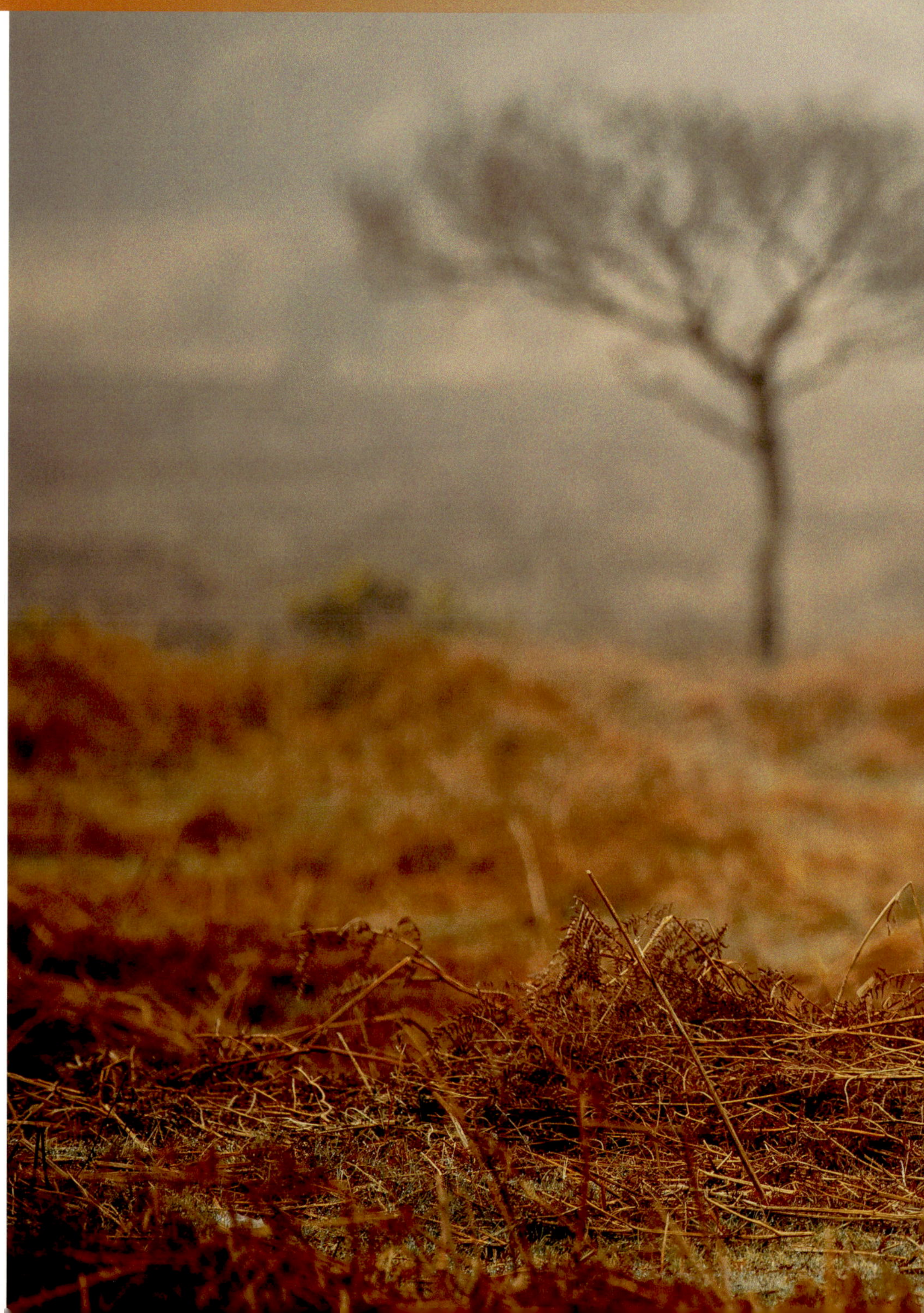

▸ *Wildlebende Grauschimmelstute an einem dunstigen Morgen im April; Canon EOS 1D X mit Canon EF 70–200 mm f/2,8L IS II USM bei 200 mm; 1/1250 s, Blende 3,5, ISO 640*

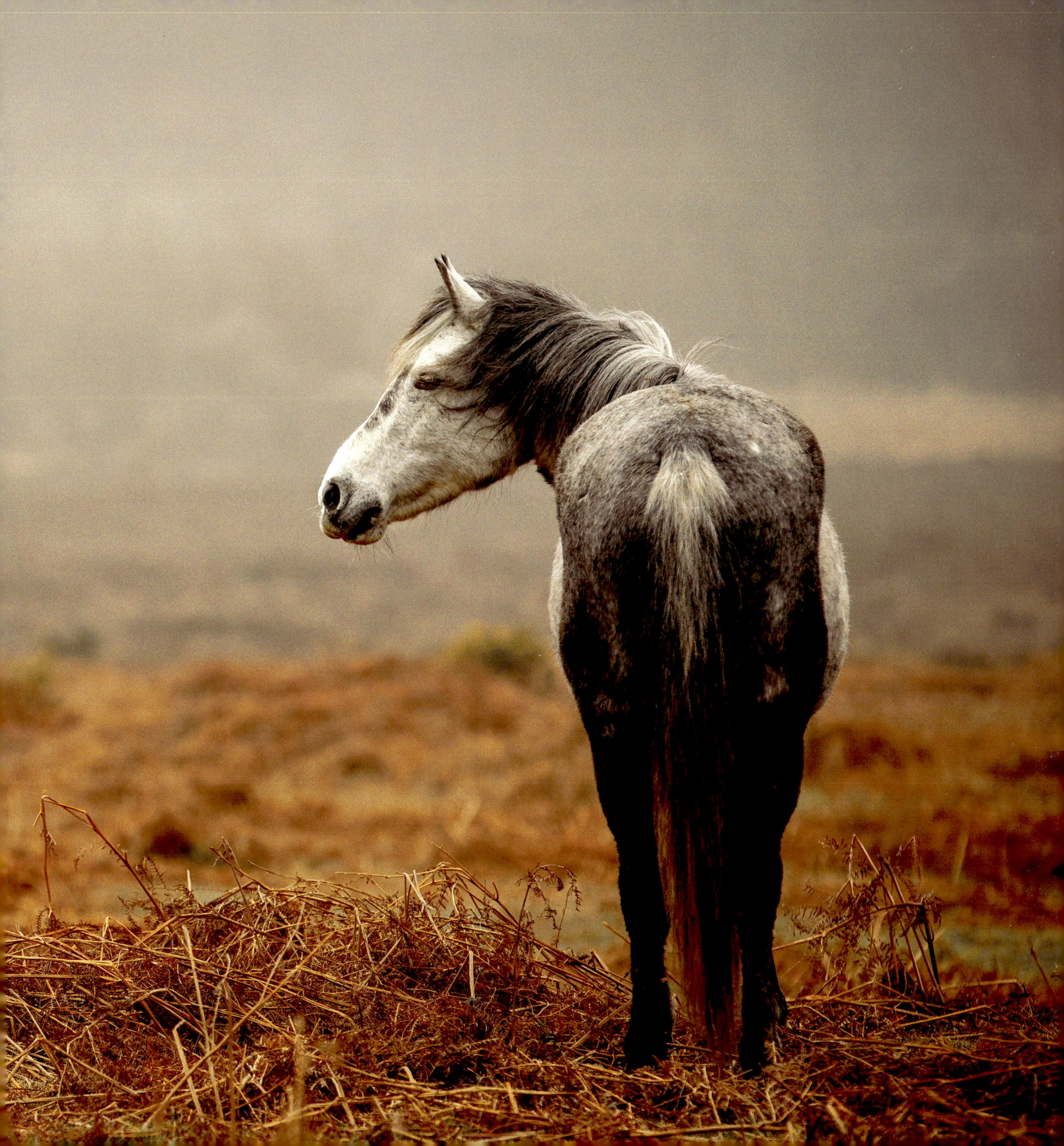

9.1 Der besondere Moment

Irgendwann passiert es. Alles ist für das geplante Shooting vorbereitet. Man hat eine genaue Vorstellung, wie das Bild aussehen soll. Mit den fotografischen Regeln im Hinterkopf über Bildaufbau, Lichteinfall und Fokus wartet man auf das geplante Manöver. Doch dann kommt alles ganz anders ...

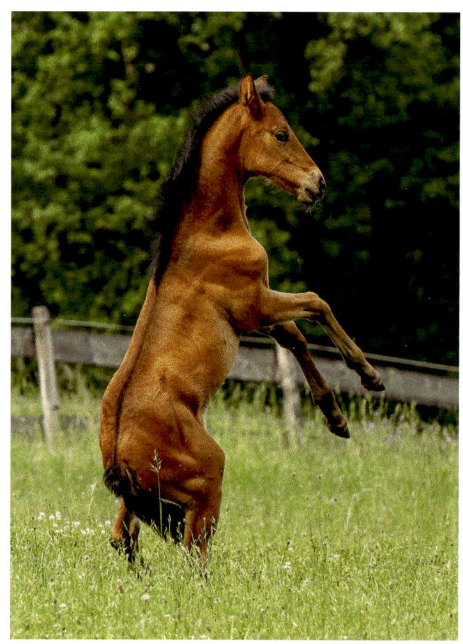

▲ *Fohlen auf der Weide zu fotografieren, ist schon fast eine Garantie für außergewöhnliche Bilder; Canon EOS 1D X mit Canon EF 70–200 mm f/2,8L IS II USM bei 200 mm, 1/800 s, Blende 6,3, ISO 1000*

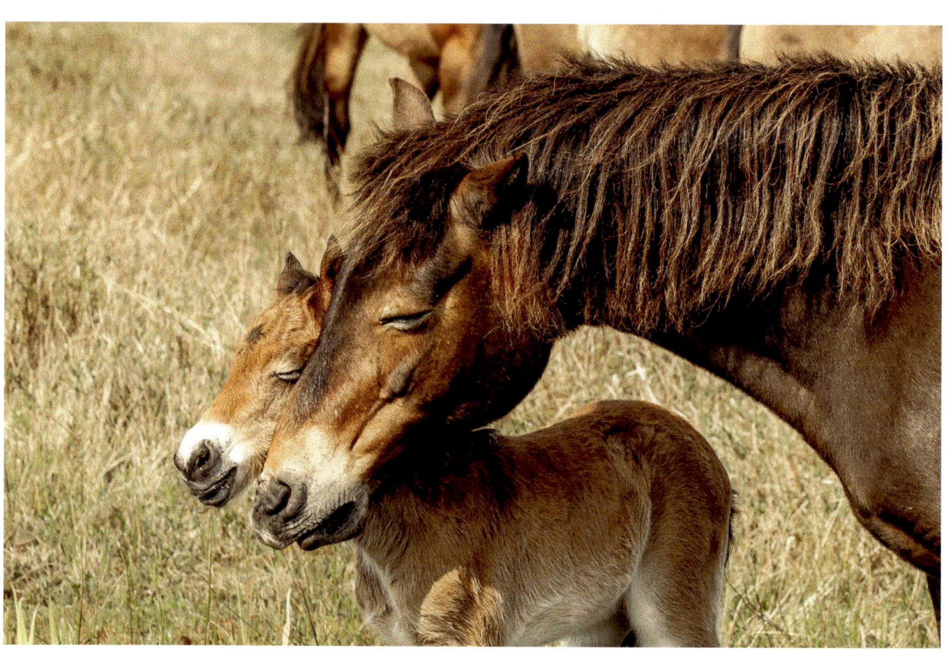

▲ *Ein sinnlicher Moment zwischen Mutterstute und ihrem neugeborenen Fohlen. Dieser Augenblick ist definitiv nicht planbar. Stundenlanges Ausharren bei der Herde, gutes Beobachten und schnelles Auslösen waren die Zutaten für diesen Schnappschuss; Canon EOS 1D X mit Canon EF 70–200 mm f/2,8L IS II USM bei 120 mm, 1/800 s, Blende 7,1, ISO 500*

Man glaubt, alles im Griff zu haben, bis plötzlich eine völlig unvorhergesehene Situation eintritt, die einem den Atem raubt und die Glieder lähmt – und dummerweise oftmals auch den Auslösefinger.

Flexibilität ist alles

Hier kommt die Flexibilität des Fotografen ins Spiel, der geistesgegenwärtig dann doch noch die Kamera ansetzen kann und ganz ungeachtet der Kameraeinstellungen und ohne Berücksichtigung aller fotografischen Regeln den Auslöser drückt.

Viel zu schnell ist der eine, besondere Moment verflogen, und man weiß: Niemals im ganzen Leben wird sich diese Situation wiederholen! Darum stellt sich die einzige Frage: Hat man die Situation erfassen können und ist das Bild im Kasten? Die Spannung steigt, während man die Vorschautaste der Displayanzeige auf der Kamera drückt. Ist das Bild scharf? Passt die Belichtung? Ist das Motiv womöglich ungünstig angeschnitten? Welch ein Glück, dass man im heutigen Zeitalter der digitalen Fotografie die Antwort sofort erhält und nicht erst tagelang abwarten muss, bis der analoge Film entwickelt ist.

Nicht selten offenbaren sich die besten Bilder aber dennoch erst bei der Arbeit am PC. Details im Bild, die zunächst nicht aufgefallen sind, entpuppen sich als ganz besonderer Moment. Selbstverständlich sind dies glückliche Zufälle und haben nicht zwingend etwas mit fotografischem Können zu tun. Doch man kann seinem Glück auf die Sprünge helfen und die Chance für diese Glücksmomente erhöhen.

Sind Schnappschüsse die besseren Fotos?

Zunächst jedoch stellt man sich die Frage, ob der Schnappschuss nun das Foto des Tages geworden ist – ganz ohne Planung, rein zufällig? Entstehen die besten Fotos tatsächlich durch Schnappschüsse oder sind es doch die wohldurchdachten Motive, die man als kreativer Fotograf in seiner Vorstellung entwickelt?

Viele professionelle Fotografen erzählen, dass ihre besten Bilder penibelst geplant und vorbereitet worden sind. Schnappschüsse sind hingegen eher selten in der Rangliste der favorisierten Fotos. Dennoch passiert es immer wieder, dass eine unerwartete Situation eintritt, die einem die Chance gibt, ein herausragendes Foto zu machen. Glück spielt eben auch eine Rolle beim Fotografieren. Es wäre dennoch ein Fehler, sich beim Fotografieren nur auf das Glück zu verlassen. Oft genug wird man sich später über die falschen Einstellungen, das fehlende Reaktionsvermögen oder den leeren Akku ärgern. Doch aus diesen Erfahrungen wird man lernen und begreifen, dass Glück zwar nicht wirklich planbar ist, die Chancen für solche Glücksmomente aber durchaus erhöht werden können.

Zufälle als Chance be- und ergreifen

Gerade Tierfotografen sind durchaus auf Zufälle und Glücksmomente angewiesen, weil man das Verhalten von Tieren nicht immer vollständig kontrollieren kann – und eigentlich auch gar nicht will. Viel authentischer wirken Aufnahmen, wenn man so wenig wie möglich in die Verhaltensweisen von Tieren eingreift. Umso mehr ist dann die Geduld gefragt, bis aufregende und spannende Momente passieren.

In der Pferdefotografie lassen sich bei der Arbeit mit Hauspferden die Reaktionen und Verhaltensweisen gezielt abrufen oder zumindest die Wahrscheinlichkeit, dass die Tiere die gewünschte Reaktion zeigen, erhöhen. Dazu ist es erforderlich, die Verhaltensweisen von Pferden im Allgemeinen und den Charakter des jeweiligen Pferdes im Speziellen zu kennen. Nur dann sind gezielte Planungen möglich.

In der Wildpferdefotografie hingegen gelten andere Vorzeichen. Hier hat man den Einfluss auf bestimmte Verhaltensweisen meistens nicht, ganz abgesehen davon, dass es gegen die Ehre und Ethik des Fotografen wäre, die Verhaltensweisen von Wildtieren beeinflussen zu wollen. Oberstes Gebot des Wildlife-Fotografen ist es, die Tiere keinesfalls zu stören, was grundsätzlich ausschließt, das Verhalten in irgendeiner Form zu manipulieren. Deshalb ist die Geduld die wichtigste Tugend eines Tierfotografen. Doch einen Trost gibt es: Je mehr Aufwand man für ein Foto betreibt und je länger man auf den richtigen Moment warten muss, desto höherwertiger wird das

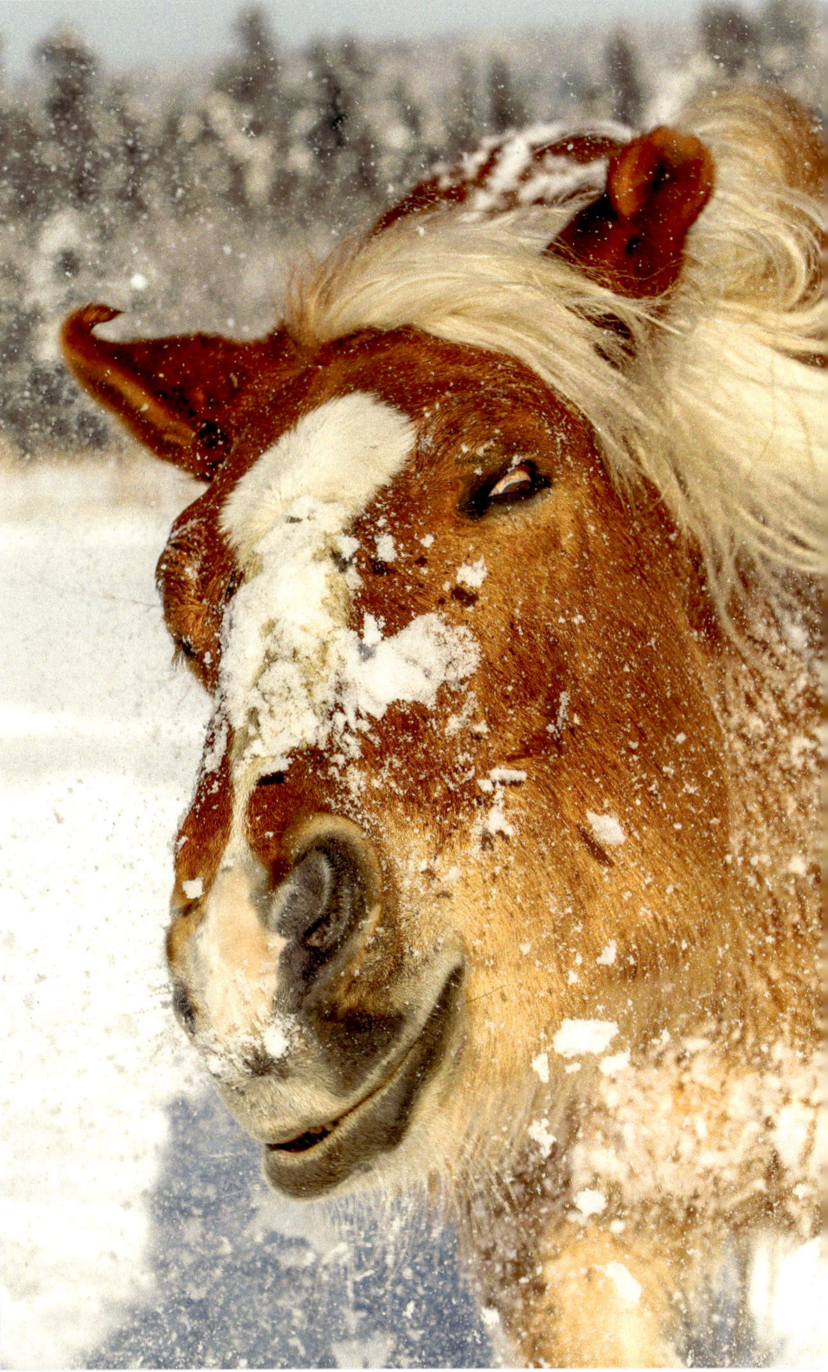

▲ *Auch dieses Bild war nicht wirklich geplant, dennoch ist es letztendlich ein gelungener Schnappschuss, da die Reaktion dem Verhaltensmuster nach sehr wahrscheinlich war: Haflingerstute Ronja schüttelt sich den Schnee aus dem Gesicht, nachdem sie sich ausgiebig gewälzt hatte; Canon EOS 1D X mit Canon EF 70–200 mm f/2,8L IS II USM bei 102 mm, 1/1600 s, Blende 9, ISO 400*

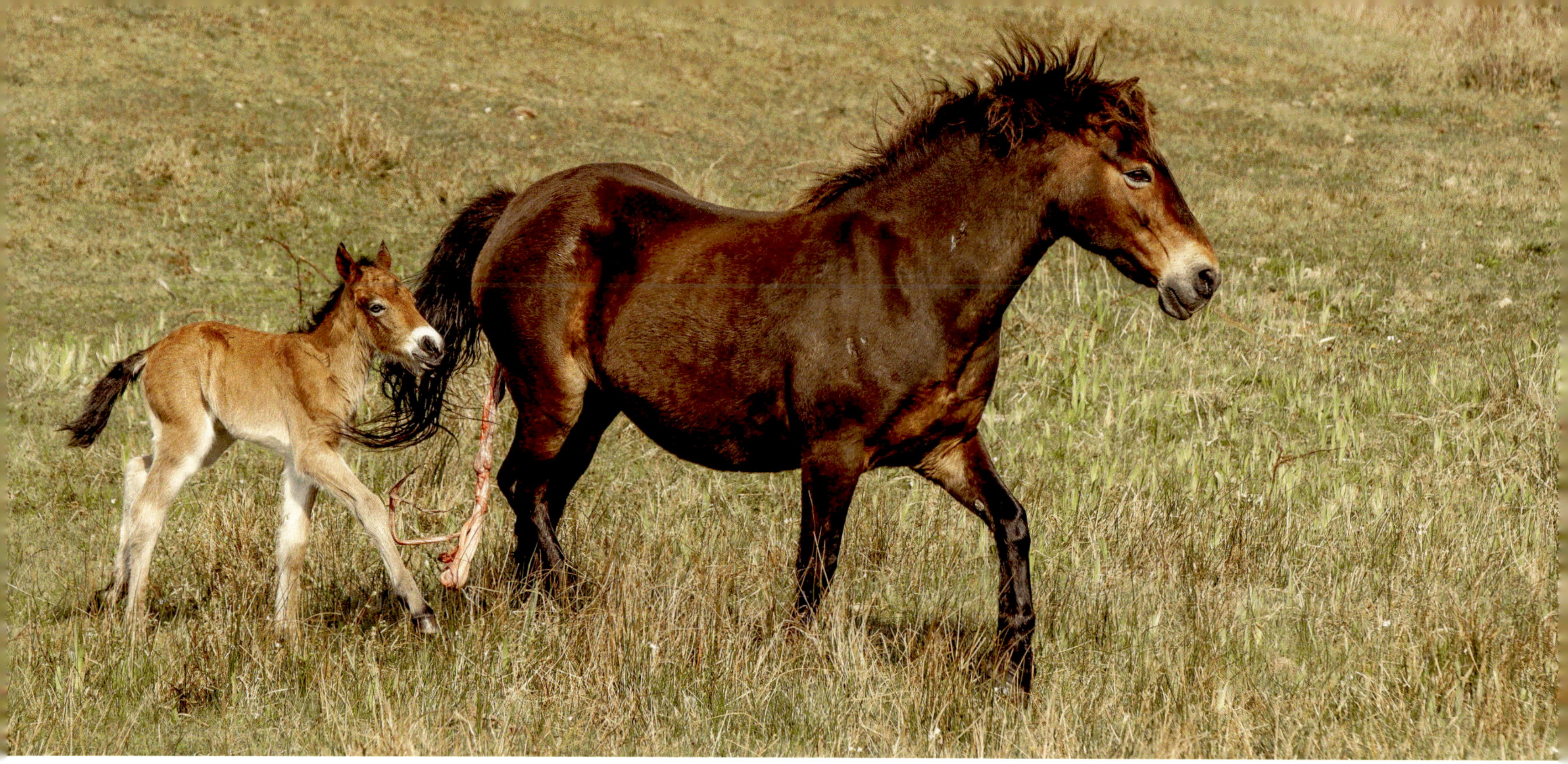

▲ *Völlig überraschend tauchte die wildlebende Exmoorponystute auf – gefolgt von ihrem neugeborenen Fohlen – und suchte wieder Anschluss an ihre Herde. Das Fohlen ist höchstens eine Stunde alt, da die Nachgeburt der Mutter noch nicht abgegangen ist. Welch ein Fotografenglück, diesen Moment festhalten zu dürfen! Canon EOS 1D X mit Canon EF 70–200 mm f/2,8L IS II USM bei 200 mm, 1/1600 s, Blende 7,1, ISO 500*

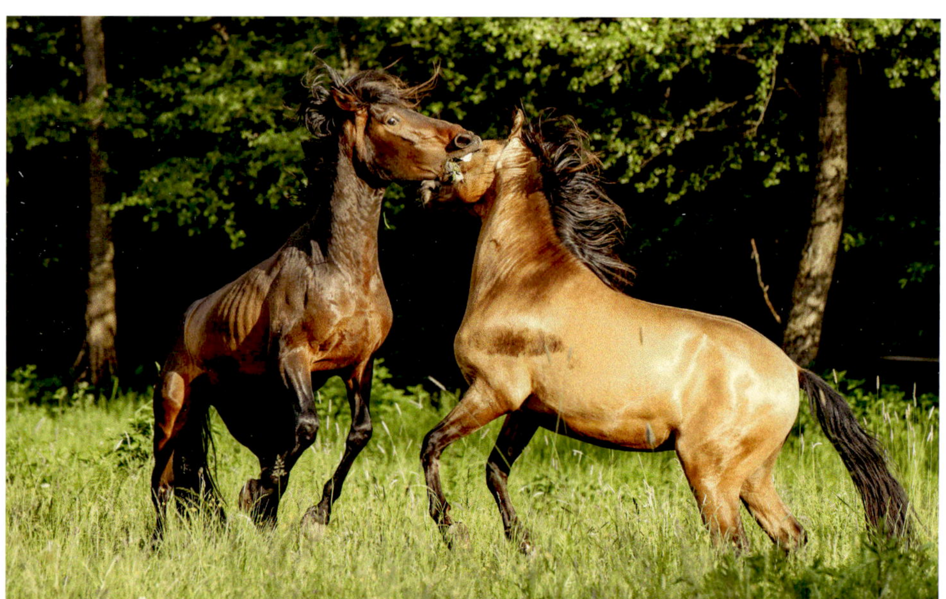

▲ *Spielende Junghengste auf der Weide war das geplante Thema bei einem Fotoshooting mit den PRE-Hengsten Tamino und Tiron. Dennoch sind die Reaktionen nicht bis ins Detail vorhersehbar; Canon EOS 1D X mit Canon EF 70–200 mm f/2,8L IS II USM bei 190 mm, 1/1250 s, Blende 6,3, ISO 1000*

Bild – jedenfalls für den Fotografen selbst. Ein Außenstehender hingegen bewertet ein Bild völlig anders. Er kann nicht wissen, wie viel Aufwand und Mühe es bereitet hat, das Bild zu fotografieren. Darum zählt für ihn nur das Ergebnis – nicht der Weg zum Bild.

Doch wenn schließlich der eine entscheidende Moment gekommen ist, sind Flexibilität und Geistesgegenwart gefragt, um im passenden Augenblick den Auslöser zu drücken. Um zur richtigen Zeit am richtigen Ort zu sein, reicht Glück allein nicht aus. »Jeder ist seines Glückes Schmied« sagt ein Sprichwort, das auf die Situation des Fotografen voll zutrifft. Um Schnappschüsse zu gelungenen Bildern zu machen, sollte man immer auf unvorhergesehene Situationen gefasst sein. Doch was bedeutet das in der Praxis? Wie kann man sich auf ungeplante Begebenheiten vorbereiten?

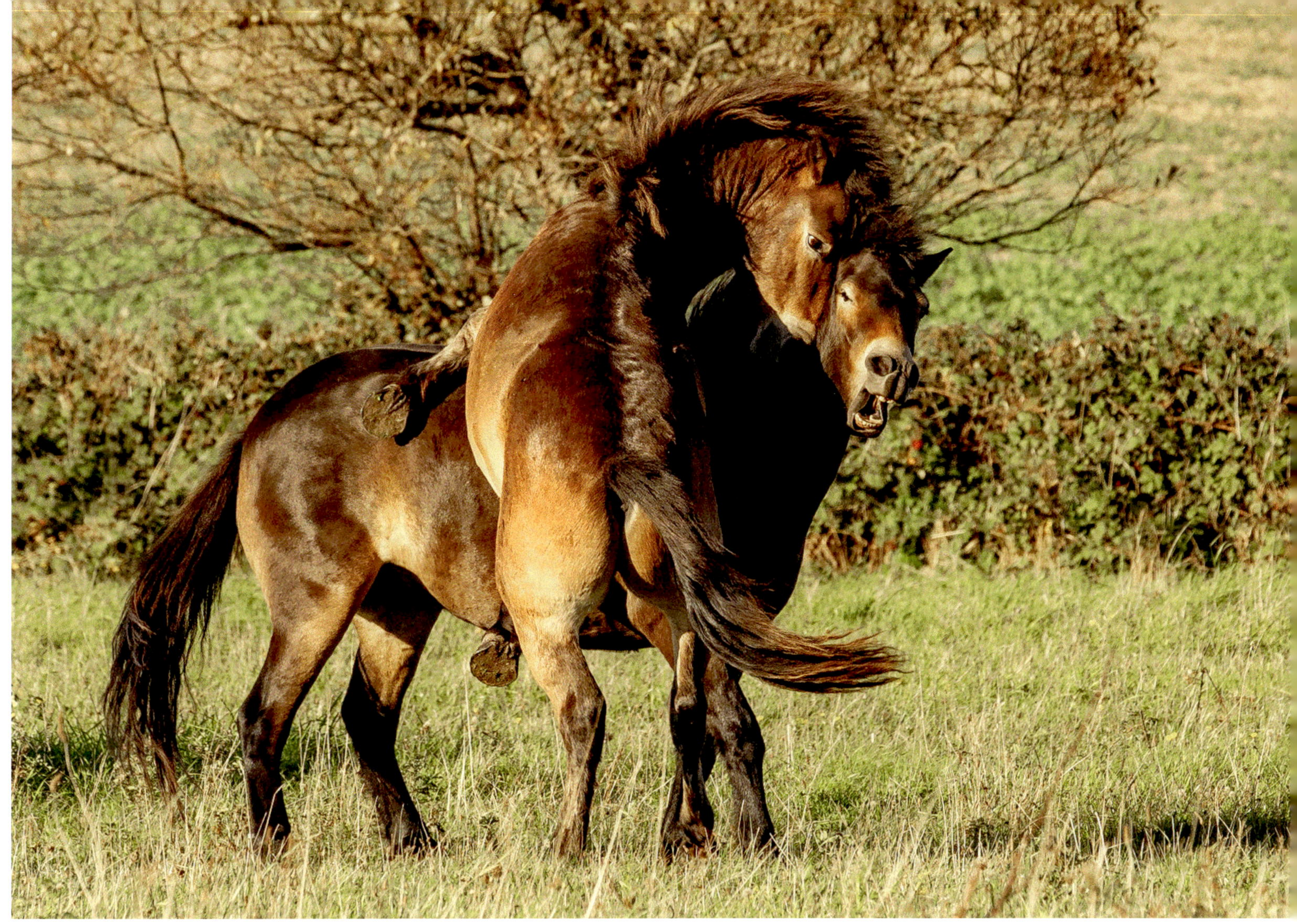

▲ *Es war gesteuertes Glück, die wilden Exmoorponys in ihrem Lebensraum aufzuspüren. Nach 2 Stunden Ansitz mit eher belanglosen Motiven von grasenden Pferden, wollte ich die Arbeit schon beenden, als die beiden Junghengste aktiv wurden und sich spielerische Machtkämpfe lieferten. So wurden mir unvergessliche Fotomomente geschenkt. Geduld war hier der Schlüssel zum Erfolg; Canon EOS 1D X mit Canon EF 70–200 mm f/2,8L IS II USM bei 200 mm, 1/1250 s, Blende 8, ISO 800*

Schussbereit bleiben

In der Wildlife-Szene heißt es, die Kamera immer griffbereit zu haben. Der Vollblutfotograf wird seine Kamera darum stets bei sich tragen. Immer! Beim Autofahren ist sie nicht im Fotorucksack im Kofferraum verstaut, sondern liegt griffbereit am Beifahrersitz. Bei Spaziergängen oder Locationbesichtigungen hängt sie am Tragegurt um die Schulter. Und während man vor Ort beim Shooting Anweisungen an die Helfer gibt, bleibt die Kamera schussbereit in der Hand.

Drei Dinge benötigt der Fotograf, um gewappnet zu sein: »Schussbereit« bedeutet nämlich, nicht nur die Kamera bei sich zu tragen, sondern diese auch einsatzbereit zu halten. Dazu gehören geladene Akkus, leere Speicherkarten und die auf die jeweilige Lichtsituation eingestellten Werte von Blende, Zeit und ISO.

Auch Schnappschüsse werden darum in einer gewissen Weise vorbereitet, ein kluger Fotograf rechnet immer mit allem! Tiere und Pferde im Besonderen können in ihrem Verhalten beeinflusst werden, doch nicht alles ist vorhersehbar. Die Kunst besteht darin, auf diese unvorhersehbaren Ereignisse reflexartig und flexibel zu reagieren. Nur dann kann aus einem Schnappschuss ein preisverdächtiges Foto entstehen, das tatsächlich nie mehr wiederholbar ist und darum einen – zumindest für den Fotografen – unschätzbaren Wert hat.

9.2 3-D-Effekt

Ein Foto ist eine zweidimensionale Abbildung eines dreidimensionalen Motivs. In diesem Fall ist die Abstraktion jedoch unerwünscht, weil es dem Bild einen Teil der Aussagekraft raubt. Um dennoch eine räumliche Wirkung in einem Bild zu erzielen, ist eine durchdachte Bildgestaltung nötig.

Positionierung

Die Position, aus der man ein Pferd ablichtet, kann die Tiefe im Bild beeinflussen. Ungünstig ist die direkte Seitenansicht, weil sie die zweidimensionale Wirkung noch unterstützt. Doch schon eine leichte Kopfdrehung in Richtung Fotograf kann Plastizität erzeugen. Das Pferd ist ein relativ großes Tier, das – richtig positioniert – allein durch seinen Körper eine gewisse Räumlichkeit vermittelt. Hierzu ist die Ablichtung von schräg vorne ideal. Der lange Körper führt das Auge des Betrachters in die Tiefe. Stellt man den Kopf des Pferdes schließlich noch in die entgegengesetzte Richtung, wodurch eine leichte Biegung im Pferdekörper entsteht, wirkt das Bild zum einen geschlossen, zum anderen ergibt sich eine Linienführung in die Tiefe des Raums. Somit wird der räumliche Aspekt noch zusätzlich unterstützt. Wählt man zu dieser Positionierung eine offene Blende, läuft die Hinterhand des Pferdes unscharf aus. Die Unschärfe im Hintergrund trägt zudem zur Plastizität bei. Eine verringerte Tiefenschärfe ist somit ein weiteres Kriterium für einen dreidimensionalen Effekt.

▼ *Pferde laufen gerne hintereinander. Die Leitstute geht voraus, die zwei Jährlinge folgen ihr. Eine offene Blende lichtet die Jungpferde unscharf ab und unterstützt damit die Tiefe im Bild. Canon EOS 1D X mit Canon EF 70–200 mm f/2,8L IS II USM bei 135 mm, 1/2000 s, Blende 3,2, ISO 1000*

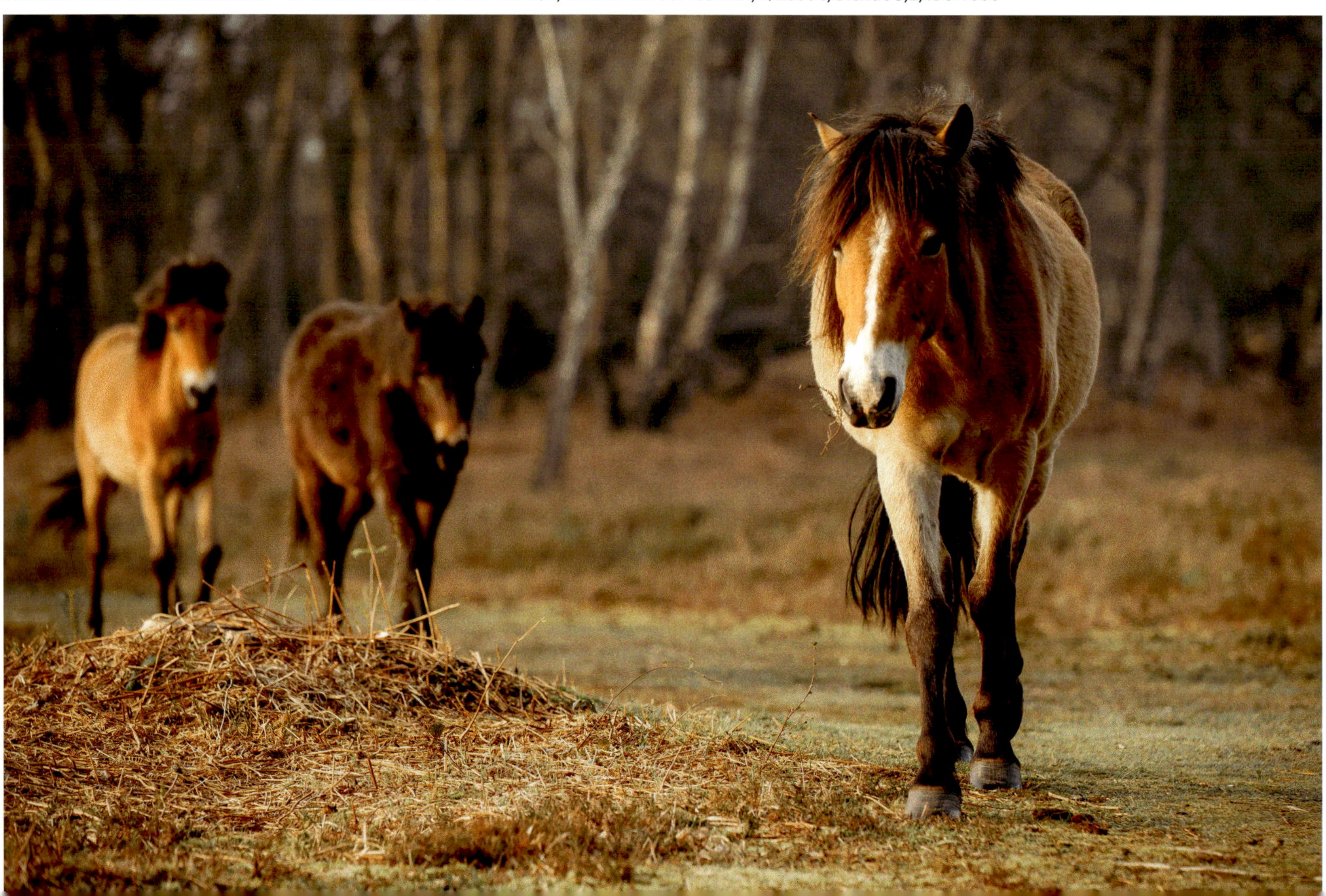

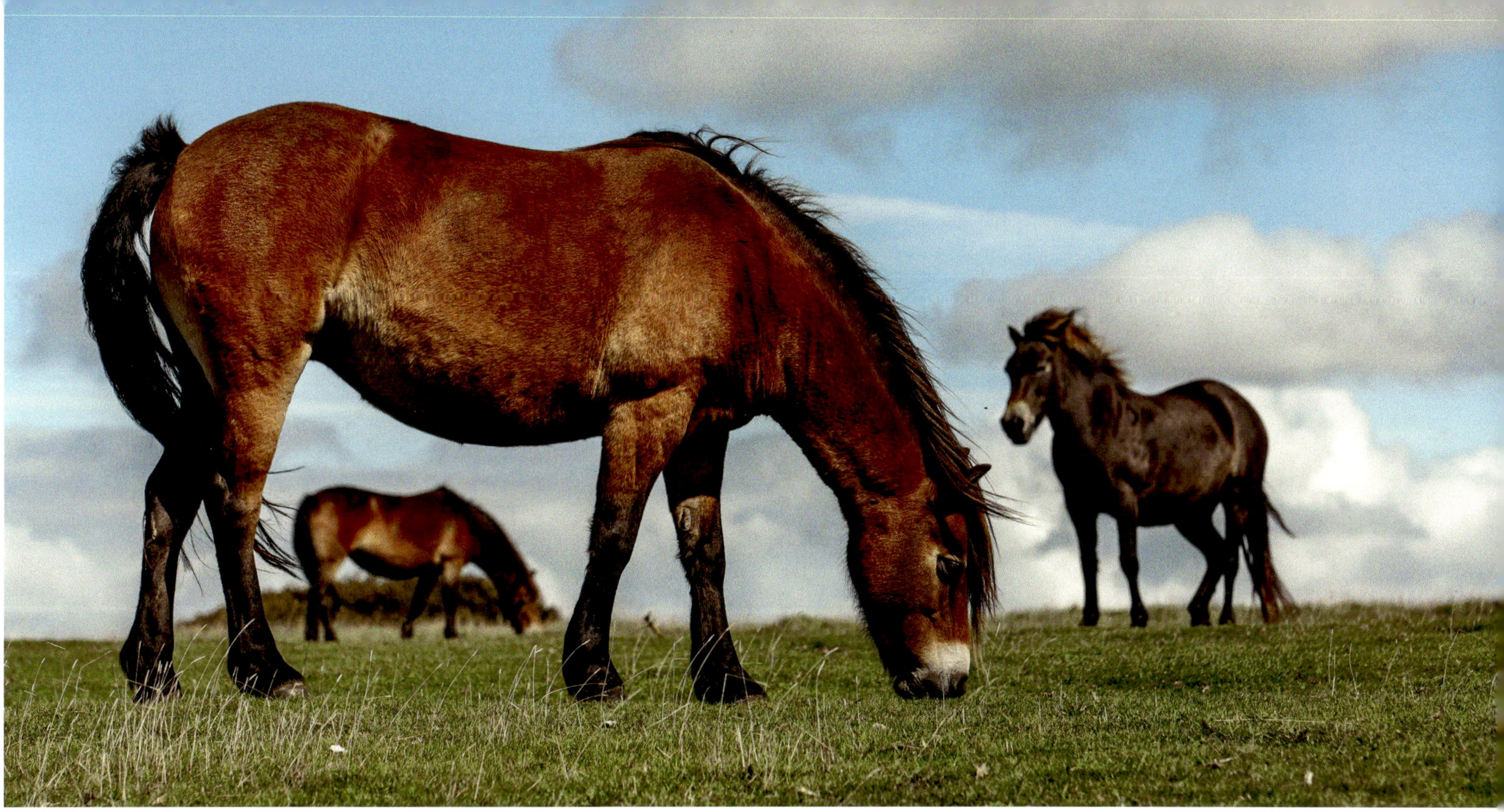

▲ *Trotz Seitenansicht hat das Bild Tiefgang: Die Staffelung der Pferde hintereinander – hier aus der Froschperspektive in kreativer Anordnung fotografiert – bringt Tiefe ins Bild. Dazu trägt der Größenunterschied der Ponys bei sowie die Darstellung des scharf abgelichteten Ponys im Vordergrund im Vergleich zu den unscharfen Pferden im Hintergrund; Canon EOS 1D X mit Canon EF 70–200 mm f/2,8L IS II USM bei 200 mm, 1/200 s, Blende 5,6, ISO 250*

Stapelung von Ebenen

Bei der Gestaltung des Hintergrunds helfen hintereinandergestaffelte Strukturen und Objekte. Dies können Gebäude, andere Pferde, Bäume oder Hügel sein. Da sich Gebäude allerdings in den meisten Fällen nicht sonderlich positiv auf einem Pferdebild darstellen, empfiehlt sich, nach natürlichen Objekten wie Sträuchern, Bäumen oder Bodenerhebungen Ausschau zu halten, um den Hintergrund in hintereinanderliegenden Ebenen gestalten zu können. Auch ein zusätzliches Objekt im Vordergrund sollte nicht fehlen, um eine gute Tiefenwirkung zu erzielen.

Vor allem wenn man Pferde in freier Wildbahn fotografiert, bietet es sich an, die Weite des Lebensraums mit einzubeziehen, um die Wirkung von Freiheit und Wildnis vermitteln

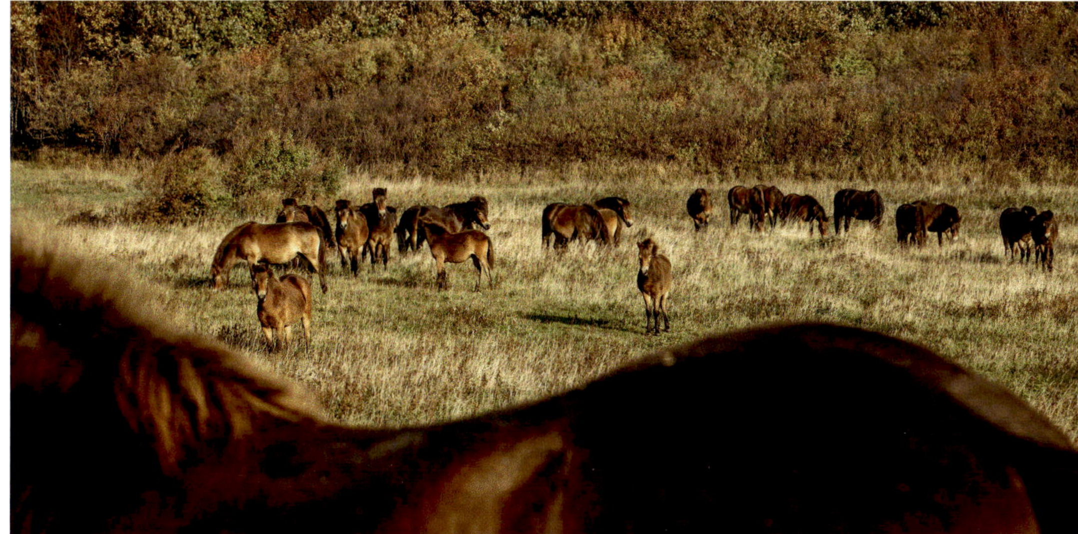

▲ *Der Pferderücken im Vordergrund schafft sowohl einen Rahmen als auch – durch den Größenunterschied und Unschärfefaktor – eine Tiefenwirkung im Bild. In diesem Fall ist die Herde das Hauptmotiv, weshalb diese scharf gestellt wurde und der Pferderücken im Vordergrund als Rahmen dient; Canon EOS 1D X mit Canon EF 70–200 mm f/2,8L IS II USM bei 150 mm, 1/400 s, Blende 14, ISO 400*

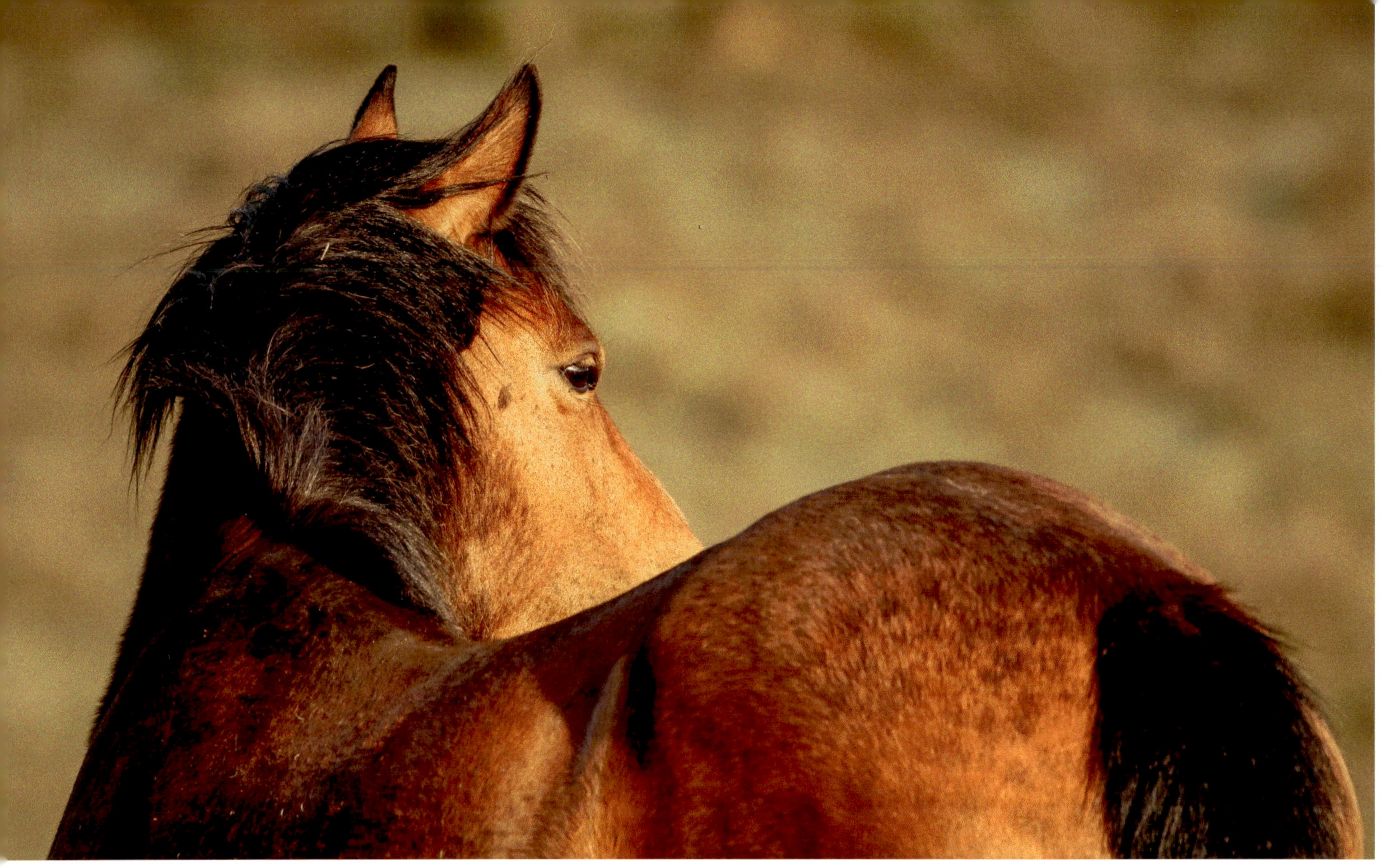

▲ *Neben Linien und Verläufen im Gelände bietet das Pferd selbst Linienführungen an, die – aus entsprechender Position heraus fotografiert – eine perfekte Tiefenwirkung ergeben. Das Pferdeauge wird über den Rücken von schräg hinten fokussiert. Die Linie verläuft dabei vom Schweif ausgehend aus der rechten unteren Ecke über den Rücken bis zum Genick; Canon EOS 1D X mit Canon EF 100–400 mm f/4,5-5,6L IS II USM bei 400 mm, 1/800 s, Blende 5,6, ISO 800*

zu können. Die räumliche Tiefe kann in hügeligem Gelände gut dargestellt werden. In flachem Gelände nutzt man Bäume, Büsche oder Felsen, die richtig angeordnet den Blick in die Tiefe führen.

Größenvergleich

Eine verstreut grasende Pferdeherde kann ebenfalls Räumlichkeit vermitteln, wodurch Pferde sowohl im Vordergrund als auch im (unscharfen) Hintergrund mit der Kamera gezielt einfangen werden. Schon der Unterschied eines groß abgebildeten Pferdes im Vordergrund zum kleiner dargestellten Artgenossen in der Ferne weist auf die Weite des Geländes hin.

Linien, Verläufe und Licht

Ein dankbares Hilfsmittel sind Linien im Gelände wie Bäche oder Wege, die in gerader oder geschlungener Form durch das Bild verlaufen. Um die Tiefenwirkung hervorzuheben, legt man diese Linien möglichst diagonal ins Bild. Linien kann aber wie eingangs erwähnt auch der Pferdekörper selbst darstellen wie die Hals- und Rückenlinie des Pferdes.

Im Bereich des Pferdesports lassen sich womöglich auch Longen oder Zügel als in die Tiefe führende Linien einsetzen. Die sonst unschönen und störenden Zäune und Koppelpfosten können auf diese Weise sogar als willkommenes Gestaltungsmittel dienen. Farb- und Helligkeitsverläufe verhelfen dem Gehirn, ebenfalls eine räumliche Tiefe zu interpretieren. Die – je weiter entfernt – immer heller erscheinenden Berge oder Objekte sind hervorragende Hilfen für einen 3-D-Effekt im Bild. Vor allem dunstige Luft oder Nebel trägt zur optischen Tiefenwirkung bei.

Je nach Lichteinfall entstehen mehr oder weniger lange Schatten, die – gestalterisch möglichst diagonal durch das Bild geführt – auf die Tiefe des Raums verweisen.

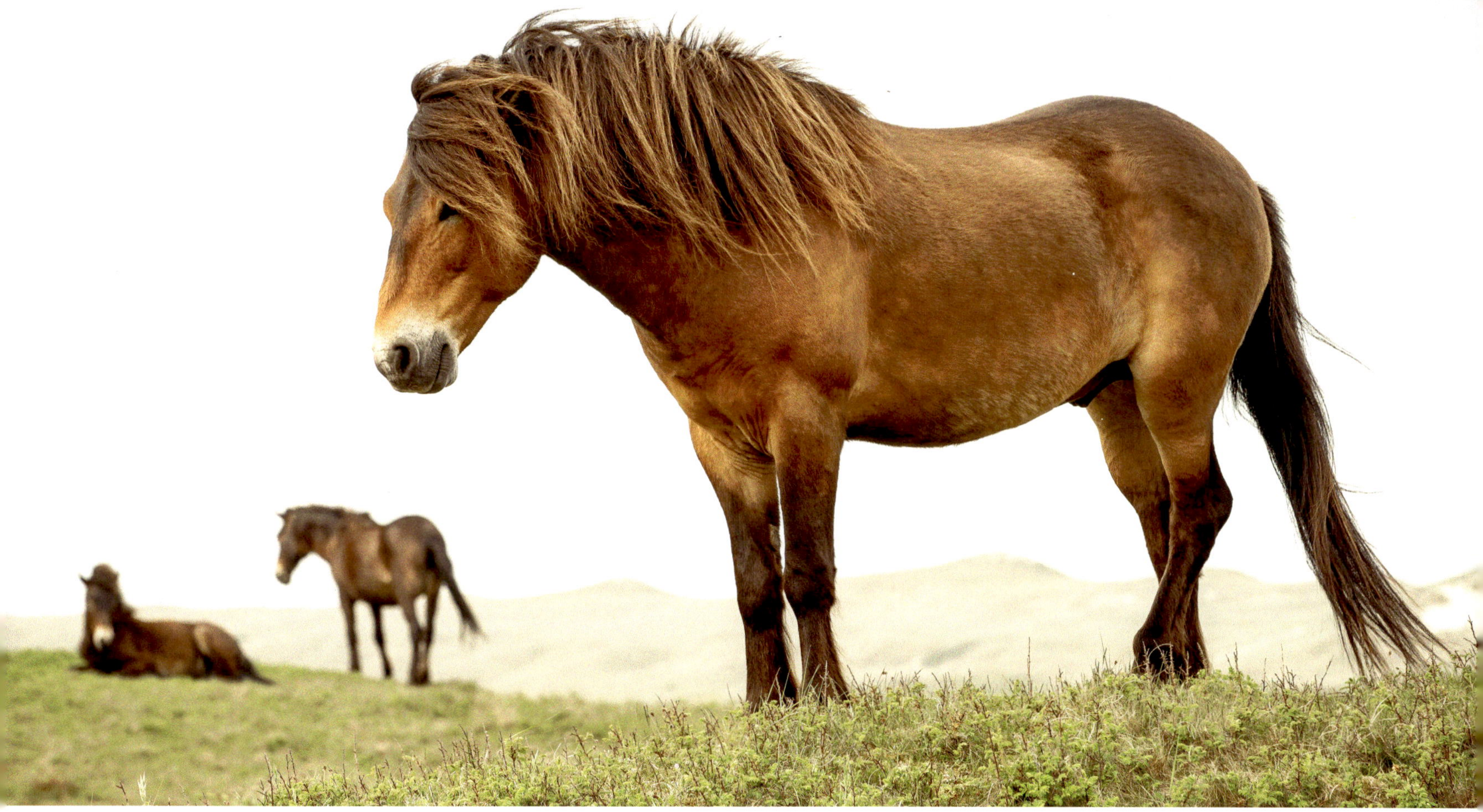

▲ *Die im Hintergrund eingebundenen Pferde sowie die im Dunst liegende Hügelkette vermitteln die gewünschte Tiefenwirkung; Canon EOS 1D X mit Canon EF 70–200 mm f/2,8L IS II USM bei 150 mm, 1/400 s, Blende 8, ISO 800*

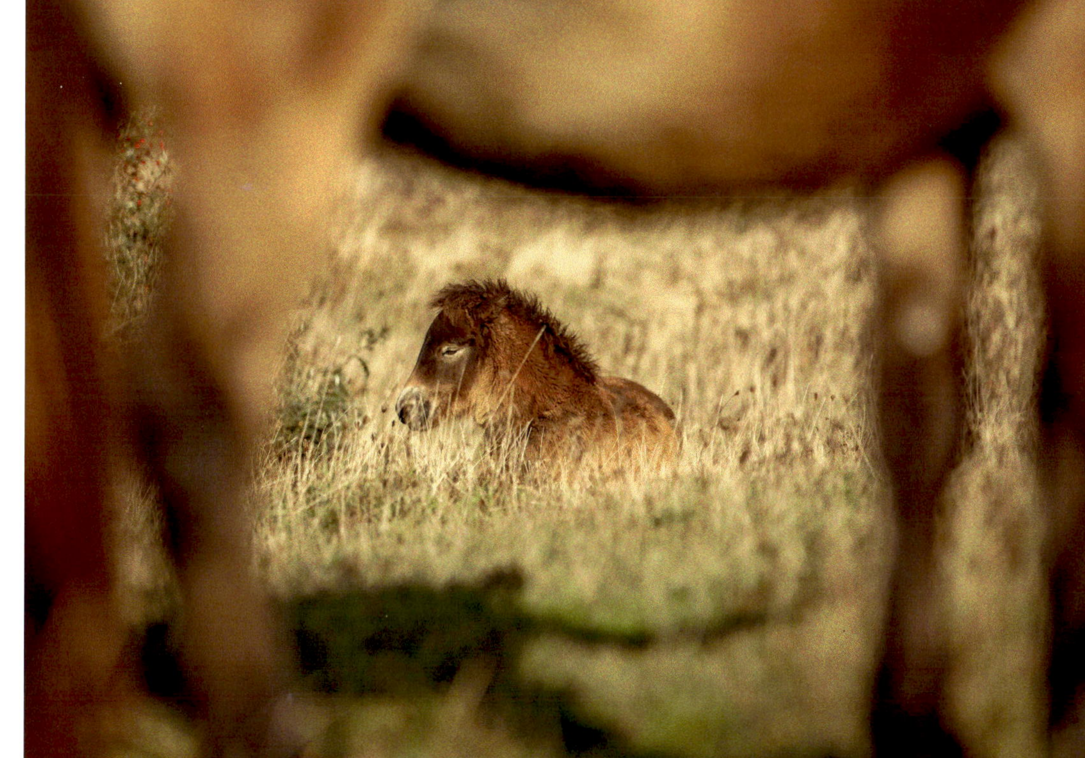

▸ *Die Unschärfe im Vordergrund, die gleichzeitig einen Rahmen für das Hauptmotiv darstellt, schafft einen 3-D-Effekt; Canon EOS 1D X mit Canon EF 70–200 mm f/2,8L IS II USM bei 200 mm, 1/3200 s, Blende 2,8, ISO 160*

9.3 Außergewöhnliche Perspektiven

Die Bildaussage wird nicht nur durch die Gestaltung hinsichtlich der im Bild vorhandenen Objekte, dem einfallenden Licht und den Kameraeinstellungen beherrscht, sondern auch durch den jeweiligen Blickwinkel erheblich beeinflusst. Ein Perspektivenwechsel kann zu überraschenden und interessanten Ergebnissen führen, dennoch wandelt man hinsichtlich der Bildwirkung auf schmalem Grat.

Weicht man vom »Normalen« ab, kann dies einerseits spannend sein, andererseits aber auch komplett misslingen. Mit verschiedenen Perspektiven zu experimentieren, macht Spaß, erfordert allerdings auch eine kritische Beurteilung des Bildes. Denn man bricht einige Regeln, wenn man den Fotostandort extrem gestaltet.

Regeln bewusst zu brechen, bedeutet, sie zu kennen. So ist es auch hier wichtig, die Wirkungsweisen verschiedener Blickwinkel zu verstehen, bevor man sie kreativ einsetzt. Die meisten Bilder werden aus der »Normalperspektive« geschossen. Dabei handelt es sich um die Position des Fotografen in Augenhöhe seines Motivs. Das ist

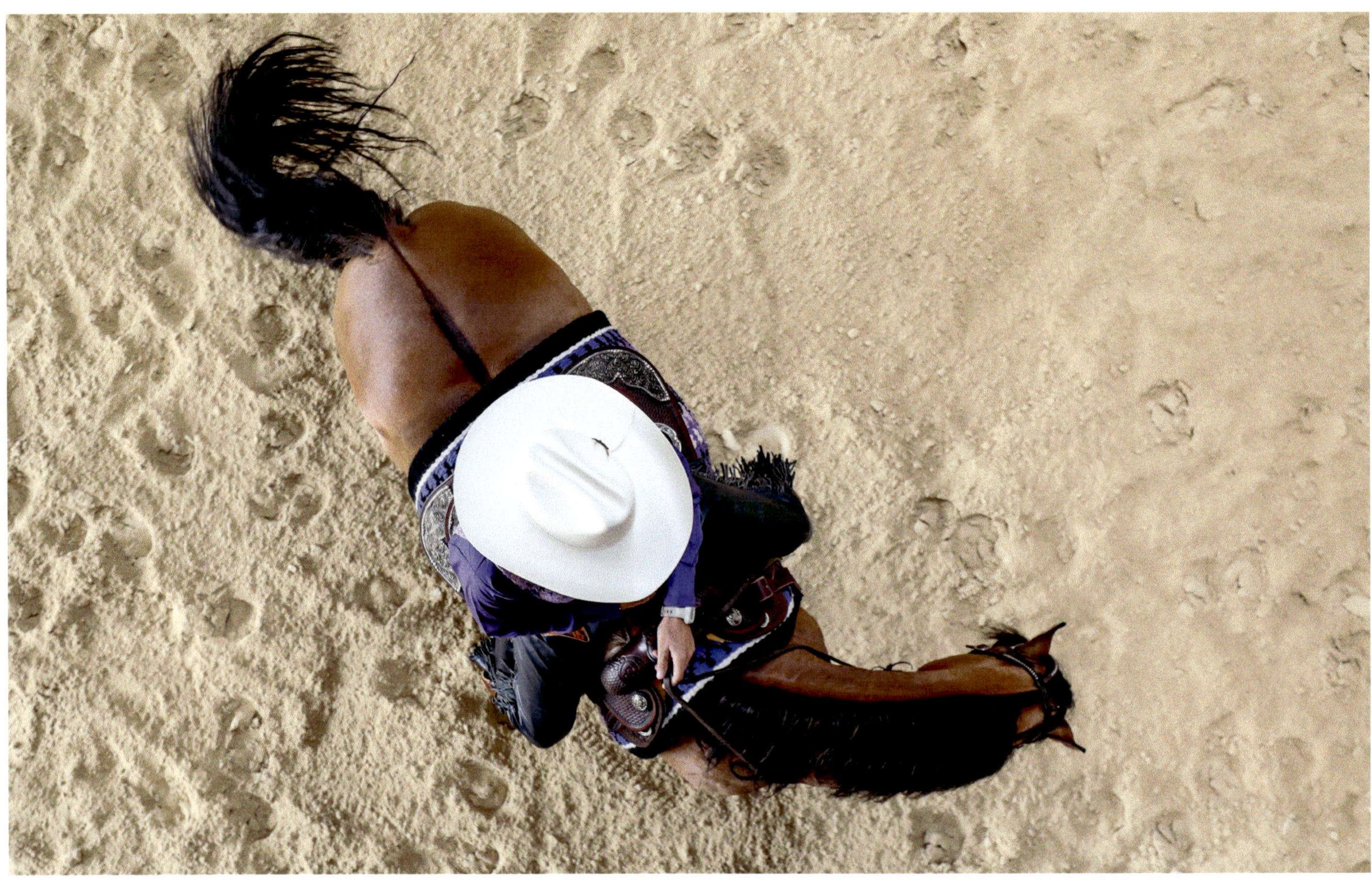

▲ *Aus der Vogelperspektive: eine ungewöhnliche Perspektive, bei der man sehr schön die Biegung des Pferdes sehen kann; Canon EOS 5D Mk IV mit Canon EF 16–35 mm f/4L IS USM bei 35 mm, 1/160 s, Blende 4,5, ISO 1600*

nicht immer leicht zu bewerkstelligen, und gerade Tierfotografen sehen sich gezwungen, ihre Wohlfühlzone zu verlassen. Viele Tiere sind klein, sodass man sich nicht selten flach auf den Boden legen muss, um sie in Augenhöhe ablichten zu können. Pferdefotografen haben es etwas leichter. Zwar variieren Pferde in ihrer Größe doch teilweise gewaltig, wenn man nur an die kleinen Shetlandponys im Vergleich zum wuchtigen Shire Horse denkt, doch lassen sich die meisten Rassen gut aus dem Stand auf Augenhöhe ablichten.

Im Erdboden versinken

Weil man allerdings meist die Stärke und das Edle des Pferdes herausstellen möchte, ist es vorteilhaft, die Position etwas tiefer zu verlagern, sodass man aus der sogenannten Froschperspektive fotografiert. Damit erscheint das Pferd imposanter und mächtiger, wenn nicht sogar bedrohlich. Manchmal möchte man am liebsten im Erdboden versinken, um eine möglichst tiefe Kameraposition einnehmen zu können.

Vor allem bei steigenden Pferden wirkt diese Perspektive sehr kolossal und verstärkt die Bildaussage enorm. Allerdings ist die tiefe und sehr nahe Position bei einem steigenden Pferd für den Fotografen nicht ganz ungefährlich und kann deshalb nicht zur Nachahmung empfohlen werden. Bestenfalls setzt man die Kamera der Gefahr aus, einen Huftritt abzubekommen, und nutzt die Möglichkeit, einen Fernauslöser einzusetzen.

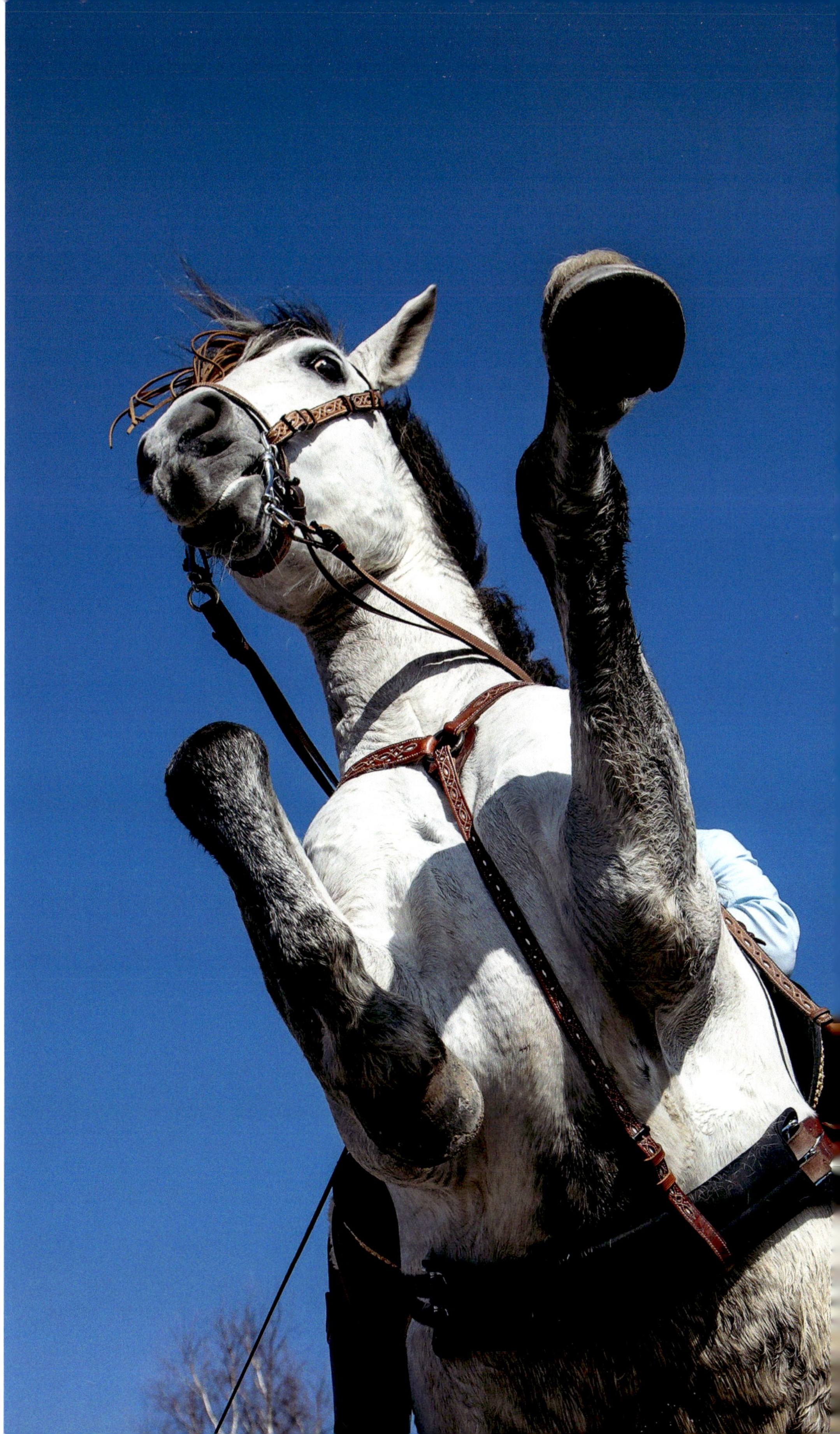

Aus der Froschperspektive: PRE-Hengst Logrado steigt auf Kommando unter seiner Reiterin. Eine nicht ganz ungefährliche Position für den Fotografen und darum nicht zur Nachahmung empfohlen; Canon EOS 1D X mit Canon EF 24–105 mm f/4 IS USM bei 35 mm, 1/2000 s, Blende 5,6, ISO 200

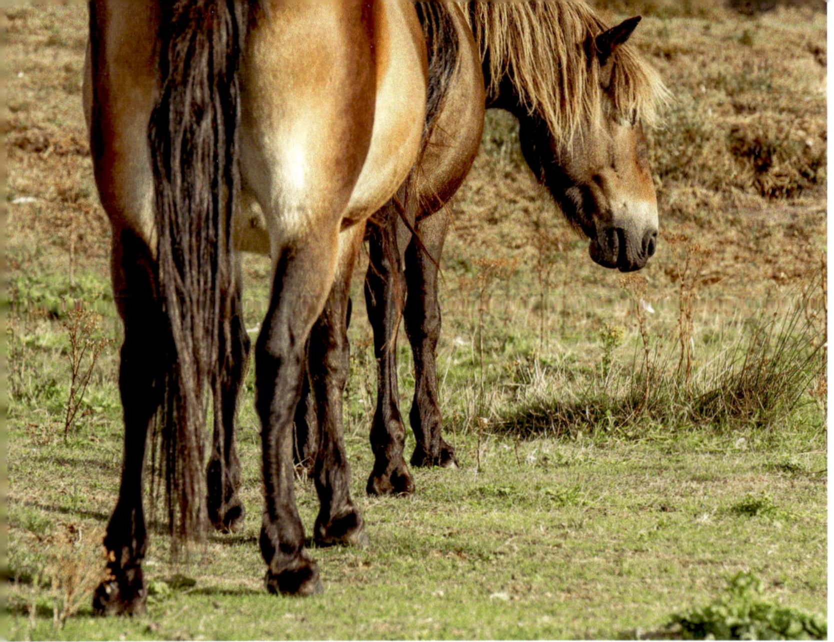

▲ *Sleipnir, das achtbeinige Pferd des Gottes Odin? Es braucht keine manipulative Bildbearbeitung, um diesen Eindruck zu erwecken. Natürlich bleibt Sleipnir ein fiktives Pferd aus den isländischen Sagen der nordischen Mythologie. Bei flüchtigem Hinsehen kann man aber schon ein wenig irritiert sein, sodass der Blick länger auf dem Bild hängen bleibt, um das Rätsel zu lösen. Genau genommen haben sich rein zufällig zwei Ponys exakt hintereinander aufgereiht. Durch die pfiffige Perspektive gewinnt man den Eindruck, dass es sich um nur ein Pferd – allerdings mit acht Beinen – handelt; Canon EOS 1D X mit Canon EF 70–200 mm f/2,8L IS II USM bei 200 mm, 1/800 s, Blende 8, ISO 640*

Bei Fohlen, die eher einen niedlichen Charakter vermitteln, kann die Froschperspektive kontrovers wirken und damit wieder interessant werden. Fohlen – meist neugierig, aufgeweckt und voller Tatendrang – kommen aus der Froschperspektive sehr selbstbewusst, vorwitzig und fast schon frech beim Betrachter an. Dies wiederum unterstreicht die Bildaussage enorm.

Von oben herab

Will man hingegen das Niedliche und Schwache eines schlafenden Fohlens hervorheben, darf man die Kamera durchaus etwas von oben herab (aus der Vogelperspektive) auf das Pferdebaby richten. Eine frontale »Top-down-Ansicht« wirkt allerdings eher erdrückend.

Als Pferdefotograf wird man sich demnach bevorzugt in die Froschperspektive begeben, um das Pferd stolz und groß darzustellen. Dennoch sollte man auch ungewöhnliche Perspektiven ausprobieren wie beispielsweise eine frontale Vogelperspektive auf das gerittene oder freilaufende Pferd. Dadurch erschließt sich dem Betrachter eine besonders ungewöhnliche, weil sehr selten oder noch nie gesehene Perspektive auf das Pferd. Aus reiterlicher Sicht lassen sich auf diese Weise vor allem Biegungen und der Verlauf der Rückenlinie darstellen. So viel zur Theorie. Wie jedoch ist es aber praktisch möglich, über dem Pferd »zu schweben«, um aus der frontalen Vogelperspektive zu fotografieren?

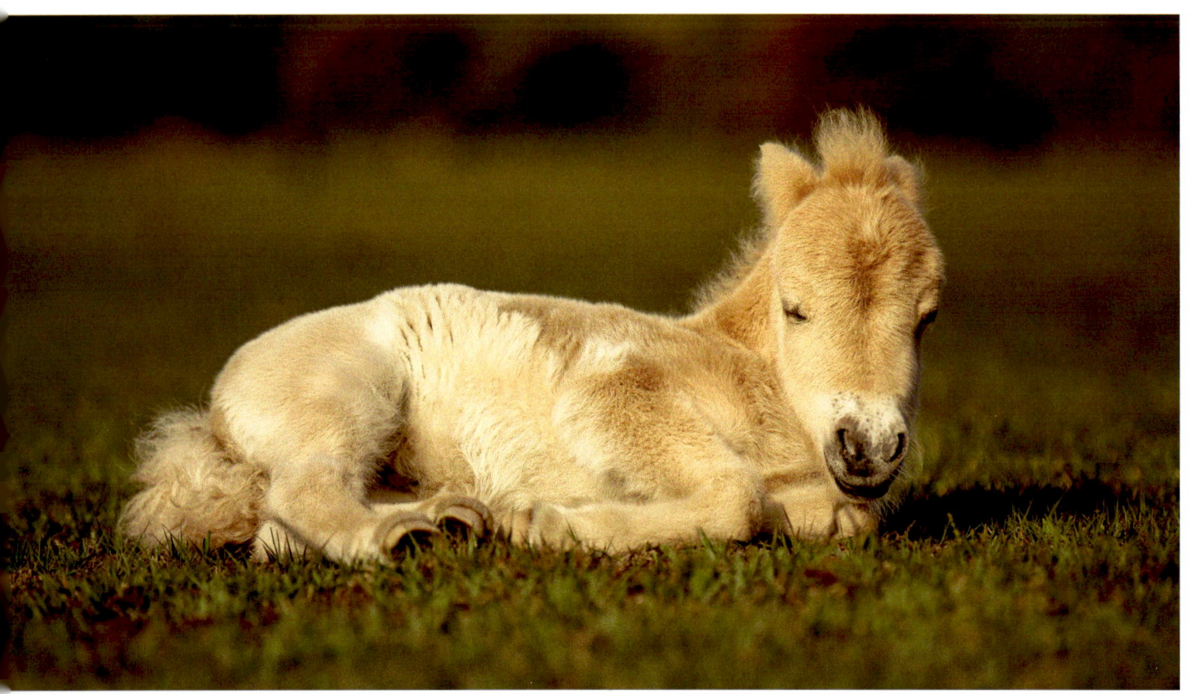

◀ *Bei einem schlafenden Fohlen – wie hier dem Shetlandponyfohlen »Brösel« – wird die Froschperspektive (wobei sich der Fotograf flach auf den Boden legen muss) zur Normalperspektive, weil man das junge Pferd dabei auf Augenhöhe ablichtet; Canon EOS 1D X mit Canon EF 70–200 mm f/2,8L IS II USM bei 200 mm, 1/4000 s, Blende 3,2, ISO 200*

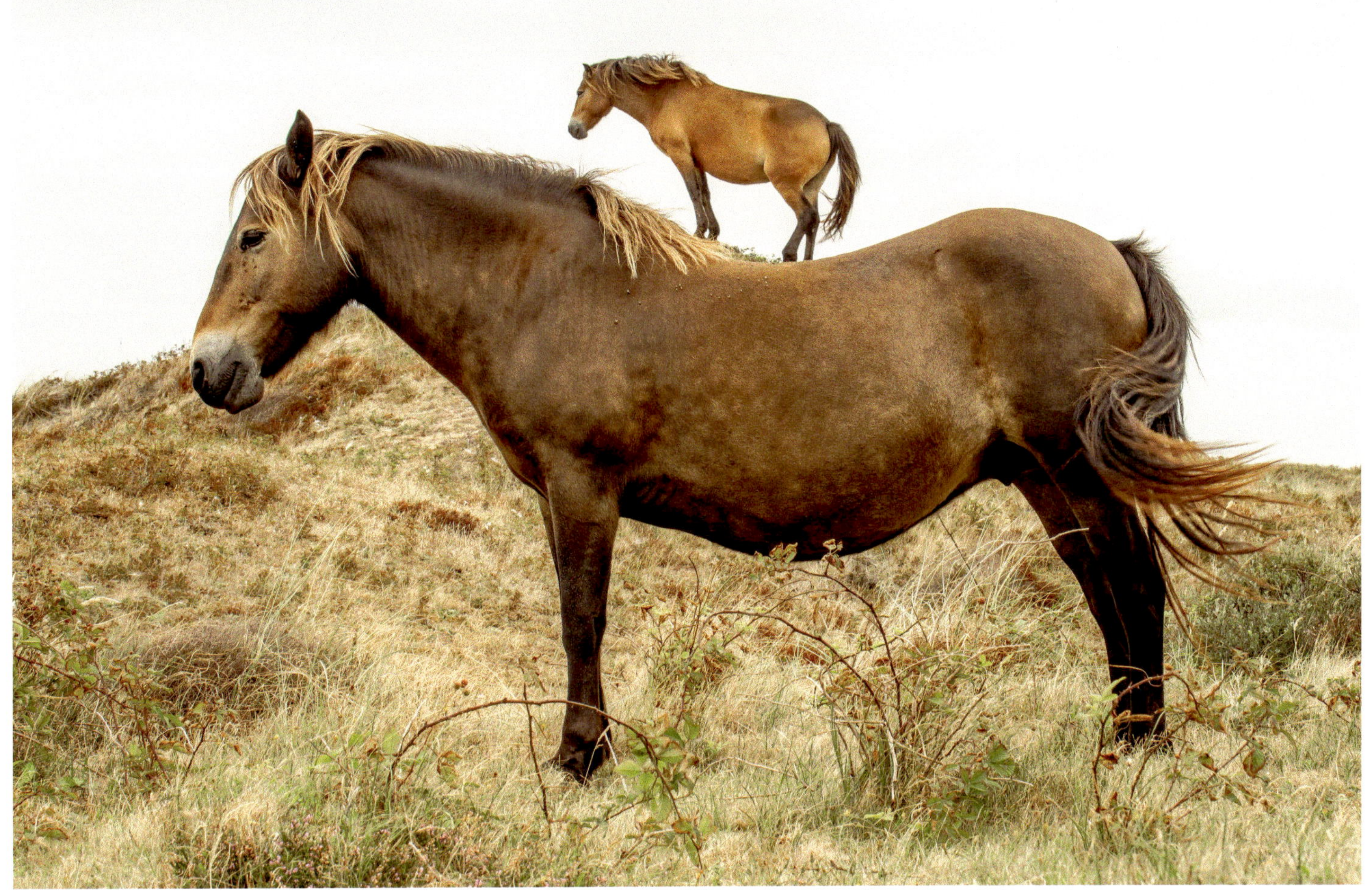

▲ *Ganz nach dem Vorbild der »Bremer Stadtmusikanten« steht der Hengst auf dem Rücken der Stute. So zumindest hat es den Anschein, allerdings nur aufgrund der gewählten Perspektive. Reell steht das Pony auf dem Hügel hinter der Stute. Über eine gezielt gesetzte Kameraposition – einer typischen Kreativperspektive – erweckt das Bild den Eindruck, als stünden die Ponys übereinander; Canon EOS 1D X mit Canon EF 70–200 mm f/2,8L IS II USM bei 70 mm, 1/125 s, Blende 16, ISO 1600*

Manchmal bieten sich Brücken oder Dachvorsprünge an, um von erhöhter Position auf das Pferd herabzublicken. Reitbilder können gut auch von einer hochgefahrenen Treckerschaufel aus gemacht werden. Bei freien Pferdeherden ist man vielleicht auch versucht, eine Drohne einzusetzen, doch sollte bedacht werden, dass Pferde als Fluchttiere auf die Geräusche einer Drohne panisch reagieren könnten.

Da Sicherheit und Tierschutz immer Vorrang haben, kommt diese Option deshalb nicht in Betracht. Wer kreativ fotografieren möchte, sollte auch erfinderisch bei der Umsetzung vorgehen. So findet sich immer ein Balkon, eine Außentreppe o. Ä., das diese Perspektive möglich macht. Bei dieser Top-down-Ansicht lässt sich zudem sehr gut ein Weitwinkelobjektiv einsetzen, so muss man sich nicht in extrem schwindelnde Höhen begeben.

Kreativperspektive

Neben weiteren Formen von Perspektiven wie Nahperspektive, Totale oder Halbtotale, die meist bei Porträts zum Einsatz kommen, aber wiederum eher einen Standard darstellen, hört sich die Kreativperspektive schon interessanter an. Wie der Name schon sagt, handelt es sich um eine kreative Ansicht des Motivs, deren Position allerdings nicht festgelegt ist. Als Kreativperspektive bezeichnet man jegliche Ansichten, mit deren Hilfe man witzige und optisch täuschende Bilder erschaffen kann. Die Sonne, die auf dem Rücken des Pferdes liegt, die Hand, die das Pferd mit dem aufgehenden Mond füttert, oder das Pony, das auf dem Rücken eines anderen Pferdes steht, sind Beispiele für eine derartige Umsetzung. Hier kann der Pferdefotograf seiner Fantasie freien Lauf lassen und lustige Bildideen kreieren, die andere zum Staunen bringen.

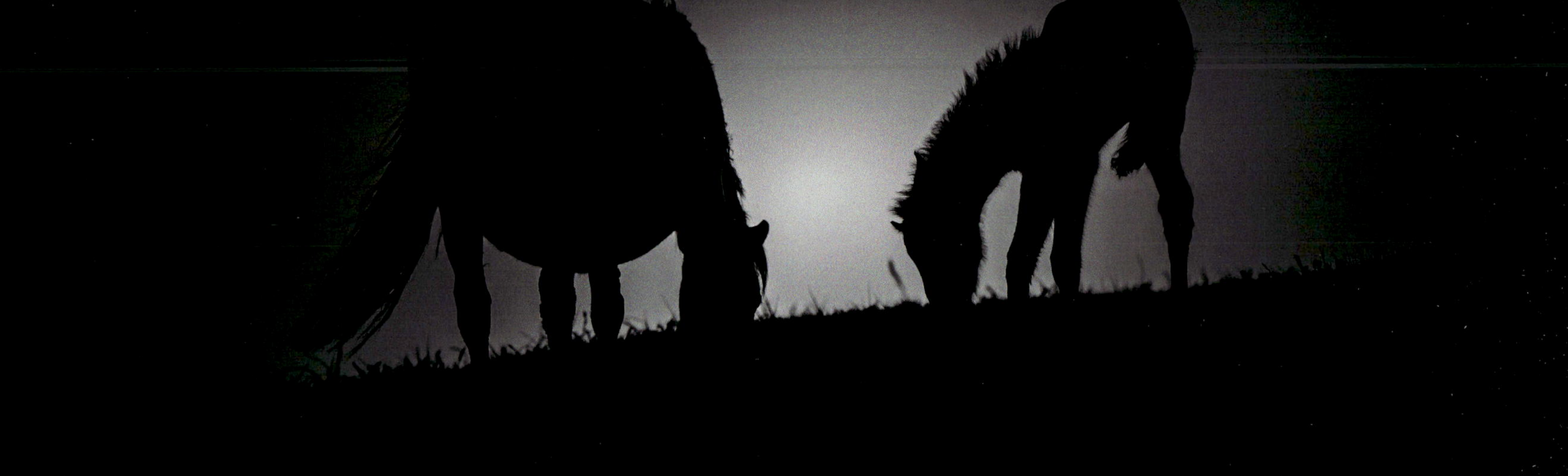

▲ *Schleierwolken vor dem Vollmond ergeben ein diffuses Gegenlicht, bei dem sich Mutterstute und Fohlen auf dem Hügel in Silhouetten abzeichnen. In der Schwarzweißumsetzung wirkt das Bild noch mystischer; Canon EOS 1D X mit Canon EF 70–200 mm f/2,8L IS II USM bei 120 mm, 1/400 s, Blende 5,6, ISO 1000*

9.4 Im Mondschein

Pferde bei Nacht zu fotografieren, hat seinen ganz besonderen Reiz. Es ist eine große Herausforderung, die Tiere bei schwachem Licht richtig in Szene zu setzen. Bei spärlicher Beleuchtung muss man mit Lichtquellen, Belichtungszeit, ISO-Zahlen und passender Blende gut jonglieren können.

Das Nachtleben von Pferden gestaltet sich völlig anders als das des Menschen. Wissenschaftler haben herausgefunden, dass Pferde insbesondere in der zweiten Nachthälfte längere Ruhephasen einhalten. Sie wechseln grob genommen zwischen drei verschiedenen Schlafphasen.

Einmal dösen sie im Stehen – das geschieht auch häufig am Tag –, liegen aufrecht, wobei sie sich mit dem Kopf oft am Boden abstützen, oder liegen flach auf der Seite. Nur im Liegen erreichen Pferde den sogenannten REM-Schlaf, der – wie beim Menschen – mit ziemlicher Sicherheit ebenfalls von Träumen begleitet ist.

Nachtschwärmer

Die Schlafphasen des Pferdes sind jedoch nicht besonders lang, sodass die Tiere in der Nacht oft auch munter sind und sich ihrer Hauptbeschäftigung, dem Grasen, zuwenden. So ist es gut möglich, Pferde auch in der Nacht zu fotografieren, ohne ihren natürlichen Lebensrhythmus zu stören. Es empfiehlt sich aus Rücksicht auf die Ruhephasen des Pferdes allerdings, die erste Nachthälfte zu wählen. Pferde sind auch in freier Natur oft bis Mitternacht aktiv. Die Hauptruhephase von Pferden ist zwischen Mitternacht und 6 Uhr früh.

Es gibt sicherlich nichts Schöneres, als eine Pferdeherde tagsüber und bis in die Nacht hinein zu begleiten, deren Verhalten zu studieren und sie zu fotografieren. Doch die Fotografie in der Nacht verlangt besondere Voraussetzungen. Das Hauptproblem: Es fehlt das Licht. So sind in der Regel große Blendenöffnungen, lange Belichtungszeiten und hohe ISO-Zahlen – meist in Verbindung mit einem Stativ – erforderlich. Gegebenenfalls ist auch noch der Einsatz von Hilfslicht (Blitz, Scheinwerfer etc.) sinnvoll. Nutzt man die dunklen Stunden, ergeben sich jedoch interessante Möglichkeiten, Pferde kreativ in Szene zu setzen.

Es werde Licht

Zunächst einmal stellt sich die Frage nach dem Licht. Welches Licht lässt sich wie nutzen? Und wie setzt man es ein? Die stärkste Lichtquelle bei Nacht kann der Vollmond bieten. Bei sternenklarer Nacht wirft auch der Mond Schatten – Licht, das genutzt werden kann.

Dennoch bedarf es bei Nachtaufnahmen der Überlegung, wie man das jeweilige Bild gestalten möchte. Das Mondlicht reicht aber meist nicht aus, die Kamera für eine vernünftige Belichtung zufriedenzustellen.

Die Kamera versucht, auch in der Nacht das Bild so lange zu belichten, bis eine Helligkeit wie am Tage erreicht wird. Das kann aber nicht das Ziel sein. In der Fotografie soll die Nacht nicht zum Tage werden, da dies einen sehr unrealistischen Eindruck vermittelt. Demzufolge muss man definitiv raus aus jeglicher Automatikeinstellung. Nachtaufnahmen sollten deshalb auch dunkel belichtet werden, damit der Nachtcharakter im Bild festgehalten wird.

In einer sehr dunklen Nacht wird man Schwierigkeiten haben, dass der Autofokus greift. Selbst die manuelle Scharfstellung kann den Fotografen vor erhebliche Probleme stellen, weil man einfach nichts sieht. Hilfreich ist eine Taschenlampe, die man auf den Fokuspunkt richtet, sodass dieser manuell gut anvisiert werden kann. Hat man die Scharfstelltaste in seiner Kamera vom Auslöser entkoppelt, lässt sich die Schärfeebene im Taschenlampenlicht auch mit dem Autofo-

▼ *Eine klare Vollmondnacht hat etwas Meditatives an sich. Der Vollmond zaubert einen schwachen Lichtsaum auf die Silhouetten von Mensch und Tier, und der Lichtpunkt im Auge des Pferdes gibt dem Bild mehr Lebendigkeit. Somit entsteht ein anmutiges Bild im Low-Key-Charakter; Canon EOS 1D X mit Canon EF 70–200 mm f/2,8L IS II USM bei 100 mm, 0,5 s, Blende 5,6, ISO 2000, Stativ, Spiegelvorauslösung, Selbstauslöser mit 10 s Vorlauf*

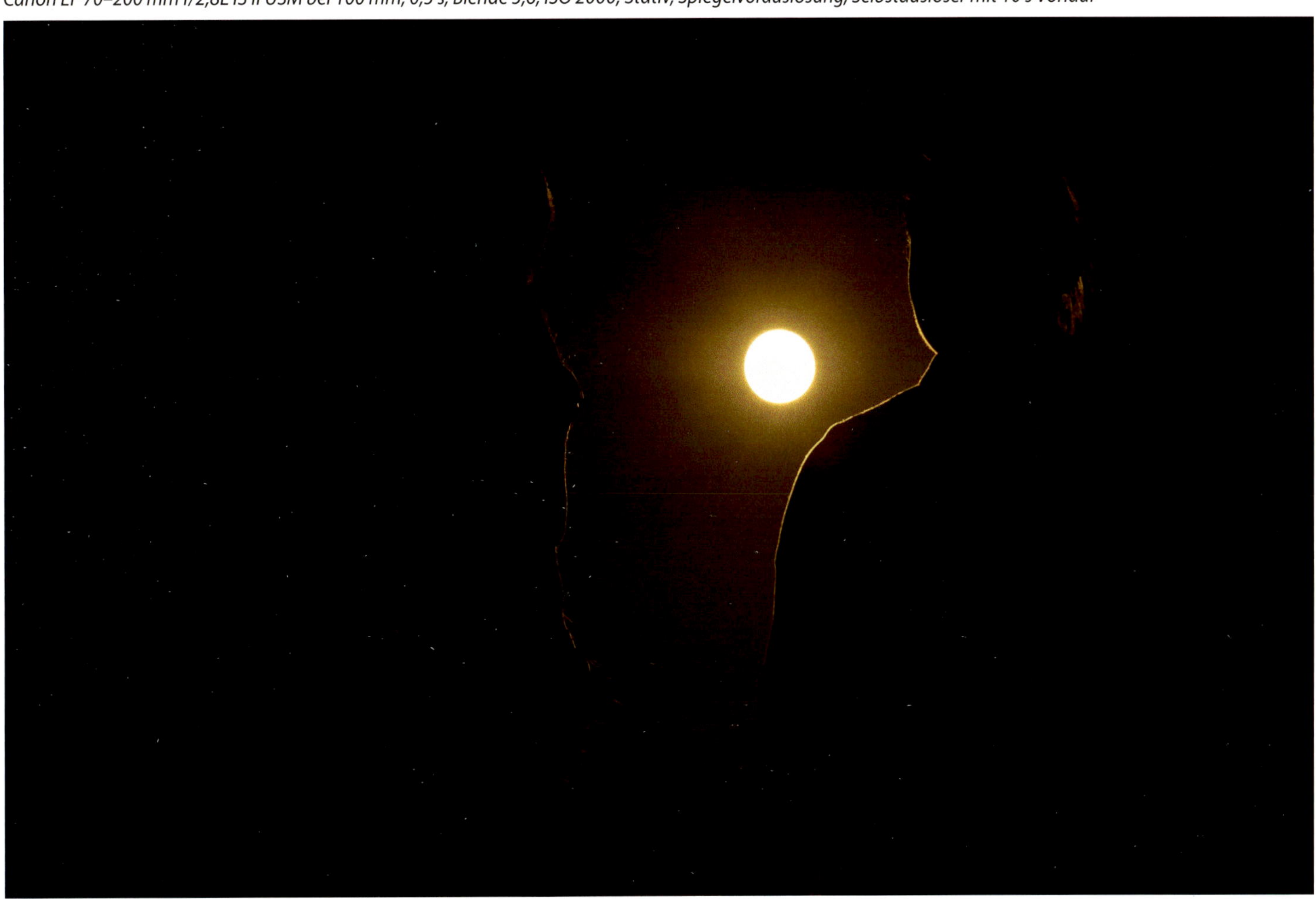

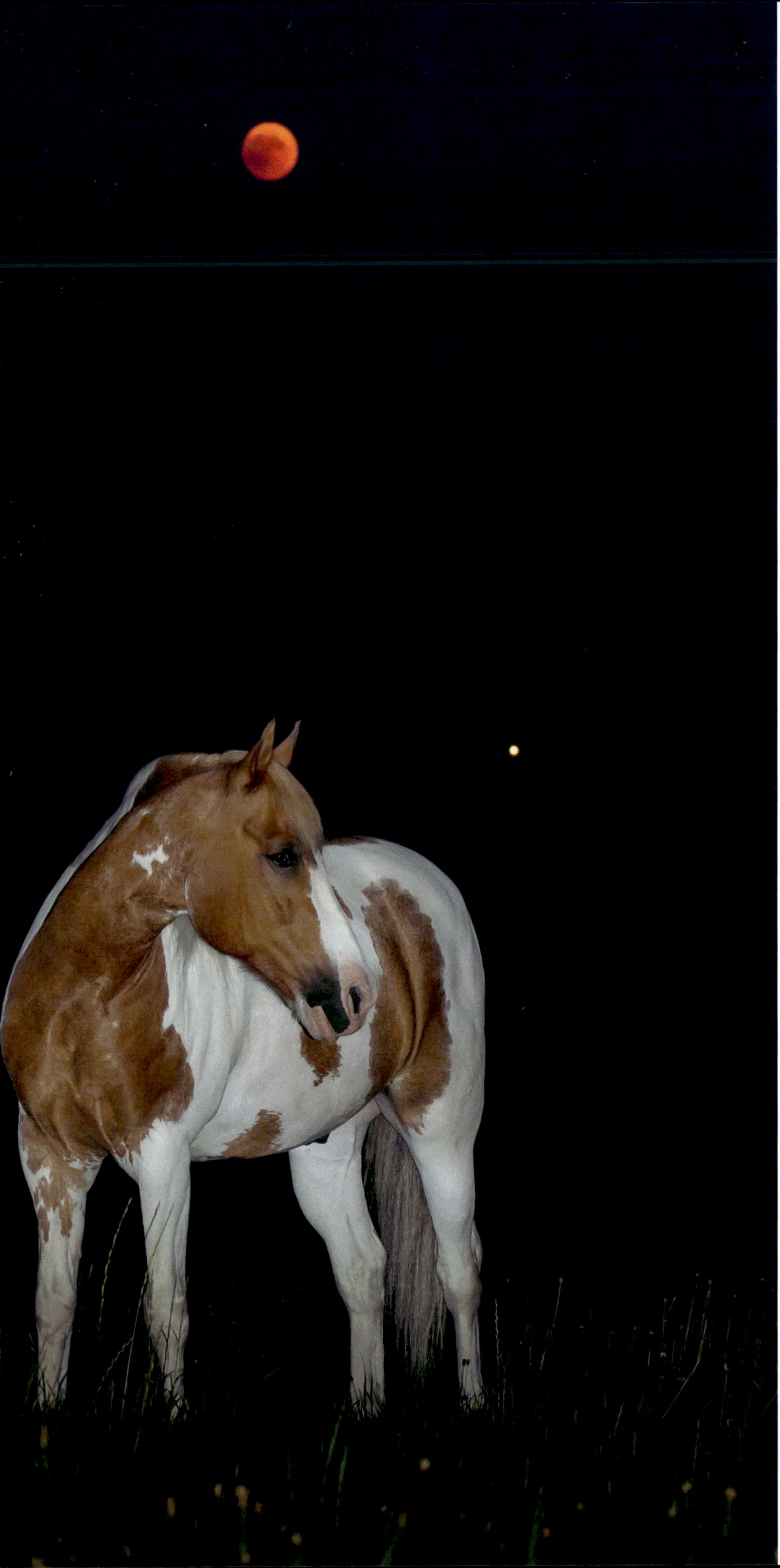

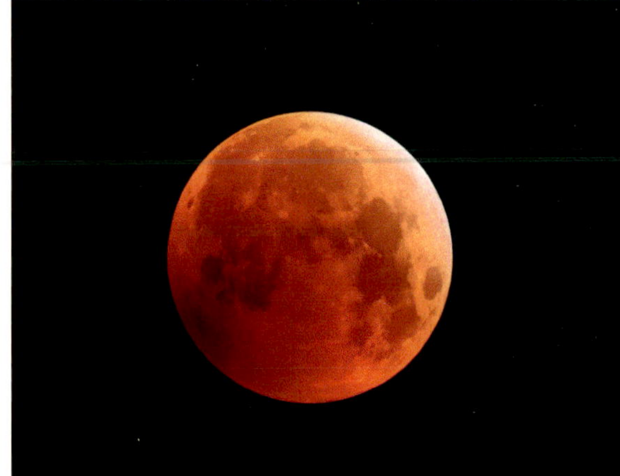

▲ *Die totale Mondfinsternis ist ein Ereignis, das sehr selten zu sehen ist. Der Mond erscheint durch den Erdschatten in rötlichem Ton, deshalb spricht man auch von einem Blutmond; Canon EOS 1D X mit Canon EF 600 mm f/4L IS II USM, 0,6 s, Blende 5, ISO 3200, Stativ, Spiegelvorauslösung, Fernauslöser*

◀ *Paintmix-Wallach Nico während der totalen Mondfinsternis am 27. Juli 2018. Zusätzlich war der Mars als heller Lichtpunkt über der Kruppe des Pferdes zu sehen. Nico wurde mit einem Blitz aufgehellt und der Fokus mithilfe einer LED-Taschenlampe voreingestellt; Canon EOS 1D X mit Canon EF 70–200 mm f/2,8L IS II USM bei 100 mm, 0,8 s, Blende 5, ISO 4000, Stativ, Spiegelvorauslösung, Fernauslöser*

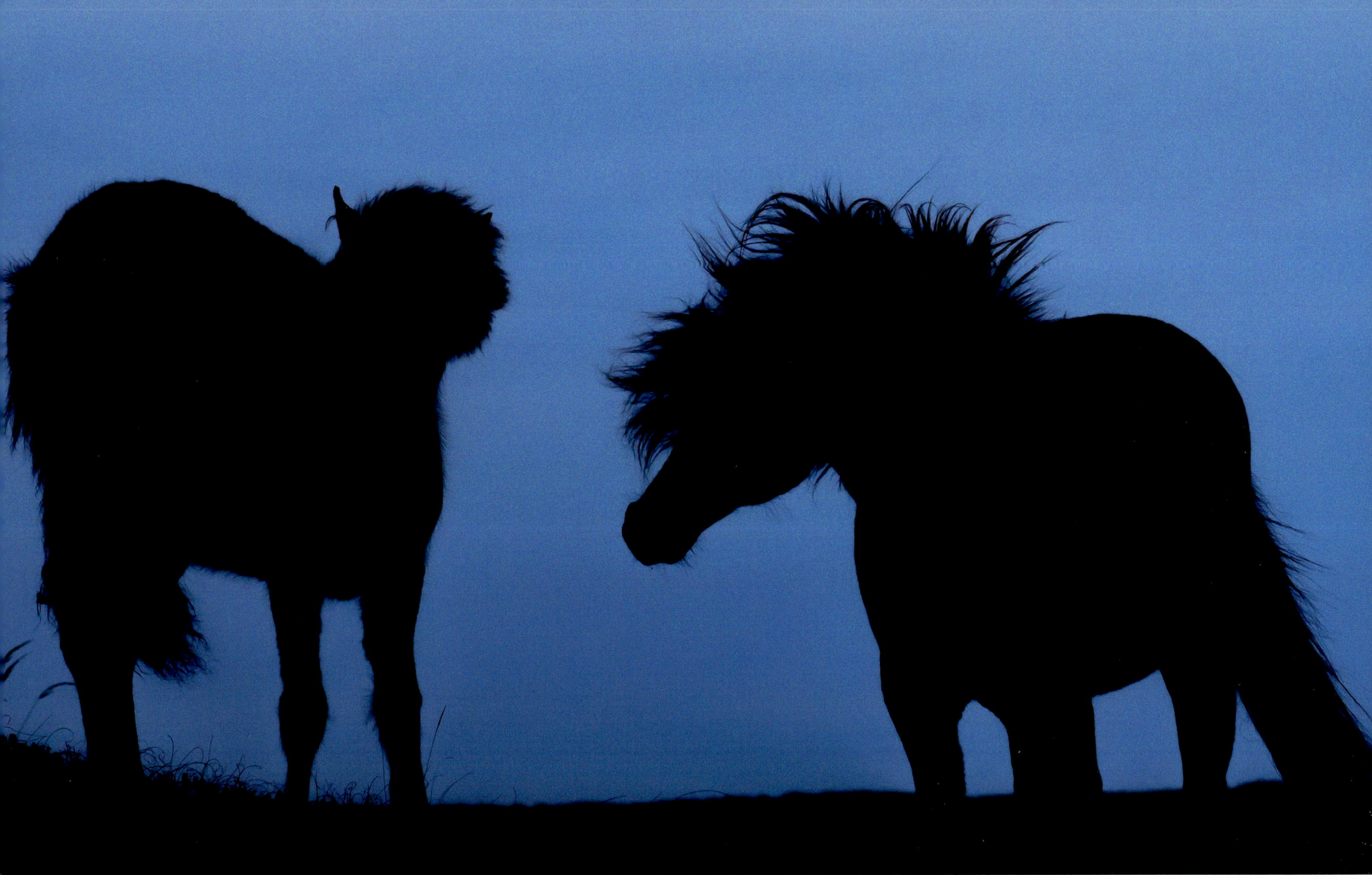

▲ *Wilde Pferde zur blauen Stunde: Der Leithengst vertreibt eine junge Stute, die ihm zu nahe gekommen ist; Canon EOS 1D X mit Canon EF 70–200 mm f/2,8L IS II USM bei 142 mm, 1/500 s, Blende 8, ISO 1250*

kus treffsicher anpeilen. Dann versucht die Kamera auch nicht, nachzufokussieren, wenn man den Auslöser betätigt.

Will man in dunkler Nacht eine taghelle Aufnahme zustande bringen, benötigt man eine Belichtungszeit von bis zu 15 Minuten. Dies mag bei Landschaftsaufnahmen noch eine Option sein, doch kein Pferd wird minutenlang regungslos verharren.

Zudem geht der Flair einer Nachtaufnahme verloren, wenn das Bild taghell ausbelichtet wird. Trotzdem kann ein Hilfslicht, beispielsweise in Form eines Blitzes, notwendig sein, um dem Pferd Farbe und Kontur zu geben. Alternativ arbeitet man mit beschatteten Pferden, die sich letztendlich als Silhouette darstellen. Gestaltungsmöglichkeiten gibt es viele, und das spärliche Restlicht lässt viel Raum für Kreativität.

Der Mond als Gestaltungselement

Man kann vor allem den Vollmond als Gegenlichtquelle einsetzen, um Silhouetten zu gestalten, oder den Himmelstrabanten selbst als interessantes Nebenmotiv einbinden. Zur Umsetzung von Silhouetten gegen den dunklen Himmel zur blauen Stunde oder gegen den aufgehenden Mond reichen sogar recht kurze Belichtungszeiten, was das freihändige Fotografieren problemlos möglich macht. Kurz nach Sonnenuntergang ist noch genügend Restlicht vorhanden, um die Umrisse der Pferde vor dem Himmel abzugrenzen.

Bei längeren Belichtungszeiten hingegen ist ein Stativ unumgänglich. Es ist zudem empfehlenswert, mit Fern- oder Selbstauslöser, gegebenenfalls mit Spiegelvorauslösung zu fotografieren, um Verwackler zu vermeiden.

9.5 Schärfe und Unschärfe

Die Verteilung von Schärfe- und Unschärfe-Bereichen in einem Foto trägt in großem Maße zur Bildwirkung bei. Es obliegt jedoch dem Fotografen, die scharfen und unscharfen Areale im Bild gezielt zu steuern. Es ist wichtig, die Bildsprache zu verstehen, um Fotos kreieren zu können, die selbst bei totaler Unschärfe ihre Wirkung nicht verfehlen.

Die Schärfe beziehungsweise Unschärfe in einem Bild ist ein sehr mächtiger Faktor der Bildwirkung. Eigentlich ist man bestrebt, möglichst scharfe Bilder zu fotografieren – je schärfer, desto besser. Das ist im Prinzip schon richtig, vorausgesetzt, die wichtigen Bildteile sind scharf.

In fast jedem Foto findet man scharfe und unscharfe Bereiche. Nur selten zieht sich die Schärfe – oder auch Unschärfe – durch das gesamte Bild. Durchgehend scharfe Bilder wirken nüchtern, sachlich und teilweise auch unübersichtlich. Der Blick hüpft von einem Detail zum anderen, alles scheint gleichberechtigt wichtig zu sein. Es gibt keine Abstufung von wichtigen Bildteilen und Nebensächlichkeiten. Das kann den Betrachter verwirren oder überfordern, wodurch er das Interesse an dem Bild verliert.

Schärfebereiche gezielt setzen

Sind scharfe und unscharfe Bildteile jedoch exakt formuliert, wird der Blick sofort auf den Schärfebereich gelenkt. Der Fotograf hat mit der Verteilung von scharfen und unscharfen Bereichen eine Wertigkeit aufgebaut, sodass der Betrachter die Chance hat, das Bild zu »verstehen«. Man verwendet hierfür auch den Begriff der Bildsprache, die für eine gute Fotografie notwendig ist. Das Bild muss Aussagekraft haben, um interessant zu wirken. An einem nichtssagenden Bild hingegen bleibt kein Auge hängen. Wie schafft man nun ein gezieltes Verhältnis von Schärfe und Unschärfe? In der Regel sollte das Auge des Pferdes scharf abgebildet sein. Bei Porträts ist dies ein Muss, denn das Auge hat die größte Aussagekraft. Ausnahmen bestätigen natürlich diese Regel, dennoch: Vor der Kür kommt die Pflicht. Doch

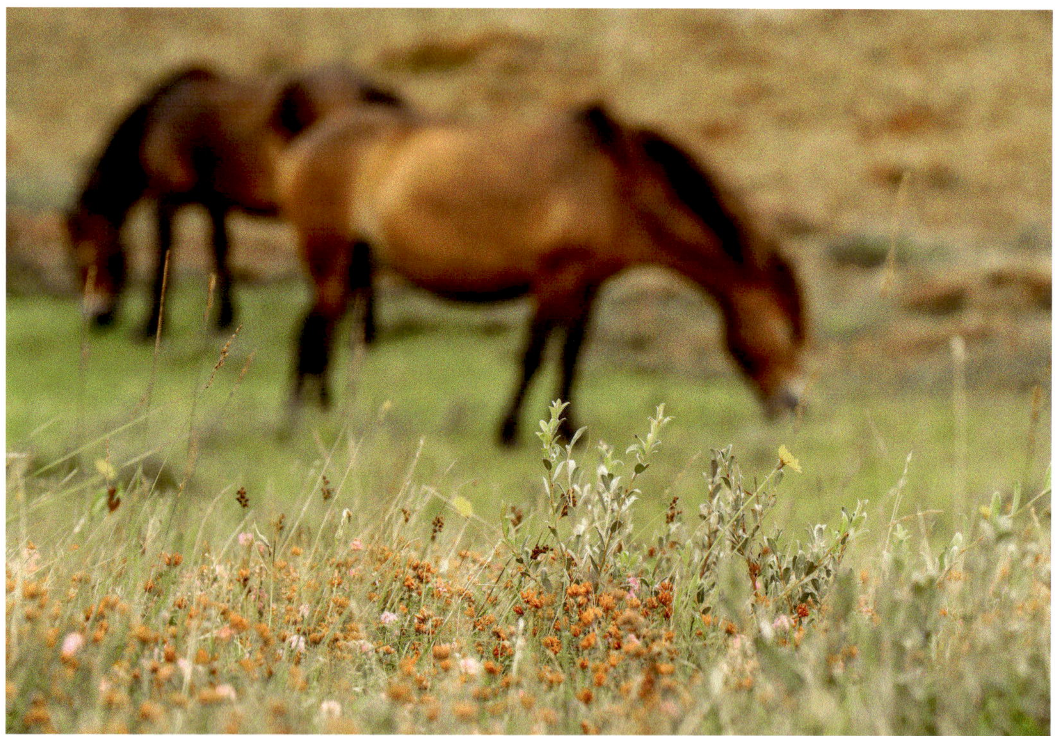

◀ *Nicht immer muss das Pferd im Vordergrund stehen. Manchmal sind auch Details im Lebensraum der Pferde interessante Aspekte, die es hervorzuheben lohnt. Die unscharf abgebildeten Pferde stellen schließlich den Bezug zur Bildaussage her, doch der Blick wird auf die Vegetation gelenkt. Auf diese Weise lassen sich auch rein dokumentarisch gedachte Bilder kreativ umsetzen;*
Canon EOS 1D X mit
Canon EF 70–200 mm f/2,8L IS II USM + 2,0-fach-Telekonverter bei 240 mm, 1/320 s, Blende 8, ISO 640

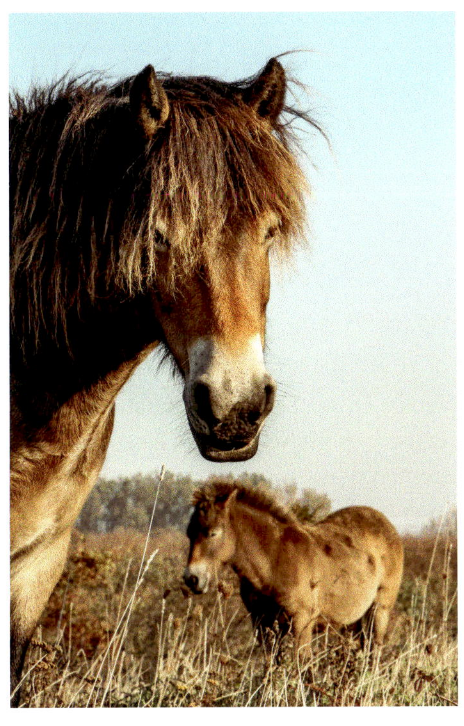

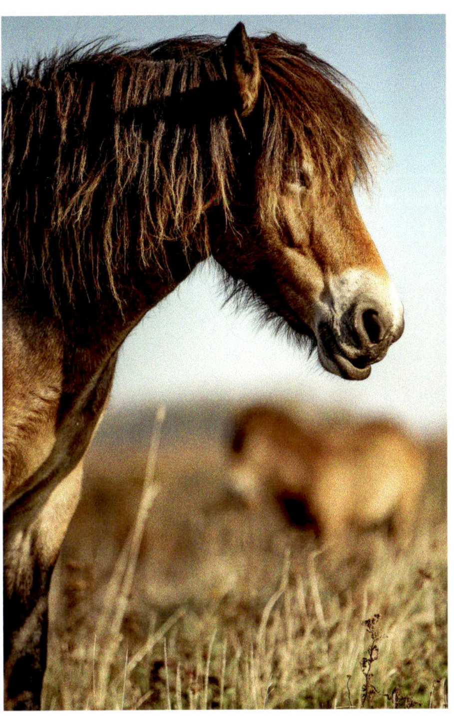

◀◀ Der Blick springt von einem Pony zum anderen. Die Bildaussage ist ungenau und konfus; Canon EOS 1D X mit Canon EF 70–200 mm f/2,8L IS II USM bei 200 mm, 1/100 s, Blende 32, ISO 800

◀ Eine deutlich bessere Lösung ist die fotografische Umsetzung mit einer offenen Blende, wodurch der Hintergrund unscharf wird und der Fokus auf dem Porträt liegt. Das Bild vermittelt mehr Ruhe, und dennoch bringt das unscharf abgebildete Pony im Hintergrund Tiefe ins Motiv; Canon EOS 1D X mit Canon EF 70–200 mm f/2,8L IS II USM bei 200 mm, 1/3200 s, Blende 2,8, ISO 400

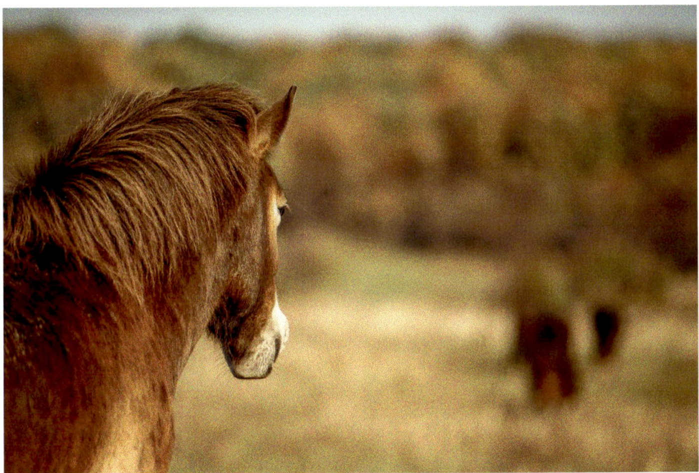

▲ Das Pony blickt in die Ferne. Diesem Blick folgt nun auch der Bildbetrachter und verliert sich in der Unschärfe. Man ist nicht sicher, was sich im Hintergrund abspielt, da nur dunkle Flecken erkennbar sind. Obwohl das Bild an sich ansprechend ist, ist hier die offene Blende nicht die Ideallösung; Canon EOS 1D X mit Canon EF 70–200 mm f/2,8L IS II USM bei 200 mm, 1/3200 s, Blende 2,8, ISO 400

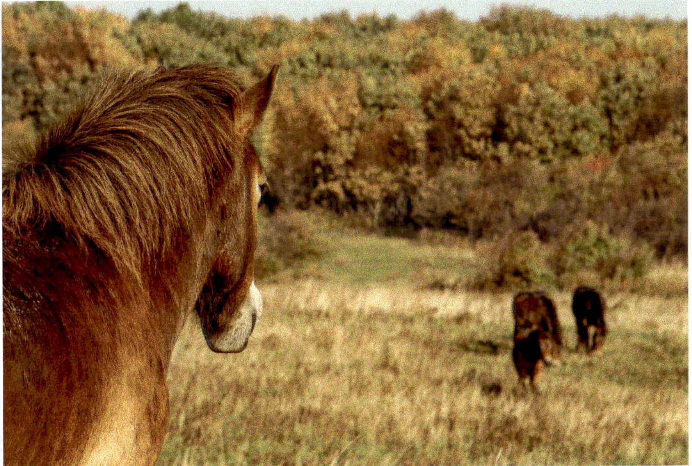

▲ Bei dieser Umsetzung kann man die Pferde im Hintergrund gut erkennen, und die Frage ist gelöst: Das Pony im Vordergrund beobachtet seine Artgenossen. Der Blick des Betrachters wird vom Porträt im Vordergrund diagonal durch das Bild auf die Pferdegruppe im Hintergrund geführt. Bei diesem Motiv ist also die geschlossenere Blende die bessere Wahl; Canon EOS 1D X mit Canon EF 70–200 mm f/2,8L IS II USM bei 200 mm, 1/250 s, Blende 18, ISO 800

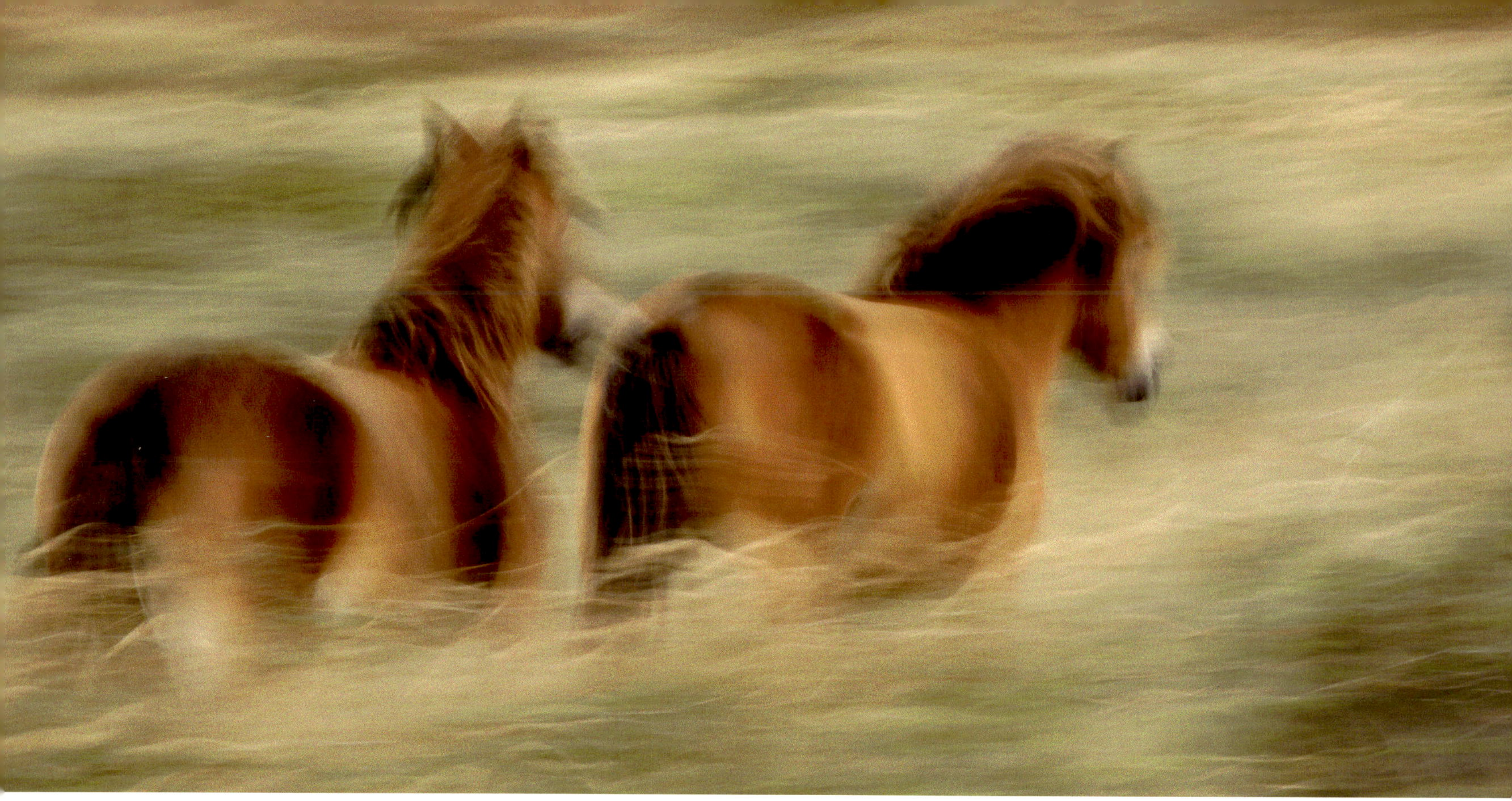

▲ *Wie gemalt wirkt dieses komplett unscharfe Bild der beiden Ponystuten. Die Unschärfe zeichnet das Bild weich, wodurch es einen smarten Charakter bekommt; Canon EOS 1D X mit Canon EF 70–200 mm f/2,8L IS II USM bei 200 mm, 1/5 s, Blende 29, ISO 100*

das Auge allein spricht nur die halbe Wahrheit, denn alle Anteile des Gesichts sind an der Sprache beteiligt. Die Gesichtsmimik und das Ohrenspiel haben eine zusätzliche, hohe Aussagekraft. Diese Bereiche sollten darum bei einem klassischen Porträt ebenfalls scharf im Fokus liegen.

Das schließt oft eine Offenblende aus, weil zu wenig Tiefenschärfe erzeugt wird. Es ist in vielen Fällen besser, auf eine Blende von 4 oder 5,6 zu gehen und dafür das Pferd weiter vor dem Hintergrund zu platzieren. Je größer der Abstand vom Motiv zum Hintergrund, desto unschärfer wird der Hintergrund abgebildet.

Dasselbe gilt für den Vordergrund, der sich außerhalb des Fokus befindet. Die Blende und der Abstand von Haupt- und Nebenmotiven sind wichtige Kriterien in der Beschaffenheit der Unschärfebereiche. Zusätzlich trägt die Brennweite viel dazu bei, wie sich die Tiefenschärfe im Bild gestaltet.

Je größer die Brennweite, desto geringer die Tiefenschärfe. Bei einer langen Brennweite und einem weiten Abstand des Hintergrunds zum Motiv kann man sich eine geschlossenere Blende leisten.

Das Ziel der Schärfeverteilung ist es, die wichtigen Bildteile scharf darzustellen, während die unwichtigen, eventuell sogar störenden und ablenkenden Areale möglichst in der Unschärfe verschwinden sollen.

Künstlerische Bilder ohne Schärfe

Nun trifft man dennoch auf Bilder, die vollkommen unscharf sind und keinerlei Schärfepunkt aufweisen. Sind diese Bilder nun alle misslungen und schlecht? Interessanterweise empfindet man derartige Aufnahmen in gewissen Fällen durchaus als höchst ansprechend. Sie vermitteln einen künstlerischen, abstrakten und manchmal auch geheimnisvollen Ansatz. Zudem regen sie zum Nachdenken und Interpretieren an. Doch was unterscheidet eine derart künstlerische Aufnahme von einem misslungenen Foto, das einfach nur verwackelt und unscharf ist?

Es gibt zwei Kriterien, die ein gutes von einem misslungenen unscharfen Bild unterscheiden. Zum einen muss die Unschärfe gewollt sein: Eine Regel (Schärfe auf den wichtigen Bildteilen) muss ganz gezielt und deutlich gebrochen werden, um eine Absicht dahinter erkennen

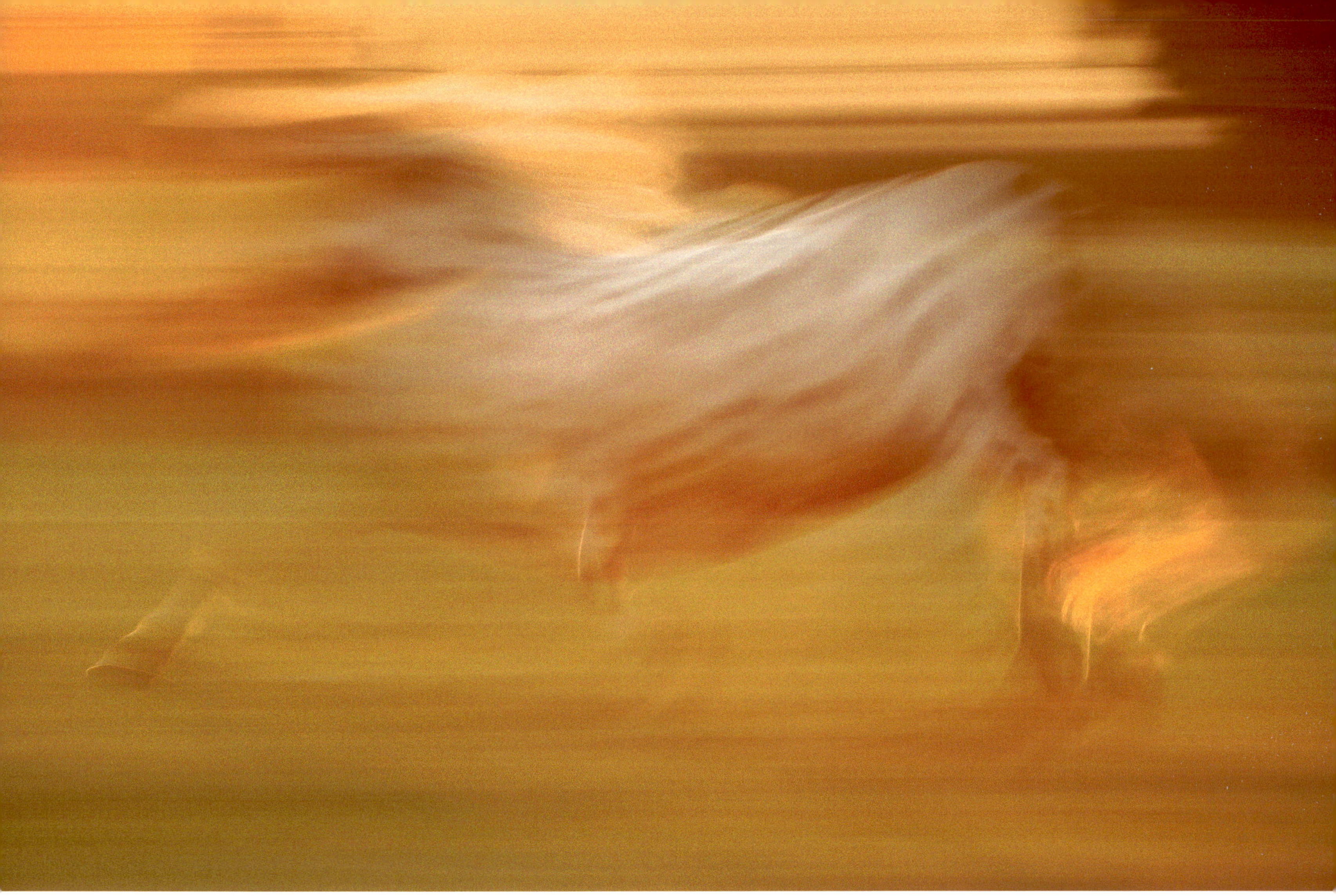

▲ *Ein klassisches Beispiel, dass auch ein unscharfes Bild wirken kann: Ein Foto fast komplett unscharf, dennoch hat dieses Bild eine intensive Wirkung von Dynamik und Ästhetik. Die extreme Unschärfe regt die Fantasie des Betrachters an. Dass es sich um ein Pferd handelt, verrät allein schon der gut abgezeichnete Vorderhuf. Die Farbe des Tigerschecken ist zudem schemenhaft erkennbar, ebenso die Galoppbewegung durch die Beinstellungen. Dazu kommt ein sanftes Abendlicht in weichen Orangetönen, die mit dem beruhigend wirkenden Grün des Weidegrases verschmelzen. Reichlich Informationen für den Betrachter, um das Bild einzuordnen, und dennoch abstrakt genug, damit es seine geheimnisvolle und künstlerische Wirkung nicht verfehlt; Canon EOS 1D X mit Canon EF 70–200 mm f/2,8L IS II USM bei 110 mm, 1/6 s, Blende 10, ISO 100*

zu lassen. Das bedeutet für den Fotografen: Wenn unscharf, dann deutlich! Ein kleiner Verwackler macht ein Bild unbrauchbar, die geringfügige Unschärfe stört das Auge des Betrachters. Ein schlechtes Bild ist deshalb ein ungenügend scharfes oder ein nicht ausreichend unscharfes Bild.

Zum anderen muss die Unschärfe auf eine Weise dargestellt werden, dass das Motiv dennoch seine Aussagekraft nicht verliert – sprich, es muss erkennbar bleiben. Dabei begibt man sich als künstlerischer Fotograf – wie so oft – auf eine Gratwanderung. Diesen Drahtseilakt zu meistern, macht die künstlerische und kreative Fotografie aus.

Eine komplette Unschärfe kann mithilfe von Kamerabewegungen innerhalb von Langzeitbelichtungen (Mitzieher, Wischeffekte, Rotieren der Kamera etc.) sowie durch Zoomen oder bei Kurzzeitbelichtungen durch eine Defokussierung erreicht werden. Jede fotografische Technik hat ihre eigenen Gesetze und bringt interessante Ergebnisse zustande.

9.6 Seepferdchen

Wasserbilder sind immer faszinierend. Sie eröffnen dem Fotografen eine große Bandbreite von Lichtspielen und Gestaltungsmöglichkeiten. Doch passt Wasser mit Pferden zusammen? Pferde sind schließlich keine Fische, sie sind sogar manchmal richtiggehend wasserscheu und meiden das Nass wie »der Teufel das Weihwasser« – wie es so schön heißt. Doch Pferde können lernen, mit dem Element Wasser umzugehen. Dann lieben es die Vierbeiner, im Wasser zu plantschen, sich im Nass zu wälzen oder gar zu schwimmen.

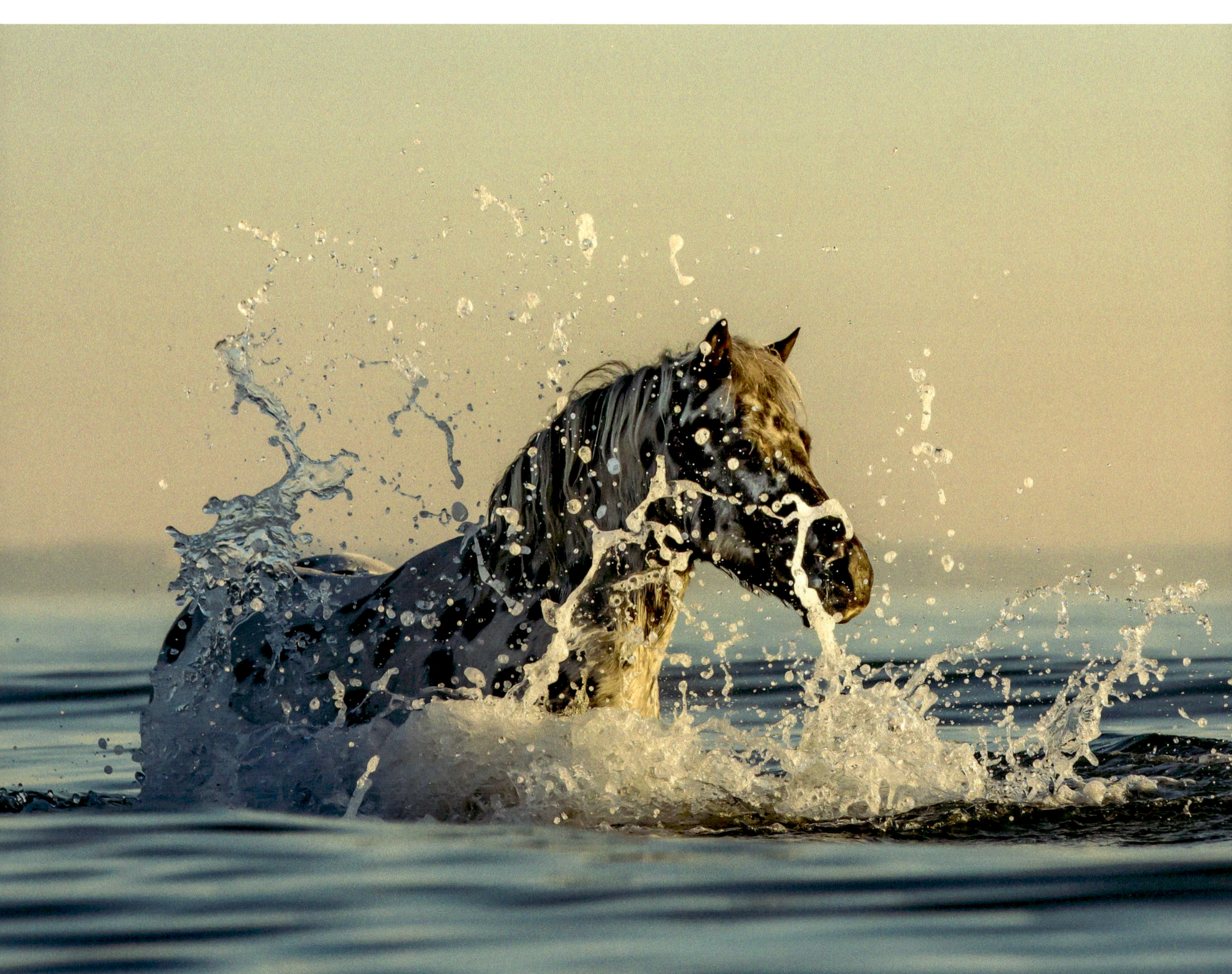

Von Natur aus sind Pferde sehr vorsichtige Wesen und vermeiden es lieber, eine Wasseroberfläche zu betreten. Dennoch sind wildlebende Pferde keineswegs wasserscheu. Sie nutzen Bäche, Seen und Tümpel als Tränkstation, aber auch zum Grasen, Wälzen und Baden. Insbesondere haben sie im Sommer ein großes Bedürfnis, lästige Fliegen und Bremsen abzuwehren. So kommt das kühle Nass gerade recht. Schon Fohlen lernen, welche Wasserstellen sie gefahrlos betreten können und wo sie aufpassen müssen.

Im Wasser ist Vorsicht geboten!

Urinstinkte lassen alle Equiden an Wasserstellen vorsichtig werden, denn es könnten Fressfeinde unter der Wasseroberfläche lauern. Als Beispiel seien nur die Zebras in Afrika genannt, die sich vor Krokodilen in Acht nehmen müssen.

Pferde lernen allerdings sehr schnell und übernehmen schon in jungen Jahren die Verhaltensweisen ihrer Artgenossen. So wissen sie, welche Wasserstellen gefahrlos genutzt werden können. Nicht nur Fressfeinde sind ein Thema, sondern auch ein schlammiger oder glitschiger Boden. In manchen Fällen können den Pferden auch Schlingpflanzen zum Verhängnis werden. Aus all diesen Gründen ist es nur zu verständlich, wenn Pferde sich weigern, ins Wasser zu gehen.

◂ Shetlandpony Sketter hat viel Spaß, bei Sonnenaufgang im Meer zu plantschen; Canon EOS 1D X mit Canon EF 70–200 mm f/2,8L IS II USM bei 190 mm, 1/3200 s, Blende 7,1, ISO 1000

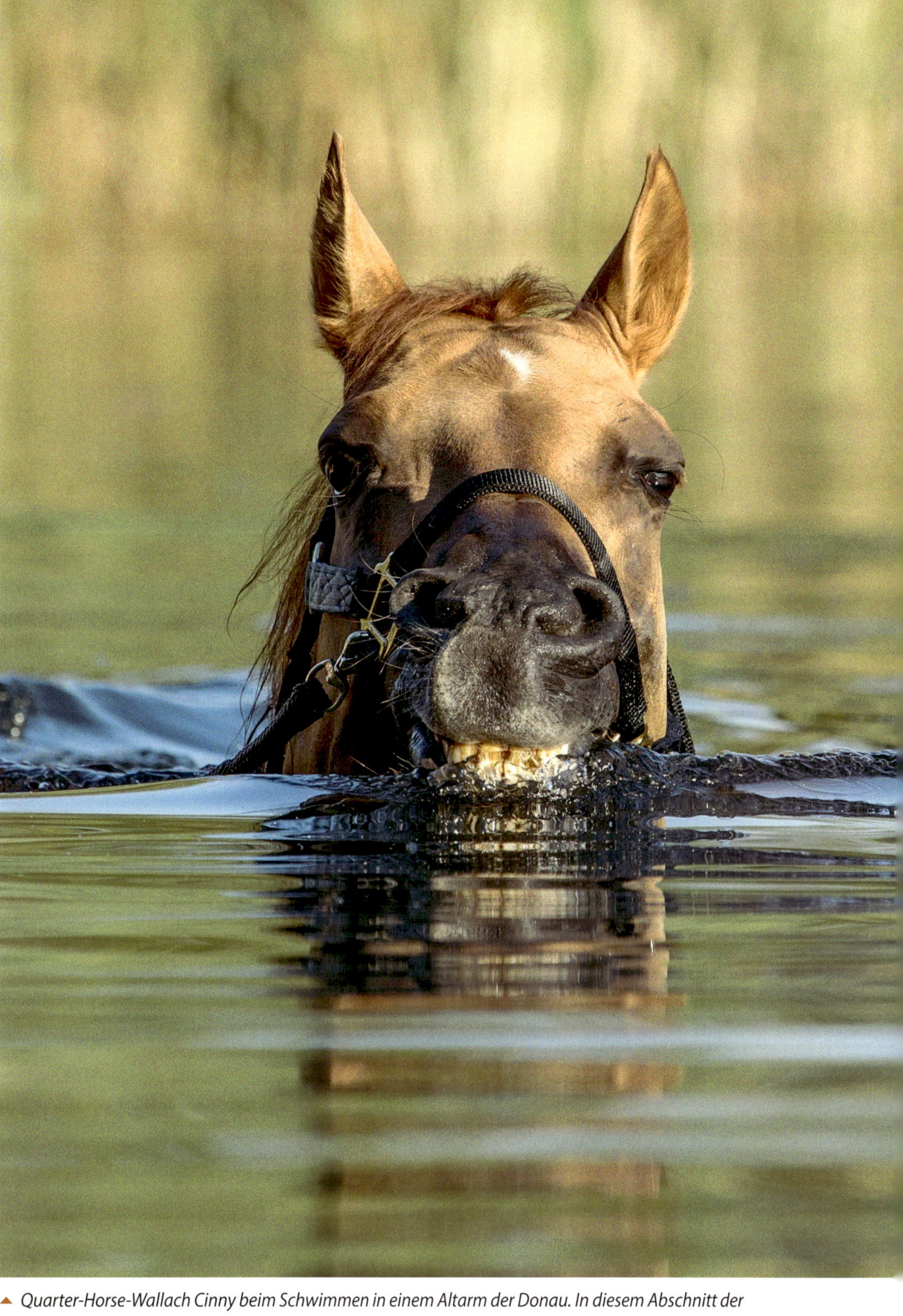

▴ Quarter-Horse-Wallach Cinny beim Schwimmen in einem Altarm der Donau. In diesem Abschnitt der Donau ist das Baden und Schwimmen mit Pferden zeitweise erlaubt. Rücksicht auf Vegetation und Wildtiere muss dennoch genommen werden; Canon EOS 1D X mit Canon EF 100–400 mm f/4,5-5,6 IS USM bei 400 mm, 1/500 s, Blende 8, ISO 640

Die meisten Hauspferde werden von ihren Besitzern an den Umgang mit Wasser gewöhnt: Das Repertoire reicht vom einfachen Abspritzen der Beine mit dem Wasserschlauch bis hin zu erfrischenden Bädern bei sommerlichen Temperaturen im Weiher.

Themenvielfalt

Für den Pferdefotografen bieten sich viele Möglichkeiten, Pferde in Verbindung mit Wasser abzulichten. Klassiker sind Spiegelungen an der Wasseroberfläche (s. Kap. 6.1 »Spiegelungen«), Reitfotos am Meeresstrand oder schwimmende Pferde im Badeweiher. Die meisten Hauspferde lieben es außerdem, im Wasser zu scharren, dass es nur so spritzt. Motive gibt es also genug.

Schwimmen

Während die meisten Pferde durchaus in einen Bach klettern und mit den Hufen im Wasser scharren, reagieren viele Reittiere mit Panik, sobald sie den Boden unter den Hufen verlieren und schwimmen sollen. Obwohl Pferde von Natur aus schwimmen können, müssen sie lernen, die Situation richtig einzuschätzen. Schwimmen ist extrem anstrengend für das Pferd, aus diesem Grund sollte man keine langen Schwimmstrecken fordern. Fotograf und Pferdebesitzer müssen hier besonders auf die Belange des Pferdes eingehen und keine Bilder auf Kosten des Vierbeiners erzwingen wollen.

Sind Pferde jedoch im Schwimmen bereits routiniert, kann der Pferdebesitzer sie im Wasser auf eine bestimmte Route dirigieren, um sie für den Fotografen perfekt zu platzieren. Man sollte schwimmende Pferde möglichst von tiefer Position aus fotografieren. Die Kamera wird also knapp über der Wasseroberfläche platziert. Ob man das Risiko eingeht, dass die Kamera nass wird, oder sich lieber am Ufer mit einer längeren Brennweite auf die Lauer legt, wird man vor Ort entscheiden müssen. Meist ist das Ufer eines Sees noch flach, und es bedarf – je nach Pferdegröße – mindestens 1,5 Meter Wassertiefe, bis das Pferd schwimmen muss. Der Vierbeiner wird für Schwimmfotos also relativ weit vom Ufer entfernt sein.

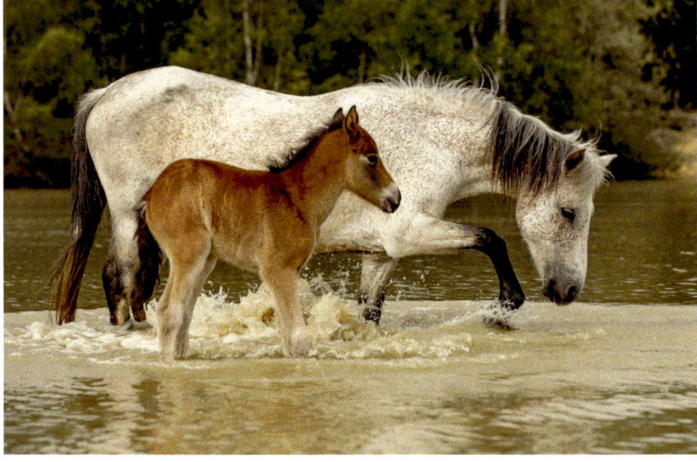

▲ *Die Fohlen lernen bereits von ihren Müttern, welche Wasserstellen sie gefahrlos betreten können; Canon EOS 1D X mit Canon EF 70–200 mm, f/2,8L IS II USM bei 115 mm, 1/2500 s, Blende 4,5, ISO 800*

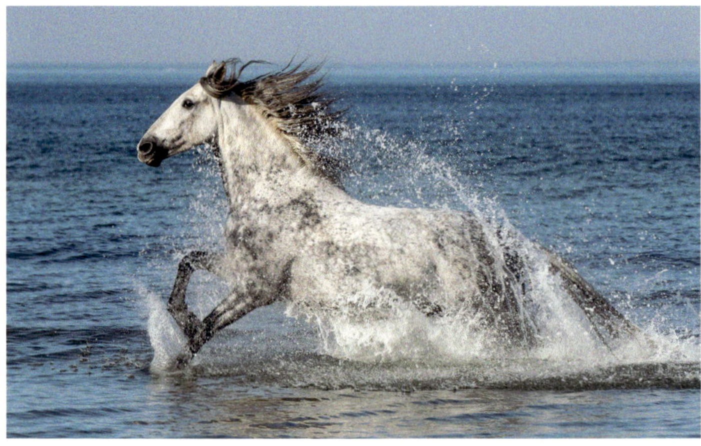

▲ *Andalusierwallach Amoroso galoppiert durch die Fluten der Ostsee; Sony Alpha 7R III mit Sony EF 70–200 mm f/4 G OSS bei 200 mm, 1/1600 s, Blende 8, ISO 400*

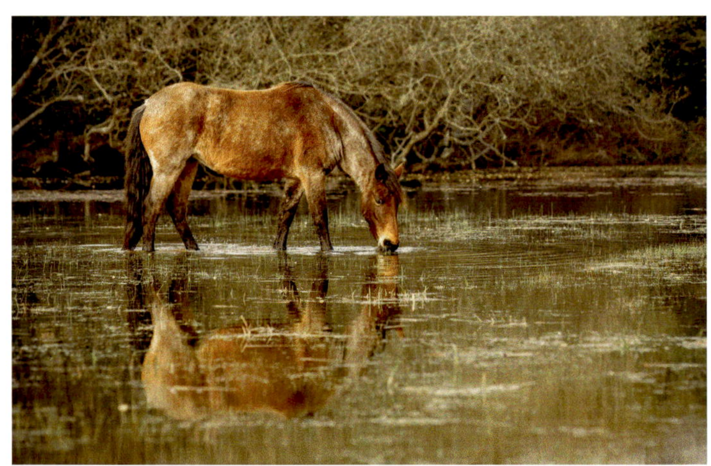

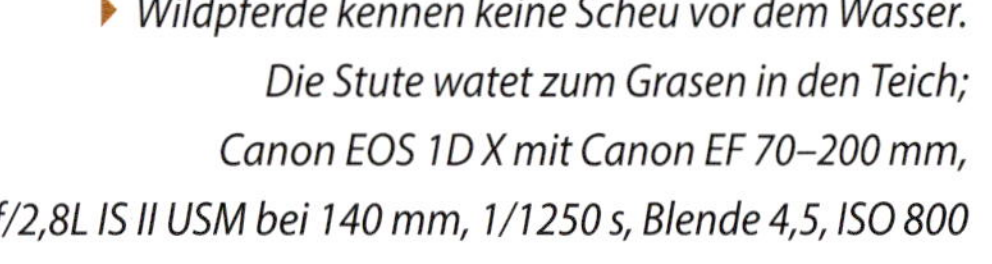

▶ *Wildpferde kennen keine Scheu vor dem Wasser. Die Stute watet zum Grasen in den Teich; Canon EOS 1D X mit Canon EF 70–200 mm, f/2,8L IS II USM bei 140 mm, 1/1250 s, Blende 4,5, ISO 800*

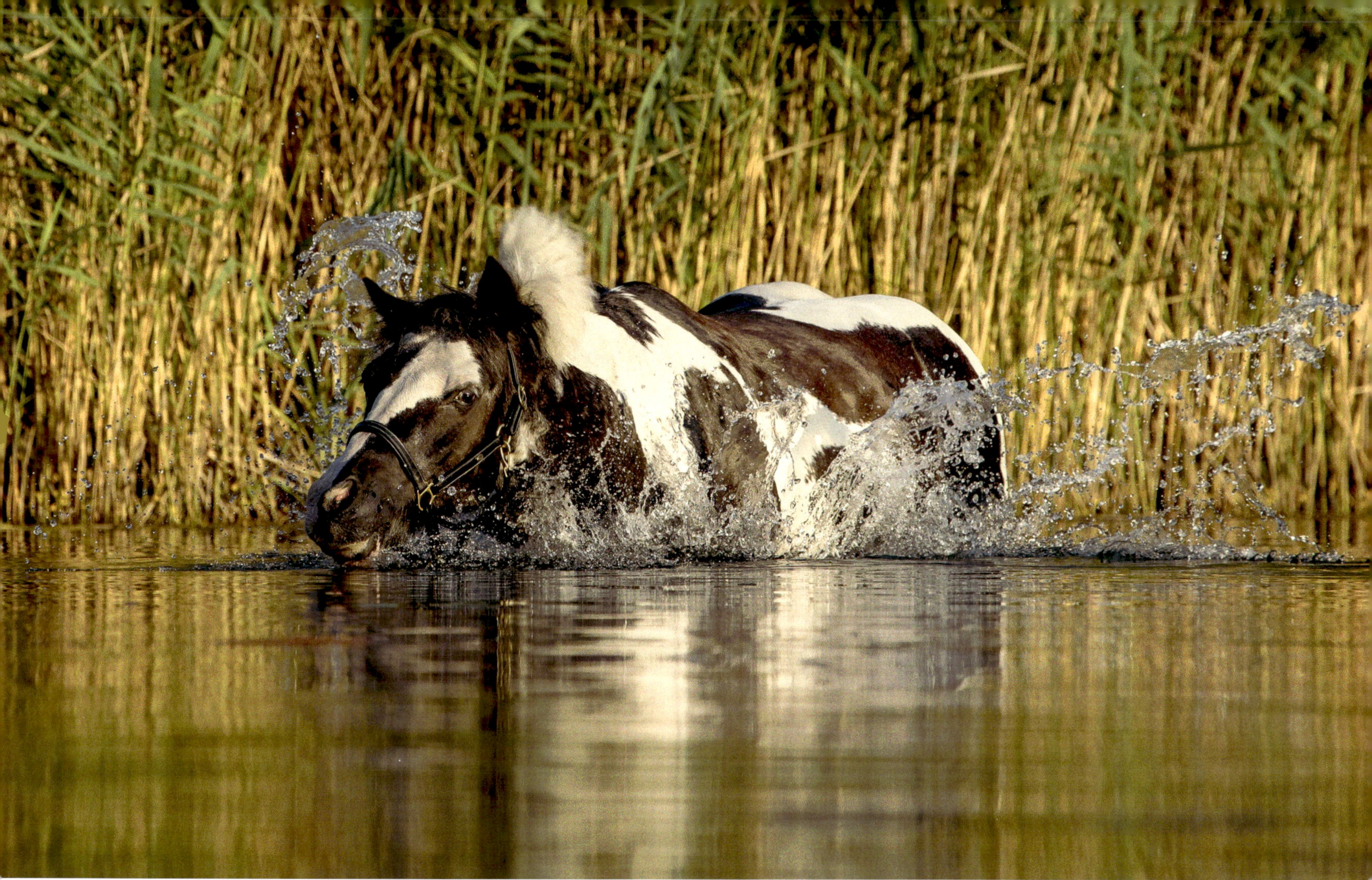

▲ *Tinker-Wallach Fridolin sollte eigentlich für eine Spiegelung ruhig im Wasser stehen. Das klappte auch recht gut, doch kurz bevor das Wasser ruhig genug war und ich den Auslöser drücken wollte, juckte es Fridolin, und er schüttelte sich. Die Spiegelung war dahin, aber das spritzende Wasser ist ein ebenso faszinierendes Motiv. Flexibilität ist eben alles in der Tierfotografie; Canon EOS 1D X mit Canon EF 100–400 mm f/4,5-5,6 IS USM bei 400 mm, 1/1600 s, Blende 7,1, ISO 800*

Planung und Vorbereitung

Obligatorisch ist vor einem Shooting eine Besichtigung und der Check der Location sowie die Absprache mit dem Pferdebesitzer, ob Schwimmaufnahmen gefahrlos möglich sind. Man sollte außerdem nicht vergessen, abzuklären, ob die Nutzung des jeweiligen Gewässers mit Pferden erlaubt ist. Sind all diese Fragen geklärt, kann die Shootingzeit geplant werden, sobald man Kenntnis über den Sonnenstand und die Lichtsituation erlangt hat.

Steht der Plan, sollte man an die nötige Zusatzausrüstung denken. Da die meisten Pferdefotografen sicherlich kein Unterwassergehäuse ihr Eigen nennen, kann man sich mit Regenschutzhüllen oder selbst angepassten Plastiktüten behelfen, um Kamera und Objektiv gegen Spritzwasser zu schützen. Kleidung und Schuhwerk zum Wechseln, wenn man sich selbst ins Wasser begeben will, sind keinesfalls eine übertriebene Zusatzausstattung.

Bei Strandshootings ist es empfehlenswert, seiner Ausrüstung einen besonderen Schutz zu gönnen. Salz und Sand sind die größten Feinde der Technik. Besonders bei Wind (der an den Küsten fast immer weht) sind Salzwasserspritzer und feiner Sandstaub in der Luft besonders unangenehm für die Ausrüstung. So ist es durchaus sinnvoll, Kamera und Objektiv grundsätzlich mit einer (Regen-)Hülle zu versehen, um »Sand im Getriebe« zu vermeiden.

Bleibt nur noch, sich Gedanken über die Kameraeinstellungen zu machen. Da die Motive am und im Wasser sehr vielfältig sind und die Lichtsituation großen Einfluss auf die fotografische Umsetzung hat, kann natürlich keine pauschale Angabe gemacht werden. Man kann sich aber an den Einstellungen orientieren, die man auch sonst an Land vornimmt. Für Bewegungsbilder ist eine Belichtungszeit von mindestens 1/1250 s zweckmäßig, die Blende orientiert sich am vorhandenen Licht und dem jeweiligen Hintergrund.

Vergessen sollte man nicht die wunderbare Möglichkeit von Gegenlichtaufnahmen – z. B. Sonnenuntergänge am Meer oder interessante Wasserreflexionen, die bei Gegenlicht entstehen. Neben Spiegelungen (s. Kap. 6.1 »Spiegelungen«) können auch Langzeitaufnahmen als kreative Umsetzung schöne Effekte liefern.

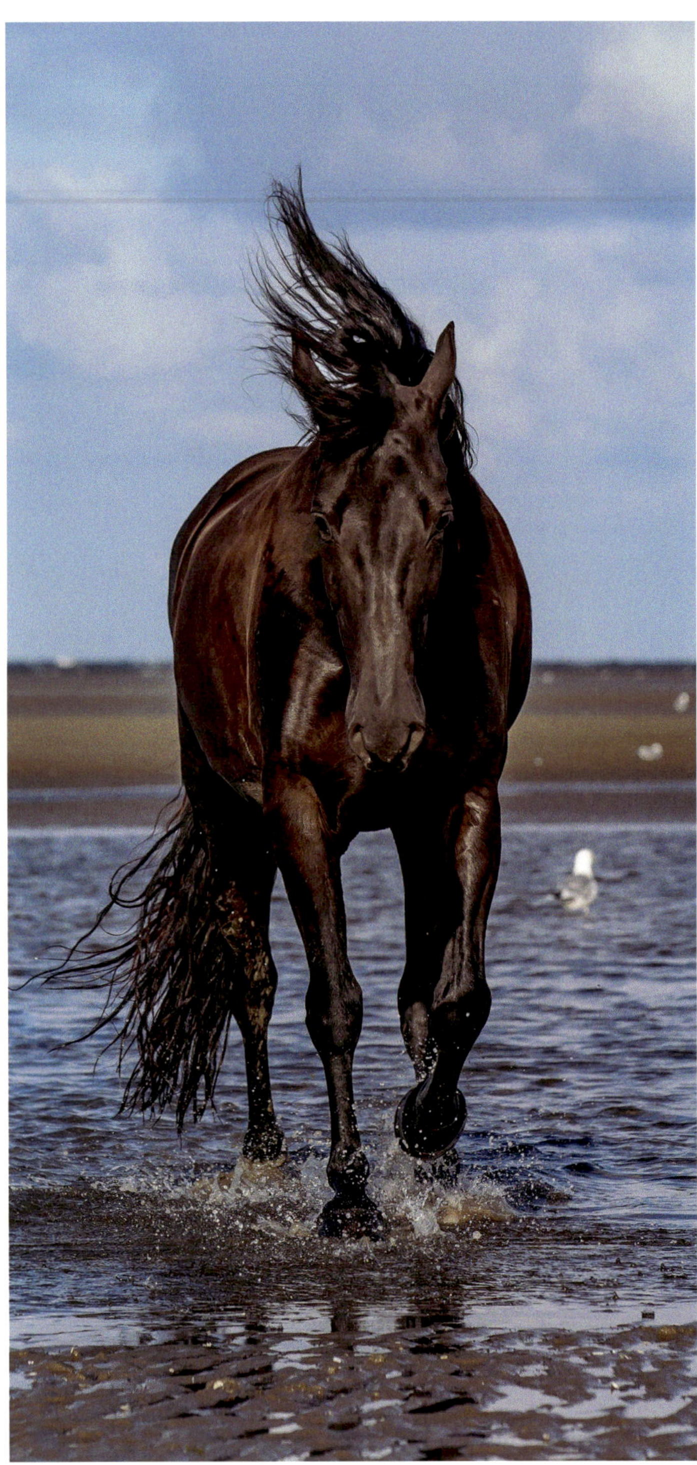

▲ Tennessee Walking Horse Blue Spirit im Wattenmeer (Retusche: Sicherungslonge); Canon EOS 1D X mit Canon EF 70–200 mm f/2,8L IS II USM bei 160 mm, 1/1250 s, Blende 8, ISO 400

Checkliste für das Wassershooting

- Ist der Untergrund des Wassers trittsicher? Könnten eventuell Schlingpflanzen oder ein sumpfiger Untergrund gefährlich für das Pferd werden?
- Sind Unrat wie weggeworfene Flaschen oder anderweitiger Müll vorhanden und könnten eine Verletzungsgefahr für das Pferd darstellen?
- Fällt der Boden sanft ab, damit das Pferd bequem und sicher ins Wasser gehen kann?
- Ist der Aufenthalt am Wasser und das Betreten des Gewässers mit Pferd überhaupt erlaubt beziehungsweise nur mit einer Genehmigung möglich?
- Sind die Wasser- und Lufttemperaturen für ein Shooting im Wasser angenehm für Mensch und Tier?
- Ist sichergestellt, dass andere Nutzer wie Badegäste, Fischer oder Bootsfahrer nicht belästigt werden?
- Bleiben wildlebende Tiere (vor allem Wasservögel) von Störungen verschont?
- Kann man sicherstellen, dass die Ufer- und Wasservegetation (z. B. Schilf, in das Wasservögel ihre Nester bauen und das vielen Tieren als Versteck dient, oder geschützte Pflanzen im Wasser oder am Ufer) nicht zerstört wird?
- Ist das Pferd ausreichend trainiert (genügend Kondition sowie routiniert im Umgang mit Wasser), um die Anforderungen eines Wassershootings zu erfüllen?

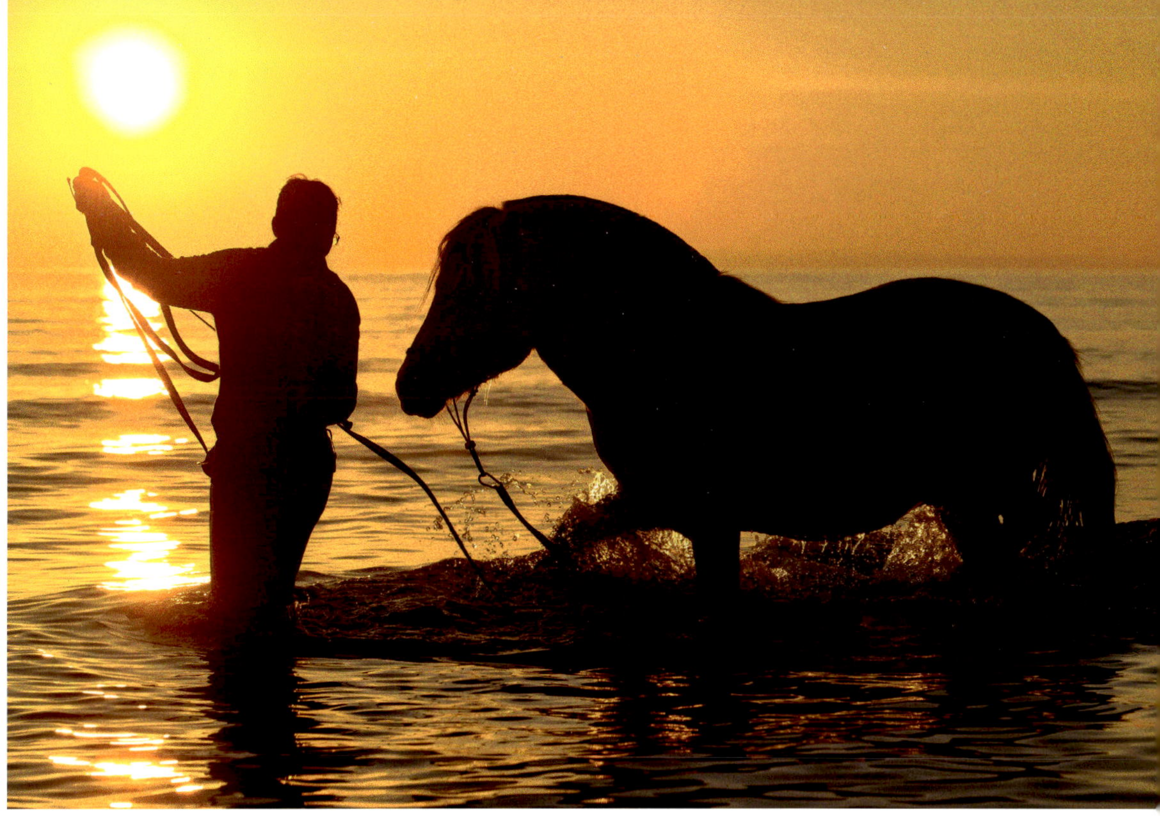

Wie ein Fischer sein Netz holt Jeanne die Longe ein, mit der sie ihren Norwegerwallach Casper absichert. Ein ungestelltes Motiv und darum besonders reizvoll in seiner Wirkung; Canon EOS 1D X mit Canon EF 70–200 mm f/2,8L IS II USM bei 200 mm, 1/1250 s, Blende 7,1, ISO 1250

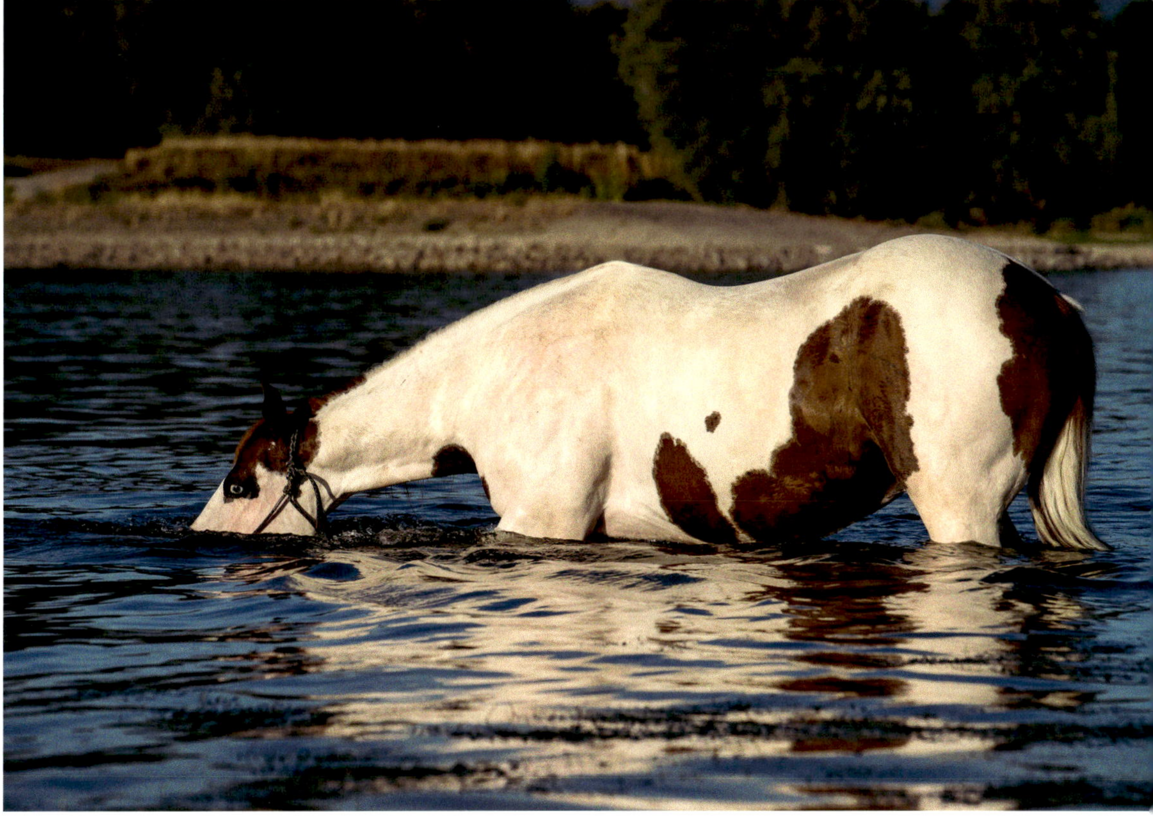

Paint-Horse-Wallach Shotty geht bei Niedrigwasser in der Donau auf Tauchstation. Einige Pferde fischen nach schmackhaften Pflanzen und tauchen hierfür den Kopf bis zu den Augen unter Wasser; Canon EOS 1D X mit Canon EF 70–200 mm f/2,8L IS II USM bei 200 mm, 1/2500 s, Blende 8, ISO 640

10 Borderliner

High-Key- und Low-Key-Bilder liegen belichtungstechnisch im Grenzbereich der Fotografie. Die extrem hell oder dunkel gehaltenen Fotos brillieren durch eine gekonnte Bündelung von hellen beziehungsweise dunklen Tonwerten am Randbereich des Histogramms. Wie in vielen Bereichen der kreativen Fotografie bewegt man sich auch hier auf dünnem Eis, da Bildbereiche schnell in eine Über- oder Unterbelichtung abdriften können. Während High- und Low-Key-Bilder mit Helligkeitsstufen an ihre Grenzen gehen, geizt man bei einem Color Key mit Farben und setzt im Schwarzweißmodus das farbige i-Tüpfelchen nur auf einzelne Elemente.

▸ *High-Key-Bilder bewegen sich im Grenzbereich zur Überbelichtung: ein Schwarzweißporträt von Welsh-A-Pony Barney beim Blick über den Rücken; Canon EOS 1D X mit Canon EF 70–200 mm f/2,8L IS II USM bei 200 mm, 1/500 s, Blende 5,6, ISO 800*

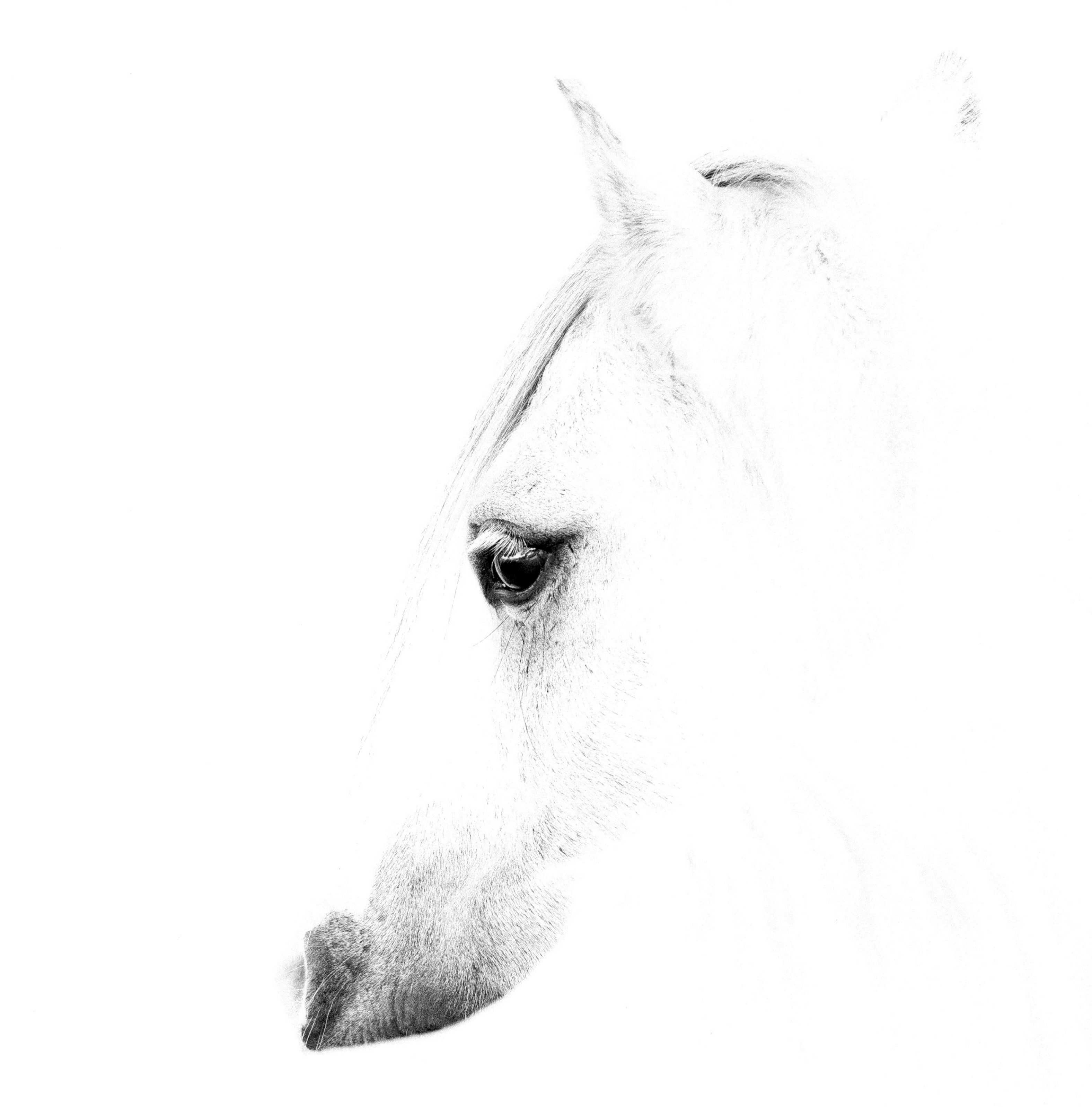

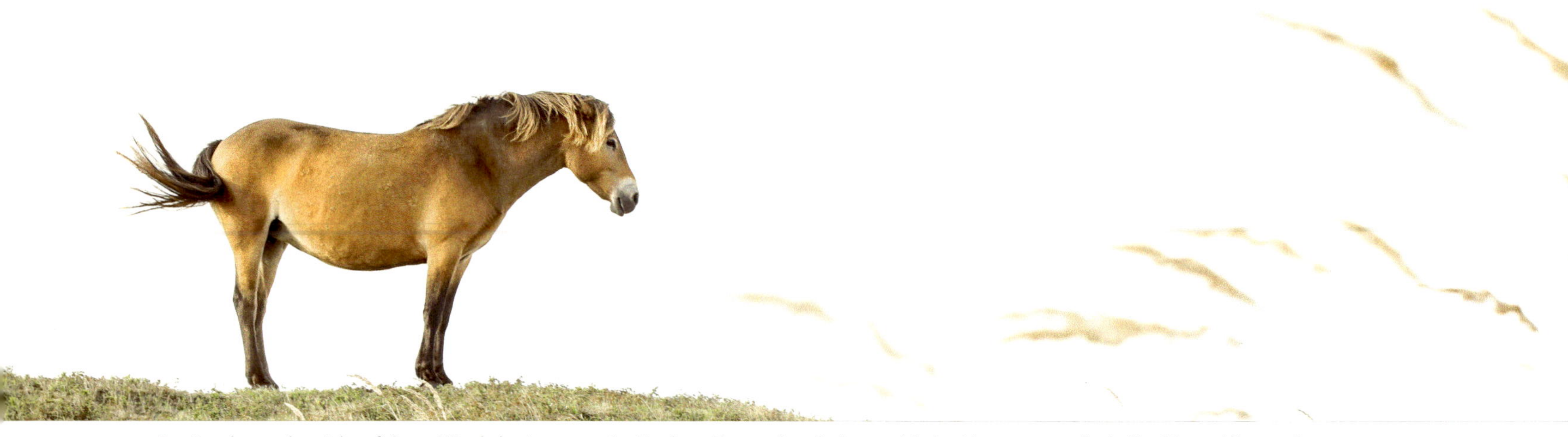

▲ *Der Ponyhengst hat sich auf einem Hügel platziert, um seine Herde zu überwachen. So konnte ich den Hengst gegen den hellen Himmel fotografieren, um einen weißen Hintergrund zu erhalten. Um der Bildgestaltung mehr Pep zu verleihen, habe ich die Grasähren im Vordergrund mit ins Bild genommen; Canon EOS 1D X mit Canon EF 70–200 mm f/2,8L IS II USM bei 100 mm, 1/100 s, Blende 10, ISO 250*

10.1 High Key

Bei einer High-Key-Aufnahme ist die Reduzierung der dunklen Tonwerte auf ein Minimum charakteristisch. Das bedeutet, dass die hellen Tonwerte stark überwiegen und bis an den Randbereich des Tonwertumfangs heranreichen. Die Verteilung der Tonwerte ist somit nicht mehr ausgeglichen, wie man es bei einer »normalen« Aufnahme anstrebt. Ganz gezielt werden die hellen Bereiche hervorgehoben, wobei sehr helle und strahlende Bilder entstehen.

High-Key-Bilder darf man nicht als überbelichtete Fotos missverstehen. Vielmehr bewegen sie sich lediglich im Randbereich des Tonwertumfangs. Standardmäßig sollten ausgefressene Bildbestandteile möglichst vermieden werden, auch wenn manche Fotografen ganz gezielt vor allem den Hintergrund als ein reines Weiß darstellen wollen und damit bewusst überstrahlen. Die Meinungen, ob grenzüberschreitende Belichtungsanteile vorhanden sein dürfen, gehen auseinander und unterliegen letztendlich dem Geschmack des jeweiligen Fotografen. Korrekterweise sollten in einem Bild jedoch keine über- oder unterbelichteten Bildanteile vorhanden sein. Die besseren High-Key-Bilder sind deshalb diejenigen, die sich tatsächlich am Randbereich des Tonwertumfangs bewegen, ohne dass Teilbereiche ausfressen.

Dieser Anspruch erfordert allerdings eine genaue Planung des High-Key-Bildes. Es reicht nicht, einfach nur den Helligkeitsregler in der fertigen Aufnahme hochzuziehen. Man muss bereits bei der Vorbereitung auf einen geeigneten Hintergrund und ein passendes Hauptmotiv achten.

Geeignete Motive

Obligatorisch ist für ein High-Key-Foto ein sehr heller, entweder weißer oder hellgrauer Hintergrund. Auch das Hauptmotiv sollte überwiegend helle Lichtwerte mitbringen. Was eignet sich in der Pferdefotografie darum besser als ein Schimmel vor einer weiß getünchten Wand? Ideale Hintergrundmotive sind auch schneebedeckte Landschaften oder Nebel. Relativ einfach kann man ebenso einen hell bewölkten Himmel als Hintergrund umsetzen.

Es müssen als Hauptmotiv allerdings nicht zwangsläufig komplett weiße Pferde zum Einsatz kommen, helle Farbschattierungen wie Grauschimmel, Cremellos, Palominos oder Fuchsschecken können sich für eine High-Key-Aufnahme eignen. Gewisse Farbanteile werten das Bild oftmals sogar auf, weil das Foto durch mehr Zeichnung geprägt wird.

Dennoch bewegt sich ein High Key eher im Hell-Dunkel-Kontrast und wird deshalb häufig auch in Schwarzweiß umgesetzt. Farbanteile bilden in den meisten Fällen die mittleren Tonwerte, die sich aber nicht

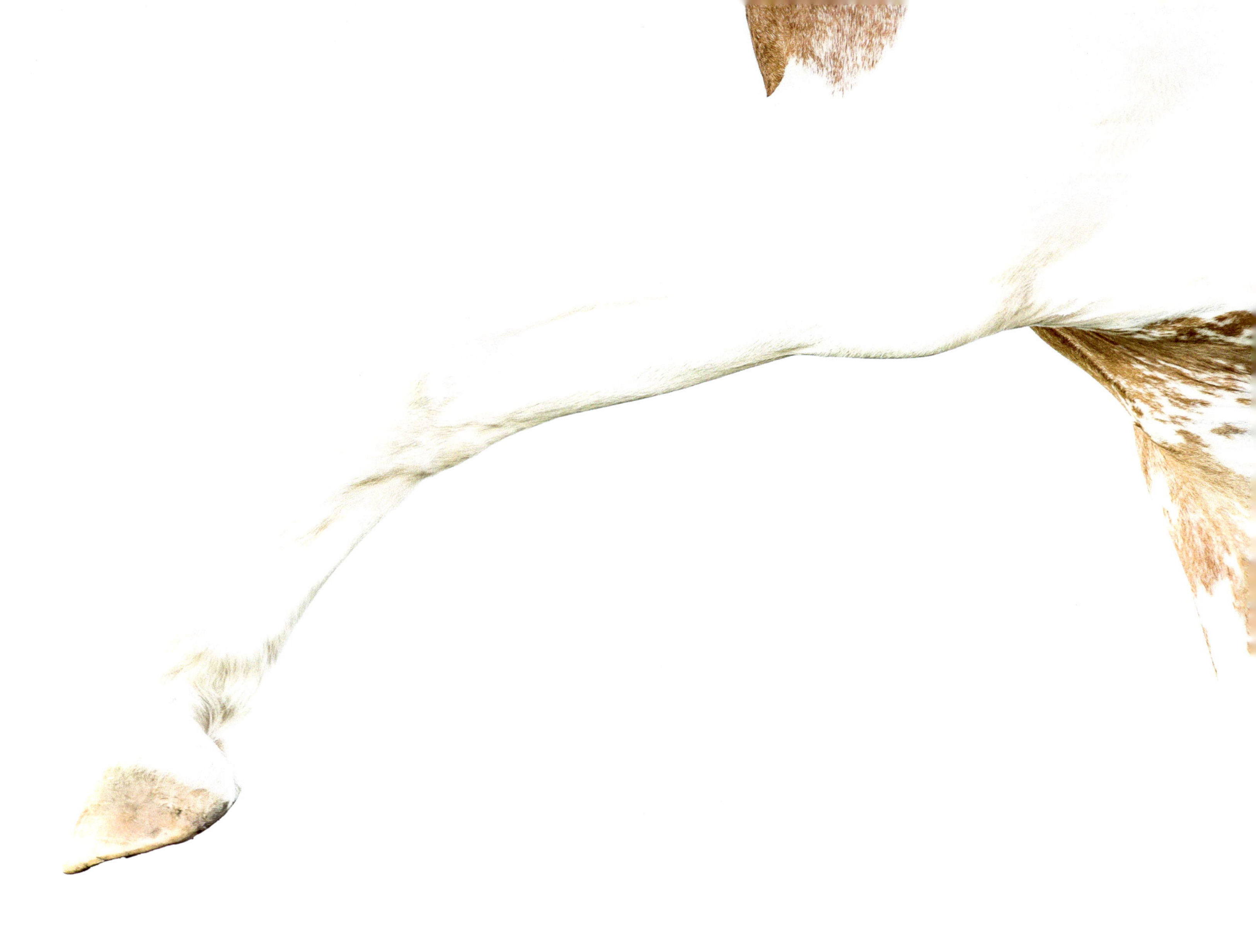

▲ *Das kraftvolle Vorführen des Beines vermittelt die Stärke des Pferdes, die im Gegensatz zur sanft wirkenden Belichtung einer High-Key-Umsetzung steht. Vor einer weiß getünchten Mauer lichtete ich das Bein von Nico während des Spanischen Schritts ab; Canon EOS 1D X mit Canon EF 70–200 mm f/2,8L IS II USM bei 200 mm, 1/250 s, Blende 6,3, ISO 1600*

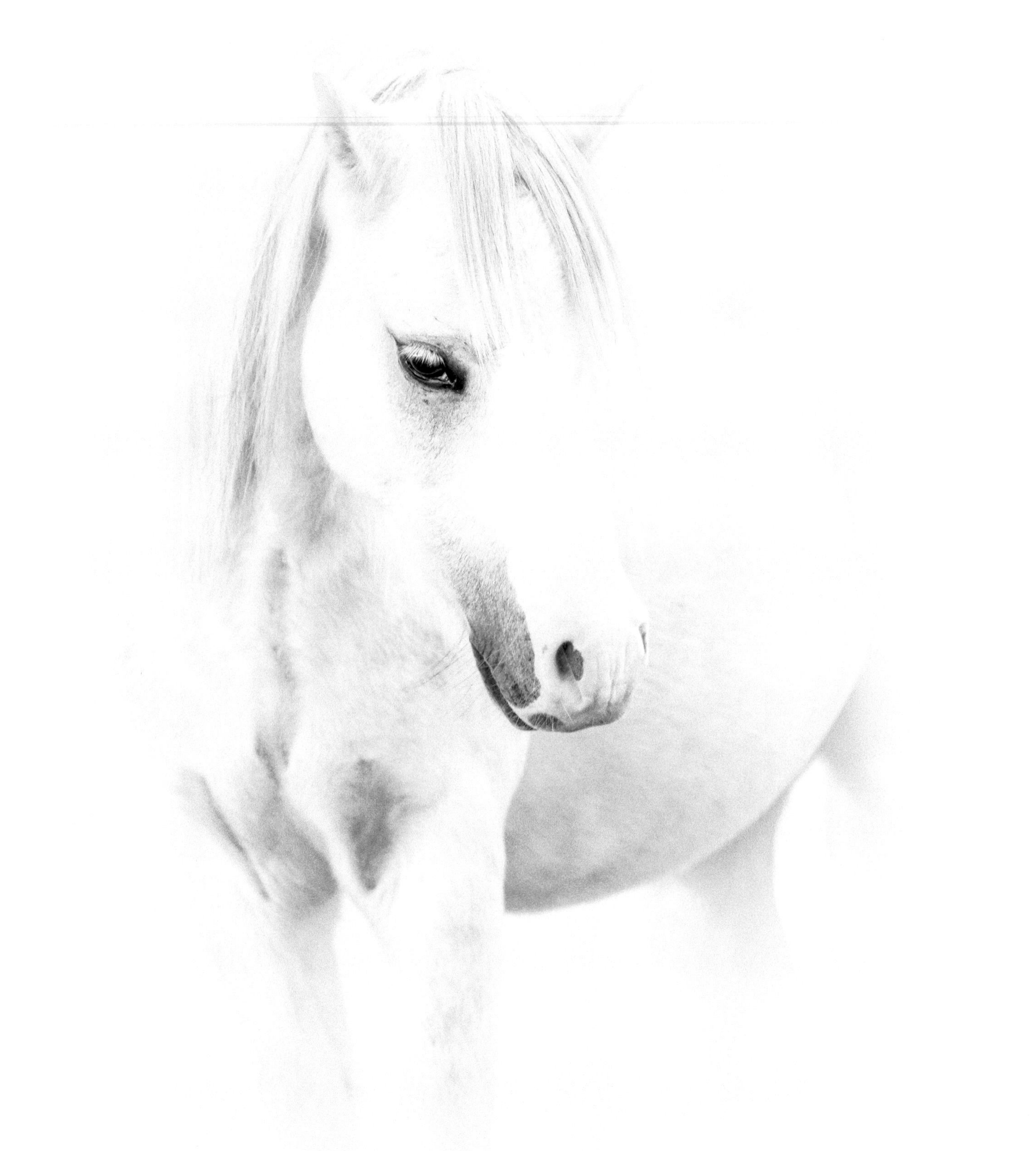

übermäßig im Bild manifestieren sollten, um den High-Key-Charakter beizubehalten.

Während einerseits diskutiert wird, ob ausgefressene Bildanteile in einer High-Key-Aufnahme akzeptabel sind, scheiden sich die Geister ebenso bei der Frage, wie es sich mit den dunklen Tonwerten in einem High-Key-Foto verhalten soll. Während die einen überhaupt keine dunklen Töne dargestellt haben wollen und die Kurve im Histogramm bei den Mitteltönen ausläuft, plädieren andere für einen kompletten Tonwertumfang bis an den Rand im dunklen Bereich. Allerdings sollten die schwarzen Anteile extrem minimiert sein, stellen aber einen interessanten Kontrast dar. Diesen Kontrast kann beispielsweise das Auge des Pferdes bieten.

So verläuft das Histogramm im linken, dunklen Bereich auf einem minimalen Level, bleibt auch in den Mittelwerten sehr niedrig und steigt nach rechts in den Helligkeitswerten extrem an.

Belichtung anpassen

Um diese Histogrammkurve zu erreichen, nutzt es dennoch nicht allzu viel, lediglich das Motiv entsprechend hell zu wählen. Die Kamera ist darauf programmiert, einen ausgeglichenen Helligkeitswert anzustreben, wodurch sie weißen Schnee letztendlich grau darstellt. Das passiert auch mit vielen anderen hellen Anteilen im Bild, sodass weiße Pferde ebenfalls im fahlen Grau abgebildet werden. Aus diesem Grund – und um den High-Key-Effekt zu erreichen – muss man die Belichtung manuell korrigieren. Letztendlich lässt sich dies auch am Rechner regeln, dennoch ist es immer vorteilhafter, bereits on location die Belichtung anzupassen.

Es kann nötig sein, die Belichtung um ein bis drei Stufen zu erhöhen, damit reines Weiß auch tatsächlich Weiß bleibt und nicht in einem faden Grau abfällt. Man sollte unbedingt die Überbelichtungswarnung in der Kamera einstellen, damit man bei der Belichtungskorrektur nicht versehentlich überzieht. Ausgefressene Bildbestandteile sind unwiederbringlich verloren, sodass auch keine nachträgliche Korrektur am Rechner möglich ist. Deshalb gilt es, knapp im Grenzbereich zu belichten, jedoch nicht darüber hinaus.

◂ *Das Porträt von Welsh-A-Pony Barney besticht durch seinen sanften und nachdenklichen Blick. In Schwarzweiß umgewandelt und im High-Key-Stil reduziert sich das Bild auf pure Ästhetik und Emotion; Canon EOS 1D X mit Canon EF 70–200 mm f/2,8L IS II USM bei 155 mm, 1/320 s, Blende 5,6, ISO 800*

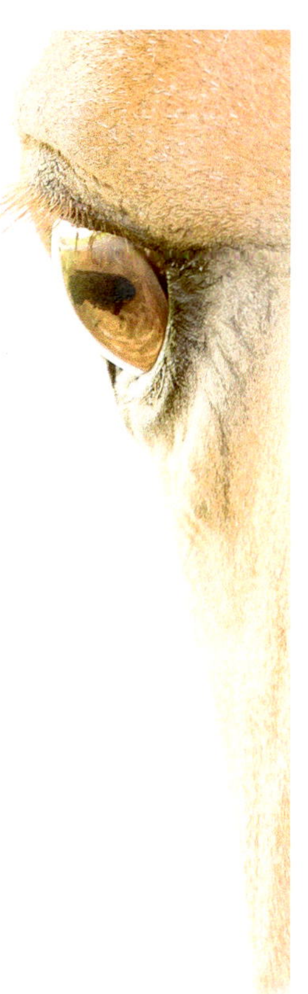

◂ *Eine kreative Bildgestaltung gehört mit zur Komposition einer High-Key-Aufnahme. Das Auge des Fuchsschecken wurde ins Eck platziert und vor einem weißen Hintergrund fotografiert. Das seitlich einfallende, diffuse Licht bringt das Auge bestens zur Geltung; Canon EOS 1D X mit Canon EF 70–200 mm f/2,8L IS II USM bei 200 mm, 1/100 s, Blende 5,6, ISO 800*

Mit der Basis, helle Motive vor einem weißen Hintergrund zu fotografieren, lassen sich High-Key-Aufnahmen aufbauen. Die gewählte Blende bewegt sich eher im offenen Bereich, da man so viel Licht wie möglich auf den Sensor bringen möchte. Um Bildrauschen zu vermeiden, sollte der ISO-Wert möglichst niedrig sein, weil verrauschte Bildanteile insbesondere bei diesen feinen und reinen Aufnahmen völlig unpassend erscheinen würden. Dennoch kann ein höherer ISO-Wert notwendig werden, um genügend Helligkeit zu erzeugen. Es kommt stets auf die vorhandenen Lichtverhältnisse an, wie hoch man mit den ISO-Werten gehen muss.

Ebenso verhält es sich mit der Belichtungszeit. Eine zu lange Belichtungszeit sollte man möglichst vermeiden, weil das Motiv ansonsten bei der kleinsten Bewegung bereits unscharf wird – es sei denn, die Unschärfe ist gewollt. Für High-Key-Bilder ist viel Licht notwendig,

▲ *Schimmelpony Charly tobt sich auf einer schneebedeckten Wiese aus. Die fliegende Mähne unterstreicht die Wildheit des Moments, und die Weichzeichnung erzeugt einen künstlerischen Touch; Canon EOS 1D X mit Canon EF 70–200 mm f/2,8L IS II USM bei 200 mm, 1/500 s, Blende 5,6, ISO 1250*

was im Studio mit leistungsfähigen Blitzen noch eher umsetzbar ist als mit natürlichem Licht. Eine starke Sonneneinstrahlung gilt es ebenso zu meiden, weil zu kontrastreiche und störende Schlagschatten entstehen können. So wählt man lieber diffuses Licht, beispielsweise durch eine dünne Wolkenschicht durchschimmerndes, gestreutes Sonnenlicht.

Ein bewölkter, aber heller Tag ist eine sehr gute Voraussetzung, um High-Key-Aufnahmen umzusetzen. Alternativ kann an einem sonnigen Tag auch im Schattenbereich von Bäumen oder Gebäuden fotografiert werden.

Ästhetik pur

High-Key-Bilder bestechen durch eine phänomenale Ästhetik und transportieren das Liebliche, Weiche, Smarte, Makellose und Unschuldige. Darum werden High-Key-Aufnahmen gerne im Beauty-, Mode- und Werbebereich umgesetzt. Man findet sie häufig auch in der Baby-, Akt- und Produktfotografie. Doch selbst in der Naturfotografie lassen sich weiße Tiere und schneebedeckte Landschaften zu bezaubernden High Keys ausarbeiten. In der Pferdefotografie bieten edle Rassen wie Araber, aber auch niedliche Ponys die perfekten Motive für High-Key-Kreationen.

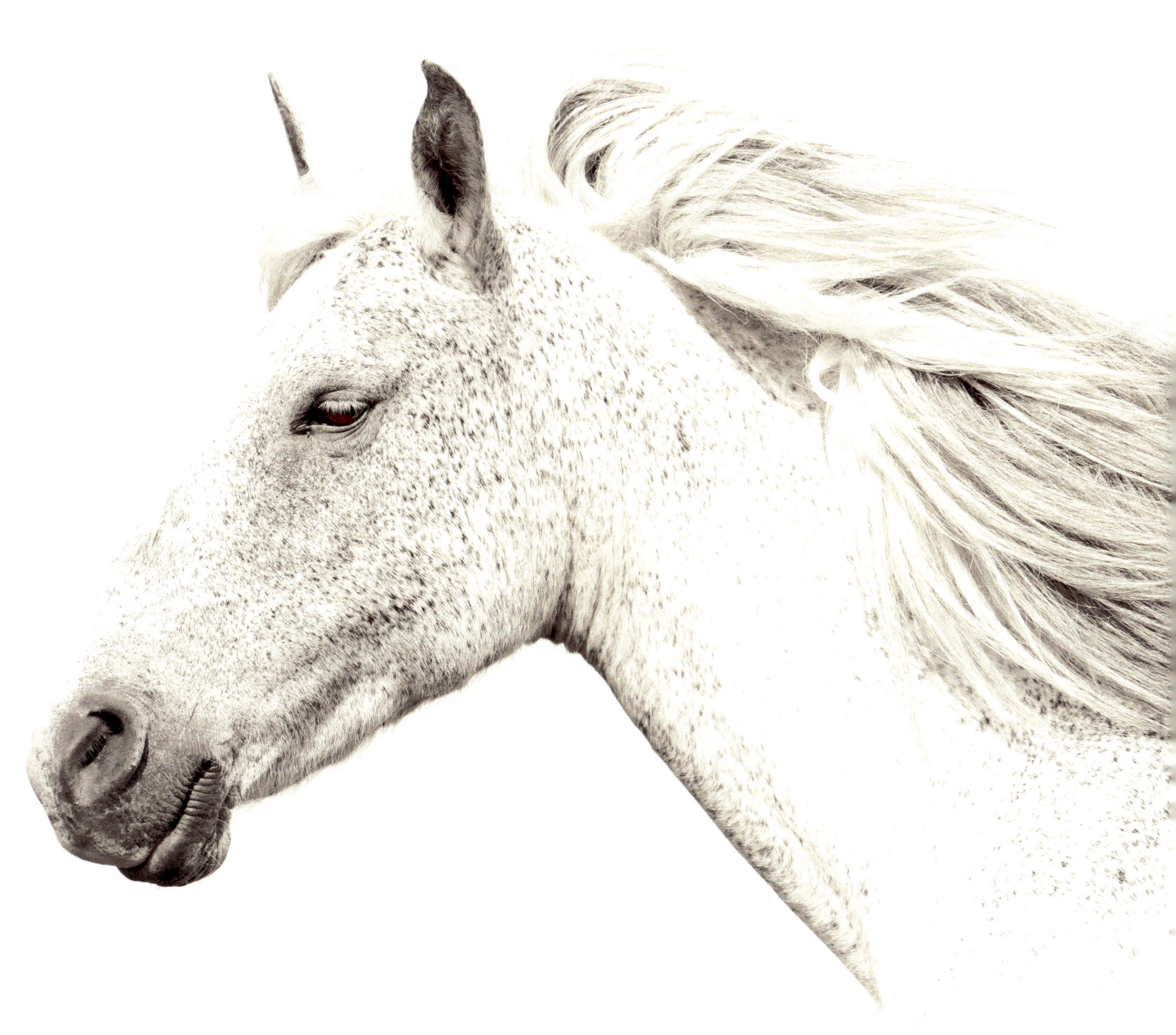

▲ Porträt einer Wildpferdestute gegen den milchigen Himmel fotografiert. Der bräunliche Grundton verleiht dem Bild ein nostalgisches Flair, dennoch hat das Foto einen ästhetischen High-Key-Charakter; Canon EOS 1D X mit Canon EF 70–200 mm f/2,8L IS II USM bei 200 mm, 1/4000 s, Blende 5,6, ISO 400

10.2 Low Key

Das Gegenstück zum High-Key-Bild stellt die Low-Key-Aufnahme dar. Anstatt der hellen Bildanteile überwiegen beim Low Key hauptsächlich dunkle und schwarze Bereiche. Sie geben den Bildern einen düsteren, geheimnisvollen, aber auch kraftvollen und edlen Charakter.

Die Parameter von Low-Key-Aufnahmen sind zu High-Key-Bildern gespiegelt. Das bedeutet, dass nun die dunklen Tonwerte das Histogramm beherrschen und sich am linken Randbereich bündeln. Die Kurve sinkt zu den Mittelwerten sehr rasch ab und läuft in Richtung der hellen Tonwerte auf einem minimalen Level weiter oder stoppt bereits bei den Mitteltönen. Ob man den gesamten Tonwertumfang nutzt, liegt wiederum an den Motiven sowie am Geschmack des Fotografen.

Ebenso bestehen unterschiedliche Vorstellungen darin, ob das Bild im korrekt belichteten Tonwertbereich gehalten werden soll oder bestimmte Flächen (Hintergrund) zeichnungsfrei bleiben können, also »absaufen« dürfen. Das kann ein komplett schwarzer Hintergrund meist gut vertragen, dennoch könnte dieser dann auch zu statisch wirken und zu viel »Totraum« erzeugen, dass Langeweile aufkommt. Er kann aber gerade ein Low-Key-Bild in seiner Ausstrahlung unterstützen, indem es das Dunkle, Schwere und Geheimnisvolle noch deutlicher betont.

Es ist sicherlich Ansichtssache, ob eine düster behaftete Zeichnung im Hintergrund vom Hauptmotiv ablenkt, Geheimnisvolles verbirgt oder zur Lebendigkeit des Bildes beiträgt. So wird man bei jeder Aufnahme neu entscheiden, ob Tonwerte in den Tiefen des Schwarz verloren gehen dürfen oder präsent bleiben sollen. Aus fotografischer Sicht ist es jedoch auch hier korrekt und professioneller, Histogrammgrenzen einzuhalten.

▼ *Eine Gegenlichtaufnahme, kurz vor Sonnenuntergang, von wildlebenden Pferden. Das Sonnenlicht streift die Rückenlinien der Pferde, sodass sich bei einer Unterbelichtung um zwei Stufen ein schöner Lichtsaum ergibt; Canon EOS 1D X mit Canon EF 70–200 mm f/2,8L IS II USM bei 200 mm, 1/500 s, Blende 8, ISO 640*

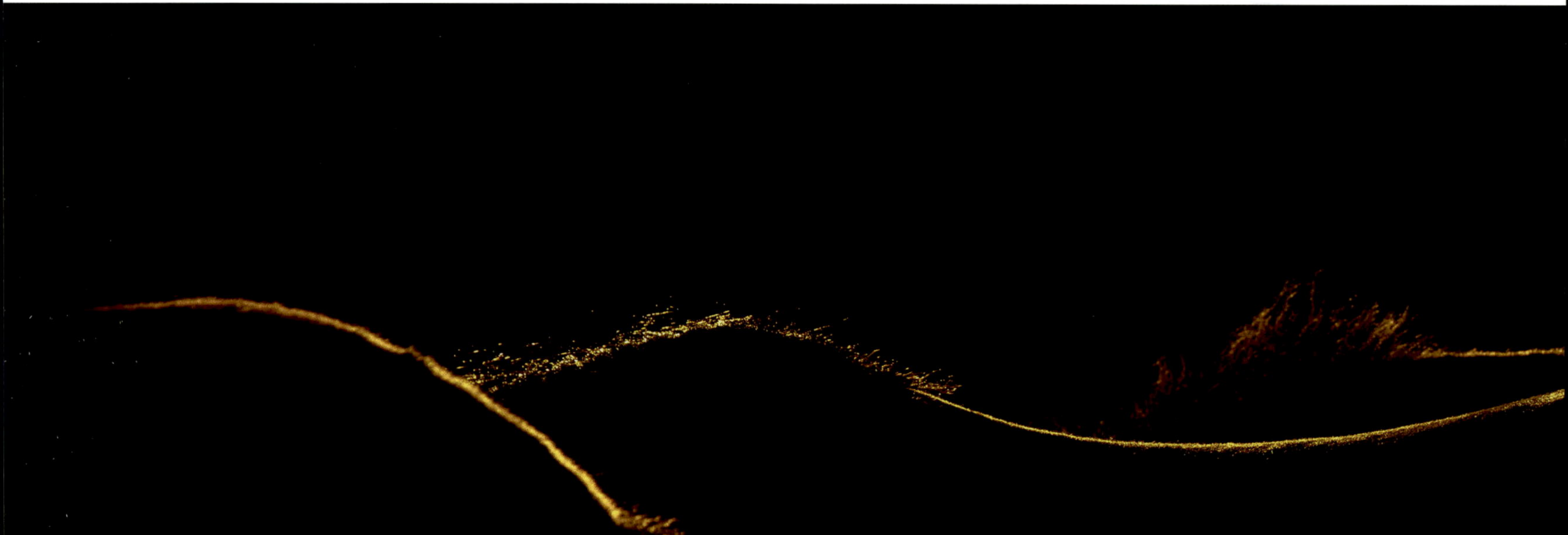

Es gelten dieselben Gesetze für eine Low-Key-Aufnahme, wie sie für das High-Key-Bild schon angewandt wurden, was die Belichtung des Bildes im Grenzbereich der Tonwerte angeht. Die hellen Tonwerte regieren das High-Key-Bild, die dunklen hingegen dominieren die Low-Key-Aufnahme. Typisch sind hauptsächlich sehr dunkle Bildanteile, wobei nur wenige Lichter einen belebenden Kontrast im Bild erzeugen.

Schwarze Magie

Düstere und geheimnisvolle Bilder entstehen durch die gezielte Auswahl von Hintergrund und Hauptmotiv. Oft wird der Hintergrund (fast) komplett schwarz gehalten. Das Hauptmotiv trägt ebenfalls einen dunklen Teint. Mit Low-Key-Bildern will man das Böse, Kraftvolle, Düstere und Mystische darstellen. In der Porträtfotografie eignen sich hierfür attraktive, muskulöse Männer, die das Starke und Männliche widerspiegeln. Durch die knappe Belichtung mischen sich Attribute wie düster, angstvoll, geheimnisumwittert und böse mit Stärke, Dominanz und Kraft, was die Bildaussage unterstreicht und in elegante und zauberhafte Bilder mündet.

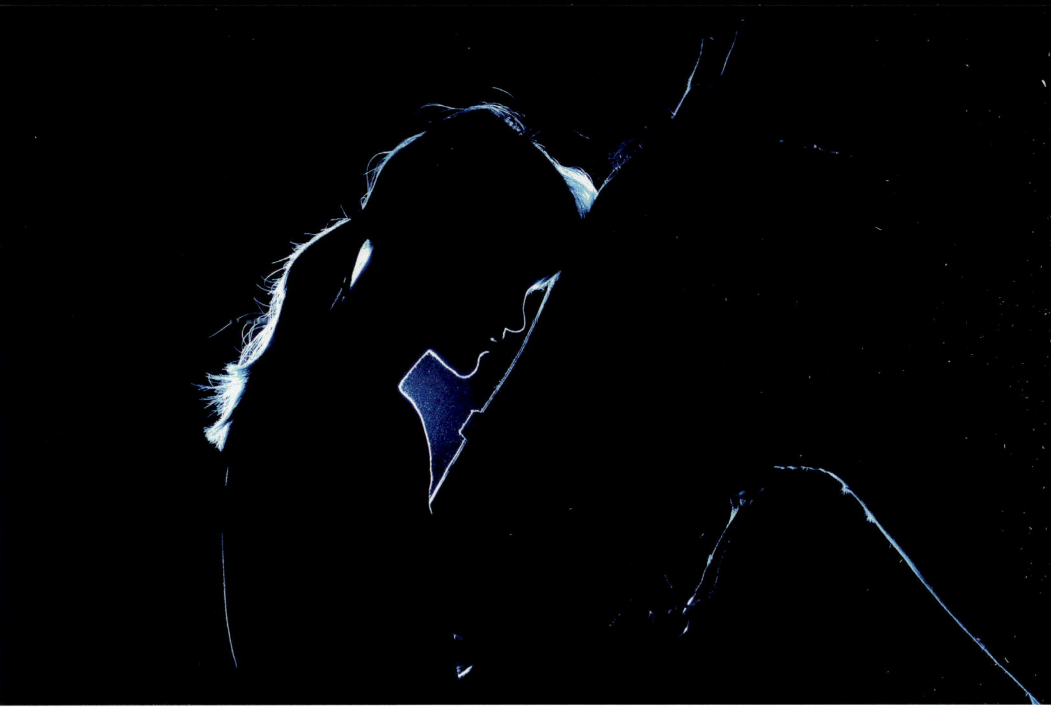

▲ *Im Studio diente ein Blitz als Gegenlichtquelle für dieses Doppelporträt von Quarter-Horse-Wallach Dusty und seiner Besitzerin Janine. Für einen blauen Lichtsaum wurde der Weißabgleich auf einen niedrigen Wert eingestellt; Canon EOS 1D X mit Canon EF 70–200 mm f/2,8L IS II USM bei 90 mm, 1/250 s, Blende 7,1, ISO 250, Studioblitz*

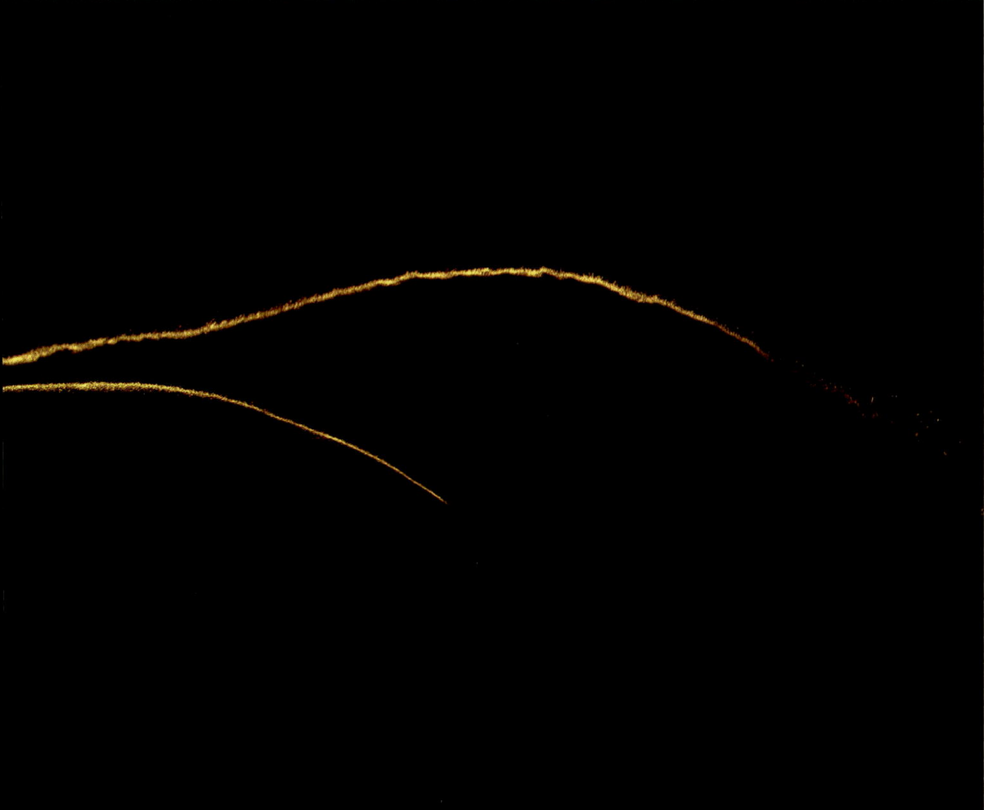

Das Pendant aus der Pferdewelt stellt unweigerlich der schwarze Hengst dar, geprägt aus Fernsehserien und Kinofilmen wie »Black Beauty« oder »Fury«. Sicherlich kann man diese klischeehaften Vorstellungen bedienen, man muss es aber nicht. Man kann mit einem dunkel gehaltenen Bild das Wilde, Starke und Edle eines Pferdes herausstellen. Ein Low-Key-Bild kann aber auch sanft, zaghaft, still und harmonisch wirken und dabei durchaus mystische Züge annehmen. So ist ein liebliches Shetlandpony ebenso als Model für eine Low-Key-Aufnahme geeignet wie ein Friesenhengst mit wallender Mähne. Nachtaufnahmen von weidenden Pferden im fahlen Mondlicht sind genauso ein adäquates Motiv wie das Kopfporträt eines Rappen mit der untergehenden Sonne als sanfte Lichtquelle.

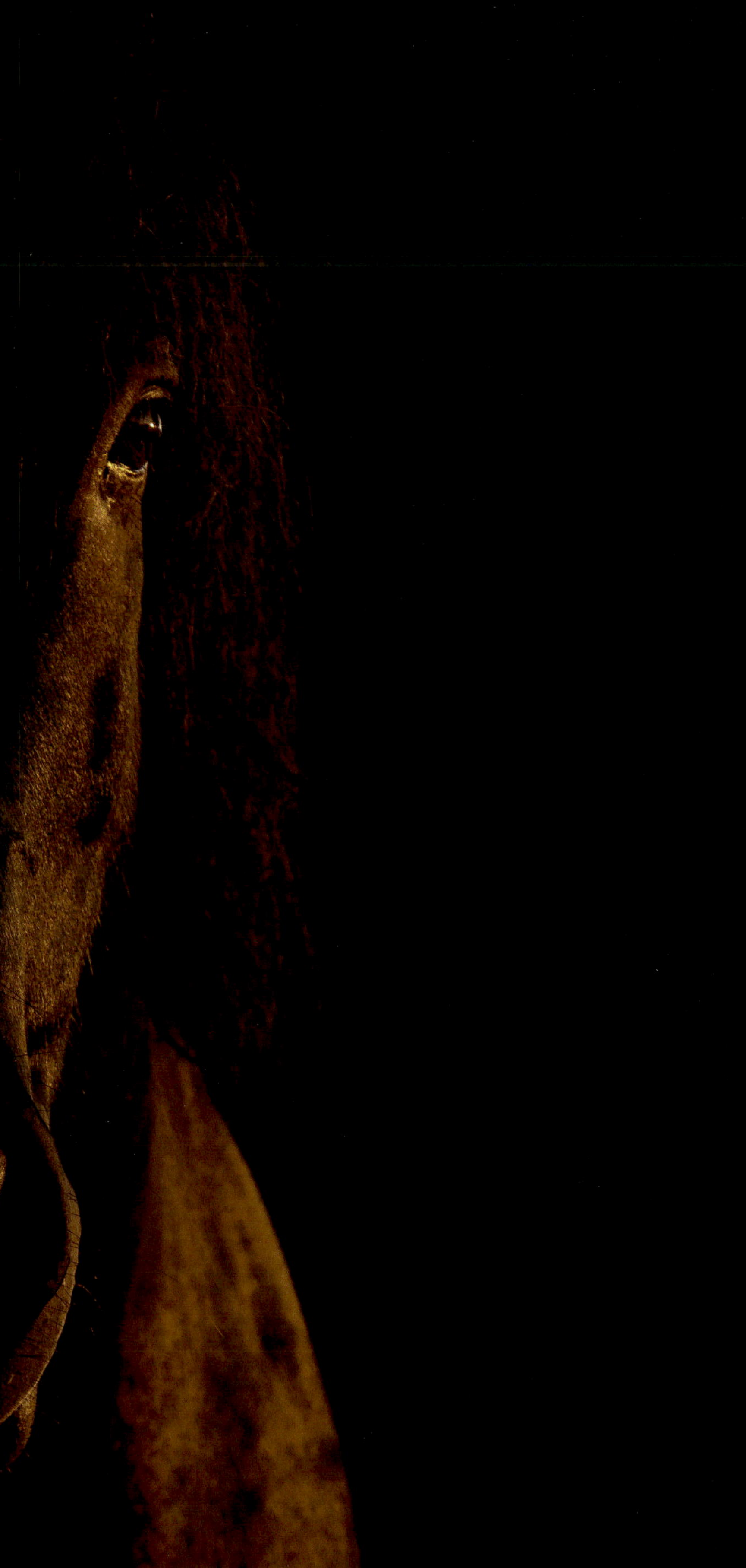

Lichtführung

Für die Umsetzung von Bildern im Low-Key-Stil ist die korrekte Lichtsetzung von elementarer Bedeutung, um die angepeilte Bildwirkung zu erzielen. Obwohl – oder gerade weil – das Low-Key-Bild mit sehr wenig Licht auskommt, muss dieses ganz gezielt arrangiert werden. Im Studio setzt man Gegenlicht, Streiflicht und Seitenlicht ein, wobei häufig nur eine Lichtquelle verwendet wird und die Schattenbereiche sich im Dunkeln verlieren. Das Motiv wird dabei hauptsächlich in seiner Form durch einen sanften Lichtsaum betont.

In der freien Natur kann hierzu insbesondere die untergehende Sonne die perfekte Lichtquelle darstellen. Das absolut weiche Licht, das hierfür passend erscheint, bekommt man allerdings nur für einige Minuten geschenkt, bevor sich die Sonne hinterm Horizont verabschiedet. Es gilt also, zügig zu arbeiten und die passende Position mit einem dunklen Hintergrund schon im Vorfeld festzulegen. Ein idealer Hintergrund kann ein Wald oder der Eingang in eine dunkle Scheune sein. Wichtig ist, dass die Lichtquelle nicht frontal auf das Hauptmotiv trifft, sondern als Seiten- oder leichtes Gegenlicht fungiert.

◂ *Bei diesem kreativ gestalteten Halbporträt von Merenswallach Bonny nutzte ich für die Low-Key-Aufnahme das schwache Licht kurz vor Sonnenuntergang. Bonny wurde vor einem schwarzen Hintergrund platziert und im seitlich einfallenden Sonnenlicht nur knapp belichtet; Canon EOS 1D X mit Canon EF 70–200 mm f/2,8L IS II USM bei 200 mm, 1/320 s, Blende 5,6, ISO 800*

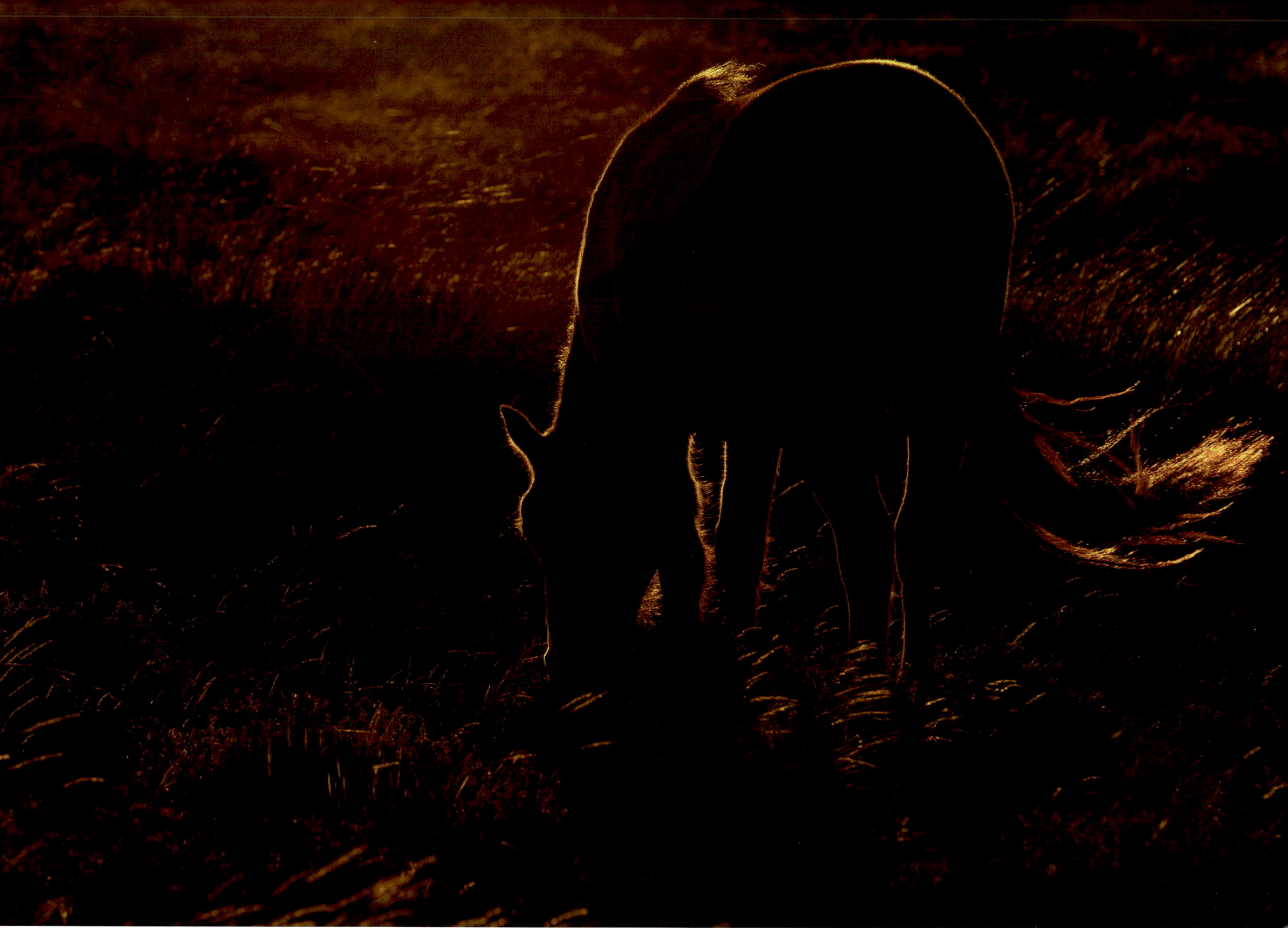

▲ *Nicht immer muss der Hintergrund bei einer Low-Key-Aufnahme komplett schwarz gestaltet sein: Oft reicht schon eine knappe Belichtung aus, um den Low-Key-Charakter zu verwirklichen wie bei diesem weidenden Wildpferd im Gegenlicht der untergehenden Sonne; Canon EOS 1D X mit Canon EF 70–200 mm f/2,8L IS II USM bei 190 mm, 1/2500 s, Blende 8, ISO 800*

Da die Kamera in der automatischen Einstellung stets bemüht ist, ein Bild ausgeglichen zu belichten, muss eine Low-Key-Aufnahme wiederum manuell gesteuert werden. Je nach Grundhelligkeit muss man mehr oder weniger unterbelichten. Es bietet sich an, die Parameter komplett im manuellen Modus einzustellen. Es gibt in diesem Fall kaum ein zu wenig an Licht, was die Umsetzung einer Low-Key-Aufnahme durchaus erleichtern kann. Dennoch muss man die Einstellungen exakt im Auge behalten, damit ISO-Werte, Belichtungszeit und Blende gut aufeinander abgestimmt werden können.

Da die Aufnahme dunkel gehalten, aber in den Tiefen nicht zulaufen soll, sollte die Belichtungswarnung der Kamera aktiviert sein. So kann man immer noch die Blende etwas öffnen oder die Belichtungszeit verlängern, wenn zu viele Bereiche einen Tonwertabriss im Schwarzbereich verzeichnen. Eine Spotmessung auf die Lichter kann die richtige Belichtung des Low-Key-Bildes ebenfalls unterstützen.

10.3 Color Key

Zugegeben, bei der Umsetzung eines Bildes in ein Color Key kommt ein wenig mehr Bearbeitung am PC ins Spiel als für den normalen Workflow zur Entwicklung einer Raw-Datei notwendig ist. Der Aufwand ist jedoch nicht groß, und wenn man schon an den Reglern dreht, bietet es sich in manchen Fällen an, den einen oder anderen Schritt im Bildbearbeitungsprogramm hinzuzufügen, um einen tollen Effekt zu erzeugen.

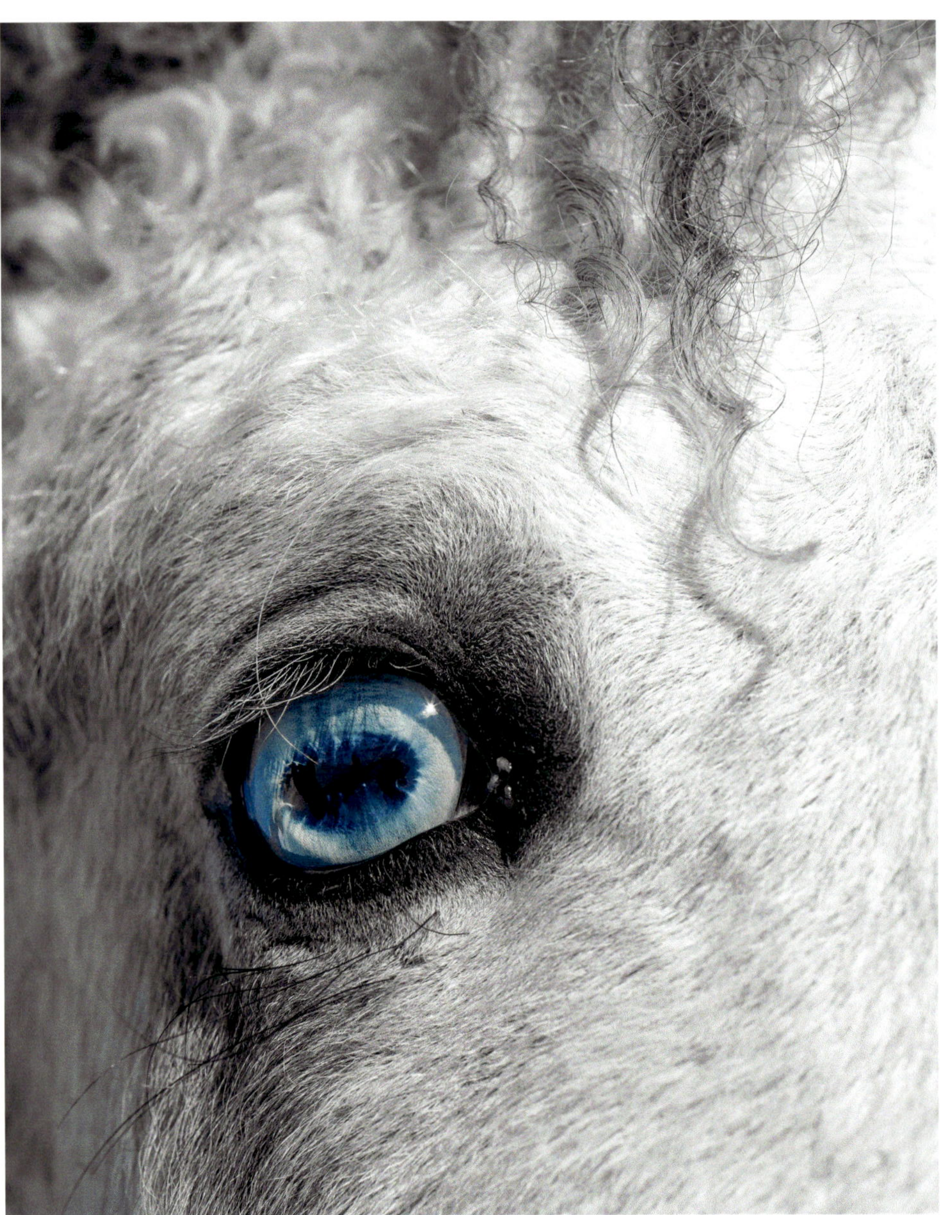

Bei einem Color Key handelt es sich um ein Bild, das überwiegend in Grautönen gehalten wird. Allerdings behalten entweder ein ausgesuchtes Element oder auch mehrere Objekte im Bild ihre Farbe. Das eingefärbte Element kann lediglich einen einzigen Farbton aufweisen, mit Farbschattierungen ausgestattet sein oder auch mehrere Farbanteile besitzen. Meist wählt man als »Hingucker« ein Objekt mit einer markanten Farbe aus.

Eye-Catcher

Bei einem Color Key geht es darum, das Auge des Bildbetrachters gezielt auf einen Punkt zu lenken. Farbe hat eine starke Anziehungskraft und ist bestens geeignet, um für den richtigen Blickfang zu sorgen. Eine isolierte Farbe wirkt als mächtiger Eye-Catcher und kann die Bildaussage komplett verändern. Deshalb eignet sich nicht jedes Bild für die Umsetzung in ein Color Key. Die Frage stellt sich, was man mit dieser Bearbeitungsvariante erreichen möchte.

◂ *Die gelockte Mähnenstruktur und die ohnehin graue Fellfarbe des Curlywallachs Blue vertragen eine Umsetzung in Schwarzweiß. So kann mit einer Color-Key-Bearbeitung sein blaues Auge noch stärker in Szene gesetzt werden; Canon EOS 1D X mit Canon EF 70–200 mm f/2,8L IS II USM bei 155 mm, 1/800 s, Blende 11, ISO 400*

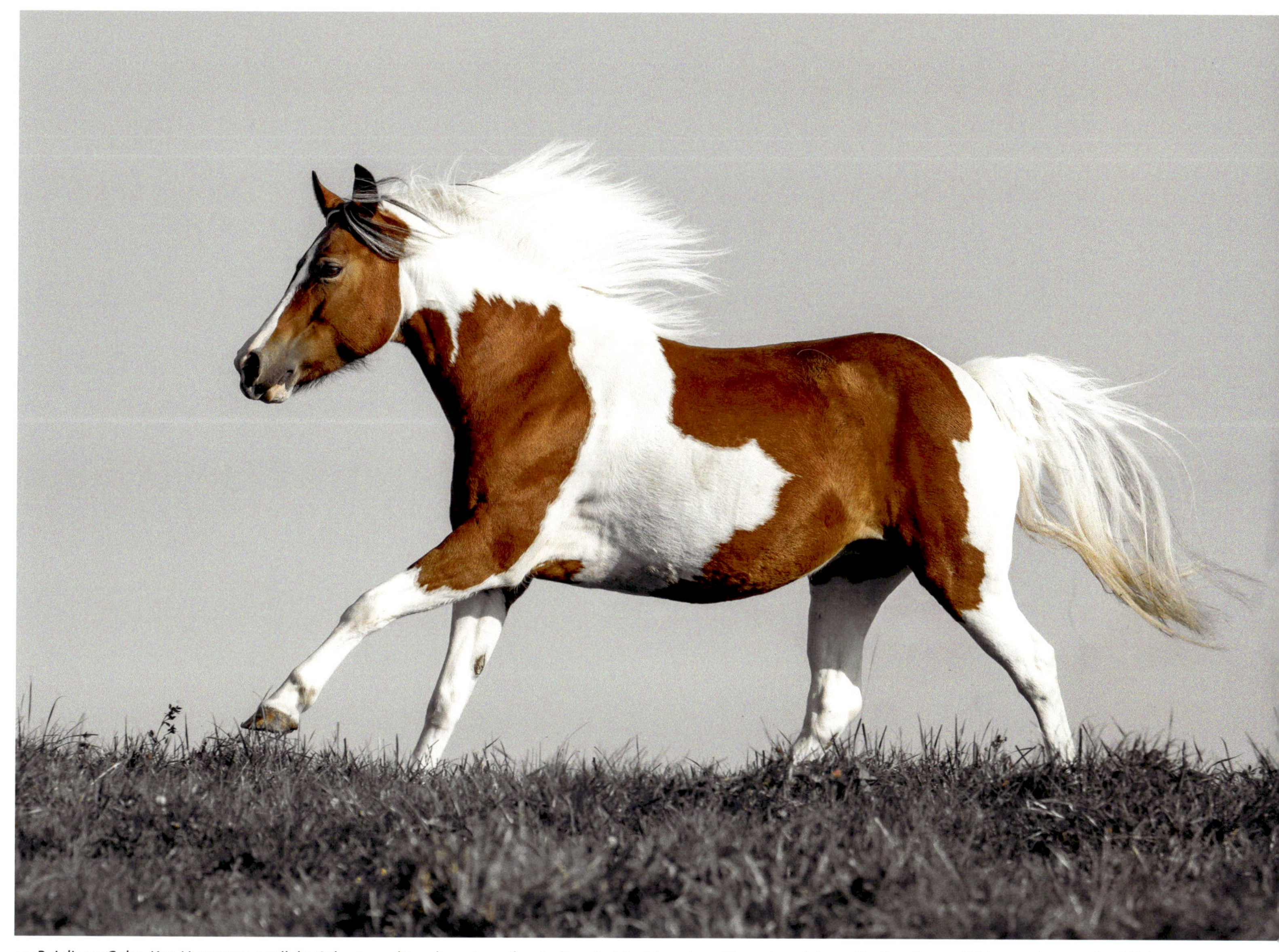

▲ *Bei dieser Color-Key-Umsetzung soll der Schwerpunkt verlagert werden, indem der kitschige blaue Himmel und das sattgrüne Gras entfärbt wurden, um den Blick auf die Scheckung des Pferdes zu richten und dem Bild mehr Ausgeglichenheit zu verleihen; Canon EOS 1D Mk IV mit Sigma EF 150–600 mm f/5-6,3 DG OS HSM Contemporary 015 bei 260 mm, 1/2500 s, Blende 8, ISO 640*

Will man ein Hauptmotiv besser herausstellen, was mithilfe einer Farbe selbstverständlich gut funktioniert, muss man sich aber fragen, ob die grundsätzliche Bildgestaltung im Originalbild optimal ist. Ist es nötig, mit einer Farbe nachzuhelfen, könnte das Hauptmotiv in der Originalaufnahme von zu vielen Nebensächlichkeiten gestört sein. Braucht ein gutes Bild darum überhaupt die Umsetzung in ein Color Key oder zerstört es vielmehr die Bildaussage?

Was Color Key bewirken kann

Color-Key-Bilder können die Bildaussage drastisch verändern. Alles ist möglich: verbessern, verschlechtern, verschlimmbessern, verändern, verstärken und vieles mehr.

Es ist deshalb wichtig zu wissen, welche Änderungen der Bildaussage Color-Key-Bearbeitungen zur Folge haben können.

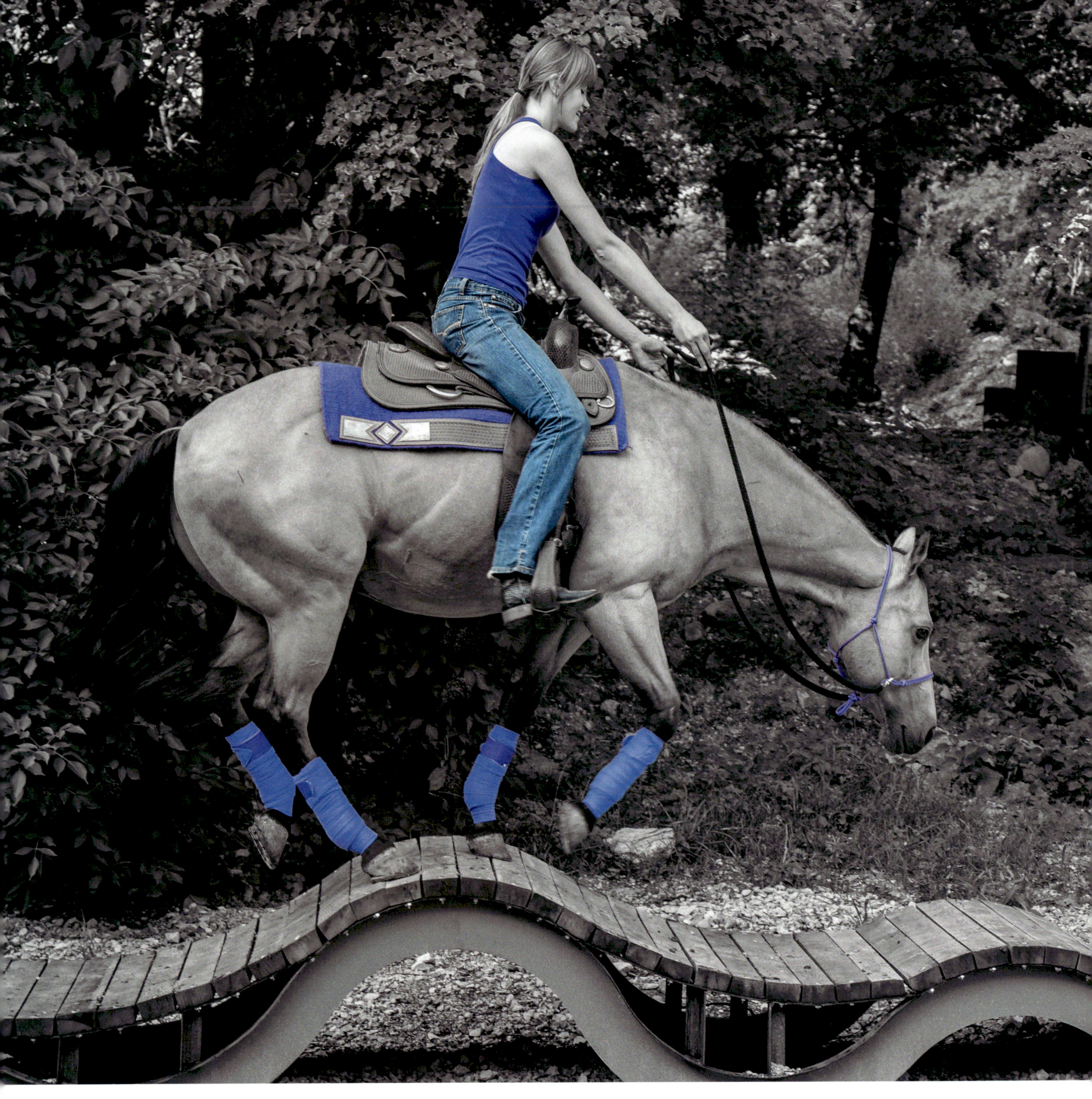

Color Keys können unter anderem:

- die Bildgeschichte verändern
- das Hauptmotiv stärker in Szene setzen
- ein Nebenmotiv zum Hauptmotiv machen
- die Blickführung verändern
- Bildelemente verbinden
- den Schwerpunkt verlagern oder einen Ausgleich schaffen

All diese Einflüsse können ein Bild sowohl optimieren, um beispielsweise eine angestrebte Bildaussage zu unterstützen, sie gezielt in eine neue Richtung zu führen, oder die Aufnahme durchaus auch verschlechtern. Dies insbesondere dann, wenn ein unwichtiges Element durch die Farbverleihung zum Hauptmotiv erkoren wird, während der Bildaufbau keineswegs darauf ausgerichtet ist.

Voraussetzungen

Es bedarf deshalb genauer Überlegungen, welche Bilder man einer Color-Key-Bearbeitung unterzieht und bei welchen man es lieber unterlassen sollte. Grundsätzlich jedoch sollte sich ein Bild für eine Schwarzweißumwandlung eignen (s. Kap. 8 »Grauzonen«). Gute Kontraste, Formen und Linien sollten auf Farbe im Bild verzichten können. Hat die Farbe für das Hauptmotiv eine entsprechende Gewichtung, ist das Bild für eine Color-Key-Umsetzung brauchbar. So kann das besonders gefärbte Auge eines Pferdes in einer Detailaufnahme durch eine Color-Key-Bearbeitung hervorgehoben werden.

Blue Eyes

Blaue Augen findet man häufig bei Pferden, die mit wenig Pigmenten ausgestattet sind. Wenn die pigmentlosen Stellen eines gescheckten Pferdes (Pinto) über das Auge reichen, fehlt dem sonst braunen Auge die Farbe, und es erscheint blau. Auch Cremellos (genetisch gesehen doppelt aufgehellte Füchse) sind mit blauen Augen ausgestattet. Ohne Frage sind blaue Augen ein »Eye-Catcher«, wenn aus züchterischer Sicht auch nicht immer erwünscht, da diese Pferde oft sehr lichtempfindlich sind. Nichtsdestotrotz ist es für den Fotografen eine willkommene Gelegenheit, ein Color Key umzusetzen. Im Prinzip ist es denkbar einfach, ein Color-Key-Bild zu erstellen. Vor der Farbselektion jedoch bearbeitet man das Bild zunächst nach dem üblichen Modus, optimiert die Tonwerte, überprüft die Belichtung und achtet besonders auf einen guten Kontrast.

Es gibt mehrere Möglichkeiten der Bildbearbeitung. Entweder man schützt das farbige Element durch eine Ebenenmaske (z.B. in Photoshop) und entsättigt die unmaskierten Bildbereiche, oder man entsättigt alle Farben des Bildes komplett, bis auf die Farbe des jeweiligen ausgewählten Elements. Letzteres ist denkbar einfach, kann aber dazu führen, dass die ausgewählte Farbe noch in anderen Bildelementen vorhanden ist. Hier müsste man dann eventuell mit dem Korrekturpinsel selektiv nacharbeiten, oder man belässt die Farbe komplett im Bild.

◂ Bei dieser Color-Key-Umsetzung soll die Bildaussage komplett verändert werden. Der Fokus richtet sich dabei nicht mehr auf das Pferd und seine Aktion, die Wellenbrücke in vorbildlicher Manier zu bewältigen, sondern allein auf die Ausrüstung von Pferd und Reiter in abgestimmtem Farbton; Canon EOS 5D Mark III mit Canon EF 24–105 f/4 IS USM bei 65 mm, 1/200 s, Blende 7,1, ISO 1250

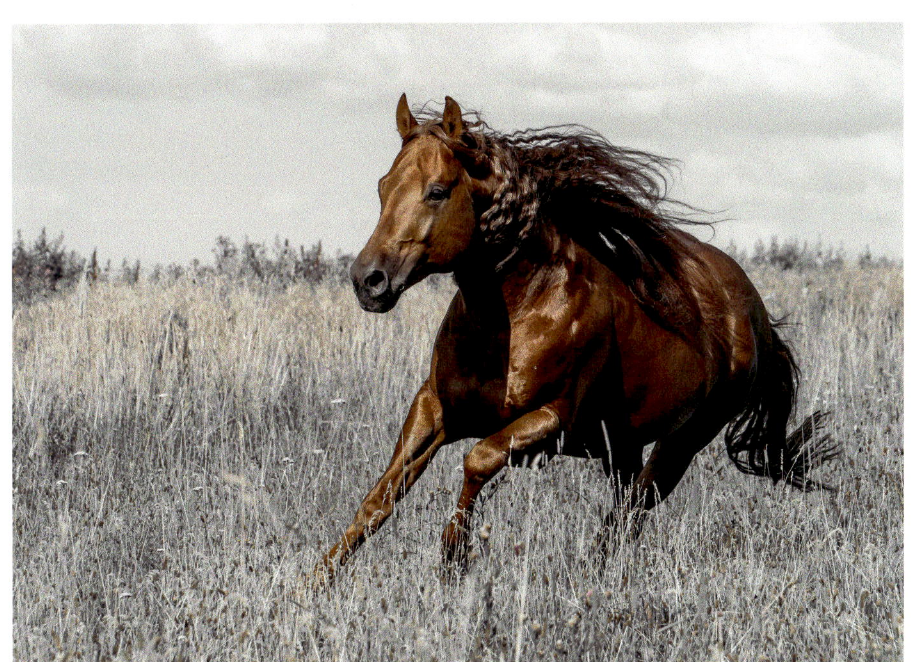

▴ Nachdem die Hintergrundfarben entsättigt wurden, bleiben in diesem Bild einige vertrocknete Blütenknospen, die denselben Farbton wie das Pferd besitzen, koloriert. Wem dies nicht gefällt, kann die verbliebenen Farbelemente mithilfe einer Ebenenmaske oder eines Korrekturpinsels eliminieren; Canon EOS 1D X mit Canon EF 70–200 mm f/2,8L IS II USM bei 110 mm, 1/3200 s, Blende 6,3, ISO 800

11 Studiofotografie

Pferde im Studio zu fotografieren, bedarf spezieller Voraussetzungen an Equipment, Location und Wissen im Umgang mit der Blitztechnik und Lichtführung. Studiofotos haben aber einen besonderen Charme und bringen die Anmut der Pferde vor einem neutralen Hintergrund besonders zur Geltung. Die Arbeit im Studio lässt außerdem viele kreative Umsetzungen in Form unterschiedlicher Lichtführungen und Posen zu.

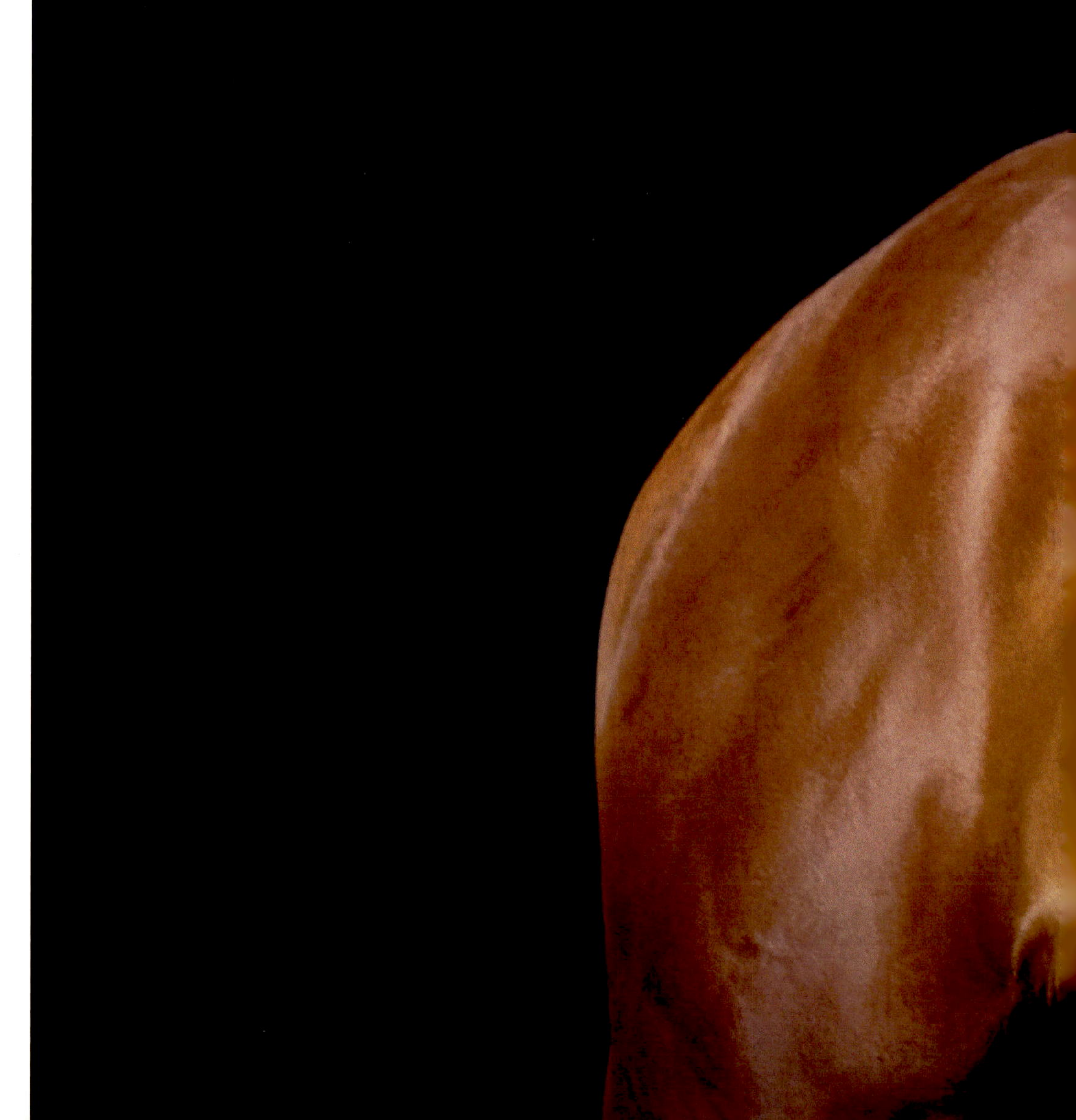

▸ *Ein ausdrucksstarkes Porträt des Quarter-Horse-Wallachs Tucker; Canon EOS 1D X mit Canon EF 70–200 mm f/2,8L IS II USM bei 135 mm, 1/250 s, Blende 7,1, ISO 250, zwei Studioblitze*

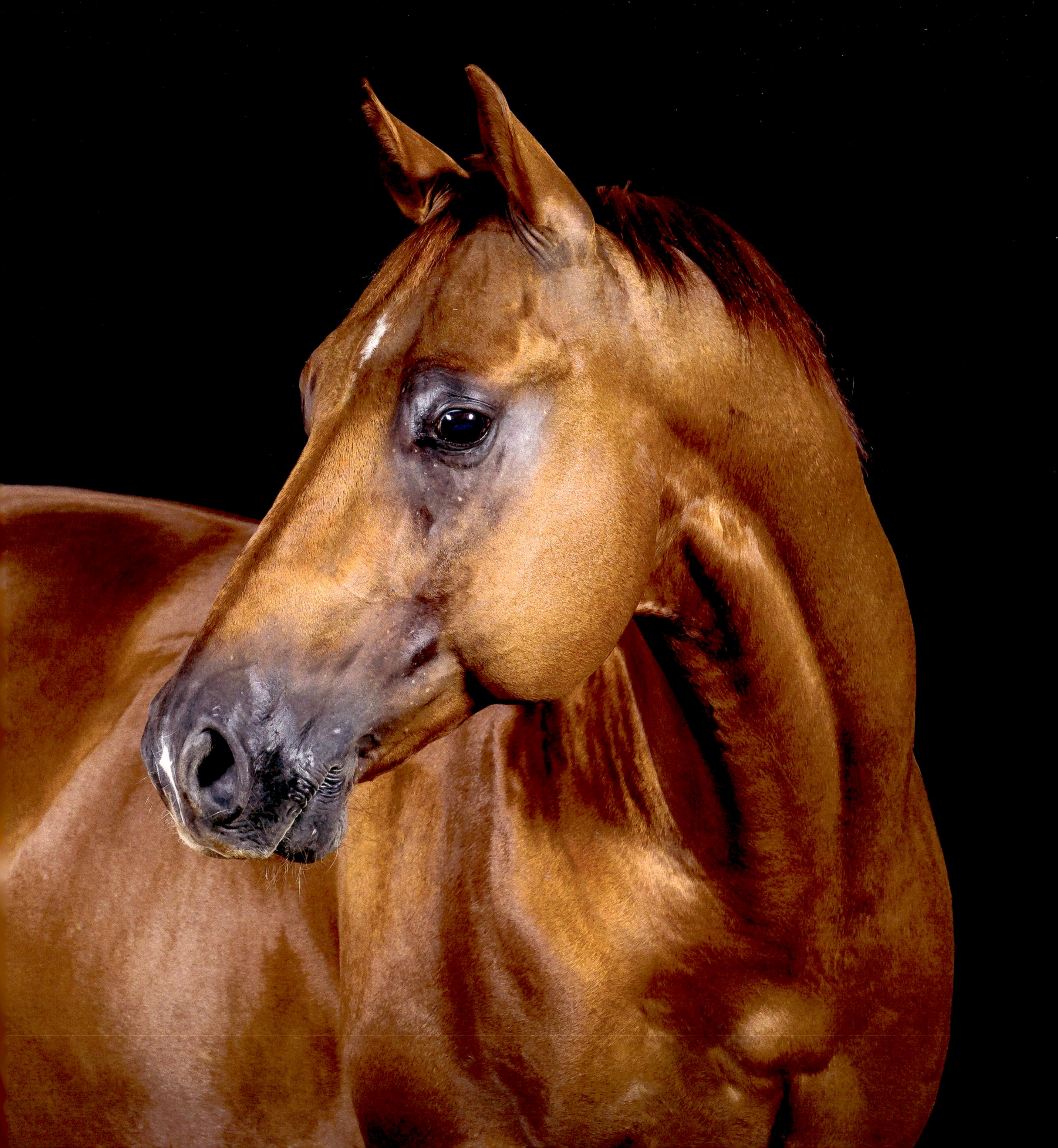

11.1 Zauber des Lichts

Fotografieren im Studio hat einen entscheidenden Vorteil: Man ist weitgehend wetterunabhängig! Dies wissen vor allem Outdoorfotografen dann zu schätzen, wenn sie genügend oft bei Schneesturm, Regen, Kälte und steifem Wind oder bei sengender Hitze entweder frierend, nass oder durchgeschwitzt im Gelände ausharren mussten.

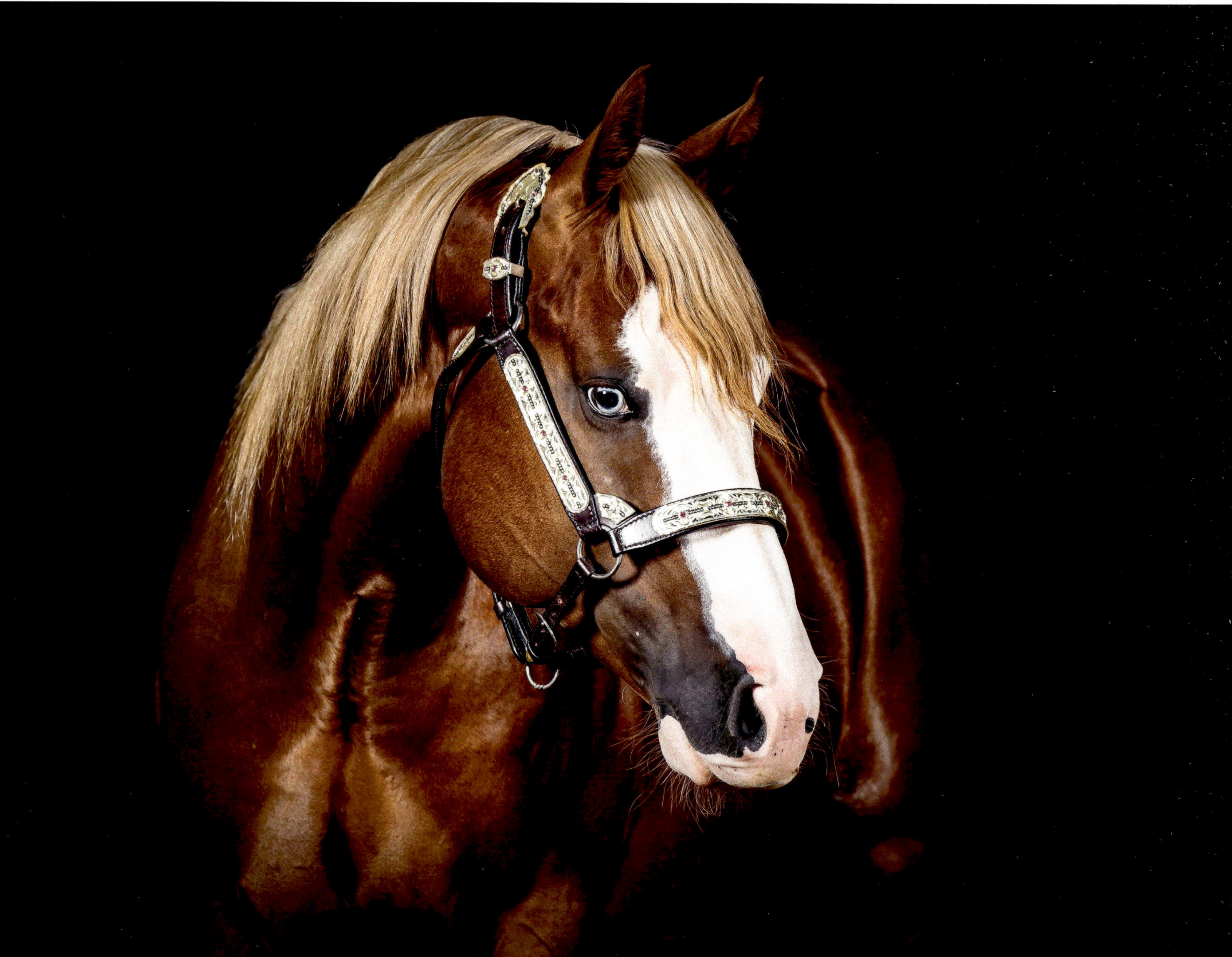

Die Arbeit hinter der Fotokamera ist nicht immer ein reines Vergnügen, und so lernen auch hartgesottene Tageslichtfotografen die Indoorfotografie zu schätzen. Ganz abgesehen davon wirken Studiofotos sehr reizvoll und originell. Durch spezielle Lichtsetzungen und ruhige Hintergründe kommen vor allem Kopfporträts in einer sehr ansprechenden Weise zur Geltung. Doch auch Ganzkörperporträts und Bewegungsaufnahmen sind im Studio möglich.

Anforderungen

Eine übliche Fotostudioausrüstung reicht für die Arbeit mit Pferden allerdings meist nicht aus, sondern muss an die Anforderungen von Pferden angepasst werden. So müssen der Hintergrundstoff höher und breiter, die Blitze leistungsfähiger und die Lichtformer größer sein. Die Tiere haben nun mal ein mächtigeres Körpervolumen als Mensch, Hund und Katze. Sie können kaum in ein stationäres Homestudio transportiert werden. Aus diesem Grund kommt der Pferdefotograf normalerweise mit einem mobilen Studio in den Stall.

Vor Ort wird ein größerer Raum wie eine Reithalle oder eine Scheune benötigt, um das Equipment für ein Pferdeshooting aufzubauen. Zur Standardausstattung gehören ein Hintergrundstoff (meist in Schwarz) sowie eine Blitzanlage.

Der Hintergrundstoff wird entweder durch Stative getragen oder an Balken und Träger des Gebäudes befestigt. Der Fotograf wird ein bis drei Blitze und diverse Lichtformer (Reflektorschirme, Softboxen etc.) auf Stative montieren und seine Kamera mit einem funkgesteuerten Blitzauslöser versehen. Schon kann das Studioshooting beginnen.

Zunächst ist es wichtig, dass sich das jeweilige Pferd an die seltsamen Gerätschaften, die plötzlich in der Reit-

◀ Quarter-Horse-Hengst Gotta Custom Turbo im Porträt. Im Blitzlicht kommen das kupferfarbene Fell sowie die Körperkonturen sehr gut zum Ausdruck (Retusche: Führstrick); Canon EOS 1D X mit Canon EF 70–200 mm f/2,8L IS II USM bei 160 mm, 1/250 s, Blende 7,1, ISO 250, zwei Studioblitze

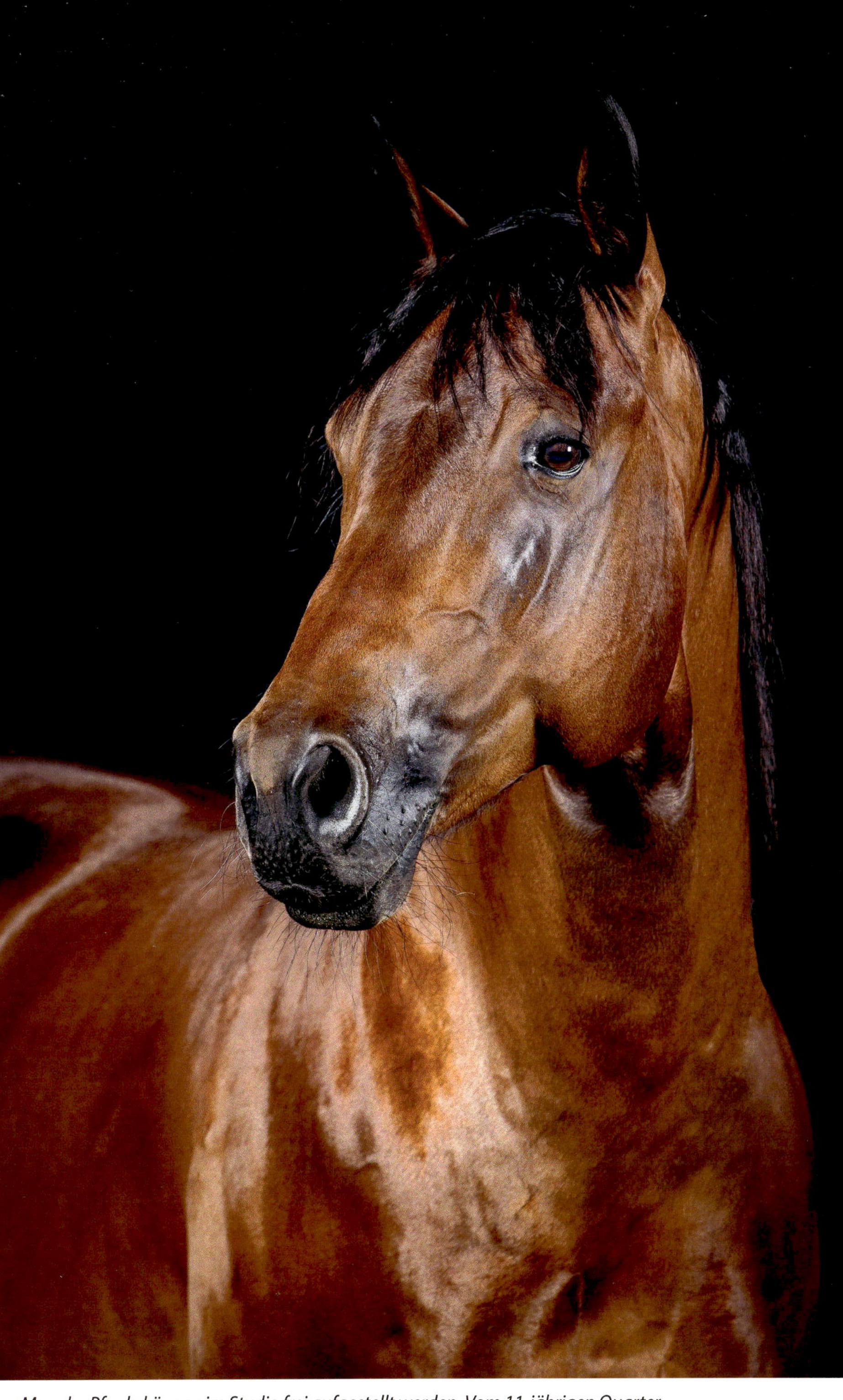

▲ Manche Pferde können im Studio frei aufgestellt werden. Vom 11-jährigen Quarter-Horse-Wallach San Jo Ray konnte somit dieses ansprechende Porträt angefertigt werden; Canon EOS 1D X mit Canon EF 70–200 mm f/2,8L IS II USM bei 200 mm, 1/250 s, Blende 7,1, ISO 250, zwei Studioblitze

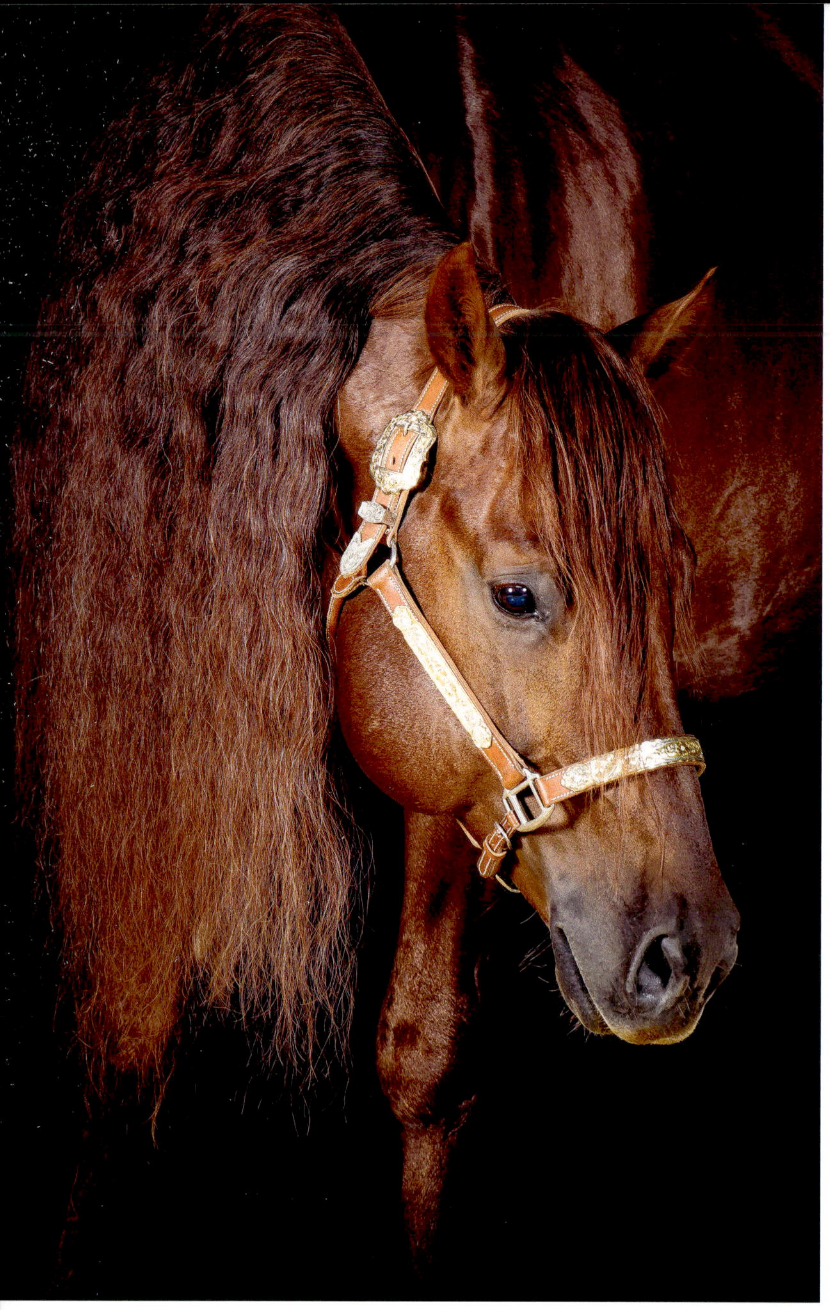

▲ *Quarter-Horse-Hengst Customized Crome besticht durch seine charmante Ausstrahlung bei dieser Porträt-Umsetzung. Der in die Tiefe geführte Kopf bringt seine Mähnenpracht noch besser zur Geltung (Retusche: Führkette); Canon EOS 1D X mit Canon EF 70–200 mm f/2,8L IS II USM bei 200 mm, 1/250 s, Blende 8, ISO 250, zwei Studioblitze*

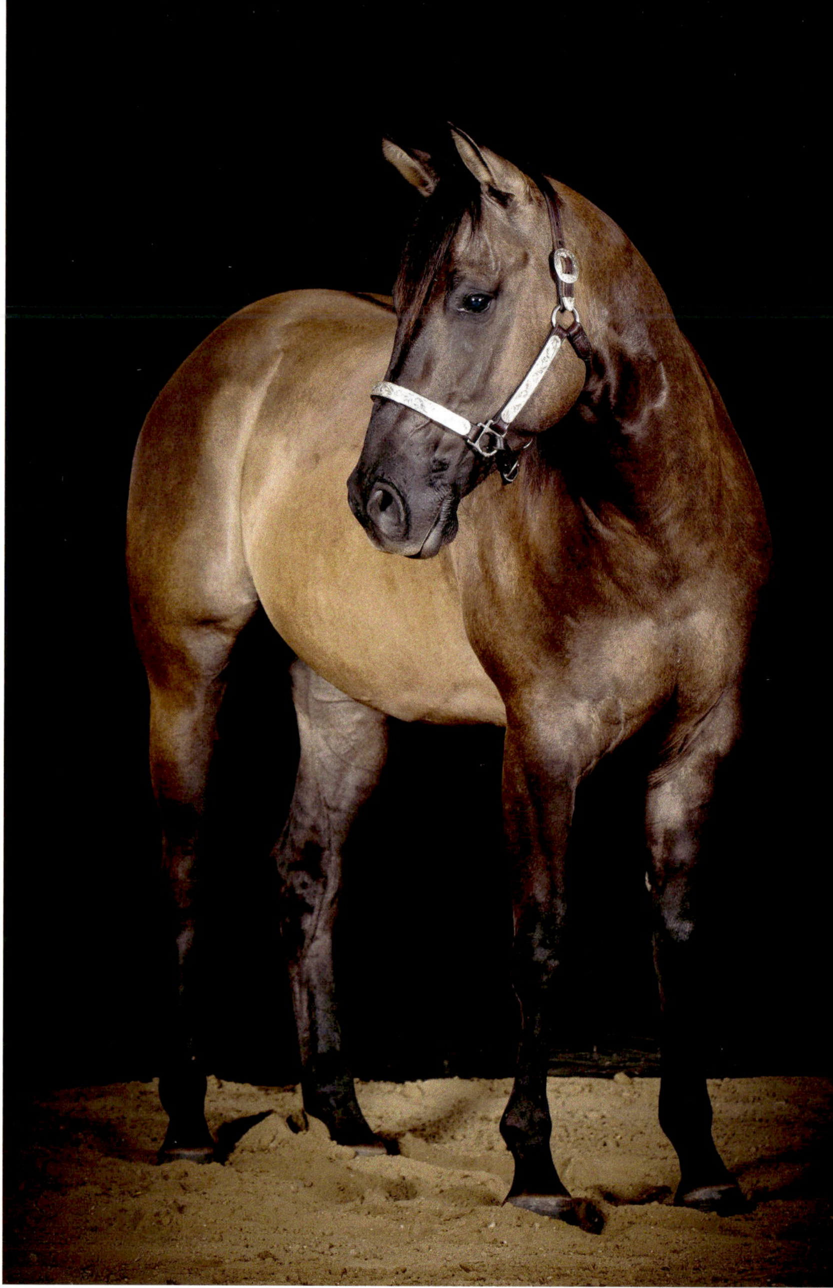

▲ *Der Quarter-Horse-Wallach Kess As Jaz in einer für Westernpferde üblichen geschlossenen Aufstellung. Die Halsbiegung mit Blick in die entgegengesetzte Stellungsrichtung platziert den Kopf vor den Körper. Auf diese Weise wirkt das Pferd kompakt und das Bild in sich geschlossen (Retusche: Führstrick); Canon EOS 1D X mit Canon EF 70–200 mm f/2,8L IS II USM bei 120 mm, 1/250 s, Blende 7,1, ISO 250, zwei Studioblitze*

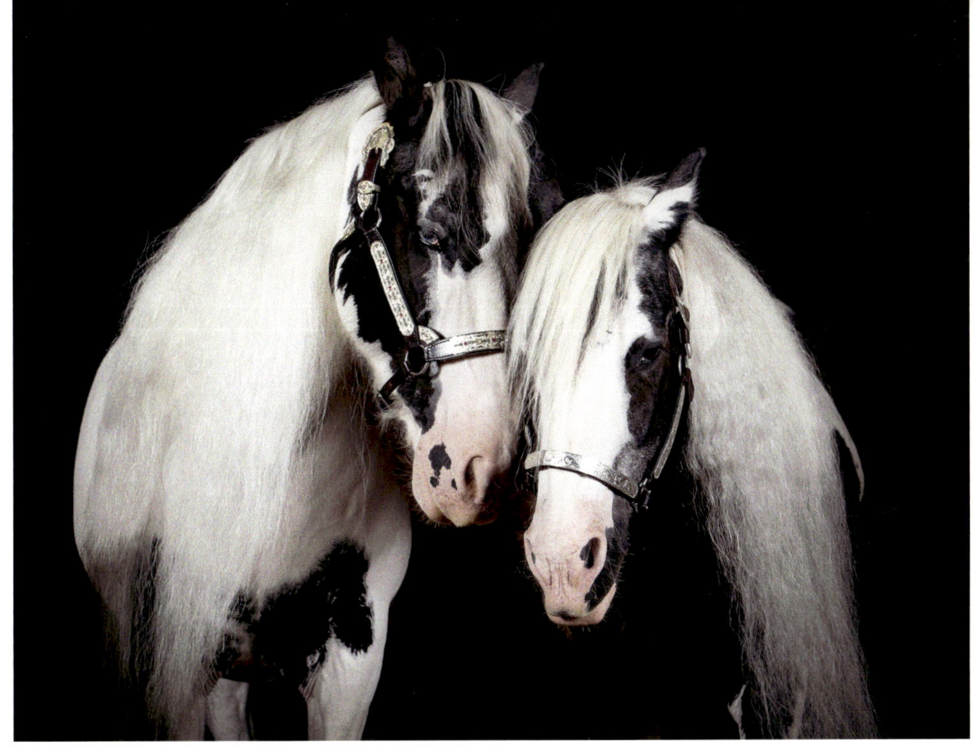

◀ *Die beiden Tinker Chicco und Sparky sind unzertrennliche Freunde und zeigen ihre Zuneigung auch bei diesem Doppelporträt im Studio; Canon EOS 1D X mit Canon EF 70–200 mm f/2,8L IS II USM bei 105 mm, 1/250 s, Blende 7,1, ISO 250, zwei Studioblitze*

halle stehen, gewöhnen kann. Der Pferdebesitzer sollte sein Reittier deshalb einige Minuten in der Halle führen und es am Hintergrundstoff und den Stativen schnuppern lassen. Die Halle ist den meisten Pferden jedoch vertraut, sodass sie die neuen Accessoires in der Regel recht schnell akzeptieren.

Für die ersten Probeaufnahmen sollte der Pferdebesitzer sein Pferd stets am Halfter und Führstrick sichern. Der Fotograf testet die Blitzleistung und die Reaktion des Pferdes auf die Blitze. Die meisten Pferde akzeptieren die Blitze völlig problemlos und verbinden keinerlei Gefahr damit. Fühlt sich das Pferd wohl, können die Motivumsetzungen beginnen.

Porträts und Standbilder

Für ästhetische Porträts und Aufstellbilder verwendet man dieselben Standardposen, wie sie in Kap. 3.2 »Aufstellbilder« beschrieben sind. Hierzu werden meist zwei Blitze von beiden Seiten eingesetzt, um eine gleichmäßige Ausleuchtung zu erhalten. Die Blitze sollten in einer dem Pferd angemessenen Höhe platziert werden, damit weder der Bauch noch der Rücken beschattet werden. Hierzu tragen auch genügend große Lichtformer bei, die das Blitzlicht auf das ganze Pferd lenken, damit nicht nur partielle Anteile erhellt werden.

Der Abstand der Blitze zum Pferd muss entsprechend angepasst sein. Sowohl große Lichtformer als auch sehr leistungsfähige Blitze sind vonnöten, um eine gute Ausleuchtung zu erhalten. Die Art der Lichtformer sind ebenfalls wichtig für die Arbeit im Studio. Mit Softboxen wird das Licht nicht nur weicher, sondern kann auch besser

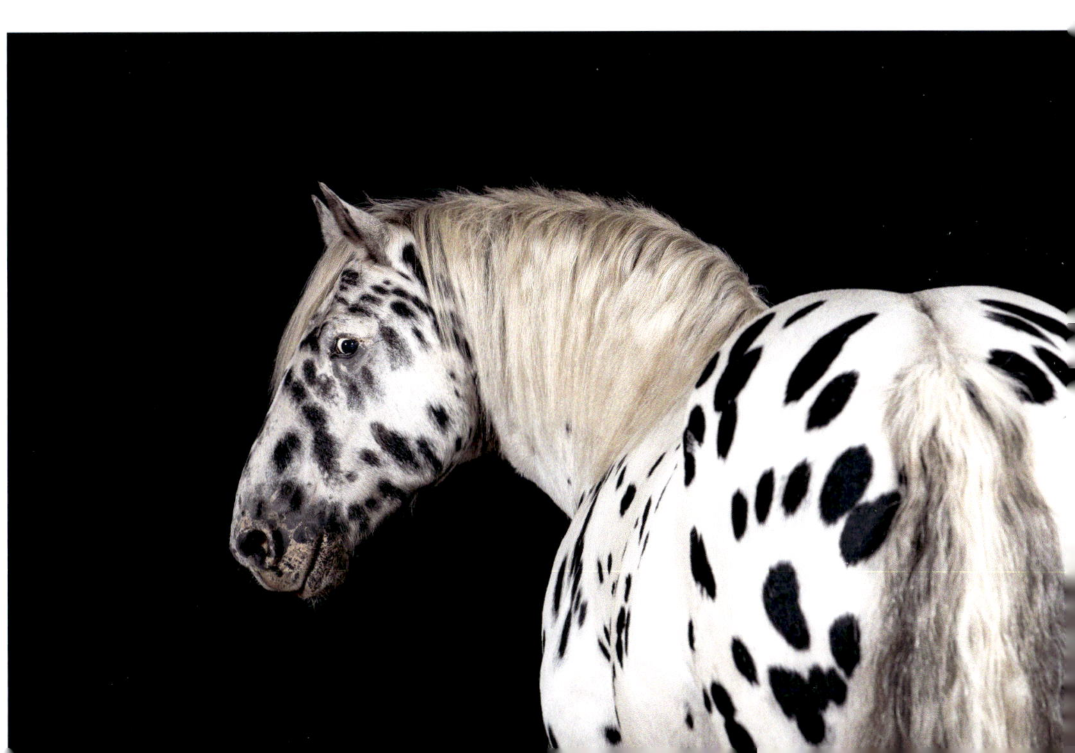

▶ *Ebenfalls eine sehr beliebte Pose: Norikerwallach Reindi Elmar steht mit der Kruppe zum Fotografen. Der Anschnitt zeigt die hübsche Tigerscheckenzeichnung auf der Kruppe, der Blick zur Seite ermöglicht ein Seitenprofil des Kopfes, wobei die Halsung des Pferdes zusätzlich betont wird; Canon EOS 1D X mit Canon EF 70–200 mm f/2,8L IS II USM bei 160 mm, 1/250 s, Blende 7,1, ISO 250, zwei Studioblitze*

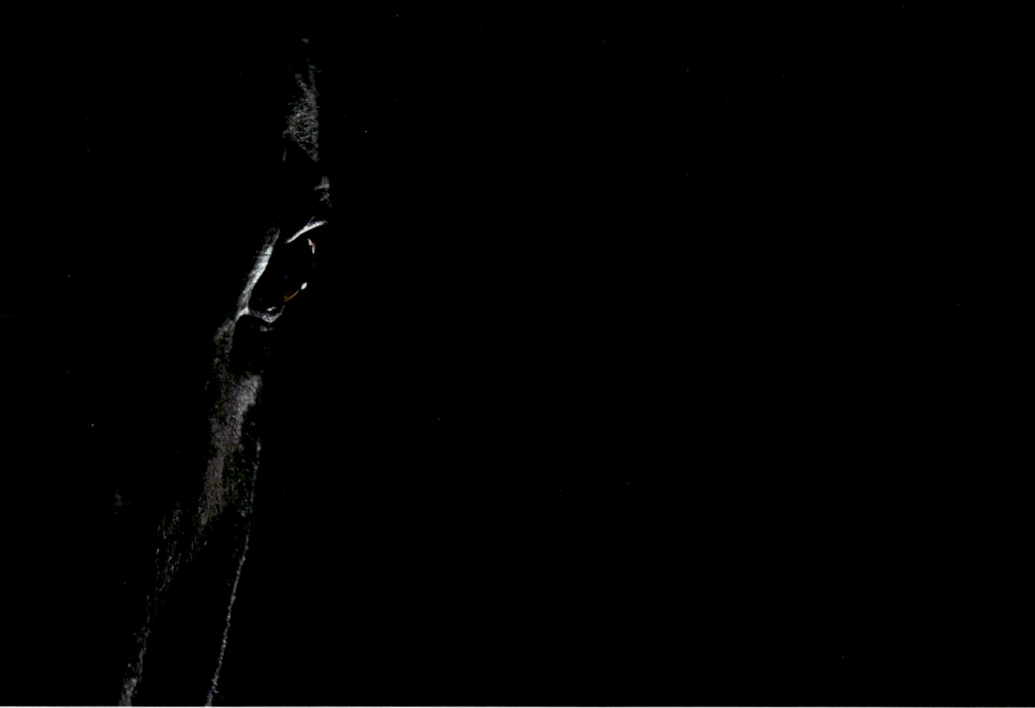

▲ *Studiofotografie kreativ: Dieser Porträtanschnitt im Low-Key-Stil von Quarter-Horse-Rappstute Silena entstand mit einem Baustrahler als einzige Lichtquelle; Canon EOS 1D X mit Canon EF 70–200 mm f/2,8L IS II USM bei 200 mm, 1/250 s, Blende 2,8, ISO 2500, Akku-Baustrahler*

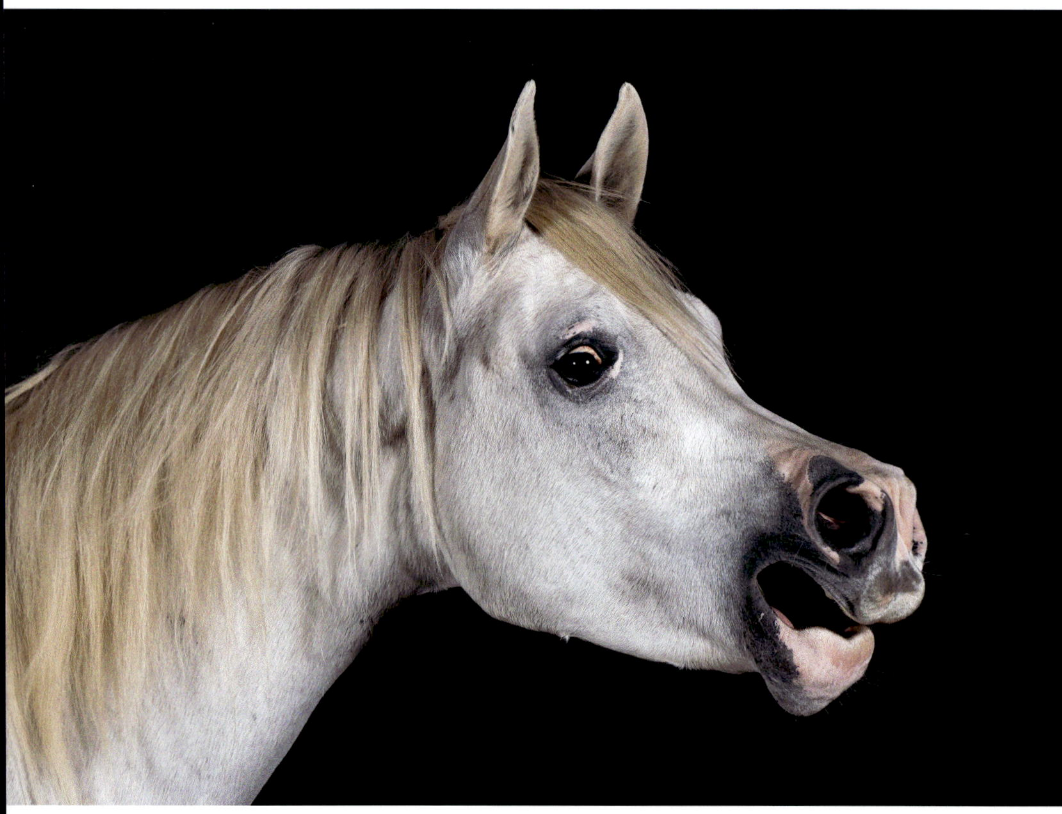

gesteuert werden. Durchlichtschirme hingegen streuen das Licht stark.

Ein mindestens 6×3 Meter großer Hintergrundstoff gewährleistet, dass das Pferd nicht zu nah am Hintergrund positioniert werden muss. So kann der Hintergrund mit etwas Abstand zum Model in moderater Unschärfe gehalten werden und eventuelle Falten im Stoff unsichtbar machen. Zudem fühlen sich die Tiere wohler, wenn sie etwas Bewegungsfreiheit zwischen Hintergrund und Blitzstative haben. Ganz abgesehen davon ist die Sicherheit für das Equipment besser gewährleistet, da auch das ruhigste Pferd einmal erschrecken kann und versehentlich ein Blitzstativ umwerfen könnte. Allein schon in Anbetracht des hohen Kostenfaktors eines hochwertigen Studioblitzes sollte man stets darauf achten, jegliche Risiken zu minimieren. Die notwendigen Blitzkabel sind ebenfalls zu schützen. Kein Kabel darf frei am Boden liegen, sondern sollte mit Stangen oder Cavaletti abgesichert werden. Die Kabel werden möglichst nicht im Laufweg des Pferdes verlegt, sondern stets auf der abgewandten Seite des Eingangs, auch wenn dadurch eventuell ein zusätzliches Verlängerungskabel montiert werden muss. Die Sicherheit – in erster Linie des Pferdes, aber auch der Ausrüstung – geht vor.

Kreative Umsetzungen

Sind Blitze und Kabel gesichert, ist das Pferd gelassen, und kann der Besitzer sein Pferd sehr gut kontrollieren, sind eventuell sogar Aufnahmen ohne Halfter oder Zaum möglich. Die Entscheidung, ob Halfter oder Sicherungsleinen nötig sind, muss stets von Fall zu Fall entschieden werden.

◀ *Vollblut-Araberhengst Goltemor wiehert lautstark nach seinen Stuten; Canon EOS 1D X mit Canon EF 70–200 mm f/2,8L IS II USM bei 145 mm, 1/250 s, Blende 7,1, ISO 250, zwei Studioblitze*

Wie immer folgt nach der Pflicht die Kür. Und was reizt den Fotografen hier mehr als seiner Kreativität freien Lauf zu lassen? So können die Blitze nun aus anderen Positionen und in unterschiedlicher Intensität eingesetzt werden. Die Arbeit mit nur einem Blitz, der beispielsweise im Streif- oder Gegenlicht die Kanten des Pferdekopfes betont und somit in eine mystische Low-Key-Aufnahme mündet, kann ebenfalls sehr reizvoll sein.

Ein weißer oder sehr heller Hintergrund, der zusätzlich mit zwei Blitzen angestrahlt wird, kann mit einem Schimmel als Model zu einem wunderbaren High-Key-Bild verwendet werden. Auch Detailaufnahmen können in kreativer Lichtführung zu einem Highlight in der Studiofotografie werden. Doch die Königsklasse in der Studiofotografie wird stets die besondere Lichtführung sein, um wirkungsvolle Effekte zu erzielen.

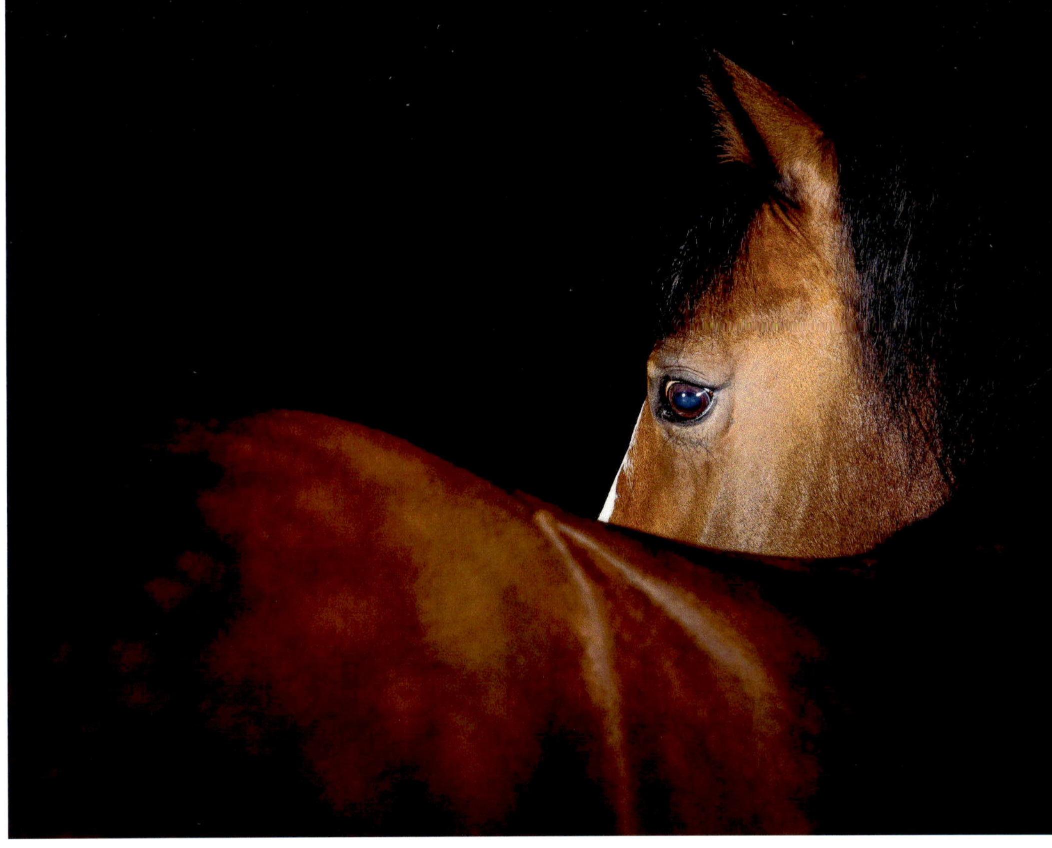

▲ *Welsh-Cob-Wallach Aramis habe ich für dieses Porträt aus der beliebten Perspektive über den Rücken fotografiert. Bei dieser Umsetzung sollte man darauf achten, dass die Lichtführung den Kopf gut ausgeleuchtet und der Körper keinen Schatten auf das Gesicht wirft; Canon EOS 1D X mit Canon EF 70–200 mm f/2,8L IS II USM bei 165 mm, 1/250 s, Blende 7,1, ISO 250*

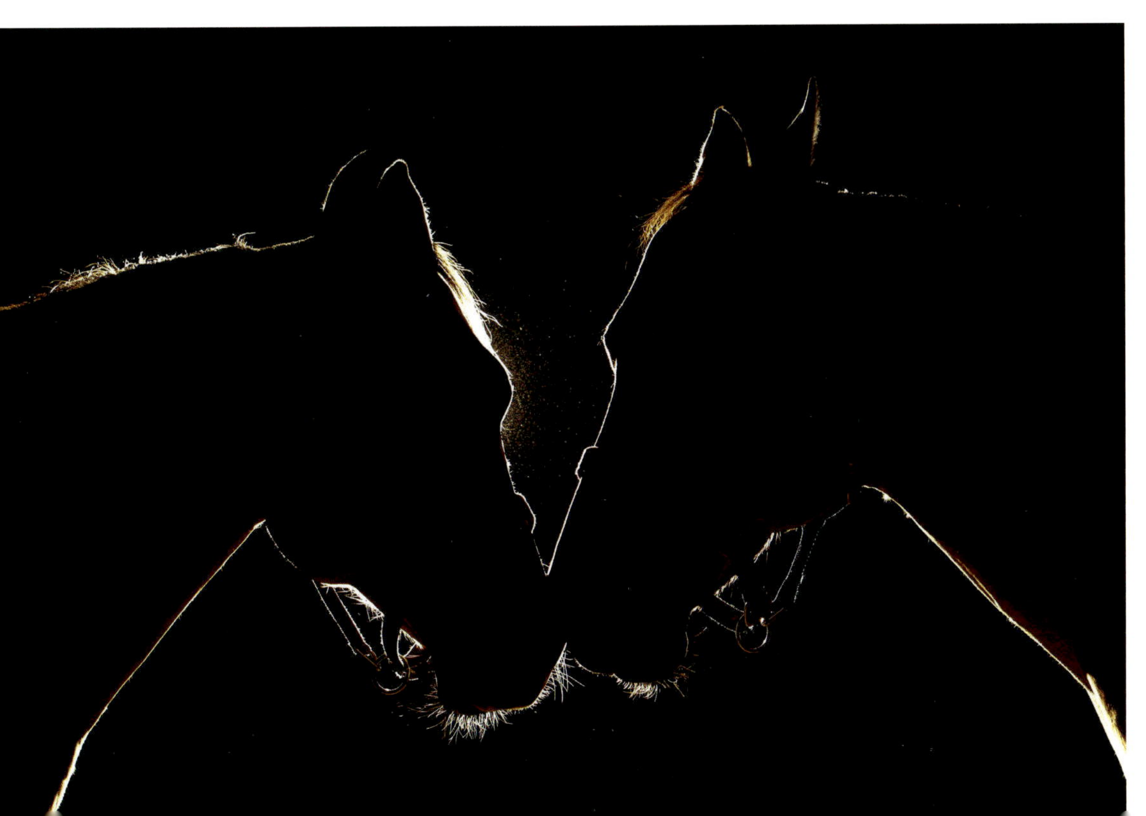

◀ *Auch kreative Umsetzungen sind im Studio möglich. Mit nur einem Blitz als Gegenlichtquelle eingesetzt, erscheinen die Wallache Dusty und Spark als Silhouetten mit einem feinen Lichtsaum; Canon EOS 1D X mit Canon EF 70–200 mm f/2,8L IS II USM bei 100 mm, 1/250 s, Blende 7,1, ISO 250, ein Studioblitz*

11.2 Und Action!

Kreative Fotoideen im Studio werden sich langfristig nicht nur auf eine besondere Lichtführung beschränken. Vielmehr wird man auch andere Motive als nur Porträts und Standbilder ablichten wollen. Wer hat dabei nicht gerne Lauffotos, Steigfotos und andere Actionbilder im Kopf?

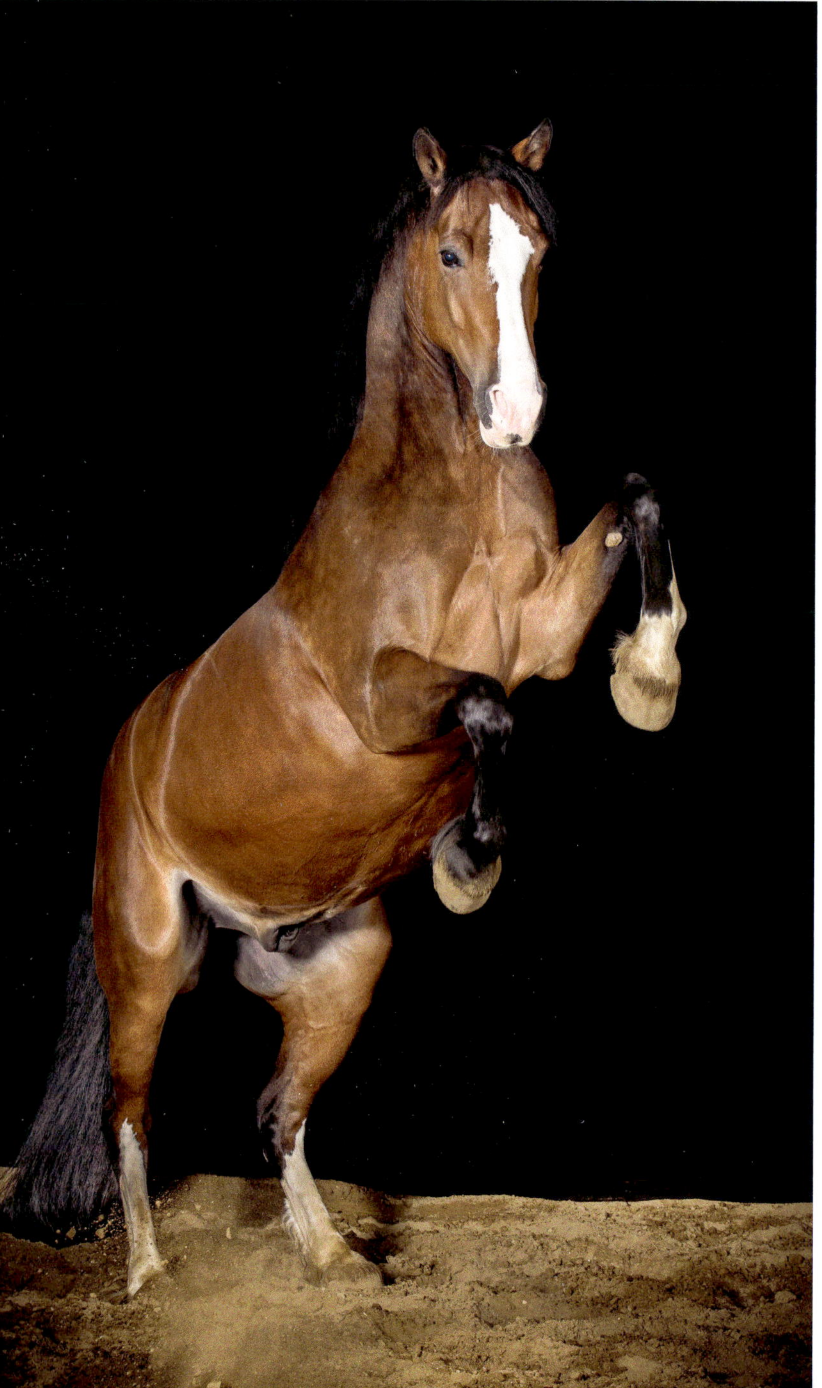

Die Umsetzung von Actionfotos ist im Studio allerdings nicht so einfach. Für Bewegungsbilder sind deutlich kürzere Belichtungszeiten nötig, als die Blitzsynchronzeit zulässt. Die Blitzsynchronzeit ist die Zeit, in der die Kamera den Verschluss vollständig geöffnet hat. Fällt in dieser Zeit Licht auf den Sensor, ist das Bild komplett ausbelichtet. Die Blitzsynchronzeit liegt meist bei 1/200 s oder 1/250 s, das ist die kürzest mögliche Belichtungszeit, die in Verbindung mit einem Blitz wählbar ist. Das reicht für ein ruhig stehendes Pferd durchaus, doch wie verhält es sich, wenn das Pferd sich bewegt?

Im Outdoorshooting empfehlen sich Belichtungszeiten von etwa 1/1250 s, um Pferde im Galopp scharf ablichten zu können. Würde man nun aber eine kürzere Belichtungszeit in Verbindung mit einem Blitz wählen, wird man feststellen, dass sich auf dem Foto plötzlich schwarze Balken abbilden. Was ist passiert?

Bei einer Belichtungszeit von 1/250 s (oder länger) ist der Verschluss kurzzeitig komplett geöffnet. Während dieser Zeit kann der Blitz das Bild aufhellen. Bei kürzeren Belichtungszeiten hingegen ist der Verschluss nie ganz, sondern nur als Schlitz geöffnet, der sich von der einen zur anderen Kante des Verschlusses schiebt. Da hier der Verschluss nie ganz offen ist, blitzt man gegen den halbgeschlossenen Verschluss, wodurch im Ergebnis ein schwarzer Balken sichtbar wird.

◂ *Welsh-Cob-Wallach Aramis beim Steigen. Um trotz der Blitzsynchronzeit von 1/250 s ein scharfes Foto zu erhalten, drückt man im Moment des »Point of Return« ab, wenn die Aufwärts- in die Abwärtsbewegung umschwenkt. In diesem Moment ist das Pferd im Stillstand und kann scharf abgebildet werden; Canon EOS 1D X mit Canon EF 70–200 mm f/2,8L IS II USM bei 100 mm, 1/250 s, Blende 7,1, ISO 250, zwei Studioblitze*

Blitzen mit HSS-Technik

Doch es gibt eine Lösung für dieses Problem: Manche Studioblitze (sowie auch Aufsteckblitze) besitzen eine sogenannte HSS-Funktion. HSS steht für »High-Speed-Synchronisation«. Hierdurch werden sehr viel kürzere Verschlusszeiten möglich, weil im HSS-Modus während der gesamten Zeit, in der sich die Schlitzöffnung zwischen den beiden Verschlussvorhängen vor dem Sensor bewegt, laufend viele kurze Blitze abgefeuert werden. So fällt in jeder Phase der Schlitzöffnung Licht auf den Sensor. Die vielen, extrem kurzen Blitze kann das menschliche Auge jedoch nicht einzeln erfassen, sodass man den Eindruck gewinnt, dass nur ein Blitz ausgelöst worden wäre.

Die HSS-Methode bringt allerdings auch Nachteile mit sich: Die Blitzleistung ist allgemein deutlich geringer, sodass man sehr leistungsfähige Blitze benötigt, um das notwendige Licht für Actionbilder zu erzeugen. Nicht jeder Studioblitz ist HSS-fähig, und Blitze mit hoher Leistung sind leider auch sehr hochpreisig.

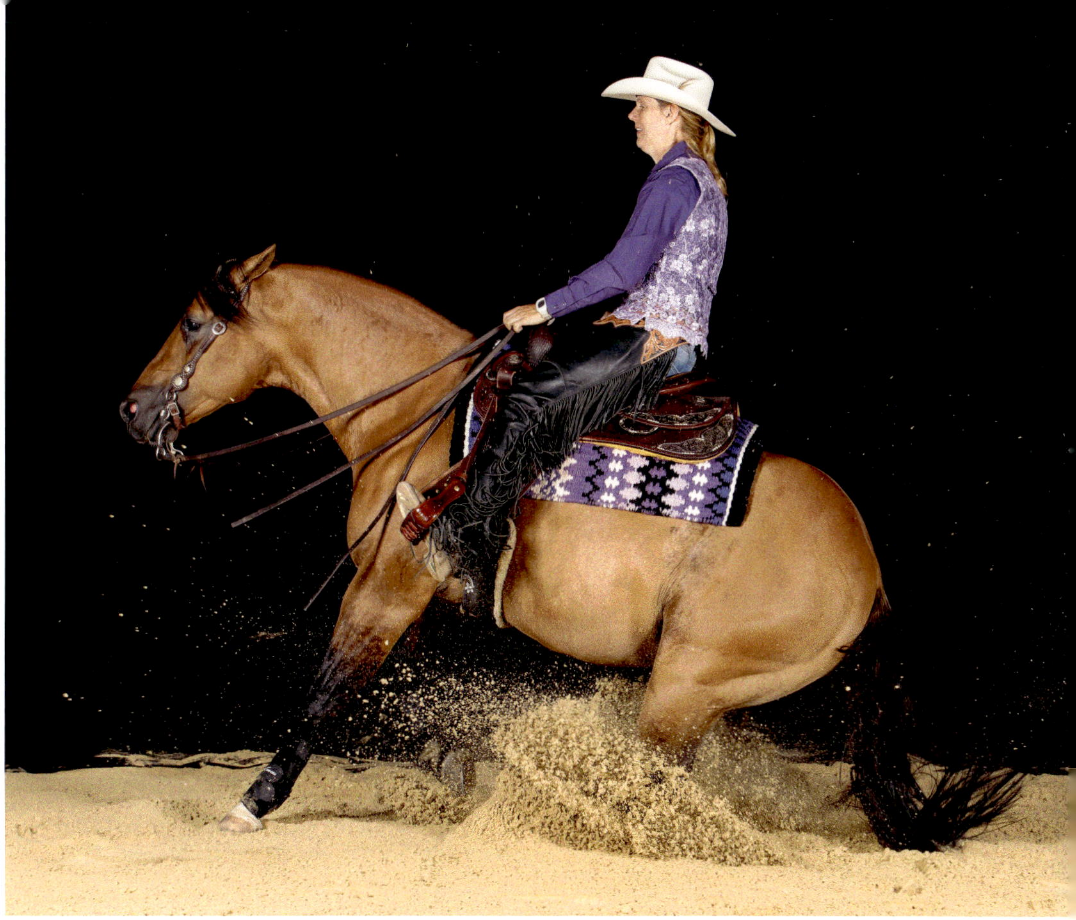

▲ *Unter seiner Reiterin Susanne zeigt der Quarter-Horse-Hengst Dunits Finest Stop einen Sliding Stop; kurz vor Beendigung der Gleitphase kommt das Pferd fast zum Stillstand und ermöglicht eine scharfe Abbildung. Canon EOS 1D X mit Canon EF 70–200 mm f/2,8L IS II USM bei 100 mm, 1/250 s, Blende 8, ISO 250, zwei Studioblitze*

Am »Point of Return«

Doch wer nichts riskiert, wird auch nicht mit guten Bildern belohnt. Das soll heißen, dass es durchaus auch möglich ist, mit einer Belichtungszeit von 1/200 s oder 1/250 s (Blitz-Synchronisationszeit) scharfe Bewegungsbilder zu erzeugen. Ein wenig Übung ist nötig, und vielleicht sind einige Versuche erforderlich, um zu einem überzeugenden Ergebnis zu kommen. Viele Bewegungsmanöver des Pferdes haben eine Auf- und Abbauphase. Im Falle des Steigmanövers stellt die Aufbauphase das Hochsteigen, die Abbauphase das Senken der Vorhand dar. Genau in der Übergangsphase dieser Aufbau- und Abbauphase findet ein Stillstand der Bewegung statt. Das geschieht am höchsten Punkt des Steigmanövers. Und genau in dieser Phase des Stillstands reicht die Blitzsynchronzeit vollends aus, um ein scharfes Foto zu erhalten. Weitere Beispiele: Vollführt das Westernpferd einen Sliding Stop, rutscht es auf den Hinterbeinen über den Boden. Kurz bevor sich das Pferd wieder aufrichtet, kommt es fast zum Bewegungsstopp – genau die Phase, in der der Fotograf das Bild macht.

In jeder Phase, in der das Pferd im Galopp die Richtung wechselt, kommt es zu einem »Point of Return«, an dem die Bewegung kurz anhält, um sich schließlich umzukehren oder zu verändern. Diesen Augenblick gilt es zu nutzen, um den Auslöser zu drücken.

Will man jedoch das Pferd in einer schönen Galoppphase ablichten, kann der Fotograf immer noch die Kamera mit der Bewegung mitziehen, um das Pferd scharf abzulichten. Es gibt also durchaus mehrere kreative Möglichkeiten, um auch ohne kurze Belichtungszeiten, scharfe Bewegungsfotos aufzunehmen. Übung macht auch hier den Meister.

12 Wildpferde

Freilebende Pferde zu fotografieren, ist für jeden Natur- und Pferdeliebhaber ein besonderes Erlebnis. Die Möglichkeiten, reelle Wildpferde aufzuspüren, sind jedoch begrenzt und mit großen Mühen verbunden. In vielen Fällen greift man deshalb meist auf halbwild lebende Populationen zurück, um den Mythos von Wildlife ablichten zu können.

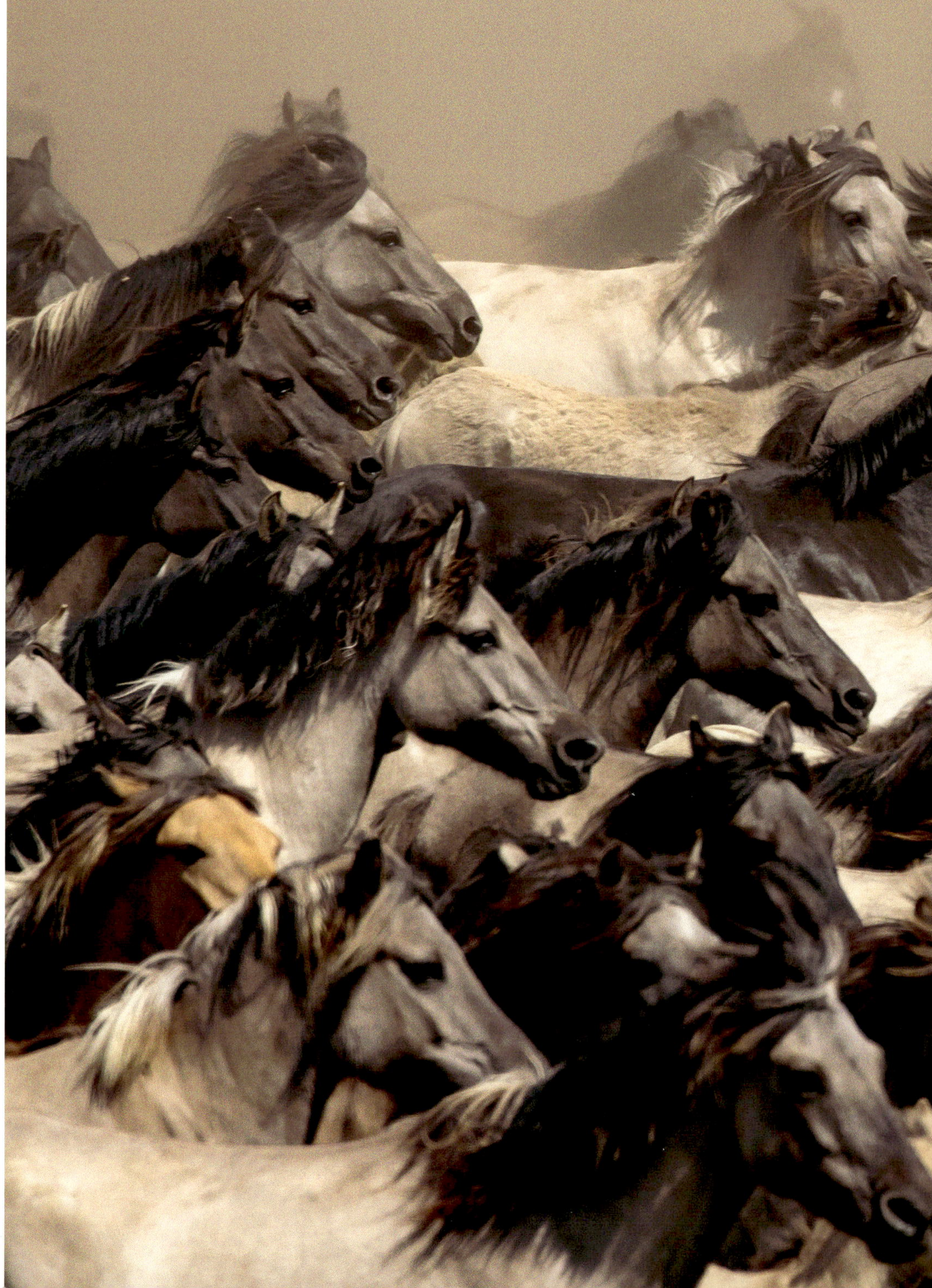

▸ Die Dülmener Wildpferde sind eine auf einem 360 ha großen Areal freilebende Herde von etwa 400 Pferden. In den Dülmenern stecken den Urpferden nahestehende Rassen, insbesondere aber die Koniks, die vermutlichen Nachfahren des Tarpans, einer ausgestorbenen Urwildpferderasse; Canon EOS 1D X mit Canon EF 100–400 mm f/4,5-5,6L IS II USM bei 400 mm, 1/2500 s, Blende 7,1, ISO 800

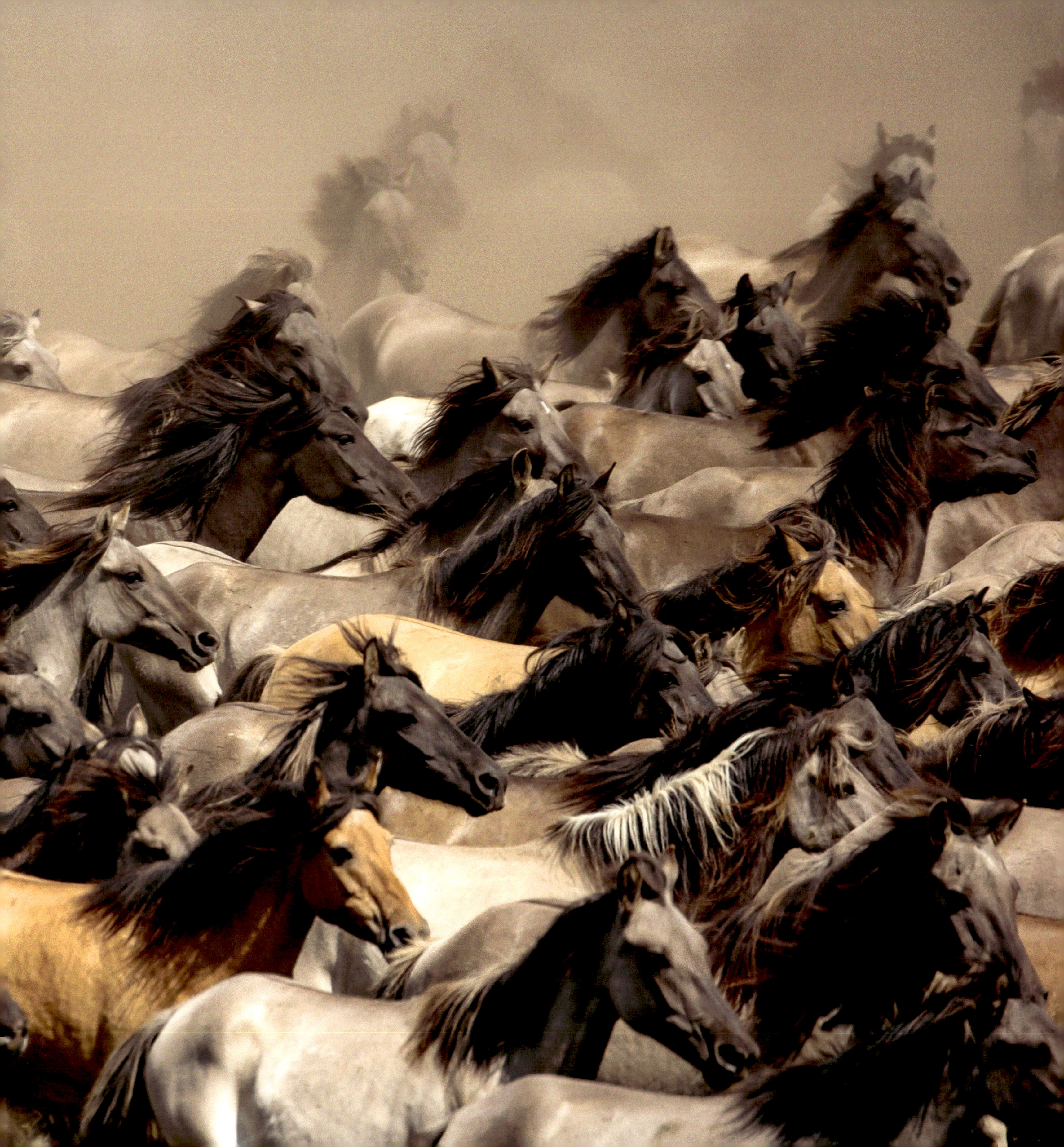

12.1 The Way of Wildlife

Was versteht man eigentlich unter einem »Wildpferd«? Das Wildpferd stellt die Urform aller Hauspferde dar. In ihrer reinen Form sind Wildpferde jedoch vermutlich ausgestorben. Sogar den vermeintlich letzten überlebenden Wildpferden, den Przewalski-Pferden, wurde der Status eines Wildpferdes aberkannt.

Nach einer Veröffentlichung des Fachmagazins Sience im Jahr 2018 konnte im Rahmen einer Studie belegt werden, dass Przewalskipferde wohl eine verwilderte Form von Botaipferden darstellen. Dass Botaipferde domestiziert wurden, konnte man anhand verschiedener Entdeckungen (vergorene Stutenmilch in Tonscherben, errichtete Pferche und Abrieb der Pferdezähne durch Reitzäumungen) eindeutig belegen.

Die Letzten ihrer Art

Das Przewalskipferd stellte bis zu obiger Erkenntnis die Form des asiatischen Wildpferdes dar, während man den ausgestorbenen Tarpan als die westliche Form des eurasischen Wildpferdes bezeichnete. Doch selbst beim Tarpan ist man sich nicht sicher, ob es sich um eine reine Wildpferdeform oder eine verwilderte Hauspferdeform handelte. Das Konikpony soll ein direkter Nachfahre des Tarpans sein, der Einfluss von Hauspferdeblut ist bei dieser polnischen Landrasse allerdings bewiesen.

Unklar ist auch, ob das englische Exmoorpony ohne Fremdeinfluss auf das eurasische Wildpferd zurückgeht. Das Gegenteil ist hier zumindest bislang nicht bewiesen, sodass das Exmoorpony von einigen Experten als die wahrscheinlich letzte überlebende tatsächliche Wildpferderasse bezeichnet wird.

Viele der wildpferdeähnlichen Rassen – ob frei oder in menschlicher Obhut lebend – weisen bis heute typische Wildpferdemerkmale auf: fehlende Abzeichen an Kopf und Beinen, Aalstrich, Zebrastreifen an den Beinen, Pangare-Gen (Aufhellungen an Bauch und im Kopfbereich) und ein dunkles Schulterkreuz. Aus wissenschaftlich-zoologischer Sicht sind echte, reine Wildpferdeformen aber vermutlich nicht mehr existent.

Wilde Pferde im Fokus

Für den Pferdefotografen spielt der Genpool eine eher untergeordnete Rolle, vielmehr ist der Phänotyp eines Pferdes aus fotografischer Sicht ein deutlich interessanterer Aspekt, vor allem aber auch die Lebensweise der jeweiligen Pferde. Die Lebensart spiegelt sich im Verhalten und in der Mimik des Pferdes wider und kommt schließlich auch auf den Bildern zum Tragen.

Das Pferd steht für Wildheit und Freiheit, die der Pferdefotograf in seinen Bildern zum Ausdruck bringen möchte. Kein Wunder, dass der Wunsch, »echte« Wildpferde abzulichten, groß ist. Tatsache jedoch ist, dass man sich meist mit halbwild lebenden Pferdepopulationen begnügen muss.

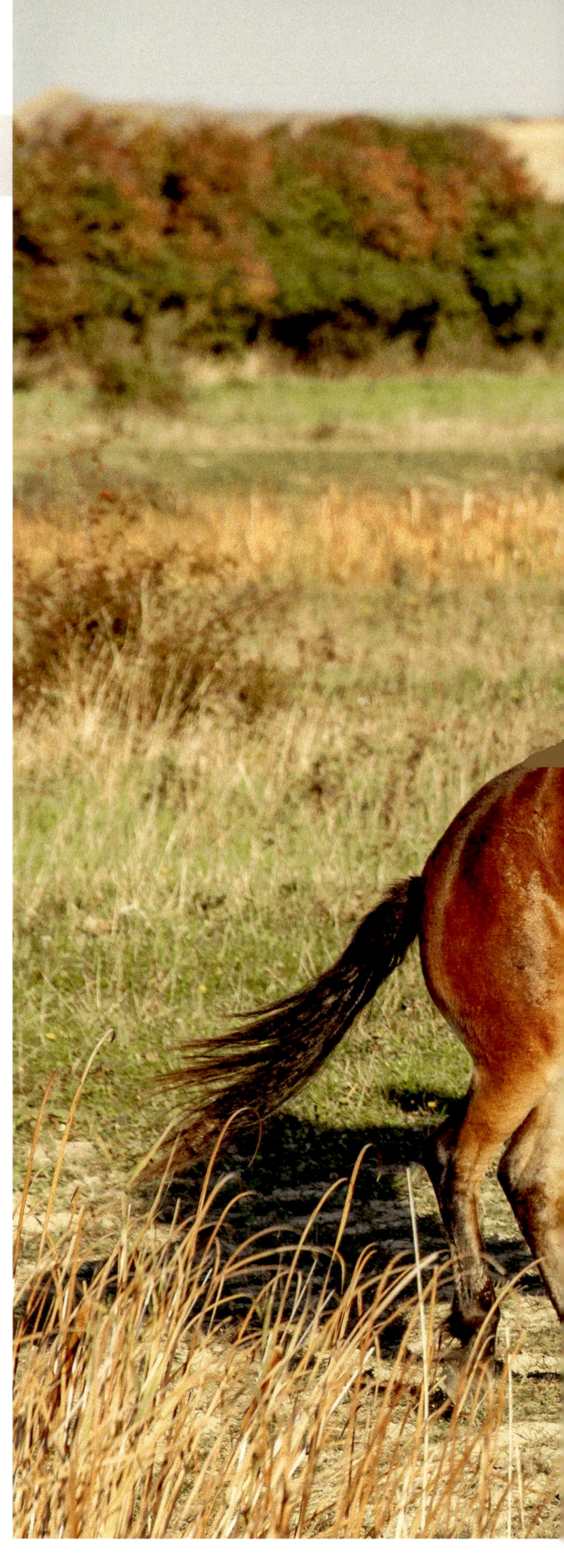

▸ *Wildlebende Exmoorponyhengste testen ihre Kräfte in spielerischen Machtkämpfen; Canon EOS 1D X mit Canon EF 70–200 mm f/2,8L IS II USM bei 200 mm, 1/2000 s, Blende 7,1, ISO 800*

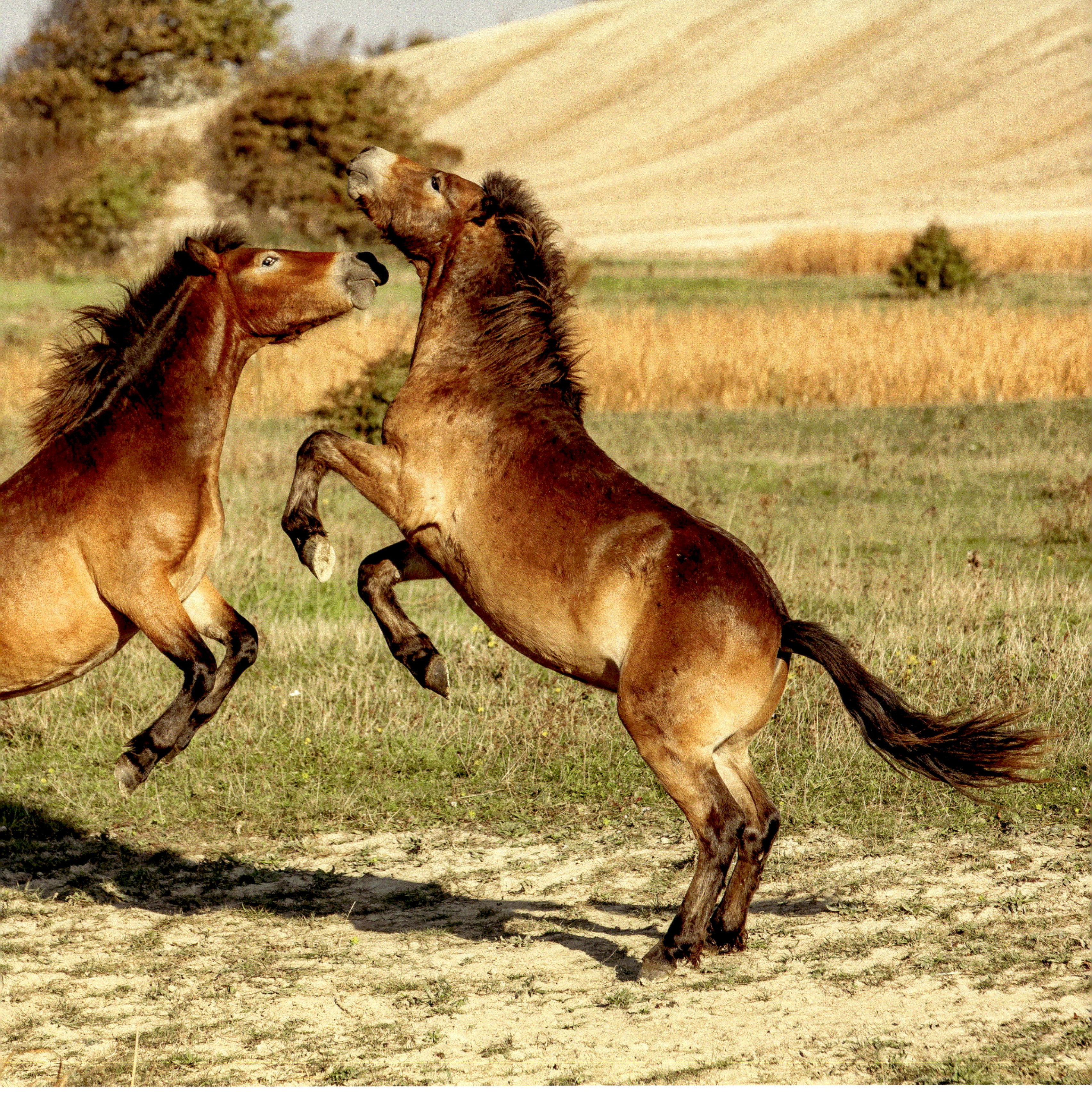

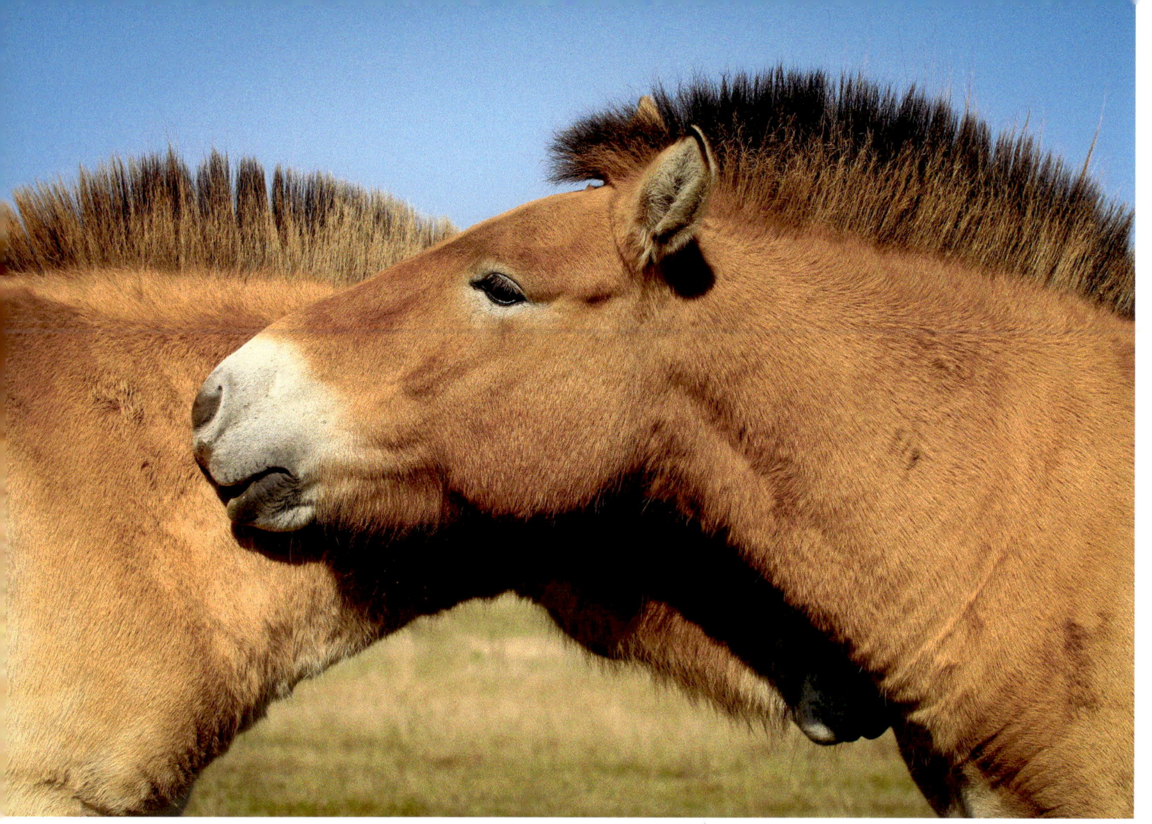

▲ *Das vom Aussterben bedrohte Przewalskipferd galt lange Zeit als die einzig überlebende Wildpferdeart; Canon EOS 1D Mk IV mit Sigma 50-500 mm f/4,5-6,3L IS II USM bei 93 mm, 1/1600 s, Blende 4, ISO 800*

▲ *Camarguehengst mit reitendem Kuhreiher. Camarguepferde leben in Südfrankreich nicht wirklich wild, dennoch sehr naturnah in großen Sumpfarealen; Canon EOS 7D mit Canon EF 100–400 mm f/4,5-5,6L IS USM bei 400 mm, 1/1000 s, Blende 6,3, ISO 160*

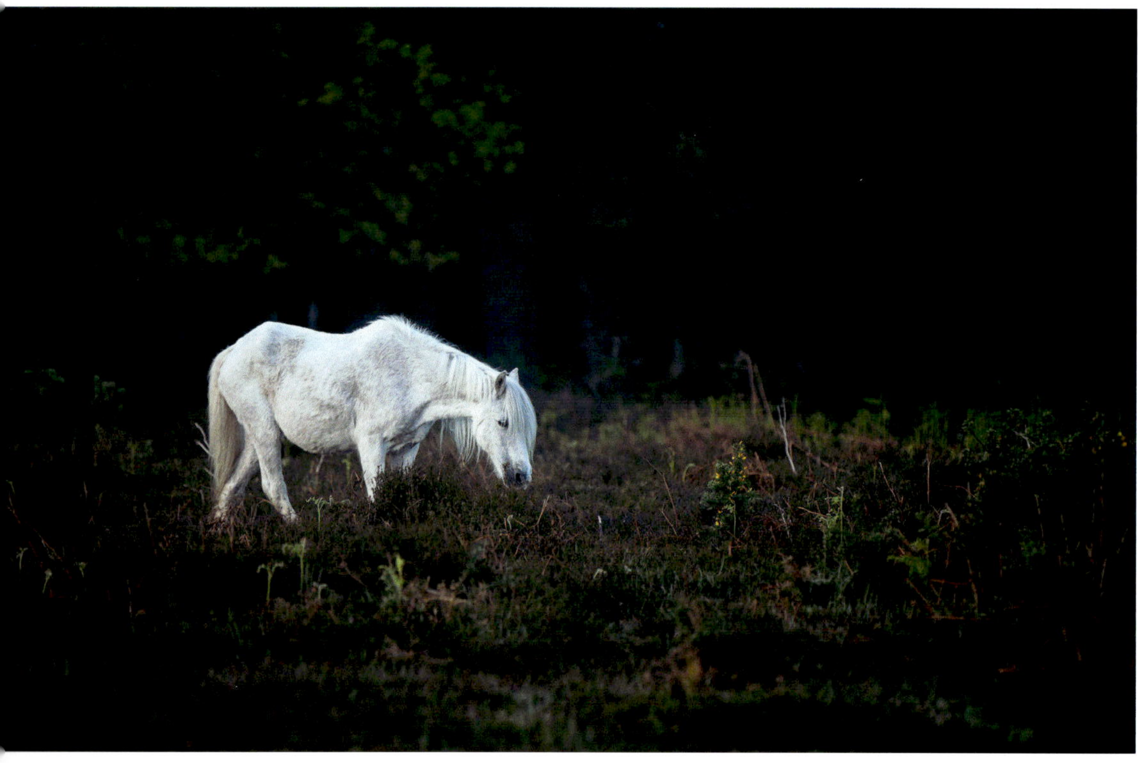

◀ *Das Verhalten von freilebenden Pferden sowie das Wetter sind nicht steuerbar. Das macht aber gerade den Reiz der Wildpferdefotografie aus; Canon EOS 1D X mit Canon EF 70–200 mm f/2,8L IS II USM bei 200 mm, 1/640 s, Blende 2,8, ISO 640*

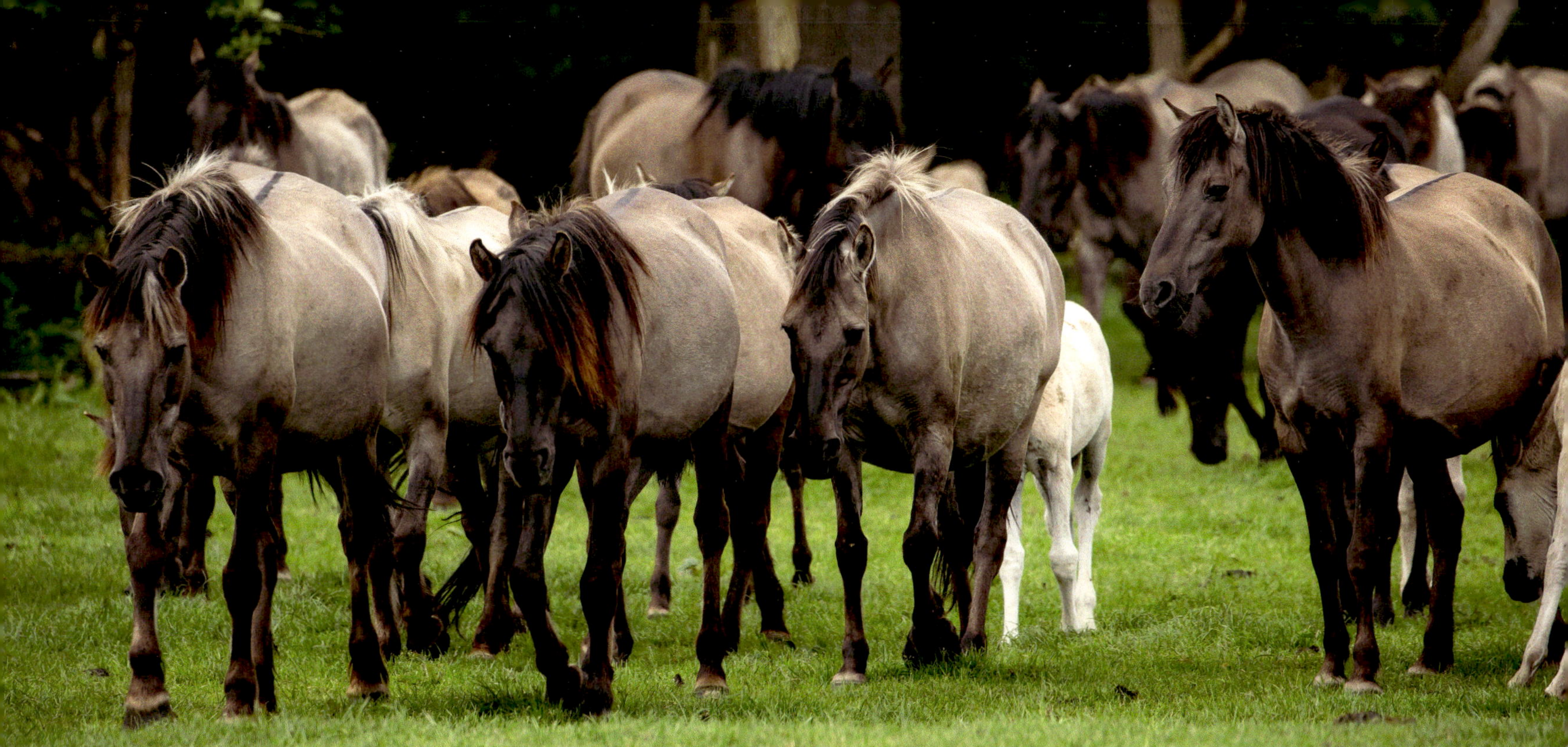

▲ *Die »Dülmener Wildpferde« – Deutschlands einzige große Wildpferdeherde kann im westfälischen Merfelder Bruch nahe der Stadt Dülmen nahezu selbstbestimmt leben. Auf einem etwa 360 ha großen Areal von Wiesen und Wäldern sind an die 400 Pferde, deren Ahnen hauptsächlich Konikpferde sind, angesiedelt; Canon EOS 1D X mit Canon EF 100–400 mm f/4,5-5,6L IS II USM bei 400 mm, 1/800 s, Blende 6,3, ISO 800*

Fast alle freilebenden Herden sind entweder entlaufene Hauspferde, die sich in abgelegenen Gegenden vermehrten und (fast) wie ihre wilden Vorfahren leben, oder es sind gezielt angesiedelte Gruppen von Pferden, die in einem großen, aber einzäunten Areal als Weidepfleger ihre Dienste tun.

Freilebende Pferde als Landschaftspfleger

Diverse Beweidungsprojekte, die der Renaturierung und Erhaltung einer offenen Landschaft dienen (um seltenen Tieren und Pflanzen neuen Lebensraum zu schaffen oder diesen zu schützen), nutzt man außerdem dazu, verschiedene urtümliche Pferderassen zu erhalten.

Dazu gehören die den Wildpferdeurtypen besonders nahestehenden Rassen wie die Przewalskipferde, Exmoorponys, Koniks oder Sorraias, aber auch seltene und vom Aussterben bedrohten Hauspferderassen. Insbesondere die ursprünglichen Ponyrassen wie Koniks oder Exmoorponys eignen sich durch ihre Robustheit ganz besonders für die »wilde« Haltung.

Viele Hauspferderassen haben aufgrund des züchterischen Eingriffs durch den Menschen – und dabei insbesondere die Auslese auf Reiteigenschaften – die Widerstandsfähigkeit gegenüber Witterungseinflüssen und Krankheitserregern teilweise verloren, wodurch sie weniger für eine Freilandhaltung geeignet sind. Allerdings haben einige wildlebende Populationen von ehemaligen Hauspferden (amerikanische Mustangs, die ausgesetzten Bauernpferde in Bosnien oder die vom Militär zurückgelassenen Pferde der Namibwüste) sehr wohl bewiesen, dass sie sich recht schnell an die örtlichen Begebenheiten anpassen können und selbst bei schwierigen Umweltbedingungen in der Lage sind, ihre Art zu erhalten.

Dennoch ist es meist erforderlich, dass der Mensch unterstützend eingreift und den Pferden über die harten Wintermonate hinweg beispielsweise Heu zur Verfügung stellt oder – wie bei den Namibpferden – die Wasserversorgung gewährleistet.

Von echten Wildpferden kann man im Prinzip also bei kaum einer der freilebenden Pferdeherden sprechen, zumal die meisten Pferde von Menschen überwacht und grundversorgt werden. Aufgrund dessen haben sie auch kaum Scheu vor den Menschen. Man spricht darum besser von halbwild oder eben freilebenden Pferden, was den Reiz, diese Pferde in ihrer natürlichen Umgebung zu fotografieren, keineswegs schmälert. Sie zeigen trotz diverser zivilisierter Züge ihr instinktives Verhalten und leben weitgehend selbstbestimmt.

12.2 Wildpferde fotografieren

Der große Vorteil für die Fotografie von freilebenden Pferden ist die fehlende Scheu vor dem Menschen, sodass man sehr nahe an die Tiere herankommt. Allerdings unterliegt man auch als Fotograf diversen Einschränkungen und Bestimmungen.

Manche freilebenden Pferdeherden sind – zwar in großen Arealen, aber dennoch – eingepfercht, und das Betreten der Weideflächen ist nicht erlaubt. In den meisten Naturschutzgebieten besteht zudem ein absolutes Wegegebot – was natürlich nicht für die dort lebenden Pferde und anderen Tiere, allerdings strikt für den Menschen, gilt. Ist das Betreten der Weideflächen unter Wegegebot gestattet, muss dennoch ein gewisser Mindestabstand zu den freilebenden Pferden eingehalten werden, um die Tiere nicht zu stören, aber auch, um unliebsame Kollisionen durch menschliches Fehlverhalten zu vermeiden.

Die Vorgaben und Warnungen in den jeweiligen Gebieten sollte man als pferdeverständiger Fotograf ernst nehmen, denn selbst an Menschen gewöhnte und umgängliche Ponys können unvorhergesehene Reaktionen zeigen – insbesondere in einer intakten Herde, in der der Mensch einen Fremdkörper darstellt.

Schwierigkeiten der Wildpferdefotografie

Die Einschränkungen in Bezug auf Einzäunungen, Wegegebot und Mindestabstand sind in der Wildpferdefotografie nun noch lange nicht erschöpft. Freilebende Pferde haben einen großen Aktionsradius. Sie wandern täglich bis zu 30 Kilometer. Auf diese Weise haben die Herden selbst in eingezäunten Arealen meist mehrere Hektar Lebensraum zur Verfügung, um ihnen ein artgerechtes Leben zu ermöglichen. Wann sich die Pferde wo aufhalten, kann man meist schwer vorhersagen, sodass oftmals lange Wanderungen nötig sind, um die Herden überhaupt zu finden.

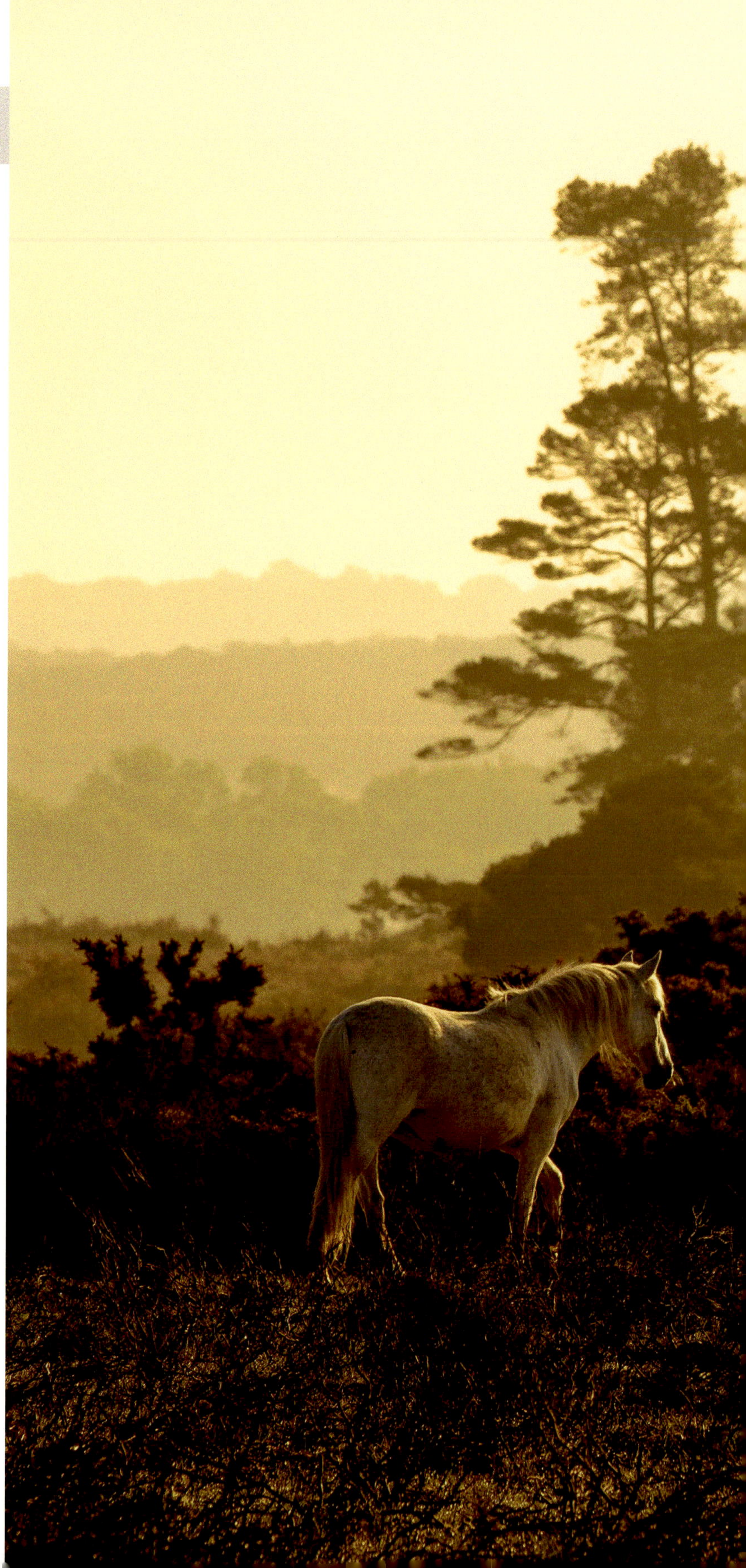

▸ *Wildpferdefotografie ist mühsam und kostet viel Zeit, kann aber sehr spannend sein; Canon EOS 1D X mit Canon EF 70–200 mm f/2,8L IS II USM bei 200 mm, 1/400 s, Blende 8, ISO 100*

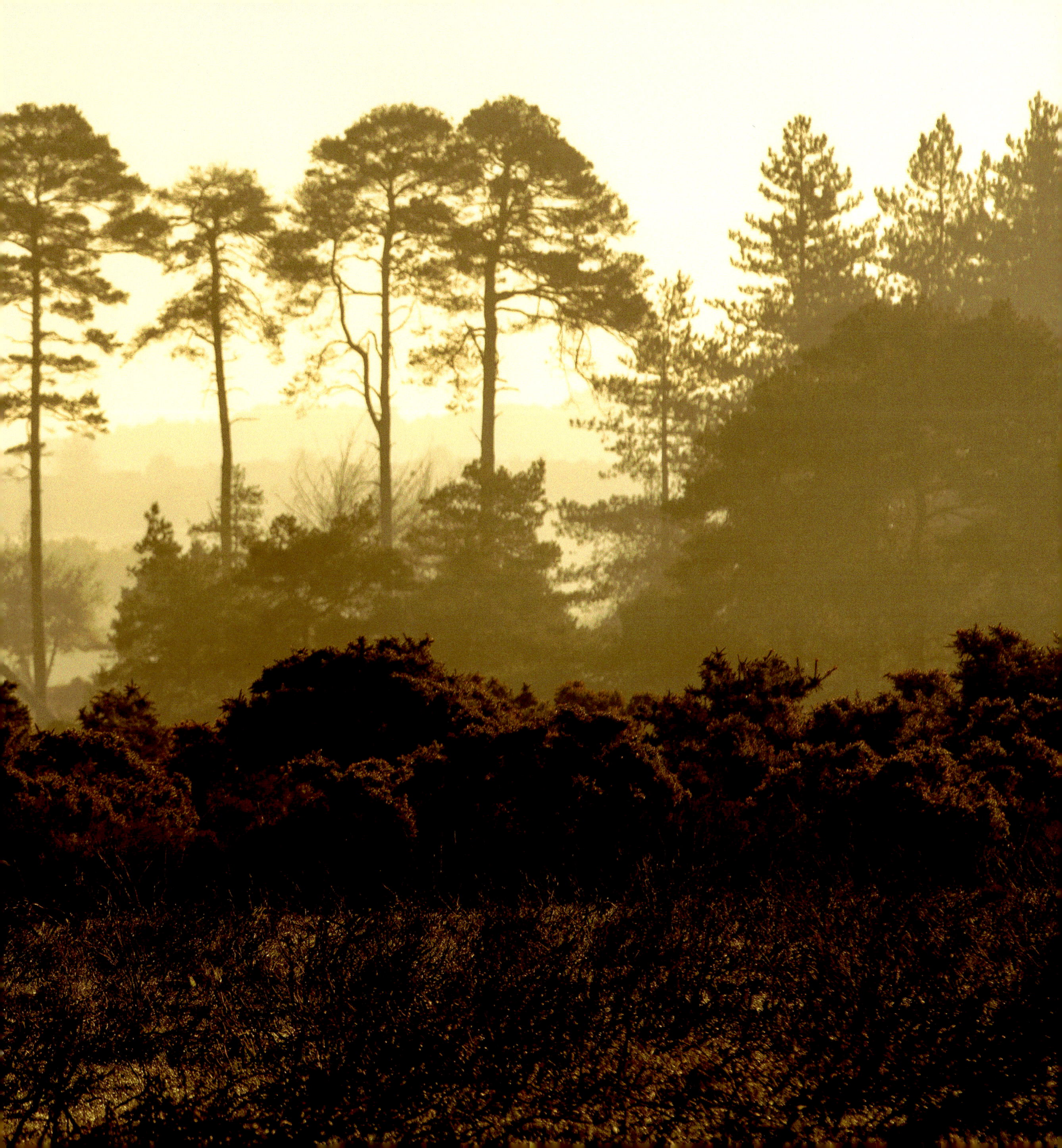

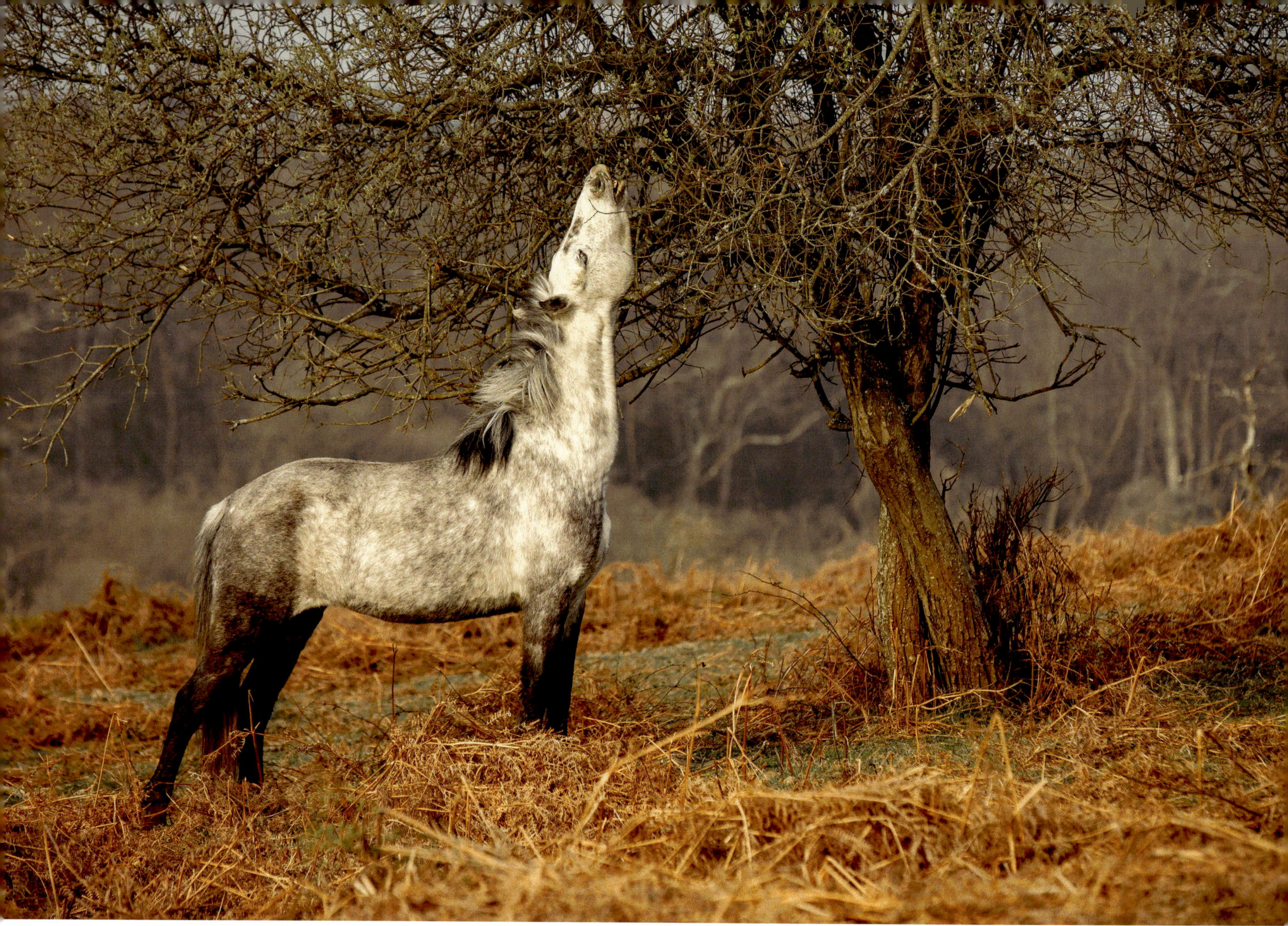

▲ *Nach einem harten Winter treiben die ersten zartgrünen Blätter des Baumes aus. Die wildlebende Stute spielt Giraffe, um das frische Grün zu erhaschen; Canon EOS 1D X mit Canon EF 70–200 mm f/2,8L IS II USM bei 200 mm, 1/1600 s, Blende 5, ISO 500*

Nichtsdestotrotz, die Vorteile wiegen die Nachteile mehr als auf. Man erlebt natürliche Verhaltensweisen, findet ansprechende Hintergründe ohne störende Elemente, und Sicherheitsvorkehrungen in Form von Halftern, Stricken oder Absperrungen sind nicht notwendig. Dafür lassen sich wildlebende Pferde natürlich nicht in eine bestimmte Position dirigieren, noch hat man Einfluss auf die Laufrichtung. Die Pferde stehen zufällig zum Sonnenstand und halten einen von ihnen bestimmten Abstand zum Fotografen ein. Doch diese Faktoren gehören zum reellen, natürlichen Verhalten, das damit eins zu eins – ohne menschlichen Einfluss – auf die Bilder übertragen wird.

Die Lieblingsbeschäftigung der Pferde ist fressen. An die 16 Stunden am Tag sind Pferde mit der Nahrungsaufnahme beschäftigt, die immer wieder durch Ruhephasen unterbrochen wird. Es erfordert also ein wenig Geduld, bis sich Situationen wie eine galoppierende Junggesellengruppe, spielende Fohlen oder befreundete Stuten bei der Fellpflege ergeben. Und nur sehr selten kann man neugeborene Fohlen in ihren ersten Lebensstunden beobachten, kämpfende Hengste erleben oder badende Pferde bewundern. Doch für solche Momente nimmt man viele Kilometer Anfahrt und Wanderungen zu Fuß auf sich, wird bis auf die Knochen nass, friert sich die Finger ab

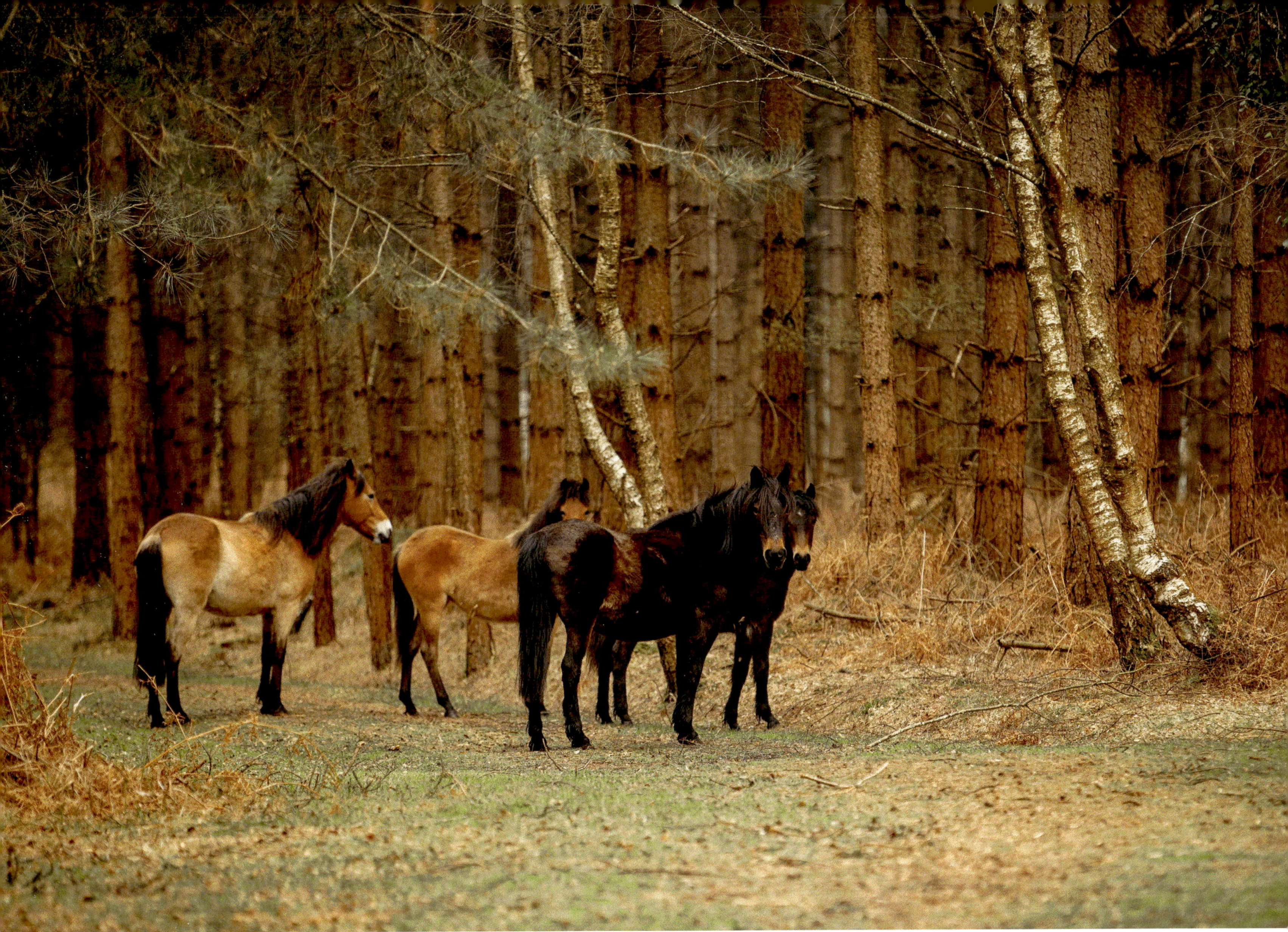

▲ *Freilebende Ponystuten mit ihren Jährlingsfohlen beobachten den Fotografen ganz genau und bleiben stets auf Fluchtdistanz; Canon EOS 1D X mit Canon EF 70–200 mm f/2,8L IS II USM bei 200 mm, 1/640 s, Blende 2,8, ISO 800*

oder wartet stundenlang – und oft auch vergebens – auf eine interessante Szene.

Wildpferdefotografie ist nicht einfach und kostet viel Zeit, ist aber höchst spannend und trägt durchaus einen wahren Wildlife-Charakter in sich. Sie muss aber von Seiten des Menschen ebenso von respektvollem Verhalten den Tieren gegenüber geprägt sein.

Das bedeutet vor allem, die Lebensweise der Pferde zu achten und sie in ihrem Handeln weder zu beeinflussen noch zu stören. Der Wildpferdefotograf muss auch akzeptieren, dass die Pferde weder geputzt werden, noch sich mit gepflegter Mähne oder lackierten Hufen präsentieren. Vielmehr müssen wild oder halbwild lebende Pferde mit extremen Witterungsbedingungen, kargem Futter, ausgebrochenen Hufen und Parasiten (wie Zecken und Darmparasiten) klarkommen. Die Natur ist keine heile Welt, sie ist hart und manchmal ungerecht. So hat ein wildes und freies Leben nicht nur romantische Seiten. Wildlebende Pferde zahlen durchaus einen hohen Preis für ihre Freiheit. Die Gesundheitsversorgung ist nicht oder nur eingeschränkt gegeben, das Futter karg, und die Fellpflege beschränkt sich auf die Fürsorge durch Artgenossen.

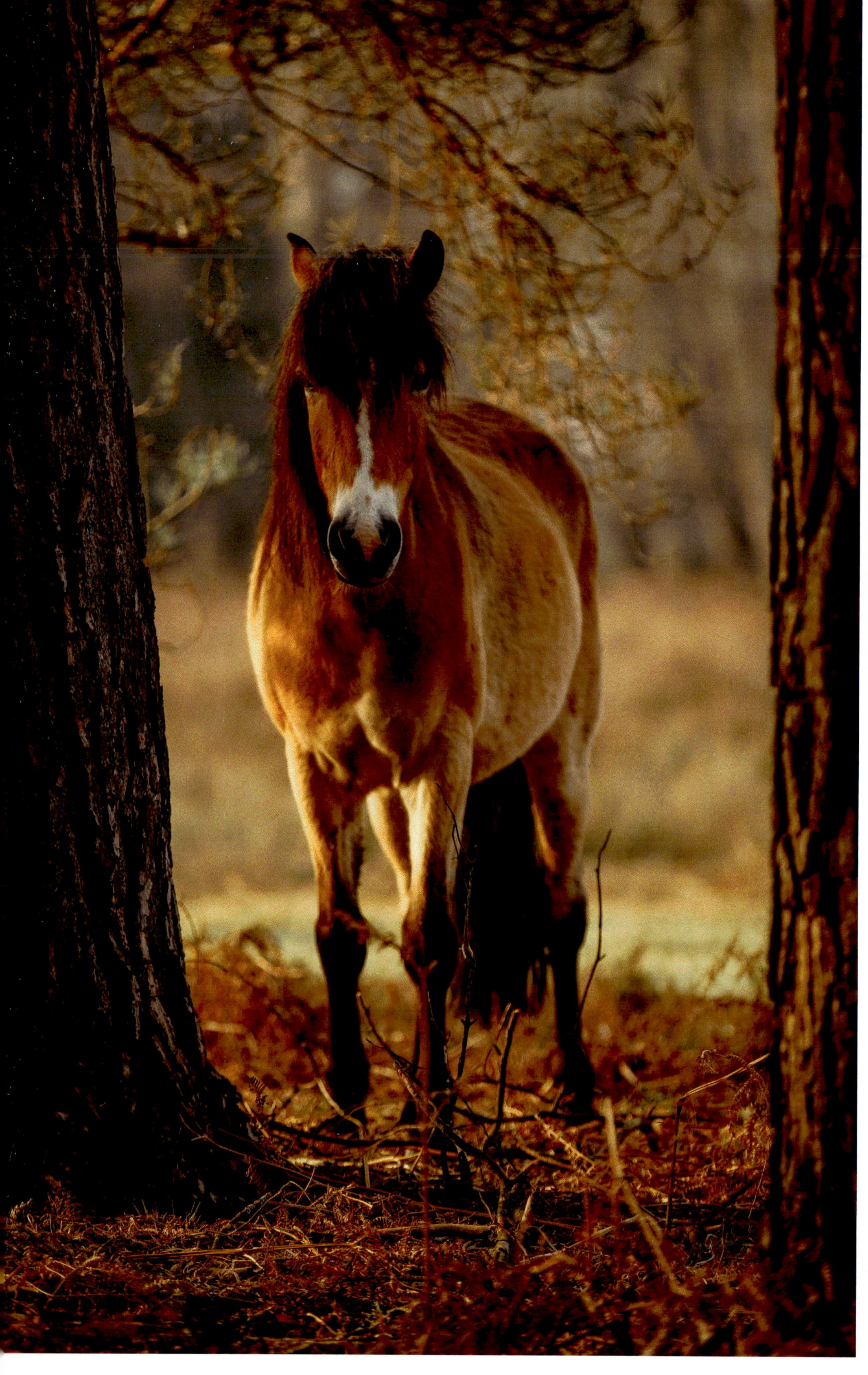

On Tour

Wer sich dem Zauber von freilebenden Pferden dennoch nicht entziehen kann, sollte mit leichtem Gepäck aufbrechen, da man mit kilometerlangen Märschen rechnen muss – einerseits um die Pferde aufzuspüren, andererseits um ihnen über längere Zeit (in respektvoller Entfernung) folgen zu können. Ein Rucksack ist zwingend, ein bis zwei Bodys und dazugehörige Objektive sollten Platz haben.

Zwar kann das 70–200-mm-»Immer-drauf-Objektiv« des Pferdefotografen auch in der Wildpferdefotografie gute Dienste leisten, in vielen Fällen ist eine längere Brennweite aber doch von Vorteil. Praktisch sind deshalb Objektive bis 400 mm, und manchmal benötigt man auch noch mehr Brennweite. Hier muss man nach den jeweiligen Örtlichkeiten entscheiden.

Ein Ersatzakku sowie genügend leere Speicherkarten sollten obligatorisch sein. Es schadet nicht, einen ND- und Polfilter einzupacken, deren Gewicht hält sich schließlich in Grenzen. Nicht vergessen sollte man einen geeigneten Regenschutz sowie Proviant – eine Regenjacke, ein Müsliriegel und Getränke dürften reichen. Während man sich bei den Pferden aufhält, wird der Vollblutfotograf sowieso kaum Zeit zur Nahrungsaufnahme finden.

◂ *Die Leitstute lässt den Fotografen nicht aus den Augen. Wer als Fremder der Herde zu nahe kommt und den gebührenden Individualabstand nicht einhält, kann auch schon mal angegriffen werden; Canon EOS 1D X mit Canon EF 70–200 mm f/2,8L IS II USM bei 200 mm, 1/2000 s, Blende 7,1, ISO 800*

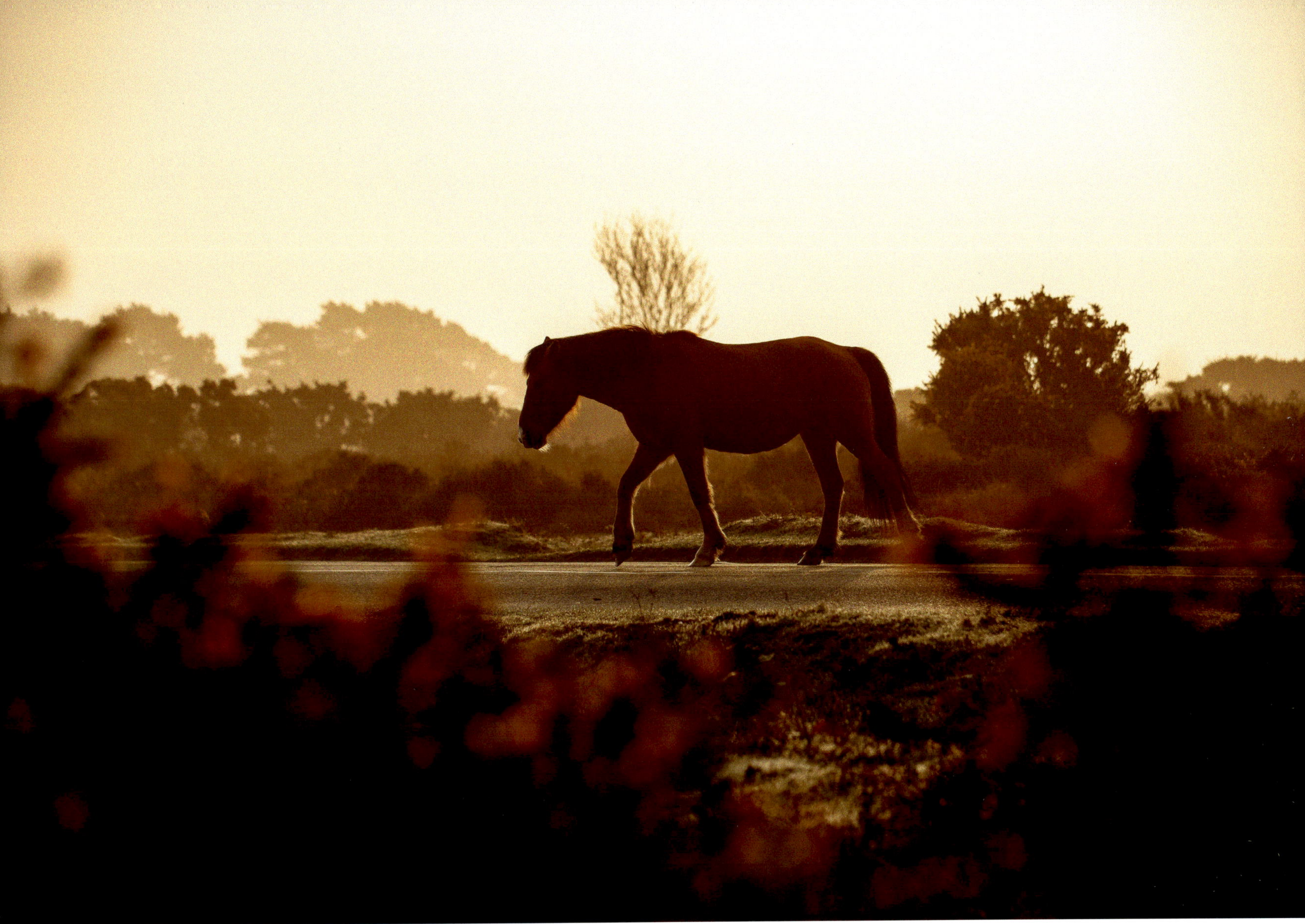

▲ *Einsamer Wanderer. Auch Wildpferde nutzen gerne mal die Straßen für ein bequemes Vorankommen. Ungefährlich ist dies wahrlich nicht; Canon EOS 1D X mit Canon EF 70–200 mm f/2,8L IS II USM bei 102 mm, 1/3200 s, Blende 3,5, ISO 320*

Es gilt neben der fotografischen Arbeit, die Herde stets im Blick zu haben. Insbesondere sollte der Leithengst unter Beobachtung bleiben, denn wenn dieser der Meinung ist, man würde ihm eine seiner Stuten abspenstig machen wollen, könnte er durchaus zum Angriff übergehen, oder allzu neugierige Fohlen könnten sich über den Inhalt des abgelegten Rucksacks hermachen.

Eine Pferdeherde verteilt sich oft über mehrere Hundert Meter. Nicht alle Herdenmitglieder bleiben ständig in Sichtweite der Artgenossen. Während die Pferde genau wissen, wo sich ihre Artgenossen aufhalten, kann man als Fotograf schon mal den Überblick verlieren und gegebenenfalls auch zwischen die Fronten geraten, wenn man nicht sehr umsichtig vorgeht.

Wildpferde verhalten sich zudem keineswegs wie Hauspferde, die den Körperkontakt des Menschen gewohnt sind. Freilebende Pferde können sehr schnell unsicher werden und flink zubeißen oder mit den Hufen treten. Deshalb sollte man sich besser zurückziehen, auch wenn die Herde sich vertrauensvoll nähert. Selbst wenn eine freilebende Pferdeherde an Menschen gewohnt ist und die Tiere sich sogar streicheln lassen, sollte man deren Lebensweise respektieren und ihre Intimsphäre wahren.

Index

I

K

L

M

N

O

P

R

S

T

U

V

W

Z

▸ Junge Exmoorponyhengste wollen wissen, wer der Stärkere ist; Canon EOS 1D X mit Canon EF 70–200 mm f/2,8L IS II USM bei 200 mm, 1/1250 s, Blende 7,1, ISO 800

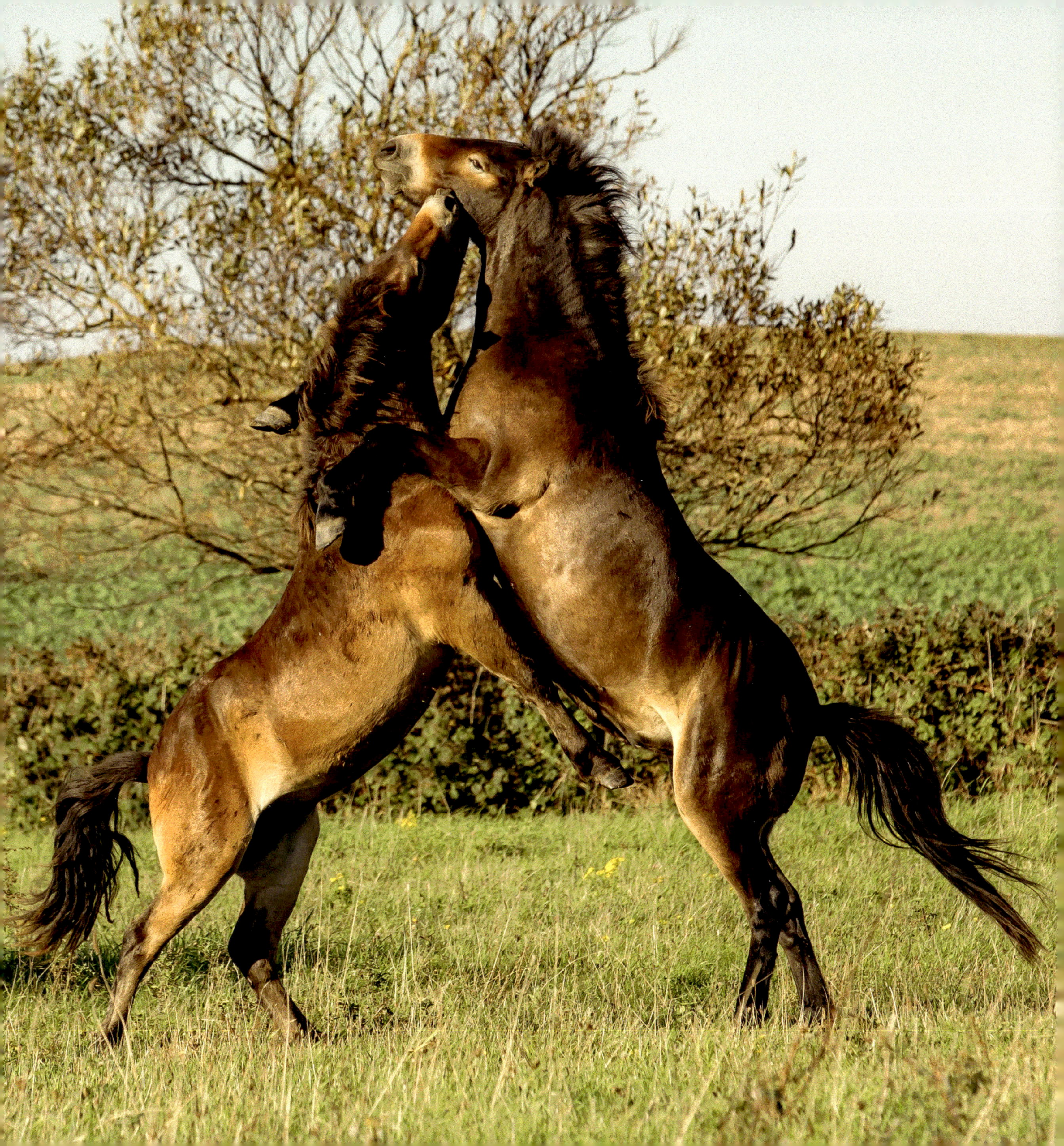